W0413572

LA GUERRE D'ALGÉRIE

OUVRAGES DU MÊME AUTEUR
Chez le même éditeur

Poincaré, 1961.
Histoire de la France, 1976.
Les Guerres de Religion, 1980.
La Grande Guerre, 1983 (Premier Grand Prix Gobert de l'Académie française, 1984).
La Seconde Guerre mondiale, 1986.
La Troisième République, 1986.
Histoire du monde contemporain, 1991.

Chez d'autres éditeurs

L'Affaire Dreyfus, PUF, 1959.
La Paix de Versailles et l'opinion publique en France, thèse d'État, Flammarion, 1972.
Histoire de la radio et de la télévision, Perrin, 1984.
La Lionne de Belfort, Belfond, 1987.
La Grande Révolution, Plon, 1988.

Pierre Miquel

LA GUERRE D'ALGÉRIE

Fayard

© Librairie Arthème Fayard, 1993.

INTRODUCTION

L'incendie de l'Afrique du Nord

Le début de la guerre d'Algérie, le 1er novembre 1954, est un événement incompréhensible s'il n'est reporté sur l'ordonnée du temps et l'abscisse de l'espace nord-africain. La révolte algérienne est contemporaine des mouvements pour l'indépendance du Maroc et de la Tunisie. On se bat encore dans ces pays quand éclatent les coups de feu de la Toussaint rouge. Le vent de la révolution indépendantiste a embrasé tout le Maghreb, et s'il a jusqu'ici contourné les départements français d'Algérie, c'est pour y revenir avec une force accrue en ce petit matin aigre du 1er novembre.

Comment une poignée d'hommes, dispersés dans l'immense Algérie, auraient-ils pu déchaîner l'incendie si le terrain n'avait été depuis longtemps préparé ? Pour comprendre la flambée terroriste, il faut reporter en ordonnée, sur le diagramme de la révolte, le temps de la Seconde Guerre mondiale. Un faisceau de trois forces apparaît : le courant démocratique, incarné par Messali Hadj, fondateur du Parti populaire algérien (PPA), distinct du Parti communiste et consacré à la lutte pour l'indépendance ; un courant nationaliste musulman où militent les membres du Mouvement des oulémas, le cheikh Bachir Ibrahimi et Abdelhamid Ben Badis, ancien élève de la Zitouna, une école religieuse de Tunis ; enfin, un vecteur réformiste et même assimilationniste, animé par un élu d'Algérie, le conseiller général de Sétif, fils de caïd et pharmacien, Ben Saïd Ferhat Abbas. Inégalement traités par le régime de Vichy (qui privilégie les réformistes sans toutefois leur faire la moindre concession), les trois courants se retrouvent intacts lors du débarquement allié en Afrique du Nord de novembre 1942. Alors circule l'œil du cyclone, de Rabat à Tunis, en passant par Alger.

Il n'est plus question pour Messali Hadj de regarder vers Moscou. Les oulémas se tournent vers Le Caire, d'où vient la lumière du panislamisme. Tous entendent le discours décolonisateur du président des États-Unis, Franklin D. Roosevelt, qui ne cache pas ses intentions de libérer après la guerre les peuples encore soumis au joug colonial. Même ceux des Algériens qui soutiennent le mouvement assimilationniste se considèrent comme les victimes du système colonial et sont donc solidaires de leurs « frères » marocains et tunisiens. La défaite française en 1940 n'a pas provoqué de réactions en Afrique du Nord. Mais il devient vite clair, avant même le débarquement de 1942, que l'avenir du Maghreb n'est plus entre des mains françaises. Le diplomate Robert Daniel Murphy, qui a la confiance de Roosevelt, traite avec le général Weygand, représentant de Pétain en Afrique du Nord, pour assurer le ravitaillement des territoires que la France n'est plus en mesure d'assumer. Murphy inonde le pays de consuls américains, qui se renseignent, consultent, et peut-être influencent. Grande est la surprise des musulmans quand les soldats français accueillent à coups de canon, sur les ordres du général Noguès et de Pétain, la flotte anglo-américaine le 8 novembre 1942. Les Français sont vaincus et obéiront dès lors, avec l'amiral Darlan qui a retourné sa veste, aux ordres des Américains.

Il est clair que les Yankees sont les maîtres : ils suscitent par l'intermédiaire de Murphy un accord avec Darlan, puis avec Giraud, quand Darlan est assassiné. Ils arment les Marocains que les Français lèvent dans leur armée, désormais intégrée au dispositif américain. C'en est fini du protectorat, par la défaillance du protecteur qui est lui-même sous tutelle : Roosevelt vient au Maroc, s'entretient avec le sultan, laisse miroiter l'émancipation, sous protection américaine. « Un nouvel avenir pour mon pays », aurait dit le sultan, qui soutient discrètement l'Istiqlal, le parti de l'indépendance. En janvier 1944 est publié un manifeste. Trop tard : de Gaulle s'est installé seul à Alger, éliminant Giraud, qu'imposait Murphy. Le représentant du général de la France libre, Puaux, tient le langage de la force, refuse toute discussion sur l'avenir. On arrête les chefs nationalistes à la fin du mois de janvier. Des émeutes sanglantes éclatent à Fez, à Rabat. Elles sont brisées dans le sang. On ferme les collèges musulmans et l'université Karaouiyne. De Gaulle apparaît ainsi, au Maroc, comme le restaurateur de l'empire. Jusqu'à quand ?

Avant de céder à la pression américaine en faveur de l'émancipation, la Tunisie subit l'occupation des Italiens et des Allemands. Elle devient un champ de bataille où s'affrontent 350 000 Allemands et Italiens, autant d'Anglais et d'Américains, sans compter les 75 000 combattants français. La bataille est violente, de novembre 1942 jusqu'à mai 1943. Les villes sont bombardées, les villages rasés, le pays est exsangue. Les nationalistes du Néo-Destour, le parti fondé par l'avocat Habib Bourguiba, ont-ils oublié la révolte de 1938 contre le pouvoir français ? Qu'est devenu ce pouvoir ? Il a disparu dans la tourmente. Le nouveau bey, Moncef, sur le trône en 1942, reste neutre ; mais son fils, le prince Raouf, se compromet avec l'occupant. Bourguiba, sans s'engager aux côtés des puissances de l'Axe, accorde cependant une interview à Radio Bari en avril 1943... Les SS décident même de lever des troupes en Tunisie.

Après la capitulation allemande du 12 mai 1943, les résidents italiens en Tunisie, presque aussi nombreux que les Français (94 000 contre 108 000) et jouissant d'un traitement privilégié, font les frais du retour de l'administration française. Moncef bey, accusé de complaisance avec l'ennemi, est destitué. Son successeur, Lamine bey, accepte que Bourguiba rentre à Tunis et tente d'établir l'unité du front de résistance au néo-colonialisme, qui se veut libéral. Traversée par la guerre mondiale, la Tunisie n'a pu exprimer, comme le Maroc, sa revendication nationale avec force. Elle attend son heure et suit de près l'action des frères algériens. Les Tunisiens subissent le retour des Français avec autant d'impatience que les Marocains. Ils sont désormais soumis aux mots d'ordre des Américains, qui prêchent la décolonisation. Mais cette propagande ne touche encore que les bourgeois évolués, les étudiants, les syndicalistes des villes et des ports, les fidèles de la renaissance religieuse, et non la masse des paysans accablés par la guerre et la disette de 1945.

Pour l'Algérie, la guerre n'aura été finalement qu'un *passage* : elle n'a guère connu les combats, mais une longue familiarité des services américains et britanniques. Murphy, qui réside à Alger, ne fait rien pour sortir Messali Hadj du camp de concentration dans lequel il est enfermé. Mais il incite le réformiste Ferhat Abbas à négocier la participation algérienne à l'effort de guerre allié contre des réformes marquant l'entrée dans un processus de libération de l'Algérie. D'abord assimilationniste, Abbas est devenu partisan de l'autonomie. Il rend public, le 20 décembre 1942, son « Message aux autorités responsables » (qui sont aussi bien les Alliés que les Français, puisque le gouvernement provisoire de De Gaulle n'est pas encore constitué), dans lequel il subordonne la levée de troupes algériennes à la réunion d'une Assemblée musulmane chargée de préparer un nouveau statut. Les Français vont-ils réagir ? L'Algérie occupée, entraînée dans la guerre obtiendra-t-elle son autonomie par des voies pacifiques ?

La démarche de Ferhat Abbas aboutit à une proposition anachronique du gouvernement provisoire de la France libre. Aux promesses larges et vagues des Américains succède la pusillanimité des autorités françaises. On cherche des raisons d'endiguer le mouvement, de refuser les réformes véritables. Ainsi avait-on agi, après 1936, quand le sénateur Violette avait proposé d'accorder aux Algériens le même statut politique qu'aux « Français de souche », tout en leur garantissant leur statut coranique. Les Européens d'Algérie, dont l'influence était toute-puissante sur l'administration, qui jouissaient du monopole de la représentation parlementaire (six députés et trois sénateurs) et de la majorité des sièges de conseillers généraux, avaient fait échouer la réforme. Feraient-ils aussi reculer de Gaulle ?

Mais le général de Gaulle est-il prêt à donner satisfaction à Ferhat Abbas ? En février 1943, celui-ci rend public un manifeste qui prend pour cible la colonisation française. Dans leur « course au pouvoir », dit-il, les Français présents à Alger « semblent ignorer jusqu'à l'existence même des 8,5 millions d'indigènes ». Ce manifeste dépeint la triste réalité d'un pays dépossédé, exploité, envahi par une minorité de colons qui versent au peuple des fellahs des salaires de famine. L'enseignement est insuffisant, il écarte la culture arabe ; la représentation musulmane est dérisoire dans les institutions. Les colons, explique le manifeste, ont fait passer les musulmans, aux yeux des Anglo-Saxons, pour des « germanophiles, des sauvages, des voleurs et des dégénérés ». Restent maintenant en présence les deux « blocs » hostiles : la population européenne, d'un côté, les musulmans, de l'autre. « L'heure est passée, avertit Ferhat Abbas, où un musulman algérien demandera autre chose que d'être un Algérien musulman », puisque Roosevelt a promis que le droit des peuples serait respecté. Il est temps d'abolir la colonisation, de doter l'Algérie d'une Constitution établissant la liberté et l'égalité, de réaliser la réforme agraire et l'instruction gratuite et obligatoire, d'admettre l'arabe comme langue officielle « au même titre que la langue française ». Il ne demande au fond pas plus que les réformes consenties par le général Catroux en Syrie. Le 26 mai, par un additif au texte de référence, Ferhat Abbas exige « la reconnaissance de l'autonomie politique de l'Algérie en tant que nation souveraine, avec droit de regard de la France et assistance militaire des Alliés en cas de conflit ». Le gouvernement général deviendrait un gouvernement algérien et les troupes qu'il lèverait seraient dotées de drapeaux nationaux.

De Gaulle a chargé le général Catroux, natif de Saïda, d'étudier les propositions algériennes. Le 12 décembre 1943, dans un discours prononcé place de la Brèche, à Constantine, il annonce les contre-propositions de la Commission de réforme : de cette allocution ressort l'invocation aux « musulmans d'Algérie » envers qui le Général se sent des « devoirs ». « Ce qui est actuellement possible », dit-il, c'est d'étendre la citoyenneté « à plusieurs dizaines de milliers de Français musulmans », d'accroître leur participation aux assemblées locales, de leur ouvrir davantage de postes administratifs, d'améliorer rapidement la condition des masses. C'est le programme du sénateur Violette légèrement amélioré. L'ordonnance du 7 mars 1944 viendra trop tard. Messali Hadj, de sa prison, proteste. Ferhat Abbas aussi. Le 14 mars, ce dernier crée un nouveau parti, l'Association des amis du manifeste, qui établit aussitôt des liaisons avec le PPA de Messali Hadj et les oulémas nationalistes. L'accueil des masses est tel que l'administration s'inquiète : le pharmacien de Sétif est à son tour placé en résidence surveillée, en septembre 1943. Il est clair que le gouvernement provisoire du général de Gaulle n'apportera pas de réponse appropriée aux revendications autonomistes (le mot d'indépendance n'est jamais prononcé) des nationalistes algériens. Des tracts de protestation, signés par Messali, circulent dans les cafés maures...

La misère populaire, en ce dernier hiver de guerre, est poignante. Les mots d'ordre des autonomistes sont entendus, repris, colportés, particulièrement dans le Constantinois et dans les Kabylies. Tous les lecteurs du manifeste de Messali Hadj se demandent avec lui « pourquoi la France qui se réclame des principes des droits de l'homme, de la démocratie et de la liberté des peuples à disposer d'eux-mêmes ne reconnaîtrait-elle pas, aux heures que nous vivons, ce que l'Angleterre a reconnu aux autres pays ». Et le leader incarcéré proteste « contre la répression qui s'abat sur [ses] compatriotes, contre la faim qui les tenaille et les misères qui les assaillent ». Il en appelle « au monde civilisé ». On libère Abbas en décembre. Les manifestants de Constantine assurent qu'il est rentré à Sétif dans un avion américain. On entend Messali Hadj à la Commission des réformes musulmanes. Il dénonce, avec violence et résolution, les insuffisances du projet Violette, devenu, avec la guerre, parfaitement anachronique, « contraire aux aspirations du peuple algérien musulman » et qui « maintient la masse soumise à la politique coloniale ». Le 2ᵉ bureau de l'armée surveille Ferhat Abbas, qui multiplie les réunions dans les villes, devant des auditoires de 400 personnes à qui il recommande le calme, pendant que le préfet de Constantine interdit au cheikh Ibrahimi, le chef des oulémas, de circuler dans les douars, où il répand des tracts nationalistes. Il estime, comme Messali, que l'assimilation proposée par le général de Gaulle, conforme à son programme de décolonisation prudente de Brazzaville, n'est pas compatible avec le projet autonomiste que tous les nationalistes algériens partagent désormais. Quant à Ferhat Abbas, il fait fabriquer, pour les besoins de sa propagande, une vingtaine de drapeaux vert et blanc marqués de l'étoile et du croissant de l'islam.

On commence à relever sur les murs, en ce mois de mai 1944, des inscriptions appelant le peuple à la révolution. L'heure de la violence est-elle déjà venue ? Abbas ne la souhaite pas et prétend au contraire l'éviter. « Il n'y a que deux solutions, dit le docteur Bendjelloul au conseil général de Constantine, le 22 mai : ou bien descendre dans la rue, ou la diplomatie. Je préfère la seconde. » Ce conseiller très modéré fait observer que, pour éviter les troubles, il faudrait nourrir les masses, alors que la disette menace et que l'orge et le blé ont atteint des cours fabuleux. Les renseignements militaires font savoir qu'on peut s'attendre à des troubles dans le Constantinois à la fin du ramadan. On chante l'hymne nationaliste sur les terrains de sport, où les scouts musulmans lancent le slogan « Vive l'Algérie libre ! ». L'un des trois départements français est-il au bord de l'explosion ? Le mouvement des intellectuels et des notables autour d'Abbas, celui des syndicalistes autour de Messali Hadj, de la jeunesse musulmane sensible aux mots d'ordre des oulémas vont-ils atteindre la majorité des populations indigènes d'Algérie pour les dresser contre la colonisation ?

Les circonstances particulières de la disette et de la pénurie générale des biens de consommation n'expliquent pas tout : des causes profondes opposent les deux communautés, tant en Algérie qu'au Maroc et en Tunisie. Le problème est plus aigu dans les départements français, où la population d'origine européenne est plus nombreuse : on compte 1,6 million de Français ou d'Européens dans le Maghreb, alors que la colonisation dans les autres pays d'outre-mer n'a guère attiré que 100 000 personnes. Ils sont 960 000 non-musulmans en Algérie, 330 000 au Maroc, 240 000 en Tunisie. Les Espagnols sont nombreux en Oranais, les Italiens en Tunisie, mais les Français sont largement dominants. Leur taux de natalité et leur rythme d'accroissement sont cependant plus faibles en Algérie qu'au Maroc, où l'immigration européenne continue après 1945. La population européenne d'Algérie, encore jeune, tend à se rapprocher de celle de la métropole par sa structure. Il reste que les non-musulmans sont minoritaires par rapport à la masse arabo-berbère en croissance rapide : 4 % tout juste au Maroc, 7,2 % en Tunisie et 11 % en Algérie. Le premier recensement des musulmans en 1856 proposait le chiffre de 2 328 000. En 1945, grâce au progrès de l'hygiène, à la chute de la mortalité infantile, les musulmans sont près de 3 millions en Tunisie, 8 292 000 au Maroc et 7 679 000 en Algérie, soit 20 millions en comptant les habitants du Maroc espagnol. Leur rythme d'accroissement annuel est de 2 %, ce qui suppose un taux de natalité considérable, de l'ordre de 4 %. La population européenne est saisie d'angoisse en consultant les statistiques des recensements. Les musulmans ne sont pas moins inquiets : comment pourront-ils survivre, alors que la densité sur les bonnes terres dépasse 100 dans la Kabylie du Djurdjura et dans le Sahel tunisien ? Elle atteint 261 sur la commune mixte de Tizi-Ouzou. Les fellahs désertent les terres arides où les confine la colonisation pour louer leurs bras sur les terres les plus riches, quand ils le peuvent.

L'accroissement rapide de la population musulmane se traduit par une faim de terre et par un envahissement des banlieues urbaines où s'étendent de tristes bidonvilles. Ils sont nombreux autour d'Alger, mais aussi à la périphérie de villes moins importantes comme Constantine, Oran et même Orléansville. La mécanisation des grandes entreprises diminue encore les chances d'embauche, alors que l'industrialisation reste lente et limitée au secteur alimentaire ou minier. Le manque de terres est la cause de ce mouvement d'exode vers la ville : sur 532 000 propriétaires musulmans, 391 000 disposent de moins de 10 hectares. Dans le terroir de Tizi-Ouzou, particulièrement surchargé, la moyenne des tenures musulmanes est de 36 ares. Alors qu'un fellah disposait en moyenne, en 1872, de 83 ares, il doit se contenter en 1945 de 24. La conséquence, c'est que 350 000 fellahs travaillent sur les domaines européens, qui disposent ainsi d'une masse de main-d'œuvre fort mal payée. Une enquête officielle de 1944 établit que, sur 1 million de familles rurales, on ne compte pas moins de 700 000 salariés, dont la plupart ne peuvent vivre de leurs salaires. On a bien songé à doubler les terres mises en culture, mais il faudrait pour cela lancer de coûteux programmes d'irrigation. On s'est jusque-là contenté d'irriguer les terres européennes, avec une certaine parcimonie, il est vrai.

On conçoit que la famine menace à la moindre mauvaise récolte : ni la surface cultivée en céréales ni les rendements n'augmentent. Ce dernier est de 4 ou 5 quintaux à l'hectare sur les terres indigènes, et seulement du double sur les domaines européens qui pratiquent le *dry farming* mécanisé à l'américaine. Les moutons algériens ne pèsent que 40 kilos, les vaches sont maigres, les chèvres efflanquées. Les musulmans arrivent en tête des productions agricoles les plus pauvres : l'orge et le blé dur, les palmiers et les amandiers, les figuiers et les oliviers ; les orangers sont aux colons, les mandariniers et les pieds de vigne aussi. Il faut à l'Algérie 20 millions de quintaux de céréales pour fournir à chaque habitant le minimum vital de 600 grammes par jour. Or ce chiffre n'est atteint que dans les très bonnes années. Seule une minorité d'Algériens dispose de grands domaines, parfois cultivés avec des moyens modernes. La masse musulmane disposait, en 1871, de 5 quintaux de céréales en moyenne par an et par habitant ; elle n'en reçoit plus que deux. Faut-il s'étonner que le nombre des familles indigentes atteigne le chiffre de 800 000 ? que l'administration soit confrontée à des problèmes insolubles d'assistance ? La natalité excessive et l'absence de développement sont les deux plaies des Algériens.

La société traditionnelle a basculé. Les lois destinées à protéger la propriété collective ont été partout tournées ; les semi-nomades des steppes ont été refoulés par l'avancée vers le sud des terres de culture, européennes ou musulmanes. Les transhumants en sont réduits à louer leurs bras pour récolter l'alfa, qui fait l'objet d'un trafic maritime. On compte que le cheptel algérien de moutons a été réduit de 11 millions à 3 millions de têtes en cinquante ans. Les transhumants du Maroc central sont ruinés. Les cultivateurs des zones humides manquent de terres, et certaines tribus sont au bord de la famine parce que l'équilibre entre cultures, jachères et parcours a été rompu. La population s'accroît plus vite encore dans les régions les plus pauvres. Les Chleuhs, les Kabyles se louent comme saisonniers. Les autres deviennent colporteurs ou s'installent comme épiciers dans les bourgs et les villes : les Chleuhs, les gens du Djebel tunisien, les Soufis se font embaucher dans les mines ou effectuent en ville de petits travaux, quand ils ne peuvent pas se joindre au troupeau des manœuvres et des dockers. Les Kabyles s'exilent facilement en France, dans les mines de charbon du Centre ou du Nord, dans les mines de fer de Lorraine, dans les industries parisiennes ou lyonnaises. Ceux qui ne peuvent gagner l'étranger s'entassent dans les bidonvilles à la recherche d'un travail. Les industries et les mines d'Afrique du Nord absorbent une main-d'œuvre insuffisante, car les minerais sont rarement exploités sur place. Ils partent vers les ports, pour être exportés. Ainsi, les minerais rares du Maroc (manganèse, cobalt par exemple) sont vendus aux États-Unis, et le grand capital s'est investi dans les mines de plomb de Zellidja ou dans les entreprises de la société Penarroya, qui exploite aussi le zinc. Le fer prend la mer dans les minéraliers, le phosphate seulement est traité sur place dans les trois pays. On ne trouve en Algérie aucune entreprise sidérurgique, aucune fabrique de boulons. Les chasseurs achètent leurs cartouches en France. Les récoltes d'alfa n'alimentent aucune papeterie. Seuls les cèdres du Maroc et les nombreuses forêts de chênes-lièges de la Kabylie de Collo sont utilisés sur place à la construction d'usines de traitement. La pêche, de son côté, fournit des conserveries, et l'agriculture, des industries alimentaires. Mais le marché industriel offert à la main-d'œuvre est très faible, même si les mines emploient des manœuvres.

L'agriculture coloniale absorbe la plus grande quantité de travailleurs, mais elle les paie avec parcimonie. Souvent, elle emploie des saisonniers, pour les vendanges et les moissons. Les fermiers sont regroupés dans la zone septentrionale, et mordent rarement vers le sud. Une Algérie des zones riches s'oppose ainsi à l'immensité des terres pauvres, montagneuses ou semi-désertiques. Les grandes fermes européennes sont installées dans les plaines de Medjerda, dans celles de Bône et de Philippeville, dans la Mitidja et la vallée du Cheliff. L'implantation est plus discontinue au Maroc et dans les vallées qui jouxtent l'Atlas. Souvent, les fermes opulentes sont isolées dans la campagne, entourées de terres de culture coloniales, perdues dans des terroirs en partie musulmans ; d'autres, plus modestes, aux toits recouverts de tuiles romaines, évoquent les fermes d'Espagne, d'Italie, de Provence. Les exploitations européennes sont généralement regroupées dans les centres de colonisation où les terroirs ont été tracés au cordeau : l'église, sur la place centrale, groupe autour d'elle les bâtiments publics et les commerces. Ces campagnes françaises par leur aspect sont profondément investies par les travailleurs musulmans des fermes, et les bourgs par les commerçants en alimentation, textiles, boissons, objets divers, qu'ils soient kabyles, mzabites ou juifs en Algérie, chleuhs au Maroc, djerbiens en Tunisie. Il n'y a pas, dans les campagnes algériennes, de sanctuaire européen réservé. Les musulmans pénètrent partout. Sur ce point, les Français ont atteint leur objectif. Mais l'activité des campagnes n'est pas telle qu'elles puissent accueillir les réfugiés du Sud en très grand nombre.

En 1945, la guerre et les déplacements des armées ont accru l'instabilité des populations du bled, qui n'ont jamais été très stables. Les périodes de troubles ont toujours favorisé le nomadisme, et celui-ci, traditionnellement, menace les paysans installés dans les zones privilégiées, surtout dans les montagnes, qui couvrent une grande partie du territoire. Les immenses espaces des hautes plaines, entre l'Atlas tellien, qui longe la côte, et l'Atlas saharien, au sud, sont ouverts aux pasteurs et à leurs troupeaux de moutons et de chèvres, mais aux deux chaînes parallèles s'ajoute, au Maroc, une chaîne médiane, dite du Moyen Atlas, dont les plissements s'entrecroisent en Tunisie ne dégageant une plaine continue qu'à l'est. Ainsi, les montagnes dominent, mais n'empêchent ni l'implantation des cultures ni les communications. Une piste continue a toujours relié le Maroc à l'Ifriqiya (Tunisie) par l'intérieur des terres : elle passe par Fez, Oujda, Tlemcen, Saida, Frenda, Tiaret et Boghari.

Les routes sont des filières commerciales, des pistes marquées de points d'eau, de centres de ravitaillement, où marchands et voyageurs peuvent être accueillis, secourus, restaurés, abrités. Trois de ces filières traversent le Maghreb d'ouest en est. Des pistes caravanières gagnent le Sahara, puis débouchent sur les avant-postes de l'Afrique noire sahélienne. Ainsi, dans l'« île du Couchant » (Maghreb), les envahisseurs, marchands, missionnaires, migrants se sont succédé sur ces pistes d'animaux de bât : ânes et mulets, chameaux dans le Sud. Pas de voitures sur ces voies romaines empierrées ; on couche sous la tente et les familles ne cultivent pas la stabilité. Mais comment survivre quand les terres de parcours sont amputées par les zones de culture ? La faim est si pressante qu'on fait flèche de tout bois. Les nomades du Sud ne renoncent pas à l'agriculture, dans les fonds d'oued ou les cuvettes comme celle du Hodna. Ils ne sont pas tous de puissants seigneurs comme ces Marocains qui règnent sur des fellahs au ventre creux. Et, s'ils cultivent la terre, c'est pour ne pas mourir de faim. Quant aux sédentaires chaouïas des Aurès, s'ils disposent d'habitats sommaires dans la montagne, c'est pour surveiller leurs troupeaux. Même les Kabyles de très ancienne civilisation étouffent dans leurs villages surpeuplés et laissent partir leurs fils. Seule pourtant compte à leurs yeux la stabilité de la tribu, qui s'administre traditionnellement elle-même si démocratiquement que l'on parle des « républiques » du Djurdjura ou des communautés chleuhs du Maroc. L'instabilité distend les liens familiaux, fait éclater les communautés. Il n'est pas difficile de prêcher la révolte chez les Kabyles, les Chleuhs ou les Chaouïas : ils ont trop besoin d'espace et de liberté.

Ils ne peuvent trouver du travail dans les cités musulmanes qui vivotent à l'abri de leurs murailles et sont écrasées par les orgueilleuses constructions des Européens. Les villes traditionnelles, de tissu serré dans certaines régions, sont de gros bourgs ruraux mis en place le long des grandes pistes. Les artisans disparaissent ; seuls subsistent les marchands, surtout dans les villes-ports de la lisière saharienne et le long des voies commerciales de l'intérieur, car les 7 ou 8 millions de musulmans consomment, achètent, échangent, dans des circuits qui appartiennent aux leurs ou aux marchands juifs qui sont comme leurs frères. Les bourgs de contact entre les montagnes et les plaines restent vivants, mais ne peuvent accueillir une population en excédent. Il faut se rendre dans les grandes villes pour se faire embaucher dans les sociétés françaises ou étrangères. En 1945, la population urbaine représente seulement un quart de la population totale en Tunisie, un cinquième au Maroc. Quinze Algériens sur cent sont des citadins, qu'ils habitent les bidonvilles d'Orléansville ou la Casbah d'Alger, les maisons brûlantes de Négrine ou les gourbis de Sétif. Les cadis et les administrateurs arabes surveillent les bourgs ou les villes, dont les notables sont des marchands, des gens de loi, des prêteurs d'argent, quelques artisans. Jadis, la Casbah abritait les palais et les casernes ; elle est aujourd'hui envahie à Alger par une population musulmane qui se presse dans ses ruelles. Les juifs ont encore leurs quartiers traditionnels (haras à Tunis, mellas au Maroc), et certains ont conservé leurs échoppes de joaillers et de tailleurs. Les musulmans peuplent les médinas, dont les maisons aux murs opaques abritent des femmes voilées. Les souks, ou marchés, entourent les mosquées où se rassemblent les hommes. Les plus grandes villes abritent une université, où l'on vient moins chercher le savoir coranique que les idées modernes venues de l'Orient arabe : c'est le cas de la Zitouna de Tunis, école de « rebelles », ou de la Karaouiyne de Fez, dont les étudiants habitent les medersas remuantes, constamment surveillées par la police française. Les villes religieuses, d'un grand prestige intellectuel, sont réparties sur les trois territoires, mais plus particulièrement au Maroc (Fez, Rabat-Salé) ou en Tunisie (Kairouan). En Algérie, le centre de Tlemcen n'est pas sans prestige. On redécouvre que l'islam, dans la crise de la société musulmane, conserve toute sa puissance d'intégration. Les juifs vivent repliés dans leur foi, quand ils n'embrassent pas (ce qui est fréquent parmi les jeunes) les valeurs de la société européenne, profitant ainsi de la citoyenneté française qui leur avait été attribuée par le décret Crémieux de 1871.

Les campagnes maintiennent vivace le souvenir des pratiques anciennes et entretiennent des marabouts, personnages « saints » dotés de pouvoirs magiques qu'ils monnaient sans vergogne. La renaissance vient des lettrés, des oulémas modernes, qui, pour revivifier l'islam, envoient des missionnaires sans barbe ni djellabas. Il est vrai que la pratique religieuse est surtout urbaine, parce que les mosquées sont un lieu d'échanges d'idées et d'informations, en même temps que de rassemblement des masses urbanisées d'origines très diverses.

Les villes construites par les Européens ne sont nullement fermées aux musulmans, dont les mosquées sont autant fréquentées que les églises ou la cathédrale immense d'Alger. A Oran et Alger seulement, la population d'origine européenne l'emporte. Partout ailleurs, les musulmans dominent. La ségrégation n'est pas la règle : Alger a des quartiers européens, sa Casbah musulmane, mais aussi des quartiers mixtes. A Constantine, la vieille cité a été percée de rues européennes perdues dans la marée des toits à terrasses. La ségrégation est plus nette au Maroc, où des villes nouvelles ont été construites hors les murs, comme à Rabat. C'est aussi le cas en Tunisie. Seule Casablanca a plus de 500 000 habitants ; Tunis, Oran, Alger, Marrakech et Fez n'en comptent que 200 000. Les autres villes ressemblent à des sous-préfectures ou à des bourgs français, et la population y est toujours mélangée, même si elles portent les noms d'Orléansville, Lavigerie, Carnot, Victor-Hugo, Saint-Arnaud ou Pierre-Curie. La population européenne a trop besoin des services et de la main-d'œuvre indigènes pour ne pas admettre les musulmans dans son sein. Ainsi, la géographie humaine de l'Algérie explique et rend possible la simultanéité de la révolte dans tous les milieux.

Les mots d'ordre de Messali Hadj et de Ferhat Abbas peuvent être partout reçus, même dans les douars les plus reculés, en raison de la mobilité de la société indigène. Les pistes sont constamment fréquentées par des caravaniers, des nomades, des commerçants et de simples colporteurs, qui, de douar en douar, diffusent l'information. Les révoltes de Sétif ou de Constantine n'auront pas à se soucier des filières de propagande : chez les nomades, toujours mécontents de la restriction des terrains de parcours, dans les douars au bord de la disette, dans les mechtas, où les réserves de vivres sont épuisées, les voyageurs venus commercer en ville se transformeront simplement en agent de recrutement. La pénétration est lente mais sûre, elle couvre tout le territoire. La crise de la fin de la guerre rend la masse des fellahs particulièrement disponible. Puisque les Français ne peuvent plus assurer l'ordre et la paix, ils attendent une nouvelle donne. Les nomades rencontrent les villageois, qui sont informés par les commerçants, les petits employés des services publics, les porteurs musulmans, les convoyeurs de caravanes. Ceux-là sont au contact des masses urbaines où les domestiques se comptent par dizaines de milliers. Ils informent et commentent les embarras des Européens maltraités par la guerre, gênés par la crise, souvent au bord du désespoir.

Les errants du bled, les transhumants sans terres, les excédentaires des villages de cultivateurs se rassemblent dans les banlieues misérables et constituent une masse de manœuvres toujours disponible pour les manifestations urbaines. Ils sont les premières victimes de la colonisation, qui, par ses bienfaits mêmes (le redressement, puis le boom démographique), a déséquilibré la société traditionnelle sans proposer un modèle de développement. Désorganisés, sans attaches fixes, ils peuvent être pris en main et encadrés. Il est possible de rassembler encore plus facilement les dockers des ports, les mineurs et les ouvriers d'industrie, déjà organisés par les syndicats. Quant à la foule considérable des petits marchands, revendeurs, cireurs de chaussures, portefaix ou porteurs d'eau, la foule de la rue, elle se rassemble dans les souks, autour des mosquées, et joue naturellement le rôle de relais d'opinions.

Les contacts avec les travailleurs émigrés en France sont constants. Ces derniers sont encadrés sur place par les filières de l'émigration et correspondent avec leur pays d'origine, où ils rentrent, leur contrat achevé. D'autres prennent leur place et constituent, en Kabylie, une société mobile particulièrement bien informée de l'évolution française. La masse des travailleurs émigrés ne fera que croître après 1945. Messali Hadj, ancien ouvrier des usines Renault, connaît le poids politique de l'émigration : il est lourd en Algérie, moindre au Maroc, plus faible en Tunisie. De 1945 à 1962, ce réservoir de militants sera constamment exploité.

Quant aux animateurs de la révolte, ils appartiennent à des milieux différents, généralement en contact étroit avec la collectivité européenne. Beaucoup sont diplômés de l'université d'Alger, comme les pharmaciens Abbas ou Ben Khedda, les médecins Debaghine, Frantz Fanon (un Antillais installé à Alger) ou Ahmed Francis, juristes comme Boumendjel ou Mohammed Boudiaf. Certains ont étudié à l'école coranique : Houari Boumediene, sortant de la Zitouna de Tunis, est appelé à poursuivre ses études à l'université al-Azhar du Caire. D'autres ont une connaissance approfondie de l'arabe littéraire ; c'est le cas d'Abdelhamid Mehri, qui éblouira ses camarades par sa culture classique. Il est pourtant issu d'une famille très pauvre du Constantinois, comme Boumediene. Chadli Ben Djedid, en revanche, a pour père un paysan aisé de la même région. Les parents de Ben Bella sont d'honnêtes commerçants, le père d'Aït Ahmed (Hocine) est caïd en Kabylie, comme celui de Ferhat Abbas. Les plus pauvres n'ont ni profession ni état ; d'autres ont réussi à obtenir de petits postes dans l'administration française. Abbane Ramdane est secrétaire adjoint de la commune mixte de Châteaudun-du-Rhumel, Belkacem Krim, secrétaire auxiliaire de la commune mixte de Dra el-Mizan, Mohammed Boudiaf, employé des contributions. Certains sont forgerons comme Zighout, garçons boulangers comme Yacef Saadi, par ailleurs grand amateur de football. Amirouche est un commerçant kabyle installé en Oranie, et Ben Boulaïd, fils d'un petit cultivateur des Aurès, est devenu meunier et exploitant d'une ligne d'autocars. Les propagandistes de la révolte sont rarement des chômeurs. Ils sont le plus souvent installés petitement dans la société coloniale, qui les a parfois chassés de son sein. C'est notamment le cas des militaires : Omar Ouamrane, le géant kabyle, devait être cassé de son grade de sergent. Ben Bella, héros de la campagne d'Italie (dont il a rapporté la médaille militaire), est adjudant-chef : on lui a refusé un petit poste administratif à sa démobilisation. Venus de tous les milieux, les agitateurs peuvent compter sur une multitude de relais pour toucher l'opinion : les oulémas et les écoles coraniques, les scouts algériens et l'Association des étudiants musulmans (qu'a beaucoup fréquentée Ben Khedda), les milieux enseignants français, où les sympathisants à la cause algérienne sont nombreux (le père de Boumendjel était instituteur), les administrations, où les emplois sans responsabilité sont occupés par des musulmans, les hôpitaux et l'Assistance publique, l'armée enfin, où les « frères » sont en nombre. On les avait recrutés pour la guerre à raison de deux divisions intervenant immédiatement en Italie, sous les ordres de Juin : dans la 2e division d'infanterie marocaine de Dody, les Maghrébins étaient 7 000 contre 4 400 Européens. Dans la 3e division algérienne de Montsabert, on comptait 6 500 Algériens pour 4 200 Français. Seule la division motorisée avait engagé plus d'Européens que de Nord-Africains : 6 700 pour 6 000. Les levées n'allaient pas cesser jusqu'à la campagne d'Allemagne, où tirailleurs et spahis s'étaient retrouvés nombreux. Ils ont le sentiment d'avoir été traités à l'armée comme des citoyens libres. Une fois démobilisés, ils sont généralement déçus. Ne peut-on compter sur eux pour diffuser les idées nouvelles, même lorsqu'ils sont encore enrégimentés ?

Dans l'armée présente en Algérie servent beaucoup d'Algériens. Mais ils occupent aussi les garnisons du Maroc et de Tunisie. Dans le 19e corps d'armée, deux régiments de tirailleurs algériens (le 6e et le 9e) accueillent les recrues, généralement disciplinées. Les tirailleurs font bon ménage avec les deux unités de Sénégalais : au total, 6 bataillons. En 1945, 24 000 hommes du 19e corps servent en Allemagne ou viennent d'être expédiés en Indochine. Les troupes algériennes sont sensibles à la propagande de Messali Hadj, qui rappelle souvent que la 3e division d'infanterie algérienne de l'armée, celle de De Lattre, détient le triste record des pertes pour la dernière année de la guerre. Auront ainsi participé aux combats 233 000 « indigènes ».

Les plus anciens se souviennent de la mutinerie de Maison-Carrée, le 25 janvier 1941. Ce jour-là, les spahis et les tirailleurs, en instance de départ pour l'armée vichyste du Levant, ont tué dans les rues d'Alger une dizaine de civils. Ils seront réduits par des automitrailleuses : 34 seront condamnés à mort, 27 seront fusillés. Au cours de l'hiver 1943-1944, les messalistes prêcheront la désertion en rappelant l'événement. Les gendarmes pourchasseront la bonne moitié des réservistes qui n'avaient pas rejoint leur unité : parmi eux, Ben Khedda, futur agitateur de la « rébellion ». Le milieu militaire est donc particulièrement sensible.

Les Noirs américains, citoyens à part entière, avaient traversé l'Afrique du Nord, donnant l'exemple de la démocratie raciale réalisée au moins dans l'armée, bien que peu de Noirs fussent alors appelés à des postes d'officiers. Les GI étaient égaux devant la loi, tous admis dans les salles de vote. L'exemple américain, assorti du sentiment de la puissance des États-Unis, aura-t-il incité les agitateurs algériens, marocains, tunisiens à considérer la France comme une puissance de seconde zone ? La promesse faite par Roosevelt de libérer les peuples dominés aura-t-elle servi de référence à la rébellion ? Rares, en tout cas, sont les allusions au communisme dans le discours de propagande. Dès 1926, Messali Hadj est un dissident : l'Étoile nord-africaine n'a plus rien à voir avec le Parti. Les 3000 membres qu'il a regroupés parmi les travailleurs nord-africains de la métropole mènent un combat purement « anti-impérialiste ». Le docteur Bendjelloul, élu musulman modéré, est, comme Abbas, l'adversaire des communistes, même si ce dernier confesse en 1936 son admiration pour la « pensée socialiste ». Longtemps Abbas agit au nom de la solidarité des Maghrébins : ainsi, un congrès, tenu à la Mutualité en 1930, rassemble les Algériens qui se reconnaissent en lui, les Tunisiens de Salah Ben Youssef, les Marocains d'Allal el-Fassi. Un autre congrès, qui a lieu un peu plus tard à Alger, présente encore un front commun des contestataires de l'Afrique du Nord. Mais, dès 1931, le cheikh Abdelhamid ben Badis, fondateur de l'Association des oulémas, écrit : « L'islam est ma religion, l'arabe est ma langue, l'Algérie ma patrie. » Le mouvement éclate alors en trois vecteurs nationaux se proposant d'établir, à l'indépendance, trois nations maghrébines libres. Messali, qui avait créé en 1935 l'Union nationale des musulmans nord-africains, se résigne, en 1937, à militer dans le cadre algérien : le Parti du peuple algérien sera indépendantiste et patriote. Et le prophète barbu est arrêté le 14 juillet 1937 à Alger pour avoir déployé au défilé des troupes un drapeau algérien, vert et blanc : désormais l'action anti-impérialiste passe par un militantisme national.

Où pouvait-il trouver ses modèles, sinon dans les pays arabes ? L'Irak et l'Égypte avaient profité des embarras de la Grande-Bretagne pour obtenir une indépendance presque totale. Si Nahas Pacha n'avait pas réussi à faire évacuer par les troupes britanniques le canal de Suez et le territoire du Soudan, il avait reçu l'engagement solennel de non-intervention dans les affaires intérieures. Il réclamait déjà l'admission de l'Égypte parmi les signataires des traités de paix et revendiquait la participation de son pays à l'Organisation des Nations unies. Les Anglais avaient contraint les Français à promettre l'indépendance à la Syrie et au Liban : le 1er janvier 1944, les autorités françaises avaient transmis leurs pouvoirs.

Tels étaient les vrais modèles des mouvements indépendantistes maghrébins. Des contacts panislamistes avaient été noués dès les années trente : l'émir druze Arslan avait entretenu des relations avec les oulémas. Il avait endoctriné Ben Badis et Messali Hadj, assurant que la domination coloniale cesserait bientôt dans tous les pays musulmans. Le 2e bureau de l'armée française était informé depuis décembre 1943 du projet de l'Union arabe nourri par l'Égyptien Nahas Pacha, sans doute soutenu par les Anglo-Saxons. La Syrie proposait Damas comme capitale. Les émirs d'Arabie Saoudite, Khaled et Fayçal, parcoururent en décembre 1943 les pays arabes afin que la future Fédération des États musulmans fût gérée par la nation où était enterré le Prophète. Le roi Ibn Seoud aurait-il gain de cause ?

Les Algériens étaient plus sensibles aux événements qui se préparaient dans les pays voisins. En Tunisie avait été publié, en octobre 1944, un manifeste indépendantiste. Un texte équivalent, en date du 11 janvier, avait provoqué au Maroc de sanglantes émeutes durement réprimées par l'armée, dans les quartiers musulmans de Rabat, de Salé et de Fez, particulièrement sensibles à la propagande religieuse. Les oulémas s'agitent, à l'annonce d'une réunion des États arabes indépendants au Caire. En février 1944, le marabout Meki Salimi, de la secte des Rhamanias, rencontre à Biskra, encore occupée par les Anglo-Saxons, le pharmacien de Tébessa Kabes, correspondant des oulémas, et le député Saadane. Il est question du Maroc et du projet d'Union arabe. La fiche du 2e bureau qui rend compte de cette réunion parle d'un « renouveau du mouvement religieux dans tout le Sahara ». De la cité caravanière de Biskra, on surveille les missionnaires qui doivent répandre la bonne parole parmi les Touareg du Hoggar. De nouveau, le discours religieux et le discours politique se confondent. La réunion de Biskra n'est pas innocente. On apprend en mai qu'un Comité pour la défense des peuples d'Afrique du Nord a été installé au Caire, sous l'égide du Parti populaire algérien. En mars

1945, la Ligue arabe devient une réalité internationale. Elle demande très vite le départ des Français du Levant et de l'Afrique du Nord. *L'Action algérienne,* organe du PPA, donne des informations sur les travaux du Comité et explique tout le soutien que les Algériens peuvent en attendre. On cite une lettre du Premier ministre égyptien Nahas Pacha qui déclare que l'Algérie, État musulman, doit s'intégrer à l'ensemble des pays arabes. A l'évidence, la lumière vient du Caire.

Les Anglo-Saxons soutiennent-ils cette propagande ? La politique arabe du cabinet de Londres avait déjà conduit les Français à abandonner la Syrie et le Liban. La Grande-Bretagne veut garder Suez et sauvegarder ses intérêts pétroliers ; c'est pourquoi elle modère les juifs et les empêche de créer leur État en Palestine. Elle se prépare à accorder l'indépendance aux nations arabes de la région, en même temps qu'à l'Inde et au Pakistan musulman. On a retrouvé dans les archives du 2ᵉ bureau, publiées par le Service historique de l'armée, quelques textes donnant le sentiment que l'Intelligence Service cultive des amitiés indécises en Algérie, ce qui la conduit à soutenir à Constantine une revue en langue arabe. Quant aux Américains, lorsqu'ils débarquent au Maroc en 1942, leurs services font paraître une brochure tirée à 1 million d'exemplaires, proposant qu'une autorité internationale contraigne les pays coloniaux à libérer les peuples dominés : une sorte de droit d'ingérence patronnée par les États membres d'une organisation mondiale. Dès lors, les oulémas attendent avec impatience les résultats de la conférence de San Francisco, et le cheikh Ibrahimi n'est pas le moins ardent défenseur de cette « solution américaine » du problème algérien.

Nulle contradiction entre l'attitude des oulémas et celle des Anglo-Américains. L'attitude des régimes du Caire, de Bagdad ou de Damas est la même que celle des gouvernements de Londres et de Washington, qui, pour l'heure, soutiennent la cause arabe. On ne dénonce nullement l'« impérialisme » anglo-saxon dans les États du Golfe ou sur l'avant-scène de la Méditerranée orientale. Le regroupement des États indépendants dans une Ligue arabe suscite l'espoir, jusque dans le Maghreb. Les oulémas peuvent entonner l'hymne panislamique sans crainte d'être contredits par le Département d'État ou le Foreign Office. Ils attendent plus de lumière de San Francisco que du Caire.

Ils n'espèrent rien de Paris, où le gouvernement du général de Gaulle a du mal à s'imposer aux députés rassemblés en partis divergents. Il est clair, pensent-ils, que les Français n'ont pu participer à la guerre qu'avec les armes et l'argent des États-Unis. Ils n'ont aucune raison d'imposer plus longtemps leur présence en Afrique du Nord, où leur suprématie a fait long feu. Les oulémas considèrent qu'un nouveau système doit être mis en place, fondé sur l'autonomie et appuyé sur la Ligue arabe et la future Organisation des Nations unies qui aidera l'Algérie, le Maroc et la Tunisie à se préparer à l'indépendance.

Il reste que les Français constituent en Algérie, sinon au Maroc et en Tunisie, une population dense, rassemblée, décidée à défendre ses intérêts : leur participation à la guerre, où de nombreux pieds-noirs se sont fait tuer, leur donne le droit, estiment-ils, de parler haut et fort à Paris, où leurs représentants sont d'ailleurs écoutés. Les Français d'Alger, de Rabat, de Tunis, ceux de Paris sont-ils en mesure de s'opposer au mouvement indépendantiste qui se précise chez tous les peuples du Maghreb ? Le gouvernement de Paris, à peine constitué, est déjà menacé par la vague anti-colonialiste qui l'oblige très vite à expédier la division du général Leclerc en Indochine. Il s'en remet aux autorités locales pour maintenir l'ordre dans les autres territoires, sans concevoir encore de politique de rechange.

Les résidents généraux au Maroc et en Tunisie, le gouverneur général de l'Algérie sont les tuteurs du nouvel ordre colonial, qui n'est guère que la reconduction de l'ancien, à de timides réformes près. Ils ont reçu mission de le défendre sans faiblesse. Ils s'appuient, pour remettre en état les territoires dont ils ont la charge, sur les milieux économiques locaux, considérant que la métropole est incapable d'assurer le redressement de la situation outre-mer, dans la mesure où elle est préoccupée par sa propre survie. Après quatre ans de guerre et de pénurie, les Européens du Maghreb peuvent-ils faire face ?

La crise n'a pas mis en péril la position économique dominante des milieux coloniaux : ils serrent les rangs et défendent leurs fortunes, essentiellement rurales. Ils s'endettent pour développer les cultures, les remettre en état, envoyer en France et dans l'Europe du Nord des bateaux chargés de vin. La viticulture, qui leur a permis de constituer leur capital (en particulier en Algérie, quand la crise du phylloxéra sévissait en métropole), devient plus encore spéculative et gagne sur les terres coloniales en Tunisie et au Maroc. L'Europe manque aussi de blé : l'Afrique du Nord peut en fournir si elle parvient à subvenir à ses propres besoins. Les colons s'endettent pour se procurer des machines américaines qui leur permettront d'étendre le *dry farming* aux terres du Sud. Il faut des surfaces très vastes, de l'ordre de 300 hectares par exploitation, pour amortir ces achats. Les fermiers investissent leurs bénéfices en acquisitions de terre et de matériel, misant sur une reprise rapide du grand commerce. Ils développent les plantations d'agrumes pour l'exportation : c'est pourquoi les champs d'orangers se multiplient au Maroc et en Tunisie. On imagine déjà des croisements productifs de mandarines et de clémentines. En Tunisie, les Européens s'engagent dans l'exploitation d'olivaies, tandis que dans les trois pays on étend la production de primeurs, particulièrement les tomates. Ce capitalisme rural, actif mais risqué, ne supporte pas la moindre concession sur les salaires, qui doivent rester, comme jadis dans le sud des États-Unis, coloniaux. Seuls les très grands planteurs et les fermiers peuvent se montrer plus généreux. Les profits sont essentiellement réalisés à l'exportation, et d'abord sur le marché français protégé.

Tous les colons ne sont pas en mesure de se lancer dans les productions spéculatives : en Tunisie, les nombreux petits fermiers italiens, parlant à peine le français, songent seulement à survivre. Quatre grandes entreprises se partagent le marché agricole : l'Enfida (société franco-africaine), l'Omnium immobilier, les Fermes françaises de Tunisie et la Compagnie des phosphates de Gafsa : ces groupes exploitent 20 % de la terre coloniale, soit 150 000 hectares. Quelques gros fermiers possèdent des propriétés de 2 000 à 3 000 hectares : ils rachètent les olivaies indigènes. Eux seuls sont en mesure d'exporter : les filiales des grandes sociétés possèdent le quart des terres exploitées au Maroc et 14,7 % des propriétaires disposent de 60 % du terroir. La concentration des domaines laisse pourtant subsister une foule de petits colons (2 000 sur 6 000) qui disposent de moins de 10 hectares et luttent pour tenir. Un tiers des fermiers vivent convenablement, grâce à leur matériel moderne importé des États-Unis. Quant aux fermiers d'Algérie, ils seront les plus nombreux à tenter leur chance dans l'aventure rurale. Mais, sur 150 000 partants au début du siècle, ils ne sont plus que 25 000 environ. Huit mille d'entre eux labourent ou sarclent des domaines de moins de 10 hectares. Ils en vivent bien quand ils sont vignerons ou producteurs de légumes près des villes. Ceux qui possèdent les plus vastes terres et pratiquent le *dry farming* prennent beaucoup de risques et ne réussissent pas forcément mieux : les 6 000 colons possédant plus de 100 hectares ont des fortunes très variables.

La société coloniale accuse donc des différences sociales marquées, même si petits et grands fermiers se sentent solidaires pour maintenir et défendre à tout prix leur exploitation, leur seul capital. Telle quelle, la colonisation couvre en Algérie, grâce à l'aide de l'État, 2 millions d'hectares utiles, soit près du tiers des terres cultivables. Cette proportion va se renforcer dans l'immédiat après-guerre, jusqu'à atteindre 37,9 %. La part coloniale est un peu moindre en Tunisie, où l'administration n'a pas su installer des centres de colonisation officiels. On admet que les Européens cultivent ou disposent de 800 000 hectares de terres labourables sur un total de 3,8 millions. Au Maroc, l'implantation est encore plus faible : les Européens ne cultivent que 400 000 des 1 085 000 hectares dont ils disposent, sur un total de 7 millions d'hectares cultivables. La colonisation n'est donc pas égale selon les territoires : elle est surtout développée en Algérie, où les essais, souvent difficiles et infructueux, ont couru sur plus d'un siècle de présence. Il n'en reste pas moins que la possession et l'exploitation de terroirs immenses par une minorité de la population donnent aux trois territoires une allure de colonie de peuplement. Le fait colonial, à l'évidence, est à l'origine de cette appropriation qui n'a pas toujours, tant s'en faut, été désirée par l'« indigène ». Il est vrai aussi que la mise en culture de terres réputées ingrates, voire totalement incultes, terrains de parcours saisonniers pour les troupeaux, est l'un des aspects les plus positifs de la « mise en valeur ».

En raison des investissements répétés d'une génération à l'autre, les Français d'Algérie, les Espagnols d'Oran, les Italiens de Tunisie se considèrent comme « maîtres chez eux ». Plus que le drapeau, ils défendent leur terre et n'admettent pas qu'on remette en question les modalités de l'appropriation. Ils ont été soutenus dans leur effort par des organismes financiers entièrement dépendants de la métropole, qui se sont constitués dans le Maghreb des fiefs capitalistes parfois considérables.

On glose sur les « gros » colons d'Algérie, qui possèdent le pays et dirigent les groupes de pression grâce à leurs journaux (algériens) et à leur réseau de parlementaires. C'est vrai, Henri Borgeaud est un des maîtres de l'Afrique du Nord : ce pied-noir d'origine suisse cultive 1 000 hectares dans son domaine de La Trappe et produit 4 millions de litres de vin par an. Il possède en partie les moulins du Cheliff, les distilleries d'Algérie, les usines de bouchons qui transforment le liège des forêts, les cigarettes Bastos. Il a des parts dans les cimenteries Lafarge et les cargos algériens. On le dit gros actionnaire du Crédit foncier d'Algérie et de Tunisie, banque républicaine et radicale comme Borgeaud lui-même, proche du député de Constantine, l'influent René Mayer, qui dirige au Palais-Bourbon le groupe de pression des députés d'Afrique du Nord. On dit aussi que *L'Écho d'Alger*, le journal d'Alain de Sérigny, est à sa dévotion. On met au pinacle le propriétaire de *La Dépêche algérienne*, Laurent Schiaffino, qui contrôle le trafic du port, parce qu'il a la maîtrise de la plus importante flotte marchande. Ce sénateur aux origines napolitaines grave le S de son nom sur la cheminée de ses navires. Il est grand propriétaire de domaines et d'immeubles. Dernier magnat local : Georges Blachette, le « roi de l'alfa », le propriétaire du *Journal d'Alger*, maître des terres du sud d'Oran, qui exporte en Angleterre ses récoltes. Tous influent sur la politique de la métropole en freinant les réformes, même si Blachette, comme son ami Chevallier, maire d'Alger, frère et fils de colon, est réputé libéral... Les rapports qu'entretient ce milieu pied-noir, maître des terres et des industries locales de transformation, maître des journaux et des immeubles d'Alger, des hôtels et sans doute des bars, avec le vrai milieu capitaliste international, présent aussi en Afrique du Nord, ne sont pas faciles. Bien sûr, les rois d'Alger touchent des jetons dans les conseils d'administration des banques locales, dispensatrices de crédits. Mais ils ne sont pas mêlés aux grandes affaires.

Plusieurs groupes financiers internationaux ont investi dans cette partie du monde. En particulier le groupe Rothschild, présent, par l'intermédiaire de la société Penarroya et par la Miferma, dans les affaires nord-africaines (mines et industries de transformation). Le groupe Mirabaud est représenté par la Compagnie algérienne de crédit et de banque, qui possède des intérêts, par le truchement d'autres firmes, dans les industries et les sociétés de transport. La Mokta a elle-même constitué des filières qui contrôlent les importations de pétrole et de charbon en Algérie *et* en Tunisie. On trouve au Maroc, ce paradis des capitaux, des filiales de la plupart des grands groupes français comme Hersant, Beghin, Schneider. La banque Worms et la Banque de Paris et des Pays-Bas sont présentes dans les holdings marocains. René Mayer, ancien banquier du groupe Rothschild, assure le contact entre le capitalisme local et l'international, entre les milieux dirigeants français et les représentants du Maghreb. Bien sûr, les investisseurs français, suisses, belges qui dominent les sociétés marocaines et tunisiennes (y compris les sociétés d'agriculture : le groupe Mokta est propriétaire d'un domaine de 70 000 hectares) pouvaient parfaitement supporter une politique de décolonisation, à la différence des Borgeaud et des Schiaffino.

L'État, maître de la Banque d'Algérie et de Tunisie, du monopole d'exploitation des phosphates et de la Banque d'État du Maroc, est le moteur de l'économie. Ses investissements attirent les grands intérêts capitalistes. Il a construit des équipements d'infrastructure, les grands ports et les routes, les voies ferrées et les aérodromes. Il a installé l'eau, l'électricité, exploité le charbon et la lignite dans les trois territoires, aménagé les oueds, construit les voies ferrées permettant l'exploitation des mines et les ports d'évacuation : ainsi Nemours exporte le plomb et le manganèse du Maroc, Mostaganem, le vin d'Oranais, Bône (le plus grand port du Maghreb avec Alger et Casablanca au Maroc), le fer de l'Ouenza et les phosphates du Kouif. L'État s'est rendu maître de l'espace en aménageant les liaisons, mais surtout les bases navales de Bizerte et de Mers el-Kébir. Les installations anglo-saxonnes d'aérodromes modernes ont permis de créer Oran-La Senia, Alger-Maison-Blanche, Bône-les-Sâlines, Tunis-El-Aouïna et Casablanca. Le président des États-Unis se prépare à construire au Maroc cinq bases stratégiques. La guerre a également accéléré le développement des liaisons internationales par câble. L'espace maghrébin est loin de laisser les pays capitalistes indifférents : mais, en contrepartie, il dépend entièrement d'eux en matière de fonctionnement, d'alimentation et de régulation des flux financiers.

Il dépend aussi de la capacité d'investissement et de la volonté politique de développement de l'État français.

Cette capacité, au début de 1945, est très faible. René Mayer, comme Bourguiba ou Ferhat Abbas, place ses espoirs en Washington pour tirer son pays — la France *et* l'Algérie — du marasme. Il connaît bien les Américains, pour avoir participé à une mission de Jean Monnet aux États-Unis en compagnie d'un industriel d'origine bretonne, René Pleven. Leur but, en 1938, était d'obtenir du président Roosevelt la fourniture d'avions militaires. Après 1942, Jean Monnet et son équipe retournèrent à Washington pour obtenir l'armement des divisions françaises levées à Casablanca et à Alger. Après la libération, les *Liberty Ships* débarquèrent dans les ports français le ravitaillement indispensable qui permettait tout juste de survivre. Des liens de dépendance économique avaient été noués par le même Jean Monnet, avec l'accord du général de Gaulle, dont le gouvernement provisoire venait tout juste d'être reconnu par Washington. Les États-Unis, selon l'accord de novembre 1944, devaient couvrir la moitié des besoins agricoles et alimentaires français, le quart du charbon et des matières premières, 80 % des produits semi-finis destinés à l'industrie et la quasi-totalité des fabrications industrielles. Une formidable délégation de fonctionnaires français s'était installée à Washington (plus de 1 000 personnes) pour gérer cette aide. On négocia un prêt de 316 milliards de dollars de l'Export/Import Bank pour soutenir la Banque de France, qui se révélera vite insuffisant. Au début de 1945, les Français disposaient de 150 grammes de viande et de 90 grammes de charcuterie par jour. Ni tissus ni chaussures. L'électricité, le gaz étaient rationnés. Les magasins fermaient à 17 heures. Les travailleurs algériens ou marocains pouvaient informer leurs familles des conditions de vie déplorables dans les centres industriels, où les salaires ne suivaient pas la hausse des prix. Comment se procurer au marché noir les denrées indispensables ? 200 000 habitations étaient détruites, 900 000 endommagées, les bébés mouraient de froid dans les hôpitaux de Paris. Les Kabyles des mines du Nord ou de la chimie lyonnaise songeaient à repartir chez eux. La France était ruinée.

Sa dépendance à l'égard des États-Unis était complète, et les

Américains espéraient en recueillir les fruits politiques. Or leurs rapports avec le général de Gaulle étaient crispés. Longtemps l'administration américaine avait joué, pendant la guerre, la carte du « gouvernement légal » de Vichy. Ni Roosevelt ni Murphy, son représentant en Afrique du Nord, n'avaient confiance en de Gaulle. Ils voyaient en lui l'allié de Moscou et des communistes. N'avait-il pas quatre ministres du Parti communiste dans son gouvernement ? N'avait-il pas fait de Maurice Thorez un ministre d'État ? A l'ambassade américaine, qui était devenue, note l'historien Irwin M. Wall, « un lieu de pouvoir », on redoutait que de Gaulle ne fît le jeu d'une révolution inspirée par les créatures de Staline. La dépendance économique de la France ne pouvait manquer de rendre son protecteur américain sensible à la tentation d'intervenir dans les affaires politiques. Jamais Roosevelt n'avait caché son intention de ne plus traiter la France comme une grande puissance. Il n'admettait pas qu'elle régnât au Maroc sur un pays musulman dont elle n'avait pas, disait-il, assuré le développement, pas plus que sur l'Indochine, dont les habitants « avaient droit à mieux que cela ». Il est vrai que de Gaulle, soutenu par Eisenhower, qui voulait « assurer la sécurité de ses arrières », avait retourné la tendance à l'occasion d'un voyage à Washington en juillet 1944. Malgré les frictions et l'exacerbation des susceptibilités françaises, les Américains avaient fini par convenir que de Gaulle n'était pas un tyran et qu'ils devaient tout de même reconnaître aux Français le droit de se déterminer eux-mêmes.

Quand le général de Gaulle, en 1945, reçut le nouvel ambassadeur Caffrey, celui-ci lui déclara que « les États-Unis souhaitaient une France prospère et forte ». Comprenant que de Gaulle était le seul rempart contre l'établissement d'un régime communiste par la voie légale, les Américains se montrèrent plus disposés à ne pas remettre en question le statu quo colonial, et donc à laisser les Français régner, comme avant la guerre, sur l'Afrique du Nord, qui sortit alors du champ de leurs préoccupations immédiates.

René Mayer n'ignorait pas la portée de ce revirement. Les puissants des trois territoires, qui avaient longtemps boudé de Gaulle (lui préférant le régime de Vichy), avaient accueilli les Américains en libérateurs. Ils se réjouissaient de s'appuyer sur eux pour restaurer leur pouvoir affaibli par la guerre, à Alger comme à Rabat et à Tunis. Le vent de l'histoire avait-il tourné ? Dans toute l'Afrique du Nord, on arbora les drapeaux tricolores pour fêter la victoire, le 8 mai 1945. Mais, ce jour-là, une émeute ensanglanta Sétif, donnant le coup d'envoi aux guerres d'indépendance du Maghreb.

PREMIÈRE PARTIE

La dérive de l'île du Couchant

De 1945 à 1954, l'île du Couchant est à la dérive. La fin de la guerre avait nourri, chez les Européens comme chez les nationalistes, une double illusion : pour les premiers, les Américains sauraient rétablir en France un régime d'ordre, écartant de Gaulle et ses alliés communistes. Double déception . de Gaulle parti, les communistes lui survivent dans des gouvernements « tripartites » qui se prolongent jusqu'en 1947. Quant aux Américains, ils maintiennent la France hors d'eau en lui fournissant des vivres, des armes, des crédits. Mais ils n'ont nulle intention de lui garantir son empire colonial et l'incitent à décoloniser.

Les indépendantistes, pour leur part, avaient entretenu le rêve d'une Amérique protectrice des peuples colonisés, tutrice de leur indépendance. La Grande-Bretagne elle-même ne s'engageait-elle pas dans cette voie au Proche et au Moyen-Orient ? Pourquoi les Anglo-Saxons n'obligeraient-ils pas la France, par l'intermédiaire des Nations unies, à en rabattre et à accorder l'indépendance ? Mais l'ONU ne décide rien et les armes américaines permettent aux Français de maintenir les peuples sous leur domination.

Restait la Ligue arabe, créée au Caire le 22 mars 1945. Ses appels à la révolte trouveraient nécessairement un écho dans tous les pays du Maghreb soumis à la pénurie et à la misère de l'après-guerre.

Il est impossible de décrire les prolégomènes de la guerre d'Algérie sans considérer les répercussions de la grande révolte de 1945, celle de Sétif et de Guelma, à l'échelle du Maghreb entier. Les événements qui se produisent à l'époque dans tel ou tel territoire ont des répercussions immédiates sur leurs voisins.

Les forces de répression françaises sont faibles, l'armée d'intervention étant engagée dans la guerre d'Indochine. Les troupes de Leclerc y débarquent dès mars 1946. Le 19 décembre, les postes français du Tonkin sont attaqués. Il faut envoyer des renforts, que l'on prélève notamment sur les unités de la 19e région militaire, celle de l'Algérie. Il est indispensable d'entamer, en Tunisie puis au Maroc, un processus légal d'accession des protectorats à l'autonomie. Mais les nationalistes jugent les réformes trop timides, et la violence éclate, presque simultanément, en Tunisie et au Maroc.

La revendication algérienne suit un double cheminement : légal, autour des élus et des organisations politiques et syndicales ; illégal, autour de l'armée secrète qui se constitue sur le modèle de la résistance française et de l'armée révolutionnaire vietnamienne. La lenteur de l'accession des protectorats à l'autonomie, les contradictions des gouvernements faibles de la IVe République ont des incidences sur l'Algérie, où se prépare sur le terrain, en ville mais aussi dans les campagnes, une nouvelle révolte qu'on souhaite transformer en révolution.

De Sétif à la Toussaint rouge, de 1945 à 1954, la guerre d'Algérie s'annonce sans que personne ne puisse la prévoir, pas plus les responsables français que les masses arabes. Le courant tiers-mondiste, qui s'affirme déjà en 1954, rend le thème indépendantiste irrésistible dans les pays musulmans, sensibles depuis la guerre au réveil d'un nationalisme mâtiné de renouveau religieux.

Dans le désordre politique français, une idée se fait jour après les accords de Genève, qui mettent fin à la guerre d'Indochine en 1954 : la négociation est préférable à la répression, qui, dans les guerres coloniales, aboutit inévitablement à la défaite. Mais ce réalisme pessimiste, qui se manifeste avec une force accrue dans les milieux politiques dominants, se heurte au fait algérien : comment la décolonisation est-elle possible dans un pays qui n'est pas, comme les autres territoires de l'empire français, une simple colonie d'exploitation mais une colonie de peuplement ? Aux mots d'ordre d'indépendance les Français d'Algérie opposent la terre et leurs cimetières. Ils sont assez nombreux et décidés pour que le choc brutal de Sétif leur inspire l'irrévocable volonté de refuser l'abandon.

CHAPITRE PREMIER

Le bain de sang de Sétif

La révolte de Sétif est-elle le premier acte de la guerre d'Algérie ? Elle est déjà révolutionnaire, dans la mesure où elle use du terrorisme pour attirer l'attention mondiale sur l'Algérie, au moment où s'ouvre, à San Francisco, la première assemblée des Nations unies. Les Frères musulmans anonymes qui mettent le feu aux poudres sont des jeunes, admirateurs des colonels de ces nouveaux États arabes qui appellent les peuples musulmans au réveil religieux et au nationalisme.

Sétif est la ville de Ferhat Abbas. Mais, pas plus que Messali Hadj, il n'est à l'origine de la prise d'armes. La révolte est-elle spontanée, inspirée par les jacqueries d'antan, animée par des meneurs improvisés, secondée par les affamés des mechtas ? C'est vrai, on vole du grain, on va faire paître les troupeaux efflanqués dans les grasses terres à blé des colons. La révolte est aussi une saturnale : on tue les régisseurs haïs, les gardes forestiers et les gardes champêtres, les juges de paix et les leveurs d'impôts. On ne touche pas aux musulmans, même s'ils sont amis des Français. On multiplie les crimes rituels, on lève le pouce au ciel et les femmes crient « Djihad ! » en serinant aux oreilles des colons qu'ils doivent faire leurs bagages, et partir.

Il reste que la révolte a été organisée et programmée, qu'elle a ses émissaires, ses états-majors clandestins. On l'a voulue universelle, et pas seulement kabyle. Sur ce plan, elle échoue : des régions entières restent calmes, comme l'Oranais et l'Algérois. Dans l'Est, les masses sont dociles et marchent au coup de sifflet des scouts musulmans. Ailleurs, elles sont amorphes, sourdes, résignées. On tente de les réveiller par des cris.

Cette révolte n'est pas la première bouffée de violence depuis l'arrivée des Alliés : au discours modéré du général de Gaulle prononcé à Brazzaville le 30 janvier 1944 les militants de l'Istiqlal ont répondu au Maroc par les violentes émeutes de février. L'Algérie est alors tranquille, et quand Ferhat Abbas lance, précisément de Sétif, le 14 mars 1944, son parti des Amis du manifeste et de la liberté, on peut penser qu'il est fidèle à l'esprit du Conseil national de la résistance qui fait connaître, le lendemain 15 mars, les réformes fort démocratiques qu'il propose à la France. L'esprit de liberté qui imprègne ce texte saura-t-il prendre en considération les peuples d'outre-mer ? Le 14 mai, les vainqueurs du Garigliano sont également algériens. Seront-ils humiliés en rentrant dans leur pays par un statut qui les condamnerait à être des citoyens de seconde zone ? L'armée française qui se lance à l'assaut de l'Allemagne nazie compte, au début du mois de septembre, 300 000 soldats de l'empire sur 500 000 recrues. L'opposition légaliste, celle qui défile et se réunit au grand jour, proteste contre les inégalités et demande justice : dans cet état d'esprit se sont réunis, en janvier 1945, Ferhat Abbas et les messalistes. Ces derniers, partisans de la révolte, l'emportent, il est vrai, au congrès des Amis du manifeste, en mars. Il est impossible, disent-ils, de rester sourd devant la misère des masses. Au-delà de l'indépendance, les militants revendiquent le droit à l'existence. L'administration répond en expédiant le prophète à Brazzaville.

Les nouveaux militants du Parti populaire algérien n'admettent pas cette répression. Ils sont jeunes, ardents, et s'appuient sur les scouts musulmans et sur les universités. Un de leurs chefs, Lamine Debaghine, étudiant en médecine, est le fils d'un restaurateur de Cherchell. Il n'aura pas de responsabilité directe dans l'émeute, mais la plupart des tracts diffusés dans la population depuis le mois de mars émanent de son parti. Il n'a cessé de protester, avec Messali Hadj mais aussi avec Ferhat Abbas, contre l'ordonnance, signée par le général de Gaulle le 7 mars 1944, qui abolit le Code de l'indigénat et stipule l'égalité civile en Algérie, mais n'accorde de droits politiques qu'à *16 catégories* de musulmans, et, parmi les dizaines de milliers d'anciens combattants, aux seuls titulaires de la croix de guerre. Depuis plus d'un an, les inscriptions sur les murs du Constantinois, pourtant administré par le préfet libéral Périllier, appellent les Frères musulmans à l'« heure H ». Un tract prend parti contre la politique d'assimilation, suivant en cela non seulement la tendance de Messali Hadj, mais celle, nouvellement affichée, de Ferhat Abbas et de ses amis, qui pensent que l'assimilationnisme est dépassé : « Le peuple musulman algérien, lit-on dans ce tract découvert sur son comptoir par un commerçant européen de Biskra, refuse catégoriquement la citoyenneté française et veut une citoyenneté algérienne, un Parlement algérien. » C'est aussi le point de vue d'Abbas, qui prétend cependant ne pas sortir de la « légalité républicaine » et qui attend tout des hommes de la Résistance au pouvoir à Paris. Les communistes sont encore plus confiants. Le secrétaire du Parti pour Constantine, Bouali, compare de Gaulle à Lénine et demande l'épuration des cadres vichystes en Algérie, la création d'une armée nationale. Il y a, dit-il, « en Algérie, trop d'officiers pour qui l'ennemi est le gaullisme et le communisme ».

Les oulémas, qui, pendant l'été 1944, ont installé à Alger leur « université d'été », ne sont pas opposés à la violence. Ils dénoncent dans leurs journaux et leurs tracts les chefs indigènes, les caïds, les chefs de confréries religieuses qui font le jeu des Français, ainsi que les élus musulmans, comme le docteur Bendjelloul, très hostiles à la révolte. Le dernier projet d'Abbas — une fédération de style soviétique des peuples de l'ancien empire où l'Algérie tiendrait sa place de république autonome — vient d'être rejeté par les messalistes au congrès des Amis du manifeste, le 2 mars 1945. Le PPA dépasse déjà l'autonomisme pour revendiquer l'indépendance. A Tlemcen, métropole religieuse proche des grands centres traditionnels du Maroc, le cheikh Ibrahimi attire l'attention de la nouvelle ONU sur la revendication d'indépendance « partielle » des pays de l'Afrique du Nord. Ce 16 mars, le mot est lâché. Il est, en lui-même, un appel à la violence. Le 1er mai, les manifestants en Algérie ont scandé des slogans demandant la libération de Messali Hadj *et* l'indépendance. On peut déjà les qualifier d'insurrectionnels.

Les incidents qui précèdent le 8 mai sont nombreux et révélateurs d'un état d'esprit qui déborde les positions prises par les représentants plus ou moins autorisés du mouvement nationaliste algérien : on peut distinguer dans ces troubles plusieurs tendances.

D'abord, les réactions spontanées de la population contre la disette, la vie chère et l'absence de pain ; les émeutes de ce genre sont nombreuses et anarchiques : dans la région occidentale, le quadrilatère Oran-Orléansville-Sidi-bel-Abbès-Tiaret semble particulièrement touché par la crise des subsistances. Les ménagères d'Oran manifestent le 3 mars contre la disette de légumes. Trois jours plus tard, elles reçoivent le gouverneur général aux cris de « Du pain ! du pain ! ». A Saint-Cloud, le 22 mars, les femmes réclament des vivres. La foule se rassemble devant la sous-préfecture d'Orléansville pour exiger du grain ; la police et la gendarmerie doivent intervenir. Il en est de même à Slissen, petite commune proche de Sidi-bel-Abbès, et à Guelta, où les gendarmes ne peuvent empêcher les manifestants de piller les sacs de pain transportés en autobus. A Tiaret, 2 000 musulmanes hurlent devant la mairie pour réclamer du pain. Un camion de boulanger est pillé sur la route de Mostaganem. Un gendarme qui intervenait à Rabelais, près d'Orléansville, à la demande d'un boulanger, est bastonné par les indigènes. A Maison-Carrée, les soldats algériens prennent l'initiative de contingenter le trafic des légumes et d'autres denrées. Dans beaucoup de fermes, les ouvriers insuffisamment nourris font la grève. Ils lapident les gendarmes au marché de Bethaïa, près d'Orléansville. Ils font obstacle au transport des grains de la commune de Charon jusqu'à Cheliff, parce que les gens de Charon meurent de faim. Ils sont si démunis qu'ils pillent les tubercules dans les champs aux Attafs, près d'Orléansville. La pénurie n'est pas moins préoccupante dans le Constantinois : 7 000 personnes encadrées par les communistes manifestent à l'entrée du bordj de Fedj-M'zala pour demander du grain. La milice rurale de Belezma intervient contre une caravane chargée de blé qui gagne le sud. Près de Telergma, les gendarmes poursuivent à coups de fusil les pilleurs d'un train. Dans une mechta proche de Châteaudun-du-Rhumel, les gens attaquent des chameaux transportant clandestinement du blé. Des bandits agressent, pour les piller, des camionnettes de vivres sur la route de Bône. Les exactions se mutiplient : dans les rues d'Alger, un médecin-capitaine est victime d'une attaque à main armée. On assassine une fermière dans les environs de Sétif. La misère répand l'insécurité dans les campagnes.

Une deuxième série d'incidents est provoquée par les manifestations politiques qui dégénèrent. On prétend empêcher les

« indigènes » de se livrer à la propagande désormais indépendantiste du PPA. Ferhat Abbas est, lui aussi, l'objet de poursuites ou d'interdictions comme à Tizi-Ouzou, le 1er mars, où les gendarmes l'empêchent de parler. Mais comment interdire au public des matchs de football (à Batna et à Mostaganem, le 4 mars) de hurler des slogans interdits ? On pourchasse les agitateurs nationalistes, on les empêche de tenir des réunions publiques, on arrête les récalcitrants. Pourtant, Abbas réussit à prendre la parole à Souk-Ahras, dans l'Est constantinois. Les Amis du manifeste font d'ailleurs diligence dans toute la région, particulièrement autour de Guelma et à Sétif même, où, le 11 mars, ils retiennent comme thème de meeting l'« indépendance de l'Algérie ». A l'évidence, Abbas ne veut pas être débordé par les messalistes. Lors d'un conseil de révision, les conscrits et les enfants qui les accompagnent hurlent : « Vive Messali ! » Partout les réunions politiques rassemblent de 200 à 400 personnes. A Bougie, petit port au nord-ouest de Constantine situé sur la route d'Alger, les manifestants passent à la violence ouverte : des jeunes interdisent la vente du vin aux musulmans et s'en prennent à des transporteurs de tonneaux. Ils renversent sur la chaussée le précieux nectar, symbole de la fortune des colons.

Des rixes avec les Français sont signalées. On attaque des militaires et des policiers. Les marins de Mers el-Kébir sont pris à partie dans un bouge. Sur les stades, les équipes musulmanes ne peuvent plus affronter les Européens sans que des troubles éclatent : cette troisième série d'incidents embarrasse fort les préfets. La violence va-t-elle opposer les deux communautés ? Les troubles politiques qui entourent les réunions de propagande leur semblent moins graves que ces réactions spontanées qui entretiennent un climat d'insécurité, particulièrement dans la région de Constantine.

Il devient clair pourtant que même les réunions politiques sont dangereuses. L'une d'elles nous est connue par un compte rendu de la Sécurité générale. Elle se tient à Souk-Arhas, le 17 avril, au Cercle de la jeunesse musulmane, sous la bannière du parti de Ferhat Abbas, qui est alors le plus modéré de ton. Des orateurs se succèdent, réclamant l'indépendance. L'un d'eux, Tidjani, ose lancer, avant l'intervention de la police : « L'Algérie a été conquise dans le sang et nous la reconquerrons dans le sang. » Le PPA est naturellement plus violent. Les tracts qu'il diffuse à Biskra sont un appel à la révolte : « Le Français est comme un parasite, dit l'un d'eux. Essayez de le jeter à la mer. Le moment tant attendu arrive... Vive l'indépendance ! » C'est pour mettre fin à ces outrances que le « libéral » Périllier fait interner les premiers politiques et expulser Messali...

Le préfet redoutait avec raison le 1er mai 1945. On a autorisé la CGT à manifester avec le Parti communiste à Alger, à Constantine et à Oran. Les quatre meetings algérois avec cortèges se déroulent comme prévu : les 1 000 participants de Belcourt sont surtout des ouvriers espagnols, ceux d'Alger-Centre et ceux de Bab el-Oued sont espagnols ou français. Seuls les participants de la Bourse du travail sont musulmans : ces 2 000 dockers encadrés par la CGT sont fort disciplinés et défilent dans le calme. Mais une autre manifestation nationaliste déferle rue de la Lyre (en bas de la Casbah), gagne la rue d'Isly. La foule, dit le rapport militaire, est encadrée par de petits groupes d'agitateurs qui crient : « Vive Messali, libérez Messali ! », en levant le doigt vers le ciel, signe de reconnaissance du parti. Ils attaquent la police à coups de bâton, de couteau et même d'arme à feu. Les gardiens de la paix ripostent, faisant des blessés et 2 tués. Il y aura 20 arrestations. Parmi les tracts saisis, des documents du PPA mais aussi des appels lancés aux communistes par les militants des Amis du manifeste. Abbas a-t-il approuvé ces manifestations violentes ? Il les attribue à des provocations.

Les mots d'ordre ont été suivis dans toutes les villes européennes : on compte 14 blessés à Oran et des milliers de manifestants, pour la plupart très jeunes, dans le Constantinois. Partout les syndicalistes ont aidé la police à disperser les nationalistes. Des tracts identiques, signés des Frères musulmans, appelaient la foule à se joindre aux cortèges des syndiqués ; mais ceux-ci ont réagi vivement en condamnant les troubles. Elie Augonin, communiste européen, a dénoncé les provocateurs « liés à la cinquième colonne ». Un communiste musulman, Sari Abdelkader, a pris la parole en arabe pour dénoncer la manœuvre des « cent seigneurs », ces notables musulmans, ex-collaborateurs, qui cherchent à opposer les Arabes aux juifs en lançant des slogans nazis. Mais, dans le Constantinois comme à Oran ou dans les rues d'Alger, les pancartes et les banderoles étaient essentiellement consacrées à la revendication anti-colonialiste. Le but des manifestations était la libération de Messali. A Souk-Arhas, les pancartes ont exigé « la reconnaissance de la nationalité algérienne »...

Le commandement militaire prit la menace au sérieux. Un rapport du général Duval, qui dirigeait la division de Constantine, établit la collusion des mouvements d'Abbas, de Messali et des oulémas. « On sent qu'il va y avoir quelque chose », disaient les domestiques des citadins européens ; ils se livrèrent, les 5, 6 et 7 mai, à des grèves perlées. Deux éléments annonçaient l'orientation de l'action future : l'appel au boycott des listes électorales (lancé à l'intention des musulmans admis à voter) mais aussi des cartes d'alimentation, qui permettaient de ficher la population. L'action contre les consommateurs de vin et d'alcool entreprise au nom de l'islam équivalait à un boycott économique. Mais les tracts s'en prenaient surtout aux notables indigènes accusés d'être les complices des Français ; caïds, administrateurs divers, agents des préfectures, enfants musulmans étaient invités à déserter.

Ainsi, les grands thèmes de l'agitation future se mettaient en place. Le général Duval s'inquiétait : dans le Constantinois, 60 % des musulmans des villes suivaient le mouvement par passivité ou par solidarité, parfois, chez les jeunes, pour suivre la mode. Un musulman sur deux seulement était réputé fidèle à l'administration française. Dans les campagnes, 40 % des musulmans avaient adhéré à l'un des trois mouvements autonomistes. Un sur dix, pas plus, était un agitateur conscient, relié à un réseau et diffusant des mots d'ordre précis. Les autres attendaient, avec impatience, de passer à l'action. Dans la plupart des familles indigènes, la faim poussait à la révolte. On n'attendait pas de solution au problème des subsistances après la soudure de l'été : les sauterelles étaient apparues en essaims dévastateurs et la sécheresse risquait de compromettre les récoltes. On vendait déjà le blé au marché noir à plus de 10 000 francs le quintal. L'insurrection pouvait éclater d'un jour à l'autre. Les généraux commandant en Algérie faisaient le compte de leurs unités et auscultaient le moral de leurs troupes, dont beaucoup étaient algériennes.

Les engagés et les conscrits des unités de tirailleurs et de spahis s'étaient montrés fidèles et disciplinés pendant la guerre. Des métropolitains et des pieds-noirs y avaient également servi, et la solidarité du feu avait soudé les combattants des régiments prestigieux de l'armée d'Afrique, dont certains s'étaient couverts de gloire en Italie. Ces soldats étaient-ils prêts à verser leur sang contre les Frères musulmans ?

Le général Martin, qui commandait l'armée d'Algérie, était à disposition du gouverneur général Chataigneau, sur réquisition. Ce haut fonctionnaire dépendait du ministre de l'Intérieur, Adrien Tixier, un ancien syndicaliste rallié à la France libre. Anti-vichystes, Tixier et Chataigneau étaient des libéraux. L'un et l'autre avaient mal accepté la résistance des Européens d'Algérie aux réformes proposées par de Gaulle. Inversement, les familles des combattants pieds-noirs de Cassino et de Belvédère, qui avaient des milliers de morts à pleurer, jugeaient inacceptable l'acharnement des nouvelles autorités françaises à « réformer » le statut de l'Afrique du Nord. Bien des officiers partageaient ce point de vue.

Un rapport d'octobre 1944 sur le moral de l'armée signale : « A Sétif une trop grande proportion d'officiers indigènes, pour la plupart susceptibles et plus au courant de leurs prérogatives que de leurs devoirs » ; les jeunes recrues « s'intéressent à l'évolution de la politique nationaliste et à la campagne d'égalitarisme menée par certains de leurs coreligionnaires » ; les cas d'ivresse, de vente d'effets ont dû être réprimés à Constantine et à Bône ; les officiers du 15e régiment de tirailleurs sénégalais constatent que leurs recrues « n'apportent plus à leur métier de soldat la foi aveugle de jadis ». Pour maintenir le moral, ils veillent sur le bon entretien de la troupe et surveillent discrètement les cafés maures et les foyers militaires. La confiance du commandement n'est pas sans faille.

Il est d'autant plus inquiet qu'il ne dispose pas des moyens nécessaires. Un long hiver froid et enneigé a nui au ravitaillement. On a dû réduire les rations de viande de la troupe, surveiller les Sénégalais atteints de déficience psychique, souvent désespérés d'être sans nouvelles du pays qu'ils ont quitté depuis trois ans. Les Nord-Africains sont également inquiets pour leurs familles. Certains désertent pour les rejoindre dans le bled, où la pénurie de céréales et de vêtements devient grave. On envisage de distribuer à la troupe 300 grammes de couscous par homme et par jour. Le tribunal de Constantine doit sanctionner les nombreuses désertions. On signale aussi l'insuffisance de l'encadrement dans certaines unités : dans la compagnie muletière de Constantine, les jeunes recrues indigènes du quartier du Mansourah ne peuvent être instruites : le commandant ne dispose que de 2 officiers pour 1 200 hommes... Comment réagiront ces unités en cas de troubles graves ?

Les pouvoirs militaires, dans les territoires du Nord (ceux du Sud relèvent du général commandant en chef en Algérie), dépendent du gouverneur. Les préfets sont responsables et agissent normalement avec le seul secours de la police et de la gendarmerie. Pour obtenir le concours de l'armée, ils doivent (instruction du 12 septembre 1934) expédier une réquisition. En cas d'insurrection, l'autorité militaire reçoit, pendant le temps des troubles, délégation pour se substituer au pouvoir civil dans le cadre d'une ville, d'une région, éventuellement de l'Algérie tout entière. Une instruction ultérieure du 30 août 1944, signée de Juin, précise que le général commandant le 19e corps d'armée d'Alger reçoit, en cas de besoin, autorité pour coordonner la troupe stationnée au Maroc et en Tunisie. Pour le commandement, la sécurité ne se limite pas aux départements algériens, elle s'étend à l'ensemble du Maghreb.

Les problèmes doivent se régler au niveau de l'Algérie, mais on s'appuiera le cas échéant sur la totalité des unités présentes en Afrique du Nord. Les instructions du général de Gaulle sont globales : il s'agit, dit-il au général Martin en août 1944, « d'empêcher que l'Afrique du Nord ne glisse entre nos doigts pendant que nous libérons la France ». Le territoire une fois libéré, le Général est pris par d'autres urgences : le Levant, l'Indochine. Jean-Charles Jauffret, qui a dépouillé les archives du Comité de défense nationale, n'a pas trouvé la moindre allusion à l'Algérie.

Martin dispose, pour le maintien de l'ordre, de 18 bataillons d'infanterie, de 12 escadrons à cheval, de quelques troupes motorisées et de 6 batteries. La garde républicaine fournit 4 escadrons, renforcés par le corps des auxiliaires musulmans, les « douaïr » (12 000 gardes formés en pelotons de 30 hommes pour protéger les centres « sensibles »). Trois groupes mobiles sont stationnés à Alger, à Constantine et à Sétif. Ils peuvent recevoir le renfort des compagnies sahariennes et des réserves de Cherchell (école d'élèves officiers), de la Légion (un bataillon à Sidi-bel-Abbès), du groupe de Batna et de Bougie. Le général peut employer, moyennant autorisation préalable, l'aviation et la marine. L'intention de Martin est d'intervenir massivement, en employant tous les moyens disponibles, dans la première région en état de rébellion. Un plan de coordination a été établi, prévoyant même l'intervention des goums du Maroc. On envisage aussi l'envoi de renforts depuis l'AOF et la France. Dès le début de 1945, Martin a prévu d'organiser des défilés, des manœuvres, d'exhiber ses troupes en armes dans les régions considérées comme les plus sensibles : ainsi la garde républicaine nomadise en Kabylie. La Légion se montre à Biskra pour impressionner les Chaouïas des Aurès. Le général Breuillac déploie ses hommes autour de Tizi-Ouzou. A Sétif, la troupe se montre, mais mal et trop tard : après la manifestation du 1er mai, vers 19 heures, deux maigres compagnies de Sénégalais défilent dans l'indifférence générale. L'avertissement des conseillers généraux de Constantine à l'administration n'avait pourtant pas manqué. Martin a tout de même lieu d'être satisfait : les régions les plus incertaines n'ont pas bougé, les Kabyles et les Chaouïas n'ont pas montré leurs fusils. On espère avoir évité le pire. Toutefois, pour prévenir les manifestations nationalistes qui se préparent pour le 8 mai, Martin a ordonné par télégramme chiffré de consigner les troupes dans leurs quartiers. Il faut éviter les provocations.

Les rapports militaires sur la Kabylie indiquent à la fois la satisfaction des Européens d'avoir vu défiler l'armée et l'attitude « arrogante et haineuse » des indigènes, leur « hostilité à peine déguisée ». A Saint-Arnaud, à Djemila, à Mila, dans toute la Kabylie, écrit dans son rapport un capitaine de la garde républicaine, « l'insurrection est dans tous les esprits ». Il assiste à Mila (petite localité située à l'ouest de Constantine) à un « spectacle véritablement inouï » : une troupe de 3 000 hommes défile en rangs et en ordre, derrière 500 enfants, pour se rendre à un cimetière musulman. Les scouts scandent la marche au sifflet, imposent le pas cadencé et le silence. « Il apparaît, commente l'officier, que la tradition anarchique de l'islam a été rompue et là est le danger. » Contre-preuve ? Le détachement des douaïr de Mila défile. La foule s'agglutine. Au coup de sifflet succède un cri : « Tous à la mosquée ! » Les musulmans disparaissent. Les scouts qui les encadrent ne tolèrent pas qu'ils viennent assister à la parade des supplétifs du gouvernement colonial. La masse des indigènes est désormais tenue en main, encadrée. Le service de renseignements de l'armée constate que les meneurs des mouvements nationalistes appartiennent soit au Parti du manifeste, dont le journal est partout diffusé, soit au Parti populaire algérien de Messali, qui a recruté dans la jeunesse, soit aux scouts musulmans obéissant aux directives religieuses des oulémas. Plusieurs trafiquants d'armes ont été arrêtés à la frontière tunisienne. Les liaisons entre nationalistes algériens et le Néo-Destour semblent évidentes.

Le général Martin sait que le Constantinois n'est pas à l'abri d'une rébellion. Il refuse de se rendre à Paris, le 27 mars, pour assister à une remise de drapeaux aux unités d'Afrique. Il connaît le détail des exactions relevées dans la région de Sétif, les encouragements donnés aux manifestations par le journal d'Abbas, *Égalité* (tiré désormais à 35 000 exemplaires). « A Sétif, écrit le général, il est et demeure établi que le PPA est en train d'organiser une insurrection générale. Dans les douars qui, jusqu'alors, paraissaient calmes, l'agitation s'accroît. Les bulletins d'adhésion au Parti du manifeste trouvent de plus en plus souvent preneurs. La jeunesse musulmane, habilement manœuvrée, devient un instrument dangereux entre les mains des chefs de file : elle paraît décidée à livrer une lutte sans merci pour chasser ces "sales Français". »

N'ayant pas reçu de renforts, le général doit prendre des mesures préventives, sans savoir au juste quelles proportions prendra le processus insurrectionnel qui s'annonce de plus en plus clairement. Il envisage tous les moyens, jusqu'à la mobilisation des pompes à eau des mairies pour disperser les manifestants... Dans son « plan de protection », il demande la possibilité (accordée déjà dans les cas d'émeutes au Maroc et en Tunisie) « pour les troupes requises, en cas de résistance armée, d'ouvrir le feu sans réquisition spéciale, par dérogation... ». Le gouverneur hésite à donner cette autorisation. En revanche, le général est habilité à organiser la défense de toutes les installations militaires en stockant des armes et des munitions. Aucun service ne doit être surpris et les dépôts d'armes doivent être solidement gardés. On prévoit, dans la crainte de troubles de la rue le jour de la victoire, d'organiser des piquets d'intervention. Enfin, le général Martin maintient dans le Constantinois le goum marocain qui a participé aux manœuvres de Biskra.

Le peloton de la compagnie saharienne rattachée à la Légion est également tenu en réserve à Tolga.

L'axe Bougie-Sétif, perpendiculaire à la côte du cap Carbon, traverse les montagnes de tradition insurrectionnelle de la Petite Kabylie, séparée de la Grande par la vallée de la Soummam. Sétif est le centre de rayonnement de la résistance kabyle à l'est, du côté du Constantinois. Tizi-Ouzou, à l'ouest, regarde plutôt vers Alger. L'autre axe de la rébellion se situe à l'est de Constantine, du port industriel de Bône à la ville de Guelma. La vallée de la Seybouse s'infiltre dans une région montagneuse, et permet de gagner au sud-est Souk-Arhas et le poste stratégique de Sakiet-Sidi-Youssef, sur la frontière tunisienne. Ces deux axes définissent le quadrilatère, autour de Constantine, de la région placée par le commandement sous haute surveillance. Le général Duval signale judicieusement dans un rapport (1H2812) que le petit-fils d'Abdelkader, l'émir Khaled, avait profité des difficultés économiques du premier après-guerre pour susciter des troubles. « Un problème économique qui dure, écrit-il, se transforme en problème politique. »

La Kabylie, surchargée en hommes, pauvre en ressources, se souvient des révoltes historiques qui en ont fait une région de résistance légendaire. Elle s'est soulevée une première fois en 1871 et 1872, après la défaite du second Empire. L'armée dut alors employer des moyens importants pour en venir à bout, au prix de lourdes pertes. Nouvelle insurrection en 1916 dans le sud du Constantinois et dans les Aurès : une République algérienne est proclamée à Boumegueur. Cinq mois de guerre seront nécessaires pour rétablir l'ordre. La crise mondiale de 1929 provoque en Afrique du Nord l'éclosion des mouvements nationalistes, qui ne peuvent encore s'avouer sécessionnistes. Dans le département de Constantine, rappelle Duval, a été fondée en 1931 l'Association des oulémas réformistes, qui inspire, en 1945, les scouts musulmans. En 1939, à Constantine, s'est créée la Fédération des élus musulmans. La guerre a provoqué l'affaiblissement de la société musulmane traditionnelle, qui ne joue plus dans ces régions son rôle d'encadrement. Ni l'armée ni l'administration ne peuvent plus compter sur l'appui efficace des aristocrates, des gros propriétaires musulmans, des notables discrédités par leur cupidité : chargés de lever l'impôt, ils sont en mesure de distribuer la manne des petits avantages offerts par les Français, mais ils les vendent très cher, et la pratique de la corruption indigne particulièrement les jeunes musulmans qui n'ont plus de respect pour les marabouts, autres trafiquants de pouvoirs. Ainsi s'explique, selon Duval, le succès du PPA, des prêches du Parti du manifeste et de l'influence des Frères musulmans, appellation qui ne correspond à aucune organisation connue.

Le souvenir des anciennes répressions pèse lourd dans les familles kabyles pour qui le Français est l'ennemi. Dans les douars et les mechtas, on ne voit guère les militaires et les administrateurs. Mais dans les villes, où les zones de colonisation mettent en contact la population d'origine européenne avec les nationalistes, l'ensemble des musulmans qui profitent, à des titres divers, de la colonisation devient la cible prioritaire. L'inquiétude du général Martin est précisément l'absence de contacts entre la masse « indigène » et les capitales des départements. C'est pourquoi il recommande aux officiers d'établir des relations permanentes avec les administrations. Il ne se fait pas d'illusions : les préfets et les sous-préfets ne sont plus en prise directe sur la population. Ils ignorent eux-mêmes l'ampleur de la révolte qui s'annonce.

Le 8 mai, le bain de sang commence à Sétif. Il est annoncé, en termes mesurés, par un télégramme du général Martin au ministre de la Guerre : « Certains agitateurs ont, comme prévu, profité des manifestations en l'honneur de la victoire pour essayer de créer des désordres dans le département de Constantine. Deux foyers troubles : Sétif et Oued-Zenati (sud-ouest Guelma). »

Le « comme prévu » a suscité des commentaires : un plan était-il établi pour provoquer des troubles et organiser, une fois pour toutes, la répression ? Y a-t-il eu un « complot de Sétif » ? Un administrateur français s'est vanté inconsidérément d'avoir « laissé mûrir l'abcès afin de pouvoir mieux le crever ». Ce secrétaire général de la préfecture d'Alger tenait-il à rassurer les pieds-noirs ? Tout indique, dans les papiers du général Martin, qu'il s'attendait à des troubles le jour de la victoire (« comme prévu »), qu'il n'en fut pas surpris. Mais il en ignorait l'importance, et son premier télégramme les minimise. Il annonce un « heurt » et « quelques victimes ». Il tient, dit-il, la situation en main : les troupes consignées sont « loyales » et les manifestations de l'Est constantinois, à Oued-Zenati, près de Guelma, n'ont pas fait de victimes. Il a toutefois expédié sur Sétif des renforts de gardes républicains et de Sénégalais, accompagnés de blindés. Il maintient sous pression le goum marocain de Guercif.

En lisant le rapport qu'il a ensuite rédigé, on s'aperçoit de l'ampleur des « heurts » : dès le 7 mai, la jeunesse nationaliste avait parcouru les rues de Sétif, appelant la foule musulmane à manifester le lendemain, jour de la victoire. Ils étaient 300 à hurler : « Messali ! Messali ! » Dès 7 heures, le 8 mai, la foule s'assemble à la mosquée, encadrée par les scouts musulmans de la troupe Kechafat el-Hayat. Le chef des scouts demande au commissaire de police, puis au sous-préfet, l'autorisation de défiler en cortège jusqu'au monument aux morts. Pourquoi les musulmans n'auraient-ils pas aussi le droit d'honorer les victimes de la guerre ? Autorisation accordée.

8 h 30. La troupe se met en marche, suivie de 8 000 personnes. Un drapeau français, deux drapeaux nationalistes. Sur les pancartes, on lit : « Nous voulons être vos égaux, vive l'Algérie indépendante ! » et « Vive les Nations unies ! ». Sur la plupart des banderoles : « Libérez Messali ! »

9 heures. Le cortège est à hauteur du café de France, rue de Constantine. Les consommateurs européens, qui fêtent la victoire, se retirent vivement : un commissaire de police a formé un barrage, et veut faire disparaître les banderoles et les drapeaux. Des coups de feu éclatent, les manifestants, pour la plupart des jeunes, se répandent dans la ville en criant : « *N'katlou ennessera* » (tuons les Européens). On entend les youyous des musulmanes.

Des Français sont attaqués, bastonnés, poignardés au hasard des rencontres dans les rues. Les cafés sont assaillis, les consommateurs frappés. On tue Delkuca, le président de la Délégation spéciale. On relève, à 11 heures, 21 cadavres.

La troupe est intervenue. Elle attendait, « faisceaux formés », dans la caserne du 7e régiment de tirailleurs algériens. La réquisition reçue, elle s'ébranle. Les rues sont nettoyées, ainsi que la place du marché et les faubourgs. Les manifestants se sont évaporés.

Quelles sont les responsabilités dans le déclenchement de l'émeute ? Qui a tiré les coups de feu ? Machination policière organisée par les milieux coloniaux qui connaissent les réactions violentes des foules arabes du Constantinois ? Provocation des Frères musulmans soucieux, au moment de l'ouverture de la session des Nations unies, de créer l'irréparable et, par une action terroriste, d'attirer l'attention du monde sur l'Algérie ? Les documents des archives de l'armée ne permettent pas d'en décider. Mais on dispose de rapports militaires sur l'intervention de la troupe : le colonel Bourdila écrit dans le journal de marche du groupe d'intervention qu'il devait refouler les manifestants, mais « éviter à tout prix de faire usage des armes, sauf en cas de légitime défense ». Il agissait, dit-il, sur un ordre de réquisition signé du sous-préfet. La troupe arrive à 9 heures, précédée de quatre clairons, pour les sommations d'usage. Elle arrache les pancartes et les banderoles, fait arrêter tous ceux qui portent des armes. Les manifestants se dispersent et se regroupent place du marché. Ils sont évacués « à la crosse ». « Pas un seul coup de feu n'a été tiré, affirme le colonel, malgré la découverte de cinq cadavres européens affreusement mutilés dont la vue exaspère gradés et tirailleurs. » Les assassinats rituels seront nombreux pendant cette journée. Les rapports indiquent que la tête des victimes est écrasée, le ventre ouvert, les parties sexuelles coupées. Ces mutilations sont à double sens : elles peuvent conforter la thèse de la violence sauvage, non dominée, de la haine pure qui veut empêcher la race maudite de se reproduire ; on peut aussi soutenir que les mutilations sont le moyen terroriste de frapper de terreur les musulmans et de les engager de force dans l'action, par crainte d'un traitement analogue.

La révolte gagne le nord de Sétif et s'avance comme une traînée de poudre vers la mer, pendant toute la journée du 8 mai. Les manifestants assassinent sur leur passage tous les Européens qu'ils rencontrent : un prêtre, l'abbé Navarro, aumônier militaire de la garnison de Sétif (El-Ouricia, 14 h 30), l'administrateur d'une commune mixte et son adjoint (Aïn-Magranem). Des maisons européennes sont pillées aux Amouchas. L'opération ne fait pas de victimes : les habitants se sont enfuis. Un car est attaqué sur la route de Kerrata.

A 15 heures, les émeutiers sont à Périgotville. Ils s'emparent de 45 fusils Lebel et de 10 000 cartouches dans le centre de colonisation. Les voilà armés : ils pillent les maisons européennes et tuent 2 militaires qui escortaient un fermier. La caserne de gendarmes d'Aïn-Abessa est assiégée vers 21 heures. Un colon est tué. A 22 heures, les hommes en armes sont à Lafayette, qu'ils isolent en coupant les lignes du téléphone.

Des ordres viennent de Sétif : le commandant de la subdivision fait armer des comités de défense. On peut craindre une guerre civile, mais la préoccupation de l'administration est désormais de permettre aux Européens de se défendre. Sillègues-de-Saint-Arnaud, où défilent les révoltés, est elle-même assiégée. Des maisons brûlent. Quand la troupe intervient, elle découvre dans la nuit 3 cadavres mutilés. Dès 15 heures, l'émeute soulève la ville de Bône. Les manifestants brandissent leurs banderoles messaliennes devant le monument aux morts et lèvent l'index vers le ciel. Le commissaire de police, qui veut les arrêter, échappe de peu à la mort. Des coups de feu sont tirés sans qu'on en connaisse l'origine. La foule musulmane se répand autour de la sous-préfecture, brise les vitres, envahit la cité Auzas. On compte 1 mort chez les manifestants, 17 blessés européens, 29 du côté des forces de l'ordre, une trentaine chez les musulmans. Dans la soirée, les renforts militaires arrivent sur l'axe Sétif-Bône : la garde mobile avec des half-tracks, les Sénégalais, qui prennent position dans chaque hameau, une compagnie de zouaves et une batterie de 75. Le préfet de Constantine assiste à l'action, accompagné par le général Duval, qui demande le survol des axes routiers par l'aviation. Le général a reçu délégation de pouvoirs pour contenir la rébellion dans toute la région de Constantine — la ville mise à part. A l'échelle réduite des événements de Sétif, on découvre les réflexes qui seront observés dix ans plus tard, à l'échelle de l'Algérie : il paraît évident à tout le monde que seul le pouvoir militaire peut assurer le maintien de l'ordre en cas d'insurrection.

En barrant les routes, en abattant les poteaux télégraphiques, en s'emparant des postes, les insurgés espèrent gêner l'arrivée des secours. Ils coupent également les voies de chemin de fer. Un second foyer de révolte est découvert à l'Est, dans le sillon de Guelma. L'intervention de l'armée empêche la manifestation de dégénérer dans la ville, mais, à Oued-Zenat, 3 000 indigènes sans armes se rassemblent place du Marché et couvrent d'excréments le drapeau français de la poste. Les manifestants de Gounod arborent des mitraillettes et des revolvers américains. Des cavaliers en armes terrorisent les habitants de Bordj-

Sabath. La route de la mer reste calme. A Jemmapes, les Amis du manifeste chantent un hymne nationaliste devant le monument aux morts, scouts musulmans en tête. On chante aussi en arabe à Collo et à Philippeville, sans violences. Il en est de même sur la piste de Toggowet : pas d'incidents graves à Batna ni à Biskra. Les nationalistes n'ont pas réussi à intercepter cet axe caravanier. La révolte reste limitée à Guelma et à Sétif. Oran et Alger n'ont pas bougé.

Les massacres se poursuivent dans la nuit kabyle : à Chevreul, des femmes sont violées ; vers 2 heures du matin, les colons sont molestés, et l'un d'eux est assassiné. On pille et on incendie les fermes. Les fermiers se barricadent, avec leurs familles, dans la gendarmerie et soutiennent un siège. Ils sont prêts d'être dynamités quand ils sont dégagés par l'armée à l'aube. On découvre alors dans les environs les cadavres de 2 agents des Ponts et chaussées et celui d'une femme.

Les gorges escarpées de Kerrata sont un enjeu pour les rebelles, car elles dominent la route de Bougie. C'est pourquoi ils attaquent la poste de Kerrata, tuent le juge de paix, sa femme et quelques pieds-noirs. Les fermiers et des employés sont assiégés dans la gendarmerie et au château Dussaix. On tue des juifs, incendiant leurs maisons à Lafayette. La Légion et la garde républicaine motorisée dégagent bientôt ces petits villages terrorisés.

A Alger, on arrête Ferhat Abbas, dépassé par l'insurrection, et le docteur Saadane, afin d'apaiser la colère des Européens qui accusent le gouverneur de laisser faire et de lâcheté. Les viols, les incendies, les assassinats font la une des journaux d'Alger. A Pierre-Curie, sur la route du Sud (de Sétif à Batna), des nomades montés sur des voitures à cheval, les acabas, terrorisent les fermiers, qui prennent les armes. Au nord de Sétif, on ne compte plus les fermes attaquées et pillées, les fermiers assassinés. Les rebelles s'en prennent avec une férocité particulière aux gardes forestiers qui patrouillent dans les massifs montagneux, comme s'ils réglaient soudain un contentieux. Au soir du 9, on déplore déjà 73 morts, tous d'origine française, autant de blessés, des mutilations de cadavres et des viols de femmes. La principale cible de la révolte a été la colonisation rurale.

Les fermes isolées sont visées : à Petit, à Millésimo, à Bled-Gaffar, on tue les fermiers. La ferme Zahra et la ferme Dimeck, sur la route de Gounod, sont assaillies. On attaque le chemin de fer des mines de phosphate. Un cheminot qui inspecte la voie est assassiné. On isole les villages, en abattant les poteaux télégraphiques. L'hypothèse d'une jacquerie semble confirmée par les crimes atroces du 10 mai dans la région de Sétif. Sur la route stratégique qui longe au nord la côte et qui permet aux troupes d'encercler le massif de Petite Kabylie, le village de Djidjelli est le centre de terribles affrontements ; on atteint le sommet de la haine à Tamentout, où deux ménages de gardes forestiers sont tués, y compris leurs enfants en bas âge, cependant qu'à la ferme Lucet, près de Villars, le gérant, sans doute haï par les ouvriers musulmans, est égorgé et mutilé devant sa femme. La ferme est ensuite pillée, ainsi que le moulin tout proche.

La préoccupation stratégique n'est jamais absente : les bandes interviennent de nouveau le 11 mai au nord de Sétif, sabotant des ponts routiers et des poteaux télégraphiques. La route de la côte, entre le cap Aokas et Mansouriah, est attaquée. Dans la région de Bône, c'est le réseau ferroviaire qui est visé : l'intention des rebelles est donc bien d'interrompre la circulation dans une zone entière, peut-être pour constituer une sorte de réduit armé. Cette ambition est déçue : au matin du 12 mai, les militaires ont repris le contrôle de l'ensemble du quadrilatère Sétif-Bougie-Bône-Guelma. On peut considérer l'insurrection comme terminée, même si les fermiers hésitent à regagner le bled et si des bandes de rebelles parcourent la montagne et les forêts, assassinant encore des gardes et lançant des opérations ponctuelles sur les voies de circulation.

Le général Martin développe, dans son rapport, des arguments contre l'hypothèse de la jacquerie : les régions les plus pauvres n'ont pas participé au soulèvement et des stocks de vivres importants ont été découverts dans les mechtas rebelles. Les fermiers qui lançaient aux émeutiers les clefs de leurs greniers n'ont pas été épargnés. Pour Martin, les symboles de la guerre sainte, les cris des femmes (« Djihad ! ») montrent que la foule a été fanatisée par des meneurs qui ont exploité l'islam à des fins guerrières. Un plan de subversion de l'Algérie tout entière a été mis en œuvre. Il a échoué parce que la population n'y était pas préparée. Selon le général, des accords ont sans doute été passés avec le président du consistoire de Constantine, qui redoutait le renouvellement des pogroms : les victimes juives sont limitées à trois. On compte 97 tués et presque autant de blessés parmi les civils européens. Les musulmans amis des Français n'ont pas été recherchés. La rébellion a voulu donner à l'extérieur le sentiment que le heurt des communautés rend impossible toute solution politique au conflit et que la paix ne reviendra qu'avec le départ des Européens.

Les arguments en faveur d'un « complot militaire » ne manquent pas. Les voies de communication, les lignes télégraphiques et téléphoniques ont été coupées. On a découvert un projet d'action subversive à l'école de Cherchell : les soldats indigènes devaient s'emparer des armes, prendre d'assaut la commune mixte, la mairie et les centres nerveux de la ville. Dans le Constantinois et sur le territoire de Guelma, les commandos rebelles ont bien attaqué ces centres nerveux, en particulier les postes, les gendarmeries, les mairies. Tout cela supposait un plan d'action étendu à tout le territoire. Çà et là, des indices insurrectionnels ont été relevés à Saïda, dans l'ouest, à Haussonvilliers, en Grande Kabylie. Si le plan a échoué, pense-t-on, c'est qu'il était mal préparé. Les actions se sont succédé en « taches d'huile » au lieu d'éclater simultanément. L'armée a eu le temps d'intervenir de centre en centre et d'isoler les deux régions affectées par la révolte.

Cette thèse est naturellement confortée par le rapport du général Duval, qui commandait à Constantine. Il la nuance néanmoins en montrant que les jacqueries ne sont pas exclues : à Sillègues, par exemple, les docks ont été entièrement vidés de leurs céréales qui ont été cachées dans les douars des environs. A Villars, le moulin et les fermes ont été dépouillés de leurs réserves de grains et le bétail a été enlevé. On signale à Gounod que les agriculteurs musulmans ont envoyé leurs troupeaux dans les champs d'orge et de blé des fermiers français.

Seconde information : les Amis du manifeste sont souvent à l'origine des troubles politiques, mais il arrive qu'ils réprouvent publiquement les exactions et tentent de contribuer au rétablissement de l'ordre : c'est le cas à Lafayette, où l'avocat Ben Abid Youcef, secrétaire général des Amis du manifeste, intervient aux côtés du notaire musulman Benmansour pour faire disperser les attroupements. On remarque à Guelma que les dirigeants du parti sont attablés au café Glacier avec leurs amis du PPA. Ils affectent de rester assis quand les anciens combattants chantent *La Marseillaise* devant eux. Le général Duval précise que, dans les zones urbaines, les tireurs au revolver n'ont pas été identifiés. Et qui sont ces hommes vêtus de combinaisons bleues, arborant une barbe de quinze jours, qui semblent diriger les bandes armées ? On ignore l'identité et l'appartenance de ces « chefs ». Sont-ils originaires des douars ?

Le général signale sans sourciller l'intervention de groupes armés européens aux côtés des forces de l'ordre. On a distribué des armes à tous les volontaires, qui ont patrouillé et fouillé les mechtas (hameaux). Ils ont dénoncé aux militaires et aux gendarmes les « traîtres musulmans » qui occupaient des fonctions dans l'administration et même dans la police, et qui ont manifesté aux côtés des émeutiers. C'est le cas d'un inspecteur des renseignements généraux de Constantine arrêté à Oued-Zenati. A Montcalm, les notables sont intervenus pour empêcher l'arrestation des Amis du manifeste qui figuraient sur une liste tombée dans les mains des gendarmes. Il semble que, dans certaines régions, les deux partis algériens ont réussi à établir un réseau de correspondants dans l'ensemble des douars, et qu'ils ont ainsi pu répandre leur propagande politique dans les campagnes. Il apparaît nettement que les Amis du manifeste sont aussi hostiles à la France que les membres du PPA.

Les conclusions de Duval politisent la révolte : selon lui, elle est due à la conjonction de trois forces. L'une affichée, ouverte, est celle de Ferhat Abbas, qui a multiplié les discours dans toute la région, insistant sur le thème de la fin du colonialisme et de la nécessité d'une réforme agraire, et appelant à la libération de tous les condamnés politiques, en premier Messali Hadj. La revendication d'une Algérie algérienne est commune avec le PPA, parti plus secret, clandestin, qui a pénétré les sections des Amis du manifeste pour prêcher l'action violente. Ceux-là disposent d'un réseau bien organisé qui diffuse des tracts et un journal interdit, *L'Action algérienne*. Le général tient le PPA pour l'organisateur de la révolte. Ce parti a attiré les membres plus modérés du Parti du manifeste et s'est appuyé sur le prosélytisme des oulémas qui peuvent compter sur des milliers de jeunes militants, en particulier les scouts. Les liens entre les trois courants sont, dit-il, cent fois confirmés par les arrestations de suspects. L'influence des oulémas, exacerbée par la passion populaire, explique le tour pris par les événements, les cris de guerre poussés par les femmes, mais aussi le drapeau choisi pour la future nation : le croissant et la couleur verte du Prophète.

L'investissement de Guelma par les rebelles, du 9 au 14 mai, a certainement traumatisé l'opinion européenne. On se souvient des émeutes de la Grande Guerre, quand les communautés de fermiers devaient se défendre les armes à la main. Le rapport (1H2812) du colonel Monniot, commandant à Bône, établit que le mouvement a été soigneusement concerté et préparé de longue date : des émissaires ont fait la liaison entre les différentes cellules de partisans, des militants ont partout recueilli des adhésions, parlant au nom de l'islam, au nom de Messali, répandant dans les fermes musulmanes et dans les douars de la montagne la haine des Français. Le colonel remarque l'activisme des organisations de jeunesse, non seulement les scouts mais les membres des associations sportives ; il ne fait pas de doute pour lui que *le mouvement est politique.*

En demandant le boycott des listes électorales, en imposant dans les cafés la non-consommation d'alcool, en terrorisant les domestiques placés dans les familles européennes, on contribue à créer un climat d'insécurité propice à l'affrontement. On adresse des menaces aux caïds, qui président au recrutement dans les campagnes. Ainsi sont enrôlés les manifestants qui seront poussés dans les villes par les agitateurs. Pour enrôler les combattants armés des bandes, on s'y prend différemment. Le colonel observe que les « groupes de choc » viennent de plus loin. Certains jeunes de 18 à 20 ans savent se servir d'armes de guerre, tout comme les volontaires des douars et des centres ruraux. Des nomades se joignent parfois aux bandes, ainsi que des irréguliers, des émigrants sans terres et sans travail, des asociaux. Ils ne ressemblent en rien à ces militants du PPA et des Amis du manifeste, qui sont des citadins policés, parlant le français, dotés d'une bonne culture de base : ceux-là diffusent les mots d'ordre et organisent le mouvement ; ils ne combattent pas. Les armes de guerre sont d'ailleurs insuffisantes : une dizaine de mitraillettes, une centaine de fusils. Les rebelles n'ont pas reçu d'aide massive de l'étranger. Ils ont dérobé leurs armes dans les centres français ou sur les champs de bataille de Tunisie. La plupart sont armés de couteaux et de gourdins. Il n'en reste pas moins que la synchronisation des émeutes dans les villes prouve bien que la révolte est politiquement coordonnée et que l'investissement de Guelma a été minutieusement préparé.

La ville était tenue par 3 compagnies de tirailleurs algériens mal encadrés, dont on pouvait craindre qu'ils ne passent à la rébellion. Le sous-préfet Achiary, ancien héros de la résistance et gaulliste de 1942, disposait de 20 policiers et de 12 gendarmes. Il prend l'initiative de lever une milice, ou garde civique, de 250 hommes qui ne disposent pas tous de fusils, devançant ainsi la décision (11 mai) du général Martin relative à la levée de civils pour l'autodéfense.

Avant l'arrivée des soldats, cette milice se trouve donc en dehors du contrôle civil des autorités et multiplie les exactions, comme en témoigne le *Journal officiel*. Un rapport d'un officier de marine, le capitaine de frégate Morache (5TT 18 n°93 SHM), établit qu'elle est responsable de nombreuses exécutions sommaires. Les chefs de village indigènes doivent répondre sur leurs vies des gens relevant de leurs douars. On fusille sur-le-champ les pilleurs de fermes abandonnées. Le commandant de la division territoriale de Constantine approuve d'ailleurs ces sanctions : « Toute mesure de clémence, écrit-il, serait interprétée comme une marque de faiblesse. » Le capitaine Schmidt, commandant le groupe d'intervention de Guercif, est témoin de l'enlèvement de 5 musulmans par des miliciens ; ils seront assassinés. Le 1er juin, quand le général Duval interdit aux autorités civiles de lever des « unités supplétives », le mal est fait.

Des commissions d'enquête sont réunies. Le commissaire de police Bergé est chargé de nourrir un dossier sur ordre du gouverneur général. Son travail n'aboutira pas. Le général de gendarmerie Paul Tubert prend la suite. Selon son estimation, le nombre des victimes varie de 5 à 700.

Pourquoi les civils se sont-ils armés ? Parce que les renforts ont tardé à arriver ou à intervenir efficacement. Certains centres ont dû soutenir de longs sièges, certaines régions ont vécu plusieurs jours dans l'insécurité. Prévoyant l'extension de l'insurrection, Duval avait pourtant fait appel à des renforts d'Alger, de Tolga, de Taza-Guercif, de Tunisie, de Cherchell. Il avait même demandé au vice-amiral Ronarc'h de mettre à sa disposition une unité de fusiliers marins, à l'aviation d'effectuer sur Oued-Zenati un « vol d'intimidation » pour disperser les manifestants. Seuls les half-tracks de la garde républicaine et une compagnie de Sénégalais venue de Philippeville seront en mesure, le 8 mai, de rétablir la situation. Ainsi s'explique l'angoisse de la population européenne. Telle sera l'une des constantes de la guerre d'Algérie : les rebelles sont beaucoup plus mobiles que les forces de répression, en dépit de la disproportion des moyens mis en œuvre par les uns et par les autres.

Les premiers renforts ont dû être transportés par avion. On a encore fait appel à la 5e région aérienne pour mitrailler et bombarder les rassemblements indigènes autour de Guelma, exposant ainsi les populations. Le risque de toucher les civils est encore plus grand quand le croiseur *Duguay-Trouin* tire sur la zone côtière entre Bougie et Djidjelli. Les bombardements aériens se poursuivent le 10 mai, « en accord avec le préfet », et les victimes sont probablement nombreuses, car les avions mitraillent les rassemblements. Les renforts qui convergent sur les lieux sont des gendarmes, des Sénégalais, des tirailleurs algériens venus d'Alger. Ceux du 7e régiment, qui ont fait campagne en Allemagne, attendent sur les quais de Marseille d'être rapatriés à leur base de Sétif. Des ordres sont donnés pour retarder ce mouvement. Pas question de montrer aux glorieux soldats de Juin et de De Lattre les obus du *Duguay-Trouin* anéantissant les mechtas...

Des engins blindés, des canons motorisés arrivent sur place. Le général Martin demande des renforts à Paris. Il n'a pas assez de troupes pour réduire la dissidence. Pour battre les côtes, deux torpilleurs se préparent à appareiller dans le port de Toulon. Le *Duguay-Trouin*, le 11, intimide les hauteurs d'Alger. Les avions bombardent le bled kabyle près de Saint-Arnaud, ils lancent des raids sur Souk-Ahras, à la frontière tunisienne. On craint l'extension de la révolte. Des troupes viennent de Tunisie, d'autres débarquent dans le port d'Alger, venues de France : le 3e bataillon du 13e régiment d'infanterie, pour gagner du temps, a été expédié en avion. Le ministre Diethelm et son collègue de l'Intérieur, Tixier, prennent au sérieux la rébellion.

L'essentiel est de dégager les grands axes, de tenir solidement les routes et de pacifier ensuite les réduits montagneux où se réfugient les rebelles, avec l'aide de l'aviation et des batteries de marine. L'armée s'empare d'abord de la route Sétif-Bougie en lançant la Légion dans les gorges de Kerrata.

Il faut dégager ensuite la route des centres de colonisation à l'ouest de Sétif : Aïn-Roua et Lafayette. A l'est de l'axe Bougie-Sétif, d'autres colonnes pénètrent dans Périgotville, Sillègues et Chevreul, poursuivant sur le col de Tamentout. La Légion se charge encore de cette besogne (compagnie saharienne portée) avant de rejoindre d'urgence Touggourt, où des troubles sont signalés.

On poursuit en half-tracks les nomades venus, en voitures à cheval (les acabas), attaquer les fermes du Sud constantinois. A la poursuite de ces Sahariens sont lancés les Sénégalais, qui tirent sur les chevaux et les chameaux, de Bordj-Bou-Arreridj jusqu'à Ampère. Ils battent les flancs des monts du Hodna, à la poursuite des rebelles qui trouvent refuge dans les grottes.

Pour libérer définitivement Guelma, une colonne de spahis motorisés, accompagnés de zouaves et de fantassins, vient de Tunisie par Ghardimaou et Souk-Arhas, Laverdure et Villars.

Les axes une fois dégagés, il faut poursuivre les rebelles armés dans les massifs tout en laissant des postes de garde dans les villages libérés. Pour le général Martin, l'affaire de Sétif, de Constantine et de Guelma est une véritable opération militaire menée contre des adversaires qui, manifestement, savent faire la guerre.

Le général Martin donne des ordres pour éviter les exécutions sommaires et modérer la répression dans les mechtas. Est-il obéi sur le terrain ? La fidélité des troupes nord-africaines n'est pas à toute épreuve. Il faut renvoyer d'urgence au Maroc le 3e groupe de Tabors, qui vient de tuer un capitaine et deux sous-officiers, refusant de quitter Oran pour Constantine. Comment les fantassins du 13e régiment d'infanterie venu de la métropole, pour la plupart anciens des Forces françaises de l'intérieur, accepteront-ils d'être engagés dans la répression ? On les maintient un certain temps à Alger « pour les initier aux particularités de l'Algérie et de ses habitants ». Le général se souvient de la révolte marocaine de février 1944 : la parade des chars de la 2e division blindée de Leclerc avait suffi à ramener le calme dans les villes. Il demande qu'on lui expédie de France une division blindée qu'il tiendra en réserve. Le dégagement des routes et des villages de colonisation est achevé, mais le général craint une extension de la révolte en zone urbaine. Il redoute aussi la résistance de longue durée des groupes armés qui occupent les massifs forestiers. Autant dire la constitution de maquis...

Reste l'arme politique. Martin conseille de négocier, de chercher à obtenir, en parlementant, la reddition des insurgés. En effet, sous le choc des bombardements de la marine et de l'aviation, la population, soumise à une répression très dure, accepte progressivement de se rendre. Les officiers organisent de véritables cérémonies de l'aman, comme au temps de Bugeaud et de Lyautey, avec envoi des couleurs devant les villages rassemblés et discours du chef promettant la punition des coupables, le pardon aux repentis, la paix aux innocents. Pour donner plus de lustre à la capitulation des rebelles, les colonels rassemblent les habitants de plusieurs douars en groupes de 4 000, 5 000, 6 000 personnes. Ils interdisent aux villages de donner asile aux fugitifs, promettent un châtiment immédiat à ceux qui cachent des armes. Ils demandent que l'on signale les « lieux d'asile probables » de tous ceux qui ont disparu des douars. Les prisonniers convaincus d'assassinat sont livrés à la justice militaire. Le 22 mai, le général Martin préside lui-même, à cheval, une cérémonie de l'aman à Souk el-Tnine. Il accorde son pardon aux rebelles conduits par des caïds.

Pourtant, les coups de feu se font encore entendre dans les montagnes escarpées des Babors. Il faut reprendre la chasse, rechercher les hommes en fuite qui trouvent refuge de mechta en mechta et disparaissent la nuit. On se bat jusqu'au début de juin. Martin donne des ordres pour que les villages ne soient punis qu'en cas d'attaque. Il faut aussi épargner les mechtas où l'on aura trouvé des armes de guerre, si l'armée n'a pas subi de préjudice. Pour les prisonniers, les ordres sont stricts : les abattre s'ils cherchent à s'évader.

Quel que soit le désir du général en chef de rester dans les limites de la légalité, il risque chaque jour d'être débordé sur le terrain. Il a signé, le 11 mai, un ordre d'organisation de l'autodéfense des villages et des centres de colonisation : des armes ont été distribuées partout aux communes non pourvues de garnison et aux fermes isolées. La défense est placée sous la responsabilité de l'autorité civile, c'est-à-dire des commissaires de police. On arme une communauté qui vient d'être l'objet d'attaques terroristes. C'est prendre un risque évident et se condamner à ne pas dominer la répression. L'armée, en revanche, est responsable des formations de « gardes territoriaux » qu'elle est autorisée à lever dans les villages, et qui peuvent être des « non-électeurs » pourvu qu'ils soient âgés d'au moins 16 ans. L'armée se réserve ainsi le droit de lever des supplétifs parmi les musulmans qu'elle contrôle. Il est spécifié que les armes remises au titre de l'autodéfense ne peuvent l'être « qu'aux habitants portés sur les listes électorales », c'est-à-dire aux pieds-noirs. Cinq jours plus tard, l'intervention du maire de Cherchell inquiète le général : aux obsèques d'un administrateur assassiné à Périgotville, il est à craindre « que certains militaires isolés ou certains civils animés par sentiment de vengeance après avoir vu parents ou amis tués ou mutilés par émeutiers se portent à représailles excessives ». Par télégramme, Martin demande à Duval d'enquêter et de prévenir un nouveau massacre.

Duval tient-il en main sa troupe ? Peut-il surtout empêcher les civils de se laisser aller à la vengeance aveugle ? Celui qui devait être surnommé « le boucher de Sétif » peut-il empêcher les raids de bombarbements qu'il commande de multiplier les victimes dans les mechtas ? Le général reconnaît lui-même l'imprécision de la frappe. Il dispose de bombardiers légers sur le terrain d'Aïn-Arnat : 12 B 26 venus de Tunisie. Les résultats « ne sont pas bons », explique Duval, en raison « de la difficulté de désigner les objectifs sur les cartes à grande échelle où les douars se ressemblent et où les populations fidèles sont enchevêtrées avec les éléments rebelles ». Les troupes au sol, faute de transmissions, ne peuvent « redresser les erreurs ». Elles ne sont pas le fait des aviateurs, mais aboutissent sans doute à des effets désastreux sur la population, puisque Duval indique que « l'aviation a un gros effet moral, mais surtout sur les Européens ». On ne peut être plus clair.

Trois B 26 déversent, dans la région de Guelma, 18 bombes de 100 kilos et se livrent au *straffing* (mitraillage à basse altitude), tirant 1 000 cartouches. On note en quinze jours, explique dans son rapport le général de l'air Weiss, « 20 actions répressives ». Il souligne les cas (nombreux) où les pilotes, ayant aperçu des femmes dans les rassemblements ou les cortèges, n'ont procédé qu'à des vols d'« intimidation », fonçant en rase-mottes *sans tirer* au-dessus de la foule. L'ordre a été envoyé le 13 mai (« ne pas faire tirer avions sans ordre de mission formel »). Mais Weiss précise que de toute façon il est « difficile pour un chef de patrouille d'intervention de discriminer les éléments rebelles mêlés à des populations fidèles ». Aucune statistique des pertes dues à l'action de l'aviation n'a été dressée.

Peut-on mesurer l'ampleur de la répression au sol ? Le général Duval a tenté de la maintenir dans les limites de la légalité. Pour obtenir des renseignements, la troupe doit s'adresser à l'habitant européen et aux autorités civiles locales. Il s'agit d'identifier les dissidents et de localiser les caches d'armes et de vivres. Les gendarmes seront requis pour arrêter les prévenus et perquisitionner dans les mechtas. L'autorité militaire est seule responsable dans les zones rurales où les civils ont été dessaisis. Des tribunaux militaires seront improvisés pour juger les coupables qui devront être dirigés immédiatement vers les centres de Constantine, de Guelma et de Sétif, et placés sous bonne garde. Telles sont les instructions.

Le 20 mai, Duval répercute à ses subordonnés l'ordre reçu de Martin pour enquêter sur les « représailles excessives ». « Respecter scrupuleusement femmes et enfants, ordonne-t-il, dans tournées de police. Déférer les coupables en justice » (au lieu de les exécuter sur place). Il croit utile, le 25, d'ordonner « que tout acte de violence doit être évité sauf si la troupe est attaquée. Mechtas ne doivent pas être détruites sauf nécessité absolue [...]. Le pillage est rigoureusement interdit ». Il est précisé que le bétail doit être remis aux autorités civiles « intégralement ». « Le but, dit-il encore le 30 mai, n'est pas d'appliquer la tactique de la terre brûlée » (l'aviation a observé de nombreux incendies dans le quadrilatère). Les goumiers marocains seront accusés plus tard par le docteur Bendjelloul d'avoir razzié 15 000 moutons sur le territoire de Guelma, accusation démentie par l'officier Peyrusse, qui commandait le 92e goum. Les Sénégalais, redoutés par les populations autochtones, se sont-ils bien conduits ? Rien ne permet de penser, à lire les journaux de marche, que la troupe n'a pas été tenue en main. Les tirailleurs du 10e régiment sont engagés du 10 au 14 mai. Ils parcourent des douars dont la population s'est enfuie, guidés par des civils européens qui leur signalent les « repaires de bandits ». Les femmes et les enfants sont réfugiés dans des ravins. On fait des prisonniers qui sont livrés à la gendarmerie dans les douars des crêtes, d'où sont venus des coups de feu. On entreprend « des actions punitives » aux environs de Périgotville, où les massacres ont particulièrement affecté la population. Les villages sont fouillés, les maisons parfois détruites. Les rapports des officiers de la Légion sont brefs, laconiques. Le capitaine de la compagnie d'intervention n° 2 est attaqué dans un village. Il riposte, et des « gourbis de chaume » sont brûlés (21 mai, dans les Babors). Un lieutenant, engagé à Kerrata le 27 mai, est chargé par l'administrateur d'enterrer « des cadavres d'indigènes » (on ne dit pas qui les a tués). Il recrute, pour faire creuser la fosse, des prisonniers qui tentent de s'enfuir. Après sommation, ils sont abattus. Pas trace des exactions dont les légionnaires ont ensuite été accusés dans les libelles de propagande. Ils sont du reste peu nombreux, et employés aux actions les plus dures. Le 1er régiment étranger, demandé en renfort, ne quitte l'Allemagne pour l'Algérie que le 16 mai (il fait partie de la 5e DB). Quant au régiment de marche, il ne sera mis en route que le 10 juin.

Les tirs de la marine et l'artillerie ont-ils fait de nombreuses victimes ? Selon le ministre Tixier, « la marine n'a que très rarement tiré sur des goupes humains », ce qui signifie qu'elle en a atteint quelques-uns. Il est vrai que les tirs ordonnés à plus de 13 kilomètres, par-dessus les montagnes, peuvent parfois manquer de précision. Il est arrivé que les batteries de Constantine détruisent des mechtas. Mais elles n'ont jamais reçu d'ordre de destructions systématiques, comme l'atteste la faible consommation en obus.

La gendarmerie, engagée dès le début de la rébellion, reconnaît avoir tué 173 personnes, sur les 500 victimes des premières journées. Les half-tracks de la garde républicaine interviennent à chaud dans des villages et voient l'horreur des massacres. Ils répondent à la mitrailleuse à ceux qui leur envoient les grains de plomb de leurs fusils de chasse. Ils détruisent les mechtas où l'on découvre des corps mutilés. A Kerrata, ils trouvent une fillette qui a le visage lacéré de coups de faucille : ils ne repartiront pas avant d'avoir tué 200 rebelles. Dans le Sud, au contact des nomades, les half-tracks sont accueillis par une grêle de petits plombs. Cinq nomades et 5 chameaux sont tués en retour. Le 11 mai, 3 000 personnes pillent le blé de la ferme Lévy, près de Saint-Arnaud. Les gardes républicains fauchent 60 personnes à la mitrailleuse. On détruit les mechtas en prenant soin d'« épargner le plus possible » les femmes et les enfants — on reconnaît ainsi implicitement que la répression fait des victimes « à l'aveuglette ». Pour répondre à un sabotage de la voie ferrée Sétif-Saint-Arnaud, on attaque à la mitrailleuse une mechta et une ferme que l'on incendie après en avoir fait sortir les femmes et les enfants. Le rapport ne dit pas ce qu'on a fait des hommes.

Le gouverneur général affirme le 14 que le PPA de Messali Hadj est étranger au mouvement. Il sait aussi que l'insurrection s'est développée selon un plan concerté. Qui en est responsable ? Ferhat Abbas ? Tout l'indique à ses yeux, puisque les régions de Sétif et de Guelma « appartiennent » aux Amis du manifeste.

Il est clair en effet que le PPA a été surpris par la brusque insurrection de Sétif et de Guelma. Il se préparait à passer à l'action plus tard. Un rapport de la Sécurité militaire du 25 mai établit que les responsables locaux du PPA ont fait leur autocritique : ils se reprochent d'avoir inutilement tué des Européens (y compris des femmes et des enfants) et de s'être exposés aux arrestations en masse. Pourtant, devant la brutalité de la répression, les membres du parti de Messali se réjouissent d'avoir « le droit de divorcer d'avec des occupants haineux et incapables de diriger ce pays ».

Les communistes attribuent les massacres à des provocations fascistes. On demande « des sanctions immédiates contre les hauts fonctionnaires responsables ». Les anciens combattants musulmans protestent de leur fidélité, tandis que les Français d'Algérie applaudissent le ministre du général de Gaulle Adrien Tixier, qui affirme à Alger et à Constantine « la volonté de la France de rester en Algérie ». Les pieds-noirs sont-ils réconciliés avec le Général, qui a montré dans le drame de Sétif une résolution sans faille en déclarant qu'il fallait mettre à la disposition du général Martin tous les moyens nécessaires pour réprimer l'insurrection ?

On fait le compte des morts : 102 tués européens, 110 blessés, 10 femmes violées. Les rebelles ont essentiellement frappé les colons, les magistrats et les administrateurs, un directeur d'école musulmane, des gardes forestiers et des gardes champêtres, ennemis traditionnels des ruraux musulmans, particulièrement des braconniers. Les autorités ne souhaitent pas de représailles. Le gouverneur Chataigneau prêche le retour au calme, tout comme le général Martin, qui a fait une grande partie de sa carrière en Afrique du Nord.

Si l'on en croit les archives militaires, la répression n'a fait que 3 000 tués. Charles André Julien, dans un article du *Populaire*, parlait, lui, de 6 000 à 8 000 victimes. Un tract du PPA en annonçait 35 000. Un récent article du quotidien algérien *El Moudjhahid* avance le chiffre de 80 000. Plusieurs facteurs entretiennent l'incertitude, comme l'absence de données sur les effets des raids aériens et des tirs maritimes (les marins prétendent n'avoir tué que 4 ou 5 personnes), et la dissimulation des cadavres par les populations soucieuses d'éviter les représailles.

Quoi qu'il en soit, les 3 000 victimes avouées font de cette répression la plus importante dont ait souffert l'Algérie. Le nombre de morts est en outre certainement bien plus élevé que celui que suggère le général Martin, qui voulait rassurer Paris et offrir au ministre Tixier des chiffres acceptables. Pour rassurer Alger, la justice militaire se devait de juger et d'exécuter rapidement les coupables. Car personne, dans les milieux européens, ne pouvait se satisfaire de la seule répression sur le terrain. On exigeait de la justice officielle qu'elle fût expiatoire.

La permanence de zones d'insécurité rend l'opinion européenne nerveuse. La Grande Kabylie n'a pas désarmé. Les attentats frappent désormais les notables musulmans amis de la France. Les nationalistes veulent empêcher les élections municipales françaises, interdire aux musulmans d'y prendre part. Ils ont recours à la menace et à la terreur.

La suppression de l'état de siège va rendre la parole aux civils et aux tribunaux civils. La démobilisation réduit les effectifs militaires. Pourtant, en octobre, il faut lancer une expédition en Kabylie pour permettre la tenue des élections. Même la côte, de Dellys à Tigzirt-sur-Mer, n'est pas sûre. On compte une douzaine d'attentats préventifs, commis pour décourager l'électeur. Abbo est le point le plus menacé, et les Européens qui y vivent demandent protection. Déjà l'armée organise des escortes pour accompagner les électeurs aux urnes. Les légionnaires du 1er étranger de cavalerie poursuivent des groupes armés dans la montagne. C'est à croire que la répression de Sétif n'a servi à rien...

Les Français s'affolent, les fermiers de nouveau se barricadent, quelques-uns abandonnent leurs terres pour se réfugier en ville. Les légionnaires, les tirailleurs sénégalais, les spahis recherchent les agresseurs des gardes champêtres, des caïds, des moggadem. A nouveau ce ronflement des half-tracks de la gendarmerie mobile sur les pistes... Le calme reviendra-t-il jamais ?

Les anciens FFI du 13e d'infanterie escaladent les pentes avec les Sénégalais pour poursuivre les rebelles et organiser des ratissages. On arrête des suspects, on démasque quelques terroristes. Les autres ont pris le large... Le général Martin n'a pas assez de troupes à sa disposition pour assurer la sécurité. Il demande des renforts, des bataillons de Sénégalais, des chasseurs envoyés de la métropole pour les patrouilles de montagne : 5 bataillons seraient bien venus dans les Aurès, les Kabylies, l'Ouarsenis et même à l'ouest autour de Tlemcen, pour surveiller les infiltrations en provenance du Maroc. Il lève des supplétifs indigènes et implore l'envoi de nouvelles unités de gendarmes et de CRS. L'ordre ne sera maintenu en Algérie que par une vigilance accrue et permanente : c'est le très libéral gouverneur Chataigneau qui l'affirme.

Les arrestations ont été nombreuses (4 560, dont 3 696 dans le Constantinois), mais, sur la suggestion du général Duval, on s'est empressé de relâcher tous ceux sur qui ne pesaient pas des charges précises, afin de soulager les camps d'internement : il n'y a d'ailleurs aucune raison d'enfermer plusieurs mois sans jugement des vieilles femmes et des invalides de guerre. Néanmoins, le commissaire Achiary, sous-préfet de Sétif, proteste contre l'élargissement de propagandistes du Parti du manifeste, qui sont rentrés dans leurs douars auréolés du prestige du combat. Il demande qu'on incite la population à dénoncer les chefs toujours en liberté, au besoin en proposant des primes pour leur capture.

La nouvelle de l'exécution, le 27 juillet 1945, dans le polygone de Constantine, des 10 premiers condamnés à mort donne satisfaction à l'opinion européenne, toujours inquiète, et scandalise les musulmans : les jurés ont prononcé la mort, quand, souvent, l'avocat général n'exigeait que des peines de travaux forcés. Le bureau de la SFIO d'Oran s'indigne que l'on ait également condamné à mort dans l'Ouest, si longtemps après l'émeute de Saïda (où l'on avait incendié la mairie), alors que le département d'Oran est resté calme dans son ensemble. Le verdict (6 condamnations à mort) apparaît comme une provocation. Pourtant, au total, les juges militaires ont été relativement économes de la sanction suprême : sur 763 affaires jugées concernant 3 690 individus, 166 condamnations à mort ont été prononcées (dont 9 par contumace) et 33 seulement ont été exécutées. Ont été déclarés 1 046 non-lieux, 577 acquittements, 1 901 condamnations à des peines de prison et de travaux forcés.

Les exécutions relancent la propagande et l'agitation dans les milieux nationalistes. Les victimes sont souvent des membres connus du Parti du manifeste ou du PPA, au moins à l'échelon local. Le premier résultat de la répression est la constitution d'un mouvement clandestin de résistance fondé sur le sacrifice des « martyrs de l'indépendance ». Au Caire comme à Beyrouth, les autorités de la Ligue arabe protestent avec éclat contre la répression coloniale française : traqué et interdit en Algérie, le PPA se reconstitue en France auprès des travailleurs kabyles, bientôt encadrés et endoctrinés dans une structure quasi militaire. Trois mois après la plus dure des répressions qu'aura connue l'Algérie, les nationalistes se préparent à livrer une guerre en règle contre ceux qu'ils appellent les « opposants ».

La guerre d'Algérie a commencé.

CHAPITRE II

La reprise en main du Maghreb

Le 30 novembre 1945, le chef d'escadron Bobillon, commandant le groupement de gendarmerie du département de Constantine, signale au préfet « le franchissement clandestin de la frontière algéro-tunisienne ». Des filières de passage se sont mises en place, surtout dans le Sud, autour de Tébessa. Le gendarme explique que le trafic de contrebande est certainement pour beaucoup dans ces franchissements. Mais il a remarqué aussi des étudiants musulmans qui ont l'habitude de se rendre à l'université de la mosquée Zitouna, à Tunis, l'un des centres d'effervescence nationaliste. On peut imaginer que des armes sont ainsi passées en contrebande, que des liaisons sont établies entre les partis clandestins d'Algérie et le Néo-Destour.

Les Amis du manifeste n'ont pas, en effet, renoncé à l'action. On en a la preuve à Mascara, au sud d'Oran, où la Sécurité militaire signale la reconstitution clandestine de leur parti. Allié aux oulémas, il s'élève contre les élections (qu'elles soient municipales, cantonales ou législatives) dans le cadre du double collège musulman prévu par la loi. Les enfants des écoles coraniques avertissent les parents : pas un musulman ne doit voter. Les musulmans boudent les cérémonies officielles, incendient volontiers les forêts, comme le constate le général Duval dans un rapport daté de septembre. Les agents de la Sécurité militaire signalent qu'à Alger les consignes sont de ne pas parler le français. Dans les trams de nuit, on tient facilement des propos très hostiles à l'administration. Les jeunes musulmans se montreraient agressifs et « insolents » à l'égard des femmes européennes. On a surpris dans les bureaux des PTT des colis postaux, provenant des forces stationnées en Allemagne, qui contiennent des pistolets et des munitions. L'état d'esprit des musulmans démobilisés est très hostile : ces derniers refusent tout contact avec l'administration et insultent les caïds. Beaucoup de ces anciens militaires ont été recrutés par les partis qui, en Kabylie, multiplient les attentats préélectoraux. On affirme que les tribunaux musulmans clandestins jugent les traîtres et intimident la population. Le mouvement des oulémas, grâce au zèle des jeunes propagandistes, reste actif dans la Kabylie des Babors, terre de révolte. Les oulémas, en liaison avec la Ligue arabe, développent leur propagande en Oranais et dans la vallée du Cheliff en utilisant les filières clandestines du parti de Ferhat Abbas. Quant au PPA, il se reconstitue en France.

Sur 60 000 travailleurs maghrébins, émigrés en France, 40 000 sont kabyles. Les autres sont des Chleuhs de la région de Marrakech et du Sous. Tous ne sont pas sans moyens. De riches Kabyles ont profité de l'occupation pour acheter à Paris ou à Lyon hôtels et restaurants. Certains sont devenus les maîtres de trafics de contrebande ou de prostitution. Ils contribuent largement au financement du PPA, qui exige de chaque adhérent une cotisation de 25 francs par mois, pour un droit d'adhésion de 450 francs. Très rapidement, les finances du parti seront florissantes. L'adhésion des frères est en effet obtenue de gré ou de force. En échange, une protection est assurée.

Les responsables du PPA évitent les contacts avec les partis français et dissuadent les leurs d'adhérer au Parti communiste. Ils développent une propagande indépendantiste particulièrement vive dans les camps militaires, chez les soldats en instance de démobilisation et de rapatriement. Ils sont plus de 4 000 dans la seule région parisienne, et le mouvement fait boule de neige. Cette organisation menace de donner à la rébellion clandestine en Algérie, les moyens de recruter d'anciens soldats susceptibles d'instruire des recrues. Les bases d'une organisation militaire sont posées.

Les Européens sont-ils conscients de la radicalité du mouvement nationaliste algérien ? Ils protestent contre la loi d'amnistie qui, en mars 1946, offre la liberté aux détenus politiques (mais non aux criminels). Déjà, le maréchal Juin propose aux Algériens l'assimilation, ce que les communistes d'Afrique du Nord refusent, s'alignant sur ce point sur les partis indépendantistes. Dès lors, trois forces se heurtent sur le territoire algérien :

— la première, nationale, n'a pas oublié la leçon de Sétif : à revendiquer trop tôt et trop fort l'indépendance, on s'expose à la répression violente, qui risque de retarder, sinon de décapiter le mouvement. Il convient donc de modérer les demandes, de jouer le jeu du légalisme, en exigeant l'égalité des droits. On sait que les Français d'Afrique du Nord n'accepteront pas cette exigence : raison de plus pour l'afficher, puisqu'on développe ainsi la contradiction chez l'adversaire. C'est alors la position d'un Ferhat Abbas qui déjà dépasse l'intégrationnisme pour une formule d'association fédéraliste ;

— l'administration métropolitaine commence à évoluer. Elle se propose de convaincre l'élite des musulmans de jouer le jeu libéral en expliquant que lui seul peut mener à la démocratie. La loi de réforme de 1944 amorce cette évolution, qui reprend le projet Violette d'avant la guerre. Le statut de 1947 est inspiré par le même esprit. Une voie est tracée, celle du réformisme métropolitain, qui trouvera à Alger quelques alliés, à commencer par le maire de la ville, Chevallier ;

— cette politique évolutive — par l'assimilation progressive des musulmans aux institutions françaises — est refusée avec persévérance par la troisième force, qui comprend la grande majorité des élus européens d'Algérie. Ceux qui ont exigé le châtiment rapide des condamnés de Sétif ne sont pas prêts à admettre l'évolution, pourtant timide, souhaitée par le ministre Tixier. Ils n'acceptent pas la réforme, pas plus que l'Algérie fédéraliste de Ferhat Abbas, qui serait incluse dans une Fédération des peuples de l'ancien empire français.

Pendant neuf ans, ces trois forces vont s'affronter en Algérie, sans qu'aucune ne parvienne à dominer les autres : il en résulte un climat d'incertitude, d'irrésolution politique.

Les nationalistes algériens regardent désormais vers Tunis et Rabat pour une double raison : ces territoires sont ouverts à l'influence des États arabes de la Méditerranée orientale, par le biais notamment des universités. Or les capitales des protectorats rêvent de prendre la tête d'un mouvement politique international qui pèserait sur le système néo-colonial français.

Pour une raison stratégique, ensuite : les minorités françaises du Maroc et de Tunisie sont moins nombreuses, plus faibles face à la revendication nationaliste assumée par des cadres qui peuvent être rapidement reconnus comme de vrais interlocuteurs par les instances internationales. Les nationalistes algériens pensent que la libération des protectorats rendra possible plus tard celle de l'Algérie, en créant à ses frontières des espaces de liberté, de refuge et de regroupement. Ce qui revient à dire que la victoire en Algérie passe par l'indépendance de la Tunisie et du Maroc. Le moment venu, la guerre reprendra dans les départements français, mais dans un esprit et selon des méthodes très différents, inspirés par les expériences des États arabes qui ont su gagner leur indépendance.

Le consensus politique français, en 1945, n'est pas favorable à l'indépendance des territoires de l'empire. C'est l'opinion internationale, notamment la presse américaine, qui pousse la France dans la voie de l'évolution. Non sans obstacles : de Gaulle s'emploie avec acharnement à en protéger l'intégrité contre les pays anglo-saxons qui ne rêvent que de rapines, pense-t-il. Jusqu'en janvier 1946, date de son départ du gouvernement, il ne manque pas de soutien dans l'opinion politique métropolitaine. Même les communistes approuvent la répression des émeutes de Sétif. Une note du 16 mai 1945 émanant du ministère de l'Intérieur précise que toutes les organisations démocratiques, et notamment la CGT, le Parti socialiste, les Partis communistes français et algérien, ont sévèrement condamné « ces criminelles agressions ». Le communiste Étienne Fajon déclare, le 11 juillet, à l'Assemblée consultative : « Les tueries de Guelma et de Sétif sont la manifestation d'un complot fasciste qui a trouvé des agents dans les milieux nationalistes. » Les communistes, une fois de Gaulle parti, continuent à voter les crédits militaires qui permettent de conduire outre-mer une politique de répression.

Les nationalistes du Maghreb ont été insensibles à la reculade de la France au Levant, qui est parfaitement contemporaine des troubles de Sétif. Le 8 mai, à Beyrouth, où les troupes gaullistes défilent à l'occasion des fêtes de la victoire, l'émeute se déchaîne. Il avait été convenu, lors du retour des Français libres en Syrie et au Liban, que ces deux territoires (mis sous tutelle par la Société des nations et confiés au mandat de la France) devaient choisir eux-mêmes leurs gouvernants. Aux élections de juillet 1943, les nationalistes l'avaient emporté. Le Parlement libanais avait voté une Constitution supprimant le régime du mandat et désigné des ministres, un président du Conseil, un président de la République. Le délégué général gaulliste, Jean Helleu, estimant ces nominations prématurées, avait cru bon de mettre en état d'arrestation et d'emprisonner les ministres et les deux présidents. Désavoué par Alger, Helleu avait cédé la place au général Catroux, qui, sous la pression britannique, avait remis en place le gouvernement libanais.

L'indépendance promise par les Français n'était pas entièrement acquise, puisque ceux-ci occupaient encore les deux pays. Les Égyptiens et les Irakiens pressèrent alors leurs voisins et frères, avec la complicité britannique et probablement américaine, de chasser les occupants. Le 22 mars 1945, la Syrie et le Liban signèrent, avec leurs amis d'Égypte, d'Irak et de Jordanie, auxquels s'était jointe l'Arabie Saoudite, le pacte de la Ligue arabe. Il n'était plus question pour les Français de se maintenir. De Gaulle, pourtant, envoya des renforts, croyant à un complot britannique : il ne voulait pas que l'indépendance de la Syrie et du Liban apparût comme le résultat d'une épreuve de force à l'occasion de laquelle les Français auraient été vaincus.

Le 8 mai 1945, les émeutiers prennent d'assaut les postes de Damas. Sous la menace britannique, l'évacuation des 5 000 soldats français d'occupation est inéluctable. Elle conforte les Européens du Maghreb dans l'un de leurs préjugés majeurs : les troubles sont partout le résultat de l'ingérence intéressée des Alliés dans les affaires coloniales françaises : ainsi les Américains veulent-ils faire main basse sur Dakar, le Maroc et la Nouvelle-Calédonie ; quant aux Anglais, ils contrôlent à leur seul avantage tout le Proche-Orient...

Le retrait des Français d'Orient rend plus cruel aux nationalistes algériens l'échec de la révolte de Sétif. D'autant que leur objectif international n'est pas atteint : la session des Nations unies à San Francisco n'a pas donné satisfaction aux ambitions anti-colonialistes, car les États-Unis ont renoncé à l'idée d'imposer l'indépendance des colonies. Selon les chapitres XI, XII et XIII de la charte de San Francisco, les membres tutélaires des « territoires non autonomes », dotés de l'ancienne puissance coloniale, s'engagent seulement à « développer leur capacité [des colonies] de s'administrer elles-mêmes, [à] tenir compte des aspirations politiques des populations et [à] les aider dans le développement progressif de leurs libres institutions, dans la mesure appropriée aux *conditions particulières* de chaque territoire et de ses populations, et à leurs degrés variables de développement ». Pour les anti-colonialistes, l'échec est flagrant. Raison de plus pour reprendre en main, pays par pays, le combat pour l'indépendance.

Un front international arabe se met également en place à partir du Proche-Orient. Le sultan soutient en sous-main l'Istiqlal. Les nationalistes tunisiens se tournent vers Habib Bourguiba, qui récupère l'indignation de tous ceux qui considèrent le bey Moncef, chassé par les Français, comme un martyr. C'est lui qui avait pris l'initiative du manifeste tunisien. Le général Mast, qui représentait alors la France, était resté sourd à ses appels, et Bourguiba avait choisi l'exil, le 26 mars 1945, pour se rendre au Caire par des moyens de fortune. Le consul général des États-Unis, Doolittle, l'avait aussitôt reçu et présenté aux dirigeants de la Ligue arabe. Il lui avait obtenu un visa pour se rendre aux États-Unis, où il voulait créer une antenne d'action politique au profit des peuples du Maghreb. Bourguiba considère alors, à l'encontre de ses frères algériens, que l'action politique doit être extérieure et non intérieure. Les nationalistes tunisiens, pense-t-il, ont mieux à faire que d'infiltrer les filières misérables que leur offrent les Français : en Tunisie, une des deux sections du Grand Conseil du protectorat ; au Maroc, le Conseil de gouvernement. Pour Bourguiba, la France résistera à l'évolution tant qu'elle ne sera pas contrainte par la pression internationale : plus qu'aux Britanniques, qui ont pourtant facilité l'accession à l'indépendance de la Syrie et du Liban, l'avocat tunisien fait confiance aux Américains.

Mais, sous la présidence de Truman, le vent avait tourné, l'œil du cyclone était dans le Sud-Est asiatique. Le Département d'État passa des mains de James Byrnes à celles du général Marshall, obsédé par la Révolution chinoise et les affaires du Pacifique. Les débuts de la guerre froide avaient conduit les Américains à développer l'aide aux pays en danger et à verrouiller la Méditerranée orientale en constituant un barrage solide au communisme en Turquie, en Grèce et, au-delà, en Iran. De ce fait, le danger de subversion sur la rive sud de la Méditerranée s'était amoindri. Depuis le vote de l'aide américaine à la Grèce et à la Turquie, le 11 mars 1947, la lutte contre le développement du communisme dans le Maghreb n'était plus à l'ordre du jour. Elle ne l'était pas davantage en France, depuis que le président du Conseil, Paul Ramadier, avait « démissionné » les ministres communistes de son gouvernement, à la fin du mois d'avril. Les Américains pouvaient considérer la France, qui entrait dans leur stratégie de défense de l'Europe, comme un allié à part entière. Ils n'avaient plus de raisons de lui créer des difficultés outre-mer.

D'autant moins que les Français comptaient sur leur aide, et l'obtinrent effectivement, pour conduire leur guerre en Indochine. Le 9 mars 1945, alors que les nationalistes algériens préparaient le coup de Sétif, les Japonais attaquaient les garnisons françaises, proclamant l'indépendance du Tonkin, du Viêt-nam, de la Cochinchine, du Laos et du Cambodge, et installaient un gouvernement indépendant en Annam. Le Viêt-minh lançait un ordre de soulèvement général contre l'occupation japonaise, à la veille de la capitulation du Japon, le 13 août 1945. Le 18 août, le général Leclerc quittait Paris pour récupérer la colonie au nom du général de Gaulle, pendant que le Viêt-minh prenait le pouvoir à Hanoi, puis à Saigon. La division Leclerc débarqua du 15 au 28 octobre. Elle venait en aide aux 5ᵉ et 12ᵉ régiments d'infanterie coloniale qui résistaient dans Saigon. Massu dégagea rapidement la ville. La guerre d'Indochine venait de commencer.

Dès lors, le gouvernement du général de Gaulle s'occupa de l'Indochine, et non de l'Afrique du Nord. Après son départ, les présidents du conseil de troisième force (le socialiste Félix Gouin, le démocrate-chrétien Georges Bidault, le socialiste Léon Blum) durent envoyer des renforts à la fin de l'année 1946 : les navires de l'amiral Thierry d'Argenlieu bombardèrent Haiphong, tandis que les unités du général vietnamien Giap attaquaient Hanoi. Les gouvernements répugnaient à expédier en Indochine des unités africaines ou maghrébines : des troubles avaient éclaté en 1945 à Conakry en Guinée, à Douala au Cameroun. Dans le camp militaire de Thiaroye, au Sénégal, une sédition des tirailleurs rapatriés d'Afrique du Nord, d'Allemagne et des camps de prisonniers faisait 35 morts. Il était imprudent d'utiliser en Indochine les Sénégalais, plus encore les Maghrébins, qui seraient un gibier de choix pour les propagandistes politiques du Viêt-minh.

En mars 1947, l'insurrection malgache mobilisa les troupes coloniales. La doctrine de l'état-major, qui manquait d'effectifs métropolitains et répugnait à trop puiser dans le vivier colonial, était de « jaunir » le corps expéditionnaire en Indochine, en utilisant les armes et les crédits américains pour embrigader des Vietnamiens. En avril, on comptait près de 60 000 Européens (y compris le régiment de la Légion étrangère) contre 28 000 Indochinois. Le « jaunissement » pouvait atteindre 50 % dans certaines unités du train. On avait engagé des Moïs, des Laotiens, des Cambodgiens, sans compter les partisans et les supplétifs. La nécessité d'envoyer des renforts en 1947 s'imposa néanmoins au général Valluy. Il dénonçait le « jaunissement » excessif et demandait que les 6 bataillons prévus comptent au moins un tiers de Français métropolitains. L'envoi de troupes nord-africaines était, selon lui, risqué, en raison du climat de rébellion qui ne s'était pas dissipé en Afrique du Nord. Un quart des renforts fut néanmoins composé de Maghrébins « soigneusement sélectionnés et jusqu'à concurrence de 5 000 ». Le pli était pris : les tirailleurs algériens serviraient en Indochine, où le Viêt-minh saurait les initier à la « guerre révolutionnaire ».

Dès le début de 1947, la guerre absorba une grande partie de l'armée d'active : le corps expéditionnaire dépassait déjà 100 000 hommes, dont 77 000 Européens ; les deux cinquièmes du personnel engagé servaient en Indochine. On commença à envisager l'emploi de la 25e division parachutiste et l'envoi d'autres unités nord-africaines et sénégalaises. Cette guerre ne pouvait être menée qu'avec l'appui technique et financier des États-Unis. Mais la section Asie du Sud-Est du Département d'État était opposée à l'intervention française, et le consul américain à Hanoi, James O'Sullivan, considérait Hô Chi Minh comme un interlocuteur possible. Selon lui, on pouvait le détourner du communisme, si on l'aidait à atteindre ses objectifs nationalistes. Paris et la section Europe du Département d'État américain, tout acquise à la position française, durent lutter âprement pour faire la preuve qu'Hô Chi Minh, militant communiste, était dans l'orbite de Moscou.

La diplomatie américaine était hésitante, paralysée par ses contradictions. Au début de la guerre, elle interdit aux Français d'utiliser le matériel militaire fourni par les États-Unis : cette décision, il est vrai, restait formelle, car rien n'empêchait Paris de transférer en Indochine les armes destinées aux forces d'occupation en Allemagne. Les Américains se résignèrent finalement à cette guerre, qu'ils soutenaient indirectement par les prêts consentis à la France et les livraisons de matériel, mais incitèrent les Français à conclure des accords avec des Viet-namiens anti-communistes ; le choix de l'empereur Bao Dai leur avait paru dérisoire, ils s'y rallièrent cependant parce que les Français avaient accepté, au profit du « fantoche », de reconstituer un Viêt-nam autonome (les trois Kî) réunissant l'Annam, le Tonkin et la Cochinchine.

Pourquoi le Département d'État s'était-il finalement décidé à soutenir la France dans sa politique indochinoise ? Parce que les progrès des communistes en Chine inquiétaient le général Marshall, au point de lui faire redouter la subversion totale du Sud-Est asiatique. L'administration américaine, obsédée par l'Extrême-Orient, n'était pas disposée à combattre la politique française en Afrique du Nord ; elle recommanda à la France de trouver avec les anciens protectorats un *modus vivendi*. Paris opposa sa solution miracle : la constitution de l'Union française.

Le projet français ne concernait pas, en principe, l'Algérie, divisée en départements et gouvernée par les représentants du ministre de l'Intérieur, mais bien la Tunisie et le Maroc. Le gouvernement provisoire avait conçu cette idée dès mars 1945, au moment du coup de force japonais. Pour reprendre en main l'Indochine, la France devait proposer une solution politique nouvelle, fondée sur l'association des territoires à la métropole.

Le premier projet élaborait une construction laborieuse, inspirée du Commonwealth britannique. La structure de l'édifice restait centralisée, et les décisions de souveraineté concentrées entre les mains du gouvernement de Paris et de ses représentants. Il concédait sur place des formules d'autonomie, variables selon les territoires.

La plus importante des concessions concernait le droit de vote : il n'était plus réservé aux seuls citoyens français, européens ou indigènes naturalisés, mais étendu aux « non-citoyens », selon un système de double collège, et cela dès l'élection à la Constituante. Les électeurs du premier collège devaient voter au suffrage universel, ceux du second étant soigneusement recensés et triés sur des listes dressées par l'administration : le droit de vote était ainsi accordé aux « non-citoyens », mais dans une certaine limite...

Citoyens et « non-citoyens » allaient donc élire, territoire par territoire, des représentants au Parlement français. Sur 586 sièges, la première Assemblée constituante, élue le 21 octobre 1945, comptait 63 députés venus de l'outre-mer : 33 relevaient des territoires contrôlés par le ministère des Colonies, 26 de l'Algérie (à qui le régime du double collège avait été accordé, bien qu'elle fût réputée française et rattachée à la métropole). Deux députés provenaient du Maroc et deux autres de Tunisie. Sur le contingent algérien, désigné par le système du double collège, 13 élus étaient issus du premier collège, réunissant Français de souche et Français musulmans (12 %), et 13 autres du second collège.

Des assemblées territoriales étaient prévues, le système de l'indigénat devait être supprimé, l'égalité des droits civiques affirmée. Mais, au référendum du 5 mai 1946, le peuple français repoussa le projet de Constitution. Tout était à refaire.

L'élection à la seconde Constituante, le 2 juin, envoya les mêmes hommes de l'outre-mer à Paris, à l'exception des Algériens : la loi d'amnistie du 9 mars 1946 avait rendu leurs droits civiques aux condamnés des deux partis. Le groupe des Amis du manifeste, mené par Ferhat Abbas, sorti de prison, avait choisi de mener une action politique légaliste, qui lui avait bien réussi : il enlevait 11 sièges sur les 13 du second collège, mais la deuxième Constituante était moins décidée à soutenir une nouvelle politique outre-mer. Les circonstances avaient changé : la guerre d'Indochine et les révoltes du Maghreb et d'Afrique effrayaient les socialistes et les démocrates-chrétiens du Mouvement républicain populaire (MRP) de Georges Bidault, Robert Schuman, Maurice Schumann. Alors que la déclaration des droits de l'homme du premier projet garantissait, dans son article 21, un « droit à l'insurrection » (« quand le gouvernement viole les libertés et les droits garantis par la Constitution, la résistance sous toutes ses formes est le plus sacré des droits et le plus impérieux des devoirs »), cet article disparut du second. Vis-à-vis des « territoires », dont les habitants étaient promis à la citoyenneté française, la France s'engageait à « conduire les peuples dont elle a pris la charge à la liberté de s'administrer eux-mêmes et de gérer démocratiquement leurs propres affaires », mais rien de plus : pas un mot de l'accession à l'indépendance. Tous devaient rester dans le cadre de l'Union française. Pour les vieilles colonies départementalisées comme l'Algérie, cette hypothèse était exclue.

Les protectorats de Tunisie et du Maroc étaient appelés à devenir des « États associés », leur situation dans l'Union française dépendait pour chacun d'eux de l'acte « qui définissait ses rapports avec la France ». Ni le bey de Tunis ni le sultan du Maroc n'acceptèrent pourtant de renégocier l'acte du protectorat, car cela les aurait contraints à entrer dans l'Union française.

Chaque territoire de l'Union, au bout de vingt ans, devait s'être prononcé sur l'indépendance. A défaut, il aurait accepté d'être intégré à la nation française, à moins qu'il n'ait négocié avec la France un statut d'État autonome, librement associé.

Ferhat Abbas, après le rejet de sa proposition du 26 juillet, déposa le 2 août un projet de loi « tendant à établir la constitution de la République algérienne en tant qu'État fédéré, membre de l'Union française ». Cet État aurait disposé des attributs de souveraineté à l'intérieur, incluant la police. Cette proposition ne vint même pas en discussion. A l'évidence, les constituants n'avaient aucunement l'intention de privilégier l'Algérie, dont le sort relevait, dans leur esprit, de la République française.

Ainsi, dès le départ, les autorités du protectorat comme les représentants élus de l'Algérie étaient hostiles à la formule de l'Union française. Pourtant, la voie légaliste ne semblait nulle part définitivement fermée.

En Tunisie, au Maroc et en Algérie, les consultations électorales répétées réanimèrent les forces politiques devenues électoralistes, même si elles s'inspiraient du nationalisme le plus ardent : Ferhat Abbas revint de Paris convaincu que le combat politique passait désormais par la bataille sur le statut de l'Algérie, puisque l'Union française était un cadre vide et que chaque territoire devait négocier sa propre situation dans un ensemble informel. Il avait abondamment plaidé à la tribune de l'Assemblée française et trouvé des alliés dans certains partis : si les communistes français avaient rejoint le MRP dans le rejet de sa proposition fédérative, il avait retenu l'attention de certains socialistes. André Philip avait insisté pour que les propos du leader algérien contre l'oppression coloniale fussent inclus dans le texte constitutionnel. « Vous ouvrez les portes à la sécession », avait répondu le radical Édouard Herriot, qui s'était chargé de faire voler en éclats le projet. « Les Bédouins de Transjordanie, avait dit Ferhat Abbas à la tribune, qui, depuis des siècles, poussent leurs troupeaux devant eux et à qui l'Angleterre vient de donner un gouvernement, valent-ils donc mieux que nous, qui pourtant possédons des villes qui sont d'anciennes capitales comme Fez, comme Alger, comme Tunis, bâtie sur l'emplacement de l'antique Carthage ? » S'adressant aux députés français, il les avait implorés avec humour : « Je vous en prie, donnez-nous des arguments pour vous défendre. » Percevant clairement les contradictions de ses adversaires, désireux d'afficher en France leurs conceptions démocratiques, mais incapables de les imposer en Algérie, il avertissait que les élus algériens ne pouvaient accepter un texte qui perpétuait la tradition coloniale et les privilèges des Européens. L'extension de la guerre en Indochine, rendue possible grâce au soutien des communistes de 1945 à 1947, avait inspiré à Mohammed Khider, figure historique de la révolte de 1954, une réflexion sur le retard des Français en matière de décolonisation : « Le peuple musulman algérien, avait-il dit à la tribune de l'Assemblée nationale, suit de très près l'évolution de cette crise [indochinoise]. Nous vivons aujourd'hui une époque qui porte la marque de l'éveil de la conscience nationale chez les peuples colonisés. »

La revendication nationaliste était plus que jamais commune aux trois peuples d'Afrique du Nord. Le lundi de Pâques 1947, à Casablanca, des rixes opposèrent de jeunes Marocains aux tirailleurs sénégalais. Les soldats montèrent une opération répressive qui aboutit à un massacre dans la médina. L'opinion nationaliste en fut si vivement impressionnée que le sultan, en voyage à Tanger, affirma devant la foule qui l'acclamait : « Il faut tourner les yeux vers la Ligue arabe qui a renforcé les liens entre tous les Arabes partout où ils se trouvent [...], permis à leurs rois et à leurs chefs [...] d'édifier leur voie et de marcher vers le progrès moral, la grandeur de l'islam et la gloire arabe. » Le Maroc, affirmait Mohammed ben Youssef, veut « récupérer ses droits ».

Le départ de la course pour l'indépendance était donné. Curieusement, quelques semaines plus tard, le Département d'État rédigeait une note à l'intention du gouvernement américain, affirmant que des menaces pesaient sur la région du fait de l'« incapacité des Français à concevoir et à appliquer une politique susceptible de résoudre les principaux problèmes ». Certes, la note recommandait « de ne pas heurter de front les Français », mais, en juin 1947, le secrétaire d'État décida d'inviter le ministre des Affaires étrangères, Georges Bidault, et le président du Conseil, Ramadier, à préparer « l'autonomie de la Tunisie et du Maroc et à leur donner quelque chose comme un statut de dominion ». Washington s'engageait à obtenir le soutien des nationalistes arabes. Georges Bidault ne fit pas d'objection, mais se garda d'ouvrir une négociation avec le sultan. Il savait que les autorités françaises du Maroc, particulièrement le contrôleur général Boniface, porte-parole des colons les plus intransigeants, reprochaient au résident général, Erik Labonne, ses bons rapports avec le sultan. N'avait-il pas fait revenir le chef nationaliste Allal el-Fassi du Gabon, où il était tenu en résidence surveillée ? Le président Ramadier, qui considérait le Maroc comme un État féodal et le sultan pour le jouet de la Ligue arabe et des États-Unis, remplaça Labonne par le maréchal Juin, fils d'un gendarme de Bône. A Tunis, il désigna un syndicaliste, ancien résistant, socialiste blumiste : Jean Mons, qui passait jadis pour un libéral. L'armée d'occupation fut confiée à Duval, qui venait de réprimer la révolte de Sétif.

Jean Mons fut d'emblée confronté à une grève des dockers du port de Sfax. L'Union générale des travailleurs tunisiens conduisait le combat, sans concessions. L'armée dut intervenir contre les grévistes, qui s'étaient emparés du port. On compta une trentaine de morts. Mons choisit un Premier ministre estimé dans tous les milieux tunisiens, l'avocat Kaak, pour rétablir le calme. Il fut attaqué à Paris par les parlementaires intransigeants européens de Tunis, qui lui reprochèrent, comme à Erik Labonne au Maroc, d'emprunter la voie réformatrice.

Le président Ramadier, exaspéré par ces accès d'humeur maghrébine, se désintéressa de l'évolution des protectorats, et se garda bien de promouvoir la politique de réforme souhaitée par les Américains : accablé par le conflit indochinois, il redoutait de voir l'agitation s'étendre aux protectorats africains.

Le député Ferhat Abbas jouissait désormais d'une grande autorité dans les milieux nationalistes maghrébins qui le soutinrent dans sa tentative d'action politique légale : n'avait-il pas fait ses preuves ? Comme Messali Hadj, il avait subi l'épreuve de la prison. Avant les événements de Sétif, son parti des Amis du manifeste n'avait récupéré les adhérents messalistes qu'en raison de l'interdiction du PPA. Désormais seul en lice et couvert de gloire, le prophète ayant été exclu de la loi d'amnistie, Ferhat Abbas avait constitué l'Union démocratique du manifeste algérien (UDMA), qui avait triomphé aux élections du 2 juin 1946. Cette fois, les consignes données aux musulmans avaient été de voter et de bien voter. Abbas avait recommandé, sans être contredit, de jouer le jeu démocratique. « L'Algérie nouvelle, avait-il dit, librement *fédérée* à une France nouvelle, naîtra grâce à l'action conjuguée des démocrates français et musulmans. » On ne pouvait rêver de France plus « nouvelle » que celle de 1946. Jamais, affirmait-il, les Algériens ne trouveraient d'interlocuteurs plus à gauche. Pouvaient-ils espérer d'eux l'éclosion de cette Algérie algérienne, la seule qu'ils fussent prêts à accepter ?

Abbas avait des concurrents : 3 formations s'étaient disputé les 13 sièges offerts aux « non-citoyens » lors des élections à la première Constituante, en 1945. Lui-même ne pouvait alors être candidat : il était en prison, et son parti, frappé d'une mesure d'interdiction. La Fédération des élus musulmans, conduite par le docteur Bendjelloul, avait emporté la majorité, les socialistes SFIO, 4 sièges, et le Parti communiste algérien, 2.

La victoire d'Abbas aux élections de la deuxième Constituante fut aisée : le docteur Bendjelloul passait pour être manœuvré par les Français, et ni les socialistes ni les communistes algériens n'avaient pris franchement position pour une Algérie algérienne. La surenchère nationaliste joua donc au profit du pharmacien de Sétif, qui bénéficia d'un taux de participation électorale de 48 % (il sera de 39 % seulement pour l'élection de la première Assemblée nationale, en novembre 1946). Les musulmans admis à voter se prononcèrent en forte majorité pour un statut égalitaire, pré-indépendantiste. La voie choisie par Abbas, conforme à l'attitude des leaders libanais et syriens qui avaient gagné les élections organisées dans leur pays par les Français avant d'exiger leur indépendance, était conforme à l'un des modèles recommandés par les pays arabes. Pouvait-elle réussir ?

Le vote du statut de l'Algérie, le 20 septembre 1947, après de longs débats, est en fait la dernière victoire d'une gauche fidèle aux idées de la Libération. Après la démission du gouvernement Ramadier et le triomphe gaulliste aux élections municipales de novembre 1947, la IVᵉ République change d'axe : elle reposait depuis 1945 sur la collaboration des trois grands partis de gauche issus de la Résistance. A partir de 1947, elle est fondée sur une alliance de « troisième force » contre les communistes, qui viennent de s'aligner sur Moscou et de s'engager dans la guerre froide en ouvrant les hostilités contre tous les gouvernements « amis des Américains », et les gaullistes, désireux de changer le régime. Il ne sera plus question désormais de réaliser un idéal commun : la « troisième force » (l'expression est de Guy Mollet) est défensive : elle n'aura pour objectif que la pérennité du centre républicain. Son obsession sera de se défendre contre tout ce qui mettrait en danger le fragile équilibre centriste, où s'affichent déjà, derrière Édouard Herriot, les revenants du centre droit classique. Le statut de l'Algérie n'a d'ailleurs été voté qu'au prix de grandes difficultés, et les représentants européens du premier collège algérien, dont le plus remarquable était le député de Constantine René Mayer, l'ont combattu avec vigueur.

On peut s'étonner que cet homme cultivé, un rien distant, brillant conseiller d'État, familier des Rothschild, dont il a l'esprit, l'apparente légèreté, le goût des solutions intelligentes et rapides, ait fixé sa carrière dans l'Est algérien, alors qu'il était le petit-fils du rabbin alsacien Michel Mayer. Pourtant, il a partiellement investi le guêpier constantinois en tissant dans les mairies et les administrations un réseau serré de fidèles. Quand il quitte son fief montagneux, où il tient en surveillance les Chaouïas agités et les Kabyles amers, c'est pour rejoindre, à Paris, ses amis du Parti radical, dont il est l'un des chefs. Tenant en main le groupe des élus d'Afrique du Nord, actif dans l'intergroupe des députés de la France d'outre-mer, René Mayer a d'autant plus d'influence au Parlement que les majorités parlementaires sont minces et les gouvernements fragiles. Un déplacement de quelques voix peut suffire à ouvrir une crise ministérielle. Pied à pied, Mayer et ses amis ont mené le combat contre un statut trop évolutif, qui livrerait l'Algérie aux partis musulmans. S'il s'accommode, à Sétif, de la présence de Ferhat Abbas, heureux époux d'une Française et pharmacien cossu, il n'a aucune envie de livrer au Parti du manifeste la nouvelle Assemblée algérienne.

Si le statut de 1947 a bel et bien été voté, nul ne sait encore comment il sera appliqué par un régime de troisième force avant tout soucieux d'éviter tout mouvement précipité.

Inspiré par l'esprit de la Libération, le statut est d'apparence démocratique. C'est ainsi qu'il proclame l'égalité « absolue » de tous les citoyens : ceux-ci auront accès égal à la fonction publique, à l'armée, seront égaux devant la loi. Ceux qui veulent continuer à bénéficier du statut personnel et de la justice coranique n'en seront pas privés. Les femmes musulmanes voteront, comme les Européennes. Une Assemblée algérienne remplacera les vieilles « délégations financières », institution coloniale au service exclusif des Français. Les députés, élus à égalité par les deux collèges, siégeront ensemble, ils voteront le budget. Ils pourront évoquer devant leur Assemblée les lois votées à Paris pour les faire appliquer à Alger. Les territoires du Sud, contrôlés par les militaires, entreront dans le régime civil. Les communes mixtes, où les Français cooptés faisaient seuls la loi, seront également dissoutes, remplacées par des municipalités normalement élues. Le culte musulman sera aligné sur le catholique, bénéficiera de la séparation de l'Église et de l'État. Les fêtes religieuses musulmanes seront déclarées légales, ainsi que l'enseignement de l'arabe.

Des réserves affaiblissent néanmoins sensiblement la portée du texte : si les délibérations de l'Assemblée sont libres, celle-ci ne peut décider d'appliquer en Algérie les lois françaises. Cela est du ressort du gouverneur général. Ce personnage tout-puissant, désigné par le Conseil des ministres et soumis au ministre de l'Intérieur, peut exiger de l'Assemblée une majorité des deux tiers, s'il juge un projet inopportun. Le quart des députés et la commission des finances ont le même pouvoir, et sont donc en mesure de faire pièce à un gouverneur général trop libéral. Ainsi, les élus musulmans n'ont aucune chance de dominer l'Assemblée.

Qui votera à l'avenir ? Le statut reste muet sur ce point et s'en remet à la future Assemblée algérienne. Il est clair que le groupe Borgeaud a obtenu les moyens d'enrayer toute évolution dangereuse en verrouillant le rôle, la composition, le fonctionnement de l'Assemblée. Tel quel, si le texte empêche les partis nationalistes d'investir l'État algérien, il leur fait tout de même une place, et les députés français d'Algérie ne s'y trompent pas : 11 ont voté contre, craignant que le statut n'engage un processus autonomiste. Les députés musulmans du second collège sont également hostiles à un texte qui ne tient pas compte de la « personnalité algérienne » et limite la représentation de 8 millions et plus de musulmans à une poignée d'élus. L'ensemble des forces politiques d'Algérie refuse donc le statut.

Ainsi 500 000 Français et 70 000 Français musulmans peuvent élire au premier collège autant de députés que 8,5 millions de musulmans du second collège, dont seulement 1 450 000 ont le droit de vote. Encore ces dispositions sont-elles considérées comme une brimade par les pieds-noirs. Les messalistes, qui sont souvent de jeunes syndicalistes, des soldats démobilisés ou des Kabyles indignés par la répression de Sétif, consultent le maître par des voies clandestines. Le succès de l'UDMA de Ferhat Abbas empêche Messali de dormir. Il est temps, pense-t-il, de reconstituer le parti de la révolution : profitant du climat politique, les partisans du prophète créent en son absence, mais en son nom, le Mouvement pour le triomphe des libertés démocratiques (MTLD), qui présente des candidats aux municipales d'octobre 1947.

Le « triomphe » est complet, le parti de Ferhat Abbas dominé. Des militants actifs ont suivi de près les élections ; ils sont intervenus parfois brutalement dans les campagnes, affrontant les forces de l'ordre déchaînées. Belkacem Krim, en Kabylie, s'engage dans l'action politique. Il a 24 ans. Bien que fils de caïd, c'est le PPA-MTLD qu'il veut voir triompher dans son douar. Il est lui-même menacé. Après les élections, alors que la répression s'abat sur les militants, on l'accuse d'avoir provoqué des troubles.

Ces jeunes militants s'interrogent. Était-il bien opportun d'exiger « l'élection d'une Assemblée constituante [pour l'Algérie] souveraine au suffrage universel, sans distinction de race ni de religion » ? Messali s'est-il trompé ? Tous se posent des questions sur l'avenir de leur mouvement. Puisque les Français d'Algérie ont les moyens d'enrayer le processus démocratique, ne faut-il pas préparer clandestinement la révolution ?

Ferhat Abbas et les autres élus d'Afrique du Nord jouent encore le jeu légaliste et préparent les élections de 1948 qui doivent sonner l'heure de la revanche pour l'UDMA.

Quant aux pieds-noirs, ils accueillent sans plaisir un nouveau gouverneur général, le socialiste Marcel-Edmond Naegelen. René Mayer, à force d'insistance, a obtenu la tête d'Yves Chataigneau, dont il appréciait pourtant les qualités. Mais Borgeaud reprochait au gouverneur partant de vouloir, plus que de raison, « algérianiser » l'armée et l'administration. Ne prêtait-on pas à Chataigneau le désir de voir un général musulman commander l'armée d'Afrique ?

On impose un socialiste à Mayer pour remplacer Chataigneau. Le 11 février 1948, le député de Strasbourg Naegelen est nommé par le MRP Robert Schuman, qui ne pense qu'à l'Europe et se détourne des problèmes du Maghreb. Ce catholique militant veut-il éloigner du ministère de l'Éducation nationale le trop laïque enseignant Naegelen, constamment titulaire du poste sous les précédents gouvernements ?

Le parti de Messali Hadj domine les nouvelles municipalités, surtout dans le bled. Il convient donc de rassurer les Européens d'Algérie et d'organiser au mieux le prochain scrutin. Chacun sait qu'en dehors des grandes villes il est facile de manipuler les urnes, les populations obéissant aux mots d'ordre des plus persuasifs. Or l'enjeu des élections d'avril 1948 est d'importance : elles doivent désigner les députés à l'Assemblée algérienne. Le rôle du gouverneur Naegelen sera d'empêcher *à tout prix* les nationalistes d'être élus.

Il s'y emploie de son mieux : le truquage est couvert, autorisé, organisé. La liste nationaliste était en tête à Blida, petite ville au sud d'Alger. Elle ne recueille plus au second tour que 16 voix. Même manipulation à Bône. Dans certains douars, les caïds font état de résultats dépassant 100 % pour les « bons » candidats. On assure que certaines urnes ont été « bourrées » d'avance et que la population n'a même pas été convoquée. Au matin des élections, gendarmes et policiers arrêtent 36 des 59 candidats du parti messaliste. Les avions volent en rase-mottes dans les régions malsaines, sous prétexte de surveiller les montagnes. Les gardes mobiles interviennent pour pousser à la mairie les populations dont on attend un « bon » vote. Malgré ces pressions singulières, dénoncées à la Chambre parisienne par un député MRP d'Alsace, Fonlupt-Esperaber, les nationalistes du MTLD réussissent à obtenir 9 députés. La moitié disparaîtra avant la première réunion de l'Assemblée. Au soir des élections, les pieds-noirs respirent : le gouverneur Naegelen a conjuré le danger. L'Algérie reste française.

Ferhat Abbas, qui compte 8 élus seulement (contre 43 « modérés »), doit démissionner en 1949. La voie légaliste est abandonnée. La propagande nationaliste se fait plus ardente dans la jeunesse : sourds aux conseils de la Ligue arabe, les militants du MTLD n'acceptent pas le scandale de la manipulation électorale. Des inconnus non fichés dans les services de police se réunissent alors pour jeter les bases d'un « instrument révolutionnaire ». Parmi eux, un adjudant de l'armée française, Ahmed Ben Bella, démobilisé et rejeté par la société coloniale, Ahmed Mahsas et Aït Ahmed ; en Kabylie, Belkacem Krim. Après les élections dans son douar où il est menacé d'arrestation, ce dernier prend déjà le maquis, armé d'une mitraillette anglaise.

La répression post-électorale alimente ainsi les premières réserves de rebelles. Le sergent Ouamrane, de Dra el-Mizan, rejoint bientôt Krim. Comme Ben Bella et l'adjudant Boudiaf, de M'sila, il avait combattu bravement au 7e régiment de tirailleurs algériens. La répression de Sétif, à son retour, l'avait déjà convaincu. Il cherche alors à enrôler ses compagnons dans le maquis. Pour faire la guerre aux Français. Dra el-Mizan est situé dans la montagne kabyle, au sud de Tizi-Ouzou, non loin d'Alger. Qu'importe : la nuit, les rebelles se rendent dans les villages alentour pour expliquer, politiser, enflammer les ruraux. Le maquis s'organise, on rencontre clandestinement d'autres résistants. Dès 1947. Depuis un an déjà, un congrès clandestin du parti messaliste a créé l'Organisation spéciale (OS). Un jeune intellectuel rongé par la tuberculose (il devait mourir en 1949), Mohammed Belouizdad, fort de son expérience acquise dans la vallée du Cheliff (entre Alger et Oran, dans la région d'Orléansville), organise des pyramides de groupes cloisonnés réunissant chacun trois hommes. Les sections ainsi constituées sont invulnérables, car elles ne se connaissent pas entre elles. Aït Ahmed et Ben Bella le rejoignent : précieuses recrues. Ben Bella apprend aux militants le maniement des armes, Aït Ahmed connaît la Kabylie, région vedette de la rébellion. D'autres rallient le petit groupe : Rabah Bitat est du Constantinois, Ben M'Hidi, d'Oranie, Ben Boulaïd est meunier dans les Aurès et Ali Mahsas vient d'Alger. Ils sont protégés par les rares députés du MTLD qui bénéficient de l'immunité parlementaire. Mohammed Khider est leur plus sûr soutien. Des caches d'armes s'organisent dans les différentes régions, en prévision d'une insurrection générale. Mais les consignes du parti sont de patienter : l'heure n'est pas encore venue.

Ben Bella s'impatiente. Il n'a que faire des consignes des Frères musulmans du Caire, dont Messali semble se repaître. La révolution n'attend pas ! On commence à dégraisser les fusils italiens et allemands de la guerre, les stattis et les mausers, à remonter les mitraillettes Sten et les pistolets américains cachés dans les mechtas. La plupart viennent de Tunisie, où les paysans, pendant les opérations militaires, avaient constitué des caches. L'armée secrète est répartie en zones, régions, secteurs et groupes, comme si elle devait se lever le lendemain. On réchauffe le moral des combattants : le Kabyle Aït Ahmed, qui a succédé à Mohammed Belouizdad à la tête de l'Organisation, cède la place au plus décidé, l'Arabe Ben Bella, qui prétend dominer les Kabyles. Il affecte Belkacem Krim dans les Aurès, pour le neutraliser. A peine née, l'OS est menacée par les disputes. Le prestige de Ben Bella est tel que Krim obéit, prend le train pour Constantine. Ne recevant pas d'instructions, il rentre chez lui et reprend sa place dans le maquis...

Que faire ? Attendre, disent les politiques. Faut-il renvoyer les spécialistes en explosifs, qu'on a tant de mal à recruter et à dissimuler au regard de la police ? On organise quelques attentats pour entretenir le moral, mais on est loin du compte. Les groupes risquent de se dissoudre, faute de moyens. Des hommes jeunes peuvent-ils tenir longtemps la montagne sans gagner leur vie ? Ben Bella, pour se procurer des fonds, réussit un hold-up à la poste d'Oran que la police attribue à un acte de banditisme banal. L'opération rapporte plus de 3 millions et permet de recruter des hommes. En 1950, l'OS compte 4 500 partisans.

Une telle armée ne peut échapper à l'attention vigilante de la police française. Les rapports d'indicateurs, les dénonciations affluent sur le bureau du directeur des renseignements généraux, Costes, qui a la confiance du sénateur Borgeaud. Ce haut fonctionnaire connaît bien l'Algérie, où il exerce depuis 1932. Il a placé partout des correspondants qui l'informent. Il ignore tout d'abord l'existence de cette Organisation spéciale qu'il confond avec le PPA clandestin. Mais il sait que des groupes ont échappé à la répression, qu'ils se reconstituent dans l'ombre et qu'ils n'ont pas renoncé à l'action, ainsi que l'attestent des renseignements en provenance de l'armée à la frontière tunisienne.

Pourquoi les Français d'Algérie ont-ils peur ? Ils ont écarté les musulmans de l'Assemblée algérienne, présidée par Raymond Laquière, pur parmi les purs, soutenu par Laurent Schiaffino, sénateur d'Alger, magnat de la navigation et propriétaire de *La Dépêche algérienne.* Laquière et son ami Amédée Froger, président de la Fédération des maires, défendent officiellement le statu quo. Ils ont, certes, barré la route de l'Assemblée algérienne aux nationalistes, mais ils savent que certains députés, à Alger et à Paris, usent de leurs moyens pour protéger l'action clandestine, qu'ils vont jusqu'à couvrir le trafic d'armes. Ils sont surtout inquiets de la suppression des communes mixtes, dont l'administrateur était jadis nommé par le gouverneur. Pas une municipalité ne leur échappait. Amédée Froger ne veut rien céder de ce pouvoir municipal qui, par excellence, est celui des colons : les habitants du bled, après le bain de sang de Sétif, veulent conserver le contrôle de l'administration pour organiser eux-mêmes la répression.

Costes connaît cet état d'esprit, que Borgeaud, propriétaire de l'immense domaine de La Trappe, n'est pas loin de partager. Le « seigneur radical », maître de la politique algérienne, n'est-il pas un fils de la terre ? Il aime à rappeler qu'il appartient à la troisième génération des Borgeaud et qu'il a de la poussière d'Algérie à la semelle de ses chaussures : La Trappe produit 40 000 hectolitres de vin, le Chapeau-de-Gendarme, 45 000, sans compter les orangeraies. Il dispose de 6 000 employés ou ouvriers, essentiellement arabes ou kabyles, mieux payés que les autres, mais non inscrits à la Sécurité sociale... Il nourrit, il loge, il construit des écoles et des dispensaires, il est à lui seul un État. Il assure facilement la protection de ses biens, car la police et la gendarmerie lui sont dévouées. Le sénateur radical n'a-t-il pas la haute main sur les élections municipales et celles des conseils généraux ? Il domine à Alger comme à Constantine, il est écouté à *La Dépêche de Constantine,* des frères Morel, comme à *L'Écho d'Alger,* de Sérigny. Ses désirs sont des ordres, et la création de l'empire radical d'Algérie est un peu son œuvre. René Mayer, plus proche des groupes financiers, complète fort bien son action en animant le groupe de pression parisien. Reposant à l'origine sur la possession des terres et la domination des municipalités rurales, le système Borgeaud peut être qualifié de colonial. Il marquera la guerre d'Algérie de son empreinte.

Pour l'heure, Borgeaud est attentif aux révélations du policier Costes : les rebelles réarment et courent le bled la nuit, pour tenir des réunions dans les mechtas et endoctriner les populations. Il exhibe quelques fiches de suspects : le sergent Ouamrane en Kabylie est au maquis avec un certain Belkacem Krim, dont le père et le cousin sont des caïds. Il extrait également la fiche de Ben Bella, qu'il n'identifie pas encore comme l'auteur du hold-up de la poste d'Oran ; mais il connaît bien l'histoire de cet adjudant qui voulait entrer dans la police : l'administrateur de Tlemcen, à qui il demandait un poste, lui avait préféré le protégé d'un caïd. Ben Bella avait alors disparu dans l'Organisation secrète de Messali Hadj. Il y occupait sans doute un poste important.

Costes prévient Borgeaud : un coup de filet se prépare dans la région frontière de Tébessa, près du Sud tunisien. Un agent de l'OS a donné à la police toutes les indications voulues. Dans la nuit, les militants sont arrêtés, les caches découvertes, avec armes et documents. Le chef des renseignements généraux lance des coups de filet semblables sur tout le territoire. Faut-il résister ? Les ordres du parti sont les mêmes : attendre, faire le gros dos, laisser passer l'orage.

Ahmed Mahsas, alors militaire à Orléansville, et Ben Bella sont furieux : ont-ils mis sur pied cette organisation pour la laisser démanteler sous leurs yeux sans réagir ? Ils sont désormais certains que Messali Hadj et son lieutenant Lahouel sont « des révolutionnaires qui attendent derrière une table ».

Costes peut réprimer comme bon lui semble. La plupart des chefs sont jetés en prison, leurs armes saisies. Ahmed Mahsas est appréhendé par la Sécurité militaire, Ben Bella lui-même est surpris. Ils sont jugés et condamnés, le premier à cinq ans, le second à dix ans de prison, tous deux internés à Blida, non loin d'Alger. Ben Boulaïd et Zighout sont à leur tour incarcérés à Bône.

Ceux qui ont échappé aux rafles et aux arrestations sont traqués dans le quartier arabe d'Alger, comme Boudiaf, Didouche ou Ben M'Hidi. Ils sont alors fichés aux renseignements généraux et ne peuvent rester très longtemps en liberté, même s'ils changent de noms. Les plus heureux parviennent à s'échapper et gagnent l'étranger ou le maquis kabyle, où Belkacem Krim et le sergent Ouamrane sont toujours insaisissables.

Borgeaud félicite le directeur de la police : il a gagné la partie. L'Organisation est démantelée. Le MTLD a perdu sa base de militants armés. Le député Khider en tire les conclusions : il sait qu'il sera arrêté s'il reste à Alger après l'expiration de son mandat. Il s'enfuit aussitôt au Caire.

L'Algérie a de nouveau perdu une bataille, et si la Tunisie a pu fournir aux Algériens des armes et le contact du Caire, le Maroc est resté de marbre : les deux protectorats, fidèles aux consignes de la Ligue arabe, développent une action légaliste et des revendications internationales qui embarrassent les Français, de plus en plus engagés dans la guerre d'Indochine. Quand le commissaire Costes réussit, en 1950, à démanteler l'OS sur le territoire algérien, le Viêt-minh vient d'être reconnu comme gouvernement indépendant par la Chine, devenue République populaire en octobre 1949. Le 25 juin, les troupes de la Corée du Nord, armées de chars et de canons soviétiques, se jettent sur la Corée du Sud. En octobre 1950, les troupes françaises subissent le désastre de Cao-Bang et de Lang-Son. Valluy et Juin sont expédiés sur place pour mesurer l'ampleur du désastre. La guerre s'amplifie, devient internationale et requiert d'importants moyens : les généraux Massu et Fonde estiment leurs effectifs à 28 000 Nord-Africains, 18 000 légionnaires, 15 000 Sénégalais et 56 000 Français métropolitains. On passe désormais sur la crainte d'engager en Indochine des combattants du Maghreb. Ils sont de plus en plus nombreux au contact des unités révolutionnaires du Viêt-minh. Les prisonniers, dûment endoctrinés, sont aussitôt relâchés. Des renforts sont instamment demandés par les généraux à la métropole. C'est dire que la France ne peut pas se payer le luxe d'un champ de bataille supplémentaire en Afrique du Nord.

Les Américains sont alors tout disposés à consentir aux Français un effort d'armement exceptionnel, assorti d'une aide financière, dans la mesure où ils pensent que la perte de l'Indochine menacerait tous les territoires de l'Asie du Sud-Est de tomber l'un après l'autre entre les mains des communistes. Les bons offices du Département d'État sont-ils déployés en Indochine pour geler les conflits de Tunisie et du Maroc ? Les Français font la sourde oreille aux propositions de négociation dans le Maghreb et maintiennent leurs positions intransigeantes.

Un événement international précipite le mouvement : l'indépendance de la Libye, ancienne colonie italienne, est reconnue par l'assemblée générale des Nations unies le 21 décembre 1949. Edgar Faure raconte dans ses *Mémoires* que la nouvelle fut reçue « comme un coup de théâtre ». En tant que membre de la délégation française, il avait assisté à la séance qui se tenait à Paris, dans les bâtiments provisoires de l'esplanade du Trocadéro, et avait immédiatement ressenti la portée de cette décision (l'indépendance des « tribus chamelières », disait Georges Bidault) sur la Tunisie voisine. De fait Bourguiba, qui parcourait alors le monde de Genève à Washington (où il était reçu au Département d'État), décida de rentrer en Tunisie dès le début de décembre 1949. Il voulait renouer avec le Néo-Destour, dont le bouillant secrétaire général, Salah Ben Youssef, lui faisait un peu trop d'ombre. Le bey lui accorda une audience aussi longue qu'à un chef d'État. Il entreprit alors dans le pays une tournée politique qui lui permit de reprendre en main les responsables du parti et d'établir un contact personnel avec les notables. Le résident général Jean Mons n'avait nullement fait obstacle à ce retour, ni à ces déplacements, comme s'il était déjà acquis que Bourguiba devait jouer un rôle dominant dans son pays.

Le Néo-Destour était alors un parti de résistance, organisé comme les partis frères algériens. Aussi comptait-il dans son sein des groupes d'intervention prêts, au moindre signal, à passer à l'action pour l'indépendance. Mais il était aussi soutenu par la centrale syndicale tunisienne qui avait établi des relations avec l'American Federation of Labour (AFL). En 1949, précisément, l'AFL créa la Confédération internationale des syndicats libres (CISL), opposée à la Fédération syndicale mondiale (FSM), marxiste et communiste. L'AFL partit alors à la conquête du monde syndical européen, particulièrement en Italie et en France, mais aussi en Afrique du Nord. C'est donc très naturellement que s'ouvrirent des négociations entre l'AFL, d'un côté, les syndicats marocains et tunisiens, de l'autre. En Tunisie, l'Union générale des travailleurs tunisiens (UGTT) abandonna le syndicat international marxiste pour adhérer à l'organisation américaine. Au Maroc, l'AFL aida les syndiqués à s'émanciper de la tutelle des syndicats français et à créer leur propre organisation patronnée par l'Istiqlal, l'Union générale des syndicats du Maroc (UGSM).

A l'occasion d'un voyage aux États-Unis entrepris en 1951, Bourguiba, qui devait parler à l'AFL, reçut l'autorisation de s'exprimer sur les ondes de Voice of America. N'était-il pas le cofondateur de ce Comité de libération du Maghreb qui bénéficiait dans l'opinion publique américaine d'un préjugé favorable ? Edgar Faure ne jugeait d'ailleurs pas « déraisonnable » le plan qu'il était venu proposer à Paris, en avril 1950, pour faciliter l'évolution de la Tunisie vers l'autonomie par l'instauration du suffrage universel et l'élection d'une Assemblée constituante. Le 31 mars, Jean Mons, jugé par les Européens trop laxiste (il avait nommé deux ministres musulmans supplémentaires et peuplait l'administration de Tunisiens), avait été remplacé par Louis Périllier, un ancien militaire reconverti dans la préfectorale. Robert Schuman avait eu l'occasion de l'apprécier dans son département de la Moselle. Croyait-il l'aider en expliquant à Thionville, le 10 juin 1950, que son rôle était d'« amener [la Tunisie] à l'indépendance » ?

Loin de tenir compte des avertissements que lui adressèrent sans tarder les parlementaires français de Tunisie, le résident général exécuta ponctuellement les termes de la lettre de course que lui avait confiée Robert Schuman, en dépit de l'hostilité du président du Conseil, Georges Bidault. Il est vrai qu'au cours de sa mission le préfet Périllier connut quatre gouvernements sucessifs (Bidault, Pleven, Queuille et de nouveau Pleven), ce qui ne facilita pas sa tâche... Il s'efforça de convaincre les deux représentants de la Tunisie au Conseil de la République (un postier et un agriculteur) que la voie des réformes était la seule possible. Le lobby de la résistance s'organisa précisément pour refuser l'évolution demandée, appuyé au Palais-Bourbon par le groupe des élus d'Algérie, qui suivait avec une attention particulière les fluctuations de la politique tunisienne. Les radicaux, amis de Borgeaud et de René Mayer, furent secondés par les nouveaux députés du RPF (le Rassemblement du peuple français créé par le général de Gaulle pour investir la République et changer la Constitution) qui militaient pour le maintien de la présence française en Afrique du Nord.

Le front politique contre l'« abandon », rendu anxieux par les nouvelles d'Indochine, se durcit et s'opposa aux réformes en Tunisie. Périllier, cependant, poursuivit son chemin : les fonctionnaires français perdirent le droit de contrôler les ministres tunisiens. Un nouveau gouvernement fut formé, dont le chef très modéré, Mohammed Chenik, proposa un portefeuille à Salah Ben Youssef. Chenik avait pour charge de négocier l'autonomie. Bourguiba le soutint sans s'engager personnellement. En février 1951, Chenik obtint le privilège de présider lui-même le Conseil des ministres, dont le résident général et les généraux étaient exclus. Six Tunisiens se partageaient le pouvoir, aux côtés de sept Français. Le résident général conservait la maîtrise du budget et le droit, en cas de besoin, de présider le Conseil. Mais Chenik réclama bientôt un gouvernement entièrement tunisien et l'élection d'une Assemblée nationale, puis se rendit à Paris avec Ben Youssef pour obtenir satisfaction. Une note de Robert Schuman lui enleva tout espoir : le ministre lorrain voulait bien livrer bataille pour l'Europe devant une Chambre impossible à maîtriser, mais refusait de prendre le moindre risque pour la Tunisie.

En exigeant une représentation paritaire des Français et des Tunisiens dans toutes les institutions (même dans les municipalités), Robert Schuman adressait à Tunis ce que Bourguiba appela immédiatement « une fin de non-recevoir ». Le 21 décembre, le préfet Périllier rentra en France, remplacé par l'ambassadeur Jean de Hauteclocque, qui débarqua à Bizerte d'un navire de guerre. L'intransigeance reprenait ses droits.

La politique de concertation recommandée par les Américains et par la Ligue arabe n'avait donc pas mieux réussi aux Tunisiens qu'aux Algériens. Certes, ils avaient obtenu une représentation paritaire et des progrès vers l'autonomie, mais le lobby européen s'opposait à toute concession supplémentaire. Il en était de même au Maroc, où Juin combla les aspirations de la communauté française, comprenant à la fois colons, administrateurs, militaires, mais aussi des entrepreneurs, des directeurs de sociétés financières, minières, industrielles. Le boom marocain de l'après-guerre semblait justifier la présence française et s'opposer aux demandes autonomistes. Casablanca alignait ses quartiers neufs, et son port orgueilleux semblait promettre au protectorat un bel avenir industriel. Le lobby français parlait ici plus haut et plus fort qu'ailleurs, soutenu sur place par une force armée tenue par les grands seigneurs du Sud. Dans la lignée de Lyautey, Juin, qui avait été dans sa jeunesse l'aide de camp du prestigieux maréchal lorrain, estimait que cette alliance avec les tribus guerrières regroupées autour du Glaoui de Marrakech suffirait à assurer l'ordre. Quant aux réformes, c'était affaire de gouvernement. Fallait-il céder à la pression internationale qui autorisait le sultan à forcer la note et à multiplier les déclarations enflammées ? Pour les Français du Maroc, comme pour ceux de Tunisie, la revendication indépendantiste était une machination de l'étranger.

Grâce au soutien que lui apportaient les tribus fidèles, le général n'avait pas besoin de beaucoup de troupes pour garantir la sécurité, à condition toutefois que le Maroc ne sombrât pas dans le terrorisme. C'est pourquoi la moindre révolte fut réprimée avec la dernière brutalité.

Le sultan Mohammed Ben Youssef avait derrière lui l'Istiqlal, mouvement indépendantiste lié aux pays arabes et dominant les syndicats marocains, les étudiants et les responsables religieux du nouvel islam, enfin, les élites qui voulaient prendre en main les destinées du pays. S'il parlait toujours avec fermeté, c'est qu'il se sentait soutenu au Caire et à Washington. Très vite, le général Juin, qui avait retrouvé au Maroc ses anciens officiers d'Italie et la société coloniale du protectorat, dénonça à la fois l'ubris du sultan et « l'influence des agents extérieurs du Caire ». Il affirma que le Maroc aurait besoin d'au moins vingt ans pour « s'administrer lui-même ». Il s'appuya sur les forces féodales, les seigneurs du Sud, auxquels il rendait de pompeuses visites. Il n'oublia jamais les instructions que lui avait données, en mai 1947, le ministre des Affaires étrangères, Georges Bidault : le but de sa mission était certes de conduire le Maroc « vers le statut d'État se gouvernant et s'administrant lui-même », mais, ajoutait Bidault, « compte tenu de l'humeur du sultan [...], c'est le principe d'autorité qu'il s'agit de rétablir à notre bénéfice », avant de traiter « le fond des problèmes ». Si le sultan résistait, il fallait lui laisser le choix entre l'abdication et... la déposition.

Juin retint essentiellement la dernière partie de sa lettre de mission. Il entendait se comporter comme le disciple de Lyautey et s'appuya sur les administrateurs français les plus proches du milieu colonial, le colonel Lecomte, dont il fit son directeur des affaires politiques, et le contrôleur Boniface. Il ne fut pas insensible au discours intolérant du grand propriétaire terrien Aucouturier, qui considérait tout changement comme une aventure. Des réformes, le général retint seulement celles qui étaient susceptibles de verrouiller l'évolution vers l'autonomie, comme par exemple la parité de la représentation des indigènes et des Français dans les municipalités. Il n'admit jamais que, au Conseil de gouvernement, 11 membres sur 21 fussent des nationalistes résolus, 4 autres étant des modérés sympathisants de la cause nationale. Dénonçant à Paris « le complot international » de l'Istiqlal, qui, prétendait-il, voulait abolir le protectorat, il s'employa à discréditer le sultan. Il se sentait soutenu par l'ensemble du clan français, qui ne comptait pas seulement des grands propriétaires, mais aussi des industriels métropolitains pour qui le Maroc était d'abord un marché : dans ses *Mémoires*, Edgar Faure note l'intérêt qu'accordait au Maroc le cotonnier Boussac, qui avait constitué un groupe intégré du textile : il possédait à la fois les usines de tissage, une maison de couture Christian Dior, qu'il avait lancée à grands frais, un groupe de presse dont le journal leader était *L'Aurore*. Boussac, dont l'écurie de courses était célèbre, partageait l'admiration de son épouse, la cantatrice Fanny Heldy, pour le Glaoui, « le seigneur de l'Atlas ». Juin, le Glaoui et Marcel Boussac, servis par le contrôleur Boniface et le colonel Lecomte, étaient les personnages clefs du parti de la résistance française aux réformes.

La situation du Maroc était différente de celle de la Tunisie. Edgar Faure remarque que le terme de Maghreb s'appliquait en réalité à l'Algérie et au Maroc, la Tunisie constituant, avec la Libye, l'Ifriqiya. Les Tunisiens, moins sensibles aux événements du Maghreb, étaient sous le coup de l'indignation que leur inspirait l'accession de la Libye à l'indépendance. Bachrouch, le notable tunisien, l'avait pourtant dit à Edgar Faure : « Si demain ces semi-barbares reçoivent des droits nationaux, des prérogatives civiques que l'on nous refuserait, la situation sera explosive. » Elle le devint en effet, et Bourguiba songea à requérir le jugement de l'ONU. Chacun savait à Tunis que c'était à l'Égypte que la Libye devait son indépendance, aussi Bourguiba se tourna-t-il vers Le Caire pour demander aide et assistance. Les Marocains ne négligeaient pas cette alliance des pays arabes, mais ils avaient à leur tête un souverain théocrate qui estimait ne pas avoir besoin de l'étranger pour faire reculer les Français. Double intransigeance, affrontement inévitable du général et du sultan : pourquoi Mohammed Ben Youssef se croyait-il autorisé à prendre la tête de la résistance ? Il disposait, avec l'Istiqlal, d'un parti des croyants. La Karaouiyne, l'université islamique de Fez, formait de remarquables élites, pratiquant une religion ouverte au monde moderne. Les colons redoutaient cette intelligentsia marocaine ; c'est pourquoi ils refusèrent de participer au financement proposé par le président de la Banque nationale de Paris, Ludovic Tron, de la maison du Maroc à la Cité universitaire de Paris ; Aucouturier et Boniface avaient bien mesuré le danger : les étudiants marocains y rencontreraient des Algériens, des Américains libéraux, des Égyptiens, peut-être même des Vietnamiens...

Le souverain disposait également des nombreux relais de l'islam. Il était lui-même, en son pays, le chef des croyants, le dispensateur de la foi, le souverain prêtre en quelque sorte. Les pèlerinages, les rencontres dans les mosquées, les contacts avec les jeunes musulmans venus d'Algérie donnaient à Fez, à Rabat et à Marrakech des allures de métropoles religieuses. L'enseignement dispensé par les jeunes croyants dans les écoles coraniques était orienté vers la défense de la pureté musulmane. Et, pour tous les croyants, le sultan était un personnage sacré parlant au nom de Mahomet.

Si le Glaoui de Marrakech disposait de la force armée des tribus de la montagne, toujours au bord de la dissidence, et des pays du Sud, au contact avec le désert, le sultan s'appuyait sur l'immense peuple des fellahs, petits exploitants appauvris par l'extension des grands domaines ou salariés des fermes capitalistes. Le général Juin dut même intervenir avec insistance, après plusieurs grèves d'ouvriers agricoles, pour que la Confédération toute-puissante du patronat marocain accepte une augmentation des salaires. Le contact des syndicalistes français et américains avait enseigné aux mineurs de Zellidja, aux dockers de Casablanca, aux ouvriers des usines de sardines et aux manœuvres des grands chantiers européens que seule la grève organisée pouvait leur permettre d'obtenir des salaires décents. Dans la mesure où le système français s'opposait au progrès social, il rejetait vers l'Istiqlal et les syndicats qu'il contrôlait la grande masse des salariés et rendait ces derniers disponibles pour l'action urbaine. Le maintien de l'alliance traditionnelle des autorités du protectorat avec le Maroc féodal n'était donc pas sans danger : dans l'affrontement qui s'engageait, le sultan disposait paradoxalement des jeunes forces de ce Maroc moderne que les Français avaient créé.

Juin ne cessait de dénoncer à Paris les menées nationalistes dont le sultan se rendait complice, quand il n'en était pas l'instigateur. Contrairement à l'Algérie, où la contestation était éclatée entre deux ou trois partis rivaux, contrairement aussi à la Tunisie, où le bey ne représentait qu'une autorité timide, dénuée de charisme, les espoirs du peuple se reportant sur les chefs du mouvement politique, le sultan du Maroc avait bien des atouts en main. Les Français auraient-ils le front de le déposer ? Dès sa nomination, le général savait qu'il pouvait être conduit à aller jusque-là. Le départ du sultan décapiterait les oppositions. Pourquoi ne pas le faire partir ?

En 1950, au cours d'une visite en France, Mohammed Ben Youssef avait obtenu que des commissions mixtes étudient des projets de réforme, en particulier du droit syndical et de l'enseignement. Au Conseil, il disposait de l'appui des députés musulmans qui menaient la vie dure au contrôleur Boniface. Le rapporteur du budget, en 1951, Ahmed Liazidi, attaqua avec vigueur un projet qui ne tenait compte que des intérêts français. Le rapporteur du budget des travaux publics, Mohammed Laghzaoui, fut encore plus violent. Ces contestataires furent chassés du Conseil par le résident général en personne, qui leur reprocha d'insulter la France. Ils allèrent se plaindre au sultan, qui chassa à son tour de son palais l'ami des Français, le Glaoui, pacha de Marrakech. Accompagné de ses caïds, il prit, à cheval, le chemin du sud.

On put se croire revenu au temps de Lyautey : les pachas et les caïds convoquaient les chefs de la montagne et du désert, des conciliabules avaient lieu sous les tentes, tandis qu'au palais le résident général lançait au sultan un ultimatum : il devait accepter de condamner l'Istiqlal, cet allié du Parti communiste qui « persist[ait] dans son esprit de haine vis-à-vis de la France ». Le sultan refusait. Accepterait-il au moins de se défaire de son entourage nationaliste ? Nullement. Le général sortit alors de sa manche l'instruction de Bidault : si le sultan résistait, il serait déposé.

Les guerriers du Glaoui se dirigent à cheval sur Fez et Rabat. On peut encore les arrêter, en chassant Mohammed Ben Youssef. Par deux fois, Robert Schuman s'y refuse. Juin sait désormais qu'il ne pourra pas aller jusqu'au bout. De son côté, le sultan ne reçoit aucune aide diplomatique de ses amis américains. Le 4 octobre, les pays arabes demandent un débat sur le Maroc. Refus le 15 décembre. Le sultan est aussi isolé que le général Juin peut s'estimer lâché. Il aura d'autres satisfactions : le bâton de maréchal et le commandement du secteur Centre-Europe à l'OTAN. Le partisan d'une politique de fermeté quitte le Maroc. Le vent a-t-il tourné à Paris ? Les recommandations de dialogue avec les élites musulmanes du Département d'État portent-elles enfin leurs fruits ? Le Maghreb pourra-t-il éviter la guerre ?

Le sultan publie sous la menace, avant le départ du général, un désaveu timide de l'Istiqlal qui permet à Juin de ne pas perdre la face. Mais il refuse la réforme française qui prévoit, on l'a dit, une représentation égale dans les municipalités : la démocratie, affirme-t-il, exige que les élus soient désignés au prorata des électeurs, et les Français du Maroc ne sont qu'une poignée : 325 000 Européens sur 8 505 000 habitants. Les 6 000 familles qui se partagent 1 million d'hectares ne sont pas prêtes à abandonner la sauvegarde municipale dans le bled.

En face, les militants de l'Istiqlal sont déjà 80 000, disposés au combat, certains fourbissant leurs armes. Le sultan reçoit chaque année (en plusieurs occasions) des sommes considérables des caïds, califes et autres représentants dans le bled. Il dispose d'une fortune personnelle évaluée à 3 522 400 463 francs. Les notables, qui lui versent chaque année des prébendes, les lèvent en son nom sur les populations faméliques : le sultan, comme le richissime Glaoui, est un seigneur. Pourquoi risquer cette fortune dans la contestation du régime français ? Parce que son pouvoir théocratique est remis en question par le docteur de la foi Abdelhai el-Kittani, descendant de Moulay Idriss, assassiné trois siècles plus tôt par la dynastie alaouite, celle de Mohammed Ben Youssef. Avec l'aide du Glaoui et peut-être des Français, El-Kittani, sûr d'être suivi par une partie des notables musulmans, veut restaurer les « idrissistes » et déposer l'actuel sultan. En choisissant de défendre le porte-parole de l'indépendance, les intellectuels et les chefs syndicaux de l'Istiqlal ne sont pas dupes : mais ils ont besoin de l'autorité religieuse du souverain pour rallier la masse des fellahs.

Juin a obtenu de Pleven le privilège de désigner son successeur : un autre général, Augustin Guillaume. Plus intransigeant encore que Juin, il veut « reprendre en main le pays » avec le soutien du pouvoir politique. Pleven, tout au conflit indochinois, lui demande seulement d'assurer l'ordre. Mais le gouvernement au pouvoir depuis le 8 août n'est pas unanime : ses 12 ministres « indépendants et paysans » sont certes, comme Antoine Pinay et Louis Jacquinot, des partisans du maintien ferme de la France outre-mer, et ils sont encouragés dans cette voie par le ministre des Finances, René Mayer, et par Georges Bidault, ministre de la Défense. Mais les républicains populaires, Robert Schuman et Maurice Schumann, sont, avec le garde des Sceaux, Edgar Faure, les apôtres d'une politique plus nuancée d'évolution vers l'autonomie. Les Affaires étrangères sont aux mains du ministre Robert Schuman et du secrétaire d'État Maurice Schumann. Des libéraux. A qui se fier ? Le général Guillaume regrette, à peine nommé, que les « gens de Paris » soient incapables « de définir exactement la politique marocaine qu'ils entendent faire conduire ». Un seul Français applique au Maroc une politique continue : le contrôleur Boniface, que Guillaume maintient en poste. Son objectif est de faire disparaître le trône et de partager le Maroc, comme l'Algérie, en départements français. Paris incite d'ailleurs le résident général à la fermeté : le gouvernement ne refuse-t-il pas, en mars 1952, de répondre au mémorandum du sultan qui demande la désignation d'un gouvernement représentatif et l'affirmation d'un droit syndical ? A Rabat comme à Tunis, Paris a choisi le maintien de l'ordre.

Deux signaux d'alerte parviennent, en décembre 1952, jusqu'au bureau du président du Conseil, René Pleven, qui se croyait provisoirement débarrassé des problèmes de l'Afrique du Nord : le 5, Ferhat Hached, chef syndicaliste, est assassiné. Le 7, c'est l'émeute à Casablanca. Le 16 janvier, la ville de Sousse est à feu et à sang : c'est le double échec de la méthode douce.

L'incendie embrase les deux extrémités du Maghreb. Il ne manquera pas de gagner l'Algérie.

CHAPITRE III

Le relais de Tunis et de Rabat

22 janvier 1952. Le gouvernement d'Edgar Faure est à peine constitué que déjà la foule manifeste à Sousse, le grand port du golfe d'Hammamet. Le résident général Hauteclocque vient d'apprendre, à peine installé, que deux ministres tunisiens ont pris l'avion de Paris pour saisir de l'affaire tunisienne le Conseil de sécurité de l'ONU. Le gouvernement Chenik joue la carte légaliste, celle que recommandent les frères de la Ligue arabe, à Beyrouth, à Damas, au Caire. Il estime, comme son maître à penser Habib Bourguiba, que seule l'instance internationale peut contraindre les Français à concéder des réformes. Mais Jean de Hauteclocque vient de faire arrêter Habib Bourguiba pour l'envoyer en résidence surveillée à Tabarka.

La méthode des petits pas vers l'indépendance est condamnée. A cet égard, le vrai patron du résident général, celui qui a suggéré sa nomination au président du Conseil alors qu'il était en poste à Bruxelles, est François Puaux, responsable des Affaires marocaines et tunisiennes au Quai d'Orsay et fils de l'ambassadeur Gabriel Puaux. Pour ce haut fonctionnaire, accorder l'autonomie à la Tunisie ouvrirait la porte à l'indépendance de tout le Maghreb, y compris l'Algérie. Il est donc hostile aux vraies réformes. C'est aussi ce que pense Jean de Hauteclocque. « Cet homme de haute taille, écrit Edgar Faure, affable, mondain, doué d'une parfaite aisance [...], s'était révélé en Syrie comme un praticien de la politique d'intimidation et du coup de force. »

L'envoi à l'ONU des deux ministres tunisiens avait été suggéré par Bourguiba, qui voulait relancer le débat autonomiste à l'arrivée d'Edgar Faure, dont il connaissait les idées libérales.

Le résident jugea donc logique de sanctionner le véritable instigateur de la démarche, coupant court à toute tentative de reprise du dialogue.

A Sousse, le colonel Durand se porte au-devant de la foule des manifestants. Il veut éviter le drame : deux coups de feu sont alors tirés. L'officier tombe. On l'achève à coups de matraque. Qui a tiré ? Les archives sont muettes. Edgar Faure lui-même ne l'a jamais su. Le lendemain, trois gendarmes sont tués à Mekhine, dans le semi-désert du Sud. On retrouve leurs corps atrocement mutilés : ce sont bien les « rebelles » musulmans qui sont responsables. Des dépêches parviennent au cap Bon : les villages de la colonisation sont attaqués par des « hors-la-loi ». Les fermes sont incendiées. On égorge les troupeaux. La rébellion s'étend à toutes les campagnes. On redoute une insurrection générale.

En Tunisie, les petits colons français et italiens sont très nombreux et souvent installés dans des fermes isolées. On craint la répétition des événements de Sétif. Les élus tunisiens, l'agent des postes corse Antoine Colonna et le fermier Louis Brunet alertent les députés d'Algérie. Il faut tenir, les gens du bled sont menacés. Le lobby nord-africain du Parlement se met aussitôt en marche, dirigé par Borgeaud au Conseil de la République, René Mayer à l'Assemblée. On alerte maître Rogier, président du groupe des 47 députés indépendants et paysans : un avocat d'Alger, particulièrement sensible au drame du terrorisme. Au Conseil de la République, le groupe radical (RGR), présidé par Borgeaud, tient la majorité. A la Chambre, Léon Martinaud-Déplat manœuvre les radicaux, aidé par Édouard Herriot. Depuis les élections de juin 1951, 118 députés gaullistes sont entrés au Palais-Bourbon. Ils se livrent à une surenchère constante dans les affaires d'Afrique du Nord, accusant les autres groupes de favoriser une politique d'abandon. Les républicains indépendants et les radicaux font assaut de déclarations fracassantes : on n'entend plus, Rue de Valois, la voix des libéraux. Le gouvernement Edgar Faure, qui n'a pas de majorité solide, doit louvoyer : s'il a nommé François Mitterrand ministre d'État, il a confié le ministère de la Justice à l'intransigeant Martinaud-Déplat. Il n'est pas libre de manœuvrer ouvertement et ne compte pas sur une grande longévité.

Le 26 mars 1952, le résident général Jean de Hauteclocque organise un coup de force à Tunis. Il fait couper le téléphone, bloquer les ports et les aérodromes. Le gouvernement Chenik est déposé, son président emprisonné. Bourguiba, arraché à la prison de Tabarka, est transféré dans l'île de la Galite. Ni le président de la République ni le gouvernement n'ont été informés. « C'est une mauvaise politique que vous menez », dit Vincent Auriol au Conseil des ministres. Il réclame des sanctions contre Jean de Hauteclocque.

Le garde des Sceaux s'y oppose. Le bey désigne comme Premier ministre un notable rassurant, grand propriétaire foncier, Salahedine Baccouche. Ce coup de force fait suite à la répression atroce qui s'est déroulée au cap Bon : le « ratissage » entrepris par l'armée aboutit, comme dans le Constantinois, à des massacres de civils : 200 victimes sans doute, de très nombreux blessés, des fermes détruites. Le général Garbay a-t-il couvert ces massacres ? A-t-il été, comme Duval en Algérie, dépassé par la violence aveugle des colons ? Le renvoi de Chenik, l'emprisonnement de Bourguiba, l'interdiction du Néo-Destour, les massacres de la répression dressent la Tunisie tout entière dans la révolte. Le « ratissage » dure cinq jours, du 28 janvier au 1er février 1952. Des renforts ont été envoyés de métropole, en particulier le régiment de spahis de Senlis et des unités de gendarmes mobiles.

Il faut bientôt songer à protéger aussi le Maroc, que l'assassinat de Ferhat Hached, le 5 décembre 1952, a mené au bord de la révolte. La solidarité entre syndicalistes de Tunis et de Rabat n'est pas un vain mot.

A Casablanca, le processus est le même qu'à Sousse. Les syndicats marocains ont demandé à manifester pour protester contre le meurtre de Ferhat Hached. Le général Guillaume refuse de donner son autorisation. Il rassemble hâtivement des troupes d'intervention. Les dirigeants syndicaux sont arrêtés, pour prévenir les troubles. Immédiatement, les mots d'ordre volent, d'un bout de la ville à l'autre. Des ombres sortent des bidonvilles, le 7 décembre au matin. L'émeute commence, et le service d'ordre syndical est rapidement débordé. Des inconnus se mêlent aux manifestants. Trois coups de feu éclatent : des Européens tombent. Autour des bâtiments officiels, la troupe a reçu l'ordre de tirer en cas de menace précise. Comme à Sétif. Trois Français déjà sont morts, et les officiers sont nerveux. Ils font refouler les bandes de manifestants vers le quartier des Carrières centrales. Pourquoi les forces de l'ordre ouvrent-elles alors le feu ? Qui est responsable des provocations ? Les morts de Casablanca se comptent par centaines.

L'émeute de décembre 1951 avait un but précis : faire inscrire la question marocaine à l'ordre du jour des Nations unies. L'affaire fut effectivement évoquée à l'assemblée générale, puis Robert Schuman, ministre des Affaires étrangères, obtint l'ajournement de la discussion.

L'exploitation de l'émeute de décembre 1952 est au contraire française. Les dockers et autres syndiqués marocains sont fichés par la police, qui découvre l'identité de ses responsables. Un vaste coup de filet est lancé par les policiers, soutenus par l'armée. Pas un chef syndicaliste n'y échappe. On compte 400 arrestations parmi le personnel dirigeant de l'Istiqlal et de l'Union générale des syndicats marocains. On arrête aussi des communistes, pour leur participation au mouvement nationaliste. La justification de l'opération auprès de l'opinion, en ces temps de guerre froide, est facile : on dénonce l'encadrement des rebelles nationalistes par les communistes. Le nationalisme marocain est ainsi minoré, présenté à l'extérieur, en particulier aux États-Unis, comme un dérivé du communisme.

Ainsi parlent les responsables français de l'Intérieur aux journalistes. Au début de 1953, l'opposition est démantelée. Le sultan constate, sans pouvoir intervenir, que les chefs du mouvement ont tous été déportés dans le Sud. A cette date, René Mayer forme le gouvernement à Paris. Les « radicaux du Sud-Ouest », tous soumis à l'influence du groupe nord-africain, entourent Mayer : Martinaud-Déplat, qui maintient son autorité sur le Parti radical, reste garde des Sceaux ; Bourgès-Maunoury est ministre des Finances ; le jeune Félix Gaillard, secrétaire d'État à la Présidence du Conseil. Les MRP les plus durs reviennent aux affaires : Georges Bidault au Quai d'Orsay, Jean Letourneau aux États associés (c'est-à-dire à l'Indochine), Pierre de Chévigné à la Guerre. Mayer s'apprête à remplacer le général Salan par le brillant Navarre, et envisage d'envoyer de nouveaux renforts en Indochine. Il faut donc que le Maghreb soit solidement tenu en main.

Les procédés des chefs de l'Istiqlal sont désormais connus. Comme celles de décembre 1951, les émeutes de décembre 1952 avaient pour but d'impressionner l'ONU. Une nouvelle fois, le 17 décembre, l'assemblée générale a été saisie d'une demande d'examen de l'affaire marocaine. Le gouvernement français fait alors appel à la solidarité américaine, qui s'affirme avec force en Indochine. Or René Mayer est très apprécié des Américains. Ils laisseront faire Guillaume, le général français favori d'Eisenhower pendant la Seconde Guerre mondiale, et soutiendront la politique française à l'ONU.

Il faut croire d'ailleurs que les Français se sentent les mains libres, puisque les agents de la politique de force se déchaînent aussi bien à Tunis qu'à Rabat. Président du Conseil pendant deux mois seulement (janvier-février 1952), Edgar Faure avait eu à peine le temps d'amorcer une réconciliation diplomatique avec les milieux autonomistes de Tunisie. Il avait expédié à Tunis, pour négocier, l'habile Duhamel et l'adroit diplomate Jean Laloy. Il avait demandé à François Mitterrand de régler la question du statut des Français de Tunisie en cas d'accession du pays à l'autonomie, puis à l'indépendance, et il était entendu que les Français recevraient la double nationalité et que les institutions tunisiennes leur feraient une place. Edgar Faure une fois tombé, le président Pinay, qui lui avait succédé, n'avait pas fait avancer la négociation. Sur place, les colons durcissaient leur résistance, certains constituant une organisation contre-terroriste, la Main rouge, tandis qu'en métropole la presse de gauche faisait campagne, soutenue par certains milieux religieux, contre les violences de la répression. C'est alors que les Français de Tunisie, apparemment soutenus par le résident général Jean de Hauteclocque, décidèrent de régler eux-mêmes, par la force, leurs rapports avec l'État beylical. Sans consulter Paris, le résident déplaça Bourguiba, désormais enfermé dans une cellule de Tunis. Il ne pourrait plus ainsi recevoir son médecin et, par son intermédiaire, rester en rapport avec certains ministres français. La tension entre le bey et le gouvernement atteignit son paroxysme quand Ferhat Hached fut assassiné. Pour Edgar Faure, il ne fait pas de doute que ce crime fut commis par la Main rouge. A qui d'autre aurait-il pu profiter ? Le gouvernement français ne touchera pas le bénéfice d'un crime qui précipita les indépendantistes tunisiens dans la résistance armée.

Au début de 1953, les attentats se multiplièrent en Tunisie. « La liste des meurtres s'allonge de semaine en semaine », écrivait l'ancien ambassadeur Gabriel Puaux, élu sénateur des Français de Tunisie. Les indépendantistes encore en liberté, à

Sousse, à Sfax, à Tunis ou au cap Bon, organisaient le terrorisme. Leur but était d'entretenir l'insécurité pour qu'il fût clair à l'extérieur que l'affaire tunisienne n'avait pas été réglée par la répression : « Nous avons des armes en petit nombre, disait alors le futur ambassadeur Masmoudi [...]. Nous fabriquons des cocktails Molotov. L'essentiel pour nous est de prouver que la paix ne règne pas en Tunisie. Les Français craignent que la contagion ne gagne tout le Maghreb ! » Et ils avaient raison d'être inquiets : les services de renseignement de l'armée avertissent alors que des bandes de fellaghas circulent entre la Tunisie et les Aurès, agissant d'un territoire à l'autre et trouvant refuge dans les montagnes. Ils sont de 1 000 à 1 200 à « couper les routes » (d'où leur nom). Ils ne sont pas puissamment armés, mais n'en ont cure : leur tâche est d'impressionner les fellahs, de les empêcher de voter. Aux élections des conseils locaux du printemps de 1953, ils ordonnent et imposent l'abstention. Ils s'en prennent alors aux fermiers isolés, détruisent les récoltes, sabotent les lignes de chemins de fer et les poteaux télégraphiques. Ils réussissent assez bien à entretenir l'insécurité, et, pendant l'été, l'effort militaire français leur est principalement consacré, puisque la répression a décapité le mouvement marocain. L'Algérie n'est guère plus agitée : une émeute se produit à Philippeville en 1952, 200 Algériens attaquent un commissariat pour prendre les armes, mais aucun attentat n'éclate avant octobre 1953 : un soulèvement est alors signalé dans la montagne proche de la frontière marocaine, à Nedroma. On relève un mort et quelques blessés, un gendarme notamment. Les rebelles ont pillé la ville, le poste militaire, volé des armes. Nouvel indice montrant que les événements du Maroc et de Tunisie ne laissent pas indifférents les Algériens, qui sont cependant incapables d'organiser un mouvement de révolte d'une notable ampleur.

Les méthodes répressives déployées par Hauteclocque et Guillaume, en Tunisie et au Maroc, sont si brutales qu'elles soulèvent l'émotion des milieux catholiques en France. On assistera plus tard, en Algérie, à la même levée de boucliers de la part des consciences religieuses.

Au Maroc, le milieu catholique est en émoi, les Petites Sœurs des pauvres s'agitent, évoquent à Paris les arrestations, les sévices. Un religieux, Patrice Blancque-Belair, informé de la situation faite aux musulmans par les forces de l'ordre, obtient d'être reçu à Paris par Pierre Brisson, directeur du *Figaro*. Le religieux est jeune, mais il est précis, convaincant. Brisson fait enquêter. Ce qu'il découvre le stupéfie. Il demande alors à François Mauriac de mener campagne pour réveiller le Parlement de sa coupable atonie. Le Centre des intellectuels catholiques crée au mois de juin un comité France-Maghreb. Une vive polémique se déchaîne alors au sein de l'opinion métropolitaine : pour ou contre la répression au Maroc ? L'ambassadeur Charles Roux, le maréchal Juin, qui vient d'être élu sous la Coupole, sont les adversaires de Mauriac : une querelle de bonne compagnie menée dans le quotidien de la droite classique. Que les nouveaux hebdomadaires de gauche (*L'Observateur*, créé en 1950 ; *L'Express,* où écrit déjà Jean-Jacques Servan-Schreiber mais pas encore Mauriac) prennent position contre la répression, nul ne trouve à redire : ces journaux militent contre la guerre d'Indochine et pour la décolonisation en général. Mais *Le Figaro* ! *L'Aurore* de Boussac, dans lequel écrit Jules Romains, s'en étonne bruyamment.

René Mayer ne passe pas l'été 1953. Les querelles sur l'armée européenne emportent son gouvernement. Laniel, qui lui succède en juin, est un Normand opaque, ancien de la Résistance, inscrit au Parti des indépendants, comme René Coty. S'il confirme Bidault au Quai d'Orsay, c'est à l'évidence pour conforter ceux qui luttent contre l'« abandon » outre-mer. Laniel donne ainsi totale satisfaction aux radicaux d'Algérie, aux indépendants intransigeants comme Duchet, aux jacobins comme André Morice. Que le ministre des Affaires étrangères soit en outre un des leaders de la démocratie chrétienne n'est pas indifférent : c'est à l'intérieur des lignes catholiques que passe le débat sur le Maroc.

La déposition du sultan en août 1953 est précédée d'une campagne de presse menée par le contrôleur Boniface, fort soutenu à Paris, et par Émile Roche, dont l'obédience maçonnique est connue. Il est vice-président du Parti radical et du Conseil économique. Cet exécuteur testamentaire de Joseph Caillaux a l'oreille des milieux financiers et industriels du Maroc. Boniface soigne la presse étrangère, particulièrement américaine, en montrant le sultan sous un jour atroce : le personnage, dit-il, est cupide, assoiffé de pouvoir, brûle de devenir le leader des pays arabes. C'est « une sorte de Führer ». Georgette Elgey, dans son *Histoire de la IVe République,* remarque que la vraie campagne est lancée en France par un article de Raymond Cartier dans *Paris-Match* intitulé « Le sultan doit changer ou il faut changer le sultan ». On évoque dans *L'Aurore* l'opposition religieuse à Mohammed V : les confréries hostiles, qui dénoncent l'« usurpateur ». Deux pétitions circulent, puis sont envoyées aux journaux. Elles exigent le départ de Mohammed Ben Youssef, considéré comme indigne de conduire un grand pays moderne.

Ainsi se prépare la nouvelle prise d'armes organisée par le Glaoui de Marrakech. Une fois encore, les cavaliers quittent la montagne et les nomades les tentes du Grand Sud. La « dissidence » galope vers Rabat : 100 000 Berbères auxquels le maréchal Juin est venu en personne apporter son salut. Une mise en scène militaire est organisée, avec parade, drapeaux déployés, cliques et fanfares. Les anciens combattants musulmans arborent leurs décorations. Grâce à la dissidence du Glaoui, il devient facile au Maroc de mobiliser pour la France.

Quand on apprend la nouvelle à Paris, les rédactions des quotidiens ne sont pas surprises. Les positions de Bidault sont connues. Mais comment le libéral Edgar Faure, ministre des Finances, peut-il rester dans le gouvernement Laniel ? Dans ses *Mémoires*, il se dit pris de court : le résident général Guillaume l'avait assuré qu'il ne se passerait rien. A-t-il joué double jeu ? Faure semble avoir pensé que si Pierre July (secrétaire d'État, gaulliste dissident, partisan de la décolonisation) peut se rendre au Maroc, il empêchera Guillaume d'obéir au clan Boniface. Mais July est manœuvré par Georges Bidault; dans le climat difficile des grandes grèves de l'été 1953. Faure va-t-il démissionner ? « Nous avons appris, dit-il (en Conseil des ministres), que le sultan avait été déposé et qu'il était d'ores et déjà en route pour la Corse. Ainsi le Conseil n'a pas été appelé à prendre dans cette affaire une décision libre et une véritable initiative. » Tout a été machiné par Bidault et ses amis. Pierre July, François Mitterrand (alors ministre chargé des Affaires européennes) et le ministre de l'Agriculture, Houdet, entourent Faure. Finalement, il ne démissionne pas : « Il m'apparut, explique-t-il, que, dans la situation économique et sociale où nous étions engagés, cette position ne serait pas comprise par l'opinion française, fort mal informée du problème marocain. »

Il vaut mieux éviter, alors que le maréchal Juin invite le Glaoui à sa réception sous la Coupole, de passer pour le représentant de la « politique d'abandon ». Boniface a gagné. Le sultan est déposé.

Laniel a formellement couvert l'opération au cours d'un entretien avec le général Guillaume, le 12 août. Le 21, Moulay Arafat, nouvel « iman des croyants », est proclamé sultan et consacré par les oulémas de Fez. L'opération, menée à Rabat par les serviteurs obscurs du clan des « intérêts français » (Boniface et Vallat), apparaît en France comme le triomphe du maréchal Juin ; au point que la presse l'interroge très vite sur sa candidature à la présidence de la République ! « En France, répond le fils de gendarme, il n'a jamais réussi aux militaires de faire de la politique. » Une manière peu aimable de rappeler que de Gaulle, en exil à Colombey, ne reviendra jamais au pouvoir.

François Mauriac parle d'un « putsch maréchaliste », et *L'Express* juge utile de commander à grands frais une enquête à l'Institut français d'opinion publique sur le sujet suivant : « S'il était question que le maréchal Juin *vienne au pouvoir* [c'est nous qui soulignons], seriez-vous pour ou contre ? » A cette question ambiguë les sondés répondent qu'ils sont contre à 30 %, pour à 25 %, sans opinion à 45 % ! En fait, peu de Français se soucient des ambitions du maréchal Juin, et moins encore de la déposition du sultan.

Accablés par les grèves de l'été de 1953 et par la course infernale des salaires et des prix, indignés par l'instabilité ministérielle et sensibles à la propagande de l'extrême gauche et de droite contre la République centriste, ils sont indifférents au sort du Maroc et peut-être aussi de l'Indochine. Sur place, le clan Boniface savoure sa victoire : la présence française, pense-t-il, est assurée pour longtemps.

Comme en Tunisie, la tactique des opposants est de multiplier les attentats pour montrer que, contrairement à ce que veut faire croire la résidence, le calme ne règne pas au Maroc. La statistique des renseignements généraux indique un flux continu d'exactions, dont le niveau est certes trop faible pour émouvoir l'opinion publique internationale, mais suffisant pour justifier les arrestations massives. Un attentat spectaculaire, à Noël de 1953, indique que le terrorisme est désormais l'arme principale des indépendantistes marocains : la bombe qui explose ce jour-là cause 17 morts et 28 blessés.

La même politique est appliquée en Tunisie, où les exactions se multiplient. Mais ce pays rural compte surtout des bandes organisées de fellaghas. Ils trouvent des armes en Libye, ouvrent des caches remontant à la Seconde Guerre mondiale, établissent la nuit des contacts avec les bandes algériennes. Depuis longtemps, Edgar Faure demandait le renvoi de Jean de Hauteclocque, qui n'avait pas su prévenir la rébellion en Tunisie par une politique active de négociation. Il obtint enfin gain de cause : le 3 septembre, un administrateur, Pierre Voizard, est nommé. Il a été en poste en Tunisie avant la guerre et connaît bien le milieu politique. Il a pour mission de rétablir le calme. Mission impossible : alors que des boutefeux viennent de réaliser au Maroc une révolution de palais ouvrant la voie à la violence terroriste, comment Voizard pourrait-il calmer l'agitation (beaucoup plus grave) qui règne en Tunisie ?

Il demande des renforts. En avril 1954, le commandant avait pris conscience de la faiblesse du dispositif français au Maghreb. La 10e région militaire avait dû beaucoup donner pour l'Indochine, où elle avait expédié, de 1945 à 1954, 122 000 combattants nord-africains. A partir de 1948 servaient en Indochine les bataillons de marche des 1er, 2e, 3e et 7e régiments de tirailleurs algériens. Subsistaient quelques unités de légionnaires à Sidi-bel-Abbès et dans les territoires du Sud. Le Viêt-minh libéra (dangereux cadeau !) deux contingents de prisonniers algériens et marocains en 1951 et 1953. Les Français les examinèrent et concluèrent qu'ils étaient récupérables, malgré le « lavage de cerveau » communiste, « à 70 % ». On installa cependant, en septembre 1954, un centre spécial d'accueil pour ces troupes, à Dellys. On hésitait à les engager dans les combats de Tunisie ou du Maroc. Ne risquaient-elles pas de rejoindre les fellaghas avec armes et bagages ?

Un comité de défense de l'Afrique du Nord se mit alors en place : il suggéra de modifier le dispositif des forces françaises pour faire face au danger le plus pressant : le harcèlement des bandes tunisiennes. Le terrorisme était devenu plus actif depuis que Bourguiba avait été transféré en France, à l'île de Groix. Il fallait aussi répliquer aux nombreuses exactions qui ensanglantaient le Maroc, aux émeutes qui éclataient à Fez et dans les ports. Des unités quittèrent l'Algérie pour la Tunisie, et s'installèrent dans la résidence, dégarnissant ainsi l'espace algérien : des éléments de la Légion, du 9e chasseurs d'Afrique et du 9e spahis, avec leurs engins blindés de reconnaissance, l'infanterie des 1er et 2e tirailleurs algériens, les bataillons de marche des 13e et 15e sénégalais, qui avaient donné pendant la révolte de Sétif. Le but était d'empêcher les bandes tunisiennes de pénétrer dans le Constantinois pour enlever des notables et lever le tribut de la guerre.

On fit également venir des renforts de la métropole : 2 compagnies républicaines débarquées à Bône en mai furent aussitôt expédiées vers la frontière. Dès lors, l'organisation des confins algéro-tunisiens ne cessa de se renforcer : des éléments furent rassemblés autour de Souk-Ahras pour surveiller le « bec de canard » et la route de Ghardimaou, qui, de l'autre côté de la frontière, redescend sur Souk el-Arba, où elle retrouve la riante vallée de la Medjerda qui conduit à Tunis. Un autre groupe armé s'installa plus au sud, à Tébessa, pour surveiller à la fois les monts des Nemencha et les pistes qui conduisent à Tadjerouine et au Kef vers Tunis, et celles du Sud-Est qui, par Kasserine, rejoignent la côte à Sfax. C'était déjà l'itinéraire des Alliés affrontant en 1943 les blindés de Rommel à son retour de Libye. En seconde ligne, une dernière implantation militaire regroupait quelques unités autour d'Aïn-Beida, sur les plateaux entre les monts de Medjerda, qui courent sur la frontière, et les alignements parallèles au sud des Nemencha. Les troupes d'Aïn-Beida avaient un œil sur les colonies françaises de Canrobert et de Clairefontaine dans la haute vallée de la Mélègue, mais aussi sur les mines d'Ouenza et sur le chemin de fer qui conduisait à Bône les phosphates.

Cette région vitale fut renforcée par quelques éléments du 1er régiment de chasseurs parachutistes. Pour la première fois, ces unités, alors couramment employées en Indochine, apparurent sur le sol maghrébin. Elles avaient pour tâche de poursuivre les bandes qui s'infiltraient dans les djebels et franchissaient la montagne dans les deux sens.

Autre innovation : une division métropolitaine, qui devait initialement se rendre en Indochine, débarqua à Bône pour renforcer la défense de cette zone névralgique. C'est dire l'importance qu'attachait le commandement aux relations de l'Est constantinois avec la plaine de la Medjerda. Les soldats (en majorité du contingent) avaient été levés en Bourgogne et en Lorraine. Ils étaient volontaires pour servir en Afrique du Nord.

Les parachutistes ont-ils décelé la filière qui, de Batna, au nord des Aurès, conduit à Kenchela, remonte dans la montagne de Tébessa, qu'elle franchit pour redescendre en Tunisie sur la voie de chemin de fer de Kasserine ? Une autre piste, par Gafsa, conduit vers la Libye. Dès le mois de juin 1954, une patrouille de gendarmerie mobile tombe dans une embuscade dans la région névralgique de Tébessa. Pendant tout l'été, des troupes patrouillent sur la frontière dans l'espoir d'intercepter les convois d'armes : le butin est maigre, et les fellaghas sont prudents. Faute de pouvoir les rejoindre dans la montagne, on se dispose déjà à protéger des points fixes ou des lignes de communication : les chasseurs et l'artillerie de la 14e division sont échelonnés de la mer à Tébessa et dans l'intérieur autour de Batna, pour surveiller à la fois la frontière et les monts Aurès, qui servent de refuge, ou peut-être de passage, vers les Kabylies et Alger. En juin, une patrouille découvre des Tunisiens armés en territoire algérien. La *preuve* est établie.

Les résistants du Maroc et de Tunisie, mais aussi ceux d'Algérie, sont assurés de trouver un appui au Caire, où la révolution a porté au pouvoir le général Neguib, le 23 juillet 1952. Le 26, le roi Farouk a quitté le pays et Neguib devient « consul » pour trois ans. Cette « révolution », qui transforme bientôt l'Égypte en république, est bien accueillie par le secrétaire d'État John Foster Dulles, qui est reçu au Caire avec chaleur. Les Américains sont disposés à apporter leur aide au régime issu d'un coup d'État militaire, comme ils le feront en 1953 en Iran. Cette politique correspond aux vœux des pétroliers, qui investissent alors lourdement dans la région. Le soutien du Département d'État aux clans militaires du Proche et du Moyen-Orient paraît donc assuré, à condition toutefois qu'ils soient anti-communistes et décidés à inscrire les économies de leurs pays dans l'espace occidental.

Le renvoi du docteur Mossadegh en Iran est symptomatique. Les Américains, dont les compagnies disputent à l'Anglo-Iranian le pétrole de ce pays, s'intéressent également à l'Arabie et soutiennent le roi Ibn Seoud, acteur actif du monde arabe. Les grandes compagnies américaines acheminent alors des quantités croissantes de pétrole du Moyen-Orient (10 % de la consommation nationale en 1954). Dulles est satisfait de voir Mohammed Chah succéder à son père sur le trône d'Iran. Mais, en prenant le relais des Britanniques (qui se retirent du Proche-Orient), les Américains cherchent à éviter les conflits entre les nations arabes tout en les empêchant de s'unir pour attaquer le nouvel État d'Israël. Fédérateur des Arabes, Dulles est en même temps le protecteur des juifs indépendants de Tel-Aviv...

Politique dangereuse, hasardeuse : les frères arabes, à cause du pétrole, deviennent des frères ennemis : Irakiens et Iraniens, Irakiens et Saoudiens sont déjà en conflit larvé. Les Irakiens boycottent le Tapline que l'Aramco veut construire pour déverser dans un port libanais de Méditerranée le pétrole extrait des sables d'Arabie. Le pipe-line aboutissant en Israël à Haïfa n'arrive plus à fournir du brut. L'Égypte interdit aux pétroliers le passage du canal de Suez. Les maisons des Anglais brûlent au Caire avant l'arrivée de Neguib, qui est donc accueilli par les Occidentaux avec soulagement : enfin un pouvoir fort, avec qui ils pourront traiter. Ils ne tisseront pourtant des liens solides qu'en Arabie Saoudite et en Iran.

Or le Proche-Orient s'agite, mettant en question l'efficacité de la Ligue arabe. Les colonels syriens multiplient les coups d'État depuis 1949. En Égypte, le général Neguib est chassé du pouvoir en février 1954 par un Conseil de la révolution qui impose le colonel Nasser. Intégrés jusqu'ici à la stratégie antisoviétique de John Foster Dulles, les pays arabes menacent de rallier le chef de la renaissance égyptienne.

Nasser parle en effet un langage nouveau : habile à remuer les foules, il a l'ambition de créer un monde arabe unifié. Ce géant qui pèse 100 kilos, fils d'un petit fonctionnaire de la région d'Alexandrie, a fait ses classes à la Royal Military Academy et combattu au Soudan en compagnie d'Anwar al-Sadat et de Zakaria Mohieddine, futur président de la République arabe unie. Pendant la guerre de 1948 contre Israël, Nasser avait constitué avec ses camarades un Comité révolutionnaire clandestin, les Officiers libres. Ce groupe fut à l'origine du coup d'État anti-monarchiste qui avait chassé Farouk en 1952. Grâce à Nasser, Farouk, que Sadate voulait exécuter, réussit à s'enfuir. Nasser fit partie du Conseil de la révolution, formé de 11 officiers qui avaient placé à leur tête le général Neguib. Trop timide en matière sociale, trop occidental et modéré dans sa politique étrangère, celui-ci fut débordé par Nasser, qui apparut comme le chef d'un nouveau mouvement politique panarabe, uni contre Israël et l'Occident, mais qui ne souhaitait pas pour autant se rallier au système communiste. Nasser s'affirmait neutraliste d'entrée de jeu.

Très vite, les indépendantistes d'Afrique du Nord, déjà bien secondés par la Ligue arabe, se rapprochèrent de Nasser. N'avait-il pas réussi sa « révolution » ? Les chefs de la rébellion algérienne, comme les leaders de l'Istiqlal et du Néo-Destour, pouvaient désormais compter sur l'appui inconditionnel d'un régime « révolutionnaire », islamiste et non communiste. Ce n'était pas un mince réconfort.

Le gouvernement français, seul exposé (avec Franco pour le Maroc) aux mouvements indépendantistes du Maghreb, avait avec Israël un ennemi commun : le nationalisme islamique, repris en main par les colonels égyptiens et affirmé chaque jour dans la « rue arabe » par la voix forte du colossal Nasser. Les dates sont suggestives : le colonel écarte Neguib au printemps. En juin, le résident Voizard adopte déjà, dans un rapport expédié à Paris, le langage de la condamnation, en taxant le nationalisme de « force mondiale connue sous le nom d'anti-colonialisme ». L'idée de complot se fait jour : sans le soutien du Caire, le Néo-Destour oserait-il mettre en question l'autorité de la France en Tunisie ? Cet appui était diplomatique, il risque de devenir militaire.

De plus en plus, les milieux libéraux français du Parlement, des affaires et de la presse envisagent de combattre le panarabisme par une politique de libération qui arrimerait l'Afrique du Nord à l'Europe occidentale et à ses valeurs. La Tunisie apparaît la plus mûre pour tenter l'expérience : disponibilité immédiate d'une élite gouvernementale, plus faible résistance du milieu colonial. La Main rouge, qui se fait connaître par ses exactions contre-terroristes en Tunisie, peut être facilement dominée.

La nouvelle presse hebdomadaire attire l'attention du public sur la nécessité d'un règlement en Tunisie, où le résident Voizard, qui ne veut pas entendre parler d'autonomie, demande des renforts militaires. Une lutte d'influence se déroule à Paris entre le groupe parlementaire algérien, qui soutient la politique de force à Tunis, et les libéraux qui disposent d'appuis politiques dans la frange de gauche du Parti radical (Edgar Faure et Mendès France), des milieux catholiques partis en guerre contre la déposition du sultan du Maroc, et qui peuvent aussi compter sur ces hebdomadaires qui ont vu le jour au début des années cinquante et mènent le combat anti-colonialiste. Roger Stéphane, dans *L'Observateur* devenu *France-Observateur*, attire l'attention sur la répression et l'insécurité en Tunisie. Un article du 1er juillet 1954 publie le témoignage d'un industriel installé dans le pays qui compare les fellaghas aux résistants français. Ils sont partout, tuent impunément les gendarmes, incendient les récoltes, mais la population les aide et les ravitaille. La région du Kef, proche de la frontière algérienne, risque d'être entièrement contrôlée par les rebelles. On peut voir « un front s'établir entre l'armée française et une armée nationale ». Les attentats se succèdent dans les villes, et les opérations contre les groupes menées par l'armée prennent de l'ampleur. Après la guerre d'Indochine, y aura-t-il une guerre de Tunisie ?

Précisément, la guerre d'Indochine a mal tourné : l'armée française est bloquée dans la cuvette de Diên Biên Phu, où Navarre l'a placée pour barrer à l'adversaire la route du Laos. Depuis les débats des 19 et 29 novembre 1950, qui ont permis aux députés communistes de dénoncer « la sale guerre », l'opposition à l'aventure indochinoise avait déjà trouvé des voix autorisées dans la gauche non communiste. Si le MRP maintenait sa politique de défense de l'Indochine, la SFIO se divisait ; la voix anti-colonialiste du maire de Marseille, Gaston Defferre, commençait à se faire entendre aux côtés de celle de François Mitterrand à l'UDSR (Union démocratique et sociale de la Résistance), cette petite formation qui comptait aussi dans ses rangs le ministre de la Défense René Pleven. Chez les radicaux, Pierre Mendès France osait un discours transparent. Il montrait que la victoire militaire en Indochine était devenue impossible depuis que les Chinois communistes aidaient efficacement le général Giap, qui préparait méthodiquement l'invasion de la péninsule. On ne tiendra, expliquait-il, qu'avec l'aide des Vietnamiens, à qui l'on refuse pourtant l'accession à l'indépendance : la situation est donc sans issue.

Les Français ne se maintiennent qu'avec le soutien des États-Unis, au nom de l'anti-communisme. L'intervention du général de Lattre de Tassigny au Tonkin leur a donné un répit, mais l'offensive de Giap contre Diên Biên Phu remet en question la présence du corps expéditionnaire. Les camions russes et les canons chinois donnent à Giap de solides arguments. Quand l'armistice est conclu entre la Corée du Nord et les forces des Nations unies, le 27 juillet 1953, on annonce qu'une réunion des Grands doit se tenir à Genève pour tenter de régler définitivement les conflits du Sud-Est asiatique. La mort de Staline fait espérer une évolution favorable du monde communiste. Le gouvernement Laniel donne une grande publicité aux travaux entrepris par les Français pour rendre Diên Biên Phu imprenable. Parachutistes et légionnaires y tiennent solidement la place, dit-on. Pleven, qui rend visite au camp, en repart rassuré.

L'attaque de Giap est engagée dans la nuit du 13 au 14 mars. Deux positions fortifiées tombent. Un général français d'artillerie se suicide de désespoir. Quand les renforts de parachutistes arrivent, il est clair que l'on ne peut plus compter sur la résistance de Diên Biên Phu, malgré l'héroïsme des défenseurs qui parviendront à retarder l'issue fatale.

L'espoir de paix apparaît très faible à Genève, où l'on parle d'abord, et très longuement, de la Corée. Le 7 mai, toute résistance a cessé à Diên Biên Phu : 3 000 tués et 10 000 prisonniers dans l'armée française. Ce désastre ne peut manquer d'avoir des conséquences politiques en Afrique du Nord : la moitié des Nord-Africains prisonniers ont laissé leur vie dans les camps. Les rescapés ont vu de près la défaite. Ceux qui ont été « rééduqués » apportent chez eux le message indépendantiste. Selon eux, on peut vaincre l'armée française à force de courage et d'obstination.

La conférence de Genève reprend après la défaite française. La délégation nord-vietnamienne a été admise, ainsi que le représentant de la Chine communiste, Chou En-lai. En dépit des efforts de Georges Bidault, John Foster Dulles, qui a quitté Genève pour ne pas avoir à discuter avec les communistes, refuse d'internationaliser la guerre. A Paris, le gouvernement Laniel tombe le 12 juin. Le 18, Pierre Mendès France devient président du Conseil. En Afrique du Nord, l'événement est salué diversement dans les deux camps : le parti anti-colonialiste a-t-il pris le pouvoir à Paris ?

Le nouveau chef du gouvernement doit d'urgence conclure la paix en Indochine. Il s'est fixé comme date butoir le 20 juillet. S'il n'est pas parvenu à une solution à cette date, il partira. Il réussit. Pendant qu'il mène tambour battant la discussion qui conduira à la signature de l'armistice du 20 juillet, à Alger, le 10, le Comité révolutionnaire d'unité et d'action (CRUA) est fondé. Le parti de la révolution est né.

Les leaders des deux formations traditionnelles, Ferhat Abbas et Messali Hadj, ne sont pour rien dans cette création. Elle est l'œuvre de jeunes militants, enflammés à la fois par la défaite de l'armée française en Indochine et par le ton nouveau de La Voix des Arabes, qui vient du Caire. Ces jeunes Algériens pensent, contrairement à leurs aînés, qu'il est temps de passer à l'action. La voie du réformisme, des élections à ces Assemblées « représentatives » où les Français distribuent des fauteuils au compte-gouttes est périmée. Il faut faire de nouveau parler la poudre, organiser l'extension du mouvement à toute l'Algérie. Le moment est bien choisi : l'armée française est massivement engagée en Indochine, où elle restera un certain temps. Les forces disponibles sont mobilisées au Maroc et en Tunisie, où l'anarchie bat son plein. C'est au tour de l'Algérie d'assurer la relève de la violence.

Les indépendantistes n'emportent aux élections nationales législatives de 1951 aucun siège : deux musulmans modérés représentent l'Algérie, le docteur Bendjelloul et Naroun.

Les forces politiques sont plus désunies que jamais. Le maire d'Alger, Jacques Chevallier, est un libéral ; soutenu par Blachette, le roi de l'alfa, il construit des HLM dans les quartiers musulmans, soutient l'équipe de football, fort renommée, d'El-Biayet, intègre à son administration municipale des militants du MTLD comme Lahouel ou Kiouane. Pendant ce temps, le vieux chef, Messali, se rend en pèlerinage à La Mecque et s'arrête au Caire pour rencontrer les Frères musulmans ; il s'habille en marabout et désapprouve les jeunes engagés dans l'action électorale à la municipalité d'Alger. Il ne croit pas au libéralisme européen, moins encore à la volonté des Français en Algérie.

Hocine Lahouel fait campagne contre lui, pendant que Ben Bella et Mahsas s'évadent de la prison de Blida. Youssef Zighout et Ben Boulaïd, des militants incarcérés, s'échappent également de la centrale de Bône. Les fugitifs gagnent le maquis ou l'étranger. Belkacem Krim accueille ses amis dans les montagnes kabyles ; Ben Tobbal, dans le Constantinois, nargue les forces de l'ordre. L'ancien député Khider est déjà installé au Caire, en compagnie de Hocine Aït Ahmed. C'est déjà d'Égypte, de la Ligue arabe, que les insurgés attendent des secours en 1952, alors que la révolution des colonels est sur le point d'éclater.

Messali étant en résidence surveillée en France, Lahouel prend en main les affaires du parti en Algérie, et en profite pour truquer la convocation du comité central en avril 1953 : quatre mini-congrès réunis par zones, au lieu d'un seul, lui permettront de faire élire un nouveau comité central incluant Messali Hadj, mais excluant ses fidèles. Avec l'aide de Ben Khedda, il dénonce, avec plus de force, le culte de la personnalité (l'expression est à la mode depuis la mort de Staline, le 5 mars 1953). Les jeunes-turcs cravatés du conseil municipal d'Alger réussiront-ils à tuer le père ? Celui-ci proteste, au nom des militants devenus des rebelles, qui tiennent la montagne et ne mangent pas à leur faim. Les réfugiés de l'action clandestine, les anciens de l'OS qui se cachent à Paris, comme Boudiaf, Mahsas ou Didouche, n'acceptent pas plus que Belkacem Krim d'avoir à choisir entre le marabout temporisateur et les ambitieux de la mairie d'Alger. « Le Maghreb est un corbeau, dit le Kabyle. Quand les ailes battent, le corps bouge. » Les ailes tunisiennes et marocaines sont en mouvement. Il faut suivre et combattre.

A Alger, au début de 1954, Bouadjadj apprend qu'une « troisième force » est en formation, réunissant tous les anciens de l'OS. Ils se sont fixés pour tâche de préparer la révolution. Rabah Bitat l'informe aussi de la constitution clandestine du CRUA. Boudiaf rentre de Paris pour organiser l'action. Cet intellectuel de 35 ans est plus mûr que les autres, mieux instruit. Il a préparé en France le concours de l'École normale supérieure. Il s'est fait, au Caire, le propagandiste de l'idée d'une troisième force entre le maraboutique Messali et les jeunes « centralistes », ainsi appelés parce qu'ils peuplent le comité central du parti. Au Caire, en avril 1954, Ben Bella a rejoint Khider et Aït Ahmed, le beau-frère de Khider. Les trois hommes forment dans la capitale arabe une sorte d'antenne algérienne. Ben Bella a rencontré Nasser pour tenter d'obtenir son aide. Le colonel offre sa protection, mais refuse de fournir des armes. Les Algériens ne peuvent compter que sur eux-mêmes. Boudiaf et Boudjadj ont reçu de l'auteur du hold-up de la poste d'Oran des indications précises pour localiser une cache d'armes dans la Casbah : ils en retirent une importante quantité de mitraillettes, de grenades, de détonateurs, d'allumeurs, et deux postes émetteurs. Avant de quitter l'Algérie, Ben Bella a donné des ordres pour préparer, avec l'argent volé aux PTT, les débuts de l'insurrection.

Ben Bella est en liaison avec Boudiaf, qui, lui-même, négocie avec les centralistes, car ceux-ci contrôlent les finances du parti : Lahouel accepte de verser de l'argent au CRUA alors en gestation pour qu'il puisse imprimer un organe clandestin de liaison et de propagande, *Le Patriote*. La rupture avec les centralistes ne se produira qu'à l'automne.

Alors que Mendès France négocie à Genève la paix en Indochine, les vingt-deux insurgés du CRUA décident à Alger de déclarer une guerre illimitée au colonialisme français qui vient de perdre à Diên Biên Phu sa première bataille. Ils ne cesseront leur action offensive qu'après avoir obtenu l'indépendance, affirment-ils. Une direction collégiale de cinq membres est désignée : autour de Boudiaf et de son lieutenant Didouche, elle ne compte que des hommes de terrain : Ben Boulaïd l'Aurésien, Ben M'Hidi l'Oranais, Rabah Bitat, du Constantinois. Krim, rallié, apportera les Kabylies. La première conséquence de la défaite en Indochine est cette décision, prise par un comité clandestin d'Alger, d'organiser l'insurrection générale.

Aucun affichage révolutionnaire à Tunis, où l'on attend tout de Bourguiba. Pas la moindre manifestation en faveur de l'indépendance, mais un ton modéré, lors des premières rencontres clandestines où s'affirme le désir du nouveau gouvernement français de négocier l'autonomie. La violence peut-elle reculer à Tunis, alors qu'elle s'annonce à Alger ? Sans doute le gouvernement français, en négociant rapidement l'autonomie de la Tunisie, veut-il empêcher la révolte de gagner l'ensemble du Maghreb.

Il faut, en effet, aller vite. La paix est signée à Genève le 21 juillet, approuvée aussitôt par le Parlement à Paris. L'armée française, qui accuse des pertes importantes depuis le début de la guerre (92 000 tués ou disparus, 114 000 blessés, 28 000 prisonniers), reste un certain temps dans le pays : les dernières unités partiront en avril, pour laisser aux Américains le temps d'organiser la résistance du Viêt-nam du Sud, devenu indépendant. Fidèle à sa méthode, Mendès France ouvre sans désemparer le dossier tunisien. Tandis que les révolutionnaires algériens découvrent les caches d'armes connues du seul Ben Bella, la poudre parle encore en Tunisie : le 10 juillet, à Ferryville, les fellaghas tirent dans la rue, la Main rouge arrose les cafés maures : 11 morts et 22 blessés. Parce qu'il était opposé à la nomination du résident général Voizard, partisan d'une politique de force, François Mitterrand, auteur d'un rapport sur le règlement de l'affaire tunisienne, avait quitté le gouvernement Laniel. Il devient ministre de l'Intérieur de Pierre Mendès France.

De Genève, Mendès France avait noué des contacts clandestins avec Bourguiba par l'intermédiaire de diverses personnalités, dont le docteur Cohen Hadria, médecin à Tunis, le député socialiste Savary et Roger Stéphane, héros de la Libération de Paris, l'un des fondateurs de *France-Observateur*. Le but était de rencontrer le correspondant clandestin du Néo-Destour à Paris, Mohammed Masmoudi. A Genève, le 15 juillet, Mendès annonce à son interlocuteur tunisien son intention de se rendre à Tunis dès le 21 juillet.

Le voyage est retardé de dix jours, car le président du Conseil doit regagner l'hôtel Matignon pour prévenir l'opposition probable des ministres gaullistes de son cabinet. Bourguiba, toujours prisonnier en France, a bon espoir que l'on parvienne à un règlement, première étape vers l'autonomie interne. Pour rassurer les Français, Mendès expédie deux divisions de renfort en Tunisie et nomme le général Boyer de la Tour en remplacement de Voizard. Pour prendre de vitesse et surprendre le groupe parlementaire France-Tunisie, constitué « contre les abandons » par Michel Debré et le maire de Nice, Jean Médecin, le président du Conseil parvient à convaincre le maréchal Juin de l'accompagner à Tunis. Ainsi se trouve sans objet l'opposition qui s'était déclarée, au sein même du cabinet, autour des ministres Kœnig et Christian Fouchet, qui estimaient que Mendès France « allait trop loin ».

Le 31 juillet, accueilli par la fanfare du 4ᵉ zouaves, il atterrit à El-Aouina et déclare que la France accorde à la Tunisie l'autonomie interne. Il affirme en même temps que « l'intérêt commun » exige « que la France reste présente en Tunisie », y compris militairement, pour des raisons internationales. Quant aux résidents français, il entend les protéger. « Ils ont acquis, dit-il, le droit de vivre et de travailler, droit dont personne ne songe à les priver. » « Si de nouveaux attentats devaient endeuiller ce pays, ajoute Mendès France avec solennité, les sanctions, je dois le dire loyalement, seraient d'une rigueur que ne mitigerait aucun ménagement. » Tahar Ben Ammar, un Tunisien modéré, ami d'Edgar Faure, est chargé de constituer le gouvernement qui comprend quatre membres du Néo-Destour, parmi lesquels Mohammed Masmoudi. Le 10 août, le Parlement français approuve les accords, en dépit des protestations des porte-parole de la politique coloniale : le général Aumeran, du Parti des indépendants de Roger Duchet et d'Antoine Pinay, avait affirmé que « tout laxisme en Tunisie [embraserait] l'Algérie et le Maroc [...]. On ne reste pas en s'en allant ». Martinaud-Déplat, l'intransigeant partisan d'une politique de force, n'avait pu empêcher la moitié des députés gaullistes et un groupe de radicaux de gauche de se rallier aux accords. Résultat : 397 voix pour et 114 contre.

Au début du mois de septembre, les membres du Néo-Destour sont libérés. Les discussions sur l'organisation de l'autonomie peuvent commencer. Le pays n'est alors nullement pacifié : les exactions se poursuivent, particulièrement vives au mois d'août, encouragées par le sursaut de la « révolution » égyptienne. Depuis avril, Nasser, un moment écarté par le retour de Neguib, avait repris le pouvoir en Égypte et sa politique était résolument hostile à l'Occident. Salah Ben Youssef, un des chefs les plus ardents du Destour, gagne Le Caire, où il s'affirme partisan de l'indépendance. Bourguiba parviendra-t-il à modérer les groupes d'action ? Le souhaite-t-il ?

« Ils ont des droits sur nous », dit Masmoudi à propos des fellaghas, paraphrasant Clemenceau. Les opérations militaires se poursuivent, et l'armée française traque toujours les « bandes rebelles », sans qu'elles répondent aux propositions d'aman lancées par Boyer de la Tour. L'autonomie est-elle une solution ? L'échec de la formule ne donne-t-il pas raison aux critiques des maximalistes de la présence française qui se multiplient à Paris, à Alger et à Rabat ? La situation marocaine est, en effet, tendue depuis la déposition du sultan. Une partie de l'opinion française s'en indigne. Parmi les protestataires, François Mauriac multiplie les diatribes passionnées contre le clan des Boniface et des Boussac, conseillé par un journaliste catholique, Robert Barrat. Le député socialiste Savary, le professeur Massignon et le comité France-Maghreb soutiennent la polémique dans les journaux ; *L'Express,* créé en mai 1953, rejoint dans l'opposition *France-Observateur* et *Témoignage chrétien.* Mais des personnalités françaises au Maroc, comme le patron des Huiles Lesieur, Lemaigre-Dubreuil, protestent également contre la politique de force.

Le règlement de la question marocaine n'intervient pas immédiatement : le président, fidèle à sa méthode, veut cerner les problèmes avant de proposer une solution. Il considère comme imprudent de favoriser le retour immédiat du sultan Ben Youssef, qu'il n'estime sans doute pas outre mesure, à l'exemple du président de la République, Vincent Auriol, qui n'avait pas de mots trop durs pour ce « féodal ». Mais les renseignements militaires informent Paris que des éléments armés foisonnent à la frontière espagnole : le gouvernement de Franco n'a pas approuvé la déposition du sultan et favorise les déplacements des rebelles marocains, qui s'approvisionnent en armes à Tanger. Une insurrection est prévisible, car des bandes armées échappant à l'autorité du Glaoui peuvent se constituer, sous les effets de la propagande de l'Istiqlal, devenu clandestin et farouchement hostile au nouveau souverain, Ben Arafa...

Mendès France propose à l'ancien sultan, déporté à Madagascar, de l'accueillir en France, s'il renonce au trône, et de déposer Ben Arafa pour nommer un troisième souverain. Mohammed Ben Youssef, qui sait la dévotion que lui conserve son peuple, refuse avec hauteur. La situation marocaine est ainsi totalement bloquée au moment où les Algériens s'apprêtent à passer à l'insurrection. Ces derniers sont convaincus que le soulèvement est proche sur la frontière marocaine. Ainsi peuvent-ils espérer, à l'annonce de leur prise d'armes, un soulèvement total du Maghreb.

De plusieurs sources, les dirigeants français d'Alger savent qu'une troisième force s'est constituée à partir des militants messalistes, et qu'elle engage au combat ses premières unités. Le 20 août, le général Spillmann, responsable de la division de Constantine, est informé qu'une bande vient d'être accrochée dans le secteur de Souk-Arhas. Les combattants n'étaient pas tunisiens mais algériens. La révélation est d'importance : elle n'est pourtant pas prise en compte. Le Conseil supérieur de guerre, qui se réunit le 9 septembre, n'envisage nullement de renforcer l'armée d'Afrique du Nord, qui compte seulement

91 000 hommes, dont l'essentiel est mobilisé en Tunisie et au Maroc. Les renforts venus d'Indochine seront envoyés après un certain délai aux points les plus chauds. Les jeunes gens du contingent affectés à l'Afrique du Nord ont plus de chance de partir pour les protectorats que pour l'Algérie. Maintenues dans les villes algériennes du Sud, les recrues passent un été relativement tranquille : dans la caserne des spahis de Khenchela, par exemple, 5 cavaliers venus d'Europe et 20 Chaouïas engagés prennent chaque jour la piste de Fontaine-Chaude et abordent sans armes les tentes noires des nomades. Le sous-officier d'ordinaire fait son marché indigène sans incident. Jean Lasserre affirme que « la cohabitation avec la population musulmane est excellente ». L'épouse du lieutenant est même venue s'installer dans le pays avec ses deux enfants. Personne ne s'attend à la guerre.

Les métropolitains affectés au Maroc découvrent au contraire un enfer. Marc Bruneteau, un engagé volontaire, sous-officier de Saint-Maixent, débarque à Casablanca en juillet 1954. Le premier dimanche d'août, il est consigné au quartier. Les fantassins attendent, « faisceaux formés ». Les terroristes, dit-il, opèrent à Casablanca en plein centre-ville. On signale des « exactions » place de France et sur le vaste boulevard du Quatrième-Zouaves qui descend vers le port, bordé par les échoppes de l'ancienne médina et du quartier juif (mella). Sept Européens sont tués dans la journée.

Quand les soldats arrivent, il est toujours trop tard. Une bombe explose au cinéma Le Vox, une grenade est lancée à la terrasse d'un café, une autre dans un « tac » (on appelle ainsi les autobus). Une jeep de police saute ; tous ses occupants sont tués. Un sergent de garde du bataillon de Bruneteau reçoit une balle dans la tête : les terroristes s'en prennent fréquemment aux militaires en promenade, particulièrement dans les quartiers réservés. On autorise les sous-officiers à porter leur revolver quand ils descendent en ville. Chaque spectateur est fouillé à l'entrée des cinémas.

Bruneteau fait partie d'un régiment de tirailleurs marocains. Les hommes sont si anxieux qu'ils se portent tous volontaires pour l'Indochine. On refuse leurs candidatures. Les cavaliers berbères descendent un beau jour de la montagne, accueillis par les youyous des fatmas. Ils donnent une fantasia en l'honneur du nouveau résident général, François Lacoste. Les tirailleurs, chèche blanc et ceinture rouge, présentent les armes, sous un soleil de plomb. Bruneteau surveille les environs. Un attentat est toujours possible. Avant d'être engagés dans le bled, les soldats venus de France découvrent le terrorisme urbain sans pouvoir l'éliminer.

En Tunisie, les jeunes gens du contingent se trouvent, aux côtés des engagés, affectés à des régions parfois fort troublées par les raids incessants des commandos. Les renforts sont débarqués régulièrement à Bizerte, selon le vœu de Pierre Mendès France. La zone des confins algéro-tunisiens est considérée comme prioritaire. Nul ne s'oppose en France à l'envoi de soldats du contingent en Afrique du Nord. Il ne s'agit d'ailleurs que de quelques unités. N'est-il pas normal qu'*en temps de paix* l'armée renforce ses effectifs sur des territoires français pour assurer sa mission de défense de l'ordre public ?

A l'automne 1954, c'est à Bizerte, à Bône et à Casablanca que débarquent les renforts militaires, et non à Alger ou à Oran. On s'attend à livrer dans les protectorats les batailles les plus dures, alors que l'on tient l'Algérie pour assez tranquille. Il faut croire cependant que l'on n'est pas sûr des confins algéro-tunisiens, puisque des éléments de la 11e division d'infanterie débarquent à Bône pendant l'été : c'est la première grande unité métropolitaine engagée en Algérie, avant le début des « événements ». Il est vrai que les renforts ne sont encore que des chasseurs et des artilleurs constitués en groupes mobiles pour patrouiller de Souk-Arhas à Ouenza et à Tébessa. Le 19 octobre est mis en place un commandement de la frontière, dans une zone qui est déjà considérée comme opérationnelle. Les unités mobiles fouillent les djebels et sillonnent les montagnes des Aurès sur des routes peu fréquentées, où les militaires de l'armée d'Afrique n'ont pas été vus depuis très longtemps. Cette présence est limitée à quelques unités qui passent vite et ne remarquent rien de particulier. Toutefois, le général Cherrière, qui commande l'armée en Algérie, signale au secrétaire d'État à la Guerre, Jacques Chevallier (le maire d'Alger a accepté de faire partie du gouvernement Mendès France), « la menace d'infiltration de fellaghas en direction des Aurès ». Si l'on envoie alors quelques renforts en Algérie orientale, c'est pour faciliter l'action de l'armée engagée en Tunisie (qui comprend de nombreuses unités venues d'Algérie), pour couper les arrières algériens des bandes de rebelles tunisiens. On ne s'attend pas au désarmement rapide des fellaghas, mais au contraire à une épreuve de force. On sait, à Paris comme à Tunis, que l'autonomie n'est qu'une étape, et qu'on s'affrontera en Tunisie quand il sera question d'indépendance. Pour cette épreuve décisive, il convient que l'armée soit prête.

Aucune mesure d'alerte n'est prise en prévision d'une insurrection sur le territoire algérien. On sous-estime les quelques renseignements qui permettent d'évaluer la force et la consistance du nouveau mouvement révolutionnaire qui se met en place. On raisonne encore comme s'il était le fait des éléments les plus avancés du vieux parti messaliste. Aucun officier n'a entendu parler du CRUA. Le secret a été bien gardé.

Un tout petit nombre d'hommes se prépare à l'insurrection, et la police ou la Sécurité militaire ne peuvent être au courant : la première rencontre de Mahsas et de Boudiaf a eu lieu à Paris, au café de l'Odéon, en mars 1954, précise Yves Courrière. Les indicateurs des renseignements généraux n'étaient pas présents. Peuvent-ils surveiller tous les cafés du quartier Latin, de la Goutte d'or, de la Chapelle, du XVe arrondissement, d'Aubervilliers, où les militants du parti messaliste se rencontrent ? S'ils ont réussi à noyauter les 60 000 travailleurs algériens de la région parisienne, c'est avec discrétion. Ils n'ont pas tenu les militants au courant de leurs projets.

Le recrutement de Zoubir Bouadjadj par Mourad Didouche se situe à la même période ; il semble que d'autres contacts sont pris simultanément par le tout petit groupe d'hommes qui veut « passer à l'action directe ». Bouadjadj est un ancien militant en sommeil, plus connu pour sa passion du football que pour son ardeur politique. Mourad Didouche est le fidèle lieutenant de Boudiaf. Ils sont unis comme les doigts de la main. Une fois recruté, Bouadjadj est mis en contact avec le chef, Boudiaf, qui est rentré de Paris fort tranquillement : aucune recherche, dans les aéroports et les ports, des suspects politiques. D'ailleurs, quand ils sont connus des services de renseignements, ils changent de noms et de cartes d'identité : ainsi Ali Mahsas s'appelle désormais Haouassi M'Barek. Bouadjadj est le premier ancien militant de l'OS à être recruté par le petit groupe des révolutionnaires à Alger même. Didouche lui apprend l'existence du CRUA, qui doit, insiste-t-il, rester inconnu : des initiales pour une conjuration à l'échelle de l'Algérie.

Le footballeur récupéré est lancé presque immédiatement dans l'action. Quinze jours après sa rencontre avec Didouche, en avril, il part en opération avec Boudiaf, qui rentre du Caire, pour récupérer les armes de la Casbah qu'il va cacher dans la ferme d'un fermier musulman, Mustapha Zergaoui. Le paysan n'en demande pas plus. Il ne reçoit pas de confidences.

Suivons encore les témoignages recueillis par Courrière : ils donnent la mesure approximative du temps de la révolte. En avril, négociations inutiles avec Lahouel : il est clair qu'on ne pourra compter sur le parti messaliste divisé pour embrigader la population et l'entraîner dans le mouvement. Il faut donc recruter par petits groupes des gens sûrs : Bouadjadj en est chargé pour Alger. Encore faut-il étendre ce recrutement aux trois départements. Pour Ben Boulaïd, pas de difficultés : il a maintenu ses groupes clandestins dans les Aurès après la répression contre l'OS en 1950. On lui demande de rencontrer Belkacem Krim pour le mettre dans la confidence : l'appui des Kabylies, riches en hommes courageux, est décisif. La rencontre a lieu en avril dans un café maure d'Alger. Le Chaouïa Ben Boulaïd réussit à convaincre Krim et son lieutenant Ouamrane, qui disposent de 1 500 hommes armés dans leurs montagnes. Le Chaouïa montre aux Kabyles le premier numéro clandestin du *Patriote*, l'organe du CRUA. Les 7 régions, divisées en daïras de 200 maquisards, sont à la disposition du mouvement, sous l'autorité souveraine de leurs deux chefs.

Le recrutement se poursuit en mai : les 5 membres fondateurs réunissent, en dehors des Kabyles, 17 militants sûrs dans toutes les régions. Les Français ne se doutent toujours de rien. Pas une action ou exaction pour attirer leur attention. Pourtant, *Le Patriote* annonce aux militants la création de la troisième force « de tendance neutraliste active ». Le CRUA est nommé. Les agents des renseignements généraux peuvent le ficher, sans rien connaître de son organisation. Aux côtés de *L'Algérie libre*, de Messali, et de *La Nation algérienne*, l'organe de Lahouel, ce n'est qu'une feuille dissidente de plus. Les foules musulmanes continuent d'acclamer, dans les meetings, le vieux Messali, qui condamne tous ses adversaires, les jeunes ambitieux de la mairie d'Alger et les intransigeants, partisans de l'action immédiate. Rien, en apparence, n'a changé, et le CRUA, s'il existe, paraît marginal.

7 mai, chute de Diên Biên Phu. Première rencontre au sommet entre les Kabyles et les cinq responsables de zones dans l'échoppe d'un cordonnier d'Alger. Ben Boulaïd voit dans la défaite française « la main de Dieu ». On se partage le travail : les Kabyles obtiennent de rester autonomes, à Rabah Bitat, le Constantinois, les Aurès à Ben Boulaïd, l'Oranie à Ben M'Hidi. Didouche organisera l'Algérois. Quant à Boudiaf, il se charge de la coordination et de la liaison avec Le Caire. Peu de temps après, Costes, le directeur de la police, reçoit le premier numéro du *Patriote* des mains d'un indicateur du parti messaliste, un ancien de l'OS, Belhadj, futur « commandant Kobus ». Les policiers pensent que la nouvelle organisation est une machine de guerre montée par les centralistes de Lahouel contre Messali Hadj. Ils n'ont qu'une inquiétude : l'extrême discrétion du nouveau mouvement.

C'est aussi l'interprétation du colonel Schoen, qui dirige les renseignements de l'armée ; il est, lui aussi, informé de l'existence du CRUA, mais se contente de souligner, dans un rapport au gouverneur général, le lien entre les organisateurs et leurs correspondants du Caire et de Paris.

Fin du ramadan. La police arrête Messali, rentré en Algérie, parce que ses prêches exaltés peuvent « créer une ambiance favorable au développement de la nouvelle OS ». Elle met donc toujours dans le même sac les différentes tendances du MTLD, même si les adversaires s'affrontent dans Alger à coups de nerf de bœuf et de barre de fer. Les policiers ignorent tout de la réunion du 3 juin 1954 dans une maison de la rue Montpensier, où les chefs de la révolution décident à l'unanimité l'action directe par zones. Boudiaf révèle ce jour-là que des contacts sont pris à Genève et à Tripoli avec des correspondants tunisiens et marocains. La liaison avec Le Caire est opérationnelle. Il ne reste qu'à faire le point sur les armes. Le processus est politiquement engagé.

Les mois de juin et de juillet sont décevants : l'argent manque, les armes aussi. Il ne faut plus compter sur Lahouel, qui se dérobe définitivement. Quant à Messali, il ne veut rien entreprendre avant 1955. Les cinq n'ont pas réussi à reconstituer l'unité du mouvement sur leur projet. L'arrivée de Mendès France au pouvoir, le 18 juin, donne un coup de fouet au clan libéral animé par Chevallier, le maire d'Alger, qui entre dans le gouvernement et dispose, avec le groupe Blachette, de moyens de séduction pour récupérer Lahouel et les centralistes. François Mitterrand, le ministre de l'Intérieur, fait alors part de ses inquiétudes à Mendès : « Je sens quelque chose, dit-il. La situation est malsaine. Il va falloir s'en occuper. »

A-t-il eu vent de la réunion qui se tient le 25 juin dans une villa du Clos Semblier ? Ce jour-là, les cinq, en l'absence de Krim et des Kabyles, ont réuni les dix-sept hommes de confiance venus de toute l'Algérie. Après le couscous, ils se prononcent à l'unanimité pour « la révolution illimitée jusqu'à l'indépendance ». Les armes ? Ils les prendront à l'ennemi. La date ? Avant le 1er janvier 1955. Les ordres viendront ultérieurement.

Les vingt-deux se mettent au travail : le groupe d'Alger, autour de Bouadjadj, commence à fabriquer des bombes. La révolution est programmée pour le 25 juillet, date historique. Le reste dépend des circonstances. Nul ne sait encore comment la guerre entreprise par les hommes d'Alger pourra être coordonnée avec l'action engagée au Maroc et en Tunisie. Nul ne peut savoir, pas même les vingt-deux, si les gens du Caire soutiendront. Le départ donné à la révolution est un passeport pour l'aventure.

DEUXIÈME PARTIE

L'engagement

La Révolution algérienne est manifestement liée aux mouvements indépendantistes marocains et tunisiens. Boudiaf l'a affirmé à la réunion du 25 juillet : « Nous sommes en régression par rapport aux deux pays frères. » L'Algérie doit d'abord rattraper le retard accumulé et profiter du fait que l'armée française est engagée aux deux extrémités du Maghreb, où, d'Indochine, n'arriveront dans quelques mois que des soldats français vaincus.

Pourtant, cette révolution prend en Algérie des formes originales : point de bey ni de sultan à Alger pour opposer aux combattants musulmans d'autres frères engagés sous la bannière des seigneurs aux côtés des Français. Certes, l'Istiqlal peut lever des résistants dans les fermes et les usines, dans les ports et les mines, aussi bien qu'à la Cité universitaire. Mais il n'a pas encore les moyens de tenir le bled avec des unités armées : les cellules féodales de l'ancienne société repoussent le sang frais de la révolte. Point de bourgeoisie marchande comme en Tunisie, où l'élite des professeurs, des avocats, des médecins musulmans est certainement la plus développée, la plus mûre du Maghreb, et le Néo-Destour de Bourguiba peut prétendre assumer sans délai l'intégralité du pouvoir. La masse des fellahs est au service de la révolution bourgeoise.

Si les Marocains pratiquent essentiellement le terrorisme urbain, les Tunisiens s'attaquent aux petits fermiers et aux grandes plantations, organisant l'insécurité grâce à leurs nombreux commandos de « fellaghas ».

Les deux mouvements ont par ailleurs des racines syndicales proches : quand une grève révolutionnaire éclate au Maroc, c'est souvent qu'un chef syndicaliste vient d'être assassiné en Tunisie. Les luttes sont manifestement synchronisées. En Algérie, le mouvement révolutionnaire sécrète ses propres élites, issues de la petite bourgeoisie mais aussi des milieux populaires. Il doit se pourvoir de cadres, inventer un programme, affirmer son absolue originalité, même s'il s'appuie sur le combat des peuples voisins et frères.

Comme la Tunisie et le Maroc, l'Algérie en lutte compte sur un double facteur positif venu de l'extérieur : d'abord la politique internationale sur laquelle il faut agir.

On a remarqué en Tunisie, mais aussi au Maroc, la succession des « décembres rouges » : les attentats se multiplient avant la session annuelle de l'ONU où les protectorats posent rituellement la question de leur évolution politique. Les terroristes ont toujours un œil sur l'immeuble de verre des Nations unies : ils sont convaincus que leur action doit être assez spectaculaire pour que l'opinion mondiale, alertée, pèse sur la décision des États membres. L'Égypte et les autres pays frères se chargeront de faire campagne.

Le second facteur positif réside dans la faiblesse ou l'incertitude des gouvernements de Paris : des formations politiques soumises à des groupes de pression (pour ou contre la décolonisation) s'affrontent en France, sous les yeux d'une opinion publique indifférente qui a accueilli avec satisfaction l'annonce de l'armistice en Indochine. Si les Français sont minoritaires en Algérie, les Français d'Algérie le sont encore plus en France, où leurs représentants peuvent peser, par le jeu des groupes parlementaires, sur les gouvernements mais non sur l'opinion. L'indifférence du pays et des hommes politiques responsables est telle qu'elle pousse à l'intransigeance les groupes de pression de l'un et l'autre bord : ainsi un académicien prête-t-il sa plume au combat décolonisateur du capitalisme libéral, cependant que les adversaires de la « politique d'abandon » noyautent les partis et développent, dans une presse dévouée, des campagnes d'opinion qui donnent à penser que l'intérêt de la France est étroitement associé au combat que mènent presque seuls, en Afrique du Nord, ceux que l'on présente comme les plus valeureux des Français.

Dans un premier temps, cette tendance va s'imposer, jusqu'à provoquer l'explosion du système politique de la métropole, mal préparé à ce temps de crises. Alors, l'effort exigé de la nation pour la guerre ira croissant : on mènera d'abord, avec l'ancienne armée d'Afrique à peine renforcée, une expédition coloniale, en Algérie comme en Tunisie et au Maroc. On rappellera ensuite des effectifs pour disposer de moyens accrus permettant le quadrillage complet du pays, et pour entreprendre la lutte contre le terrorisme. Enfin, dans un dernier temps de l'escalade, on enverra le contingent en Afrique du Nord : une véritable armée, comme en 1830, partira à la reconquête de l'Algérie, engageant à ses côtés les musulmans « fidèles ». Sans pouvoir définir les finalités politiques du combat, faute d'un accord de l'opinion métropolitaine assez large et précis, on franchira comme à reculons les marches d'un engagement total, rendant ainsi vraisemblable l'opinion qui considérait la « pacification » comme une vraie guerre.

CHAPITRE IV

La poudre mouillée

Au matin du 1er novembre 1954, la presse algérienne annonce aux pieds-noirs l'ampleur de l'insurrection : les colonnes regorgent de détails, éclairées de photos d'incendies. *La Dépêche quotidienne,* le journal de Blachette et du maire d'Alger, Chevallier, est la plus explicite. Elle titre en première page : « Des terroristes ont opéré en divers points du territoire algérien ». On annonce huit morts, les incendies de la coopérative de Boufarik, petite ville rurale au sud-ouest d'Alger, de la Cellunaf de Baba Ali, des entrepôts d'alfa d'un village de la Mitidja. Deux militaires ont été tués à Batna, au pied des monts Aurès. Les Monnerot, des instituteurs en voyage de noces, ont été massacrés dans un car en compagnie d'un caïd, Ben Hadji Sadok. Un gardien de nuit musulman a trouvé la mort à Dra el-Mizan, en Kabylie, ainsi qu'un Français, dans la région de Mostaganem. On insiste sur l'attentat le plus spectaculaire : les charges explosives déposées à Alger aux entrepôts de pétrole Mory. La catastrophe a été évitée parce que les cuves avaient été construites pour pouvoir résister aux bombes. On ne s'explique pas comment les terroristes ont pu pénétrer dans cet espace gardé en permanence. On relève et on reporte sur une carte les points d'attaque de la nuit : ils sont nombreux dans l'Algérois et le Constantinois, plus rares dans l'Oranais.

L'un des sous-titres est significatif : « Démonstration à deux jours de l'ouverture de la session des Nations unies. Action de soutien des fellaghas tunisiens ». Le commentaire reproduit presque point par point la communication faite à la presse par le directeur du cabinet civil du gouverneur général Léonard. Pour rassurer la population, on présente la rébellion comme l'effet d'une opération internationale décidée au Caire. Deux terroristes, dit-on, ont déjà été arrêtés à Philippeville. On reprend un passage de *France-Soir* qui adopte la thèse d'une action commandée de l'extérieur : « Alors que l'Algérie est parfaitement calme, ces agitations voudraient, la veille de l'ouverture de la session des Nations unies, créer un malaise pour tenter d'étayer les diverses plaintes déposées depuis trois ans par la Ligue arabe contre la présence française en Afrique du Nord. » Et de citer l'avertissement du *Monde* : « Déjà des voix s'élèvent pour condamner les récentes mesures de détente et pour rappeler que rien ne peut être fait sous la menace ou sous le chantage du terrorisme. » On annonce que Mitterrand, ministre de l'Intérieur, a dépêché trois compagnies de CRS en Algérie, tandis que Chevallier, secrétaire d'État à la Défense, a expédié par avions trois bataillons de parachutistes de la 25e division. On a parfaitement vu, à *La Dépêche quotidienne*, que les attentats étaient le fruit d'une « organisation disciplinée ». Le journal demande que l'on se décide à « frapper à la tête » et qu'on mette sous les verrous les agitateurs connus de tous : « Il est grand temps de prendre la menace au sérieux. » On cite en dernière page un tract émanant d'un « soi-disant Front de libération nationale » qui prétend ouvrir une discussion sur les étapes et les modalités de l'indépendance. On ne peut pas dire que la presse d'Alger n'ait pas « couvert » les événements et qu'elle ignore son ennemi. Mais elle ne se demande pas pourquoi l'administration française a été prise de court...

Les informations données au public européen sont en général exactes : il est vrai que le poste de police de Siskra a été attaqué au sud-ouest des Aurès et que les deux chasseurs du contingent Pierre Audat et Eugène Cochet, en sentinelle devant la caserne, ont été les premières victimes de l'insurrection. Il est vrai aussi que l'attaque contre Batna a complètement échoué.

A Khenchela, petite ville située au nord des Aurès, un lieutenant de spahis avait été surpris à son réveil. Un journal évoque la mort de ce « commandant d'armes ». Un garde de nuit avait mis en fuite, à coups de mousqueton, ceux qui voulaient s'emparer de la dynamite entreposée à la mine de plomb d'Ichmoul. La presse relate l'incident avec précision.

On a réussi à inquiéter la population de T'Kout en cernant le poste de gendarmerie. L'attaque d'un car, dans les gorges de

Tighanimine, a bien provoqué la mort de l'instituteur Monnerot. En revanche, si on annonce dans *La Dépêche*, en dernière nouvelle, que Mme Monnerot n'est que blessée, on omet de préciser que les instituteurs n'étaient pas visés : ils ont été abattus par la rafale de mitraillette qui a tué le caïd Sadok. Dans Arris, un ethnologue, Jean Servier, a pris l'initiative d'armer les tribus Touabas, mortelles ennemies dans les Aurès des tribus Ouled Abdi, qui nourrissent la révolte. La presse évite tout commentaire sur cet épisode : il est interdit d'armer des civils sans ordre de l'administration, surtout des indigènes...

Dans la Mitidja, les actions ont été le fait d'hommes venus de Kabylie, et non d'autochtones. Une centaine de partisans ont attaqué en vain les casernes de Boufarik. Un contretemps a empêché le chef kabyle Ouamrane de s'emparer de l'arsenal : il n'a saisi qu'un nombre d'armes dérisoire. Plus malheureux encore, le commando de Blida compte trois tués et plusieurs blessés et n'a dû son salut qu'à la fuite. Les cinq attentats prévus à Alger ont tourné court en raison de la faible puissance des bombes destinées à faire sauter l'usine à gaz, l'immeuble de la radio, le central téléphonique. Seul le dépôt de pétrole a un peu brûlé. La fabrique de bouchons du sénateur Borgeaud est intacte. Les partisans de la région d'Oran n'ont pas reçu les armes qui devaient franchir la frontière marocaine. Le civil mort dans la région de Mostaganem, Laurent François, a été tué par le commando Ben M'Hidi, dont il avait par hasard surpris le déplacement. Il a eu le temps, avant de mourir, de donner l'alerte aux gendarmes de Cassaigne. Ceux-ci ont aussitôt lancé la chasse aux agresseurs, arrêtant l'un des vingt-deux conjurés du 25 juin : Abdelmalek Ramdane.

Les dégâts sont limités, les pertes négligeables. Mais la surprise a été totale, et le monde apprend par voie de presse qu'une organisation terroriste indépendantiste vient de déclarer la guerre à l'Algérie française : le Front de libération nationale (FLN).

Pourquoi cet échec ? Depuis le mois d'août, les responsables avaient minutieusement préparé le mouvement. Mais, sans aide extérieure, ils avaient entrepris de fabriquer des bombes à l'aide de boîtes de lait Guigoz et de bidons d'huile Esso. Comment prétendre atteindre des objectifs importants quand on est muni de telles armes ?

Les partisans ont néanmoins marqué des points. Leur réseau cloisonné a bien fonctionné et ils n'ont rien à craindre de la police. L'état-major de la révolution a été mis en place en août : Rabah Bitat dirige la zone 4, Ben Boulaïd, la zone 1, Didouche a permuté avec Bitat pour prendre la tête de la zone 2 (Nord-Constantinois). La zone 3 est celle des Kabyles, la zone 5 (Oranie), celle de Ben M'Hidi. La liste a été transmise au Caire par Boudiaf.

Les « moudjahidine » (combattants) ont reçu des consignes strictes : ils doivent user l'adversaire, non l'affronter ; s'attaquer aux colonialistes, non aux Français ; décrocher à la moindre difficulté, éviter de tuer les civils à tout prix, sauf ceux qui ont collaboré avec les autorités françaises. La prise d'armes n'est pas une entreprise de piraterie, ordre a été donné de respecter les personnes.

Les responsables politiques algériens n'ont pas été tenus au courant et ne pouvaient donc prévenir la rébellion. Ferhat Abbas avait rencontré Mendès France au mois d'août. Il comptait appliquer intégralement le statut de 1947 et organiser des élections libres sous le contrôle de parlementaires français. Le président du Conseil avait promis, aussitôt l'affaire tunisienne terminée, d'ouvrir le dossier algérien. Abbas ne soupçonnait pas ce qui allait se produire. Il avait quitté le Quai d'Orsay en confiance : une négociation devenait de nouveau possible. Mendès France était lui-même assez calme : les rapports du directeur de la Sûreté publique, Vaujour, annonçaient bien qu'une vingtaine de jeunes Algériens étaient entraînés dans des camps libyens, mais les militaires avaient déjà diffusé cette information qui n'avait rien d'inquiétant : les moudjahidine pouvaient être engagés dans des unités tunisiennes... Vaujour se trompait, comme Costes, en croyant au soutien des centralistes au mouvement de rébellion. Lahouel s'en était dégagé. L'administration française pouvait donc être surprise : elle n'était pas exactement informée.

Le préfet de Constantine ignorait l'existence de Mostefa Ben Boulaïd, le chef des Aurès, très populaire chez les Chaouïas. Pendant tout l'été, Boudiaf et d'autres militants du CRUA avaient affronté dans les douars Lahouel et ses assistants, qui dissuadaient les fellahs de se joindre au mouvement. Ces longues réunions nocturnes n'avaient pas attiré l'attention de la police. Ben Boulaïd dissimulait dans les Aurès 400 hommes armés, dispersés en cellules d'action ; si certains avaient été aperçus par les forces de l'ordre, on avait pu les confondre avec des fellaghas tunisiens cherchant refuge en Algérie. L'administration avait du reste été longtemps mobilisée par l'effroyable tremblement de terre de Constantine (1 409 morts et 60 000 sans-abri).

Le directeur de la Sûreté, Vaujour, n'avait pas été davantage impressionné par le corps du pompiste retrouvé dans le port d'Alger. Pourtant, il tenait de Costes, depuis le 7 octobre, qu'un commando d'action s'apprêtait à jeter des bombes dans la ville. Il ne pouvait savoir que Bouadjadj avait défini démocratiquement ses objectifs avec ses équipes : le gaz, le pétrole, le liège. Tout Alger devait brûler et être privé de lumière par la destruction de la centrale de la Consolation et du transformateur de l'hôtel Aletti, où bombochaient les gros bonnets. Ben Boulaïd, dans les Aurès, était plus pragmatique : il voulait des armes et des explosifs. On ne saisirait la sous-préfecture et le commissariat que pour impressionner l'opinion. Ses projets n'étaient nullement parvenus aux oreilles du général Spillmann ou du préfet Dupuch, qui commandaient à Constantine, encore moins à celles du gouverneur général Léonard, un homme de cabinet dont Mitterrand ne faisait pas grand cas. Aucun des projets du CRUA n'avait transpiré. Les hommes avaient bien gardé le secret.

Depuis le 10 octobre, les chefs de la rébellion avaient décidé de tout dans une maison de Climat-de-France. D'abord, du nouveau sigle du mouvement. Le CRUA devait disparaître pour être remplacé par le Front de libération nationale. Le FLN était un mouvement politique, ouvert à tous les Algériens, qui devait se doubler d'une organisation militaire : l'Armée de libération nationale (ALN). Le rôle du FLN était de grouper la population, à la vietnamienne, autour de l'armée. Il était essentiel, dans l'optique moderne de la « guerre révolutionnaire », de rédiger une proclamation politique indiquant les modalités de la lutte pour l'indépendance : on s'y attela aussitôt. La proclamation fut expédiée aux autorités, aux notables, aux journaux, diffusée à partir du Caire, où elle parviendra quelques heures seulement avant la prise d'armes. Dans le même esprit, on décida de choisir la date du 1er novembre pour le déclenchement de l'insurrection. Naturellement, cette date devait rester secrète. Elle le restera. Pourtant, Vaujour avait reçu un rapport d'indicateurs fournissant des détails précis sur la fabrication des bombes. Il en avait parlé à l'entourage de François Mitterrand quand celui-ci, en octobre, avait parcouru l'Algérie dans une caravane de 15 CV Citroën noires. Cette histoire de bombes impressionna moins Mitterrand que l'intervention d'un musulman modéré au conseil général de Constantine, qui, bravant les foudres de René Mayer, affirma que si l'on ne faisait pas très rapidement voter les musulmans dans un collège unique, le pays tout entier irait au désastre.

Personne ne dit au ministre que les Chaouïas possédaient, comme les Kabyles, des postes à piles sèches qui leur permettaient d'écouter de la musique le jour et, le soir venu, les proclamations politiques de Radio Le Caire, que des maîtres des écoles coraniques traduisaient dans les dialectes locaux.

La propagande avait fait son chemin et le peuple vivait dans l'attente vague d'événements décisifs. Paris avait-il été sérieusement informé qu'une rébellion couvait ? Deux textes permettent d'affirmer que le gouvernement aurait pu s'y préparer, n'était l'indifférence des cabinets ministériels. Léonard avait expédié un inspecteur de police pour délivrer en main propre un rapport qui faisait le point sur les renseignements. Ben Bella était désigné comme le chef de l'insurrection nationaliste qui se préparait, et dont on pensait qu'elle recevait du Caire un soutien important. Ce 23 octobre, huit jours avant les événements, on connaissait les noms et le rôle de Didouche, du sergent Ouamrane et de Belkacem Krim, insaisissables. On était informé de la rupture entre Lahouel et le CRUA. On identifiait, sous le nom de Larbi, l'agitateur de l'Oranie, Ben M'Hidi, et probablement Boudiaf, sous le nom de Si Kaddour. Léonard affirmait que le soulèvement était « peut-être immédiat »... Il avait fait son devoir.

Le second texte était un rapport du général Cherrière au secrétaire d'État Chevallier. Sans partager le pessimisme du gouverneur, il indiquait qu'en cas de coup dur il serait « à poil », ne disposant pas de troupes d'assaut pour la montagne.

Les renseignements de police vinrent trop tard : Vaujour apprit ainsi que des bandes d'Algériens armés parcouraient les Aurès : nous savons aujourd'hui qu'il s'agissait des hommes de Ben Boulaïd. Les informations étaient si précises que Léonard se décida à écrire à Chevallier, exigeant des renforts immédiats pour empêcher une insurrection générale. Le secrétaire d'État prévint Mendès France qu'il comptait se rendre lui-même en Algérie pendant le week-end de la Toussaint. A cette date, les commandos de l'ALN avaient gagné leurs emplacements d'attaque. Rien n'était prévu pour les arrêter.

La poudre était mouillée. Ainsi s'explique l'échec, sur le terrain, de l'insurrection. Dans les Aurès, de Batna la capitale à Khenchela la bourgade du Nord-Est par où passent les pistes conduisant à la frontière tunisienne, les commandos de Ben Boulaïd étaient pourtant bien armés. Dans l'Algérois, Lahouel avait réussi à décourager les terroristes, mais une vingtaine de Kabyles avaient été dépêchés en renfort par Belkacem Krim, qui les avait « prêtés » le temps de l'action. Pour attaquer Boufarik et Blida, on manquait d'armes. Bouadjadj avait fait acheter dans les magasins tous les couteaux scouts disponibles. On devrait s'emparer d'urgence des arsenaux dans les casernes.

Sur la route de Boufarik à Blida, dans l'Algérois, l'affaire rata par défaut de synchronisation : une équipe fit sauter la route avant l'heure prévue, par nervosité, ce qui décala l'ensemble de l'opération. Ouamrane, furieux, dut décrocher avec ses Kabyles sans avoir pu s'emparer du dépôt d'armes : il rafla à grand-peine quatre mitraillettes et six fusils. On compta trois morts et plusieurs blessés dans le commando. Seul l'incendie de la coopérative de Boufarik consola les moudjahidine : ils n'étaient pas venus pour rien.

A Alger, les Kaci (l'oncle et le neveu) ne parvinrent pas à faire exploser l'usine à gaz. Pourtant, les bombes avaient bien éclaté : mais elles n'étaient pas assez puissantes. Le commando Merzougui avait transporté les siennes dans des couffins au pied de l'immeuble de la radio dans le quartier chic d'Alger, celui du lycée Gautier. Le petit hôtel de la rue Hoche n'avait pas sauté. L'attaque du pétrole Mory fut menée par le jeune Belouizdad, qui avait réussi à bien placer ses explosifs. Beaucoup d'efforts pour un mince résultat : les 30 000 tonnes du dépôt étaient bien protégées. Bisker n'avait pas cherché à pénétrer dans les locaux du grand central téléphonique de l'esplanade du Champ-de-Manœuvre : trop risqué. Les bombes avaient été placées sur des fenêtres. Le commando qui avait en charge le dépôt de liège de Borgeaud avait préféré renoncer. Du haut du « bois de Boulogne », Zoubir Bouadjadj se désespérait. Il ne verrait pas brûler Alger.

Les objectifs étaient si judicieusement choisis que le directeur de la Sûreté crut à un plan élaboré par des spécialistes de la subversion. Les explosions auraient pu anéantir des points stratégiques dans tous les quartiers de la cité. Alger en feu, quel coup pour le moral des Européens ! L'échec était dû à l'insuffisance des armes et à l'inexpérience des commandos. Impossible de reconnaître dans ce festival de pétards mouillés la main du Caire ou de Beyrouth. C'est pourtant ce qu'écrivaient les journaux d'Alger.

Ben Boulaïd fut aussi déçu que Bitat : le plan prévu n'avait pas fonctionné. L'attaque de la sous-préfecture de Batna avait échoué. On avait tué sans profit les deux sentinelles de la caserne. Le chef d'opérations Hadj Lakfdar avait dû tirer sa fusée rouge (qui ordonnait la dispersion) parce qu'un coup de téléphone de Biskra, la ville du Sud, avait réveillé le sous-préfet Deleplanque, qui avait donné l'alerte.

L'attaque du commissariat de Biskra avait permis aux forces de l'ordre de se tenir prêtes à Batna, d'où les commandos avaient dû déguerpir. A Khenchela, les hommes d'Abbès Laghrour avaient envahi en pure perte le poste de police, tuant dans la cour de la caserne le lieutenant Darnault. Mais, à Khenchela, comme à T'Kout, les commandos avaient occupé le terrain, coupé les fils du téléphone, isolé les petites villes qui ne pouvaient même pas demander du renfort. Les dix gendarmes de T'Kout et leurs familles avaient appris l'attentat qui avait coûté la vie à l'instituteur Monnerot dans les gorges toutes proches de Tighanimine. Mais ils ne purent sortir de leur poste.

L'assassinat du caïd Sadok était une mince consolation pour Ben Boulaïd, qui avait interdit de s'attaquer aux civils européens. Ben M'Hidi, dans l'Oranais, fut encore plus mécontent. L'affaire du Français François avait mobilisé la troupe, qui tira sans discernement. Une des victimes fut l'adjoint du chef de zone Abdelmalek Ramdane, qui avait assisté à la réunion des vingt-deux... Le préfet d'Oran fit arrêter tous les suspects.

Aucune action spectaculaire ! La gendarmerie de Cassaigne, le transformateur d'Ouillis furent attaqués sans dommages... Dans le Constantinois, Didouche avait tout lieu d'être humilié : les militants, harangués par Lahouel, avaient fait défection. Les quelques actions menées par les commandos avaient eu pour seul effet de mobiliser les troupes françaises : aucun centre nerveux touché, pas d'armes prises. Il était clair qu'on ne pouvait pas tenir longtemps les quelques postes conquis dans les Aurès.

Belkacem Krim était-il plus satisfait ? Il ne pouvait savoir que ses commandos, dans les immenses Kabylies, avaient réussi à incendier les dépôts de liège de la dernière récolte, ainsi que les entrepôts de tabac. Il ignorait qu'un groupe avait dû abattre un supplétif musulman à Dra el-Mizan parce qu'il voulait arrêter des distributeurs de tracts. Dans toute la région, les postes de gendarmerie et les casernes avaient été harcelés. Sans résultats notables.

Boudiaf est amer : les objectifs signalés au Caire ont rarement été atteints, jamais détruits. Après des mois de patience et de préparation, la révolution enregistre un échec manifeste : elle n'a pas réussi à soulever le pays, elle n'a pas obtenu de résultats assez spectaculaires pour impressionner les Français. La guerre sera longue, pense Krim.

De cette série d'échecs, les Français se gardent de tirer la conclusion que tout est fini et que l'Algérie va recouvrer son calme. Ils ont saisi l'importance d'un mouvement coordonné sur l'ensemble des trois départements. Ils sont convaincus qu'ils ont été surpris par une action concertée, reposant sur des milliers de militants mal armés, mais bien encadrés. Ils sont moins sensibles à l'échec de l'opération qu'à l'insuffisance de leur propre dispositif de sécurité. Ils ont été pris de court, comme en 1945, par une insurrection dont ils n'avaient pas prévu l'ampleur. C'est pourquoi la Toussaint rouge est l'occasion d'une révision déchirante de la position française en Algérie.

D'abord à Paris. Mendès France est alerté au téléphone, le matin du 1er novembre, par son directeur de cabinet Pélabon, qui passe pour un expert du problème algérien (il a été secrétaire général du gouverneur Chataigneau en 1945). Pour lui, l'affaire est sérieuse, mais pas dramatique. Le ministre de l'Intérieur, François Mitterrand, est frappé par la simultanéité des 30 attentats sur tout le territoire. Il a fait plusieurs séjours en Algérie depuis 1947 (il était alors ministre des Anciens Combattants), souvent en compagnie de son ami Georges Dayan, qui en est originaire. Il voulait obtenir l'application intégrale du statut de 1947 et mettre fin à la sous-administration du pays. A l'occasion de son dernier voyage, Vaujour avait bien averti son directeur de cabinet, Pierre de Nicolaï, du danger insurrectionnel, mais il avait ajouté qu'il préférait ne pas arrêter les clandestins afin de remonter la filière et pour « éviter de faire crier l'extrême gauche à la provocation ». Georgette Elgey publie dans son livre *La République des Tourmentes* un témoignage de François Mitterrand, très postérieur (6 février 1968) aux événements : « J'avais eu, dit-il, quelques indications de Vaujour [...]. Elles étaient à la fois précises et intemporelles. On ne prévoyait pas la date à laquelle les troubles pouvaient se produire. » En juin 1954, son directeur de cabinet, Payra, l'avait informé : il tenait de Vaujour la certitude que Ben Bella, au Caire, était « susceptible de passer à l'action directe ». Eut-il personnellement connaissance de la lettre du gouverneur Léonard et du rapport du chef des renseignements généraux, Carsenac, transmis le 23 octobre au soir, alors qu'il avait déjà quitté l'Algérie ?

Son directeur-adjoint de cabinet, le préfet Martin, est de permanence le 1er novembre. C'est lui qui reçoit le télégramme de Léonard, expédié à 6 h 50. Il demande trois compagnies de CRS en renfort immédiat. Le directeur de cabinet Pélabon s'emploie alors à rassurer, à minimiser l'affaire. Il suggère au directeur de l'Agence France-Presse de ne pas diffuser de communiqué. Dans son rapport publié par Georgette Elgey, le préfet Martin cite les propos de Pélabon : « Cette flambée sera étouffée le soir même. » Martin donne « à tout hasard » l'ordre d'arrêter Messali Hadj. Quant au général Cherrière, il propose d'appliquer aux Aurès la méthode que Thiers avait utilisée à Paris en 1871 : évacuation, avant la reconquête « dans un an ». Les militaires ne sont pas pressés. Guillaume, le chef d'état-major, dit qu'il « ne peut rien faire ». Personne ne connaît encore à Paris le sigle FLN ni le texte de la « proclamation ». Selon Christian Fouchet, alors ministre des Affaires tunisiennes et marocaines, Pélabon « ne cessait de téléphoner à tous les ministres, les adjurant : surtout ne faites aucune comparaison entre l'Algérie et la Tunisie. Cela n'a aucun rapport. L'Algérie, c'est la France ». Le compte rendu de Pierre de Nicolaï adressé à François Mitterrand d'Alger, où il vient de débarquer, défend la thèse d'un « groupement autonome d'action dirigé du Caire par Ben Bella », qui a recruté ses gens parmi les anciens de l'OS. « Il a agi, est-il précisé, en dehors des messalistes qui ont souvent appris les attentats par la presse. » Nicolaï regrette que l'armée soit fâcheusement absente des villes d'Algérie et « qu'on ne voie pas les troupes ». Il sous-entend l'incapacité de Cherrière : « Il y a, dit-il, deux sortes de militaires, ceux pour qui tout va bien et ceux qui ne songent qu'au napalm. » Il est vrai que Nicolaï, pas plus que les politiques, pas plus que les journalistes, ne pense qu'il s'agit du début d'une vraie guerre. Seuls le président du Conseil et son ministre de l'Intérieur songent qu'il est urgent d'envoyer des renforts. La 25e division de parachutistes est prête. On l'expédie, avec les compagnies de CRS de Toulouse, de Toulon et de Limoges.

La thèse de la machination égyptienne est assez bien reçue à Paris. Comme le directeur du cabinet de Pierre Mendès France, le gouverneur général Léonard et son directeur de la Sûreté, Vaujour, avaient tendance à minimiser, dans l'après-midi du 1er novembre, les effets de la rébellion (« en aucun cas, disait ce dernier, la population n'a pris parti pour les rebelles »). Les militaires du Constantinois doivent corriger cette impression à la réunion de tous les responsables algériens tenue dans le cabinet du gouverneur. La population des Aurès, expliquent-ils, a semblé favorable au FLN, même si les bandes ont agi en dehors d'elle. Pour tous, les Égyptiens sont à l'origine des troubles. Que Radio Le Caire ait annoncé le matin même, avec une impressionnante précision, le lieu des attentats semble apporter la preuve, non d'une concertation, mais d'un plan de subversion manipulé *à partir* du Caire.

Nul ne pouvait alors imaginer que Ben Bella avait été informé de l'insurrection quelques heures seulement avant qu'elle se produise, et que son rôle avait été de diffuser l'annonce de la révolution dans le monde sur les ondes de La Voix des Arabes. Il est vrai que la thèse de la « main de l'étranger » était du goût des deux parties : les révolutionnaires enfonçaient le clou pour persuader les musulmans hésitants que le monde arabe leur viendrait en aide ; quant aux administrateurs et militaires français, ils préféraient présenter l'Algérie comme un pays calme, artificiellement agité par des terroristes venus de l'extérieur : ils pouvaient ainsi escompter un rapide apaisement, s'ils parvenaient à frapper fort et vite et à mettre les « bandits » hors d'état de nuire.

Cherrière manquait-il de troupes ? On a souvent daubé sur les « 3 500 hommes » utilisables. Ils auraient largement suffi pour réduire la poignée de moudjahidine égarés dans les Aurès et les Kabylies, s'ils avaient été bien employés. Cherrière avait en effet sous ses ordres, au 1er novembre, deux bataillons de parachutistes et un bataillon de la Légion, que l'on aurait pu rassembler. Les compagnies de CRS étaient opérationnelles. On pouvait compter à terme sur les unités de la 11e division d'infanterie qui se regroupaient pour suivre une instruction spéciale. Trois bataillons étaient à pied d'œuvre. Sans doute le général ne pouvait-il pas entrer en guerre : mais, le 1er novembre, il n'était question que de dégager Arris et les gendarmes de T'Kout.

Mendès France considère que les unités doivent être rapidement renforcées. Dans une note à son chef de cabinet du 2 novembre 1954, il écrit : « Il faut au moins tripler les effectifs des troupes et des CRS envoyés en Algérie. » Ces deux bataillons de renfort devront être imposés à l'administration militaire parisienne, qui ne veut pas consentir un effort particulier. Même Cherrière répugne à l'idée d'un renforcement massif : il a fait décommander la veille le transport des unités de la 25e division de parachutistes.

Mais les visites sur le terrain conduisent les officiels à s'inquiéter. Le récit de la défense d'Arris, vite dégagé par une simple colonne, donne à réfléchir : un ethnologue perdu, Jean Servier, a improvisé la défense, d'abord en armant les 70 ou 80 Français, puis des musulmans qui ne demandaient qu'à s'engager contre la tribu rivale qui tenait la montagne. Allait-on mobiliser à la fois les fermiers et les harkis ? Les massacres de Sétif pesaient lourd dans les consciences. Mais comment tenir, selon le vœu du préfet de Constantine, les « points sensibles » de cet immense pays sans faire appel à la population locale, européenne et musulmane ?

Faute d'armer l'une et l'autre, on ne pouvait attendre de secours que de France. Mais rien ne semblait urgent. Des parachutistes, en petit nombre, étaient déjà engagés le long de la frontière tunisienne : ils accrochaient des bandes de fellaghas mêlées aux combattants algériens. Pour cette opération, une compagnie de 150 bérets bleus, dont certains étaient des appelés, avait été prélevée sur le 3e bataillon stationné dans la région de Sétif ; une autre compagnie venait de Philippeville, du bataillon Dangoumau. On pouvait faire appel à cette troupe d'élite et la lancer à la poursuite des quelques partisans qui s'étaient manifestés dans la nuit tragique de la Toussaint.

Le président du Conseil s'en remit au ministre de l'Intérieur pour rétablir le calme en Algérie. Quand il avait reçu Ferhat Abbas pendant l'été, il lui avait demandé de patienter. Depuis septembre, il menait la difficile négociation tunisienne, alors que les exactions avaient repris dans le protectorat. La méthode de Mendès France consistait à régler les problèmes les uns après les autres : pour l'heure, il n'était pas prêt à ouvrir vraiment le dossier de l'Algérie.

Les débuts de la guerre sont donc menés, du côté français, avec les forces locales, que l'on juge convenablement renforcées par l'arrivée finalement programmée du colonel Ducournau, commandant la 25e division de parachutistes, et les compagnies de CRS. Le renfort des troupes de Tunisie ne peut être attendu dans l'immédiat. Le capitaine Gazzerie, venant de Batna, vient libérer Arris avec des artilleurs prêts à faire le coup de feu. Ils n'en ont pas l'occasion : les rebelles s'enfuient à leur approche, obéissant à l'ordre donné de ne pas affronter les Français.

Le 2 novembre, à Batna, un conseil de guerre réunit les politiques (René Mayer, Jacques Chevallier) aux préfets et aux militaires. On s'indigne de la « trahison » du maire de Khenchela, Ben Chenouf, qui n'a pas averti les autorités. Il proteste de son innocence : lui-même a été surpris. L'armée ne peut plus compter sur les anciens notables pour être informée. Du coup, elle n'a plus de réseau de renseignement. Le général Cherrière constate cette défaillance sur le terrain : dans les Aurès, personne ne parle. « L'affaire sera dure, dit Mayer au général Spillmann, car le mal est profond. »

Depuis très longtemps, les Chaouïas n'ont pas vu les Français. Il y a peu de colons dans la zone et ils sont absents de la montagne. Les administrateurs restent dans les villes, les soldats ne manœuvrent plus. Comment ces douars abandonnés ne seraient-ils pas sensibles à La Voix des Arabes ? Si le gouvernement a tendance, le 2 novembre, à minimiser la rébellion, celle-ci est au contraire montée en épingle par les milieux français des grandes villes. Le conseil général d'Alger, le lendemain des événements, a exigé « qu'aucune faiblesse ne soit plus désormais tolérée ». La répression dont on rêvait depuis longtemps contre les militants du parti messaliste ne saurait tarder. Le directeur de la Sûreté, Vaujour, a déjà lancé l'opération « Orange amère », qui conduit sous les verrous 196 suspects. Les saboteurs (que la police aurait pu arrêter en octobre, puisqu'elle les avait identifiés) sont, pour la plupart, surpris dans leurs gîtes. Des bombes sont saisies. On confisque les pétards dans les magasins de jouets...

Reste la montagne rebelle : comment mener la guerre ? Les blocages civils interviennent aussitôt. Les préfets veulent partir à la reconquête de la population et bannissent toute répression aveugle. Le précédent de Sétif est dans tous les esprits. Dupuch, le préfet de Constantine, se défie de Cherrière, qui veut ratisser sans ménagements. Il exige de Spillmann que le chemin de fer Alger-Tunis soit protégé, ainsi que les points sensibles, pour éviter toute nouvelle surprise. Avec quelles troupes ? Dupuch ne veut pas armer les Européens. Faut-il dès lors lever des indigènes ? Toutes les solutions sont passées en revue, par exemple le « regroupement des populations » qui permettrait l'arrosage au napalm des rochers nus des Aurès. Le gouvernement civil s'y oppose : les avions doivent être exclusivement utilisés pour la reconnaissance. Ils sont rares en Algérie et ne doivent intervenir qu'en cas de « troubles généralisés » et en « appui aérien ». Leurs pilotes, à la demande de « la plus haute autorité locale » (selon l'instruction ministérielle du 15 décembre 1947), peuvent recevoir des missions « variables du survol de prévention à l'appui du feu à la bombe ou au napalm ». Mais Nicolaï, envoyé par Mitterrand, ne veut pas entendre parler de moyens extrêmes. D'ailleurs, dit-il, les B 26, seuls avions efficaces en matière de bombardements lourds, se trouvent encore en Indochine...

L'arrivée de Ducournau met provisoirement fin au débat stratégique. Lui-même ancien d'Indochine et familier de la guérilla, il a formé à Pau ses engagés de la 25e division (qui compte environ 5 % d'appelés). Ils ont subi le *drill* impitoyable qui les rend insensibles aux longues marches, aux nuits passées sous la tente, aux engagements imprévus. Le 18e RIPC (régiment d'infanterie parachutiste de choc) fait son entrée dans la bataille aux côtés des unités déjà déployées et de quelques légionnaires parachutistes. Les bataillons sont aussitôt morcelés, l'un autour d'Arris, l'autre à Foum-Toub, le troisième dans la cuvette de Bou Hamama. Le préfet Dupuch, également originaire de Pau, ne tarit pas d'éloges sur les bérets bleus de Ducournau. Les accrochages sont immédiats.

La guerre est aux mains de professionnels éprouvés. Ducournau a vite appris, en interrogeant les prisonniers, que les chefs de la révolution « travaillent » depuis longtemps la région, et que l'un d'eux jouit d'un prestige mythique : Belkacem Krim, dit « beau visage ». Il passe pour invulnérable. Ducournau le défie : il met sa tête à prix à 50 francs : c'est le tarif, dit-il, pour un chacal !

Le gouvernement est unanime à souhaiter le retour rapide à l'ordre. Mitterrand s'en ouvre à la Commission de l'intérieur de l'Assemblée, le 5 novembre 1954 : « L'action des fellaghas, dit-il, ne permet pas de concevoir, sous quelque forme que ce soit, une négociation [...], elle ne peut trouver qu'une forme terminale, la guerre. » S'il ne dit pas « la seule négociation, c'est la guerre », il demande tout de même à Ducournau de « balayer » les Aurès. S'il souhaite appliquer en Algérie les lois françaises, il renonce, comme le suggèrent certains, à dissoudre immédiatement l'Assemblée algérienne. Il est assimilationniste, au moment où les Européens d'Algérie sont absolument contre une « Algérie française » : le sénateur Borgeaud, à la Chambre, le précise le 12 novembre : « Il serait imprudent d'apporter des réformes à la structure administrative à l'heure actuelle... »

Mitterrand peut-il aller plus loin ? Imposer ses réformes, tandis que les Borgeaud et les Blachette multiplient les invitations aux députés et sénateurs de se rendre en Algérie pour mesurer *de visu* les conditions d'insécurité et le trouble de la population européenne ? On leur affirme que les Algérois hésitent à sortir la nuit, que les salles de spectacles sont vides. Le groupe de pression s'organise. Mendès France est alors occupé par l'interminable palabre avec les Tunisiens, et par les séquelles du rejet du projet d'armée européenne par le Parlement, qui a bien failli faire voler en éclats sa majorité. Peu désireux de réarmer l'Allemagne, mais soumis à la pression du gouvernement américain et des alliés européens, Mendès France, après avoir proposé en vain d'amender le traité, a choisi, le 30 août 1954, de le présenter tel quel sans prendre parti lui-même. Les républicains populaires et une bonne partie des socialistes l'accuseront d'avoir commis le « crime du 30 août ». Eisenhower et John Foster Dulles avaient menacé l'Europe d'une « révision déchirante » de leur politique si le traité n'était pas accepté. Ils considéraient l'accroissement des forces conventionnelles en Europe de l'Ouest comme une nécessité absolue face à la persistance de la guerre froide.

Mendès France dut par conséquent chercher, avec les partenaires de la France, une solution de rechange sans supranationalité. Elle fut enfin négociée et les accords de Londres furent ratifiés par le Parlement. Mais les débats successifs avaient fait la preuve de la fragilité de la majorité, et Mendès ne pouvait pas se passer des voix du lobby algérien. Boussac, pilier de la présence française au Maroc, avait fait campagne contre la CED par crainte de la concurrence des « cotonnades italiennes », comme l'en soupçonnait, accablé, Pinay. Le président du Conseil avait une raison majeure d'être prudent sur la question algérienne : il était entièrement préoccupé par la négociation internationale et préparait un voyage aux États-Unis pour renouer les liens indispensables avec la démocratie tutélaire de l'Europe des Six.

Les affaires policières ne manquaient pas d'envenimer le climat politique à Paris : on accusa notamment le ministre de l'Intérieur d'avoir révélé aux communistes le détail des délibérations du Comité de défense nationale. Jacques Duclos aurait été ainsi en mesure d'en lire des extraits au bureau politique de son parti. Le commissaire Dides le « révéla » au ministre des Affaires tunisiennes, Christian Fouchet, le 2 juillet. Celui-ci avertit aussitôt Mendès France, qui parcourut le document relatant la séance du bureau politique. Il le tenait, dira-t-il, d'un journaliste, André Baranès. Mitterrand exigera le renvoi du préfet de police Jean Baylot. Plus tard, en octobre, deux fonctionnaires seront incarcérés : ceux qui avaient transmis des informations à Baranès. Jean Mons, le secrétaire général du Comité de défense nationale, sera quant à lui inculpé... Tels furent les principaux épisodes de l'affaire dite « des fuites ».

Le ministre de l'Intérieur, accaparé par ces intrigues tortueuses, alors qu'il s'employait à dominer sa police, pensa qu'il ne pourrait mener sa politique dans les départements d'Algérie sans renouveler le personnel policier local, qui était aux mains des grands intérêts algériens. Il suggéra donc la fusion des polices entre l'Algérie et la France, afin de procéder à des mutations. Mais il ne lui avait pas échappé qu'en deux semaines les principaux auteurs des attentats de la Toussaint avaient été arrêtés par les policiers d'Alger, qui avaient « frappé vite et fort », selon le vœu de *La Dépêche quotidienne*. Zoubir Bouadjadj, l'organisateur, était sous les verrous. Mustapha Zergaoui avait parlé. Les Kaci étaient arrêtés ; Belouizdad le serait bientôt. Le commissaire Carsenac avait fait diligence. Seul Rabah Bitat avait pu s'échapper dans les montagnes de Chréa. La police d'Oran n'avait pas pris M'Hidi, mais les trente-huit terroristes de la région étaient en prison. Tous les membres du MTLD des Aurès avaient été interpellés, sauf Hadj Lakhdar et les frères Ben Boulaïd. Ils avaient été dénoncés par les centralistes de Batna. Les policiers avaient arrêté, outre les responsables du coup de force, les principaux militants du parti messalien. François Mitterrand allait-il les récompenser en les mutant ?

Pierre Mendès France venait de réaffirmer sa volonté de considérer l'Algérie comme un territoire français. Le groupe de pression parlementaire d'Alger avait bien noté qu'il avait déclaré : « L'Algérie, c'est la France. » Mais il avait aussitôt ajouté, confortant ainsi la position prise par François Mitterrand : « Faisons vite des réformes en pensant *dans un premier temps* à l'application du statut de 1947 et à des élections libres, à condition qu'elles se fassent dans l'ordre. » Des réformes ? Mitterrand proposait d'abord celle de la police...

L'Écho d'Alger des 7 et 8 novembre titra : « Mitterrand dans une allocution radiodiffusée [déclare] : l'Algérie, c'est la France, et la France ne reconnaîtra pas chez elle d'autre autorité que la sienne. » Le quotidien passa sous silence la phrase précédente : « Si les meneurs ont voulu alerter l'opinion internationale à la veille d'une session des Nations unies, ils ont eu tort. » Ainsi, la détermination du ministre était à usage externe : que l'ONU n'intervienne pas dans les affaires françaises, et tout irait bien. La suite de son discours indiquait sa fièvre assimilationniste : « Le seul arbitre des différends entre les citoyens, c'est l'État, le seul responsable de l'ordre, c'est l'État », et il annonçait son intention de multiplier les « collectivités locales de plein exercice », c'est-à-dire de municipaliser les communes mixtes, qui seraient administrées par des conseils élus et non par des maires nommés. Les maires d'Algérie firent savoir à *L'Écho d'Alger* qu'ils demandaient « à être associés à toutes décisions ou mesures de sécurité à venir ». Quant à Borgeaud, s'il approuvait les mesures de développement économique que le gouvernement voulait mettre en place, il s'inquiétait de l'augmentation imposée des salaires et surtout des mutations de policiers : « Il serait dangereux, dit-il, de donner aux fonctionnaires algériens, qui ont toute la confiance des populations, l'impression qu'ils n'ont plus celle du gouvernement. » Mitterrand insista pourtant pour obtenir les mutations qu'il avait préparées dans la police et la haute administration : « Les directeurs des grands services, écrivait-il à Pierre Mendès France, les chefs de la police, les échelons subalternes de l'autorité préfectorale sont naturellement hostiles à tout ce que nous représentons et préfèrent demeurer les fidèles clients des clans et des gangs auxquels ils doivent leur situation, sinon leurs privilèges [...]. Je suis dans la nécessité de disposer d'un instrument qui me permette d'agir. » Aurait-il le temps de procéder à des mutations si nombreuses pour « conduire le peuple d'Algérie vers des étapes nouvelles » ? La réussite dépendait du succès des opérations militaires et de la stabilité du gouvernement.

Le général Cherrière, fort jaloux de son autorité, menait les opérations à sa guise, ratissant les Aurès avec ardeur, sans atteindre une efficacité véritable : seuls les parachutistes de Ducournau parvenaient à accrocher les bandes, non sans dommages. Dès le 2 novembre, on obligea les villageois à abandonner leurs villages pour faire intervenir l'aviation. L'ouverture des routes et des pistes sur cet immense espace ne suffisait pas à rétablir l'ordre, car les commandos étaient trop peu nombreux. Le général estimait indispensable, et utile pour le moral, l'intervention des chasseurs bombardiers. Les archives de l'air en ont gardé la trace : mitraillage le 4 novembre, avec huit sorties de F 14 et de MD 315, dans les Aurès, deux nouvelles missions analogues le 6 novembre, deux encore le 7, à proximité d'Arris.

Les opérations se poursuivirent dans la semaine du 15 au 21 novembre. On tira à la mitrailleuse 12/7 en appui au sol, avec des F 47, des Flamant et des Mistral. Les avions de la base de Telergma attaquèrent les grottes et les Mistral procédèrent à des appuis-feu. On tira le 19 novembre sur « six individus qui se camouflaient ». On aménagea fébrilement la base de Biskra pour qu'elle puisse recevoir des appareils de combat. L'action militaire, vue du ciel par les avions de reconnaissance, fut décevante. Une note en date du 26 novembre, rédigée par le général de brigade aérienne Firroloni, en avertit le commandement : « La préparation du soulèvement a été beaucoup plus profonde qu'on ne le pensait [...] dans [les] Aurès. [Dans certaines zones], la dissidence est totale. L'action, possible militairement, ajoute le général, est entravée par des impératifs d'ordre politique qui réduisent considérablement l'emploi des moyens aériens. » On sait que François Mitterrand insiste pour que les missions aériennes ne soient décidées qu'à la demande des autorités civiles. Les officiers d'aviation ne peuvent intervenir sur la seule injonction du commandement militaire : « Des bombes de 10 à 50 kilos et des roquettes, déplore le général, viennent d'être autorisées dans le cadre des opérations en cours et sous certaines réserves. »

Ainsi peut-on bombarder les rassemblements rebelles, les installations, les dépôts de vivres, et lancer des tracts demandant à la population de se rallier aux forces de l'ordre. On exige des pilotes (est-ce un vœu pieux, ont-ils les moyens techniques de respecter cet ordre ?) « le maximum de précautions tendant à éviter les pertes parmi les populations calmes ». Le ministre de l'Intérieur s'indigne tout de même : l'aviation intervient de plus en plus dans les opérations au sol. Elle ne se borne pas au transport de vivres et à la reconnaissance, elle pratique couramment le *straffing*, à la demande des troupes terrestres. Les aviateurs ont signalé les déplacements d'irréguliers dans les montagnes kabyles : si la presse algérienne est axée sur les Aurès, on n'ignore pas que les Kabylies sont parcourues par des « hors-la-loi ». Il est vrai que Krim, pour reprendre en main la population noyautée par les notables pro-français, décide des opérations ponctuelles destinées à favoriser les ralliements et réussit à pénétrer dans les villages, à y loger des partisans. Mais il s'abstient de toute opération d'envergure.

Les obstacles imaginés par le gouvernement pour réglementer l'emploi de l'aviation se révèlent partiellement efficaces. Les autorités tombent d'accord, préfet Dupuch en tête, pour demander le bombardement de la zone Arris-Batna, qui fourmille de rebelles. On décide de lancer des tracts demandant à la population de se regrouper dans un camp préparé à Tiffana. Le sous-préfet Deleplanque lance un appel pour que les gens se mettent en sûreté avant le 21 novembre, pour échapper au « feu du ciel ». Quatre-vingt mille tracts sont lâchés, mais les

Chaouïas, dans l'ensemble, n'ont pas obéi. Force est d'abandonner le bombardement, pour ne pas prendre le risque de frapper les familles qui sont restées dans les douars. Ben Boulaïd a gagné. Cela n'empêche pas François Mitterrand de protester à nouveau, lors d'une visite dans les Aurès, contre les raids qui frappent les civils. Le général Cherrière lui répond qu'ils sont toujours commandés à la demande des autorités.

Ben Boulaïd poursuit sa campagne en dépit du ratissage entrepris par Cherrière et ses troupes : parachutistes, tirailleurs algériens venus d'Oran, chasseurs portés, chars légers, chasseurs d'Afrique et artilleurs. Les résultats sont décevants : les djounouds (combattants) ont facilement réussi à échapper aux colonnes bruyantes en gagnant la nuit des zones refuges. L'activité militaire se poursuit donc dans les Aurès, plus qu'à la frontière tunisienne, où les opérations se ralentissent : en Tunisie, les négociations entamées au début de septembre ont enfin abouti.

Dans un premier temps pourtant, si le Néo-Destour avait retrouvé son existence légale, l'aman promis par le général Boyer de la Tour était resté sans effet : les accrochages et les escarmouches s'étaient poursuivis. Le gouvernement Ben Ammar revendiquait la responsabilité du maintien de l'ordre, ce que refusaient les Français. Le 21 novembre, Bourguiba écrivit dans *Le Petit Matin*, quotidien de Tunis, qu'il « faisait son affaire des fellaghas ». Le collaborateur d'Edgar Faure Jacques Duhamel, dépêché sur place, autorisa les combattants à rendre leurs armes aux autorités tunisiennes, et non aux Français. Ils obéirent : du 30 novembre au 10 décembre, ils vinrent remettre leurs armes à vingt-deux délégués tunisiens accompagnés d'un nombre équivalent d'officiers français. On les assura, en contrepartie, de l'impunité : 2 515 se rendirent ainsi. On pouvait alors espérer que le calme reviendrait définitivement en Tunisie. Et en effet, en décembre 1954, la frontière algérienne n'était plus hantée par les bandes de fellaghas. Les Aurès seuls restaient en rébellion, où les petits groupes de Ben Boulaïd s'accrochaient à la montagne. L'attention du commandement se porta alors vers les Kabylies, où l'on redoutait des rassemblements de hors-la-loi.

A la mi-décembre, la pacification n'était pas acquise : les militants du FLN pénétraient partout les villages, les combattants n'avaient nullement rendu leurs armes. La rébellion, au contraire, avait réussi à s'installer. Dans Alger même, Rabah Bitat savait qu'un jeune boulanger recruté par Bouadjadj, Yacef Saadi, reconstituait le réseau du FLN...

Si la presse de la métropole s'intéressait peu à l'affaire algérienne, les quotidiens d'Alger, d'Oran et de Constantine entretenaient le climat de terreur en relatant le moindre incident. Les Européens ne voyaient aucun intérêt à partager l'optimisme officiel, qui conduisait à une politique de réformes. Ils insistaient au contraire sur les troubles pour conjurer tout changement, pour le reporter à la fin de la pacification.

On commentait longuement les opérations de Kabylie. Le 16 septembre, *Le Journal d'Alger* publia une déclaration de Lambert, directeur-adjoint du gouvernement général, affirmant que les Aurès comptaient 3 000 fellaghas. A Pasteur, petit village de colonisation (à 300 kilomètres de Batna) de 200 habitants, dont 40 Européens, un raid motorisé de « terroristes » avait frappé de stupeur la population, qui avait craint un moment la réédition des troubles de Sétif. Le reporter expliquait qu'on avait tiré à la mitraillette sur l'école. « Six heures durant, Pasteur a contenu l'assaut des bandits. » Bilan ? L'organisateur de la résistance, un fermier blessé par les rebelles, avait abattu le meurtrier d'un garde musulman. Soit deux morts et un blessé sur deux colonnes avec photo.

Une autre affaire concernant la Kabylie était relatée dans le même numéro : on avait tué à la grenade « le dangereux bandit kabyle Idir Amar ». 3 morts, 2 rebelles capturés « les armes à la main », 28 Kabyles arrêtés à Makouda, sur la route montagneuse de Tizi-Ouzou à Tigzirt-sur-Mer. Conclusions du journal ? Il faut accroître les effectifs de la gendarmerie et armer la population civile.

Entre Paris et Alger, le divorce s'annonce. Il est pourtant faux de dire que la presse parisienne n'a pas pris au sérieux les événements d'Algérie. *Le Monde* du 2 novembre relie la flambée de la Toussaint aux événements du Maroc, expliquant que le terrorisme n'est pas seulement algérien. *Le Figaro* insiste aussi sur l'aspect « maghrébin » d'une révolte télécommandée par Le Caire. « Il faut que le gouvernement français, lit-on, mette en demeure solennellement les autorités égyptiennes de cesser de tolérer que s'accomplisse au Caire cette sinistre besogne. » *Le Monde* du 3 novembre consacre huit colonnes à l'affaire algérienne. Édouard Sablier évoque le précédent de 1945, l'horreur des attentats et de la répression. « Dix ans ont passé, conclut-il, les plaies sont à peine cicatrisées. » Il demande que l'on punisse les responsables, ceux qui « exploitent délibérément la misère ». Pierre Albin Martel remarque que les troubles surviennent au moment même où l'on peut espérer le règlement de l'affaire tunisienne et les résultats heureux de la nouvelle politique d'aide économique et de progrès social entreprise par François Mitterrand en Algérie. « Le déclenchement d'une action directe, dit-il, pourrait être une réponse à ce "néo-colonialisme" dénoncé en la personne de MM. François Mitterrand et Jacques Chevallier aussi bien par *L'Algérie libre* (messaliste) que par *La Nation algérienne* (anti-messaliste) comme une entreprise destinée, sous couvert de réalisations économiques et sociales, à ruiner les aspirations des nationalistes algériens. » Et Martel de remarquer que nulle émeute, nulle manifestation n'avaient accompagné l'action des « groupes de choc ». Il suggérait ainsi que l'initiative de la révolte n'était pas algérienne.

Le Monde publie ensuite un long reportage sur les événements et la liste des victimes. Il reviendra sur le sujet tout au long du mois de novembre : André Levœuf publie un reportage sur les Aurès, en soulignant l'ampleur de la révolte que le secrétaire d'État Chevallier avait évaluée à quelques centaines de partisans. Un officier avait affirmé à Levœuf qu'ils étaient au moins 3 000. Un entrepreneur de travaux publics lui avait confessé que plusieurs de ses ouvriers avaient été engagés sous la menace par les chefs de la rébellion, et que des caravanes pourvues d'armes convergeaient depuis longtemps sur les Aurès. Levœuf cite aussi le témoignage d'un instituteur : ses élèves l'avaient abandonné pour se rendre à l'école coranique. Fallait-il croire Martel, qui affirmait, le 4 novembre, que les mouvements nationalistes étaient « dépassés par des organisations d'inspiration ou de direction étrangères » ? A Batna, explique Levœuf, les fellaghas « avaient fait leur entrée dans la ville en uniforme, à bord de camions ». D'où venaient les camions ? On rapportait le 8, en les tronquant, les propos tenus par Mitterrand à la commission : « La seule négociation, c'est la guerre. » On rappelait que La Voix des Arabes avait pris violemment à partie le ministre de l'Intérieur, qui, « lors de sa récente tournée en Algérie, a manifesté l'opposition du gouvernement français aux aspirations du peuple algérien à la liberté ». Comme *Le Figaro, Le Monde* demande que Mendès France convoque l'ambassadeur d'Égypte. Le journal adopte sans réserve la thèse officielle selon laquelle les populations sont restées calmes, et que la rébellion est le fait d'éléments étrangers ou agissant à l'injonction de l'étranger. Aussi faut-il, à l'occasion des ratissages, éviter de braquer la population. Levœuf, dès le 9 novembre, annonce dans les Aurès une opération de longue durée, engageant des forces nombreuses. Ainsi, la vigilance du journal n'a nullement été prise en défaut, comme on le suggère généralement.

Les autres quotidiens parisiens ne sous-estiment pas davantage l'insurrection : *L'Humanité,* par la plume de Léon Feix, condamne la politique de répression qui s'annonce en Algérie comme en Tunisie et au Maroc. *Libération* considère comme « trop simple et même ridicule » d'attribuer la révolte à La Voix des Arabes ou à la contagion nationaliste des « 200 fellaghas tunisiens » de la zone frontière. Le mépris du statut de 1947, lit-on dans ce quotidien, est la véritable cause de la rébellion, avec la misère du peuple algérien. Il considère comme évidente la « sympathie de la population » pour les rebelles et prend Mendès France au piège des déclarations qu'il avait faites le 10 juin à l'Assemblée à propos de la politique maghrébine de Laniel et de Bidault : « La force accélère, disait-il ce jour-là, le cours des événements qu'elle prétend empêcher ou retarder [...]. Nous avons le devoir de tout faire pour empêcher ce qui serait une véritable guerre civile. » Et Marcel Fournier demande à la fin de son article quelle peut bien être la politique de M. Mendès France.

La presse de droite, de son côté, agite le spectre de l'incendie du Maghreb. Paul Gérin, dans *Paris-Presse*, évoque « le chef invisible qui orchestre le terrorisme en Afrique du Nord ». Les consignes, affirme-t-il, « venaient de haut et de loin ». Le « peuple algérien », loin de sympathiser avec la révolte, « est étranger à ces forfaits ». Mais il est « victime du climat de terreur infligé par les organisations secrètes ». Celles-ci veulent forcer les Français à la répression ; selon la méthode vietnamienne, elles cherchent à créer « un climat de haine inexpiable, à faire respirer aux foules arabes l'odeur du sang et de la poudre, à compromettre les réformes politiques et sociales ».

De réformes, *L'Aurore,* le journal de Boussac, ne veut pas entendre parler. Sur le ton le plus violent, son éditorialiste, Robert Bony, affirme que « le mauvais coup est venu de l'étranger » et que la France doit aller jusqu'à la rupture des relations diplomatiques avec l'Égypte. « Cette guerre que l'on fait à la France, conclut-il, elle ne peut pas être perdue. » Dès le 4 novembre, presque seule, *L'Aurore* part en guerre. *Le Figaro* est plus prudent : il tient compte des pesanteurs politiques françaises. Il se rassure en informant son public, le 25 novembre, que le sous-préfet Deleplanque a réussi à regrouper la population dans un secteur menacé des Aurès. Il minimise ce que Bony amplifie : « Ce n'est pas devant une guerre sainte que nous nous trouvons, mais devant des actes de banditisme. » *Paris-Presse,* le 9 décembre, rassure lui aussi ses lecteurs en publiant sur deux pages l'interview du gouverneur général Léonard, qui analyse le phénomène de la révolte, évoque « les vrais coupables » (les anciens de l'OS) et la frange dure des dissidents du MTLD. Le gouverneur établit que les armes dont disposent les rebelles sont « rudimentaires » et ne sont pas fournies par l'étranger. En revanche, dit-il, la révolte est en liaison avec Le Caire. On ne saurait être plus précis.

La presse parisienne reflète largement l'éventail des opinions sur la crise algérienne, tout en informant au plus près le public. Les premiers propos sur la « main de l'étranger » ont été vite nuancés. On s'est efforcé de mettre en vedette les origines algériennes de la révolte, et d'en limiter l'étendue. Si l'on présente comme longue et difficile la pacification des Aurès, on s'emploie à montrer que la rébellion n'a pas jusqu'ici débordé sur les autres régions d'Algérie, la Kabylie mise à part. On insiste aussi sur la non-participation politique des masses, ce qui laisse la porte ouverte à la mise en place de réformes. On les souhaite avec impatience à gauche, avec résignation au centre droit.

Un programme de réformes est esquissé par le gouvernement Mendès France, sous l'impulsion de François Mitterrand. Il a pour but de lutter contre la misère et de créer des emplois sur place, mais il prévoit aussi une hausse générale des salaires les plus bas, et l'accélération de la scolarisation. Il faut savoir que 15,4 % seulement des enfants musulmans fréquentent l'école primaire : 1 683 000 en sont exclus. Quelque 4 000 élèves sont inscrits dans l'enseignement technique et 6 000 dans le secondaire. Le « développement de la communauté franco-musulmane » qu'appelle de ses vœux François Mitterrand ne passe-t-il pas par le développement de la scolarisation ? Assurément, le ministre de l'Intérieur le souhaite. Il a tenu à se rendre, au mépris du danger, dans le défilé où l'instituteur Monnerot a été assassiné. A l'occasion d'une réunion extraordinaire de la Fédération des maires d'Algérie, présidée par Amédée Froger, la question est évoquée par le maire de Koléa, Gabet : « Je dirais à l'Assemblée algérienne, lance-t-il, qu'avec son problème de scolarisation horizontale qui amène les maîtres jusqu'à l'intérieur des forêts pour apprendre aux gosses qui gardent leurs chèvres en jouant de la flûte à se réciter à eux-mêmes des vers de La Fontaine, je dis que c'est une folie [...]. Modérez votre programme d'éducation [...]. Lorsque l'enfant sort de l'école à 14, 15 ans, il sait lire et écrire, mais c'est tout ce que vous lui avez donné avec ce diplôme [...]. Il veut sortir de son milieu naturel et ne veut pas travailler de ses mains. Faites-lui à côté une école professionnelle. Celle-là lui donnera un métier. Vous en ferez un travailleur au lieu d'en faire un lecteur d'*Alger républicain* ou des journaux communistes, car c'est la masse indigène qui lit le plus ces journaux » (cité par Yves Courrière). Comment s'étonner si l'accueil des maires d'Algérie est réservé devant le programme du gouvernement, qui veut créer un Centre algérien de formation administrative, installer Saint-Cyr en Algérie et fonder à Paris, pour des étudiants musulmans, un Centre d'études franco-islamiques ? Cette algérianisation des cadres n'est pas du goût des édiles français. Certes, ils approuvent le projet de consacrer trois fois plus de crédits à la formation professionnelle et à la construction des barrages. « Le gouvernement, dit Laquière, président de l'Assemblée algérienne, serait prêt à nous accorder une cinquantaine de milliards. Je me tourne vers mon ami Chevallier et je lui dis : faites-nous donner le plus d'argent possible. Il ne s'agit pas de vanité mais de nécessité. » Chacun est en effet conscient des besoins de développement du pays.

Mais ces crédits, pour ces notables, doivent être gérés non pas par des fonctionnaires venus de la métropole, pas plus par ces nouvelles élites que Chevallier et Mitterrand veulent dégager, mais par des Français d'Algérie. Ces 50 milliards représentent une somme importante en un temps où la France, dépourvue d'autoroutes, ne consacre guère que 3 milliards, par exemple, à son budget de travaux publics.

La réforme envisagée du régime communal risque de porter à la tête des nouvelles municipalités issues des communes mixtes, dans des territoires où les musulmans sont nombreux, des maires qui ne seront pas européens — à condition, bien sûr, que les élections soient loyales. L'unification des listes électorales et le vote des femmes musulmanes provoquent l'indignation des maires, qui sont également hostiles à cette direction des affaires d'Algérie que Mitterrand veut créer dans son ministère. Car il dirigerait ainsi le programme de réformes depuis Paris, par l'intermédiaire des nouveaux préfets et sous-préfets aux pouvoirs étendus dans les régions.

Les élus d'Algérie disposent à Paris d'un moyen de pression sur le président du Conseil : s'ils l'abandonnent alors que sa majorité se restreint sous l'effet de la querelle européenne, il peut tomber. Le 12 novembre, vingt d'entre eux ont soutenu le cabinet, mais neuf ont voté contre. Lors du scrutin sur le budget des États associés au début de décembre, ils ne sont plus que sept à le soutenir. Le 16 novembre, René Mayer intervient pour annoncer son vote favorable, mais en lançant une sorte d'ultimatum qui vise le ministre de l'Intérieur et sa politique de réformes : « L'Algérie, dit-il, est une province où existent un statut personnel, des crédits particuliers, une législation foncière spéciale. Elle n'est pas inéluctablement régie par les mêmes règles que la métropole. Nous n'accepterons jamais l'assimilation. » Mayer et ses amis veulent bien d'une Algérie aux Français, pas d'une Algérie française.

Ce refus caractérisé d'un dialogue franco-français annonce l'épreuve de force entre Paris et Alger. Jacques Chevallier, maire d'Alger, est le premier visé par ce durcissement. Il est de ceux qui croient à la francisation des élites algériennes. Il a d'ailleurs peuplé son conseil municipal de militants du MTLD. Il prend la parole, à la réunion des maires, pour faire entendre la voix de la modération. A ceux qui demandent que l'on arme des milices européennes il lance un avertissement solennel : « Le jour où nous aurons un fusil à la main les uns contre les autres, une nouvelle affaire d'Indochine sera née en Algérie et l'Algérie deviendra un nouveau Viêt-minh. » Il est isolé dans son attitude libérale, accusé de complicité avec ce gouvernement réformateur qui, sous couleur de valoriser une élite indigène, s'apprête, dit-on, à lui donner légalement les clefs du pays. L'Association des maires représente essentiellement les intérêts des fermiers. Ceux-ci ont conservé le souvenir de Sétif et des exactions des rebelles. Ils savent bien que la flambée de la Toussaint, sauf dans l'Oranais, a épargné les Européens. Dans les fermes cependant, on commence à se défier des travailleurs agricoles, des rôdeurs sur les routes, des maîtres des écoles coraniques. Le soupçon s'insinue dans le bled : et si la population, contrairement à ce qu'affirme la presse d'Alger, était favorable aux rebelles ? On croit savoir, dans les petites municipalités, que les adhésions aux mouvements nationalistes ne sont pas, la plupart du temps, volontaires, que les « Arabes » sont enrôlés sous la menace. Mais on sait aussi qu'il suffit de petits groupes déterminés pour faire basculer le pays : le précédent tunisien le montre bien. Ainsi, les fermiers demandent, à défaut d'une politique de répression organisée par Paris, de pouvoir eux-mêmes se grouper, pour résister aux éventuels assauts.

La lenteur de la pacification profite à la cause de la résistance aux réformes : les maquisards des Aurès ont fait la preuve qu'à force de rapidité, de souplesse, d'adresse on peut défier les Français et leur causer des pertes. On compte déjà 29 tués et 62 blessés dans l'armée du général Cherrière, contre 76 tués et 254 prisonniers chez les djounouds.

Ben Boulaïd compense ses pertes sans difficultés. Dans cette région de tradition guerrière, le recrutement est aisé. Quant aux Français, si leurs pertes sont négligeables, ils appellent aussi des renforts pour soutenir l'action militaire dans les Aurès : de 65 000 hommes, les effectifs passent à 76 000, le 1er décembre, et à 81 000, au 1er janvier.

L'effort est d'autant plus méritoire que le Conseil supérieur de guerre, réuni le 18 novembre 1954 à la demande du secrétaire d'État Jacques Chevallier, avait exprimé le vœu que l'armée soit rapidement dégagée de ses tâches coloniales. L'Europe avait besoin de soldats au moment où se discutait le statut futur de la défense sur le continent, après l'échec de la CED. L'Allemagne serait réarmée. La France pouvait-elle pratiquer la politique de la chaise vide ? L'objectif était de constituer 11 divisions d'active, dotées d'un matériel fabriqué en France, couvertes par des avions français. Tout détournement d'unités en Afrique affaiblirait la position française dans la négociation occidentale. Pourtant, les besoins militaires de l'Algérie allaient croissants, et le secrétaire d'État lui-même chercha des secours, détournant sur l'Algérie les soldats rapatriés d'Indochine, avant même qu'ils aient eu le temps de défaire leur sac.

Pour satisfaire Chevallier, l'état-major avait constitué de petites unités d'intervention, organisées pour cette guerre de circonstance : ces bataillons de 300 hommes, baptisés « Blizzard », étaient adaptés à la guerre de partisans : très mobiles, ils comprenaient trois compagnies de combat, des sections de mortiers, de transmissions, de commandement, dont l'état-major était équipé en moyens de liaisons immédiates avec l'aviation. Le 18e régiment de parachutistes de choc s'était ainsi constitué en « Blizzard » avec deux bataillons de marche. De la 27e division d'infanterie alpine on avait extrait le 99e bataillon de marche dirigé sur la frontière tunisienne. Les tirailleurs algériens étaient eux aussi formés sur ce modèle. Les chasseurs portés, quand ils circulaient en camions ou en half-tracks découverts sur les routes sinueuses des Aurès, étaient autant de cibles rêvées pour les djounouds, qui multipliaient les embuscades surprises. On avait vite compris que la guerre motorisée était ruineuse. Comme au temps de Bugeaud, il fallait marcher.

En décembre, l'état-major eut des doutes : la pacification serait-elle aussi rapide qu'on l'avait espéré ? Il avait reçu, le 18, le rapport de deux officiers qui avaient enquêté sur place : ils soupçonnaient des activités de partisans dans la région des Kabylies et au nord de la frontière marocaine. Raison de plus pour en finir avec les bandes de Ben Boulaïd, dont le renseignement découvrait tardivement l'existence : on avait longtemps cru que la tête de la rébellion était le « bandit » chaouïa Krim.

On déplorait cette absence d'informations : l'armée avançait dans les Aurès, un bandeau sur les yeux. Le 1er régiment de hussards parachutistes avait fait les frais d'une technique de combat périmée : à trop s'avancer au hasard, il avait dû abandonner six prisonniers à l'ennemi. Ils avaient réussi à s'évader, mais La Voix des Arabes avait longuement commenté leur capture. Au cours de l'accrochage contre Belkacem Krim, Ducournau avait perdu huit parachutistes, pourtant rompus au combat rapproché. On ne pouvait pratiquer la contre-guérilla sans réorganiser de fond en comble le renseignement.

La pacification à l'ancienne ne donnait aucun résultat. Mitterrand, dans la montagne, pestait de voir la colonne des voitures officielles ralentie par une automitrailleuse qui ouvrait la route. Tout déplacement motorisé trahissait les objectifs de l'opération, donnait l'alerte à l'ennemi, qui avait tout le temps de se cacher ou de s'enfuir. Mais Cherrière pensait que la présence des colonnes blindées impressionnait les populations hésitantes. Au nom du « ratissage modulé », il encourageait les déploiements de forces appuyés par l'« intimidation » de l'aviation.

Car on craignait d'incommoder les populations. On vivait dans le mythe de la non-participation des musulmans à la révolte. Ils veulent la paix, pensait-on, ils n'attendent que le retour au calme. S'ils refusent d'aider les Français, c'est par crainte de représailles, ils ont été menacés. *L'Écho d'Alger* citait des arrestations opérées grâce aux « amis musulmans ». On voulait à tout prix éviter les représailles aveugles comme en 1916, et ménager les populations. Quand il imagina de les regrouper sur le flanc des Aurès, le sous-préfet Deleplanque les harangua, cherchant à les convaincre. Il ne voulait pas qu'elles passent à l'ennemi. Cherrière fut ainsi constamment freiné dans sa tactique du « peigne fin » par le souci de ménager les habitants des mechtas. Il faisait sanctionner à son corps défendant ceux qui bousculaient les Arabes. D'un autre côté, les commissaires de police et les directeurs de préfecture étaient les plus acharnés à demander des bombardements.

Plus de vingt opérations, engageant des effectifs respectables, furent montées par Cherrière dans les Aurès. Sans résultat. Il les baptisa « Tourterelle » ou « Aloès ». Les soldats portaient le casque lourd de l'armée venue d'Allemagne, le drap épais de Châteauroux. Ils étaient précédés de blindés sur les routes et ne s'aventuraient pas sur les sentiers rocailleux. L'opération « Ichmoul III », organisée le 26 novembre pour impressionner Mitterrand, fut un fiasco presque complet. On avait employé pourtant deux pelotons de tanks lourds, cinq batteries d'artillerie, des automitrailleuses. Les avions survolèrent le djebel, et six bataillons d'infanterie puissamment armés, soutenus par trois escadrons de cavalerie motorisés, bouclèrent la zone : un « circuit touristique » dans une région sauvage...

Impossible de traquer les rebelles dans ces conditions. Pour atteindre Krim, Ducournau avait lancé, à pied, ses bérets bleus dans la montagne. Le groupe mobile 314 fut le seul à obtenir des résultats. Toute autre approche se révélait inutile. Il ne pouvait être question, comme le proposa le général Spillmann, de reprendre la région en main en faisant occuper tous les postes par des formations fixes, afin de donner aux officiers des affaires musulmanes le temps de rétablir le contact avec les douars. L'armée n'avait d'ailleurs pas envie de s'installer pour longtemps. Le général Cherrière voulait un succès rapide.

Faute de l'obtenir, l'armée mit en mauvaise position le pouvoir politique, qui fut confronté à la fronde des notables d'Alger contre le gouvernement : Mitterrand, comme Cherrière, voulait emporter très vite la décision, livrer à Alger une sorte de *Blitzkrieg* administrative. *Le Monde,* par la publication prématurée d'un rapport sur l'Algérie, que le ministre de l'Intérieur devait présenter le 5 janvier au Conseil des ministres, lui faucha l'herbe sous le pied. Jacques Fauvet révélait le contenu des réformes. Il est vrai qu'elles n'étaient un secret pour personne, puisque le ministre avait annoncé lui-même sa politique à la tribune de l'Assemblée. Mais l'article de Fauvet lança les députés pieds-noirs sur le sentier de la guerre. Blachette lui-même monta au créneau. Or il était le principal soutien de Jacques Chevallier ; c'est lui qui avait rendu possible la politique libérale du maire d'Alger en jetant son crédit de potentat oranais dans la balance. Par télégramme, Chevallier offrait sa démission à Mendès France en raison des « communications surprenantes de rapidité » de la presse parisienne. Il s'indignait de la publication « de projets de réforme qui sont autant d'espérances dont on ignore si elles pourront être réalisées ». Il protestait contre cette « publicité maladroite » qui plongeait dans le « désarroi » la population « européenne ».

Mitterrand avait-il voulu brusquer l'opinion ? Il semble au contraire qu'il ait déploré l'opposition de Blachette et la menace de Chevallier (qui reprit son portefeuille deux jours plus tard). Le souci du ministre de l'Intérieur était de procéder sans délai aux mutations dans l'administration et la police. Il reprochait sans doute, comme Chevallier, aux policiers d'Alger leurs méthodes d'investigation : « Les exagérations policières nous aliènent les éléments les plus fidèles de la population musulmane », disait-il dans son télégramme à Mendès France. Pourquoi Mitterrand aurait-il cherché à mettre en difficulté le protecteur algérien de Chevallier, qui était l'allié objectif de sa politique ? Le coup ne venait pas de Blachette non plus. Il avait été poussé à l'avant-garde par les bataillons pieds-noirs. Telle était l'interprétation de Mitterrand : « Je suis obligé de constater, écrivait-il dans une note manuscrite, que, depuis que le gouvernement général a été saisi de mes intentions, une campagne d'opposition s'est développée vivement à Alger. »

Léonard prit-il la défense de sa police ? René Mayer, sans plus attendre, fit avertir Mendès France que « le remplacement du gouverneur général de l'Algérie serait tout à fait opportun ». Mitterrand, peut-être informé de cette intervention, protesta contre « les intrigues qui commencent à se nouer ». Il faut, écrivit-il le 19 janvier à Mendès, « surprendre nos adversaires comme nos amis par la rapidité de notre action ». Mendès France fit remplacer Léonard, et accorda également à Mitterrand la tête du chef de la police. Jacques Soustelle fut nommé gouverneur général. Gaulliste libéral, l'ancien chef du BCRA reprendrait en main les dossiers de la police et veillerait à ce que l'investigation respecte les droits de la personne. Cette nomination fut fort mal reçue à Alger.

Mendès France aborda le débat du 2 février 1955 sur l'Algérie avec un gouvernement une fois de plus remanié. Edgar Faure abandonnait les Finances au MRP Buron pour prendre les Affaires étrangères. L'un comme l'autre partisans d'une décolonisation raisonnable, ils soutenaient le président du Conseil dans l'affaire de Tunisie. Sans doute approuvaient-ils les projets algériens de Mitterrand. Mais les *Mémoires* d'Edgar Faure sont sur ce point laconiques : « Nous avons tous sous-estimé l'événement », écrit-il, en ajoutant que Mendès France comptait aborder le problème « par le choix des personnes ».

Par la promotion de Chevallier, qui passait du secrétariat d'État au ministère de la Défense, par la création d'un ministère de l'Armement confié à Catroux, par la nomination du gaulliste oranais Fouques Duparc au secrétariat d'État à l'Armement, au moment où se conçoivent les avions de guerre de Marcel Dassault, Mendès France songe à « édulcorer la position des élus algériens » en confortant le clan des « libéraux ». Il s'attache le puissant Baylet, directeur de *La Dépêche du Midi* et grand maître des radicaux du Sud-Ouest, en confiant à sa créature, Georges Galy-Gasparrou, le ministère de l'Information.

Edgar Faure, en coquetterie avec *L'Express* (il provoque en duel, pour un article sordide, Jean-Jacques Servan-Schreiber), sait qu'on veut lui barrer la route de Matignon en le déplaçant de la Rue de Rivoli au Quai d'Orsay. Il est considéré, pense-t-il, comme « l'ennemi numéro un » par les « animateurs de *L'Express* ». Il sait aussi que le ministère Mendès France est condamné parce que le « travail ingrat » (l'Indochine, la Tunisie, l'Europe) est « accompli dans des conditions (relativement) les meilleures possibles ». Désormais, le gouvernement est « à contre-courant de la dynamique droitière manifestée avec constance au cours des derniers scrutins nationaux ». Il ne répond plus à une « nécessité pathologique ». Il doit tomber, il va tomber...

Il tombe, sur l'affaire algérienne : « Réunis à Paris, les élus algériens s'émeuvent des mesures prises », titre, le 26 janvier, *La Presse*. Le général Aumeran mène l'attaque devant les députés, les sénateurs, les maires. « On veut priver la France de son empire, dit-il. Aucune réforme ne parviendra à désarmer les assassins stipendiés par l'étranger. » Il demande que « l'on frappe à la tête et fort ». Les réformes n'apporteront que le trouble, en Algérie comme en Tunisie. Chevallier s'efforce de justifier le plan prévu, d'en minimiser la portée. Cent soixante-treize mille hommes, dit-il, combattent dans les trois parties du Maghreb. Mais il explique que l'action armée ne suffit pas. « Il ne fallait pas que la répression prenne une allure anti-arabe ; c'est ce qu'il ne fallait pas faire. C'est ce qui a été fait. » Voilà pourquoi la police devait être réformée.

« J'ai peur que, finalement, il n'y ait pas encore assez de troupes en Algérie », commenta le député d'Oran, Quilici.

Il appartenait à René Mayer, le « roi de Constantine », d'être le tombeur de Mendès France. Le 3 février 1955, il monta à la tribune dans un lourd silence : « En vérité je le confesse — c'est probablement une infirmité de mon esprit —, je ne sais pas où vous allez. Et je ne puis croire qu'une politique de mouvement ne puisse trouver de moyen terme entre l'immobilisme et l'aventure. » Dans la nuit du 5 au 6 février 1955, 319 députés refusaient la confiance, dont 20 radicaux, presque tous les MRP, 27 gaullistes. On arrêtait l'« aventure » parce qu'on souhaitait le retour de l'immobilisme en Algérie.

Le souvenir de Sétif pesait lourd dans la réaction des élus d'Algérie. L'analogie des situations semblait évidente : comme en 1945, la rébellion de la Toussaint concernait une seule région, bien localisée : hier la Kabylie, aujourd'hui les Aurès.

Les assaillants n'avaient pas consulté les autorités musulmanes en place : les partis officiels, même révolutionnaires, avaient été débordés par des commandos de jeunes fanatiques. Même si ces terroristes étaient issus des mouvements politiques, ils ne les représentaient pas. On pouvait aussi considérer qu'ils n'étaient pas soutenus par la population, qu'ils l'avaient intimidée par la terreur.

L'autre ressemblance avec Sétif frappait les esprits : déjà, en 1945, les insurgés avaient invoqué l'assemblée des Nations unies qui venait de se réunir. Leur action était destinée à poser le problème de l'indépendance algérienne devant les nations du monde entier.

Elle appelait les mêmes techniques de répression et l'on mit en œuvre la même pauvreté de moyens. On s'efforça de « montrer » sa puissance selon l'ancienne technique militaire. Des avions et des chars entourèrent et survolèrent les mechtas pour rendre la « France présente ». Des colonnes motorisées dégagèrent les centres assaillis, rétablirent les contacts. Et comme les « vols d'intimidation » n'avaient pas suffi, on attaqua à la mitrailleuse les « rassemblements de rebelles » et on bombarda les villages. Comme à Sétif, on poursuivit les djounouds dans les djebels en multipliant perquisitions et interrogatoires de la population, menaces et sanctions contre les suspects, que l'on expédiait du même mouvement dans les bras des rebelles. On lâcha des tracts, on organisa des parades militaires, on soutint les notables favorables à la France. Ratissage approximatif et infructueux de zones douteuses.

Pourtant, l'insurrection de 1954 était très différente des troubles de Sétif et de Guelma. Elle ne s'attaquait pas aux fermiers européens (sauf exceptions), se contentant des biens économiques et des lieux symboliques. Elle se proposait d'engager une lutte de longue durée et se présentait comme une révolution en profondeur. Comme le souligna le gouverneur Léonard dans une interview à *Paris-Presse,* le groupe qui était à l'origine de la rébellion avait clairement marqué ses positions politiques en se distinguant à la fois du MTLD et des centralistes pour constituer une troisième force révolutionnaire dont le but était de rallier tous les Algériens. La constitution d'un Front de libération nationale aux côtés de l'ALN marquait la volonté d'affirmer que la révolution était le résultat d'une réflexion politique concertée et non d'un simple réflexe de révolte.

Dans les instructions données aux djounouds, il était prescrit d'éviter les victimes civiles et de proscrire les exactions dans les fermes. Ils devaient apparaître comme des combattants, non comme des « bandits ». Il n'était pas question non plus de mêler la religion aux luttes entreprises, même s'il était dit que la République algérienne à venir serait islamique. Enfin, la direction secrète et anonyme du mouvement révolutionnaire prit grand soin d'éviter le culte de la personnalité. Ben Bella, au Caire, n'était qu'un responsable parmi les autres.

Le précédent indochinois valorisait et rendait possible l'engagement dans la guérilla. L'efficacité des fellaghas en Tunisie y incitait également : il était clair que l'armée française n'était pas adaptée à ce type de combat. Les Français, toutefois, avaient beaucoup appris : dans les djebels, ils commencèrent à déployer des bataillons mobiles, à répondre à la guérilla par la guérilla contre-insurrectionnelle. Ils savaient aussi désormais qu'une répression sauvage fait plus que tout pour la cause de la révolution. C'est pourquoi les préfets et sous-préfets en poste n'armèrent pas la population européenne, en dépit de ses objurgations, à quelques notables exceptions près. Ils eurent plutôt tendance à créer des corps de supplétifs indigènes encadrés par des Français. Les autorités politiques étaient encore plus réservées sur la répression : le ministre de l'Intérieur interdit ainsi les bombardements et tenta de tempérer les opérations de « ratissage ». Il muta certains responsables de la police dès qu'il apprit que leurs méthodes étaient suspectes. Les « libéraux » d'Alger l'appuyaient.

Dernière différence, mais de taille : le Parlement et le gouvernement de 1945 étaient issus de la Résistance et se souciaient peu de la population européenne d'Algérie. La répression brutale ne fut décidée à Paris qu'en fonction des « intérêts de la France », qui appelaient, pensait-on, la fermeté. Le Parlement de 1954 était en majorité de droite et beaucoup plus sensible aux pressions des groupes européens d'Alger qui savaient que le gouvernement de gauche n'avait qu'un avenir limité. Si le contexte international militait pour la décolonisation et poussait même les Algériens à lutter pour l'indépendance, la minorité « européenne » d'Algérie, au sein de laquelle les fermiers étaient pourtant eux-mêmes minoritaires, était animée par la ferme résolution de faire valoir ses « droits historiques ». Elle irait jusqu'au bout. Jusqu'à mettre en danger la République elle-même ?

CHAPITRE V

Les rappelés

Le nouveau président du Conseil, Edgar Faure, est investi le 25 février 1955 par l'Assemblée nationale. La veille, en pleine crise ministérielle, un arrêté paraît au *Journal officiel*, rappelant les disponibles pour servir en Algérie. Le 24 avril, deux mois plus tard, nouveau rappel. Le 24 août, encore un rappel de réservistes. La France glisse vers la guerre.

Jamais le contingent n'avait été utilisé en Indochine. Seules quelques unités engagées, au Maroc et en Tunisie, comprenaient des appelés. La demande croissante de soldats venus de France s'explique par l'incapacité de l'armée d'active à faire face aux tâches qui lui incombent en Algérie. Les premiers renforts débarquent en mai sur les quais d'Alger : ils engagent la nation dans un conflit de longue durée.

Edgar Faure ne fait d'abord que poursuivre la politique de Mendès France, et Bourgès-Maunoury, à l'Intérieur, celle de Mitterrand. Ce polytechnicien, ancien héros de la Résistance (il est compagnon de la Libération), fait partie des équipes de Baylet et des radicaux du Sud-Ouest qui seront constamment au pouvoir ou associés aux gouvernements jusqu'en 1958, indispensable soutien de centre droit aux maigres majorités. Bourgès-Maunoury est lié à René Mayer et à Borgeaud : s'il défend la thèse de l'Algérie département français, s'il soutient les réformes, il considère, comme les élus d'Algérie, qu'il faut pacifier avant de réformer. Sur place, le gouverneur Soustelle, confirmé par Edgar Faure, est un libéral soucieux de poursuivre la politique de Mendès France, qui l'a nommé.

Quant au président Faure, il boucle la négociation tunisienne et s'oriente vers une solution à la crise marocaine. Plus encore que Mendès France, il a besoin de s'en remettre en Algérie à des hommes capables de mener la pacification en évitant les excès dommageables à la politique extérieure, et de réaliser juste assez de réformes pour que l'aile du centre gauche de la majorité soit satisfaite sans s'aliéner René Mayer. Edgar Faure excelle dans ce rôle. Les socialistes ne sont pas présents au gouvernement, qui compte des MRP, mais aussi des radicaux de droite, des indépendants (Pinay est au Quai d'Orsay), des gaullistes (Kœnig, à la Défense). Le président du Conseil ne veut pas être soupçonné, comme son prédécesseur, de conduire une politique d'abandon. Le premier Conseil des ministres est réuni le 12 mars : le 15, les négociations reprennent avec la Tunisie.

Edgar Faure a besoin d'un succès sur ce front : d'abord, pour désengager les troupes et les faire voler au secours de l'Algérie, mais aussi pour répondre aux critiques de *L'Express* et des radicaux de gauche, qui veulent transformer profondément le parti, l'ouvrir aux jeunes, en vue des prochaines élections. Plus à gauche que son gouvernement, le président Faure ne serait pas fâché de réussir ce que Mendès France avait initié : faire de la décolonisation en Tunisie une sorte de vitrine française, avant la rencontre de Bandoeng prévue au printemps, où doivent se réunir tous les pays en voie de développement. Il sait qu'il ne peut pas, avant les élections, obtenir un succès en Algérie. La situation marocaine est bloquée. Seule la Tunisie permet une opération politique.

La négociation est plus difficile que prévue : la France se proposait de conserver les attributs extérieurs de la souveraineté, confiant aux Tunisiens les affaires intérieures. Ces derniers refusent d'accorder aux Français la parité dans les conseils municipaux (ils ne proposent qu'un tiers des sièges) et la responsabilité de la police et des territoires du Sud, par où passent les caravanes pour l'Algérie. A Genève, Salah Ben Youssef, un extrémiste du Néo-Destour, proteste contre la politique autonomiste et dénonce la complicité de Bourguiba. Il exige l'indépendance immédiate, et cette surenchère pèse sur les négociations. Les ministres tunisiens, Mongi Slim, Masmoudi et leur chef, Tahar Ben Ammar, ne veulent pas paraître se satisfaire d'une solution trop peu ambitieuse. Il faudrait l'autorité de Bourguiba pour l'imposer comme une étape nécessaire.

Il accepte de se rendre à l'invitation du président du Conseil français le 21 avril. Le lendemain, un protocole est signé. Faure a conservé à la France des prérogatives en matière de défense (la base de Bizerte et les aérodromes militaires), mais on l'accuse d'avoir cédé sur la politique intérieure : les Français de Tunisie protestent avec vigueur, ils s'unissent aux Marocains et aux Algériens dans une Fédération nord-africaine qui compte peser sur le groupe parlementaire. L'opposition des anciens ministres de Mendès France est également frappante : pour Christian Fouchet, les accords signés vont bien au-delà des intentions proclamées lors de la rencontre de Carthage. Dans sa hâte de conclure, le président est allé trop loin.

Edgar Faure peut annoncer à l'Assemblée : « L'ère du colonialisme est finie, celle de l'association commence. » Il croit à la permanence de la présence française dans le protectorat. Il fait approuver ses accords avec Bourguiba par une large majorité, tandis que l'exilé tunisien rentre triomphalement chez lui, parcourant sur un âne les rues de Tunis. Est-ce le « triomphe de la raison » et la fin définitive du conflit ? Le général Boyer de la Tour conseille de ne pas trop dégarnir la Tunisie : la revendication de l'indépendance ne saurait tarder et mettrait de nouveau les Français à l'épreuve.

En Algérie, l'état d'urgence est proclamé le 4 avril, un mois après l'investiture de Faure. Le président du Conseil, devant l'aggravation de la situation, n'a pas voulu prendre de risques : il souhaite une politique plus efficace de pacification. Le gouverneur général Soustelle pourra-t-il faire face ?

L'attitude réticente des Français d'Algérie ne l'a pas empêché de recruter dans son cabinet des « libéraux » plus qu'avancés, comme le commandant Monteil, spécialiste éprouvé des questions arabes, et, plus tard, l'ethnologue Germaine Tillion, qu'il a connue jadis au musée de l'Homme : auteur d'une thèse sur les Chaouïas des Aurès, cette ancienne déportée ne peut qu'être sensible au drame des Algériens. Comme Monteil, elle parle le berbère. Dans un premier temps, le gouverneur général ne songe qu'à mieux connaître la rébellion et à rencontrer quelques-uns de ces combattants des Aurès. Plus que les Français d'Alger, qu'elle connaît trop bien, l'ethnologue des Aztèques s'intéresse aux populations locales. Ne peut-on jouer sur les particularismes pour ramener la paix ? Les

Kabyles, les Chaouïas ne sont-ils pas fort différents de ces Arabes des plaines et des villes ? Une révolte en pays berbérophone ne peut être combattue que par une connaissance approfondie du terrain. Il en est si convaincu qu'il visite minutieusement les moindres douars, constatant déjà les malheurs de la guerre, avant Germaine Tillion. Elle ne reconnaîtra plus ses montagnes : la surpopulation et la misère ont changé les Chaouïas en ombres errantes que les excès de la répression frappent dans leur dignité. Ce premier constat ne milite pas en faveur du discours colonialiste d'Alger. Si rien n'est fait pour élever dans l'immédiat le niveau de vie de ces populations, il faut s'attendre à ce qu'elles fassent corps avec les révoltés : ils sont les plus courageux de tous, et seront érigés en modèles. Abandonné par Paris et par Alger, le pays chaouïa s'est mis à l'écoute du Caire.

Pour le reprendre en main, il faut des troupes, dit Cherrière ; des soldats à demeure, corrige Spillmann. Soustelle a vu la misère des douars et la détresse des populations des premiers camps de regroupement. Monteil lui annonce qu'un de ces combattants des Aurès vient d'être arrêté par la DST à la frontière libyenne, en Tunisie. On le transfère à Alger, c'est Ben Boulaïd. Le commandant l'interroge lui-même, ignorant qu'il est le chef de la région. Le meunier propriétaire ne fait pas mystère des succès de la rébellion : 659 moudjahidine mettent au défi l'armée française, et les ratissages accroissent sans cesse les effectifs rebelles. Les goumiers marocains, qui pillent et violent, font plus pour la cause, dit-il, que La Voix des Arabes. Veut-il amorcer une discussion ? Pourquoi pas ? Le Chaouïa demande néanmoins que l'on relâche d'abord les prisonniers politiques et que l'on supprime les communes mixtes...

En Kabylie, Belkacem Krim vient de donner l'ordre d'exécuter quelques amis trop voyants des Français : des gardes champêtres ou des caïds. L'un d'eux est assassiné par Ahmed Aït Ramadane dans les Aïssi. Un inspecteur de la police judiciaire de Tizi-Ouzou, Gaston Badène, est également « exécuté » parce qu'il a fait « du mal au peuple ». Krim se rend lui-même dans les douars pour conquérir la population et la rallier à la lutte révolutionnaire. Il n'hésite pas à rançonner les gros commerçants, à les contraindre à abriter les djounouds de passage. Les exécutions en Kabylie font la une des journaux algérois, qui exigent des sanctions, de la fermeté. Soustelle sait qu'il ne peut aller trop vite.

Il constate que les dernières opérations montées par Cherrière dans les Aurès (« Véronique » et « Violette ») ont été de navrants échecs. Le gouverneur n'est pas sourd aux propos de Spillmann, qui explique son point de vue sur l'encadrement des populations indigènes organisées pour la résistance. Dans les Nemencha, une compagnie de tirailleurs algériens a été accrochée par les rebelles. L'armée est impuissante. Pourtant, elle emploie de gros moyens : les avions poursuivent leurs attaques au sol, observent les passages de caravanes vers les Aurès et l'activité des rebelles qui se cachent dans les grottes. Les embuscades et les attentats se succèdent. Les travailleurs musulmans refusent de se rendre au travail, même sous protection militaire. On signale de nombreux harcèlements de chantiers ainsi que des attentats sur les voies ferrées dans d'autres régions. Les avions Flamant et les trois F 47 de la base avancée de Biskra, désormais organisée, attaquent les caravanes, tuent les mulets et les chameaux, tirent à la 12/7 sur les rassemblements suspects. En avril, signale le général Firroloni, « notre action sur les populations demeure faible et même en régression dans plusieurs douars. Les renseignements se raréfient de plus en plus, les rebelles s'attachent à nous isoler de la population par la crainte et la propagande ». Ils coupent les poteaux du téléphone et du télégraphe, attaquant les gardes forestiers et les cadis. On établit avec l'armée de terre des liaisons fiables pour développer l'appui-feu et faire intervenir plus souvent les chasseurs. La rébellion s'étend dans le Nord constantinois et vers l'est, où Négrine a été attaquée pour la première fois. Les rebelles brûlent les dépôts d'alfa. Ils ont convaincu plusieurs tirailleurs algériens de déserter avec leurs armes. Les premiers officiers des affaires indigènes protégés par des goums n'arrivent dans le bled qu'à partir du 15 avril, à la demande du gouverneur. Le Constantinois cause alors de telles inquiétudes qu'une antenne avancée d'aviation est mise en place à Khenchela, dans la zone sud-est, pour surveiller la frontière tunisienne. On constate pour la première fois en mai que les rebelles s'en prennent aux fermes et aux cultures. Les aviateurs signalent régulièrement, au jour le jour, des destructions de villages à la bombe et des incendies de palmeraies. On entre dans la guerre sans merci, et les premières réticences de l'administration contre le bombardement s'évanouissent...

Soustelle comprend vite que le déploiement de force contre un adversaire qui se cache et sort la nuit pour commettre des exactions ne mène à rien. Il faut se rendre à l'évidence : la rébellion n'est pas commandée par quelques chefs de bande indépendants dans leurs fiefs. D'ailleurs, la capture de Ben Boulaïd dans les Aurès n'a rien arrêté : les actions offensives se poursuivent. Les liaisons avec l'étranger sont probables, mais le mouvement semble bien avoir une organisation autonome, puisqu'il remplace immédiatement les responsables disparus. On croyait Alger purgée de ses dissidents : la police a mis la main sur Rabah Bitat, qui avait rencontré en ville Belkacem Krim et Ouamrane, venus de Kabylie. Qui pouvait se douter que Bitat était déjà remplacé par un ancien soldat français, ex-secrétaire de la commune mixte de Châteaudun-du-Rhumel, Abbane Ramdane, que l'on croyait assigné à résidence dans son douar d'Azouza ? Il avait retrouvé Yacef le footballeur, et reconstituait le réseau d'Alger, en obligeant le syndicat des marchands de légumes à cotiser. Des actions terroristes se préparent en ville et la police n'en sait rien.

Elle est fort handicapée par les mutations que Soustelle a opérées au sommet : ce spécialiste des renseignements n'avait aucune confiance dans les Forcioli, les Carsenac, qui avaient pourtant fait du bon travail. Il veut avoir ses propres hommes et impose Henri Paul Eydoux, qu'il a connu au BCRA. Vaujour, à terme, est condamné. Gaston Pontal, un gaulliste, lui succède. Les nouveaux venus, Benhamou, Gonzalès, ont du mal à reconstituer leurs réseaux d'indicateurs : Borgeaud et ses amis, furieux de ces limogeages en série, ne sont pas disposés à les aider. Les rescapés du FLN pourront donc se rétablir, non sans mal il est vrai, car ils n'ont ni armes ni argent. Mais ils sont décidés à remettre l'organisation sur pied. Une course de vitesse est engagée.

Seule une action politique pouvait aider à sortir de l'impasse : au-delà des patrons du lobby colonial, Soustelle voulait toucher la double masse des pieds-noirs des villes et celle des musulmans indifférents qu'il suffisait de rassurer en leur offrant des logements et du travail. Il lança un mot clef pour faire comprendre sa politique : l'intégration. Grâce au collège unique, il ne pouvait manquer de recruter et d'obtenir l'alliance d'une élite indigène. Encore fallait-il que les petits pieds-noirs acceptent ce partage des emplois publics et privés. L'osmose commençait à se faire dans l'enseignement et dans l'armée. Pourquoi pas ailleurs ? Les enfants arabes n'étaient-ils pas élevés avec les Français dans les villes ? « Les deux communautés, disait Soustelle, ont les mêmes adversaires. »

La politique de Mendès France et de Mitterrand se poursuivait, mais prenait une autre ampleur : l'ethnologue ne se contentait pas d'appliquer le texte de 1947 et d'organiser un collège unique. Il voulait faire passer immédiatement dans les faits la notion d'intégration et faire « respecter la dignité des Algériens ». Cela supposait d'abord l'adhésion de l'élite musulmane, celle qui était en prison. Les 2 000 personnes arrêtées après les « événements » étaient rarements coupables. On avait frappé les militants du MTLD. Ils n'étaient pas tous des extrémistes. Monteil rendit visite, à la prison Barberousse, à certains d'entre eux : le centraliste Ben Khedda lui fit bon accueil ; il demandait seulement des élections libres et la libération des militants qui n'étaient pour rien dans la prise d'armes. Soustelle invita discrètement des personnalités de l'opposition musulmane : le cheikh Kmir Eddine, vice-président des oulémas, le centraliste Hadj Cherchali, le docteur Ahmed Francis, adjoint de Ferhat Abbas. Le gouverneur cherchait à constituer une troisième force musulmane qui ne fût pas du « parti des assassins ». Mais il venait de proclamer, au moment de la rencontre, l'état d'urgence dont ses interlocuteurs demandaient l'abrogation. Soustelle défendait la mesure, qui ne serait appliquée, disait-il, que dans les Aurès. Il avait à proposer le collège unique, l'ouverture des mairies aux musulmans, des élections honnêtes. Il l'avait prouvé à Batna, où il avait lui-même veillé à la régularité d'une élection partielle de député. Pourquoi ne pas lui faire confiance ? Il était allé jusqu'à rencontrer clandestinement Ferhat Abbas, qui lui avait paru très modéré : il ne réclamait même pas le collège unique, assuré qu'il était d'avoir d'ici à dix ans une majorité dans le premier collège. Il suggérait seulement de constituer au sein du gouvernement général un cabinet mixte, comprenant 50 % de musulmans.

Tant de modération pouvait surprendre. Abbas, comme Soustelle, savait que le FLN travaillait au Caire à se faire admettre par les pays arabes comme le seul représentant de l'Algérie en guerre. Ils avaient tous deux un ennemi commun. Quelque mesurée que fût l'aide de Nasser, ce dernier ne put empêcher les frères algériens de développer leur action internationale et de se faire reconnaître à la conférence de Bandoeng. M'Hamed Yazid, un fils et petit-fils d'officiers de l'armée française, avait rallié le groupe du Caire. Cet homme jeune, instruit, séduisant et cultivé, qui avait dirigé la fédération de France du MTLD, s'était joint à Aït Ahmed pour convaincre les Birmans et les Indonésiens d'aider à la reconnaissance de la lutte algérienne. Les deux ambassadeurs d'un pays qui n'existait pas s'étaient d'abord heurtés à Nehru, qui ne voulait pas avoir de « problèmes-controverse » à propos de l'Algérie, légalement française, disait-il. Grâce à l'aide des Marocains et des Tunisiens, qui prirent les Algériens sous leur protection, la conférence, qui s'ouvrit le 18 avril à Bandoeng, accorda son appui moral « aux peuples d'Algérie, du Maroc et de Tunisie » pour qu'ils puissent « disposer d'eux-mêmes et être indépendants ». Cette victoire permit au FLN d'entrer comme observateur à l'ONU. Ni Edgar Faure ni Jacques Soustelle ne pouvaient l'ignorer.

Raison de plus pour interdire la terre d'Algérie aux révolutionnaires inconciliables et pour pacifier d'urgence. Les pouvoirs que le gouverneur général avait obtenus de l'Assemblée lui permettaient d'assigner à résidence les suspects, de fermer les établissements servant de lieux d'asile ou de réunion, de contrôler la presse, d'exiger la remise des armes aux autorités. Mais le texte pouvait se comprendre à un double niveau et les colons ne souhaitaient pas que le gouverneur pût intervenir sur leurs journaux, ni qu'il imposât le désarmement aux fermiers. Ainsi René Mayer et les principaux responsables politiques combattaient-ils l'état d'urgence, réclamant plutôt la loi militaire, l'état de siège. Cherrière demandait un commandement unique dans la zone de la rébellion. Il l'obtint : le général Parlange, qui parlait l'arabe, fut nommé. Il eut pour mission de mettre en place dans le bled des « sections administratives spécialisées », tenues par des officiers spécialement formés, bilingues et capables de dispenser à la population tous les secours dont elle avait besoin en matière d'hygiène, de travail, d'assistance médicale et d'écoles. Soustelle en attendait la conquête des cœurs, des liens renoués avec les musulmans, mais aussi l'organisation du renseignement par le fichage précis des habitants des douars. L'officier serait seul, protégé par quelques supplétifs. Il devrait affronter tous les problèmes quotidiens, y compris les relations délicates avec les municipalités européennes en place et les notables indigènes. Les secours d'unités mobiles seraient requis en cas de besoin. Le système supposait un quadrillage du terrain à forte présence militaire. Les soldats assureraient les liaisons et seraient envoyés immédiatement en renfort sur les points menacés, des troupes spéciales d'intervention étaient nécessaires pour traquer les bandes de rebelles dans les montagnes. La remise à jour du dispositif militaire, étendu à la Kabylie incertaine et au nord du Constantinois ainsi qu'aux Nemencha, s'imposait si l'on voulait empêcher la rébellion de faire tache d'huile : voilà pourquoi le gouverneur général demanda et obtint l'arrivée de nouveaux renforts, les rappelés de la métropole.

Le premier camp d'« hébergement » fut créé en mai 1955 dans le Constantinois à M'Sila, près de Sétif. Implantation symbolique : sur les lieux du lever de rideau sanglant de la guerre d'Algérie, l'état d'urgence permit d'enfermer, dans ce désert, tous les suspects des douars. Craignant l'extension du mouvement insurrectionnel, Soustelle étendit ce régime au Nord constantinois pour répondre aux vœux du ministre Bourgès-Maunoury, qui demandait l'intensification de la répression. La loi d'exception serait également appliquée à la frontière marocaine, dans les communes de Sebdou et de Marnia, où des rapports avaient signalé des passages de rebelles. Le gouverneur imposa le transfert immédiat de trois bataillons des Aurès pour couvrir la Petite Kabylie, où le danger menaçait. Il demandait immédiatement 10 000 hommes de renfort. Ils lui furent aussitôt accordés « sans préjudice de demandes complémentaires ».

Le général Allard, qui avait remplacé Spillmann, évacua pratiquement le massif en ne gardant que la maîtrise des voies de communication. Une nouvelle étape de la guerre était engagée et les rappelés qui allaient intervenir sur le terrain trouveraient un climat durci par la recrudescence sensible de l'activité rebelle.

En attendant leur arrivée, les avions matraquèrent les montagnes abandonnées, les bombardèrent à l'aide de moyens lourds, anéantirent les douars évacués. Allard reçut l'ordre de « réprimer brutalement toute apparition de rébellion nouvelle ».

Il ne fut pas surpris par ce télégramme : la situation dans le Nord-Constantinois appelait en effet un « traitement » urgent. Plus étonnant fut l'ordre d'exercer « des sanctions contre complices en vertu responsabilités collectives ». Revenait-on à l'ancienne politique coloniale, celle qu'on avait prétendu abandonner pour réussir la « conquête des cœurs » ?

Rendre la population d'un douar collectivement responsable de l'arrachage des poteaux du téléphone ou du sabotage des ponts signifiait que les habitants devaient payer, en argent ou en troupeaux, consentir à la corvée pour réparer les dégâts. Les ordres furent ensuite de séparer « les mâles » de la population et de les « éloigner » : ils furent internés dans les « camps d'hébergement », neutralisés, parqués comme du bétail. Ces mesures de répression s'appliquèrent sur les lieux des attentats, dans les « mechtas proches obligatoirement au courant ».

Cherrière avait déjà obtenu avant son départ l'accord du gouverneur général pour procéder à la répression et aux bombardements : « Je vous délègue pouvoir, confirma-t-il à Allard le 14 mai, décider en fonction circonstances emploi mitrailleuses, rockets et bombes sur bandes dans nouvelles zones rébellion. Responsabilité collective à régler vigoureusement. » Aucune instruction écrite ne lui avait été donnée par le gouverneur général. Il n'avait reçu qu'un accord verbal de Soustelle. Celui-ci prit l'avion pour Paris : à la Défense nationale, le 17 mai, il obtint le transfert de renforts d'Allemagne et de Tunisie, le rappel des disponibles résidant en Algérie pour la moitié du dernier contingent. Ils seront vite à pied d'œuvre, ces pieds-noirs en uniforme, pour être immédiatement engagés dans les Aurès. Le ministère promit de porter rapidement à 100 000 hommes les effectifs servant en Algérie. Soustelle demanda à Kœnig des hélicoptères. « Nous n'en fabriquons pas encore », lui répond-il. Mais Edgar Faure promit d'en négocier l'achat aux États-Unis. Une note du 12 novembre du secrétaire d'État à la Guerre, Jacques Chevallier, montre qu'on se préoccupait déjà, sous le précédent cabinet, de cette carence : « Les commandes en cours me permettent d'espérer, écrit Chevallier, la mise en service de trois Bell dans la première quinzaine de décembre, celle de quatre autres Bell début février, celle de trois autres fin février, début mars. » Depuis le 1er novembre, il avait songé à « mettre sur pied deux sections tactiques d'hélicoptères Bell à la disposition des troupes de Tunisie et d'Algérie ». Quatre seulement étaient disponibles en mai, sans pièces de rechange. Ils étaient pourtant indispensables aux liaisons entre la Tunisie et l'Algérie, ainsi qu'aux transports urgents.

De retour en Algérie, Soustelle se rendit immédiatement dans les Aurès, en compagnie de représentants de Bourgès-Maunoury et de Kœnig. Au cours d'une conférence secrète tenue à Biskra, au sud du massif, Soustelle indiqua qu'il donnait la priorité absolue à l'action militaire et que l'armée devait frapper fort : exécuter tout rebelle pris les armes à la main, réquisitionner les troupeaux et les biens des hommes partis dans la dissidence. Il faut, dit-il, « prouver notre force » et ne pas hésiter à user des bombardements « avec discernement, quand la nécessité s'en impose ».

Le tournant était pris : il ne s'agissait plus de modérer l'armée, mais de l'inciter à employer la force. Ce virage décisif ne fut pas imposé au gouvernement par le gouverneur général. De retour de Paris, où il avait conféré avec les ministres, Soustelle dévoila sa nouvelle orientation devant leurs représentants dépêchés sur place, Abel Thomas, du cabinet de Bourgès-Maunoury, et le colonel Lecomte, de chez Kœnig. La décision fut collective, gouvernementale. Le gouvernement d'Edgar Faure venait de décider de s'engager à fond dans la guerre d'Algérie.

Cette précipitation était-elle imposée par la situation extérieure ? Il est vrai que les Soviétiques avaient repris l'initiative diplomatique et Khrouchtchev voyait tout l'avantage qu'il pouvait tirer du « neutralisme ». Pour Moscou, cette nouvelle attitude des nations en voie de développement était positive dans la mesure où l'alliance de l'Indien Nehru et de l'Égyptien Nasser créait une troisième force de nations détachées de l'influence américaine. Le rapprochement de Khrouchtchev et de Tito n'avait pas d'autre but que de récupérer ce mouvement inattendu que la Chine de Pékin surveillait avec une égale vigilance. Moscou, leader du mouvement communiste international, n'entendait pas cesser d'être le point de rencontre des peuples indépendants et de ceux qui marchaient vers leur indépendance. Le 1er mars 1954, l'Inde avait refusé l'aide militaire américaine. Beyrouth et Le Caire envoyaient des délégués à Prague, à Belgrade, à Berlin pour tenter de signer des contrats de livraisons d'armes communistes. A Belgrade, Khrouchtchev avait déclaré, le 3 juin 1955, qu'il étendrait « la coexistence pacifique à tous les États sans tenir compte des différences idéologiques et sociales ». Cela voulait dire qu'il était prêt à vendre des armes aux pays arabes. Le Baas, parti nationaliste qui s'était constitué à Damas grâce à l'action de socialistes et de rénovateurs (Michel Aflak, Salah El-Bitar), prêchait comme Nasser pour le neutralisme. Sans doute Nasser devait-il tenir compte, dans son pays, de l'opposition des Frères musulmans qui considéraient sa « révolution » comme une manifestation du socialisme occidental, athée, matérialiste, haïssable. Mais les colonels de Damas et du Caire pouvaient espérer se faire ouvrir la porte de l'arsenal soviétique pour mener la guerre contre Israël. Les colonels égyptiens recrutaient, parmi les premiers réfugiés palestiniens, des « fedayins » (combattants suicides) dont la mission était de harceler sans trêve les villages frontaliers israéliens : on avait compté depuis 1951 3 000 accrochages, 6 000 sabotages, 400 tués et blessés, civils pour la plupart. L'ONU, devant ces agressions, était scandaleusement partiale : elle avait blâmé Israël en 1953 pour avoir lancé une action de représailles contre le village de Kibya, à la suite du meurtre d'une mère et de ses enfants dans un village israélien. Mais quand un commando jordanien avait attaqué un autocar sur la route d'Eilat, tuant onze personnes et en blessant vingt, l'ONU n'avait pas condamné le régime d'Amman. Le veto soviétique expliquait cette justice à sens unique. Le dangereux tournant de la politique internationale, qui faisait peser sur le Proche-Orient les menaces les plus graves, expliquait-il l'impatience du gouvernement français à liquider l'affaire algérienne par la force ?

L'objectif était d'empêcher l'extension de la rébellion à tout le pays. Paris venait d'expédier en Algérie les premiers renforts venus d'Extrême-Orient. On ne pouvait imaginer que l'armée, meurtrie par le désastre de Diên Biên Phu, connaisse en Afrique du Nord de nouvelles déceptions. Précisément, la guerre s'étendait, ni Cherrière, ni Allard, ni Soustelle ne l'ignoraient : un rapport du 26 mai le confirme : « La semaine du 16 et 22 mai (celle du voyage officiel dans les Aurès) a été marquée par une activité intense des hors-la-loi soutenue à un taux élevé malgré des pertes sensibles. » Les « HLL » (hors-la-loi en langage militaire) recrutent sans cesse : « De nombreux départs en dissidence sont signalés dans les Aurès, et l'on enregistre pour la seule ville de Biskra (où se tient la conférence secrète de Soustelle) 77 départs depuis un mois. » Les postes militaires du Constantinois avaient été attaqués, ainsi que le centre de recherches pétrolières de Tébessa, le long de la frontière tunisienne. Trois tirailleurs avaient déserté avec leurs armes ; 9 Français musulmans avaient été assassinés, 6 blessés, 5 enlevés. La région des Aurès n'était donc plus seule concernée : la rébellion débordait sur toutes ses franges.

Elle s'étendit, pour la première fois, aux départements de l'Ouest. Les colons de la Mitidja furent mis en alerte par l'arrachage de 2 500 pieds de vigne. Nombreux étaient les villages privés de téléphone : les fils pendaient aux poteaux sciés. Les routes n'étaient pas sûres, elles étaient parfois coupées. On arracha aussi des pieds de vigne près de Sidi-bel-Abbès, le dépôt de la Légion étrangère, dans l'Oranais. Ce département, jusque-là à l'écart de la rébellion, enregistra ses premiers attentats. Mille tonnes d'alfa brûlèrent à Arzew. Un rapport reçu à Alger, le 9 juin, signala l'amplification du mouvement ; la « forte poussée du terrorisme enregistrée au début de mai s'est accrue en intensité dans la période du 23 au 29 mai ».

Les bandes avaient désormais des effectifs de « 60, 80 et même 100 individus ». On note « le soin apporté à la préparation des coups de main, l'importance des objectifs visés, l'audace grandissante des katibas et la réquisition des populations ». Celles-ci fournissent une « aide passive », elles sont « terrorisées ». Mais cette aide « pourrait devenir active dans certaines régions ». Les rebelles attaquent désormais les voies ferrées en Oranais et poursuivent les sabotages de vignobles et de plantations maraîchères dans la Medjerda. Autour de Reghaïa, d'El-Affroun et de Douaouda, les cultivateurs alertent la Fédération des maires d'Alger. Ils ne peuvent tenir.

Le retournement de Soustelle ne s'expliquait pas seulement par l'extension de la rébellion. Il était bien davantage frappé par le changement de nature de l'action des groupes armés. Jusqu'alors ils visaient des objectifs économiques ou administratifs, des postes de police pour se procurer des armes, des Français musulmans considérés comme traîtres. Ils voulaient frapper l'imagination par des attentats et, par les exécutions, contraindre les neutres à les rallier. Mais, depuis la fin d'avril, le Front avait changé de tactique. Il s'attaquait aux fermes et aux fermiers. Il prenait également pour cibles des militaires :

la lutte engagée contre la « colonisation » devenait sans merci. Du coup, chez les colons, le syndrome de Sétif refaisait surface : à nouveau, ils vivaient dans la peur d'être égorgés dans les fermes isolées, attaqués sur les routes ou dans les champs.

C'est au cours de la semaine du 15 mai 1955 que le premier civil français fut assassiné dans le Constantinois. Pendant la même période, deux militaires furent enlevés, des fermes, des maisons forestières, des moulins furent pillés et incendiés dans la région de Khenchela et de Batna. La semaine suivante, l'armée signala une attaque dans le Sud-Est, à Youks-les-Bains : deux soldats avaient été tués. On incendiait des gares du chemin de fer. Sur l'ensemble du territoire, 13 civils trouvèrent alors la mort, 12 furent blessés, 6 disparurent.

Comment s'étonner que les pieds-noirs renouent avec la fureur et les accents de Sétif, qu'on entende avec plus de force les fermiers exiger des armes ? Soustelle lui-même décore le jeune fils d'une victime le 28 mai. A Guenlis, dans les Nemencha, l'administrateur Dupuy avait été assassiné en compagnie d'un lieutenant et de trois soldats français. Ce « Père de Foucauld laïque » avait frappé Soustelle par son amour des musulmans, qu'il aidait de toutes ses forces. Ainsi les rebelles tuaient-ils d'abord les meilleurs, ceux qui voulaient établir des liens entre les communautés à force de patience, de dévouement, d'amour. Le ton de la nouvelle politique fut donné par le gouverneur général le jour des obsèques : « Jurons, dit Soustelle devant les cercueils, de tout faire pour venger ceux qu'on nous a pris et pour que se poursuive, en dépit de tout, l'œuvre française pour laquelle ils ont donné leur vie. »

Du côté français, chacun prend position. Les libéraux du gouvernement général ne peuvent rester auprès de Soustelle et démissionnent. Germaine Tillion se consacrera aux centres sociaux, le commandant Monteil renoncera lui aussi, en expliquant, le 24 juin, sa position : « Sur le fond, dit-il, je crois l'intégration dépassée, nous ne garderons notre présence ici que sous une forme fédérale. » C'est aussi l'avis de Ferhat Abbas. Il est clair qu'il n'en est plus question, depuis que le gouvernement de Paris a choisi la guerre.

Jacques Juillet, nommé au gouvernement général par Mendès France en même temps que Soustelle, démissionne à son tour. Pour *L'Écho d'Alger*, il est évident que les démissionnaires ont en fait été renvoyés par le gouverneur. Alain de Sérigny salue ce retournement de la politique officielle en Algérie : le parti colonial se réjouit d'avoir eu gain de cause. C'est pourtant le gouvernement d'Edgar Faure lui-même qui avait cautionné, sinon inspiré, le choix politique de la répression en Algérie. Le directeur de *L'Écho d'Alger* ne pouvait ignorer le renversement de tendance qui s'était opéré dans la capitale. Et si le Parlement soutenait Edgar Faure, c'était parce que son gouvernement (Bourgès-Maunoury, Pinay, Kœnig) était décidé à couvrir la pacification militaire en Algérie. Rien à voir avec les réactions personnelles du gouverneur général.

Le même raidissement put être observé du côté des politiques algériens. Messali avait longtemps tenté de disputer au FLN le langage de la résistance : il n'y parvint pas parce qu'il n'était pas intégré à la révolution. Ses militants furent même attaqués et isolés par les agents du FLN. Un tract circula dans Alger. Il était l'œuvre de Ramdane Abbane et s'en prenait vivement aux messalistes : « Nous dénoncerons tous ceux qui ont recours au mensonge et à la calomnie pour dérouter [le peuple] de la véritable voie. Le tribunal de l'ALN sera impitoyable envers les traîtres et les ennemis de la patrie. » Pour la première fois depuis le 1er novembre, l'organisation rebelle diffusait un appel à la révolte au sein de la population : « Algériens, venez en masse renforcer les rangs du FLN ! Sortez de votre réserve et de votre silence. » Que le tract ait pu être distribué dans Alger inquiéta les responsables de la sécurité. Les représentants du groupe colonial déplorèrent que Soustelle eût libéré les prisonniers de Barberousse. Ils étaient allés grossir, disaient les journaux d'Alger, les bataillons de la révolte. On commença à voir des agents du FLN partout, alors que, sur Alger-ville, le Front était réduit à une poignée d'hommes : le texte, rédigé par Abbane, était précisément destiné à renforcer les adhésions, à faire rentrer les cotisations. Ouamrane, que Krim avait délégué à Alger comme responsable militaire de l'ALN aux côtés du chef du FLN Abbane, disposait tout au plus d'une centaine d'hommes pour tout l'Algérois. Il se déplaçait le soir avec Si Lakhdar et le jeune Azzedine, une nouvelle recrue, pour lever des djounouds et rassembler de nuit la population. Ils taxaient les chefs de famille à 10 % de leurs richesses et s'arrangeaient pour neutraliser, en les compromettant, ceux qui avaient la confiance des Français. Le 13 mai, les journaux d'Alger frémirent de crainte et de désir de vengeance en relatant l'attentat monté par Azzedine contre le poste français de Laperrine. *L'Écho d'Alger* ne pouvait savoir qu'Azzedine, blessé, serait soigné par un médecin européen, le docteur Chaulet, dans une clinique algéroise. La police multipliait patrouilles et perquisitions. Elle ne pouvait savoir que les rebelles étaient pratiquement absents d'Alger, qu'ils recrutaient dans le bled en tuant les chiens pour qu'ils n'aboient pas lors de leurs passages nocturnes. Yacef Saadi avait été expédié au Caire, via Paris, pour demander des armes et de l'argent. Abbane était sans nouvelles de l'Oranais, d'où M'Hidi, remplacé par Boussouf, s'était enfui pour se rendre au Caire, et du Constantinois, où, pourtant, se manifestaient par des exactions chaque jour plus nombreuses Didouche et ses lieutenants, Zirout Youssef et Lakhdar Ben Tobbal, encore inconnus de la police française. Quant aux Aurésiens, ils étaient isolés. La révolution ne pouvait diffuser ses mots d'ordre. C'est par les journaux français et les émissions de radio que les chefs de réseau étaient informés des activités de leurs camarades.

La « victoire » de Bandoeng les avait dynamisés : elle inspira même à Ferhat Abbas un discours violent prononcé à Djidjelli, un port de Petite Kabylie ; prenant la défense des frontistes, le « modéré » de l'UDMA lança : « Les hors-la-loi, ce sont les préfets, ce sont les maires, ce sont les administrateurs des communes mixtes » qui ont « bafoué les droits que la France républicaine a accordés aux Algériens musulmans ». Il testa pour la première fois devant un public kabyle le slogan « Algérie algérienne ». Le lendemain, 10 mai, devant l'émoi des maires d'Algérie, René Mayer répondit en personne dans les colonnes de *L'Écho d'Alger*. Il qualifia le discours du leader algérien d'« appel à la dissidence » tombant sous le coup de la loi. Ferhat Abbas lui expédia un télégramme de protestation : « Le terrorisme n'existe que parce que depuis huit ans les potentats algériens ne connaissent d'autre loi que celle de leurs intérêts égoïstes [...]. La dignité de notre peuple bafouée et la loi violée ne pouvaient nous conduire qu'aux événements actuels. Vous avez été de ceux qui ont couvert cette politique comme député, garde des Sceaux et président du Conseil. Votre responsabilité est autrement engagée que la nôtre. » Que Ferhat Abbas ait songé, dès le mois de mai 1955, à entrer en rapport avec le FLN peut surprendre. Yves Courrière en apporte pourtant la preuve, au terme d'une enquête sur témoignages. Ouamrane et Abbane se rendirent en effet dans l'appartement du vieux militant, rue du Docteur-Trolard, près du Forum d'Alger. Il leur remit des valises de médicaments et 500 000 francs, s'engagea à réunir d'autres fonds pour le mouvement. Avant d'adhérer officiellement au FLN, il demandait néanmoins une « dernière médiation » auprès des Français. Il se rendit donc lui-même à Paris, où Edgar Faure le reçut. Aucune autre autorité parisienne n'aurait alors pu discuter avec un Algérien réclamant pour son pays le « statut d'État associé avec souveraineté nationale, drapeau et citoyenneté algérienne ». La médiation ne pouvait réussir, et, dès le mois de juin, Ferhat Abbas rejoignit le FLN. C'était, pour le Front, une singulière victoire politique.

Soustelle en fut rapidement informé par une opération de police : le 21 juin, on avait arrêté deux agents de liaison du FLN porteurs de documents capitaux. Par courrier spécial, le gouverneur général avertit Bourgès-Maunoury que Ferhat Abbas était en liaison avec le FLN. Il en était de même du cheikh Tebessi, une autorité chez les oulémas : « Il ne faut point se leurrer, disait Soustelle, décidément bien revenu des espoirs qu'il avait mis dans la troisième force musulmane, les notables musulmans ont presque tous, peu ou prou, des contacts avec les clans rebelles [...]. La comparaison avec la Tunisie s'impose : de même que dans la régence les fellaghas étaient dans une large mesure une expression du Destour, les hors-la-loi représentent en Algérie l'aile marchante du nationalisme politique ou religieux. » Soustelle se contenta d'arrêter le docteur Debaghine, également compromis. Cet ancien député n'avait pas l'autorité d'un Abbas, il était sans prise sur le mouvement religieux. Il n'était pas question d'arrêter les gros poissons : on se contenta de les surveiller et de leur faire savoir que l'on n'ignorait rien de leurs contacts ni de leurs engagements.

Une lettre de Boudiaf, saisie sur des agents de liaison, montrait que le mouvement souffrait d'une grave pénurie d'armes et d'argent. La police française avait mis la main sur Yacef Saadi à son retour de Suisse, elle avait démantelé la Fédération de France du FLN, qui avait ravi aux messalistes la direction des travailleurs émigrés dans nombre de régions. Ce que le gouverneur ignorait encore, c'est que Belkacem Krim avait chargé un jeune chef fanatique et croyant, Amirouche, d'organiser militairement la vallée de la Soummam. Il soupçonnait la guerre intestine, dans le bled, entre FLN et messalistes. Il avait encouragé les services secrets à faciliter l'action des maquis messalistes. Mais Amirouche les avait réduits par la force, obligeant le chef le plus expérimenté, Bellounis, à se réfugier dans le Sud. « Il y a quelque chose à faire avec le berbérisme », avait glissé Soustelle à Eydoux. Cette action secrète avait été contrée par les hommes de Krim. L'extension de la rébellion, tant redoutée, était un fait : seuls les renforts militaires pourraient permettre au nouveau général en chef, Lorillot (Cherrière avait été limogé en même temps que Vaujour, le chef de la Sécurité), de la réduire. Tout Alger assista, sur le port, au débarquement de la 2e division d'infanterie motorisée, la « Division de fer », qui venait de l'est. A sa tête, l'un des maréchaux de De Lattre en Indochine : le général Beaufre. L'épreuve de force commençait : la France s'y engageait, drapeau en tête.

La Division de fer était bien pourvue en engins lourds, chars, automitrailleuses, canons autotractés qui alignaient leurs tubes sur les quais, tandis que les Jeeps prenaient la tête du défilé militaire : sous les vivats, les soldats du contingent traversèrent Alger au pas de parade, follement applaudis. Enfin le pays reconnaissait le malheur des Algériens et venait à leur secours comme eux-mêmes l'avaient fait en 1944, quand ils s'étaient sacrifiés pour la libération de la métropole. Enfin la « rébellion » était traitée comme une vraie guerre, avec les moyens de la réduire. La force étalée, loin de minimiser l'ennemi, le grandissait. Pour répondre au défi, le gouvernement n'avait pas ménagé ses efforts. Il ne pensait plus que l'on puisse rétablir l'ordre en se contentant de consentir des réformes. On avait enfin décidé de montrer sa force : non pas les maigres troupes de Cherrière, mais l'armement le plus moderne et l'unité la plus prestigieuse. L'armée faisait son entrée en force dans la guerre. Elle ne quitterait plus Alger.

La division n'était que l'avant-garde d'autres grandes unités. L'ordre de mise en route signé par Kœnig, le ministre de la Défense, était daté du 26 mai. Il touchait les quatre régiments d'infanterie motorisée (26e, 151e, 152e et 153e) pourvus de deux groupes de canons de 105, comprenant chacun trois batteries de quatre pièces, soit 24 canons lourds. On avait même prévu

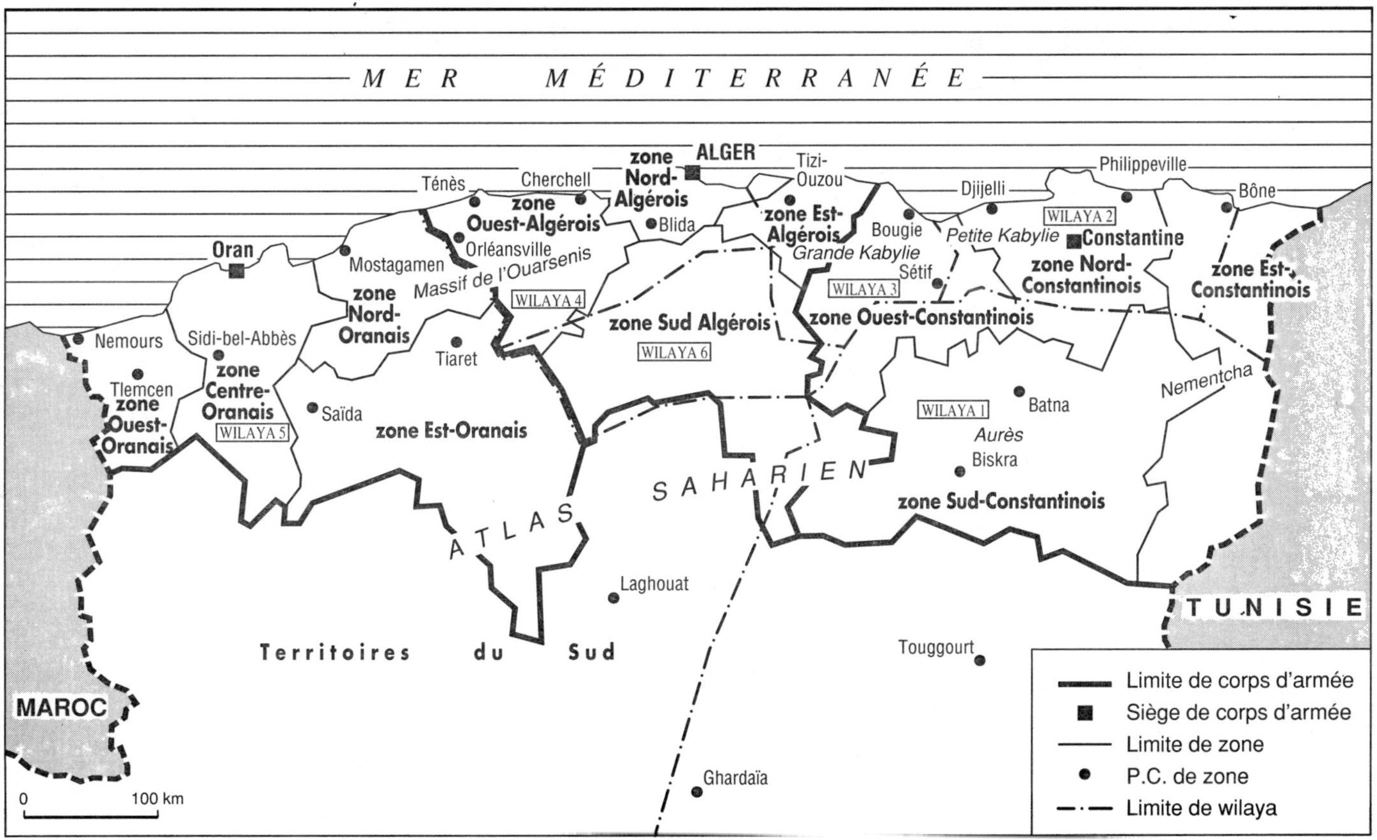
MER MÉDITERRANÉE
ALGER
zone Nord-Algérois
Blida
Ténès
Cherchell
zone Ouest-Algérois
Orléansville
Massif de l'Ouarsenis
WILAYA 4
Tizi-Ouzou
zone Est-Algérois
Grande Kabylie
Bougie
Djijelli
Petite Kabylie
Sétif
WILAYA 3
Philippeville
WILAYA 2
Constantine
zone Nord-Constantinois
Bône
zone Est-Constantinois
zone Ouest-Constantinois
zone Sud Algérois
WILAYA 6
Oran
Mostagamen
zone Nord-Oranais
Nemours
Sidi-bel-Abbès
zone Centre-Oranais
Tlemcen
zone Ouest-Oranais
WILAYA 5
Tiaret
Saïda
zone Est-Oranais
Nementcha
Batna
WILAYA 1
Aurès
Biskra
zone Sud-Constantinois
ATLAS SAHARIEN
Laghouat
Territoires du Sud
Touggourt
Ghardaïa
TUNISIE
MAROC
0 100 km
Limite de corps d'armée
Siège de corps d'armée
Limite de zone
P.C. de zone
Limite de wilaya

un groupe d'artillerie anti-aérienne, un bataillon du génie, de transmissions et tous les services nécessaires en temps de guerre. La cavalerie du 16e dragons ouvrait la route de ses engins motorisés. On avait laissé en France les lourds chars Pershing, considérés comme inutilisables sur les routes algériennes. On poussait l'étude de la constitution d'une 7e division mécanique qui devait rejoindre l'armée d'Algérie. Son ordonnance serait modifiée pour répondre aux besoins locaux, car elle ne disposait que de quelques unités de voltigeurs et ne pouvait tenir « une ligne ou un point de terrain ». Les transmissions et la logistique étaient insuffisantes. La division était dotée de matériel lourd, obusiers de 105, AMX de SS 10 ou 75 SR. Le 29 janvier 1955, le secrétaire d'État Chevallier avait signé l'ordre de constitution de cette division. Elle ne serait acheminée en Algérie, après réorganisation complète, qu'à partir de 1956.

Mais la 27e division d'infanterie était attendue plus vite. Sa reconstitution commença le 1er août avec « un élément opérationnel susceptible en permanence d'être enlevé et employé dans les plus brefs délais ». On prélèverait les appelés sur les classes 54/1, 54/2 et 55/1. La machine militaire s'était mise en branle. On s'attendait manifestement à des engagements de longue durée.

Le général Beauffre installa son PC à Tizi-Ouzou, au cœur des Kabylies, pour prendre la région en charge. Il avait pour cible les unités constituées par Belkacem Krim, mais aussi, dans la chaîne des Bibans, à l'ouest des Kabylies, les djounouds levés par Amirouche dans la vallée de la Soummam qui devaient très vite se manifester. Les foyers de rébellion des Aurès n'étaient pas réduits, ils s'étendaient au contraire vers les Nemencha. Les premiers frémissements du passage des djounouds en Oranais n'avaient pas trompé la vigilance des renseignements militaires. On comptait désormais trois zones organisées : les Aurès, la Soummam et la Kabylie, sans compter le Nord-Constantinois, qui venait de se manifester. Les renforts à peine arrivés se révélèrent insuffisants.

En juin 1955, les rapports des renseignements signalèrent des harcèlements de patrouilles et de postes dans toutes les zones contaminées, des attaques et des incendies de maisons forestières, d'écoles, de dépôts de liège en Kabylie, des sabotages de voies ferrées et de lignes téléphoniques. Dix mille pieds de vigne et 100 arbres fruitiers avaient été coupés dans la Mitidja et en Kabylie. On avait incendié une ferme à l'ouest, dans la région d'Orléansville. Un champ de blé avait brûlé. On comptait trois blessés et deux fermiers massacrés. Désormais, l'aviation employait, pour détruire les villages des zones interdites à la population civile, des bombes de 200 kilos et attaquait aux roquettes les grottes refuges. Un rapport du 17 juin indiqua que, dans le Constantinois et les Kabylies, le soir même du débarquement à Alger de la division Beaufre, l'agressivité de l'ennemi ne se manifestait plus seulement par des enlèvements de personnalités ou des actes de terrorisme, mais « par une pression plus profonde et plus étendue : incendies de fermes, incendies de récoltes et destruction de cultures ». On ne s'étonnait pas de ce « changement de tactique qui essayait d'atteindre l'économie du pays » : les rebelles voulaient contraindre les fermiers au départ. Ils avaient pris pour première cible la colonisation comme jadis à Sétif. Ils commençaient la conquête du bled avant de s'attaquer aux villes. La révolution devait trouver ses bases dans les douars.

Le FLN avait commencé la liquidation des agents du MTLD. L'interdiction de la consommation du tabac, du vin et de l'alcool était à la fois une sanction économique, un moyen de boycotter l'empire Borgeaud, et surtout une méthode pour obliger les musulmans à se rallier, à dénoncer et à châtier les traîtres (certains avaient le nez coupé) qui avaient contrevenu aux directives. Ainsi, par la terreur, le FLN comptait les siens. Un rapport du 27 juin montre que le renseignement de l'armée était au fait de ses méthodes : dans le Constantinois et l'Algérois, « il a suffi d'un simple mot d'ordre pour boycotter des magasins mozabites et interdire le tabac ». Pendant tout l'été, les incendies de fermes se poursuivirent. A Philippeville, les rebelles attaquèrent à la bombe et brûlèrent les cultures. Puis ce fut au tour du Nord constantinois de flamber : les aviateurs observèrent la propagation du feu dans les champs de blé, photographiant les champs d'orangers et d'oliviers saccagés. Les djounouds ne recherchaient pas l'affrontement avec les militaires : en s'attaquant aux fermes non protégées, leur objectif était la « destruction des biens colonialistes ». Il y eut plus de vingt actions de ce genre dans le Constantinois, du 20 au 26 juin. Les incendies allumés dans la Mitidja et dans l'Oranais indiquaient par ailleurs un « glissement du terrorisme vers l'ouest » et le renforcement des consignes contre le tabac.

On publia alors un bilan des pertes depuis le début de novembre 1954 : 129 civils français musulmans avaient été assassinés, 226 militaires avaient été tués et blessés. On estimait à quelque 300 les morts du camp adverse, à 49 les blessés. La faiblesse de l'écart était inquiétante : elle montrait que les forces de l'ordre disposaient d'une puissance de feu très insuffisante et que la troupe venue de France était engagée dans une guerre à haut risque.

Les opérations par hélicoptères se multiplièrent : l'aviation prêta ainsi les quatre Bell qu'elle possédait à un commando de CRS qui poursuivait une bande terroriste fabriquant des explosifs dans l'Algérois, au sud-ouest de Blida. Une vingtaine de CRS déposés par surprise parvinrent à se saisir du dépôt d'armes et de bombes. En revanche, les opérations de bouclage étaient meurtrières et décevantes : un violent accrochage à Djellal, dans le Constantinois, provoqua, le 27 juillet, 25 morts et 6 blessés chez les Français, 28 morts et 22 blessés dans la région de Ras el-Buch, le 30 juillet. Les opérations de pacification coûtent trop cher, pense Beaufre, parce qu'elles sont mal menées.

Peut-on pour autant espérer une pacification rapide, efficace, économe de la vie des hommes ? Beaufre n'en est pas sûr. Il n'est pas facile d'identifier et de localiser l'ennemi dans les Kabylies sauvages. Le général était confronté en Indochine à un adversaire organisé, disposant d'unités constituées, appliquant une stratégie de guerre et non seulement de guérilla. Ici, les groupes sont éclatés, dispersés et protégés par des techniques adroites de camouflage qui rendent les hommes de Belkacem Krim insaisissables. Ils savent marcher la nuit pendant des heures en se repérant sur les étoiles. Les habitants des mechtas les aident à se cacher quand ils ne campent pas dans la montagne. Pour se protéger des reconnaissances aériennes, ils se regroupent à quatre ou cinq, simulant le tronc d'un arbre dont les feuilles sont des branchages qu'ils brandissent au-dessus d'eux : ces étoiles humaines, du ciel, passent inaperçues. Ils savent fouiller le sol au pied des touffes d'alfa, constituer des caches à taille d'homme où ils restent des heures, observant les alentours sans se faire remarquer. Ils se déplacent sans bruit grâce aux Pataugas souvent volés à l'armée française. Ils mangent froid, sans faire de feu : des figues, des oignons, du pain dur, de la galette arrosée d'eau, de la caroube. Les soins aux blessés sont rudimentaires, car les médicaments manquent ; les médecins aussi. Certains sont transportés en ville, où ils bénéficient des soins de médecins amis. C'est l'exception. Les autres meurent dans le bled quand les blessures s'infectent. Ouamrane leur a appris, comme Krim, à tromper l'ennemi. S'ils sont surpris par l'aviation, ils doivent gagner au plus vite l'abri des arbres et ne se déplacer que la nuit tombée.

Krim donna à Beaufre, qui, pourtant, a pratiqué aussi la guérilla en Indochine, une leçon d'organisation de cette guerre si particulière. La Division de fer, très active, déplace constamment ses engins motorisés sur les routes, mais elle a disposé des postes fixes près des ouvrages d'art pour éviter les sabotages : ces hommes sont isolés, ils peuvent être attaqués facilement, malgré les liaisons radio, à condition de faire vite et de se replier aussitôt. Krim a remarqué que les Français ont des habitudes paresseuses, qu'ils convoient à heure fixe les colonnes de ravitaillement. Soir après soir, les guetteurs (« choufs ») ont noté les heures de passage, sur la route de Khemis à Tizi-Ouzou. Krim ose monter une embuscade, affronter la célèbre division : les guetteurs signalent l'arrivée du convoi, les djounouds se répartissent en trois groupes éloignés de 50 mètres, bien cachés. Le premier camion passe, cn crève les pneus des suivants. Hurlements d'Indiens. L'action est très rapide : douze fusils automatiques à dix coups sont pris, une carabine américaine aussi. Les djounouds s'enfuient aussitôt, par petits groupes. En suivant le lit des oueds, ils se rapprochent de Tizi-Ouzou, où ils se cachent tout près de l'état-major du général. Fou de rage contre les officiers du convoi qui n'ont pas respecté ses consignes de ne circuler qu'à des heures variables, il donne l'ordre de poursuite. Pendant trois jours, ses unités s'épuiseront à fouiller la région. On ne trouvera pas trace des rebelles, qui se sont évanouis dans la montagne. L'aviation survole en vain le Djurdjura. Pas le moindre indice de bandes armées.

Beaufre en conclut qu'il a affaire à une organisation bien huilée, d'autant plus difficile à démanteler qu'elle bénéficie du concours de la population. Impossible de discerner, parmi les habitants des douars, les « moussebiline », qui, dans les villages, sont les valets d'armes des moudjahidine : ils préparent le ravitaillement et le logement des hommes en cavale, ils sont les choufs, guetteurs infatigables, qui annoncent l'arrivée de l'ennemi, ils transmettent le renseignement d'un douar à l'autre, jouant le rôle d'agents de liaison sans ordres écrits. Comment soupçonner les bergers, les agriculteurs, les paysans en déplacement sur les routes, tirant une chèvre au bout d'une corde ou montés sur un mulet ? Après cette embuscade, Belkacem Krim se garde de poursuivre dans cette voie : ses hommes, dispersés en petits groupes, se livrent à des actions terroristes, évitent les militaires, incendient les récoltes et châtient les fumeurs de Bastos. Les tirs d'artillerie sont généralement inefficaces, les passages d'engins blindés n'impressionnent plus la population qui a appris, par la radio, la nouvelle de la « victoire » de Krim sur la route de Tizi-Ouzou. La presse d'Afrique du Nord a largement commenté l'accrochage, lui faisant ainsi une grande publicité. La propagande est à l'avantage des rebelles.

Les multiples embuscades contre un même convoi, à plusieurs étapes d'un même itinéraire, sapent le moral et font croire à la présence de groupes nombreux, alors que les assaillants ne sont qu'une poignée et se contentent bien souvent de viser les fantassins alignés sur les bancs des camions. Les fouilles organisées qui s'ensuivent poussent toujours davantage la population vers les rebelles : les vexations inévitables, les erreurs d'appréciation, les abus rendent l'armée française insupportable. Sadek, l'un des adjoints de Krim, a formé des groupes de onze combattants qui attaquent sans relâche. Les 1 500 Kabyles armés représentent pour la division Beaufre un adversaire non négligeable, qui appelle des réponses appropriées : on commence à lever dans les villages des groupes mobiles de protection rurale (GMPR) pour éviter les distributions d'armes aux civils français, dont on redoute encore les réactions violentes. Ces ancêtres des harkis sont employés, sous la responsabilité de l'armée, à l'autodéfense.

Dans les Kabylies, les chefs de zone ont été rendus circonspects par la circulation permanente des convois et les nombreuses sorties aériennes. La reprise en main de la population, l'organisation des points fixes ont obligé Belkacem Krim et ses lieutenants à la prudence. Les Kabylies semblent s'endormir. Le fougueux Amirouche, pendant six mois, s'occupe de la région, marchant d'un groupe à l'autre, passant du Djurdjura à la chaîne des Bibans. Les très nombreux villages kabyles apprennent à connaître Amirouche... et à payer leur cotisation. Le temps de convaincre les hommes de rejoindre le maquis, Amirouche entraîne les nouvelles unités, les aguerrit, les prépare pour le vrai combat. Il lui faudra trois mois pour tenir en main les villages de la Soummam, à partir de la chaîne des Bibans, que ses katibas dominent, de Bouira à Station-Maillot, d'Akbou et de Michelet à Sidi-Aïch. Par la crainte, mais aussi par l'exemple : la foi intense qui fait ressembler Amirouche à un combattant de la guerre sainte et illumine son visage émacié, son ardeur au combat, où il occupe toujours le poste le plus risqué, son intransigeance à l'égard des traîtres et des tièdes qui le désignent pour diriger la révolution. Il fait peur même à ses chefs. Belkacem Krim décide de lancer vers l'est ces 800 djounouds fanatisés, pour leur faire établir la liaison avec les groupes du Constantinois, dont il est sans nouvelles. Une mission qui n'est pas un cadeau : Amirouche doit franchir un territoire balisé par la Division de fer du général Beaufre, pour se présenter aux parachutistes du colonel Ducournau.

Les rappelés sont constamment sur le qui-vive dans la semaine du 8 au 15 août, quand la moitié des Français de la métropole se dore sur les plages (50 % des Français partent déjà en vacances cette année-là). La semaine est agitée dans le bled algérien. Heureux ceux qui somnolent dans les états-majors d'Alger ! Les appelés de la 2e division viennent de Colmar, de Strasbourg, de Nancy. Leurs officiers sont jeunes, 32 ans pour les lieutenants, 38 au maximum pour les capitaines. Les chefs de bataillon et les colonels sont plus âgés, des vétérans de la guerre qui ne prennent pas de risques et considèrent l'Algérie comme un faux théâtre : un semblant de guerre mené par des figurants-soldats. Mais Beaufre les stimule, les empêche de s'attendrir sur leur mauvais sort : tentes repliées, les colonnes prennent sans cesse le chemin des montagnes, à la poursuite de bandes imaginaires que l'on n'accroche presque jamais. Trop rarement, les soldats descendent de Tizi-Ouzou prendre des bains de mer. Trop rapides sont les visites dans les BMC, ces rencontres avec les prostituées volantes venues d'Alger. Un convoi de ravitaillement est attaqué près de Dra el-Mizan, le pays d'Ouamrane. On relève 6 morts et 3 blessés. La poursuite est vaine : les HLL ont disparu dans les montagnes...

Cette deuxième semaine d'août n'est calme qu'en Oranais. Les rapports de sécurité indiquent sur le reste du territoire « un net esprit offensif des hors-la-loi ». Pour la première fois, le « territoire des oasis » (le Sud-Est algérien) est entré dans la guerre. Les 9, 10 et 11 août, de furieux combats ont opposé, dans le désert, les Français aux rebelles, au nord d'El-Oued, entre le chott Djérid et le chott Melhrir, sur la piste caravanière qui joint Gabès, en Tunisie, aux monts des Ouled Naïl et au chott El-Hodna, qui donne accès aux Kabylies et à l'Algérois. Le trafic caravanier du Sud permettrait-il des livraisons d'armes ? L'aide égyptienne viendrait-elle du désert ? Les rebelles sont une cinquantaine, armés jusqu'aux dents. Ils tuent 21 soldats français, mais ne peuvent trouver de refuge quand l'aviation les attaque en *straffing* et bombarde. On a transporté sur place, par avion, 230 parachutistes. Les rebelles ont crevé d'une balle le réservoir d'huile d'un appareil qui a dû se poser en catastrophe sur le petit terrain d'El-Oued. L'état-major est perplexe : faut-il désormais surveiller en permanence les territoires du Sud ? Même les moyens aériens font défaut.

Rien à signaler dans le Nord-Constantinois, mais le Sud-Est est agité. Il est rare d'apprendre dans les communiqués des massacres de troupeaux. Les rebelles, d'ordinaire, s'en prennent aux récoltes, aux pieds de vigne et aux orangers. Cette semaine-là, ils égorgent plus de 300 moutons à la frontière tunisienne, près de Souk-Arhas. La rébellion a gagné vers le sud, où l'occupation française est moins dense : des postes des Nemencha sont harcelés. Un accrochage, près du village de colonisation d'Auguste-Comte (entre les Aurès et les Nemencha), se solde par la victoire de l'armée : 33 rebelles sont tués. Mais le rapport indique que « la population des Nemencha est pratiquement toute en dissidence », ainsi que celle des oasis du Sud. On ne peut pénétrer à El-Oued sans escorte. A Tizi-Ouzou, le général Beaufre craint une attaque surprise des rebelles : il demande des survols de la région par des avions de reconnaissance.

Les Kabyles préparent-ils une action ? Belkacem Krim s'inquiète du silence de Didouche, le responsable du Nord-Constantinois. Il envoie Amirouche à sa recherche pour établir le contact entre la wilaya 3 (kabyle) et la wilaya 2. Depuis janvier, Didouche est pris à partie par les parachutistes de Ducournau, qui viennent des Aurès. Alors qu'il remonte vers le nord avec son lieutenant Youssef Zighout, il est surpris par des gendarmes qui alertent les parachutistes. La petite bande de 19 djounouds est cernée, ce 18 janvier, par 400 « léopards ». Zighout a réussi à décrocher, Didouche a été tué. Même Ducournau ignore qu'il vient d'abattre un des chefs historiques. Krim ne le sait pas non plus.

Sur place, le forgeron Youssef Zighout reprend le combat, avec Ben Tobbal l'impitoyable, dit « le Chinois », à cause de sa taille et de ses yeux bridés. Ils n'ont aucune relation avec les wilayas et s'informent des événements par Radio-Alger et La Voix des Arabes. Ils apprennent ainsi les événements du Maroc.

Quelle leçon ! La voix d'Allal el-Fassi se fait souvent entendre sur les ondes : le chef marocain est une autorité religieuse. Ce militant de la pureté de la foi vient de Fez, l'un des centres spirituels du Maroc intransigeant. Il reçoit des Wahhabites d'Arabie Saoudite un secours financier, qui annonce l'aide importante que consentiront les États arabes, tous indignés par la déposition du sultan. Allal el-Fassi se flatte de ces secours, il les affiche, il affirme que tout le Maghreb sera bientôt libéré. L'armée de libération de l'Afrique du Nord a été créée par lui au Caire. L'heure du combat décisif approche, dit-il ; depuis un an déjà, le sultan a été déposé. Il est temps de lui rendre son trône.

L'Istiqlal possède à Tanger une base de repli et d'approvisionnement en armes. Les Espagnols font plus que fermer les yeux : indigné par la légèreté de la France, qui a décidé seule d'exiler le sultan, sans consulter l'Espagne, Franco accorde « la liberté et l'hospitalité les plus larges » aux réfugiés politiques venant du Maroc français. Les 80 000 militants du parti indépendantiste ont de l'argent et des armes. Ils peuvent passer à l'action.

Tous les Français du Maroc ne sont pas des partisans de la répression. Des organisations militent en faveur du retour du sultan, notamment le comité France-Maghreb, proche du président Edgar Faure. Un autre groupe (le Centre d'études et de documentation de l'ancien résistant Jean Védrine, ami de François Mitterrand) recommande la création d'un Conseil du trône qui permettrait, sans perdre la face, d'écarter Arafa pour rappeler Mohammed. Soixante-quinze libéraux ont écrit au président René Coty pour protester contre « l'intimidation érigée en politique ». Le journal *Maroc-Presse*, qui appartient à Jean

Walter, propriétaire des mines Zellidja, a basculé dans le camp de la décolonisation. Certains grands intérêts marocains liés à des groupes français et internationaux souhaiteraient une solution à la tunisienne, dont ils devinent qu'elle aurait l'accord d'Edgar Faure. C'est le cas du riche industriel des huiles Lemaigre-Dubreuil, un non-conformiste anti-gaulliste qui a préparé en 1942 le débarquement américain au Maroc. Dans la nuit du 11 au 12 juin, il est assassiné.

Cet attentat, inspiré par les ultras, provoque la panique au gouvernement, qui mesure l'inutilité de la politique répressive : Edgar Faure et son ministre des Affaires marocaines et tunisiennes, le libéral Pierre July, décident de rappeler le résident général François Lacoste, dont les positions sont celles de la droite conservatrice. Il pense que les rebelles algériens trouveront un secours inespéré au Maroc si la France ne peut plus compter sur l'appui des tribus traditionnelles au sein desquelles elle lève ses tabors. Il est remplacé par le compagnon de la Libération Gilbert Grandval, qui parade en uniforme étincelant, le 7 juillet, dans les rues de Rabat. Comme Soustelle, à Alger, il renvoie les policiers et les administrateurs trop compromis dans la politique de répression et libère 77 détenus politiques. Une semaine plus tard, le 14 juillet, une bombe explose à Casablanca : l'incident est suivi de trois jours d'émeute. Les Européens armés tirent dans les rues. On relève 60 cadavres, dont 55 sont des Marocains. L'arrivée de Grandval a mis le Maroc à feu et à sang.

Marc Bruneteau, le fantassin de Saint-Maixent, est témoin de ces émeutes. Le 15 juillet, les voitures brûlent encore dans les rues de Casablanca. Les magasins sont incendiés et pillés, les pompiers, sous la protection des parachutistes, assurent 175 sorties. On ne compte plus les morts victimes de la ratonnade dans la médina. Les légionnaires du 4e régiment ont quitté Fez et Meknès pour intervenir. On tire même sur les ambulanciers. La rébellion gagne toutes les villes du Maroc : Rabat, Sétat sont touchés. Les récoltes brûlent dans le bled, on découvre le cadavre d'une femme décapitée près de Sidi-Slimane. Les eucalyptus de la côte, près de Mazagan, flambent comme des torches. Les policiers et les goumiers ratissent la médina de Fez. Un colon est découvert carbonisé au volant de sa voiture devant l'usine Le Carton, à Casablanca. La haine raciale s'affiche scandaleusement, et Grandval, bousculé le 17 dans la rue, ne peut qu'expulser les Européens les plus compromis dans la ratonnade, ainsi que de nombreux policiers. Des renforts de gendarmes sont demandés d'urgence.

Ce 14 juillet sanglant laisse mal augurer du 20 août : on s'attend à de nouveaux massacres pour le deuxième anniversaire de la déposition du sultan. Le gouvernement veut à toute force imposer une solution libérale, faire taire les ultras. Comment éloigner, sans perdre la face, le nouveau sultan, alors que les groupes parlementaires gaullistes et MRP sont mobilisés par Georges Bidault et le général Kœnig ? Edgar Faure procède par étapes : il fait constater l'impuissance d'Arafa à former un gouvernement représentatif de toutes les tendances politiques. L'opposition, au Maroc, refuse de jouer ce jeu. Edgar Faure, qui avait prévu cet obstacle, décide alors de réunir à Aix-les-Bains, le 22 août, une conférence franco-marocaine qui réexaminera la question dynastique et proposera un calendrier d'émancipation comparable au processus tunisien. Pour les ultras du Maroc, pour le groupe des députés d'Afrique du Nord au Parlement, c'est le couteau sous la gorge. Les nationalistes marocains s'indignent néanmoins des « procédés dilatoires » du gouvernement Faure. Ils décident de passer à l'action le 20 août pour imposer le retour du sultan. Dès le 19, l'émeute éclate à Khenifra. Elle se poursuit le 20 : on compte 40 morts.

Après la ratonnade sanglante du 14, c'est la revanche des rebelles marocains. Ils n'ont eu aucun mal à mobiliser le peuple des villes et de certaines régions rurales (les plaines coloniales). Les mobiles religieux jouent aussi contre les « ennemis de la foi » qui ont déposé le sultan. Le commandement militaire, qui craignait l'embrasement du bled, a fait venir des renforts d'Algérie et de France : notamment le 5e régiment d'infanterie, où sert Bernard Verdon. Incorporé en mai 1954, celui-ci avait quitté sa Vendée natale et accompli quinze mois de service à Coblence. Le 15 août, le 5e RI a embarqué à Strasbourg pour Casablanca. A Rabat, il apprend qu'un hôpital français vient d'être attaqué à Oued-Zem. Mais son régiment n'intervient pas. On le dirige dans le bled, près de Médiouna, pour protéger des usines de contreplaqué et de manganèse : on craint que l'Istiqlal ne sabote le matériel. Le 6e régiment de tirailleurs marocains n'est pas davantage engagé contre les émeutiers des villes. Le sergent Bruneteau et sa compagnie partent dans l'Atlas, d'où viennent, pense-t-on, les assassins d'Oued-Zem. Ils sont accompagnés de rappelés pieds-noirs qui ratissent avec eux les noualas : mais les populations se sont déjà enfuies, les troupeaux sont à l'abandon.

A Oued-Zem, une manifestation musulmane, à laquelle participent les femmes, dégénère en affrontements dignes d'une guerre de religion : dans cette ville de 1 000 habitants, située à 150 kilomètres de Casablanca, des maisons blanches sont construites au pied de la montagne sur un plateau presque désertique où quelques troupeaux de bœufs disputent l'herbe rare aux moutons et aux chameaux. Les nomades du Sud campent tout autour. Le samedi matin 20 août, vers 8 h 30, les manifestants sortent de la médina, des douars, de la plaine. Ils entrent dans les maisons des Européens, comme à Sétif, égorgeant une famille de sept personnes, les Voignier. Un fonctionnaire français est écharpé. La foule entre dans l'hôpital, massacre le médecin-chef Fieschber, ainsi que les malades sur leurs lits.

Les villes de Khenifra ou Boujad sont, comme Oued-Zem, campées sur les contreforts de l'Atlas. Les tribus déchaînées descendent de la montagne. Tous les témoignages concordent : à Khenifra, les youyous des femmes précèdent l'assaut, à 7 heures du matin. Dans le quartier européen qui porte le nom de « Far-West », c'est la terreur. Des centaines de manifestants armés mettent le feu aux bureaux de tabac, aux cafés, aux pharmacies, envahissent le Far-West, bloquent le commissariat. Les gendarmes, après sommations, tirent. Les femmes et les enfants se réfugient dans le bureau des affaires indigènes. La foule des manifestants grossit, incendie dix maisons. Des renforts de troupes sont parachutés. Les cavaliers des Zaïans descendent de la montagne et attaquent les parachutistes. D'autres renforts arrivent, des tirailleurs sénégalais et des légionnaires. La répression commence, comme à Sétif. Une poursuite impitoyable, dans les villages en feu. Les fuyards sont abattus.

Le bilan est lourd : 90 morts et 20 blessés chez les Européens, dont 50 à Oued-Zem. Plus de 100 morts et 150 blessés chez les manifestants marocains, sans compter les morts d'Oued-Zem, que *La Dépêche d'Alger* dit impossibles à évaluer. A Khenifra, les légionnaires, qui ont eu 3 tués, ont réagi avec vigueur : plus de 100 Marocains ont été tués ou blessés.

Les émeutes de Casablanca, le même jour, ont fait également des victimes : une manifestation de musulmans armés a tourné à l'émeute quand un mystérieux tireur, d'une rafale de mitraillette, a donné le signal de la tuerie. Trois journalistes ont trouvé la mort sur la route de Khenifra à Oued-Zem, dont André Levœuf, de *France-Soir,* et le reporter de la chaîne américaine NBC. « J'entends poursuivre la répression avec la plus grande énergie », affirme Gilbert Grandval, tandis qu'Edgar Faure déclare à la presse : « Le gouvernement poursuivra la répression de ces crimes en Algérie et au Maroc. »

Car l'émeute sauvage, à des milliers de kilomètres, enflamme le même jour le Constantinois. Tout commence dans la capitale : une bombe explose dans le bar Le Gambrinus, faisant 1 mort et 14 blessés. Huit bombes éclatent en même temps dans différents quartiers de Constantine. On attaque l'aérodrome, la gendarmerie, les CRS retranchés dans leur camp. Entre 11 h 30 et 12 h 30, simultanément, les rebelles passent à l'action à Philippeville, à Aïn-Abib, à Saint-Charles, à Oued-Zenati. Tout le périmètre au nord-est de Constantine est touché. *La Dépêche quotidienne d'Algérie* estime à 2 000 le nombre des assaillants. « Le gouvernement ne permettra pas, déclare aussitôt Soustelle, que des bandits terroristes, pour répondre à des ordres étrangers, portent atteinte au destin de l'Algérie française. »

La révolte du Constantinois n'étonne pas les spécialistes du renseignement : ils savent que cette région est la plus politisée d'Algérie, que les agents du MTLD y foisonnent. Les accrochages s'étaient multipliés au printemps, et Soustelle redoutait, en appelant Ducournau et ses parachutistes, le renouvellement de la révolte de Sétif à Philippeville. La bombe du casino de Constantine, le 8 mai, avait alerté les Français : on a, dans la région, le sens du symbole. Le 10 mai, Ben Tobbal avait bloqué El-Milia, sa ville natale. D'El-Arrouch, où il tenait son PC, Ducournau avait flairé la révolte générale : il ratissa préventivement le bled avec une particulière brutalité, sans pouvoir empêcher des fermiers armés de participer à la répression. Zighout et Ben Tobbal se terrèrent alors : les Français pouvaient croire le pays « pacifié ».

En fait, depuis le 1er juillet, 800 djounouds s'étaient rassemblés autour de Zamane, dans la presqu'île de Collo. Ils se cachaient dans la forêt, évitant le repérage aérien. Zighout avait appris par la radio que l'Istiqlal bougeait au Maroc. Sans liaisons avec les autres wilayas, il décide de lancer seul une opération le 20 août, jour anniversaire de la déposition du sultan. Des soldats français avaient quitté précipitamment par avion le Constantinois pour intervenir au Maroc : c'était le moment d'en profiter.

Les embuscades devaient barrer les routes, couper le téléphone, isoler la région entière, attaquer les mines, les industries, les fermes. L'heure de l'action était fixée à midi. Le peuple tout entier était convié à la révolte, et non seulement les hommes en armes. Elle devait durer trois jours. Zighout prenait le risque d'un massacre. Les soldats de l'ALN, en uniforme, encadrent la foule déchaînée dans les rues de Philippeville. Les manifestants portent, comme au Maroc, des gourdins, des serpes, des pelles, ils arborent des couteaux et des rasoirs. Peu de fusils. Les grenades lacrymogènes des parachutistes et des gendarmes ne parviennent pas à disperser le cortège. Le tir à la mitraillette et au mortier est plus efficace, mais la foule envahit alors les maisons et les cafés, égorgeant les Européens.

A Constantine, le neveu de Ferhat Abbas, Allouah, est assassiné. Ce conseiller municipal troisième force est éliminé en guise d'avertissement pour tous ceux qui accepteraient le jeu politique du gouverneur général. Leur travail fait, les hommes de l'ALN se réfugient dans les ravins autour de la ville, laissant les manifestants musulmans se livrer au carnage avant d'être eux-mêmes éliminés par les tirs de l'armée et par les Européens déchaînés qui sortent en armes, visant tous les porteurs de chèches.

Dans les petites villes, les mêmes scènes sanglantes feront le lendemain la une des journaux. A Aïn-Abid, la famille Mello a été entièrement massacrée, y compris un bébé de quatre jours. On devait conduire Soustelle au centre minier d'El-Halia, où 2 000 travailleurs vivaient en bonne intelligence avec les cadres. Ceux-ci ont été exterminés avec leurs familles, femmes égorgées et éventrées, bébés mutilés. 123 morts, dont 71 Européens. A Philippeville, dont le maire est Benquet-Crevaux, on a liquidé à la mitraillette les prisonniers musulmans que l'on avait parqués, pour les protéger, dans le stade. Le préfet Dupuch a fait l'impossible pour les sauver, sous les insultes des Européens. Le FLN a fait savoir que plus de 12 000 personnes avaient trouvé la mort dans la répression. Il a dressé la liste des victimes, douar par douar. Au monument aux morts de Philippeville, la foule a lacéré les rubans des gerbes déposées par Soustelle et le préfet. Les rebelles pris les armes à la main ont été châtiés sur-le-champ. Les mechtas « douteuses » ont été détruites au mortier. C'est un « massacre des Innocents », écrira le commandant Monteil dans la revue *Esprit*. Lebjaoui, l'intellectuel des groupes FLN d'Alger, reprochera à Abbane la « folie » du meurtre des Européens. La lutte, dira-t-il, ne devait être ni sociale ni religieuse, mais exclusivement politique. Pour Abbane, l'affaire du Constantinois est positive : on a « installé l'insécurité ». C'est la réponse de l'Algérie aux révoltes marocaines. Il espère que Le Caire s'appuiera sur les excès de la répression pour lier, plus que jamais, les mouvements indépendantistes. Les morts du Constantinois sont donc utiles à la cause.

A Alger, seuls les ultras peuvent se réjouir du ralliement du gouverneur à la politique de répression. De nouveaux renforts militaires sont demandés par le général Lorillot, alors que les effectifs sont déjà de plus de 160 000 hommes. Soustelle souhaitait pourtant, plus que jamais, poursuivre sa politique d'intégration. Par ses menaces, le FLN l'en aura empêché : les très modérés députés du second collège à l'Assemblée algérienne signent alors une motion dénonçant la « répression aveugle » et constatent que la politique d'intégration est « dépassée ». Le bon docteur Bendjelloul, qui craint de subir le sort du neveu d'Abbas, signe cette « motion des 61 » qui coupe l'herbe sous les pieds de Soustelle. Pendant que le gouverneur télégraphie à Paris pour obtenir un vote du Parlement sur la question des réformes, Abbane laisse s'organiser des réseaux terroristes qui vont inaugurer à Alger une série d'attentats contre les « traîtres messalistes » ou les Arabes amis des Français. Les massacres du 20 août auront fait découvrir à Abbane les mérites du terrorisme : un attentat rue Michelet ne fait-il pas plus parler du Front à l'étranger qu'une embuscade dans les Nemencha ?

Le 31 août, l'état d'urgence est étendu à tout le territoire algérien. Tandis que *Le Monde*, sous la plume de Georges Penchennier, rend compte des tentatives du général Parlange pour rétablir le contact avec les populations par l'intermédiaire des officiers aux Affaires indigènes, alors que la presse ultra d'Alger cesse ses attaques contre le gouverneur général et les préfets, la police française lance des opérations sur tout le territoire contre les « organisations dissoutes ». Le ministre de l'Intérieur en appelle aux travailleurs : « Le gouvernement, dit-il, est décidé à vous protéger contre des escrocs, il est de votre devoir de refuser de verser des cotisations. » Trois mille Nord-Africains de Marseille sont interpellés, 300 arrêtés. On perquisitionne en Seine-et-Oise à Argenteuil, à Houilles, à Bezons, à Versailles, à Sartrouville et à Mantes. Deux cents arrestations à Rouen, autant à Lyon. A Valenciennes, à Sochaux, les policiers font diligence sans obtenir beaucoup de résultats : quelques revolvers saisis, quelques papiers à en-tête du FLN. La grande masse des interpellés ignore le détail de l'organisation. La presse parisienne se fait l'écho et des massacres d'Européens et des horreurs de la répression. Claudius-Petit, ancien ministre UDSR, dénonce dans *Opinions*, un hebdomadaire de Saint-Étienne, l'usage de la torture par la police en Algérie. Les maires du Constantinois font le voyage de Paris et attirent l'attention de l'opinion sur le « pourrissement rapide de la situation militaire dans le Constantinois ». Pour cette seule région, ils réclament 200 000 hommes ! Ils veulent une présence militaire « dans chaque douar, dans chaque mechta », et que l'on arme les civils de grenades et d'armes automatiques. C'est, dit Isella, le chef de la délégation, le seul moyen d'empêcher les colons de quitter le pays. Car ils ne peuvent aujourd'hui circuler sur les routes ni sortir après le couvre-feu.

Le 26 septembre, le ministère de l'Intérieur publie un démenti sur d'éventuelles tractations avec les rebelles. Que se passe-t-il au juste ? Les Algérois s'en inquiètent. Ne parle-t-on pas d'un « abandon » du Maroc ?

Edgar Faure négocie difficilement au Maroc. Il est décidé, à la conférence d'Aix-les-Bains, qui s'ouvre deux jours après les massacres, que le sultan Ben Arafa partira. L'« indépendance librement négociée » est acceptée par le ministre de droite Pinay. L'accord prévoit la nomination d'un Conseil du trône qui préparera le retour de Ben Youssef. Le résident général Grandval, qui n'est pas d'accord, est remplacé par le général Boyer de la Tour. Alors que Catroux a obtenu, à Madagascar, l'accord du sultan, Boyer de la Tour multiplie les difficultés, fort de l'appui du ministre de la Défense, Kœnig, et de certaines autorités gaullistes entourant le constructeur d'avions Marcel

Dassault. Au Parlement, Bidault attaque Pinay. Boyer de la Tour veut rétablir l'ordre au Maroc comme en Algérie et pense que l'indépendance marocaine rendra insoluble le problème algérien. Il laisse entendre que, si Arafa était banni, « le Maroc serait à feu et à sang ». Les télégrammes expédiés au général par le chef du gouvernement et le ministre des Affaires marocaines restent sans effet. Le 29 septembre, Pinay promet aux Nations unies l'« indépendance librement négociée au Maroc » pour désarmer l'opposition des nations du tiers-monde. Quand Ben Arafa prend enfin l'avion, le 1er octobre, Faure refuse la démission du général Boyer de la Tour. Du Caire, Allal el-Fassi encourage la lutte armée et demande l'indépendance complète de l'Algérie et du Maroc. Seul un vote clair de l'Assemblée nationale, obtenu par Edgar Faure le 9 octobre, en dépit de la menace de démission des ministres gaullistes, oblige le résident général à constituer un Conseil du trône comprenant des représentants de l'Istiqlal. Ceux-ci décideront très vite de se retirer, devant le flou des projets français. Le retour inattendu du sultan, favorisé par le retournement du Glaoui, a pour conséquence immédiate le départ du général Boyer de la Tour. Le 6 novembre, un accord est conclu à La Celle-Saint-Cloud : on promet de « faire accéder le Maroc au statut d'État indépendant ». Le préfet de police Dubois est nommé à Rabat pour préparer le retour du sultan, qui a formé un gouvernement dont 14 ministres sur 21 sont membres de l'Istiqlal. Puis la situation se fige : les officiers français attendent des directives ; le gouvernement Edgar Faure, le résultat des élections.

La situation en Algérie est pareillement bloquée : les bombes qui explosent dans les cinémas musulmans d'Alger (les amis du FLN ne doivent plus se rendre dans les cinémas français, pas plus qu'ils ne doivent boire ni fumer) suscitent beaucoup d'émotion parmi les Européens. Des règlements de comptes font beaucoup de victimes dans la Casbah. Le « milieu » d'Alger, d'abord noyauté par Achiary et son service secret, est en effet tombé entre les mains du FLN grâce à Ali-la-Pointe, qui règle les problèmes du Front à la mitraillette. Le maintien de l'ordre échappe à la police de Soustelle, qui constate l'essor dans la ville des cellules terroristes, mais ne peut les intercepter. Le terrorisme s'étend donc au moment même où le FLN progresse sur le front extérieur et parvient à faire inscrire la question algérienne à l'ordre du jour des Nations unies. Antoine

Pinay, qui a obtenu gain de cause sur le Maroc, peut-il accepter de perdre sur l'Algérie ? Il décide de quitter la salle. L'Assemblée reviendra quelques semaines plus tard sur sa décision.

Les réformes de Soustelle n'aboutissent pas. L'Assemblée algérienne est dissoute en même temps que l'Assemblée nationale française, le 2 décembre 1955. Mais le gouverneur général s'oppose à la tenue d'élections générales en Algérie en raison des circonstances. L'affaire algérienne, elle aussi, est gelée. C'est alors que des rumeurs de négociations traversent Paris et Alger. Plusieurs tentatives avaient été amorcées par la presse libérale parisienne dans les mois qui avaient précédé : le journaliste de *France-Observateur* Robert Barrat avait publié, le 15 septembre (sous le titre « Chez les hors-la-loi algériens »), une interview d'Ouamrane dans laquelle ce dernier décrivait la vie des combattants de l'ALN. Bourgès-Maunoury avait obtenu l'inculpation et l'arrestation du journaliste « pour non-dénonciation des chefs de bande ». Il fut relâché, mais la polémique, avivée par la campagne électorale, se déchaîna dans la presse. La publication de *L'Algérie hors la loi*, un dossier réalisé par Francis Jeanson (un philosophe des *Temps modernes*, la revue de Jean-Paul Sartre) et sa femme, Colette, suscite de nombreux commentaires, les uns emprunts de curiosité, les autres indignés. Les intellectuels considèrent manifestement les rebelles comme des interlocuteurs obligés. *L'Express* accueille Camus, natif de Mondovi, qui entretient de chaudes amitiés parmi les libéraux d'Alger. S'il reproche au professeur Mandouze d'avoir publié dans *Consciences maghrébines* des tracts FLN, il accepte de se concerter avec les nationalistes musulmans pour réaliser, jusqu'aux élections de janvier 1956, une « trêve civile », une « trêve du sang » : que le gouvernement général accepte de cesser les opérations contre les civils, et le FLN, les attentats ! Camus a derrière lui les Max-Pol Fouchet, les Jules Roy, les Emmanuel Roblès, mais aussi de jeunes Algériens, Mohammed Lebjaoui, Boualem Maussaoui et Mouloud Amrane. Amar Ouzegane, qui a rédigé les tracts du FLN avec Lebjaoui, est de la partie. On veut tenir une réunion publique à Alger, réunissant les représentants de toutes les tendances politiques et religieuses, pour exiger la trêve.

L'Express, devenu quotidien, est une tribune de choix pour le mouvement. Camus, qui souhaite la victoire de Mendès France aux élections, afin d'amorcer le vrai dialogue en Algérie, le fait savoir à plusieurs reprises dans les colonnes du journal. Le vendredi 16 décembre, il y critique violemment la politique de Jacques Soustelle : « Si le gouvernement avait su définir clairement une politique qui aurait allié une offensive de réformes véritables et, sur le plan militaire, une stratégie de protection, l'unité du pays se serait faite, par-dessus la Méditerranée [...]. Mais [...] aucune réforme en profondeur n'a été entreprise, une vraie protection militaire n'est pas même assurée. » Il demandait à Soustelle de prendre à son compte l'idée de la trêve. Quel serait pour lui le risque, alors qu'il n'y a pas d'« échec plus complet que le sien » ?

La guerre d'Algérie commence à concerner les Français, mais pas au point de dominer la campagne. Pour la plupart des candidats, la France doit rester en Algérie, même si l'indépendance des protectorats est inévitable. Mais, en dehors des poujadistes, qui font campagne contre les responsables politiques qu'ils accusent, en vrac, de consentir à tous les abandons coloniaux, les formations politiques sont trop divisées pour afficher un programme clair sur les affaires d'Afrique du Nord, les communistes mis à part. Le débat politique oppose Edgar Faure, qui a dissous la Chambre dans l'espoir de prendre la tête d'une majorité de centre droit assurant l'expansion française et la décolonisation, et Mendès France, qui mène le centre gauche au combat en révolutionnant le Parti radical. Edgar Faure, dans le Jura, se propose de « ramener le calme en Afrique du Nord », tandis que Guy Mollet, un des chefs du Front républicain (coalition électorale réunissant, outre les socialistes SFIO, le radical Mendès France, l'UDSR François Mitterrand et le maire gaulliste de Bordeaux, Jacques Chaban-Delmas), promet de « rétablir la paix et la concorde au Maroc et en Algérie ». Mitterrand propose la « conciliation ». Seul Mendès France considère comme une « tâche vitale » le retour de la paix en Algérie.

Les vrais vainqueurs des élections du 2 janvier 1956 sont les poujadistes, qui obtiennent 52 sièges. La majorité sortante n'a que 190 députés. Edgar Faure a perdu son pari. Le Front républicain concède 89 sièges aux socialistes (contre 95) et 54 aux radicaux mendésiens. Les communistes triomphent avec 150 députés, alors que les gaullistes sont défaits. Aucune majorité ne se dessine vraiment à l'Assemblée. Mais le recul étant moins net à gauche qu'à droite, il était logique que le président Coty offrît le pouvoir au Front républicain.

A Alger, Camus, frémissant d'impatience, anxieux de jouer la dernière chance de la conciliation, tient une réunion dont le service d'ordre est assuré par les amis FLN de Lebjaoui. Plus loin, les CRS tiennent à l'écart la foule des pieds-noirs qui scandent : « Mendès dans les Aurès ! » Roblès et l'architecte Maisonseul entourent Camus, ainsi que le père Cuoq et le pasteur Capien. Le docteur Khaldi et Fehrat Abbas représentent les musulmans.

Camus regagnera Paris sans avoir rien obtenu de Soustelle. La presse d'Algérie a à peine rendu compte de la réunion. Pourtant, pour la dernière fois, des membres (clandestins) du FLN et des Français libéraux s'étaient affichés ensemble. Camus, accablé par l'échec, abandonne alors sa collaboration à *L'Express* et se tait. Il mourra avant la fin de la guerre d'Algérie, le 4 janvier 1960, victime d'un accident de la route.

Soustelle fut trahi par le gouvernement, qui publia son rapport sur la politique d'intégration. Qu'il restât favorable au collège unique surprit les politiciens d'Alger. Comment pouvait-on rêver encore d'« élections libres » et de troisième force ? Les musulmans, de leur côté, refusaient l'intégration et plaidaient pour une Algérie fédérale, rejoignant le point de vue d'Abbas. Ainsi, la politique de Soustelle n'avait plus aucun sens. Que proposait le nouveau chef du gouvernement ?

Le socialiste Guy Mollet, dans sa déclaration d'investiture, assura la Chambre qu'il voulait organiser en Algérie « des élections libres au collège unique ». Il reprenait exactement les termes du gouverneur général. Alain de Sérigny lui répondit aussitôt, dans *L'Écho d'Alger*, ce qui avait été maintes fois dit à Soustelle par la Fédération des maires : « L'immense majorité des Français de ce pays ne peut qu'être hostile à une mesure dont l'application consacrerait leur déchéance totale. » Le précédent tunisien, c'est-à-dire la perte par les Français du contrôle de la politique intérieure, ne militait pas, en effet, en faveur d'une décolonisation imposée par Paris. « Les Français n'auraient plus, poursuivait de Sérigny, la possibilité de manifester leur opinion *étant donné l'énorme disproportion entre le nombre des Français musulmans et le nombre des Français non musulmans.* » Le suffrage universel, la démocratie ? Il ne pouvait en être question à Alger. Que la métropole conserve ses principes, mais qu'elle consente à les oublier sur le terrain, si elle voulait garder l'Algérie à la France. Telle était la position des pieds-noirs en place, directeurs de journal et parlementaires, et pas seulement celle des ultras ou des poujadistes de bistrot.

Quand Soustelle quitte l'Algérie, remplacé par le général Catroux, il n'a pas changé d'avis. Il tient toujours à l'intégration et regrette seulement de n'avoir pu la réaliser : elle aurait évité les massacres, pense-t-il. En organisant la répression après les événements du Constantinois, il a été adopté, malgré ses idées jugées dangereuses, par les pieds-noirs. C'est pourquoi ces derniers sont ulcérés par son départ. Ils sont autant hostiles à Catroux (qu'ils accusent d'avoir bradé le Proche-Orient) qu'ils l'ont été à Soustelle lors de sa nomination par Mendès France. Aussi décident-ils de répondre aux mots d'ordre des organisations d'anciens combattants et des maires qui convoquent le peuple à manifester pour dire adieu à Jacques Soustelle.

Ces pieds-noirs ne sont pas des fermiers. Sont-ils seulement tous des pieds-noirs ? Beaucoup, parmi eux, sont de petits fonctionnaires qui ont choisi l'Algérie où ils ont fait carrière, des employés de banques et de compagnies d'assurance, des postes, de l'électricité ou du gaz. D'autres sont garçons de café ou employés des grands hôtels. Ils n'ont pas derrière eux plusieurs générations de colons. Ces « patos », faux pieds-noirs, n'ont pas d'argent à investir dans les immeubles parisiens tout neufs de la rue du Docteur-Roux ou du boulevard Delessert, où s'engloutissent tant de fortunes coloniales. Ils n'achètent pas d'appartements à Cannes ou dans le nouveau Marseille. Ils tentent de survivre à Alger, à Oran, à Constantine, où ils se sont fait une situation qu'ils estiment enviable, disposant d'un logement à Bab el-Oued, d'une voiture et d'un « cabanon » près de la mer. Ils fréquentent aussi les vrais pieds-noirs, les fermiers de la Mitidja qui ont acheté un pied-à-terre à Alger, où ils résident de plus en plus longtemps. Ils sont menés par ceux qui tiennent le haut du pavé, commerçants, fonctionnaires de la police et du gouvernement général, patrons d'hôtel ou de bistrot. Les plus aisés ont mis leurs enfants à la faculté d'Alger, qui veulent être avocats, médecins, pharmaciens ou notaires. Alger, au fond, est une ville de la province française qui a « ses » Arabes, comme Marseille ou Montpellier. Les rues cossues des quartiers européens exposent les vitrines des couturiers, joailliers, maroquiniers et gantiers français. Le moindre objet de la vie quotidienne, l'allumette, le dé à coudre, le presse-citron, la cafetière viennent de France. Les longs alignements d'immeubles neufs, que les rappelés ont pu voir du port en arrivant, ont été dessinés par des architectes français pour des Français. Les plaques de fonte de la Compagnie des eaux viennent de la Meuse, les robinets, de Saint-Étienne, tout comme les armes. Pieds-noirs ou « patos » forment une masse hétéroclite d'origine diverse, mais unie par un mode de vie : il leur semble à tous inconcevable de devoir manifester pour exprimer le désir de rester français.

Pour la plupart, les pieds-noirs d'Alger ne connaissent de l'Algérie que les plages d'été, les gorges de Palestro et le ruisseau des Singes, dans la Mitidja. Ils ne se sont pas risqués en Kabylie et ignorent le bled, d'où reviennent les voyageurs de commerce et, de temps à autre, les fermiers aux mains rudes qui offrent à boire sur les terrasses à parasols. Cette population est conviviale, urbaine, méditerranéenne. Il est aisé de rassembler la foule, toujours présente dans la rue, dans les cafés, à la plage. Les organisations d'anciens combattants, les associations de jeunesse prennent l'initiative d'appeler à la manifestation ; et ils seront 100 000 le 2 février, sur le port, à crier pour la première fois : « Algérie française ! » Soustelle avait des larmes dans les yeux quand il franchit la coupée de l'El-Djezaïr.

Les Borgeaud, les Schiaffino, les Blachette ne s'attendaient pas à un tel succès. La télévision encore à ses débuts, les actualités cinématographiques, les photographies de *Paris-Match* et de *France-Soir* feront entrer la scène du départ de Soustelle dans l'histoire. Soustelle hissé sur l'aile d'une automitrailleuse. On vient de découvrir l'impact médiatique de la mobilisation de la foule algéroise : contre la guerre de propagande que mène le FLN, la minorité « européenne » vient de forger une arme imprévue. Elle en fera bon usage.

CHAPITRE VI

Le clairon du Forum

Avec Guy Mollet, le centre gauche remplace, pour un temps, le centre droit. Le président du Conseil socialiste ne peut former un cabinet homogène : il nomme Mendès France ministre d'État, faute de pouvoir lui donner le ministère des Finances (il est partisan, contrairement au chef du gouvernement, d'une politique d'austérité) ou le Quai d'Orsay (cela susciterait immédiatement l'opposition des MRP, partisans de l'Europe intégrée). Ainsi, le personnage principal de la campagne, l'idole de *L'Express*, l'ami de *France-Observateur* et l'espoir de la gauche intellectuelle n'est que vaguement associé au pouvoir. En revanche, le gaulliste Jacques Chaban-Delmas reçoit le ministère des Anciens Combattants, qui peut jouer un rôle en Algérie, où les associations sont nombreuses et politiquement actives.

Les socialistes se sont réservé les leviers de commande : l'armée, dont le secrétaire d'État, Max Lejeune, contrôle les mutations, le Quai d'Orsay, avec Christian Pineau, l'Économie, avec Robert Lacoste. La grande affaire, à Paris, est la poussée du poujadisme, qui inquiète la presse et le Parlement : faut-il s'attendre au développement d'un fascisme à la française ? Ne trouverait-il pas un relais efficace en Algérie, une aide active dans certains corps de l'armée déçus par la défaite indochinoise et l'abandon des protectorats ? La guerre peut-elle accélérer le pourrissement du climat politique ?

C'est sans doute la conviction de Mollet : le ton de sa déclaration d'investiture ne trompe pas. Il souhaite ardemment le rétablissement rapide de la paix. Mais comment faire cesser « le terrorisme et la répression aveugle » ? A l'évidence, en poursuivant la pacification. Quel autre moyen y a-t-il de « maintenir et de renforcer l'union indissoluble entre l'Algérie et la France » ? On croirait entendre Jacques Soustelle quand il affirme que l'action de la France, « c'est en même temps de reconnaître et respecter la personnalité algérienne et réaliser l'égalité politique totale de tous les habitants de l'Algérie ». Pour cela, il faut « poursuivre l'évolution démocratique des institutions » (le collège unique, la liberté des élections) et assurer « le développement économique et social ». Edgar Faure aurait pu signer cette déclaration. Elle est vivement approuvée par l'Assemblée... et immédiatement refusée à Alger.

La pluie de tomates qui accable Guy Mollet le 6 février 1956 au monument aux morts d'Alger a été maintes fois décrite. On peut retenir d'abord de l'événement que la foule algéroise compte désormais utiliser sa force politique et médiatique pour infléchir les décisions prises à Paris et contraindre les gouvernements faibles à composer avec le fait minoritaire algérien. C'est une nouveauté. Jusqu'alors, on utilisait des groupes de pression parlementaires, manipulés par des notables. Si la pression populaire a déjà fait la preuve, avec le départ de Soustelle, de son efficacité médiatique, si la foule rassemblée obtient des résultats plus spectaculaires (Mollet remplace immédiatement Catroux par Lacoste), elle devient une puissance politique qu'il convient d'organiser. Alger pourra ainsi, à volonté, développer un rapport de forces contre Paris. Et prendre la tête de la résistance à l'abandon.

La maîtrise des mouvements de masse est disputée par des groupes nombreux, mais non concurrents : les anciens combattants et leurs drapeaux sont les plus représentatifs, les moins contestables. Les maires d'Algérie peuvent également mobiliser, ainsi que les associations patriotiques. Ils affirment que l'union doit se faire autour de l'idée française et des trois couleurs, afin d'éviter de couper les ponts avec l'opinion métropolitaine, dont les élections donnent à penser qu'elle est loin de s'être ralliée aux mots d'ordre de la gauche. Ils n'excluent pas de recourir aux services des groupes poujadistes d'Alger, menés par un tribun cafetier d'origine espagnole, Joseph Ortiz, et par un restaurateur, Goutallier. Pendant la manifestation, les mots d'ordre « L'armée avec nous » et « Algérie française » dominent. Les anciens combattants découvrent sur le Forum un avocat venu de Paris, Biaggi, tandis que les étudiants en droit sont fascinés par la fougue du chef de leur comité d'action, Pierre Lagaillarde.

Pour tous ces groupes, l'armée est déjà un enjeu. Lors de la manifestation, elle a improvisé un service d'ordre, de l'aéroport au palais d'été, et évité le pire. Les camions de la 10e division aéroportée, arrivée depuis peu en Algérie et nouvellement constituée, circulent dans la ville. Massu lui-même, promu général par Kœnig, a débarqué à Alger le 2 juillet 1955, venant de Tunisie, où il pacifiait le Kef. Il commande le Groupement parachutiste d'intervention (GPI) et l'ensemble des troupes aéroportées d'Afrique du Nord. Le jour de la manifestation, pour la première fois, ses parachutistes ont, avec d'autres unités, la charge de maintenir l'ordre dans Alger. A ce titre, Massu reçoit aussi des tomates qui ne lui sont pas destinées.

Les douze compagnies de CRS affrétées à Marseille ont utilisé des grenades lacrymogènes. Mollet a été pendant quelques heures prisonnier au palais d'été, qu'on a ensuite dégagé par la force. Chacun comprend qu'un complot est désormais susceptible de réussir. Et comme Guy Mollet, en acceptant la démission de Catroux, cède à la pression d'Alger, on peut dire qu'en ce 6 février 1956 s'est jouée la répétition générale de la fin du régime.

Le bourru Robert Lacoste, socialiste d'appareil et syndicaliste de formation, succède au général Catroux. Avec Lejeune, il croit tenir l'armée. L'« homme de caractère » pense pouvoir compter dans la ville sur un réseau efficace d'amis socialistes. Maisonneuve, d'abord, un préfet de la Libération, dont le parti a fait un directeur du Gaz et de l'Électricité d'Algérie : il tiendrait en main les syndicats FO. Peccoud, Fouret sont des anciens de la Résistance, comme Lacoste, lui-même maquisard du Périgord. Ducournau, un parachutiste républicain à la poigne de fer, l'entoure désormais. Pour agir sur la presse, un ancien des Charbonnages de France, Michel Gorlin, s'installe au gouvernement général, à côté des amis sûrs du cabinet officieux et du préfet Chaussade, qui reçoit pour mission essentielle d'organiser une administration moderne en Algérie en nommant aux postes clefs des gens capables. Lacoste ne craint pas les appareils. Il a l'habitude de les noyauter.

Peut-être n'a-t-il pas suffisamment médité sur la nouveauté de la situation créée par l'émeute du 6 février : il suffit désormais (contrairement au précédent du 6 février 1934) qu'un mouvement de foule soit puissamment orchestré pour faire reculer le pouvoir. N'est-il pas essentiel de dominer à la fois ces pulsions populaires et les milieux médiatiques ? A l'évidence, Robert Lacoste ne s'en soucie pas. A 57 ans, l'ancien compagnon de Léon Jouhaux ne prend pas au sérieux les sautes d'humeur de la foule algéroise, menée par des étudiants braillards et par des bistrotiers sans vergogne. Il croit que la République, même affaiblie, est invulnérable à ces piqûres de guêpe. Si les étudiants crient trop fort, pense-t-il, il les enverra dans les djebels.

L'analyse de la situation militaire le laisse perplexe : l'armée atteint presque les 200 000 hommes et le général Lorillot en demande le double pour « pacifier ». Les troupes nord-africaines ne sont plus sûres : on a dû renvoyer les goumiers au Maroc, faire partir pour l'Allemagne le 7ᵉ régiment, puis le 4ᵉ régiment de tirailleurs marocains. L'arrivée de ce dernier scandalise les Allemands, qui organisent une campagne de presse : ils n'ont que trop connu les Marocains en 1945. Les bourgmestres du Bade-Wurtemberg n'en veulent plus. Les refus collectifs d'obéissance au 35ᵉ régiment d'infanterie inquiètent Lorillot. Au Maroc, on constate un semblable mouvement d'insubordination. On imagine déjà une « action psychologique » à conduire sur les trois territoires. Le colonel Goudino en étudie les moyens. « Certains d'entre eux, dit-il dans un rapport à propos des soldats marocains, sont prêts à agir aux côtés des terroristes. » Ceux d'Algérie, saisis par le découragement, songent à passer dans le camp adverse, « où l'on paie bien ». « La propagande de nos ennemis commence à faire sentir ses méfaits. » Il est essentiel de prévoir, pour les anciens militaires, des postes de gardes champêtres, d'agents de police ou de surveillants de chantier, voire d'employés « subalternes » des municipalités. Il faut éparpiller les Nord-Africains dans les unités, mais l'idéal serait « de les remplacer par des troupes métropolitaines, des légionnaires et des Sénégalais ». Au Maroc, huit officiers sur dix sont youssséfistes. La troupe « n'est plus de la trempe morale des vieux régiments de tirailleurs marocains d'autrefois qui, se considérant comme liés uniquement à la France, n'hésitaient pas à tirer sur leurs frères de religion et même de sang ». On ne peut employer les Marocains en Algérie sans l'approbation du sultan. Il est impossible de recruter des soldats en Tunisie. Le général Calliès recommande d'empêcher les soldats « français musulmans » de se rendre en permission dans leurs douars d'origine : ils n'en reviendraient pas. Il faut organiser des « centres de repos et d'accueil » dans les garnisons. Le même Calliès, inspecteur de l'armée d'Afrique du Nord, demande qu'on indemnise un soldat musulman en garnison à Montbéliard : il a appris que ses biens avaient été pillés lors d'une opération dans le Constantinois. Pendant les dernières semaines de 1955, on a compté 255 déserteurs, dont 74 dans le seul régiment de tirailleurs marocains, avec « emport de 128 armes ». C'est une hémorragie. Le général estime à 28 % le handicap que subit l'armée du fait de ces défections.

Le moral des rappelés et des nouvelles recrues venues de France est loin d'être bon : ils sont embrigadés dans des unités mal commandées par des officiers vieillissants qui n'ont pas fait campagne depuis la dernière guerre. Ils se plaignent de tout et attendent impatiemment leur libération. Même au 8e dragons, unité très opérationnelle, le maintien sous les drapeaux du contingent 54/1 a provoqué le mécontentement. Les rappelés considèrent « comme une malchance » leur affectation en Afrique du Nord. On les change sans cesse de secteur et d'arme : les équipages de chars doivent apprendre à servir comme fantassins, les dragons viennent renforcer les effectifs du 3e cuirassiers. Les prélèvements exceptionnels ne cessent pas, ils aboutissent, dit le colonel Goudino, « à avoir des équipages de chars insuffisants et des combattants d'infanterie médiocres ». On affecte certains rappelés aux unités de protection rurales de la division de Constantine : ils se morfondent dans les petites villes ou protègent des fermes ou les mines. Plus de 15 000 disponibles, prélevés surtout sur l'aviation, sont répartis entre Sétif, Constantine, Bône et Batna. Une quinzaine d'entre eux se sont fait tuer ou sont morts par accident : mauvaise connaissance des armes. Quatre compagnies de la région de Sétif sont dispersées en plus de 35 postes, soit trois hommes par « lieu sensible ». Les effectifs s'amenuisent, car il faut renvoyer tous les jours « les Français musulmans jugés indésirables ». Les fermiers ne cèdent pas toujours volontiers les vivres aux postes qui ont du mal à se ravitailler autrement du fait de l'état des pistes pendant l'hiver. Il arrive que des unités opérationnelles délogent sans autre forme de procès les rappelés, pourvus pourtant de cantonnements de fortune dans des écuries ou dans des granges. Comment initier des hommes dispersés au maniement des armes ? Le préjugé de ces rappelés, note encore le colonel, « les a mis en opposition avec leurs camarades musulmans qu'instinctivement ils méprisent. Aucune relation durable ne peut être maintenue entre eux et il arrive parfois que la méfiance se tourne en haine, sinon en peur ». Il note que les musulmans sont d'abord heureux de toucher une solde supérieure à leurs salaires, mais qu'ils souffrent d'être privés de permissions pour se rendre dans leurs douars. Certains ont « perdu des parents au cours *ou à la suite* des événements du 20 août ». La propagande du FLN leur expliquant que leurs parents ne sont pas à l'abri des représailles, ils désertent pour les secourir. Ainsi les unités rurales, mises en place en juin 1955 pour la protection des fermes, donnent-elles des résultats décevants, et l'on doit refuser les fusils mitrailleurs aux petits postes, parce qu'ils se les laissent dérober par l'ennemi. Mais, du coup, leurs moyens de défense sont dérisoires.

Le général Noiret attribue la baisse du moral des troupes qu'il commande dans le Constantinois à l'absence de soutien national : les rappelés souffrent, dit-il, de l'indifférence du pays à l'égard de cette guerre, et surtout des critiques contre l'armée.

Les détachements de renfort prélevés en métropole ou sur les troupes d'occupation en Allemagne, tout comme les rappelés, ont le moral si bas en débarquant en Algérie que l'autorité militaire se soucie de leur faire bon accueil. Une note d'octobre 1955, signalant des incidents à Rouen (où les rappelés n'ont pas voulu quitter la gare), demande qu'une information sur l'enjeu de la guerre soit organisé avant le départ par une « action psychologique » adaptée, avec films, conférences et entretiens. Un accueil chaleureux doit par ailleurs être organisé, ajoute la note, avec musique militaire et rafraîchissements, dans les ports de débarquement.

De nouveaux renforts sont nécessaires, explique à Guy Mollet le général Beaufre : l'armée doit en effet développer, dans les zones de pacification, une véritable assistance économique, fournir du travail et soigner les gens, de façon à pouvoir les reprendre en main politiquement. Dans les zones d'opérations, on évacuera les civils pour créer des bandes de terrains vides de population où l'aviation pourra frapper. Voilà définie la politique des « camps de regroupement » qui intéresse vivement Robert Lacoste : n'est-ce pas le seul moyen de vider le bocal des poissons FLN ?

Mais une telle politique exige des renforts, des officiers spécialement formés et d'importants crédits. Ces renforts, Guy Mollet répugne à les expédier : *France-Observateur* et la presse de gauche font campagne contre l'intensification de la guerre. Comment savoir à cette époque qu'Ouamrane et Krim se tiennent tranquilles pour une seule raison : ils sont occupés à liquider les maquis communistes qui voulaient bien rejoindre la rébellion mais en temps que corps constitués, sous la bannière du PCA (Parti communiste algérien) ?

Interdit depuis septembre 1955, le Parti diffuse dans son journal clandestin, *Liberté,* des informations donnant à penser qu'il mène la lutte aux côtés des rebelles. Parmi ses 3 000 membres, il y a de nombreux Européens, dont beaucoup sont décidés à participer à la lutte des Algériens, comme les chrétiens de gauche du professeur Mandouze. Peu suivent les recommandations modérées du bureau politique de Paris. Un ancien des Brigades internationales, l'instituteur Laban, a constitué un maquis à Duperré, près d'Orléansville. Un autre groupe s'est rassemblé autour d'Henri Alleg, qui publie *Alger républicain.* Les syndicalistes CGT déplorent que tous les effectifs algériens du Parti aient adhéré à l'UGTA, qui soutient le FLN et n'accepte aucune alliance. Paradoxalement, les choses se gâtèrent quand les communistes proposèrent de livrer à Ouamrane les armes dont s'était emparé l'aspirant communiste Maillot, car ils n'en livrèrent qu'une partie : le chef kabyle fit alors liquider les uns et dénoncer les autres au bachaga Boualem, qui entretenait dans la région une forte bande de harkis au service des Français. Les intellectuels d'Alger, après l'élimination de Maillot et de Laban, décidèrent néanmoins de rejoindre le FLN à titre individuel.

La destruction du PCA, l'obligation de contacter les gens du Caire pris par leurs furieuses dissensions, l'accentuation de la pression policière sur Alger avaient réduit au silence les groupes d'action. C'est à peine si l'on avait incendié un garage dans la ville. Depuis le 28 février, date à laquelle Guy Mollet avait en vain lancé un appel au cessez-le-feu, Lacoste avait obtenu les pouvoirs spéciaux, votés à Paris par les communistes, et lancé un premier train de réformes qui indignait les pieds-noirs d'Alger. Il avait fait passer ses décrets sur la réforme communale et sur l'« algérianisation » des cadres, en dépit d'une manifestation organisée le 8 mai au monument aux morts, où il avait été hué.

Réformer, pacifier : le diptyque de Soustelle. Dans le bled, la pacification marquait des points : Bigeard, débarqué d'Indochine, était en Algérie depuis le début d'octobre 1955 à la tête du 3ᵉ bataillon de parachutistes. Il avait guerroyé dans le massif de l'Edough jusqu'au 5 décembre, aux ordres de Beaufre. Il était intervenu ensuite dans un massif au nord d'El-Milia, dans le Constantinois, à la poursuite du chef de l'ALN, Si Messaoud. A la fin de février, il était en opération à l'ouest de Bougie : à l'aide d'hélicoptères, il élimina une quarantaine de rebelles et en arrêta plus de cent, sans subir aucune perte. Il rodait ses techniques d'intervention quand on lui demanda de poursuivre les tirailleurs de Souk-Ahras, qui avaient déserté. La réussite de cette opération le rendit célèbre dans la presse algéroise. Le journal ouest-allemand *Der Spiegel*, qui lui consacra une page, ne fit que reprendre certains articles de la presse française en écrivant : « Le gouvernement français espère, grâce aux hélicoptères de Bigeard, avoir trouvé une méthode de combat rendant inutile un effort de 200 000 hommes. »

Bien que l'armée eût progressé dans les Aurès, grâce à l'opération réussie par le 11ᵉ choc, qui avait éliminé Ben Boulaïd, évadé de la prison de Constantine, on estimait que des renforts étaient nécessaires pour la pacification du massif. Le chef rebelle avait été tué en manipulant un poste de radio que les spécialistes du célèbre bataillon (des agents spéciaux relevant uniquement du président du Conseil) avaient bourré d'explosifs et parachuté, comme par erreur, dans la région, pour qu'il tombe aux mains des rebelles. Pouvait-on espérer gagner cette guerre avec des méthodes si sophistiquées ? Beaufre, Noiret, Lorillot insistaient sur l'importance de l'action psychologique, de la reprise en main des populations, qui exigeaient des troupes nombreuses. Bourgès-Maunoury, ministre de la Défense, sut convaincre Guy Mollet : il était urgent de lever des classes.

Les rappels de disponibles s'étaient déjà succédé depuis Edgar Faure. Les arrêtés des 12 avril et du 8 mai levèrent les fractions 1953/1 et 1952/2. Nul besoin d'un vote particulier ; la loi du 12 mars 1956 autorisait, en son article 5, le gouvernement à prendre toutes les mesures qu'il jugeait utiles pour le maintien de l'ordre. Il n'avait donc pas besoin de l'Assemblée nationale pour compléter les effectifs et pour maintenir les hommes sous les drapeaux. On pourrait les prolonger à volonté. Le contingent 52/2 fournit à lui seul 50 000 hommes. Mais les renforts ne vinrent pas seulement de métropole : le 3e régiment étranger d'infanterie, la 13e demi-brigade de la Légion étrangère, le 1er régiment étranger de parachutistes débarquèrent d'Indochine. Le régiment d'infanterie coloniale du Maroc arriva à Oran en avril. D'Allemagne firent mouvement les 11e et 14e divisions d'infanterie, qui avaient guerroyé en Tunisie, les 2e et 4e divisions d'infanterie motorisées, la 5e division blindée, suivie, en avril, des premiers éléments de la 7e division mécanique rapide.

Mais les troupes les plus nombreuses étaient constituées par les rappelés. Un plan de mobilisation avait été dressé pour les deux fractions de classes. Le décret était du 12 avril : quinze jours plus tard, les troupes quittaient les villes de garnison. La mise en place de 60 000 hommes était prévue en Algérie pour le 25 mai, avec le matériel et l'équipement. Le *shipping* avait exigé, à lui seul, dix-huit jours. Une nouvelle tranche portant sur 55 000 hommes de l'armée de terre, avec rappelés échelonnés, était prévue à partir du 28 mai : la France expédiait ainsi en Algérie plus de 100 000 jeunes...

Le plan d'urgence de la première tranche organisa les embarquements à destination d'Alger, d'Oran et de Bône, depuis Marseille et Port-Vendres. Quelques grosses unités comme *Le Pasteur* ou *La Ville-d'Oran* effectueraient plusieurs passages accompagnés par une flotte de navires moins chargés. La 29e division d'infanterie fut mise sur pied dans le Midi pour le 8e régiment d'infanterie coloniale (Toulon, Fréjus), dans les Alpes pour le 97e bataillon de chasseurs, aux camps de Frileuse et de Satory pour le 9e RIC, de Sissonne pour le 94e RI. Le 117e venait de Bretagne, le 57e de Biscarosse et de Poitiers, le 7e des camps du Larzac et de Caylus, dans le Sud-Ouest, le 121e d'Issoire, en Auvergne. Le rappel des disponibles révolutionna les régions, mit en alerte les provinces et les familles de militaires. La deuxième partie du plan expédia en Algérie le 2e zouaves de Maisons-Laffitte, le 6e cuirassiers de Senlis, le 1er d'Arras et le 3e de Lille. Embarquaient aussi les dragons d'Alençon, de Lille et de Coëtquidan. Les zouaves de Mourmelon, les chasseurs d'Afrique de Compiègne, le bataillon de Corée de Fréjus. D'autres régiments d'infanterie suivaient : le 35e de Bourgogne et le 51e de Bordeaux ; les artilleurs et les équipages du train, comme les sapeurs du génie, venaient de partout.

Le plan Valmy 1 fit suite, le 26 avril, aux deux premiers plans d'urgence pour acheminer en Algérie trois divisions légères d'infanterie (les 9e, 13e et 20e), des unités de soutien et de services, des formations de « garde statique », sans compter les éléments de maintenance. De nouveau, les flottes de transport convergeaient vers Marseille et Port-Vendres. Ce plan enlevait les disponibles de la classe 1952, 2e fraction, correspondant au contingent 1952/2 passé dans la disponibilité depuis le 1er mai 1952 : on saisissait chez eux, par avis des gendarmes, des jeunes gens qui venaient d'être rendus à leurs foyers.

Les sursitaires ayant effectué leurs dix-huit mois de service étaient également rappelés pour une durée indéterminée. On commença à remplacer les véhicules usagés dans les unités et à armer les hommes de fusils, carabines, fusils mitrailleurs et mitrailleuses d'origine américaine, à l'exception des PA et des PM de type français et des lance-roquettes. Les divisions d'infanterie légère comptaient exactement 8 467 hommes, dont 334 officiers et 1 227 sous-officiers qui étaient aussi en partie de la réserve. Les services de santé prévoyaient 400 lits. Ces divisions se composaient chacune de deux régiments d'infanterie levés dans les régions. Les unités blindées de reconnaissance comprenaient des escadrons de chars légers M 25 et des automitrailleuses. On avait prévu de nombreuses équipes de circulation routière et même des compagnies muletières pour le bled. Des unités spéciales étaient chargées de la réparation du matériel et de l'approvisionnement en essence, en vivres, en munitions. On dénombrait des « compagnies de fabrication du pain » et des « compagnies de réparation et d'entretien de l'habillement ». On avait prévu jusqu'aux machines à écrire des états-majors. La 9e division fut levée dans la région parisienne, la 13e dans le Nord, la 20e en Bretagne. D'autres plans de mobilisation partielle devaient suivre Valmy 1.

Un tel remue-ménage impressionnait les Algérois, qui avaient vu débarquer dans leur port une grande partie des

300 000 hommes de l'armée d'Algérie. Désormais, les dames de la Croix-Rouge participaient aux comités d'accueil. Le débarquement de l'armée s'accompagna d'un renforcement des unités de la marine de guerre et d'une levée d'hommes pour l'infanterie de l'air, tandis que l'aviation renforçait et multipliait ses bases avancées sur le territoire, commandant sans cesse aux États-Unis avions et hélicoptères. La reconversion de l'aviation était d'autant plus délicate qu'elle jouait un rôle au sein de la défense de l'OTAN et qu'elle devait donc organiser les équipements de la région en fonction d'objectifs généraux. Force lui fut d'aménager les aérodromes pour qu'ils puissent recevoir les avions les plus modernes, dont la « pacification » n'avait nul besoin. Les effectifs, modestes au début, allaient s'étoffer par à-coups. Le 25 octobre 1955, le ministère avait demandé à l'armée de l'air une participation de 37 000 hommes aux combats en Afrique du Nord, alors que 10 000 hommes à peine étaient sur le terrain. Ainsi se dessina une nouvelle « orientation opérationnelle » : des avions plus petits, très maniables, des effectifs importants de garde au sol. Cette reconversion dans la lutte anti-guérilla suscita les réserves du général Bailly, qui, dans une lettre du 30 novembre 1955, avait précisé que la nouvelle orientation ne devait pas « empêcher la réalisation de la force de combat minimum destinée à la défense de l'Europe ».

Les demandes du gouvernement Guy Mollet allaient encore s'accroître, jusqu'à contraindre l'état-major à constituer, avec les rappelés, des unités de fantassins de l'air baptisées « demi-brigades de fusiliers de l'air » (DBFA). Quarante mille hommes allaient être ainsi levés sans qu'on sût exactement à quelle tâche ils seraient affectés : ces arrivées subites provoquèrent un gonflement considérable des effectifs de l'armée de l'air et posèrent des problèmes d'encadrement.

La marine constitua à son tour des unités terrestres d'intervention : en juin 1955, le commando Trepel s'installa en Kabylie. En septembre, on put apercevoir les pompons rouges du commando de Penfentenyo dans la presqu'île de Collo. Ils furent réunis en 1956 au commando de Monfort, installé à La Calle, près de la Tunisie. Dans la région de Nemours, le commando Jobert rayonnait dans les montagnes avec la demi-brigade de fusiliers marins. Des compagnies de protection de l'Algérie avaient été formées dès 1955 pour la défense des bases et des ports. L'une d'elles, la « compagnie fantasque », montée sur le croiseur *Montlcam*, fut engagée dans des opérations à terre dans le Constantinois. Les fusiliers marins de Nemours furent mis en place le 13 avril 1957 par le capitaine de vaisseau Ponchardier. Les bataillons de la demi-brigade des fusiliers marins furent armés un peu plus tard, à partir du centre Sirocco, à l'est d'Alger. Ils accueillirent, comme les demi-brigades de l'air, les réservistes. Enfin, la marine détacha des unités de l'aéronavale pour aider les troupes à terre. C'est donc l'ensemble de l'armée française qui était désormais engagée dans les opérations de la guerre d'Algérie. Les trois armes avaient accueilli et formé les jeunes soldats de la nation.

Bertrand Poirot-Delpech, envoyé spécial du *Monde*, relata en février les troubles de Montpellier : pour la première fois, la guerre d'Algérie provoquait l'agitation dans une université. Une manifestation d'étudiants contre « la détention ou la disparition de plusieurs étudiants algériens » avait été organisée par l'UGEMA (Union générale des étudiants musulmans d'Algérie). La proportion des étrangers, de Nord-Africains et d'Africains était forte sur le campus : plus de 18 %. Les Algériens étaient une centaine. Dans la « première université musulmane » de France, le cortège des protestataires — 250 personnes — demandait l'ouverture de la Bourse du travail. Il fut alors assailli par une contre-manifestation de l'assemblée générale des étudiants, conduite par Mousseron, ex-président de l'UNEF. La bagarre éclata.

La Ligue des droits de l'homme et la plupart des organisations de gauche ne manquèrent pas ensuite de tenir meeting pour veiller à la « défense des libertés ». L'UNEF et les AG de Paris et de province condamnèrent les contre-manifestants de Montpellier : parmi ces derniers, 300 « fils de colons ». Ils rappelèrent qu'un de leurs camarades, médecin, n'avait pu être extrait de son ambulance incendiée par les rebelles des Aurès. « Tous plus ou moins futurs combattants involontaires en Algérie, expliquait Mousseron, nous ne supportons pas d'être traités d'assassins. »

Ces « tâches militaires », d'autres les refusaient : les rappelés de 1956 étaient sourds au coup de clairon du Forum, contrairement aux étudiants de droite de Montpellier. Si le plus grand nombre se résignait à gagner les casernes, d'autres prêtaient l'oreille aux propos des militants contre la guerre, qu'ils fussent communistes, démocrates-chrétiens ou quelquefois pacifistes. Des tracts circulaient, des appels étaient diffusés par haut-parleur à l'entrée des casernes ou des camps militaires. Déjà, en septembre 1955, les premiers rappelés d'Edgar Faure avaient manifesté violemment en certains lieux d'embarquement ou de rassemblement. Les « rappelés et maintenus » du 401ᵉ régiment d'artillerie, réunis à l'église Saint-Séverin, avaient diffusé un texte : « Le peuple français doit savoir que si nous obéissons, ce sera la mort dans l'âme. » Le 7 octobre, ceux du 406ᵉ régiment d'artillerie anti-aérienne (étrangement expédié dans une guerre où l'adversaire n'avait pas d'avions) manifestèrent à leur tour à Rouen. C'était le Parti communiste qui organisait la bataille, et elle dégénéra, selon *Le Monde* du 11 octobre, en « guérilla urbaine ». Le ministre de la Défense muta le général commandant la région, pour négligence.

Les communistes protestaient-ils contre la présence française en Algérie ? Nullement. Les mobilisations de l'opinion contre la « répression » et la « lutte armée » leur paraissaient un bon moyen de mettre en difficulté le gouvernement socialiste de Guy Mollet. Le Parti communiste n'admettait pas alors la revendication d'indépendance des Algériens : seuls les trotskistes du PCI y étaient favorables. Mais tous les groupes de gauche s'étaient réunis, à l'automne de 1955, derrière les chrétiens démocrates, les communistes non membres du Parti, les intellectuels de la nouvelle gauche, dans un Comité contre l'envoi du contingent en Algérie, dont les jeunesses socialistes s'étaient exclues à la demande de Guy Mollet. Michel Rocard fit partie de ces manifestants qui tentèrent de se rassembler, le 13 octobre, dans une Mutualité gardée par la police. Un Comité d'action des intellectuels contre la poursuite de la guerre en Algérie se forma autour du sociologue Edgar Morin, familier des universités américaines. Sartre et Mauriac y adhérèrent. Le trouble était à son comble quand, le 23 novembre, des soldats rappelés quittèrent Courbevoie pour manifester en uniforme sur les Champs-Élysées. Pourtant, le 12 mars 1956, le Parti communiste vota les pouvoirs spéciaux à Guy Mollet : pourrait-il dès lors continuer à manifester contre l'effort de guerre ? Bourgès-Maunoury fit arrêter Claude Bourdet, journaliste cofondateur de *France-Observateur* et ancien chef de la Résistance, pour « entreprise de démoralisation de l'armée ». Le ministre était lui-même compagnon de la Libération.

La guerre divisait le front de la gauche et fissurait la résistance. Que disait Bourdet ? « Cent mille jeunes Français sont menacés d'être jetés dans la sale guerre d'Algérie [...] dans un genre de combat qui révolte la plupart. » Des troubles éclatèrent au Mans, à Lézignan, dans le Loir-et-Cher, à Grenoble. Des manifestants, des ouvriers de l'Isère bloquèrent un train. Les communistes tentèrent localement de récupérer les manifestations spontanées des rappelés et de leurs familles, par exemple le 23 mai, à Antibes. Les ouvriers du Havre, le 24, s'opposèrent à un départ. La CGT n'avait pourtant pas donné de directives. La « base » déborda les dirigeants, mettant en question l'« unité » chère à Jacques Duclos. Amiens, Saint-Nazaire, Port-de-Bouc, Voiron : partout des ouvriers manifestaient. Un convoi parti du camp de Mourmelon fut constamment arrêté dans sa descente sur Marseille : manifestations dans les gares, sabotage du convoi par les rappelés qui tiraient la sonnette d'alarme ou détachaient les wagons. Le camp boueux de Champagne dut être repris par les gendarmes en juillet : 2 000 rappelés s'en étaient rendus maîtres. Mendès France quitta le gouvernement le 23 mai pour protester contre la politique de répression de Guy Mollet. Jean-Jacques Servan-Schreiber écrivait dans *L'Express* qu'il n'admettait pas le « refus de servir » : parmi les plus exaltés des rappelés protestataires du camp de Mourmelon se trouvaient les futurs fusiliers des demi-brigades de l'air qui devaient servir en Algérie sous ses ordres...

Dès 1955, l'armée avait réagi en proposant des mesures pour lutter contre la démoralisation. Sans beaucoup de résultats. Un télégramme du ministère fut expédié le 25 mai 1956 à Alger « en vue d'éviter répétition incidents regrettables au cours transports disponibles rappelés, nécessité apparaît placer ces derniers de façon plus concrète dans ambiance qui les attend après débarquement AFN ». On se félicitait du fait « que rappelés prennent rapidement bon esprit une fois rendus sur lieux d'opérations ». On proposait à Bourgès-Maunoury d'« assurer parrainage chaque unité nouvelle formée en métropole avec une unité déjà engagée AFN et stationnée près du lieu d'emploi prévu pour unité arrivante. Unité marraine constituerait détachement d'accueil [...] choisie parmi appelés ou rappelés pour excellent esprit et qualités entraîneur d'hommes. Détachement serait envoyé centre de rassemblement en métropole pour partager vie unité en formation jusqu'au débarquement AFN [...]. Pourrait contrebalancer action des meneurs sans faire action propagande officielle ». A Mourmelon, ces propositions ne furent pas suivies d'effets, et le colonel Barberot, qui avait repris du service pour encadrer les fusiliers de l'air, dut exiger de Paris des permissions immédiates pour obtenir le retour au calme. Il avait eu le plus grand mal à trouver des officiers qui acceptent de commander les unités « les plus médiocres de l'armée, qui n'avaient aucune expérience du métier de fantassin ». L'inspection des demi-brigades était assurée par le colonel de Bollardière. Déjà, en Tunisie, elles protégeaient les aérodromes. Comment utiliser en Algérie les nouvelles recrues ? Ils étaient 40 000 hommes en Algérie, acheminés souvent contre leur gré, qui attendaient une affectation. Garderaient-ils, comme le suggérait le général Lorillot, les dépôts d'essence ?

Barberot, ancien marin des FFL, n'avait pas rempilé pour commander des factionnaires. Il parvint à engager deux anciens parachutistes d'Indochine, le capitaine Loustau et le lieutenant Antoine. Ils commanderaient chacun une demi-brigade. Ils réussirent la première épreuve, calmer les 3 000 rappelés venus du Bordelais dans le désordre sordide du camp de Mourmelon.

Ils débarquèrent à Alger, à Oran ou à Bône, et furent aussitôt dispersés dans l'arrière-pays, à Rovigo, à Arba. Deux tâches immédiates attendaient les bataillons : protéger les fermes de la plaine et monter des postes dans la montagne. Comment ces soldats équipés à la diable dans les magasins de l'infanterie, dotés de mitraillettes qui partaient toutes seules, de camions épuisés et de Jeeps branlantes pouvaient-ils entrer dans la guerre, alors que beaucoup d'entre eux avaient accompli leur service antérieur sur des bases à des emplois non combattants ? Une note de service signée par le capitaine Courtois à la 3e compagnie en dit long sur la discipline : « Il a été constaté, s'indignait le capitaine, que la sentinelle du poste de police fumait et lisait pendant sa faction [...], il est rappelé aux chefs et sous-chefs de poste qu'ils ne doivent pas s'absenter pendant leur service, même pour aller faire une partie de cartes. » Le lieutenant-colonel Leroy, le 27 mai, indique que les rappelés de la première brigade, débarqués le 16 mai en avant-garde, ont été implantés les uns à la mairie d'Ouled-Fayet, les autres à la fondation Borgeaud. Une compagnie occupe le stade Zevaco à Maison-Carrée, avant d'être mise à la disposition du commandant de la place d'Alger pour « gardes statiques, patrouilles et ratissage de nuit ». La compagnie du capitaine Meunier est la seule qui réponde à son emploi théorique : elle gardera la base de Maison-Blanche. Leroy avait pris de sérieuses mesures disciplinaires pour assurer le transport de ses rappelés de Dijon à Marseille : ravitaillement embarqué au départ, peu de haltes au cours du trajet avec interdiction de descendre des wagons. Les réfractaires seraient immédiatement livrés aux gendarmes. A peine débarqué, le bataillon se signala par des incidents : des fusils Mas 36 disparurent. L'enquête permit d'établir que deux rappelés « ayant égaré leurs armes » avaient quitté le convoi en gare de Lyon-Brotteaux. Ils avaient ensuite rejoint Marseille par leurs propres moyens...

Le colonel commandant la 533ᵉ demi-brigade, avait pris position pendant l'été dans la Mitidja, autour de La Chiffa. Il se plaignait du moral des rappelés, originaires de Provence. Ils faisaient preuve « de bonne volonté, sans plus », et gardaient les fermes isolées, au sud de Marengo ou de Mouzaïaville, sans aucun enthousiasme. Les sous-lieutenants, qui avaient été expédiés au centre d'Azrew, n'étaient pas mieux formés que les hommes. Au cours d'une instruction, un soldat reçut une rafale de mitraillette dans le mollet. Un ancien cyrard, aviateur d'active jusqu'en 1946, commandait si mal le 3ᵉ bataillon que plus de 200 soldats se firent porter malades sur un effectif de 800. La discipline y était nulle : lors d'une inspection, on découvrit des soldats endormis dans une olivaie. Les hommes, de façon générale, se plaignaient de manquer d'eau et de réfrigérateurs. Le colonel dut aussi traiter l'insoumission d'un prêtre rappelé, qui se disait objecteur de conscience. La campagne commençait mal.

Un rapport du 21 mai indiqua que les incidents de parcours des rappelés sur le trajet de Marseille étaient dus « à l'approvisionnement trop généreux des buvettes en mousseux » : les sous-officiers n'avaient pu empêcher les hommes d'aller boire, pas plus qu'ils n'avaient pu éloigner les « agitateurs » d'un « commando politique » à Villefranche-sur-Saône. Si les soldats avaient quitté la gare à Lyon, c'est que les tenanciers de la buvette vendaient le vin trop cher. On avait dû hospitaliser à Lyon « un homme atteint de délirium » qui était allé boire en ville. La traversée sur le *Pasteur* avait été calme, mais les premiers cantonnements à Alger, « sous les gradins du stade », étaient « précaires ». Le commandement était « débordé par les arrivées massives ». La première compagnie, installée à Maison-Carrée, ne disposait que de véhicules hors d'usage et les renforts devaient marcher pour rejoindre leurs cantonnements, faute de camions. On engagea les rappelés, aussitôt arrivés, dans des opérations de police : ils durent fouiller les suspects, contrôler les papiers, entrer dans les maisons « en présence d'un gendarme » pour découvrir les caches d'armes. La région de Maison-Carrée était dangereuse : le 6 juillet, un rappelé y trouva la mort dans un attentat.

L'armée s'installait ainsi dans les moindres hameaux et quadrillait les villes. A sa mission de protection des personnes et des biens s'ajoutait la surveillance. On n'osait pas encore lancer les rappelés, trop peu aguerris, en opération.

Le 18 mai, l'embuscade de Palestro souleva dans l'armée d'Algérie comme dans l'opinion française une intense émotion : 21 rappelés du 9e régiment d'infanterie coloniale s'étaient laissé surprendre dans les gorges profondes. Ils avaient débarqué dès le 4 mai et tenaient un poste dans une maison forestière isolée dans la montagne. Partis en patrouille au village d'Amal, ils avaient été massacrés sous les ordres du sous-lieutenant Arthur, par un sergent déserteur de l'armée française, Ali Khodja, à la tête d'un commando de djounouds. Trois mille soldats d'élite, commandés par Massu en personne, avaient marché trois jours pour retrouver la bande, qu'ils avaient décimée. Désormais, les rappelés n'abordaient plus les routes de montagne qu'avec circonspection.

En août, ils entrèrent dans la guerre, y compris les fusiliers de l'air. La presse d'Algérie (ainsi que *Paris-Match*) avait largement diffusé les photographies des soldats de Palestro, dont les dépouilles avaient été martyrisées. Il n'était plus question, désormais, de gardes passives et de laisser-aller : les plus indifférents se sentirent menacés, donc concernés. Le commandant Pouget, un ancien d'Indochine, put reprendre en main sans difficulté le camp de Bordj-de-l'Agha, où l'armée de terre avait concentré les fortes têtes. Il réussit à les lancer en opération, alors qu'elles avaient pris leurs officiers en otages.

En juillet, écrit le capitaine Bonnot (3e compagnie de la 10e DBFA), « le moral des hommes s'était enhardi ». Ils avaient dû faire face, au début de juillet, à une « grève politique des musulmans » sur les chantiers de Maison-Carrée, dans les usines des eaux et du gaz de la ville d'Alger, où les débrayages, ordonnés par le FLN, avaient atteint 80 % des effectifs. Ils avaient alors multiplié les patrouilles, craignant le sabotage des puits et des stations électriques de pompage qui approvisionnaient la cité. Les hommes en Pataugas, aux uniformes fatigués, s'entraînaient désormais au maniement des fusils mitrailleurs 24-29 et de la nouvelle MAT 49. Ils étaient devenus familiers des bouclages urbains.

Il était temps de les engager dans les grandes opérations. La 531e demi-brigade participa en août 1956 (1er bataillon) à des actions de « peigne fin » menées en compagnie d'autres unités. Les hommes s'impatientaient. Faute de sources de renseignements, les interventions « tombent dans le vide, ou tournent à l'avantage des rebelles (117e RI). Dès qu'elles se mettent en marche de jour, les troupes sont signalées de village en village et ne rencontrent rien sur leur route » : une opération menée avec le 25e dragons et le 117e d'infanterie arriva trop tard pour intercepter les bandes. Seule une riposte instantanée, conclut le capitaine, pourrait être efficace. « Sans résultat apparent, nous avons usé ou accidenté une grande quantité de matériel (camions, avions, hélicoptères, radios) et dépensé de ce fait des sommes considérables », non sans inconvénients psychologiques : « Parce qu'elle est aveugle, écrivait Barberot, l'action militaire est amenée à considérer *a priori* tout musulman comme un ennemi ou un suspect alors que la doctrine de la pacification devrait être qu'*a priori* tout musulman est un ami » : première contradiction. La seconde suivait : « Cette action militaire pure, employant toujours de gros moyens pour éviter la surprise, comporte moins de risques : en contrepartie, elle est inutile. » Considérée comme suspecte, la population fuit à l'approche des Français : on abat les fuyards, alors « qu'il est pratiquement impossible de savoir s'ils fuyaient par peur ou parce qu'ils étaient réellement des rebelles ». Les chiffres des communiqués sont donc faux : les victimes des tirs français ne sont pas nécessairement des hors-la-loi.

Un colonel de l'armée de l'air demande alors, dès août 1956, que, parallèlement à l'action militaire, soit retrouvé « le contact avec la population ». « L'autorité qui pacifie, dit-il, et frappe d'autre part doit être la même. » Barberot, l'ancien héros des FFL, l'affirme : « Il ne faut plus se fier aux maires et conseillers généraux suspects au premier titre à la population musulmane. » Les « Français d'Algérie » ne peuvent pas être « des arbitres et des pacificateurs ». Cette mission revient à l'armée, pense alors l'officier commandant l'une des plus médiocres unités du bled. L'amélioration du niveau de vie des musulmans ne lui paraît pas une solution suffisante, car « les relations entre les communautés sont d'ordre passionnel ». Il faut instaurer un *esprit* nouveau en Algérie.

C'est aussi l'opinion d'un soldat de la plaine, en contact avec les travailleurs des domaines, dans les villages de fermiers. Ceux de la montagne, dans le secteur Rivet-Arba-Rovigo, devaient faire face à la menace constante d'embuscades et d'attentats : ils étaient aux premières loges de la guérilla, même si leur région n'était pas encore parcourue par des bandes nombreuses. On n'avait pas vu d'uniformes depuis longtemps dans ces hameaux perdus. Il était urgent de les occuper pour assurer la circulation des routes et surveiller le bled.

L'effectif d'un bataillon était dispersé dans les postes. On ne pouvait rassembler plus d'une soixantaine d'hommes pour une opération sans dégarnir les fortins de fortune. Au pied de la montagne, dans les fermes, les attentats étaient fréquents. Les fermiers devaient être à tout prix protégés. La zone insurrectionnelle du Sud algérois était en pleine renaissance tout comme les réseaux terroristes dans la ville elle-même. Le sergent Ouamrane avait abandonné les Kabylies envahies par les unités de rappelés pour prendre la direction militaire de l'Algérois ; Ramdane Abbane assurait la direction politique pendant que Ben Khedda et Saad Dahlab trouvaient une aide certaine chez les Européens libéraux, des médecins, des professeurs, des ecclésiastiques même. Depuis mars, l'organisation régnait dans Alger, et Lacoste enrageait de ne pouvoir la débusquer. La grève des étudiants musulmans, qui, pour la plupart, avaient rejoint le maquis, l'inquiétait : il n'avait pas tort. L'étudiant en médecine Timsit fabriquait déjà dans son appartement de la nitroglycérine.

Les soldats français qui débarquaient à Alger ignoraient ce travail souterrain, mais ils découvraient une ville en proie à la terreur. L'état-major ne savait pas encore que la mirifique opération baptisée « Oiseau bleu », montée au temps de Soustelle par le service secret de la 10e région, fournissait depuis novembre 1955 les armes les plus modernes au maquis kabyle, sous prétexte de former une « force K » anti-FLN. Krim avait organisé le maquillage de l'opération, simulant même des accrochages contre ses propres troupes pour que la force K montrât aux Français des cadavres de djounouds qui étaient en fait des messalistes fraîchement abattus. La supercherie ne devait être découverte que beaucoup plus tard, par le capitaine Hentic, du 11e choc. Pendant des mois, les djounouds avaient reçu des armes françaises. Dans les Kabylies comme dans l'Algérois, ils multipliaient les embuscades et faisaient régner l'insécurité. Au 1er août, le FLN pouvait mettre à son actif, depuis le début des événements, 1 654 attentats individuels contre des civils. Cent dix en étaient morts.

La police avait réagi dans Alger. Quand les rappelés débarquèrent, le 26 mai, la Casbah était cernée, fouillée, ses rues barrées par des chevaux de frise gardés par les zouaves. Une quinzaine de terroristes avaient été surpris, dont Mustapha Fettal. On avait arrêté des HLL à Maison-Carrée, où les fusiliers de l'air étaient en faction. Restaient cependant cachés dans Alger quatre groupes terroristes prêts à intervenir ; une soixantaine de *fida* obéissaient également dans la Casbah aux ordres de Yacef Saadi : parmi eux, Ali-la-Pointe. Ces 120 combattants fanatiques, qui s'étaient assuré de la complicité de deux jeunes filles, Fatima Hadj Hamed et Djamila Bouhired, pouvaient mettre la ville à feu et à sang, malgré la très forte implantation militaire. Quand Lacoste, cédant à la pression des Européens, fit exécuter le 19 juin, à la prison de Barberousse, deux condamnés à mort du Front, celui-ci déchaîna aussitôt les *fida* : les 20, 21 et 22 juin, des groupes de deux ou trois membres qui s'ignoraient les uns les autres assassinèrent ou blessèrent 49 Français. La liste en fut expédiée à René Coty, président de la République. Ainsi le terrorisme urbain pouvait renaître à la moindre occasion : si les djounouds étaient relativement silencieux en Kabylie, c'est que les chefs de région n'entendaient pas lancer de grandes opérations avant le congrès politique, qu'ils comptaient réunir en juillet ou en août, dans la vallée de la Soummam.

Pourtant, les embuscades et les attentats continuaient, pour entretenir l'insécurité. Le commando d'Ali Khodja attaqua dans les gorges de Sakamody un car européen, massacrant les passagers, femmes et enfants compris, dans des conditions atroces. La route n'était pas sûre : les rebelles pouvaient tenter des coups de main entre les passages de surveillance des engins blindés du 5e chasseurs à cheval du colonel Argoud ; des travaux importants devaient être réalisés par le génie pour assurer la sécurité : déboisement dans les tournants, aménagements de postes, ouverture de pistes permettant de traquer les HLL. On demanda aussi l'installation de baraquements préfabriqués ou de tentes américaines à double toit pour que les fusiliers pussent passer l'hiver.

Ainsi, l'armée envisageait une installation de longue durée, qui permettrait à Lacoste de lancer son train de réformes. Déjà le directeur Chaussade avait redécoupé l'Algérie pour lutter contre la sous-administration : l'Algérois comptait désormais quatre départements, l'Oranais, quatre, le Constantinois, trois. Des syndicats de communes s'efforceraient de s'organiser pour construire des maisons, installer des industries. L'armée devait, par sa présence, permettre un remodelage en profondeur du pays. Encore fallait-il tenir solidement les crêtes qui, au sud d'Alger, encerclaient la ville. Barberot a décrit le poste de Taoudggert à plus de 1 000 mètres d'altitude, qui dominait la Mitidja : des orangers et des vignes à perte de vue, des fermes éclatantes de blancheur. Des chênes verts et des pins dans la montagne, des massifs de lentisques à hauteur d'homme. Le poste était ravitaillé par parachute quand les convois de mules, l'hiver, ne pouvaient l'atteindre. Les hommes vivaient dans des cabanes, surveillaient les accès du haut de tours en bois dotées de postes de mitrailleuses. Comment atteindre, dans ces conditions, les objectifs de la directive générale n° 2 (18 août 1956) signée de Bourgès-Maunoury : « Rétablir la paix et la confiance, tout mettre en œuvre, non seulement pour détruire l'organisation politico-militaire rebelle, mais encore pour assurer du travail à la population et lui garantir la sécurité » ? Les hommes des postes n'avaient aucun contact avec la population de la montagne, qui évitait soigneusement les routes et les pistes fréquentées par les Français.

Dans la plaine, les militaires avaient-ils réussi à entrer en relation avec les musulmans des villages ? Ils se heurtaient le plus souvent aux fermiers et à leur clientèle d'administrateurs arabes. De Boufarik, le capitaine Béjot (1re compagnie de la 5e DBFA) écrivait, le 5 juillet, à son colonel que son groupe aidait la police, par patrouilles de trois hommes, à disperser les manifestants musulmans et à faire ouvrir les magasins en grève. La reprise en main de la population était difficile dans ce secteur. A Duperré, la 3e compagnie avait, le 21 juin, suivi deux gendarmes à la maison du caïd du douar Djelida. On y avait appréhendé « deux Arabes, dont un commissaire politique du FLN », grâce aux indications d'un officier de renseignement présent. Un des prisonniers s'était enfui. Il n'avait pas été retrouvé, malgré un « ratissage » en règle de la région : le caïd était complice du FLN. On avait saisi les papiers du commissaire politique : celui-ci venait d'Alger, muni d'une liste de contacts, pour organiser la région. Le groupe devait participer, pendant le mois de juin, à des actions sur renseignements des maires ou des notables : les papiers leur signalaient les passages probables de FLN dans les mechtas. On avait ainsi traqué « les restes de la bande à Maillot ». D'autres groupes surveillaient la voie ferrée de Duperré à Orléansville, pour éviter les sabotages. L'action des fusiliers de l'air était dans ce secteur exclusivement policière.

L'implantation des unités était poussée assez loin vers l'ouest autour d'Orléansville, dans la vallée du Cheliff. Des bandes rebelles parcouraient en effet le massif de l'Ouarsenis, établissant le contact entre l'Oranais et l'Algérois. Ce déplacement s'était effectué en juillet. Le bataillon 541 de la 5e demi-brigade était alors resté en place dans la région de La Chiffa, proche d'Alger. Les compagnies étaient encore affectées à des tâches de surveillance des routes en relation avec les gendarmes de la Souma. Ils poursuivaient les terroristes qui attaquaient les fermes (à Chebli, le 13 août, deux travailleurs arabes avaient été tués dans la ferme Lechot). Les fusiliers surveillaient tout, même les vannes d'irrigation, qui étaient ouvertes la nuit par les saboteurs, et les hangars des fermes, souvent incendiés ainsi que les gerbiers de paille. Les Jeeps des gendarmes étaient fréquemment attaquées sur les routes, et les half-tracks devaient les accompagner. Les convois d'explosifs, sur le chemin de fer de Lavarande à Oran, étaient sérieusement protégés. A de nombreuses reprises, les soldats avaient dû ouvrir le feu contre des suspects qui se pressaient autour des wagons à la sortie des usines de la Socalex. Il n'était pas rare que le train fût attaqué : les rebelles prenaient des risques pour se procurer des explosifs.

En juillet, le I/541 des fusiliers de l'air avait été déplacé vers l'est. Il occupait les points d'appui de Nador, de Duvivier dans l'Est constantinois, à proximité de la frontière tunisienne. Les bandes étaient actives dans cette région depuis le désarmement des fellaghas tunisiens. Recevaient-elles déjà des armes de l'autre côté de la frontière ? Les Français la surveillaient encore, du côté tunisien, mais ils étaient en instance de regroupement. On avait renforcé ce secteur sur le territoire algérien, prévoyant une extension de la guérilla. En revanche, la frontière marocaine restait relativement calme, les bandes armées par l'Istiqlal étant fixées par les troupes d'occupation françaises encore nombreuses et agissantes. Une note du 31 juillet du lieutenant-colonel Noël signalait que la prise en main de la population progressait normalement : on avait recensé les mechtas, distribué des cartes d'identité aux habitants de Laverdure, d'Aïn-Seynour et de Villars. Les fermiers retrouvaient confiance. Ils abandonnaient les villes où ils avaient cherché refuge pour reprendre les travaux agricoles dans les fermes. On ouvrait des chantiers en redoutant que les fellaghas ne saisissent une partie des paies, on distribuait les soins médicaux : la « pacification » était vraiment amorcée dans ce secteur dès juillet. Le colonel implorait qu'on lui envoyât des réfrigérateurs pour ses hommes et des lots de semoule pour les fellahs affamés. Il souhaitait aussi disposer d'un stock de cigarettes de troupes. Dans le bled, néanmoins, les accrochages étaient sanglants : le 28 juillet, un sergent fut abattu à bout portant. Le 8 août, un détachement fut attaqué dans une ferme par trente djounouds qui mirent le feu, pendant la moisson, à une meule de paille et à des sacs de blé. Des ouvriers musulmans étaient complices : ils s'étaient enfuis au lieu d'éteindre le feu. Cinq fuyards furent abattus. Chaque incident de ce genre faisait l'objet d'un rapport transmis à la gendarmerie. Le 31 juillet, une patrouille du capitaine Marsy avait surpris des jeux de lumière dans une ferme. D'autres lumières répondaient dans la nuit : on cerna la ferme et on surprit le fermier la fourche à la main... « Je dors sur mon blé, dit-il, pour qu'on ne le vole pas. » Des signaux ? Il n'était pas au courant. Il s'était servi de sa lampe uniquement pour sortir de sa ferme... Les contacts avec la population n'en étaient qu'à leurs débuts : les soldats français, aux yeux des musulmans, protégeaient avant tout les Européens, leurs fermes, leurs récoltes, leurs vendanges ; ils étaient redoutés car ils avaient le pouvoir de tirer sur les fuyards, d'arrêter, d'enfermer des tribus entières dans des camps de regroupement, de questionner chaque habitant des douars et d'exiger de lui des papiers. L'heure n'était pas au « climat de confiance », sauf dans des secteurs privilégiés.

En marge de l'armée traditionnelle, qui organisait le quadrillage du plat pays et la surveillance des axes routiers et ferroviaires dans les montagnes, les troupes d'élite traquaient les rebelles. La 25e division de parachutistes et, plus récemment, la 10e participaient à toutes les opérations aux côtés de la Légion et des chasseurs alpins. Alors commence à se forger la légende de Bigeard : le colonel sorti du rang fulmine contre les « culottes de peau », les « porteurs de bananes » qui exigent des effectifs toujours plus nombreux (l'arrivée du contingent au cours de l'été porte à 400 000 les effectifs de l'armée d'Algérie). « Il y a suffisamment de troupes en Algérie, écrit-il, mais il n'y en a pas assez dans le bled. » Il n'est encore que lieutenant-colonel quand il « crapahute » dans le massif de l'Edough, près de Bône. Après le 5 décembre 1955, il rejoint Constantine pour participer à une opération au nord-ouest, à El-Milia. L'affaire tourne mal, en raison d'un bouclage trop bruyant. Quelques chars de la 2e division motorisée dégagent spontanément les parachutistes. Un lieutenant se met aux ordres de Bigeard, qui l'embarque aussitôt : il s'appelle Georges Grillot. Le 3e bataillon reste dans le massif jusqu'en mars 1956, accrochant constamment les unités de l'ALN. Les hommes apprennent à dormir tout habillés sous la pluie, à vagabonder dans la montagne, à la recherche de l'ennemi. Réussite totale : plus de 500 prisonniers pour 75 coups de main de nuit. Il faut alors voler en Kabylie, dans la région du cap Sigli : pour la première fois, le colonel peut disposer de quatre hélicoptères H 55 qui transportent chacun cinq hommes ; des Morane de reconnaissance signalent l'ennemi par radio. Les bons résultats persuadent Bigeard que les hélicoptères sont l'arme idéale pour cette guerre. C'est avec leur appui qu'il règle l'affaire des déserteurs musulmans de Souk-Ahras. Il faut croire que le gouvernement est convaincu par ses arguments puisqu'il décide d'acheter 100 appareils et de construire une usine pour fabriquer des modèles français. Bigeard forge tout seul sa doctrine de guerre au moment où l'illustre reporter Joseph Kessel prend l'avion dans le seul dessein de le rencontrer. Il lui rappelait Mermoz (pas moins). Comme lui, écrivait-il, il aime « la solitude, l'évasion, la pureté du vol ». Et la guerre : « Croyez-vous que nous l'aimions ? » lui dit l'homme au regard « d'un bleu pastel sourd et fixe », à « la voix rapide, assourdie », qui part au combat sans armes pour avoir « l'esprit plus libre ». Le soldat « à la passion désintéressée » est pour Kessel « un étrange chef d'une étrange troupe de choc aiguisée par lui-même jusqu'à la pointe la plus effilée, la plus meurtrière à qui [il n'a] jamais entendu dire un mot de mépris et de haine pour ses adversaires ». Le mythe du centurion est né.

Bigeard s'emporte contre la presse qui accumule les communiqués de victoire, alors que l'Algérie s'installe dans une morne attente, ponctuée de perpétuels coups de main et d'attentats. Il rêve d'une infanterie « rustique, jeune, légère », de divisions « du type guérilla ». Il se trouve en juin dans les Nemencha au service de Vanuxem, l'agrégé parachutiste. Dans ces montagnes lunaires, nues, perclues de grottes profondes, plantées dans les sables de Guentis, il traque les rebelles dans des oueds à sec. La « fameuse bande des Nemencha », 200 hommes aguerris, les attend dans le djebel, aux ordres de Laghrour Abbès. L'accrochage est violent, les pertes sensibles : le chef rebelle du Constantinois s'est échappé. Blessé dans une nouvelle opération, Bigeard est évacué sur l'hôpital de Constantine en hélicoptère. Il en sortira à temps pour parader sur les Champs-Élysées, le 14 juillet, la plaque de grand officier de la Légion d'honneur sur la poitrine. Le mythe Bigeard prend corps. Il est, pour *France-Soir*, le « premier para du monde ». Il a sa photo dans le journal de Marcel Dassault, *Jours de France*. Les photographes le débusquent dans les restaurants parisiens, le prince Napoléon l'invite à dîner. Il retourne ensuite dans les Nemencha pour en découdre avec les rebelles. Au repos, à Bône, il est attaqué par trois terroristes qui l'envoient à l'hôpital de Nancy.

Plus encore qu'une méthode de combat, il a donné à l'armée d'Algérie un principe stratégique : pour lutter contre la guérilla, les hommes doivent être formés à la contre-guérilla. L'armée de l'air elle-même retient la leçon : elle se propose désormais de former des « commandos de l'air » avec les volontaires des demi-brigades. Une note du général Jouhaud, en date du 9 avril 1956, en annonce la mise sur pied. Ces unités doivent recourir aux hélicoptères ou aux avions ; elles interviendront par équipes de 6 hommes ou par groupes de 24 hommes puissamment armés, disposant de six hélicoptères et d'un avion de reconnaissance. On peut rassembler des « centuries », pour mener des opérations importantes, dotées de 26 engins volants. L'âge maximal des officiers doit être de 34 ans, de 25 pour les soldats. Ils doivent être capables de marcher trois heures pour faire 20 kilomètres et d'intervenir sur un point menacé dans un délai de vingt minutes. Pendant quarante-huit heures, ils sauront survivre en territoire hostile en dépit de leur isolement. On trouve des hommes : l'ancien normalien, ex-parachutiste et ambassadeur François Coulet en prend la tête. De son côté, la marine forme ses commandos. La découverte des techniques de la lutte anti-guérilla est alors le fait des officiers généraux chargés des unités de parachutistes : Ducournau enrage de voir ses hommes engagés dans le ratissage, comme des fantassins.

Quand *Le Journal d'Alger* annonce triomphalement le 25 juillet 1956 que, selon Guy Mollet, « le quadrillage [est] totalement réalisé », Massu sait que la guerre peut être gagnée si les terroristes sont complètement coupés de leurs bases arrière du djebel. La liste des exactions, en ce mois de juillet où les bandes sont calmes, est impressionnante. Un colon a dénombré, à l'intention de Massu, les attentats réalisés dans la vallée du Corso, au pied du massif de Keddara : trois fermes agressées, les vignes et les orangers coupés, les champs de tabac arrachés. A la ferme Puge, un vieillard de 90 ans est égorgé, sa gouvernante éventrée. Dans la vallée du Boudouaou, dans l'Est algérois, la mine de baryte de Keddara est saccagée, ainsi que les installations de deux carrières de pierres. Les fermiers de la ferme Cruet et de la ferme Serrat sont assassinés ; plus de 14 fermes sont incendiées, le fourrage et le matériel détruits, les orangers et les citronniers sciés. Des hectares de vigne sont saccagés. Les fermes sont évacuées dans la région comprise entre la vallée du Boudouaou et celle du Hamis : les fermiers ne peuvent tenir. On leur vole leur cheptel, on incendie leurs maisons, partout les gardes champêtres indigènes sont les premières victimes. Les terroristes attaquent jusqu'aux fermes protégées par l'armée : ils ont tué un rappelé le 26 mars, dans la ferme Grosrenaud. Ils coupent jusqu'aux pieds de tomates dans la commune Maréchal-Foch, où plus de 20 000 pieds de vigne ont été arrachés. Le colon signataire de la lettre demande que Guy Mollet vienne se rendre compte sur place : « Il verra une population franco-musulmane à la dérive qui demande à être protégée et à travailler. » Les pieds-noirs estiment alors qu'en dépit des renforts « il manque des unités d'intervention ». Faut-il envoyer 600 000 hommes en Algérie ? Où s'arrêtera l'escalade ?

Qui coupe les orangers ? Les moudjahidine ne sont pas assez nombreux pour accomplir les déprédations considérables qui frappent les biens du colonat. Ils se sont assurés de la participation des villageois, de leur complicité active, à partir de l'été de 1955.

En 1954, lors de la Toussaint rouge, les fellahs ignoraient le FLN, ne reconnaissaient comme chef de la lutte contre les Français que Messali Hadj et ses diverses organisations, PPA puis MLTD, Association des étudiants d'Afrique du Nord ou Scouts musulmans d'Algérie. On prenait les révoltés pour les messalistes de l'OS dissoute par les Français en 1950. Quand le prophète affirmait qu'il n'était pour rien dans les « événements » de novembre, le peuple, perplexe, attendait. Les Français répétaient que les insurgés étaient des « bandits » des Aurès. Comment savoir s'ils ne disaient vrai ? Le « banditisme » sévissait à l'état endémique dans les régions les plus misérables. Pendant l'hiver 1954-1955, les moudjahidine ne se montrèrent guère que dans les régions où ils étaient assurés de complicités. Dans beaucoup de villages, on n'avait jamais vu ni même entendu parler du FLN. En 1956 seulement, si l'on en croit les « archives orales » de Mohand Hamoumou, les populations commencent à apprendre son existence et ses faits d'armes : « Dans les montagnes, ils ne savaient rien car il n'y avait pas de "postes radio" et l'analphabétisme était total [...]. Mais en 1955, et surtout en 1956, même les villages dans la montagne en Kabylie devaient être au courant car des moudjahidine passaient pour informer la population. » La lutte de vitesse est donc engagée : les chefs frontistes doivent réunir les gens, faire la preuve qu'ils ne sont pas des bandits. Les Français, au contraire, usent de l'ancienne administration musulmane pour allumer le contre-feu : les rebelles, les hors-la-loi ne sont qu'une poignée, disent-ils. Qu'ils aient tué des civils, attaqué des femmes, massacré un instituteur conforte la thèse du banditisme. L'opinion sera ensuite troublée par les arrestations de messalistes opérées par les Français. Le prophète lui-même, pour n'être pas pris de vitesse par le Front, colle à la révolte, la revendique comme sienne. Elle devient crédible. Messali est alors l'indépendantiste le plus connu dans le pays. Son ralliement, dont on ignore les réserves, donne de la force à la révolte. Les frontistes en bénéficient indirectement, même s'ils s'emploient à dénoncer les messalistes, à les combattre. Il leur faut du temps pour expliquer aux assemblées de village qu'ils sont le nouveau parti de la révolution. Hamoumou évoque un document trouvé sur le cadavre de Youssef Zighout, l'un des chefs du Constantinois : « Le FLN mène la guerre sur deux fronts : contre l'autorité française ; contre le peuple algérien, pour s'imposer à lui comme son représentant. »

Pour soumettre la population à la volonté des terroristes, tous les moyens sont mis en œuvre : les explications au village, narrées par le commandant Azzedine ; les « rebelles », qui doivent apparaître comme des « combattants », se montrent en uniforme, avec leurs armes de guerre en bon état. Leurs complices tournent de nuit autour du village pour donner l'impression du nombre. Il faut vaincre le scepticisme des anciens combattants musulmans qui ont servi dans l'armée française et en connaissent la puissance, mais aussi les réticences des anciens qui se souviennent de la cruelle répression de 1945 : veut-on faire à nouveau décimer la population des villages ?

Le massacre du 20 août 1955, dans le Constantinois, accélère la mobilisation : la révolte n'est pas le fait des « bandits », mais du peuple tout entier, las de la misère et de l'humiliation. L'initiative d'un Youssef Zighout aux abois a réussi au-delà de ses espérances : loin de renforcer la thèse du banditisme, elle a provoqué une répression féroce, dont ont été très largement victimes des innocents : alors, spontanément, les villages se rallient aux rebelles. Les moudjahidine lancent désormais des patrouilles de nuit dans toutes les régions, expliquant leur volonté de « faire partir les Français », dénonçant les injustices, les crimes. On les reçoit dans les mosquées, on les écoute. Le chef fait jurer sur le Coran. Il sort ensuite son poignard pour menacer les traîtres et les parjures. Les adhésions font boule de neige dans les Aurès, les Kabylies, le Constantinois. Ailleurs, dans les plaines riches de la Mitidja, du Cheliff ou de l'Oranais, toujours indemnes et relativement tranquilles, il faut d'autres armes : on compte déjà, en 1956, plus de 4 000 musulmans assassinés. Le recrutement des terroristes exige des « preuves » de l'engagement. Les attentats provoquent la répression, qui multiplie les injustices et les demandes d'adhésion : pour recevoir un nouveau terroriste, le chef de réseau l'oblige à l'action directe qui accélère le cycle attentat-répression. Dès lors, la population entière se soumet au Front parce qu'il est le seul à assurer sa défense et qu'il peut frapper les tièdes ou les traîtres.

Le FLN est donc en mesure, dans les premiers mois de 1956, d'obliger la population des villages à participer aux égorgements de troupeaux, aux incendies de récoltes, à l'arrachage des pieds de vigne, aux destructions de cultures. Les moudjahidine n'effectuent pas eux-mêmes ces sabotages : ils ordonnent, surveillent et disparaissent avant l'arrivée des soldats français. Les exactions ne sont donc pas seulement une arme « économique » pour frapper la colonisation, mais bien « psychologique » ou « politique », pour tracer un fossé infranchissable entre l'administration et le peuple.

M'Hammed Yazid devait en convenir, quand il déclarait à New York, au cours d'une conférence de presse, à la fin de cette année 1956 : « Pour faire l'unité algérienne, il ne faut pas hésiter à tuer et à écraser toute opposition. » Le Front aura fait de son mieux pour liquider d'abord les notables acquis à l'influence française, puis les messalistes qui ne voulaient pas, à l'exemple des centralistes, rejoindre le camp révolutionnaire. Mais il aura dû aussi se justifier au sujet de ses exactions terroristes, en plaidant à l'extérieur (particulièrement aux États-Unis) la cause de la révolution. De l'intérieur, Abbane l'Algérois avait bien compris qu'une doctrine frontiste devait être formulée pour justifier les excès de l'action terroriste, et peut-être la relancer : la terreur ne donnait son plein rendement qu'assortie d'un discours révolutionnaire cohérent, non suspect de marxisme, conforme aux modèles indépendantistes du monde arabe.

C'est donc à tort que l'on attribue à Abbane la maîtrise d'une sorte de pensée intérieure de la Révolution algérienne, opposée à son expression extérieure : le congrès de la Soummam que préparait le chef de la région d'Alger avait pour premier objectif de faire connaître à l'extérieur la nature et l'idéologie de la guerre d'indépendance. Que les délégués venus du Caire ne fussent pas présents importait peu. Alger, occupé par l'armée française, faisait paraître *El Moudjahid* (Le Combattant), un journal rédigé par le centriste rallié Ben Khedda, qui donnait la ligne du Front. Celle-ci n'était pas imposée de l'extérieur mais constamment définie par les combattants de l'intérieur. Dans *El Moudjahid*, Abbane avait fait imprimer les dix commandements de l'Armée de libération nationale qui devait lutter « jusqu'à l'indépendance totale » et détruire les forces de l'ennemi (ce qui était bien l'objectif d'une guerre sainte, ou *djihad*), mais en se conformant « aux principes de l'islam et aux lois internationales », pendant que le Front de libération nationale s'assurerait de « l'appui sûr et constant » du peuple.

Tout commence avec la réunion des cinq chefs opérationnels à Alger : Abbane et Ben Khedda accueillent Belkacem Krim et Ben M'Hidi, qui vient de l'Oranais. Saab Dahlab le centraliste ne quitte pas Ben Khedda. Ce sont les chefs politiques de la révolution. Personne ne conteste l'impact du terrorisme algérois et algérien dans la lutte intérieure et dans l'action extérieure. Mais ces chefs politiques ne contrôlent guère que les Kabylies, les montagnes autour d'Alger et quelques implantations oranaises. Ils connaissent mal la situation des Aurès. Les liaisons avec cette région cernée par l'armée sont inexistantes. Plus incertaines encore sont les nouvelles du Constantinois, où, partout, les moudjahidine occupent, semble-t-il, des terroirs entiers, notamment dans le massif de Collo. Pas de nouvelles de Youssef Zighout ni de Ben Tobbal, qui retiennent les meilleures unités de l'armée française. Il est pourtant essentiel qu'ils assistent au congrès. L'action militaire pose des problèmes de coordination et de frontières. Les unités doivent recevoir du commandement unique non seulement des ordres et des mots d'ordre, mais un territoire d'action, soigneusement balisé pour éviter les chevauchements ou les dérives « impérialistes » : on dénonce, en prenant pour exemple Amirouche, la tendance à l'action isolée et anarchique. Un territoire pris signifie un accroissement de richesses, des collectes d'argent et de vivres ; mais l'Algérie n'est pas une terre à rançonner ! Il faut moraliser l'action des moudjahidine.

Les chefs de la révolution se mettent en marche. Quarante hommes armés les escortent avec Sadek et ses commandos. Trois semaines de cheminements nocturnes seront nécessaires pour parcourir les 150 kilomètres qui séparent les montagnes de l'Algérois de la vallée de la Soummam, qui court, à partir de Bougie, au pied de la chaîne des Bibans. Pas question d'emprunter la route, parcourue en permanence par les patrouilles militaires ; on choisit les pistes de montagne, où Krim fait une chute. Si M'Hamed, le commissaire politique, est dans la caravane, ainsi que Si Cherif, responsable de la zone du Sud. Le 3 juillet, Abbane l'intellectuel doit faire le coup de feu comme un simple djounoud contre une patrouille française. Le 7 juillet, on n'a pas dépassé Bouira. Nouvel accrochage. Ben M'Hidi se perd dans la montagne, Ouamrane reçoit une balle dans la jambe. La blessure est sans gravité.

Les Français croient avoir devant eux des bandes de moudjahidine et signalent partout des passages de « katibas » (compagnies), évaluant l'effectif à une compagnie. Ils n'ont pas encore la puce à l'oreille. Pourtant, une patrouille repère la caravane devenue nombreuse depuis que les Kabyles l'ont rejointe, ainsi que les hommes de Krim et d'Amirouche. Tous se dirigeaient vers le sud pour gagner la chaîne des Bibans. Les Français se renforcent, le long de la ligne de chemin de fer qui suit la vallée de la Soummam. L'accrochage est violent, les commandos ont des pertes sensibles. Les Français ont saisi un mulet porteur de tous les documents relatifs à la conférence et la date à laquelle elle est prévue (30 juillet). Une opération est immédiatement lancée pour isoler la chaîne des Bibans. Le grondement des avions de reconnaissance et des hélicoptères de transport panique les politiques, qui décident de fuir plein nord, de l'autre côté de la vallée, et d'abandonner les Bibans pour se cacher sous les futaies du Djudjura. Là, Amirouche se fait fort d'assurer la sécurité, avec ses 1 500 moudjahidine armés jusqu'aux dents.

Que vont faire les Constantinois ? On envoie à leur rencontre un messager pour les prévenir du changement de lieu, alors que les engins blindés de la 7e division mécanique rapide bouclent les montagnes, éclairées la nuit par les « lucioles » (fusées au phosphore) de l'aviation. Les moudjahidine d'Amirouche entraînent les Français vers le sud pour protéger la région du Nord, où cheminent les chefs, à la tête de la longue caravane. Cinquante djounouds sont tués ou capturés au cours des combats très durs qui sont livrés au sud. Les Français passent les Bibans au peigne fin. Ils n'ont pas flairé le piège d'Amirouche. Les envoyés du Constantinois, Ben Tobbal et Zighout, rejoignent la caravane le 2 août. Tous ensemble, ils grimpent les pentes du Djurdjura dans la direction d'Igbal, à travers les massifs d'eucalyptus et d'oliviers sauvages. On parvient à la maison forestière de Maklouf, qui accueille avec sa femme les délégués de l'Algérie. Le lieutenant Stanislas de Follin, un hussard, tient sous sa lorgnette, depuis plusieurs jours, la maison aux volets verts où, de jour, il n'aperçoit rien d'anormal. La lessive des femmes, la cuisine. Les djounouds de protection sont cachés. Les hommes de la caravane arrivent de nuit, sans faire de bruit. Les Français n'ont aucun soupçon.

Pourtant, les Algériens présents sont quinze, sans compter les djounouds, et leur réunion dans ce massif surveillé est une sorte d'exploit. Trois sont venus en armes, avec Ben Tobbal et Youssef Zighout, du Constantinois tout proche. C'est la première fois qu'ils rencontrent leurs frères, alors qu'ils sont à cette date le groupe de pointe de la rébellion : la région 2 du Nord-Constantinois est en effet le premier champ de bataille de la guerre. Ceux de la région 3 (Kabylies) sont seulement quatre : Krim, Amirouche et leurs compagnons. Ouamrane, le sergent, commande désormais, sur ordre de Belkacem Krim, l'Algérois (région 4). Il accompagne Si M'Hamed et Sadek, soit trois délégués en tout. Ben M'Hidi est le seul de la région 5, l'Oranais. Abbane parle au nom de la ville d'Alger, Si Cherif, des territoires du Sud. Aucun délégué n'est venu des Aurès. On attendra quatre jours Omar Ben Boulaïd. Personne n'a pu venir de l'extérieur, ni d'Égypte ni de Paris. Ben M'Hidi, qui a séjourné au Caire, croit pouvoir affirmer que Ben Bella et ses camarades sont d'accord avec la plate-forme du congrès. Mais si l'on peut se passer des frères d'Égypte, on ne peut siéger sans les représentants des Aurès : la révolution doit parler au nom de toute l'Algérie.

Pendant cette longue attente, les premières oppositions se dessinent. Les gens de guerre, Kabyles et Constantinois, ont du mal à supporter la férule « politique » d'Abbane, que seconde l'Oranais Ben M'Hidi. Ben Tobbal voit d'un mauvais œil les Algérois constituer une direction de fait du mouvement. Quand les travaux du congrès s'ouvrent, le 20 août, les Algérois mettent en question la flambée terroriste du 20 août 1955, le massacre de Sakamody d'Ali Khodja, la tuerie de la Soummam, organisée par Amirouche à Ioun-Dagen (1 100 morts dans un village d'autodéfense). Krim et Ouamrane défendent les terroristes : ils ont fait basculer la guerre en opposant les communautés, ils ont permis de récupérer des armes en quantité.

Les travaux durent deux longues semaines, sans que les Français interviennent. Ils savent bien sûr qu'une rencontre au sommet se déroule dans les montagnes, mais ils pensent toujours à celles du Sud.

La révolution se donne un organisme directeur, le Comité de coordination et d'exécution (CCE). Abbane, Krim et Ben M'Hidi en sont les premiers élus. Sur la suggestion de l'Algérois, on nomme deux centralistes, Saad Dhalab et Ben Khedda, pour que la tendance politique (issue du parti messaliste) soit présente aux côtés des « colonels ». Krim, le Kabyle, admet finalement ce point de vue.

On discute sur la composition du Conseil national de la révolution algérienne (CNRA). Les 34 membres (17 titulaires et 17 suppléants) doivent représenter, dit Abbane, le front uni de *toutes* les forces qui se sont rassemblées autour du FLN. Il faut accueillir Ferhat Abbas qui a dissous, pour rejoindre les frères, son UDMA. Les centralistes de Ben Khedda y ont leur place, comme les oulémas de Tewfik el-Madani, et même les communistes. Ils y entreront tous, y compris les frères du Caire.

Le CCE, en revanche, ne comporte que des hommes de l'intérieur. Ainsi se trouve confortée la ligne d'Abbane : imposer la priorité du politique sur le militaire, mais aussi de l'intérieur sur l'extérieur. Le rassemblement des tendances politiques a pour but d'empêcher les Français de constituer une troisième force.

Le document de la Soummam, plus tard publié par *El Moudjahid*, situe le comité exécutif « quelque part dans le maquis ». En fait, on a admis qu'il s'installe dans la nouvelle « zone autonome d'Alger » créée pour Abbane, à la grande colère du sergent Ouamrane. L'Algérie est divisée en six départements appelés wilayas : les zones, régions et secteurs qui composent les wilayas sont tenus par des officiers arborant des galons : le colonel (trois étoiles rouges) qui commande la wilaya a sous ses ordres les capitaines des zones, les sous-lieutenants des régions, les adjudants des secteurs. La plus petite unité, le « faoudj », est commandée par un sergent qui tient deux demi-groupes de cinq hommes. Trente-cinq composent la section

(« ferka »), 110 la compagnie (« katiba »), 350 le bataillon (« faïlek »). On envisage de créer des décorations pour signaler aux Algériens l'héroïsme de leurs combattants. Les commissaires politiques adjoints aux chefs militaires s'occupent de l'éducation du peuple et de son organisation, de la propagande et de l'information, de la « guerre psychologique », qui comprend trois secteurs : les rapports avec la population, avec les pieds-noirs et le traitement des prisonniers de guerre. Aux responsables politiques sont également dévolus les problèmes d'administration : levée des collectes baptisées « impôts », ravitaillement, élection d'assemblées du peuple chargées de l'état civil, de la justice, de la police, des affaires musulmanes : une contre-administration se met en place.

Le document indique que le vœu des chefs est de passer de la guérilla « au niveau de la guerre partielle ». L'ALN doit montrer qu'elle n'ignore pas « la science de la stratégie » et qu'elle peut opposer le « miracle algérien » à la « force colossale de l'armée colonialiste française ». Il faut faire la preuve qu'il n'y a pas de solution militaire pour la France en Algérie. Si l'ALN ne peut rejeter les Français à la mer, elle peut les empêcher de tenir le pays : cette résistance conditionne la victoire politique, qui sera obtenue grâce à la « seconde armée sans uniforme », celle des terroristes des villes.

L'organisation politique est bien considérée comme la clef du succès et passe avant le dispositif militaire. Le Comité se félicite, en instaurant un pouvoir collégial, d'en finir avec le culte de Messali. « La psychologie de Messali s'apparente à la conviction insensée du coq de la fable qui ne se contente pas de constater l'aurore, mais proclame "qu'il fait lever le soleil". » « Messali est ma dernière carte », disait Soustelle. C'est pourquoi le FLN veut éliminer les messalistes, les seuls qui n'aient pas voulu renoncer au « vieil homme » pour rallier la révolution. Le Front interdit aussi de participer aux élections françaises et d'accepter les réformes. Il condamne les communistes parce qu'ils ont dit que l'indépendance ne saurait être obtenue avant le « triomphe de la révolution prolétarienne en France ». Ils n'ont pas compris « le caractère révolutionnaire des fellahs algériens ». Les syndicalistes de la CGT ont attendu, « les bras croisés », les directives de Paris. Qu'ils ne s'étonnent pas si les travailleurs algériens ont rejoint l'UGTA, qui a décidé du succès de la « grève générale patriotique du 5 juillet 1956 ».

Les syndicalistes algériens sont solidaires de leurs camarades tunisiens et marocains, et le FLN leur répète chaque jour que les Français ne pourront pas faire la paix au Maroc et en Tunisie sans accorder aussi l'indépendance à l'Algérie.

Le document du congrès de la Soummam prend soin de préciser que l'objectif de la guerre est l'indépendance totale, et qu'aucune négociation ne sera admise qui ne considérerait pas le FLN comme le seul interlocuteur valable. Il entend poursuivre son action de propagande en France, où il sait pouvoir trouver des appuis, mais aussi à l'étranger : il rappelle à ce propos qu'il n'est « inféodé ni au Caire, ni à Londres, ni à Washington, ni à Moscou ». Il compte sur les peuples de Bandoeng pour obtenir un soutien diplomatique aux Nations unies. Il dispose de trois moyens pour renforcer ses liens avec les deux autres pays du Maghreb en lutte : les centrales syndicales, les associations d'étudiants et les « centrales économiques ». Ce type de solidarité lui paraît, à l'évidence, plus précieux que les liens (décevants) avec l'Égypte.

Quand les membres du nouveau CCE regagnent Alger, ils sont décidés à montrer à l'opinion internationale la vitalité de la révolution. Ils ne savent pas encore comment.

Les Français n'ont pas perdu de temps : l'armée se montre très active et semble répondre aux vœux du gouverneur général Lacoste, qui a frappé un grand coup médiatique en retirant à Blachette son monopole de l'alfa, en achetant des terres pour réaliser une réforme agraire. Le gouverneur général veut gagner la bataille sur le terrain, en luttant contre la misère. Certains officiers le suivent dans cette voie : Parlange et ses SAS, qui ont réussi à pacifier une partie des Aurès. Dans les montagnes entourant Alger, le général Bollardière pratique une politique de travaux publics permettant d'affecter de la main-d'œuvre algérienne à des tâches civiles. Il a obtenu des crédits pour lancer des opérations mobilisant la population des sans-travail. Les officiers français ont en effet compris qu'ils ne peuvent compter sur l'ancienne administration arabe pour reprendre en main la population parce que le FLN vient de réussir, au début de 1956, une opération d'intimidation. Un tract de décembre 1955 promettait « l'égorgement ou l'enlèvement à tous les agents électoraux » et exigeait la démission, sous peine de mort, des élus. Ces derniers suivirent largement la consigne.

Comment auraient-ils pu s'y dérober ? Selon Trinquier, le FLN avait égorgé dans un seul village 58 paysans coupables d'avoir suivi les ordres de l'armée...

Les officiers réussirent tout de même à enrôler une partie de la population en recrutant des musulmans armés pour protéger les villages qui refusaient de cotiser au FLN et tenaient les rebelles pour des fauteurs de guerre. L'ethnologue Servais leva ainsi une harka dans les Aurès, en jouant sur les rivalités entre tribus. Le général Parlange organisa la défense des villages pacifiés en levant des moghazni. Les 680 SAS qui devaient être constituées dans les 13 départements créés par Lacoste seront protégées par ces supplétifs. Certains villages mirent également sur pied des groupes d'autodéfense.

Les Européens d'Alger montraient de l'impatience : les attentats non sanctionnés par la police troublaient les esprits. On murmurait que le gouvernement socialiste recherchait des contacts avec le FLN. De fait, Guy Mollet avait expédié Pierre Commin en Yougoslavie, puis en Italie pour une rencontre exploratrice avec Khider et Yazid, venus du Caire. L'attentat de la rue de Thèbes (70 morts musulmans dans la Casbah, 9 enfants, dont 4 bébés affreusement déchiquetés) devait révéler l'existence, le 10 août 1956, de réseaux de contre-terrorisme pieds-noirs. La police apprit ainsi à Lacoste que trois organisations s'employaient à terroriser les musulmans : les poujadistes d'Ortiz, le « grand O » (résurrection de la Cagoule, aux ordres d'un colon intégriste, Martel), et l'ORAF (Organisation de la résistance en Afrique du Nord), inspirée par le commissaire Achiary, interdit de séjour, et animée par un ancien agent de la DGER, Kovacs. Ce dernier noyautait les unités territoriales d'Alger et se ravitaillait en armes à leur arsenal. Un tract du Comité antirépublicain des Quarante annonça que, « pour un Européen tué, un pâté de maisons de la Casbah sauterait ».

Les attentats se multiplièrent à Alger contre des objectifs musulmans, sans que la police intervînt. Lacoste apprit qu'au moins cinq fonctionnaires de sa police appartenaient aux Quarante. Il comptait sur l'arrivée de Paul Teitgen (le frère de Pierre-Henri, l'un des chefs du MRP) pour épurer et moraliser la police, que l'on accusait à Paris, non sans raisons, de pratiquer la torture et d'expédier illégalement les « assignés à résidence » dans des camps d'hébergement.

Ces provocations ne pouvaient laisser le FLN indifférent. D'autant que les Algérois venaient d'apprendre que Zighout avait été tué dans le Constantinois. Yacef Saadi, qui tenait en main la population de la Casbah (il était capable d'imposer le couvre-feu une heure avant les Français), avait eu besoin de toute son énergie pour empêcher les musulmans de se jeter sur les civils européens. Il avait dû promettre solennellement la « vengeance du FLN ». Abbane lui donna l'autorisation de lancer ses équipes dans l'action. Ainsi commença la bataille du terrorisme à Alger.

L'armée pouvait seule affronter cette orientation nouvelle de la guerre. Si l'on avait réussi à empêcher les fermiers de prendre les armes et d'organiser eux-mêmes leur défense, si les officiers restaient seuls maîtres de la lutte antifrontiste dans le bled, la nervosité d'Alger, des musulmans comme des Européens, contraignit le résident général à imaginer l'introduction brutale, dans la cité, des militaires, se substituant à la police, afin d'éviter le bain de sang. Mais, dominant déjà, par la guerre et le quadrillage, la population des campagnes, l'armée française d'Algérie, en intervenant dans les grandes villes, ne pourrait manquer d'apparaître comme l'arbitre suprême.

Qu'un proconsul socialiste remît aux armes les pouvoirs de la toge montrait le désarroi des esprits : le FLN avait déjà réussi à déstabiliser la République.

CHAPITRE VII

L'armée prend le pouvoir

Pendant le dernier semestre de 1956, les données de l'affaire algérienne se modifient brusquement, en raison du cyclone qui s'abat sur le Moyen-Orient. Le 26 juillet, alors que les chefs de la révolution ont commencé leur longue marche vers la vallée de la Soummam, Nasser nationalise le canal de Suez.

Désormais, le raïs recevra des armes de Prague et de Moscou : des avions, des chars, des mortiers, des mitrailleuses. La politique française ne peut manquer d'être affectée par ce retournement : les actions de la compagnie de Suez sont détenues par des financiers de Paris comme de Londres. Le gouvernement français devra choisir son camp.

Depuis le début des années cinquante, Paris louvoie au Proche-Orient : le Quai d'Orsay tient la balance égale entre Israël et les pays musulmans, pour ne pas compromettre la politique arabe du secrétaire d'État américain John Foster Dulles, soucieux de constituer, dans cette partie du monde, un barrage anticommuniste. Depuis 1953, les Israéliens, qui ne parviennent à obtenir des États-Unis des armes modernes, s'intéressent aux nouveaux armements français. Shimon Peres, ministre de la Défense, veut commander des chars AMX. Jacob Tsur, l'ambassadeur d'Israël, finit par obtenir de Bidault, en 1954, la promesse de livrer ces engins. Mendès France accélère la procédure. Mais déjà Shimon Peres demande des Mystère IV, les chasseurs bombardiers à réaction construits par Marcel Dassault. Moshe Dayan insiste. Diomède Catroux, secrétaire d'État à l'Air, obtient l'accord du gouvernement.

L'ambassadeur israélien apprend alors que la France a également livré des chars aux Égyptiens. Les Français assurent que ces livraisons avaient fait l'objet de contrats très antérieurs et que, depuis août 1955, Nasser reçoit des armes soviétiques et refuse tout accord avec l'Occident. Billotte, ministre d'Edgar Faure, promet à Israël de nombreux chars et des avions. La négociation est alors bloquée par Antoine Pinay, ministre des Affaires étrangères, soumis à la pression de John Foster Dulles. Les Français, qui ont besoin de l'armement américain pour faire la guerre (en particulier d'hélicoptères), ne peuvent résister à cette pression. Pourtant, Israël insiste : les Mig soviétiques sont déjà montés sur les aéroports égyptiens ; les Syriens ont reçu des chars.

En février, Guy Mollet, qui veut ménager Israël au détriment de Nasser, leur ennemi commun, livre dans le plus grand secret une douzaine de Mystère. Le 11 février, ils atterrissent sur un aérodrome militaire israélien. Le président du Conseil est embarrassé par un incident dans le port de Marseille : *Le Figaro* et *France-Soir* révèlent qu'un cargo égyptien embarque des chars français. « Nos soldats versent leur sang et nous envoyons des armes à l'ennemi. » Le gouvernement répond à nouveau qu'il s'agit d'une commande antérieure, engagée par Edgar Faure, fidèle à la politique du double jeu. Les députés Arthur Conte et Robert Buron exigent néanmoins que les armes légères soient débarquées du cargo. Il faudra attendre la nationalisation de la compagnie de Suez pour que change le comportement des Français : désormais, la livraison d'armes à Israël est totalement admise dans son principe.

Deux événements confirment l'engagement des Égyptiens en faveur de la Révolution algérienne. Le 30 septembre, deux bombes posées par de jeunes Algériennes ont explosé au Milk Bar, place Bugeaud, et à La Cafétéria, rue Michelet. Les victimes sont nombreuses, des enfants déchiquetés. On arrête les fabriquants de bombes. L'émotion est intense, en France et dans le monde.

Nasser se décide alors à fournir à la révolution les moyens qu'elle demande depuis de longs mois. Cent tonnes d'armes sont chargées à Beyrouth, à destination du Maroc. Le yacht baptisé *Athos,* pourvu d'un équipage européen, est arraisonné le 16 octobre au large des côtes oranaises, par l'escorteur de la marine nationale *Commandant-de-Pimodan.* Le gouvernement français peut produire la preuve (qu'il rend largement publique) de la participation égyptienne à la guerre d'Algérie.

Le 22 octobre 1956, en plein week-end, le commandement d'Alger apprend qu'un avion civil français conduit des chefs du FLN, du Maroc à Tunis. En l'absence du résident général, sans consulter Guy Mollet, Pierre Chaussade, secrétaire général de Lacoste, laisse agir les militaires. L'avion est détourné sur Alger. Ben Bella, Khider, Aït Ahmed, Boudiaf et Lacheraf sont arrêtés. Dans les documents saisis, les preuves de l'aide égyptienne sont éclatantes. Lacoste décide de couvrir l'affaire. Guy Mollet voit s'évanouir toutes les chances de négociations directes avec le FLN.

Ce détournement compromettait aussi les rapports de la France avec la Tunisie et le Maroc. Il ne manqua pas de susciter une opposition violente de la presse française libérale et la démission du secrétaire d'État aux Affaires marocaines et tunisiennes, Alain Savary, ainsi que de l'ambassadeur français à Tunis, de Leusse. Le sultan et Bourguiba rappelèrent leurs ambassadeurs en poste à Paris : cette action ruinait la politique de coopération. Au Maroc, de violentes émeutes éclatèrent, à l'occasion desquelles 30 Français furent massacrés. Le gouvernement démissionna et l'Istiqlal exerça seule le pouvoir, durcissant sa position à l'égard de Paris. Le FLN était désormais assuré d'une aide puissante et constante de la part des protectorats.

A Sèvres, le 24 octobre, Guy Mollet obtint des Britanniques un accord militaire prévoyant une double intervention aux côtés d'Israël en cas de menace. Les Égyptiens disposaient, selon les renseignements français, de 120 appareils de combat, 20 avions de transport, 160 canons et 4 navires livrés par l'Est. Les Syriens, de 100 chasseurs Mig et d'autant de chars. L'Égypte et la Syrie avaient conclu un accord de défense, l'Arabie Saoudite et le Yémen étaient entrés dans l'alliance en avril 1956.

On convint que l'offensive israélienne prévue dans le Sinaï donnerait le signal de l'intervention franco-britannique, et que celle-ci prétendrait assurer la protection de la zone du canal. Le 29 octobre, l'armée israélienne passa à l'offensive. Tout était prêt du côté des alliés : les camions de Massu, peints en jaune, avaient été embarqués pour Chypre, et la 10ᵉ division aéroportée avait abandonné l'Algérie pour se joindre au corps expéditionnaire. Les bombardiers alliés, le 31 octobre, détruisirent au sol les avions égyptiens, tandis que les Israéliens pulvérisaient les colonnes blindées. Le 1ᵉʳ novembre, les parachutistes français et britanniques furent largués sur Port-Saïd. Une colonne blindée se dirigea sur Suez. Pour Eisenhower, réélu le 4 novembre, cette « agression » était intolérable et rappelait la politique de la canonnière. C'était « un coup fatal porté aux Nations unies », qui avaient désavoué le raid à une forte majorité. Le 2 novembre, une résolution américaine exigea un cessez-le-feu immédiat. Les menaces de Boulganine, jointes aux mises en demeure des Américains, firent céder les Britanniques, puis les Français. Le 6 novembre, un cessez-le-feu sauva les débris de l'armée égyptienne et consacra le triomphe politique de Nasser. Le 24 décembre, les parachutistes de Massu réembarquaient pour l'Algérie. Désormais, le monde arabe tout entier soutiendrait le FLN.

Singulier paradoxe : Guy Mollet se lance dans l'expédition de Suez parce qu'il pense anéantir les bases arabes de la révolte algérienne, alors que le soutien égyptien est encore des plus mesurés. Mais une fois les Français contraints à la retraite, les Algériens recevront des secours conséquents de l'Égypte : les armes britanniques abandonnées sur place. La conséquence désastreuse de Suez est en fait d'avoir encouragé dans le monde arabe des solidarités qui étaient restées jusque-là de principe.

On assiste en même temps au glissement vers l'ouest de la direction extérieure ; sans doute Tawfiq el-Madani, le maître algérien des oulémas, reste-t-il au Caire à la tête de la délégation du FLN. Mais on s'habitue à la présence d'Ahmed Mahsas à Tunis. La position ferme prise par Bourguiba à propos du détournement de l'avion de Ben Bella a fait de lui le principal soutien international du FLN. Jamais la thèse avancée dans la plate-forme de la Soummam n'avait eu plus de réalité : la « solidarité naturelle et nécessaire des trois pays du Maghreb ».

Les Français sont encore présents en Tunisie et au Maroc. Ils protègent leurs ressortissants et surveillent les frontières. Au Maroc, où le sultan a fait un retour triomphal le 16 novembre 1955, la présence des Français se justifie par la nécessité d'éviter l'affrontement entre les indépendantistes et les tribus fidèles au Glaoui et de protéger les nationaux.

Les discussions sur l'indépendance reprennent le 31 janvier, dès les débuts du gouvernement Guy Mollet. Elles aboutissent à la signature d'un protocole d'accord qui accorde aux Français le droit d'assurer avec leur armée la protection de leurs ressortissants et de leurs intérêts, les mines, les plantations, les aéroports et les ports. Le préfet Dubois, qui a remplacé le général Boyer de la Tour, devient responsable de la Sécurité.

Le 2 mars, l'indépendance du Maroc est « solennellement » proclamée et Dubois prend le titre d'ambassadeur. L'Assemblée nationale française ratifie l'accord le 5 juin 1956. Il prévoit que l'armée marocaine assurera l'ordre après le départ des Français.

Ceux-ci continuent toutefois à surveiller le territoire. Les derniers militaires ne quitteront d'ailleurs le Maroc qu'au début de 1957. Le camp de Mediouna, près de Casablanca, sera ainsi occupé par l'armée jusqu'à cette date, tout comme les confins algéro-marocains et la frontière du Rif espagnol. Des troupes interviendront pour mettre fin au massacre des civils européens à la suite de l'arrestation de Ben Bella. Cette occupation prolongée aura singulièrement ralenti l'implantation des bases FLN à la frontière.

La situation de la Tunisie est comparable. Les négociations pour l'indépendance se sont ouvertes le 27 février 1956. Mais Bourguiba ne maîtrise pas complètement les bandes armées dans le bled : certains fellaghas ont repris les armes à l'appel de Salah Ben Youssef, cet extrémiste du Néo-Destour qui veut obtenir le départ immédiat et définitif des Européens. Leur ancien chef, Tahar Lassoued, les commande. De nouveau les fermiers sont victimes du terrorisme. Les routes ne sont pas sûres, on redoute les attentats jusque dans les rues de Tunis. Le 9 mars, deux colons sont tués. Huit cents Européens manifestent alors contre l'administration française, qu'ils accusent d'abandon. Les troubles cessent enfin le 20 mars après la proclamation de l'indépendance. Habib Bourguiba devient président du Conseil. Un traité d'alliance et d'amitié sera signé entre la France et la Tunisie le 15 juin.

Le groupe de pression algérien à l'Assemblée nationale n'aura pas fait obstacle aux deux proclamations d'indépendance : préoccupé avant tout par la guerre en Algérie, il souhaitait que les accords rendissent possible l'acheminement de renforts militaires dans les plus brefs délais. En outre, en dépit de la création d'une armée tunisienne, les Français restaient présents à Bizerte et leurs troupes continuaient à surveiller la frontière, ce qui ne pouvait que plaire aux adversaires des indépendantistes algériens.

L'expérience d'Indochine prouvait qu'une guérilla révolutionnaire ne pouvait survivre qu'en disposant d'un arrière-pays ami, bien à l'abri des coups de l'adversaire : la Chine populaire avait, elle aussi, triomphé à Diên Biên Phu. La Tunisie, plus que le Maroc, était en mesure d'assurer cette fonction de pays sanctuaire, dans la mesure où elle entretenait par sa frontière libyenne des contacts réguliers et caravaniers avec Tripoli, où pouvaient librement débarquer des fournisseurs d'armes. Il était plus difficile d'approvisionner les ports marocains. Le président Bourguiba, qui désirait ravir à Nasser le rôle de tuteur de l'indépendance algérienne, disposait à cette fin d'une plus grande reconnaissance internationale que le sultan du Maroc, personnage féodal toujours gêné par les contradictions entre les forces révolutionnaires qui l'avaient ramené au pouvoir et les tribus traditionnelles qui, après la mort du Glaoui, devaient, il est vrai, recouvrer leur calme. Le sultan Mohammed V et Bourguiba se livrèrent à la surenchère pour prendre le leadership de cette Fédération nord-africaine que le FLN, dans sa plate-forme de la Soummam, semblait appeler de ses vœux. Il disposait ainsi, grâce à cette heureuse rivalité, de deux sanctuaires au lieu d'un.

Il avait intérêt à ce que la liquidation du contentieux avec la France fût rapide dans les deux pays. Après Suez, on entra au contraire dans une période émaillée d'incidents multiples, d'exacerbation des sensibilités. Les Français de la base de Bizerte multipliaient les reconnaissances aériennes. Les patrouilles le long des frontières étaient incessantes. Le commandement unique réalisé à Constantine s'efforçait d'empêcher le passage des bandes qui permettait aux réduits rebelles de cette région d'échapper à toute tentative de réduction. Chacun sentit que l'épreuve de force était inévitable et qu'elle aurait pour objectif de contraindre les Français à quitter complètement la région, à abandonner jusqu'aux bases militaires de Bizerte et de Casablanca.

Ce durcissement des rapports entre Rabat, Tunis et Paris servait indirectement sur un autre plan les intérêts internationaux du FLN, représenté en permanence à Washington par une agence de propagande et de contact avec les médias. La bataille de la reconnaissance de la question algérienne par l'assemblée générale de l'ONU s'engageait bien. Après la condamnation de l'expédition franco-britannique à Suez, on pouvait espérer que les Nations unies fustigeraient aussi la politique de répression française dans le Maghreb.

Pour préparer la bataille de Washington, le FLN se devait de radicaliser son action, de développer son implantation politique à la manière chinoise dans chaque douar et de rendre la sécurité douteuse dans les moindres cités. La contagion révolutionnaire ne passait pas par une intensification du recrutement des moudjahidine (les chefs de la révolution manquaient d'armes et d'instructeurs), mais par le noyautage des entreprises, des administrations, des quartiers, des villages, et même des milieux européens, que Ben Khedda avait tout particulièrement la charge de contacter et d'enrôler dans l'action secrète. Le rôle des Français sympathisants dans les liaisons, le convoyage des fonds, l'organisation des caches, la propagande, l'assistance médicale et technique était capital. Il était l'une des voies du succès : la bataille politique livrée dans la capitale algérienne ne pouvait réussir qu'avec la participation de réseaux européens de soutien disposant de relais en métropole.

La répression gouvernementale frappa surtout les vedettes du journalisme parisien de gauche et s'acharna contre les feuilles communistes de province et *Alger républicain*, le journal d'Henri Alleg. Le directeur de *L'Écho du Centre* fut condamné à un an de prison pour « démoralisation de l'armée ». La liste des journaux interdits par les militaires d'Alger s'allongeait chaque jour. Elle visait surtout les feuilles où s'étalaient l'antimilitarisme et la dénonciation de la torture.

Henri Marrou, historien catholique, publia dans *Le Monde*, dès le 5 avril 1956, un article intitulé « France, ma patrie » : « Partout en Algérie, écrivait-il, ont été installés de véritables laboratoires de torture avec baignoires électriques et tout ce qu'il faut. » Il dénonçait les « camps de concentration » et la « répression collective » provoquant les représailles immédiates du cabinet. Mauriac, dans *L'Express*, défendit Marrou, Bourdet et le journaliste Barrat, qui avaient été inculpés. Ces intellectuels dressés contre la répression provenaient de tous les bords, mais particulièrement du milieu catholique de gauche. André Mandouze, le professeur d'Alger, aura été le grand initiateur de la politique de lutte contre la répression en Algérie. Le directeur de *Consciences maghrébines* devra abandonner ses cours et quitter clandestinement l'Algérie pour retrouver une chaire à Strasbourg. Resta-t-il alors en relation avec le groupe européen d'Alger qui militait pour le FLN ? L'un de ses responsables, le docteur Chaulet, disposait d'un solide réseau d'amitiés, particulièrement dans l'Église : l'abbé Scotto, d'Hussein-Dey, et trois prêtres de la Maison de France installés à Souk-Arhas (Augros, Mamet, Kerlan) passaient alors pour aider les rebelles. Ils seront expulsés d'Algérie malgré la protestation de monseigneur Liénart, qui dirigeait la mission.

Les communistes sont-ils alors ralliés à la cause du FLN comme le suggèrent les nombreux articles protestant contre l'intensification de la guerre ? Soumis sans doute à la « pression de la base », le secrétaire général du PCF, Waldeck Rochet, « condamne, le 6 juin, la politique de force menée en Algérie », ce qui ne l'engage en rien sur le fond : Duclos a parlé, il est vrai, de « fait national algérien », mais sans soutenir ouvertement la cause indépendantiste, bien que le PCA et son journal, *Alger républicain,* aient été interdits en septembre. Le parti peut s'engager dans la dénonciation de la guerre et de la répression, sans pour autant soutenir le FLN et la revendication de l'indépendance. Les catholiques sont alors plus utiles à la direction de France du FLN, animée en 1956 par Salah Louanchi, fiancé à la sœur du docteur Chaulet, Anne-Marie, elle-même membre d'un groupe de chrétiens progressistes. Louanchi est un familier de l'équipe de la revue *Les Temps modernes*. Francis Jeanson accepte de l'aider dans son action ; il est également soutenu par un petit nombre d'étudiants et de professeurs, des trotskistes, des anarchistes lyonnais, des catholiques de Marseille. L'arrestation de Mandouze, le 9 novembre, fait sensation, et occulte l'incarcération de deux militantes du FLN : Cécile Verdurand, collaboratrice directe de Louanchi, et Anne-Marie Chaulet, sa fiancée.

En défendant Mandouze, les journaux libéraux sont sur un terrain solide : le professeur est en mesure de révéler les contacts secrets qu'il a entretenus avec les chefs du FLN à la demande du gouvernement. Soutenu par Mauriac dans *L'Express*, par des intellectuels catholiques comme Frossard et Suffert dans *Le Monde*, le cofondateur de *Témoignage chrétien* pendant l'Occupation est un personnage de premier plan du front intellectuel. Relâché après cinq semaines de prison et d'interrogatoires, il révèle qu'en effet des contacts ont bien été pris avec le FLN et que Faucon, le directeur de cabinet de Guy Mollet, en était l'artisan. Mandouze distribue les rôles, pèse les mérites de chacun. « Defferre et Savary, dit-il, ont paru très favorables au principe de la négociation, Mendès France plus réservé. » Or Savary a démissionné du gouvernement, après Mendès France. Faucon se tait. La cause est entendue.

Il est clair que Guy Mollet a également échoué dans ses négociations secrètes, comme il a manqué son coup de Suez. Ce bilan entièrement négatif peut-il être plaidé ? Le camp des intellectuels se déchaîne autour de Mandouze : des pétitions ont largement circulé dans les lycées et les facultés, demandant la libération du professeur. Il est libéré, il parle, il dénonce. Il participe aux meetings organisés par son comité de défense. Pourtant, il ne dévoile pas l'essentiel : la négociation de Pierre Comin avec Ben Khidder et Yazid reste secrète. La presse ne l'évoque pas mais la suggère : « Le gouvernement, écrit Mauriac dans *L'Express*, est allé très loin dans les contacts, beaucoup plus loin qu'on ne le sait dans le public. » Guy Mollet, à Paris, Lacoste, à Alger, mènent-ils des politiques différentes ?

La police parisienne arrête Mohammed Lebjaoui, l'ami de Camus, qui avait été chargé, au début de 1957, de réorganiser la Fédération de France du FLN. Louanchi est également incarcéré : à Paris comme à Alger, le gouvernement n'a plus le choix. Il sait que, depuis l'expédition de Suez, la négociation directe n'a aucune chance d'aboutir. Il lui reste la guerre et la répression.

A Alger, la police fait diligence contre les communistes. L'arrestation de Daniel Timsit (le docteur en médecine qui fabriquait des bombes avec l'ingénieur tunisien d'origine italienne Giorgio Arbib) oriente les enquêteurs du côté du PCA, dont Timsit est membre. On arrête bientôt Fernand Yveton, un tourneur sur métaux de l'usine à gaz qui, le 14 novembre, avait placé dans l'établissement une bombe qui n'avait pas explosé. Il est condamné à mort le 25, exécuté le 11 février, quatre jours avant la discussion de la question algérienne à l'assemblée générale des Nations unies.

Mollet est bien décidé à ne pas perdre cette bataille décisive. Toutes les dispositions ont été prises à Alger pour que la pression des ultras, violente depuis les attentats à la bombe de septembre, soit contenue : la nomination du préfet Barret, qui remplace Collaveri, jugé trop mou, correspond à l'arrivée de Salan, un ancien d'Indochine, à la tête de l'armée d'Algérie. Les pieds-noirs ne voient pas ces nominations d'un bon œil. Ils jugent le préfet trop politicien, et le général passe pour être un liquidateur. Pour *L'Écho d'Alger,* le « complot communiste » qui s'est « révélé » en Égypte a aussi des tentacules en Algérie. Le journal prolonge le discours de Mollet : « Français, Anglais et Hongrois ont rencontré les mêmes tanks et les mêmes avions. En démasquant l'intrusion russe au Moyen-Orient, nous avons renversé une fourmilière. » Ainsi se trouve fixé l'axe de bataille pour la session des Nations unies : les Français luttent en Algérie contre le communisme, que les Soviétiques imposent par la force à Budapest. On dénonce l'Indien Nehru, qui, aux Nations unies, a voté contre l'envoi de vivres et de médicaments aux « infortunés Magyars ». Le complot engage les nations du tiers-monde, ameutées par Nasser et Nehru aux côtés de Khrouchtchev. « Bas les masques », titre même le journal de Sérigny, qui rappelle, le 13 novembre, que le terrorisme a encore frappé : trois bombes à retardement ont explosé à Alger, à Hussein-Dey et à Maison-Carrée. Un car a sauté devant le palais d'État : 17 blessés, dont 8 enfants. « La collusion communiste-FLN s'est une nouvelle fois manifestée », explique *L'Écho d'Alger*.

Un groupe de pression efficace, celui des anciens combattants, se réunit à Alger le 29 novembre : il réprouve « l'inconcevable acceptation par le gouvernement français de la discussion du problème algérien à l'ONU permettant ainsi une intolérable immixtion des puissances étrangères dans une question d'ordre strictement national ». Le comité rappelle son opposition aux réformes de Lacoste, et surtout au collège unique, qui « permet à une fraction de la population de dominer l'autre ». Il demande la dissolution du Parti communiste et l'interdiction absolue de l'aide fournie par les Marocains et les Tunisiens aux rebelles. Ce jour-là, un fermier est assassiné à Saint-Arnaud, un autre à Cherchell. Un collecteur de marché à la mairie d'Alger est tué en pleine ville, tandis que la voie ferrée Oran-Oujda est dynamitée. On réclame au nouveau préfet des mesures de fermeté.

Ben M'Hidi critique Yacef sur le choix de ses objectifs terroristes : ils manquent d'efficacité et dressent l'opinion internationale contre le FLN. A la veille de la session de l'ONU, il faut faire la preuve que les communautés en Algérie ne peuvent vivre ensemble, qu'elles ont atteint le sommet de la haine raciale, que seule une intervention extérieure peut mettre fin au massacre. Les attentats répétés ont attiré à Alger de très nombreux correspondants de la presse étrangère : la caisse de résonance médiatique est prête.

Le projet terroriste est d'assassiner une personnalité politique connue pour ses opinions ultras. On songe à Laquière, le président de l'Assemblée algérienne. Yves Courrière révélera que c'est Ali-la-Pointe qui fut finalement chargé par Yacef d'assassiner Froger, le président de l'Association des maires. Il venait de prendre vigoureusement position contre Lacoste, qui avait autoritairement remplacé 19 communes mixtes par 219 communes nouveau style. « Notre devoir est de rester, avait dit Amédée Froger au nom de ses collègues. Nous partirons contraints et forcés. » Le 28 décembre, il fut assassiné au moment où il sortait de son appartement de la rue Michelet.

Les habitants d'Alger sont frappés de stupeur, bientôt de colère. Les agitateurs des groupements contre-terroristes préparent une « journée » pour les funérailles. Il était prévu que le cortège se rendrait du Sacré-Cœur au cimetière de Bab el-Oued en automobile : on oblige les officiels, Chaussade et Barret, à accepter de traverser la ville à pied. Les collaborateurs de Lacoste (qui n'assiste pas à la cérémonie) sont hués, bousculés. La ratonnade commence sur le port, où l'on assassine tous les musulmans présents. On aperçoit, parmi les tueurs, des uniformes d'unités territoriales. La police laisse faire, d'autant que l'on découvre une bombe à retardement près du caveau de la famille, au cimetière. Pris de folie, les Européens se jettent alors sur les magasins arabes, sur les passants, sur les consommateurs musulmans dans les cafés. Les CRS doivent intervenir pour empêcher la foule de pénétrer dans la Casbah, où les agents du FLN se cachent. Chaussade en conclut que Lacoste ne peut accorder aucune confiance ni au préfet Barret ni à la police algéroise, et que seule l'armée peut prendre la situation en main.

Ben M'Hidi a pleinement atteint son objectif : l'administration n'a pu contenir la population, qui s'est livrée aux pires excès sous les yeux des reporters de la presse mondiale. *L'Écho d'Alger* déplore les « pénibles incidents » et souligne les « provocations communistes » : quatre bombes ont explosé le 30 décembre à la cathédrale, au confessionnal de Saint-Vincent-de-Paul à Bab el-Oued, dans les crèches de Noël de Sainte-Marie-de-Mustapha et du Sacré-Cœur. On plastique les crèches ! Pas la moindre allusion à la ratonnade. Le journal évoque seulement l'« énervement » de « quelques jeunes gens qui d'ailleurs ne s'étaient pas joints au cortège funèbre ». Ils ont « molesté quelques passants musulmans ». On avance un bilan sans doute beaucoup trop modeste : 5 tués et 54 blessés, en soulignant que la police a arrêté les plus excités des manifestants et que des « femmes avaient abrité spontanément dans les couloirs des musulmans poursuivis par une fureur aveugle ». A l'évidence, le journal minimise le chiffre des victimes, tente de couvrir la police et de suggérer que la population réprouve les violences.

A l'enterrement de Froger, la foule avait crié : « L'armée avec nous ! L'armée au pouvoir ! » Beaufre et Massu, impassibles, avaient salué sur le quai d'Ajaccio les 1 300 bérets rouges de Conan (2e RCP), retour de Suez, les bérets verts du 1er régiment étranger de parachutistes et les chars du colonel Brothier. Auparavant, le 24 décembre, veille de Noël, le *Pasteur* avait ramené d'Égypte le général Massu et ses officiers, le colonel Godard, les commandants Le Mire, Castaignet, Dunand-Henry, Pérard, Richaud, Barthou et Charlet. Godard et Dangoumau, chargés de l'état-major, avaient réglé le passage dans Alger des hommes en tenue léopard qui avaient débarqué du *Claude-Bernard* et de l'*Athos-II*. Le 1er janvier 1957, Godard retrouve son état-major à Hydra, le 1er RCP se fixe à Chebli, le 2e régiment du colonel Conan est déjà à Koléa. Le 1er régiment étranger prend position à Zeralda et le groupe de transports à La Trappe. Les transmissions, le génie, l'artillerie, tout est concentré dans la région d'Alger. Seul le 6e régiment de parachutistes coloniaux demeure à Marrakech, dont il n'a pas bougé : il assure la sécurité des Français au Maroc.

Dès le 1er janvier, Massu, général de brigade, est nommé commandant militaire du département d'Alger, sous les ordres du général commandant la division militaire. Il a sous son autorité, outre la 10e DP, la 7e division mécanique rapide, l'artillerie portée de Blida, les Sénégalais et les zouaves du Grand Alger, plusieurs bataillons d'infanterie, de fusiliers de l'air (531e et

541e DBFA) et deux régiments de dragons. Ces effectifs rassurent Lacoste : Alger est à l'abri d'une mauvaise surprise.

Ceux de la 10e DP retrouvent la routine. Ils avaient déjà assuré, avant de partir pour Suez, ces missions de « service d'ordre » dans l'Algérie tout entière, sauf dans le Constantinois, toujours tenu par la 25e division du général Sauvagnac, avec ses régiments recrutés dans le Sud-Ouest : les 14e, 18e et 9e chasseurs parachutistes, le 2e REP, le 8e RPC et les blindés du Bercheny Houzards. Le 2 janvier, Massu accueille au port le 3e RPC que Bigeard, blessé, a rejoint à Chypre. Seul le 1er RCP a immédiatement repris la route du bled et pris position au pied de l'Atlas. Le 3e retrouve ses cantonnements de Sidi-Ferruch, la plage de débarquement de l'armée française de 1830.

Le lendemain, 3 janvier, une bombe éclate dans un trolley faisant 4 morts et 11 blessés. Le 5, au stade du Ruisseau, une grenade explose. L'impunité dont semblent jouir les terroristes trahit l'impuissance de la police. Et certains songent à profiter de la panique pour préparer le population à un coup de force militaire. Lacoste sait que le général Faure s'est confié à Teitgen : il veut faire arrêter le résident général, les directeurs civils, les préfets, mettre Salan devant le fait accompli.

Le général Faure est mis aux arrêts de forteresse. Teitgen a dû beaucoup insister pour qu'on le prît au sérieux. A qui confier le maintien de l'ordre à Alger, où les communautés risquent de s'entre-tuer, alors qu'on accuse la police d'une scandaleuse partialité ? Elle ne frappe que d'un côté et ferme les yeux sur les pires excès de la foule quand elle est européenne. Or la 10e division de parachutistes est déjà déployée autour d'Alger. Pourquoi ne pas charger son chef du maintien de l'ordre, en lui offrant des pouvoirs accrus ? L'implantation de la 10e DP montre que cette solution est étudiée depuis la journée des funérailles de Froger. Par arrêté du 8 janvier publié au *Journal officiel* de l'Algérie par le préfet d'Alger, Barret, le général Massu reçoit délégation de pouvoirs civils dans la zone d'Alger : « La responsabilité du maintien de l'ordre, dit le texte, passe à l'autorité militaire qui exercera, sous le contrôle supérieur de l'IGAME et du préfet d'Alger, les pouvoirs de police normalement impartis à l'autorité civile. »

Aussitôt Massu ventile ses camions jaunes sur toute la zone : il superpose les parachutistes aux troupes de quadrillage « pour mener une action de contre-guérilla active, complétée par une action politique sur la population ». Pour couper les rebelles de leur zone refuge, les montagnes au sud de la Mitidja, les groupes parachutistes avaient éclaté sur les contreforts des quartiers de Menerville et de Maréchal-Foch, au pied de l'Atlas blidéen et sur la route Arba-Tablat. Comment agir sur la population ? « En mettant sur pied une organisation à base de cellules, aux ordres de chefs responsables, permettant un contrôle efficace de tous les habitants. » Cette organisation doit être « lancée par les unités parachutistes, ensuite confiée aux unités de secteurs ». Partout, il s'agit « d'acquérir rapidement la connaissance du pays ».

Il faut pacifier le bled, mais d'abord couper le feu dans les quartiers d'Alger pour empêcher l'extension du drame, débusquer les terroristes, mettre au pas les organisateurs de ratonnades. Le 10 janvier 1957, on prévoit qu'un « régiment d'alerte » (le 1er REP) interviendra immédiatement dans les rues de la ville en cas d'urgence. Le 11 janvier, c'est l'ensemble de la 10e division qui entre dans Alger, abandonnant l'Atlas blidéen. Il s'agit de manifester « une présence permanente » et d'intervenir « en cas de troubles graves ». Les camions du 1er RCP foncent sur Maison-Carrée. Les léopards du 2e régiment s'installent dans la zone sud, les légionnaires occupent le centre et les « longues casquettes » de Bigeard, les quartiers ouest. Lacoste peut dormir tranquille : les paras tiennent la ville.

Il leur a cédé tous les pouvoirs : Teitgen, secrétaire général, n'est que l'« adjoint civil » de l'« état-major mixte du département d'Alger ». Il assiste au briefing quotidien, en compagnie d'un officier de gendarmerie. Un deuxième « état-major mixte » est mis en place à la préfecture, pour le Grand Alger. Les deux organismes siégeront « accolés » en cas d'« alerte renforcée ». Les radios crépitent, les liaisons sont en place avec les postes de commandement des régiments. Bigeard se trouve dans une école. Il attend les directives de Massu.

« Je condamne, dit Massu, dans une lettre du 15 janvier, la formule d'intervention parce qu'elle fait le vide ; même si elle aligne des bilans spectaculaires [...], elle ne suffit plus à *rassurer l'élément français* [c'est nous qui soulignons], pivot économique de ce pays, et n'empêcherait pas son départ, que nous devons éviter à tout prix. » Les consignes de Massu sont fidèles à la politique de Lacoste. Il faut éviter de décourager Renault ou Berliet de s'installer en Algérie, de contraindre au départ les industriels et les banquiers susceptibles de participer à la modernisation du pays. Le tissu économique européen doit être protégé à la fois du terrorisme et des manifestations d'irresponsables si l'on veut parvenir à une forme d'association sérieuse. Le général est bien le serviteur d'une politique.

Son discours de la méthode fleure l'Indochine : ne s'adresse-t-il pas à des colonels qui ont commandé dans la plaine des Joncs ou dans le haut Tonkin ? Le général prend d'abord soin d'écarter la « formule actuelle » des « troupes régulières » : elle « impose des réactions brutales et aveugles qui creusent un fossé chaque jour plus grand entre Français de souche et Français musulmans ». Elle est responsable de la « terreur panique » qui s'est emparée de la foule européenne. Il faut lui substituer la formule « section nomade » : rechercher le renseignement est une « action primordiale » qui donne l'« atout surprise ». Cela suppose une « organisation territoriale », un découpage du terrain en petites unités regroupées par des capitaines qui travaillent « du point de vue militaire et du point de vue psychologique ».

Psychologie ? Il s'agit de comprendre, de pénétrer le dispositif adverse et d'agir ensuite sur la mentalité de la population, véritable terrain de bataille. Il faut utiliser en profondeur des « agents autochtones travaillant clandestinement », monter un réseau d'informateurs et de diffuseurs de mots d'ordre, et renvoyer dans leurs foyers les « supplétifs en uniforme » qui sont « brûlés ». Les agents choisis « dans les milieux les plus divers » toucheront des « primes au rendement ». Ils seront groupés en cellules « trink sat », sur le modèle du Viêt-minh. On les utilisera pour lancer des bruits et faire cheminer « de bouche à oreille » la contre-propagande au moment utile. Il faudra du temps pour briser le « mur du silence », l'arme essentielle de l'ennemi. Pour gagner du temps, Massu compte sur les « commandos renseignements » qui précisent les informations données par les « cellules clandestines ».

Massu n'indique pas par quels moyens ces « précisions » seront obtenues « dans les plus courts délais ». Les « sections nomades » travaillent « en souplesse, sur le terrain », exploitent immédiatement le renseignement. Armés de grenades, de PM, de fusils à lunettes, soutenus par des tireurs au FM, les

« nomades inondent le terrain », agissent de nuit, se déplacent constamment, grâce à des relèves assurées vingt-quatre heures sur vingt-quatre. Ils sont dotés de postes de radio légers ANPRC/10, dont la portée, trop faible, peut être relayée par des hélicoptères volant à basse altitude.

Massu prend soin de compléter cette directive de combat par une note d'orientation (n° 337/GPI TAP/AFN) du 22 septembre 1955, afin de répondre aux désagréables accusations du *Monde* qui fustige, le 13 septembre, les « troupes de répression ». Il explique que les parachutistes n'ont pas pour but unique de « rassurer la population européenne ». Le capitaine des « sections nomades » doit avoir « non seulement des jambes, mais du cœur et de la tête ». N'oubliant pas la « parcelle d'amour » chère à Lyautey, il évoque les « habitudes de fraternité » de l'ancienne armée d'Afrique. Massu le colonial renoue avec Bugeaud. L'armée doit faire entendre une autre voix que celle des colons. Les capitaines auront en charge la « reprise de contact avec les musulmans, les anciens combattants (ses compagnons de la 2e DB) et les autres auprès desquels nous nous devons de nous faire pardonner l'oubli et l'injustice ». Ainsi les procédés purement militaires de la contre-guérilla s'accompagneront d'une « action politico-militaire passionnante ». Le colonel du 1er REP, qui installe, le 16 janvier, son PC à la villa Susini, a en poche des « notes d'orientation ». Quel usage en fera-t-il ?

Pour les Européens d'Alger, l'entrée des parachutistes est réconfortante. Cette armée n'a plus rien de commun avec celle du général Cherrière : on la sait déterminée à prendre sa revanche sur de longues années d'épreuves et d'humiliations, marquées par les combats perdus en Indochine et la déconvenue de Suez. On se souvient des actions réussies des commandos dans le bled, du prestige des Bigeard et des Trinquier. Lacoste, lui-même, s'accommode fort bien de la présence de ces colonels républicains, de ces hommes de terrain sortis du rang : si Bigeard a fait du lieutenant Georges Grillot un de ses hommes de confiance, c'est qu'il est comme lui d'origine modeste, qu'il déteste les galonnés et les mandarins des hautes écoles. Quoi de plus rassurant pour l'ex-syndicaliste Lacoste, qui considère désormais l'armée comme la seule force capable d'intervenir à Alger ?

Alistair Horne, historien anglais de la guerre d'Algérie, relève que, aux yeux des officiers britanniques de l'expédition de Suez, ces parachutistes français « avaient peu de respect pour le rang, ils ressemblaient plutôt aux forces révolutionnaires contre lesquelles ils s'étaient battus ». Trinquier enseignait, fort de son expérience indochinoise, qu'il était inutile de traquer les bandes dans le djebel si l'on n'avait pas détruit leurs contacts au sein de la population. Leur organisation clandestine les rendait redoutables, insaisissables. Trinquier était devenu orfèvre : ancien combattant de Chine (de 1938 à 1945), il avait été à l'origine de la création du 1er bataillon de parachutistes coloniaux, les bérets rouges. En Indochine, il avait commandé le service Action, chargé d'installer des maquis à l'arrière des lignes de Giap. Bigeard avait gagné ses galons de lieutenant-colonel en lançant la contre-attaque du bastion d'Éliane 1 à Diên Biên Phu. Fait prisonnier, il avait subi le fameux « lavage de cerveau ». Il en avait gardé la conviction que l'« action psychologique » est essentielle au succès. Il l'exerçait d'abord sur ses troupes, les persuadant qu'elles étaient l'élite de l'armée, les distinguant par leurs vêtements, par la « planche à vélo », insigne des parachutistes, que 15 000 jeunes Français, issus pour la plupart de milieux modestes, avaient acquise. Si Bigeard n'était pas l'inventeur de la tenue camouflée, dite « léopard », il avait créé la casquette à longue visière, qui n'était pas sans rappeler celle de l'Afrika Korps. Comme Rommel, ne le trouvait-on pas constamment à la tête de ses hommes ? Son mépris du danger, son caractère impitoyable dans l'action lui avaient valu sa légende. Les légionnaires, vieille troupe de l'armée d'Afrique, étaient devenus des bérets verts acquis aux méthodes des parachutistes. Leurs officiers, tel Bigeard, connaissaient l'efficacité du renseignement et de la propagande. Bigeard galvanisait ses hommes en diffusant des messages radio : « Nous ne sommes pas ici, disait-il, pour défendre le colonialisme. Nous n'avons rien de commun avec les riches colons qui exploitent les musulmans. Nous sommes les défenseurs de la liberté et d'un ordre nouveau [...]. Ici vous ne serez pas trahis. »

L'armée « révolutionnaire » qui prenait Alger avait cependant pour première tâche de protéger la foule des « petits blancs » terrorisés de Bal el-Oued ainsi que les quartiers chics de la rue Michelet. La situation exigeait une action rapide et massive : le FLN annonçait, le 17 janvier, son intention de déclencher une grève généralisée de dix jours, une grève qui pouvait être insurrectionnelle. Elle avait été décidée par le CCE à l'unanimité à l'approche de la session de l'ONU. A cette occasion, avait expliqué Ben M'Hidi à Yacef, « il faut que nous fassions la démonstration que tout le monde est derrière nous ». Alger doit servir de « caisse de résonance ». Ainsi sera balayé l'argument des Français qui prétendent discuter de la paix avec « toutes les tendances » de la population algérienne. Pas d'action armée, des crédits pour les grévistes, avait-il recommandé : il faut faire payer les riches commerçants musulmans d'Alger et peut-être quelques Français. Pour alimenter le fonds d'entraide. « Agissez sans vous soucier du carcan des lois », aurait dit Lacoste à Massu.

Les parachutistes déploient les fils du téléphone, installent les radios de campagne, occupent les palais de la basse Casbah. Les groupes électrogènes alimentent de puissants projecteurs qui éclairent de nuit les abords des PC. Le décor est planté, les 70 000 habitants de la Casbah sont déjà sur le qui-vive. L'action va commencer : premier acte de la bataille d'Alger.

Qui écoute alors l'avertissement du directeur général de la Sûreté nationale, Jean Mairey, bientôt limogé par Bourgès-Maunoury ? « Le sort de l'Algérie est entre les mains des politiques. » On vient de le livrer aux militaires, qui ont déjà commis de lourdes bavures : les légionnaires dans les Nemencha, les spahis à Médéa. Pour un Godard qui réprouve la torture, inutile et inefficace, combien d'officiers parachutistes tairont — Godard le premier — les méthodes employées par ce commandant qui commence par faire main basse sur le fichier des renseignements généraux, avant de convoquer tous les officiers de renseignement des régiments, et, fort de son prestige d'ancien du 11ᵉ choc, constitue un « état-major parallèle » en liaison avec les unités chargées de lui fournir des « clients », ceux-là même qui subiront des « investigations spéciales » menées par onze sous-officiers venus d'Indochine à la villa des Tourelles ? L'intention du commandement est de limiter la torture en la centralisant : c'est courir le risque, d'entrée de jeu, d'être débordé sur le terrain par un groupe de « spécialistes » à qui l'on demande d'obtenir très vite des renseignements opérationnels et qui, au nom de l'efficacité, exigent d'être « couverts ». Pas un seul responsable de l'action entreprise par la 10e DP ne nie, dans ses Mémoires, les méthodes employées. « Je crois être de ceux, écrit Godard, qui ont fait de leur mieux pour limiter la casse. Il y a eu des erreurs de commises, mais beaucoup moins qu'on ne le dit. » Massu, après avoir rappelé la nécessité d'obtenir rapidement des résultats dans une ville infestée de terrorisme, se demande : « Pourquoi qualifier de monstrueux le fait de soumettre un criminel reconnu tel par ailleurs, et déjà passible de mort, à un interrogatoire pénible certes, mais dont le seul but est de parvenir à protéger efficacement des innocents ? » « Entre deux maux », le général défend le recours à « l'interrogatoire sans sadisme, mais efficace ». C'est, pour un soldat, une « tâche exceptionnelle ». Il répond à la question « la torture a-t-elle été autorisée ? » que la torture a existé « quoiqu'elle n'ait jamais été instituée ni codifiée ». Mais « tout fut mis en œuvre pour la limiter au maximum, la faire contrôler et surtout n'admettre son emploi que pour l'indispensable nécessité du renseignement visant à éviter des drames cent fois plus atroces dont seraient victimes des innocents ». La méthode est donc admise, pratiquée par les parachutistes, sans que le pouvoir politique soit en rien compromis. Les militaires en portent seuls la responsabilité devant l'histoire. Ils ont reçu à Alger tous les pouvoirs, à seule fin d'assumer les conséquences de leur action.

Les archives de la 10e DP, fort laconiques, renferment cependant les directives de Massu à ses soldats : l'ordre général (209/3 OPS/S) du 18 janvier annonce avec un rien d'ironie que « le gouvernement a jugé bon » de lui confier « la responsabilité du rétablissement de l'ordre », dans la « guerre subversive que nous font les séparatistes » (ainsi de Gaulle, en 1946, désignait-il les communistes). Dans cette « course de vitesse », il est essentiel que les parachutistes s'attachent « la population, objectif commun des adversaires ». Le « travail politico-militaire », ajoute-t-il, doit être « l'essentiel de [votre] mission ». Pas un mot des méthodes à employer sur le terrain.

Une « synthèse » de l'action menée par l'autorité militaire (c'est-à-dire par Massu) est bien vite établie « à la demande de Monsieur le ministre résident ». Cette synthèse couvre la période du 20 janvier au 28 février 1957. Elle est portée le 2 mars à la connaissance des chefs d'unité, et reproduite dans le journal de marche et d'opérations de la 10e DP. C'est un premier bulletin de victoire. La « recherche du renseignement » y est présentée comme le résultat de la collaboration entre l'armée, la police, la gendarmerie et la DST. Les équipes « travaillant en commun » ont permis de démasquer l'organisation rebelle. Le recours à cette méthode a donné des résultats efficaces « grâce à l'interrogatoire bien conduit d'un tueur révélant les noms de tous les membres d'une cellule dont l'arrestation est effectuée sur-le-champ ».

Comment arrêter les premiers « suspects » ? Les archives de la 10e DP sont muettes sur ce point. Mais la presse locale se fait largement l'écho de la fouille de la Casbah. Les colonels des régiments (Bigeard, Meyer, Jeanpierre, Château-Jobert et Fossey-François) quadrillent la ville : le 1er REP autour de la villa Susini, le 2e RCP entre le Ruisseau et Maison-Carrée, le 1er RPC à Maison-Carrée, le 3e RPC de Bigeard à la Casbah et à Bab el-Oued, le secteur le plus dur. Godard dirige alors le secteur d'Alger-Sahel. Le colonel Trinquier est chargé du conditionnement de la population et de la recherche du renseignement. Il commande le 5e bureau, créé spécialement à cet effet : guerre psychologique oblige.

La Casbah est déjà surveillée et bouclée par le 9e zouaves du colonel Sirvent. Dans la nuit du 14 janvier, les camions de la 10e division surgissent et débarquent les hommes qui se précipitent dans les ruelles. La torche à la main, ils forcent les portes des maisons, au mépris de tous les usages civils. Mille cinq cents personnes sont arrêtées et aussitôt conduites au centre d'interrogatoire. Les chefs ont échappé à la rafle et à la fouille : un terroriste connu dans Alger, Ali-yeux-bleus, a toutefois été arrêté. C'est un des hommes d'Ali-la-Pointe. Teitgen, Peccoud, le directeur de la Sûreté, sont débordés : les parachutistes recoupent les déclarations des suspects avec le fichier des renseignements généraux dont ils disposent désormais. Les interrogatoires permettent de localiser les membres de l'organisation. Il faut faire vite : la grève doit être évitée à tout prix. Le 16 à 19 heures, une double explosion fait voler en éclats le bureau des aides de camp de Salan : les pieds-noirs ont tenté de tuer le « mandarin », le « bradeur de Saigon ». L'affaire du bazooka éclate. On apprendra plus tard qu'elle a été montée par un activiste, le docteur Kovacs, qui lâchera le nom du général Cogny. Il a deux adjoints, Castille et Fechoz, qui ont tiré avec un bazooka de fortune, tuant le commandant Rodier, chef de cabinet de Salan. Le général en chef, étonnamment discret pendant la bataille d'Alger, n'était pas dans son bureau.

Massu se prépare à l'action anti-grève quand une nouvelle vague d'attentats terrorise à nouveau la ville : le 26 janvier, trois jeunes filles déposent des bombes au bar L'Otomatic, à La Cafétéria, à la terrasse du Coq-Hardi : 4 morts, 60 blessés. Un musulman est lynché au cours d'une ratonnade improvisée. « Il me faut ces types », dit Massu.

« A tous les militants FLN, dit un tract du CCE. Aux responsables de sections, de groupes, de cellules. Lundi 28 janvier, l'assemblée de l'ONU commence le débat sur l'Algérie. A partir de lundi et pour la durée de huit jours, la grève générale est proclamée [...]. Adhérez en masse à la grève. »

Godard raconte l'action des parachutistes : à 5 heures du matin, la Casbah est déserte. Pas un habitant ne se lève pour se rendre au travail. Les rideaux des magasins sont baissés. Les paras défoncent les portes des maisons, poussent les hommes dans la rue en criant « Au travail ! au travail ! ». Les officiers d'action psychologique repèrent les contestataires, ils obligent les hommes aux mains lisses — des employés de bureau, des « intellectuels » — à charger les ordures des rues. On entraîne les « suspects » vers les camions qui les conduisent dans les « camps d'hébergement ». Les plus « douteux » sont expédiés à la villa Susini pour interrogatoire. Des half-tracks arrachent les rideaux de fer des boutiques. La Compagnie des haut-parleurs a installé ses appareils aux carrefours : ils répandent de la musique arabe ou andalouse ponctuée de mots d'ordre politiques : « Faites confiance aux forces de l'ordre ! Elles vous protègent contre la tentative criminelle du FLN communiste. » La fanfare du 9e zouaves, en grand uniforme, parcourt les rues de la Casbah, les soldats offrent des bonbons aux enfants, et les invitent à se rendre à l'école.

La « bataille des écoles » est engagée. On ne compte, le 1er février, que 10 présents. Ils seront 37 000 le 1er avril, sous la férule d'étranges instituteurs en uniforme. Les parachutistes ont obtenu ce résultat en utilisant des véhicules militaires pour le ramassage et en organisant une campagne d'affiches et de tracts. Les familles, terrorisées par les arrestations, n'ont pas résisté. Les services urbains, ceux du port et des entreprises publiques, ont été assurés par des travailleurs convoyés dans les camions jaunes. L'opération « dégel », organisée dans tous les quartiers musulmans, a alterné les aubades, les séances gratuites de cinéma, les retransmissions de concerts de musique arabe.

Le 29 janvier, l'échec de la grève est total. Les chefs du FLN d'Alger se cachent, quittent bientôt la ville dès qu'ils le peuvent. Le 5 février, on envisage la relève de la 10e DP par des unités de la gendarmerie.

A partir du 14 février, les parachutistes commencent à récupérer les armes et les bombes cachées par le FLN. Il était temps. Déjà le 3e RPC avait arrêté le serrurier Hamened Abderhamane, qui, sous la torture, avait donné les noms des membres de sa section. Mais Yacef avait évacué Taleb Abderhamane, l'étudiant artificier, et la jeune Djamila Bouhired. Les paras ne saisissent qu'un stock d'armes et un premier lot de bombes, ils ne peuvent encore remonter la filière.

Yacef, l'ancien footballeur, peut ainsi organiser l'attentat du 10 février en utilisant les engins d'un deuxième atelier, celui de Si Mourad. Au stade d'El-Biar, la foule applaudissait l'équipe du SCUEB quand les explosions répandent la panique. D'autres bombes éclateront au stade de Belcourt. On relèvera ce jour-là 10 morts et 36 blessés. Les CRS ne parviennent pas à arrêter les coupables. Il faut à tout prix démanteler l'organisation terroriste.

La discussion prévue devant l'ONU poussait les équipes du FLN à prendre des risques accrus pour attirer l'attention du monde sur la question algérienne : on approcnait en effet de la date fatidique du 15 février.

L'action devant les Nations unies est une constante du mouvement indépendantiste algérien. Elle s'affirme dès 1945, après les manifestations de Sétif. En 1954, les organisateurs de la rébellion demandent « l'internationalisation de la question algérienne » et stimulent les nations arabes pour qu'elles soutiennent leur cause. De fait, en janvier 1955, pour la première fois, l'Arabie Saoudite exprime son « anxiété » dans une note adressée aux Nations unies : la France cherche, dit-elle, à détruire l'identité algérienne. L'intervention est encore prudente : en septembre (Bandoeng est passé par là), quinze nations du groupe afro-asiatique demandent l'inscription de l'Algérie à l'ordre du jour de l'assemblée générale. L'ambassadeur Hervé Alphand plaide la cause de l'Algérie, territoire français. Et, s'il évite que la motion recueille la majorité au bureau, le débat s'ouvre le 30 devant l'assemblée générale, ce qui provoque le retrait de la délégation française. Grâce à l'aide américaine, celle-ci peut reprendre sa place sans perdre la face. Mais, à peine installé, le gouvernement Guy Mollet est l'objet d'une pression internationale revivifiée. Son programme (cessez-le-feu, élections, négociations), assorti d'une reconnaissance de la « personnalité algérienne », ne calme pas les nations du groupe afro-asiatique stimulées par l'Inde, l'Égypte et l'Arabie Saoudite. La séance du Conseil de sécurité, le 26 juin, est un succès pour la France ; la demande d'inscription de la question algérienne est rejetée. Après Suez, Mollet lâche du lest, accepte la discussion en séance plénière. Pendant que son ministre des Affaires étrangères, Christian Pineau, présente à Washington un dossier destiné à illustrer la connivence du FLN et du communisme international, Guy Mollet reçoit les ambassadeurs étrangers pour les convaincre individuellement. C'est dire toute l'importance que le gouvernement français attache au débat des Nations unies.

Le résultat de cette action politique est positif : le déplacement des voix latino-américaines permet aux Français de limiter les dégâts. C'est ainsi que, le 15 février 1957, l'assemblée générale se contente d'exprimer « l'espoir qu'une solution pacifique, démocratique et juste [sera] trouvée, conformément à la charte ». Le gouvernement français s'engage à faire voter par le Parlement une loi-cadre pour l'Algérie. Le FLN accuse l'échec : il a perdu la bataille diplomatique, et plus encore, sur le terrain, sa position dominante à Alger.

Les parachutistes poursuivent sans faiblir leur besogne policière : les attentats sur les stades ne leur laissent pas le choix. Le 15 février, jour du vote à New York, ils découvraient dans la Casbah un dépôt contenant 20 bombes et 100 kilos de dynamite. Le 17, nouveau dépôt neutralisé : 8 bombes. Vingt encore le 19. Bigeard arrête le maçon qui a confectionné les caches. Le bilan du 3e RPC est impressionnant : plus de 60 bombes saisies depuis le 28 janvier, avec 70 kilos de dynamite et de cheddite. La police met la main sur les terroristes des stades. Le 1er REP de Fossey-François démantèle d'autres réseaux. Les camps d'hébergement sont pleins, on arrête, rien qu'en février, 24 000 suspects. Beaucoup (3 000, 4 000 ?) disparaîtront sans laisser de traces. Ils se seraient enfuis. Ils ont sans doute été liquidés, sans qu'on puisse en fournir la preuve. Bigeard arrête un personnage important, qui aurait servi d'intermédiaire entre le FLN et le gouvernement général. Puis c'est au tour de M'Hidi, figure historique de la révolution, de tomber dans les filets de Bigeard. Il est arrêté le 22 février. Le 26, Métayer, en visite à Alger, se rend à l'école où Bigeard a son poste de commandement.

Un lieutenant témoigne : le secrétaire d'État à la Guerre fait son entrée dans le PC, les paras rendent les honneurs. Des tableaux aux murs de la salle de classe : l'immense organigramme du FLN presque entièrement démasqué. Il ne reste que quelques cases à remplir. Des prisonniers enchaînés contre le mur. Bigeard a soigné la mise en scène. Au-dessus du tableau, un slogan : « Alger, une armée sans uniforme ».

« Comment êtes-vous arrivé à ce résultat ? » demande le secrétaire d'État. Tout l'état-major est rassemblé derrière lui. Ces officiers font des signes désespérés à Bigeard qui persiste à demander au ministre de le suivre. Il lui ouvre une salle de torture.

« Frapper fort, dit Bigeard, mais frapper juste ! » Le ministre, décomposé, s'en va. Le colonel a fait son possible pour mettre un politique devant ses responsabilités, pour que l'armée n'assume pas seule la sale besogne. Le nouveau commandant de la division militaire d'Alger, Allard, a écarté la presse. Il a l'habitude des rapports difficiles avec les journalistes. Il sait que Bigeard les recherche volontiers.

D'autant qu'il a gagné sur toute la ligne. Il a hâte de retrouver le bled. Il ne peut savoir que le dimanche 24 février, au centre d'Alger, en dehors de la Casbah, les cinq membres du CCE se sont réunis pour décider de quitter la ville et l'Algérie, pour diriger la révolution de Tunis, où Bourguiba vient de demander le retrait des troupes françaises. Depuis janvier, le sergent Ouamrane organise une base sur le territoire allié. Il est convenu que Belkacem Krim et Ben Khedda suivront les pistes muletières pour gagner Tunis après une longue marche de plus de 1 200 kilomètres. Saad Dahlab et Abbane devront rejoindre le Maroc en compagnie de Ben M'Hidi. Si celui-ci n'avait pas été arrêté, il aurait donc pu traverser son Oranais, où la wilaya 5 s'était organisée grâce aux efforts de Boussouf, aidé par un étudiant de l'université musulmane du Caire, Houari Boumediene. M'Hidi ne devait rien révéler à Bigeard de ses projets. Mais le service de renseignement français avait eu connaissance de l'existence de la base du FLN installée à Nador, en territoire marocain, avec la complicité de l'armée chérifienne...

Massu et ses parachutistes avaient donc contraint les chefs de la rébellion à l'exil. Ils avaient rendu Alger aux Français. La 10ᵉ DP pouvait enfin rédiger sa synthèse. Elle est datée du 1ᵉʳ mars. C'est un bulletin de victoire sans états d'âme. Sa conclusion ? Une « première manche » a été gagnée contre le FLN, mais « la victoire n'est pas totale et l'effort doit se poursuivre ». On estime à 20 % seulement les pertes de l'appareil politico-terroriste. Dix escadrons de gendarmerie mobile seront nécessaires à l'encadrement des quartiers urbains si l'on veut pouvoir rendre les parachutistes à leurs missions militaires. « Une reprise en main par des chefs nouveaux est à redouter. » Bigeard lui-même, qui a longuement et presque amicalement conféré avec M'Hidi avant sa mort inexpliquée en cellule (une conférence de presse le donnera pour suicidé), n'est pas le moins sceptique. La répression a frappé toutes les familles musulmanes et fait l'unanimité de la population contre les Français. Il y a peu de chances de retourner la tendance.

Si l'on veut tenter d'organiser la population, de l'« associer à sa défense », il faut recenser les bidonvilles et ficher les habitants. Le 4 mars 1957 est créé un « dispositif de protection urbaine » (DPU). Alger est divisé en secteurs, sous-secteurs et îlots. Les chefs d'îlot sont des anciens combattants dont on n'ignore pas les sentiments souvent favorables aux ultras. Le colonel Trinquier est chargé d'aménager ce dispositif policier qui fait une large place à la délation. Les vainqueurs de la première manche de la bataille d'Alger n'imaginent pas d'autre solution que d'étendre à toute la région un appareil policier de surveillance permanent.

Les parachutistes de Bigeard partent en opération, dans les montagnes de l'Atlas blidéen, où les unités éparses de djounouds recueillent les fugitifs d'Alger. Une implantation militaire serrée doit être réalisée dans la Mitidja, région riche et tentante pour les rebelles. On estime à 7 mitrailleuses, 8 fusils mitrailleurs et 150 fusils de guerre l'armement de la katiba qui s'y déploie. Le journal de la 10ᵉ DP note que « toute la population des douars [est] acquise aux rebelles ». Les forces d'intervention sont divisées en trois secteurs : Aïn-Taya (où opère le 5e chasseurs à cheval du colonel Argoud, tandis que le 11e régiment d'infanterie occupe la Mitidja) ; Blida, tenu par l'infanterie coloniale et le 1er RCP du colonel Mayer ; Alger-Sahel, où Bigeard a retrouvé ses quartiers de Sidi-Ferruh. Quant aux Sénégalais du 13e tirailleurs et au 9e zouaves, ils battent la campagne.

Des combats incessants s'étaient déroulés dans le bled pendant la bataille d'Alger : l'armée avait eu 20 morts et 98 blessés, infligeant des pertes sévères aux rebelles (599 tués, 126 blessés, 335 prisonniers). Les attentats dans le bled avaient causé la mort de 87 musulmans et de 56 Européens en trois mois. La guerre continuait, aux portes d'Alger. La purge de la ville n'aurait aucun effet durable si l'on permettait aux terroristes de se reconstituer dans les montagnes. La guerre était totale et ne supportait pas le relâchement.

Il est vrai qu'après l'arrestation de 73 terroristes Alger respirait. Mais le FLN, qui avait perdu la bataille à Alger et à New York, était en passe de gagner à Paris, où les moyens qui avaient assuré la victoire contre le terrorisme étaient l'objet d'une remise en question, dans l'opinion d'abord, mais aussi dans les milieux politiques. C'est ainsi que Massu, cité le 27 avril par Bourgès-Maunoury, ministre de la Défense, à l'ordre de l'armée pour son action à Suez (décision n° 24), décoré de la croix de guerre des théâtres d'opérations extérieurs avec palme, fut parallèlement l'objet d'une violente campagne de la part de la presse parisienne et suscita les foudres du romancier Jules Roy.

Pendant les guerres de Religion en France, la répartition de l'horreur sur le territoire fut équitable. D'une province à l'autre, on pouvait se renvoyer des listes de massacres, des récits de tortures d'un raffinement insoutenable, des monuments aux morts de gens assassinés ou exécutés sur le bûcher. Les horreurs de la guerre d'Algérie sont à peu près toutes concentrées sur le territoire algérien, si l'on excepte les « exactions » commises en France, qui touchèrent d'ailleurs essentiellement des Algériens.

La France vivait au soleil de l'expansion, et seule une minorité de métropolitains fut vraiment sensible au drame algérien : en priorité les familles de rappelés ou d'appelés du contingent qui attendaient avec impatience la fin des combats. Malgré ce renfort le plus souvent silencieux, les journalistes, les professeurs, les étudiants, les écrivains, les artistes, les hommes de religion, les associations de déportés ou de résistants, les anciens combattants furent toujours isolés dans leur prise de position pour l'un ou l'autre camp. Mais la presse se fit largement l'écho de cette inexpiable querelle entre les partisans de l'Algérie française, qui dénonçaient les massacres terroristes, et les adversaires de la guerre, qui avaient pris la torture comme cheval de bataille. Elle l'amplifia à un point tel que tout le pays finit par être sensibilisé. La « victoire » d'Alger, obtenue par les responsables désignés par un gouvernement de la gauche socialiste, devint la cible de la campagne d'opinion engagée par les hebdomadaires et les quotidiens qui, depuis le début de la décolonisation, avaient pris parti : *France-Observateur, L'Express, Témoignage chrétien* et, dans une moindre mesure, *Le Monde.* Cette campagne s'appuya sur les témoignages des victimes de la répression, elle fut alimentée par des contacts avec le FLN et par l'action de certains intellectuels « libéraux » comme Mandouze, l'historien Marrou, le géographe Jean Dresh et le spécialiste de l'Afrique du Nord Charles-André Julien.

Journalistes et professeurs avaient pour premier ennemi la censure militaire, qui interdisait d'Alger la divulgation des informations et la lecture des journaux qui passaient outre dans les corps de troupe, voire sur tout le territoire algérien. Les archives renferment quelques-uns de ces témoignages censurés. Ainsi, cette note dactylographiée du « colonel Slimane Dhiles », adversaire de Massu dans la Mitidja, adressée le 15 mars 1957 à un certain Bouakhar, auteur d'une série d'articles publiés par *Le Journal d'Alger.* Le texte fut transmis par Allard à Salan, commandant de la 10ᵉ région, « à titre de compte rendu ». La rédaction du journal en avait en effet adressé copie aux services de sécurité. Le colonel Slimane Dhiles ironise à propos des « victoires faciles du colonel Bigeard sur la population désarmée d'Alger » et de Massu « et autres fanfarons qui font les matamores à la Casbah et dans les bidonvilles ». Mon métier, dit Slimane, « est d'écraser nos oppresseurs, leurs mercenaires et leurs serviteurs ». Il proteste contre « l'assassinat de Ben M'Hidi » : « Bien des Français paieront de leur vie cet infâme forfait », assure-t-il en concluant : « Si tu veux le dire à tes maîtres, Larbi Ben M'Hidi est le seul membre du CCE qui soit tombé entre vos mains. Les quatre autres membres, dont Saïd, sont bel et bien en liberté et continuent tranquillement leur boulot. » Nulle protestation, dans la lettre du rebelle, contre la torture. De fait, M'Hidi n'avait pas été torturé.

La presse ne fut pas informée de la lettre envoyée par Paul Teitgen au résident général le 29 mars. Il protestait au nom du respect « de la personne humaine » contre les méthodes employées au cours de la répression. Les visites qu'il avait faites aux centres d'hébergement de Paul-Cazelles et de Beni-Messous lui avaient révélé « les traces profondes des sévices et des tortures qu'il y a quatorze ans, disait-il, je subissais personnellement dans les caves de la Gestapo de Nancy ». Un Allemand du 1er REP torturait à la villa Susini et « osait avouer aux détenus qu'il se vengeait ainsi de la victoire de la France en 1945 ». S'élevant au niveau des principes, Teitgen dénonçait la confusion des pouvoirs, l'arbitraire qui défiait la justice, les abus du pouvoir militaire. Sans en appeler au garde des Sceaux, François Mitterrand, gardant pour lui son indignation, il voulait prier le ministre de l'Intérieur, Gilbert Jules, de l'appeler à d'autres fonctions. Lacoste demanda qu'il tînt sa lettre de démission secrète et qu'il restât provisoirement à son poste.

Mais il ne put empêcher le général de Bollardière d'offrir sa démission, ce dernier n'approuvant pas les termes de la circulaire de Massu du 18 février. Dominant assez bien la population de son secteur, qu'il avait gagnée par une politique de grands travaux et d'assistance sociale, il n'imaginait pas qu'on pût « accentuer l'effort policier [...] sous le signe de la vitesse ». S'il fallait agir « avec vigueur et célérité », Bollardière était partisan du « discernement dans la répression » et dénonçait « la tentation à laquelle n'ont pas résisté les pays totalitaires de considérer certains procédés comme des méthodes normales pour obtenir le renseignement ». Cette conscience chrétienne voulait que ces méthodes fussent « rejetées sans équivoque » et ces procédés « condamnés formellement ». L'armée ne devait pas faire la police.

Massu crut pouvoir convaincre son subordonné et lui expliquer que le « discernement faisait obstacle à la rapidité de l'action ». Il n'avait d'ailleurs pas demandé à faire la police dans Alger. On l'en avait prié. Il avait accepté cette charge comme un devoir. Allard, Salan et Lacoste, ses supérieurs, lui avaient donné carte blanche. Il se sentait aussi chrétien que Bollardière et détestait les procédés qu'il avait dû couvrir. Mais il avait fait cesser les attentats.

Le colonel Barberot, ami de Bollardière, avait alerté le ministère : « On a tenté d'obtenir par l'arbitraire et la violence des résultats qu'un système simplement cohérent aurait permis d'obtenir. » Ni Allard ni Salan ne prirent position, pas plus que Lacoste. Le ministre Bourgès-Maunoury venait de demander l'inculpation de Servan-Schreiber pour des articles sur la guerre publiés par *L'Express*. Il n'était nullement disposé à faire face à de nouvelles campagnes de presse, que la démission de Bollardière aurait nécessairement provoquées. Celui-ci écrivit, le 27 mai, une lettre au rédacteur en chef de *L'Express*, qui avait servi sous ses ordres en Algérie. Il lui exprimait son soutien et considérait comme louable qu'il eût fait son métier de journaliste « en soulignant à l'opinion publique [...] l'effroyable danger qu'il y aurait pour nous à perdre de vue, sous le prétexte fallacieux de l'efficacité immédiate, les valeurs morales qui, seules, ont fait jusqu'à maintenant la grandeur de notre civilisation et de notre armée ».

Servan-Schreiber publia cette lettre. *Le Monde* annonça le rappel à Paris du général : avec Barberot, comme lui compagnon de la Libération, Bollardière fut introduit par le colonel Simon, autre compagnon, chez le compagnon Bourgès-Maunoury. Aucun d'entre eux n'eut l'idée de demander au maître et créateur de l'ordre, Charles de Gaulle, ce qu'il pensait de la torture. Question mineure ? Elle ne l'était pas pour Bollardière, dont l'intransigeance fut sanctionnée par trente jours d'arrêts de rigueur, sous prétexte qu'il s'était exprimé publiquement et sans autorisation dans un journal. Barberot fut rayé des cadres.

Le 13 juin, Bourgès-Maunoury remplaçait Guy Mollet à la tête du gouvernement.

« Lacoste, souvenez-vous de l'occupation nazie », avait déjà titré Bourdet le 4 octobre 1956 dans *France-Observateur*. Une flambée de protestations avait alors salué l'arrestation d'un groupe de pieds-noirs communistes d'Oran. Gabrielle Gimenez, conseillère générale du PCA, et Boualem, président du syndicat des dockers, avaient été arrêtés dans le cadre de la lutte « contre le réseau communiste ». Bourdet ne lâchait pas le dossier, bien qu'il fût poursuivi et inculpé. *France-Observateur* accumulait les précisions, citait les noms des victimes, dénonçait la BST (Brigade algérienne de surveillance du territoire) et le préfet d'Oran, Lambert. *Libération* exigeait de nouveau une commission parlementaire d'enquête pour l'Oranais. « Comment de tels faits peuvent-ils se passer sous un gouvernement socialiste ? » *L'Humanité* s'associait à la protestation le 6 octobre. On affirma que Guy Mollet avait reconnu « les excès ou exactions » devant son groupe parlementaire. L'hebdomadaire socialiste *Demain* dénonça le supplice de la baignoire et protesta contre le fait que Guy Mollet avait confié au directeur de la DST, Wybot, l'enquête dans ses propres services en Algérie. Comment pourrait-il les désavouer ? Seule une enquête parlementaire pouvait lever le voile et rétablir la confiance. *Le Monde* du 6 octobre, se faisant l'écho de la campagne entreprise non seulement par *L'Express* et *France-Observateur* mais par les journaux socialistes *Demain* et *Franc-Tireur*, fit sienne la demande affirmée au dernier congrès de la SFIO qui adjurait le gouvernement « de continuer à veiller avec le plus grand soin que la justice soit égale pour tous, que des représailles ne soient jamais exercées ».

Le Populaire du 8 octobre, journal quasi officiel du Parti socialiste, publia le « vigoureux démenti » de Robert Lacoste. Le gouvernement, qui menait campagne (avec Christian Pineau pour l'ONU), se décidait à faire face. Lacoste assurait que les inspecteurs de la police avaient bien fait leur travail. Les 40 inculpés communistes du réseau d'Oran (arrêtés grâce aux révélations du « traître Guérab », déserteur, en compagnie de l'aspirant Maillot, membre du service de santé de Blida) étaient « en parfait état physique et moral » quand ils avaient été remis au juge d'instruction. *L'Humanité* rendit compte le 10 octobre de la mise au point des avocats, Saramito et Zavaro. L'envoyé spécial du *Figaro*, troublé par les marques aux poignets et aux chevilles d'une inculpée, Blanche Moine, s'entendit répondre qu'on avait dû l'attacher, parce qu'elle tentait de se suicider, étant dans un état de « surexcitation extrême ». La commission de l'Intérieur, par 21 voix contre 10, désigna une commission d'enquête qui comprenait un député communiste. Elle ne devait pas rendre ses conclusions avant mars 1957.

La campagne se poursuivit. *France-Observateur,* le 8 décembre, publia des « témoignages sur les tortures » signés par Mohammed Benmokkaden, détenu à la prison civile d'Alger. *Le Monde* donna, le 23 janvier, une information alarmante : « Des policiers d'Alger font subir des sévices à une jeune Européenne. » A cette date, les parachutistes de Massu étaient à la tâche. Il n'était question que d'Evelyne Lavalette, « ancienne cheftaine du mouvement Guides de France », qui avait reconnu servir de « boîte à lettres », par conviction, au FLN. Un rapport sur les sévices qu'elle avait subis avait été communiqué au journal par des « personnalités fort honorables, dont la sincérité et l'absence de passions partisanes sont indiscutables ». Pierre Gorlin, l'attaché de presse de Robert Lacoste, démentait formellement les sévices.

La campagne continua en janvier et février, mais exclusivement contre les policiers d'Algérie : aucune attaque contre l'armée, alors que les pleins pouvoirs avaient été attribués au général commandant la 10e division. Il est vrai que les faits dénoncés étaient largement antérieurs : novembre pour Evelyne Lavalette, décembre pour Briki Yayia, dont *France-Observateur*, le 14 février, évoquait les tortures.

Le « dossier Jean Muller », 38e cahier de *Témoignage chrétien*, contenait le cahier et les lettres d'un soldat tombé dans une embuscade à la fin du mois d'octobre. Cette publication inaugura la campagne contre l'armée en opération, pas encore contre les parachutistes d'Alger. Jean Muller, ex routier-scout de France, était un permanent de l'Association catholique de la jeunesse française. L'appelé de juin 1956 avait constaté à La Senia le racisme de la population européenne, mais aussi d'un groupe de parachutistes. Il dénonçait les tortures et les exécutions sommaires après les embuscades commises par des militaires du 1er BTA qui avait eu 17 morts à Beni-Slimane. Jean Muller avait vu le capitaine mettre le feu à un bois et une compagnie du 117e RI abattre des musulmans à une « corvée de bois » après avoir subi une attaque qui avait coûté la vie à 13 soldats. Il affirmait qu'il existait au camp de Tablat un centre de torture. Les musulmans, disait Muller, dont le témoignage ne ménageait personne, ne pouvaient que suivre le FLN de gré ou de force. Son groupe avait recueilli, dans la ferme qu'il gardait, une famille d'Arabes qui avait refusé de payer l'impôt aux fellaghas : « Ceux-ci réclament 40 000 francs, plus deux moutons, plus 400 francs par mois. » Il avait vu de nombreux Arabes égorgés par le FLN. Mais, « à côté de cela », il témoignait de la torture : « Quatre sous-officiers et 10 officiers avec une section de rappelés s'en chargent. C'est le seul moyen d'obtenir des renseignements. Au camp de Tablat, il y a en moyenne 150 suspects internés que l'on questionne. » Il donnait des détails sur la torture et affirmait : « Tous les suspects torturés ont été emmenés par les paras qui les ont liquidés. » Il avait été menacé par ses supérieurs d'être cassé, mais, disait-il, « personne n'a osé m'attaquer de front, car je me suis toujours présenté comme chrétien, jamais comme faisant de la politique ». Le 28 février, *France-Observateur* publia un long article sur le dossier Muller, un témoignage qui mettait à nouveau en cause l'armée en opération durant le mois d'octobre 1956. Pierre-Henri Simon sortait alors au Seuil *Contre la torture*, qui suscitait un article ému de François Mauriac, le 15 mars, dans *L'Express* : rappelant le récit de Jean-Jacques Servan-Schreiber, l'académicien évoquait « la passion raciste [qui] donne au conflit algérien ce caractère de férocité. Rien de plus naturel à l'homme que de tuer, si ce n'est de torturer ».

Le ministère de la Défense dénonça cette première vague d'attaques contre l'armée dans un communiqué. Il avait prescrit des enquêtes « à l'égard de tous les faits portés à sa connaissance directement ou même indirectement par voie de presse ». En revanche, il se réservait d'entamer des poursuites contre les journaux qui présentaient des « témoignages d'apparence objective », en fait équivoques. « On doit espérer, écrivait *Le Monde*, que l'enquête sera menée de telle sorte que seront poursuivis non pas ceux qui ont fait connaître les exactions, mais ceux qui les ont commises. »

Le Figaro du 16 mars publia un long article qui rendait compte des conclusions de la Commission d'enquête parlementaire : à l'unanimité moins une voix, celle-ci déclarait qu'aucune preuve de torture n'avait sérieusement été établie et que les lois exceptionnelles, dans le climat de terrorisme, étaient pleinement justifiées en Algérie. *Le Monde* du 18 mars était sceptique. Une déclaration des cardinaux et archevêques de France le troublait. « On admettra difficilement qu'ils aient pu "juger que l'heure était venue de rappeler solennellement certains principes", sans de très sérieuses raisons. » *France-Observateur* rendit publiques les déclarations du député mendésiste Jacques Hovnanian, le seul qui ait refusé de s'associer aux conclusions de la commission. Il ne pensait pas que l'affaire fût « une machination montée par les avocats ». Il avait constaté les traces de sévices que portait encore Evelyne Lavalette. Il n'estimait pas, comme les enquêteurs, que les cicatrices suspectes aux doigts et aux pieds étaient dues à une épidémie d'eczéma. Gravement, Louis Martin-Chauffier, héros de la Résistance, commentant le livre de Simon, affirmait que la torture déshonorait la France. « Nous sommes aujourd'hui les vaincus de Hitler », disait Simon, et Martin-Chauffier : « La marche à rebours d'aujourd'hui nous pousse vers la mer et, ce qui est pis, menace de nous y pousser justement. » Une lettre ouverte fut adressée le même jour au président Coty par Henri Marrou, l'abbé Pierre et Jean Wahl. On y relevait les noms de Maurice Lacroix et André Latreille, Louis Massignon et René Rémond, Paul Ricœur et François Mauriac. De jeunes soldats, disait le texte de la lettre, « se trouvent amenés, sans l'avoir voulu, à participer à des actions que doit réprouver toute conscience humaine et que condamne solennellement la Déclaration des droits de l'homme qui figure en préambule de la Constitution de la République française comme à la charte des Nations unies ». Il ne s'agit pas de faits isolés, « mais d'une pratique qui s'est largement répandue. Nous voulons parler de la torture à l'égard de prisonniers faits les armes à la main [...] et d'exécutions sommaires, d'otages innocents, de brutalités, de pillages, de destructions de villages entiers ». Quand on répond que la situation terroriste justifie de pareils traitements, cela « ne fait qu'accroître notre perplexité », disaient les signataires, car cette réponse, qui semble atténuer les responsabilités individuelles sans les justifier, « met en cause d'une façon tragique la responsabilité collective à laquelle nous participons tous ». Les cahiers de *Témoignage chrétien* publièrent la lettre envoyée au président Coty, avec sa légion d'honneur, par un capitaine musulman, blessé en 1943, adjoint au maire démissionnaire de Nemours. Il avait été arrêté, insulté, brutalisé par un officier de CRS.

La campagne de presse ne cessa pas : pour Maurice Duverger, alors professeur de droit à Bordeaux, l'affaire d'Oran devait alerter l'opinion : il « s'agit de savoir si un système totalitaire complet est en train de s'établir en Algérie, oui ou non », écrivit-il le 22 mars dans *Le Monde*. Pour la première fois, l'opération Massu était clairement dénoncée : « Cette superpolice [d'Alger] est entourée de prestige, parce qu'elle est constituée par un corps d'élite. » Les parachutistes sont secondés par « une garde civile volontaire, composée en fait d'éléments d'extrême droite, qui ressemblent étrangement aux miliciens des systèmes totalitaires ». Duverger voulait bien admettre que ce système totalitaire n'était pas encore installé, et que les mesures de répression obtenaient des résultats. Il n'importe : « Pour la première fois depuis dix ans, le danger de fascisme devient réellement sérieux [...]. Nous sommes à peu près à la moitié de la route qui mène à l'État totalitaire. Et la marche s'accélère depuis quelques semaines. »

Voici que les idoles d'Alger, les soldats de la 10e DP, étaient assimilés aux fascistes. La presse de gauche ne les lâchera plus. L'avocat Maurice Garçon tenta de calmer le jeu : « Même si des excès ont été commis, écrivit-il dans *Le Monde* du 20 mars, ils ne sont pas le fait de l'armée en général. » Dans leur très grande majorité, les militaires les désapprouvent. Il n'est pas raisonnable d'utiliser les procédés illégaux pour obtenir des aveux dans la surprise. Il est nécessaire de revenir au plus vite, le terrorisme étant éliminé dans Alger, à un État de droit.

Mais le terrorisme ne cessait pas plus que les « exactions ». La presse s'enflamma, le 26 mars, à l'annonce du suicide de maître Boumendjel, qui, détenu par les parachutistes, s'était jeté du sixième étage dans la rue. *Le Monde* demanda à Lacoste de faire toute la lumière sur « un cas qui n'est pas unique ». On sut désormais à Paris que les parachutistes détenaient pendant plusieurs jours, « voire plusieurs semaines », des prévenus arrêtés sans que le juge d'instruction fût saisi. « Tant que ces pratiques, écrit, dans *France-Observateur*, René Capitant, ancien ministre du général de Gaulle, seront prescrites et tolérées contre les Algériens par le gouvernement de mon pays, je ne me sentirai pas capable d'enseigner dans une faculté de droit française. » « Le silence est impossible », titra le journal socialiste *Demain*. Pour *La Croix*, « la proportion des détenus d'Algérie ayant l'occasion d'arriver jusqu'aux mains de la justice est infime ». Le suicide de l'avocat fut évoqué à l'Assemblée, dans un lourd malaise. Les députés du MRP menèrent l'attaque. Reille-Soult demanda à Lacoste comment il comptait mettre fin à des procédés « qui portent atteinte à l'honneur de la France ». De Menthon exigea de savoir pourquoi Boumendjel avait « été détenu depuis des semaines dans des locaux militaires ». Lacoste allégua l'encombrement de la justice et promit une autopsie. C'est dans ce contexte qu'éclata l'affaire Bollardière : « L'ancien chef des troupes aéroportées d'Indochine, titrait *Le Monde* du 29 mars, entend protester contre l'emploi de méthodes qu'il estime contraires aux traditions de l'armée. »

Faut-il dès lors prolonger l'état d'illégalité « licite » (comme dit Lacoste) et laisser l'armée pacifier en utilisant la torture ? Nul ne se pose, dans la presse parisienne, la question de l'efficacité de la lutte anti-terroriste. On récuse d'entrée de jeu cet argument, pour exiger le retour à l'État de droit. L'engagement de démocrates-chrétiens, comme le député savoyard de Menthon, est significatif, car il ne peut, à l'évidence, être soupçonné de cautionner une politique d'abandon. Les contestataires sont des partisans du maintien de la France en Algérie : ils exigent une guerre propre. Comme Bollardière.

Il est rare que le directeur du *Monde*, Beuve-Méry, intervienne dans son propre journal sous le pseudonyme de Sirius. Il le fait, le 29 mars, en reprenant les propres phrases du général Bollardière : sa démission, écrit Sirius, « prouve simplement que l'on peut être un chef de guerre et refuser de sacrifier à des soucis d'efficacité immédiate les valeurs morales qui font la grandeur d'une armée et assurent la valeur d'une civilisation dont elle a la garde ». Maurice Clavel, chef d'un maquis pendant la guerre, écrit au colonel Bourgoin, qui, pour les parachutistes, est un saint Michel : « Bollardière s'est conduit en homme et il n'a pas agi contre son pays » (*Combat,* 29 mars). Pour réconcilier Bourgoin et Bollardière, Clavel pense déjà à de Gaulle.

Bourgès-Maunoury tente alors de démonter la campagne en affirmant que le geste de Bollardière n'a rien à voir avec « la réprobation contre je ne sais quels agissements inhumains ». *Combat,* sous la plume de Jean Fabiani, s'insurge contre le silence de la Radiodiffusion d'État qui a tu la lettre du général et sa démission. Cet organe d'information est ainsi, dit-il, « travesti en moyen de propagande officiel ». On tente de ruser, de déformer la vérité, d'agir sur les médias, comme aux temps de l'affaire Dreyfus. Le malaise politique français n'est-il pas responsable du glissement de l'Algérie vers le totalitarisme ? Michelet pense que la République dispose avec le général de Gaulle d'un dernier atout. Dans *Le Monde* du 1er avril, il demande que tous ceux qui refusent l'abandon, comme ceux qui estiment « insensée » la solution par la force, s'en remettent au seul Français capable d'apporter dans l'affrontement avec « les jeunes nationalistes » son « prestige intact ».

La controverse gagne même le Conseil des ministres, où des voix s'élèvent contre les sanctions proposées à la fois contre René Capitant (qui avait abandonné son cours) et Bollardière. Que le garde des Sceaux, François Mitterrand, ait reconnu des « exactions » et promis des sanctions ne contribua pas à assainir le climat. Le président du Conseil proposa d'envoyer en Algérie une nouvelle commission d'enquête non parlementaire, formée de juristes et de personnalités « apolitiques ».

Le doyen de la faculté de droit d'Alger, Peyrega, venait d'écrire à Bourgès-Maunoury pour lui décrire l'exécution sommaire dans les rues d'Alger d'un musulman par un parachutiste. Sa lettre fut publiée par *France-Observateur* le 4 avril. Le gouvernement fut alors confronté à une offensive de presse d'une ampleur inhabituelle, au moment même où sa situation parlementaire était fortement ébranlée, la solidarité ministérielle n'étant pas à toute épreuve. Gaston Defferre avait obtenu que fussent différées les sanctions jumelées que l'on se proposait de prendre à l'encontre d'un Bollardière de gauche et d'un général Faure, qui méditait contre la République un complot de droite. A Alger, professeurs et étudiants faisaient connaître leur hostilité à l'attitude du doyen Peyrega, tandis que le résistant Claudius-Petit « criait son angoisse » contre l'emploi de la torture. Mendès France, à Pont-Audemer, regrettait que « des mesures retentissantes n'aient pas été prises en Algérie ». « Il est des actes, précisait-il, que ne saurait commettre quiconque se réclame d'une mission de civilisation. » En réponse aux professeurs d'Alger, ceux des facultés de droit métropolitaines, derrière Jean-Marcel Jeanneney et Quermonne, exprimaient leur soutien à René Capitant.

A droite, Philippe Barrès combattait dans *Le Figaro* une « campagne contre le moral français ». Il défendait l'armée, que le trouble gagnait depuis le départ de Bollardière. « L'armée, écrivait-il, dénonce une crise du commandement, aux échelons supérieurs [...]. Rien de tel ne s'est produit aux pires moments, sous Lyautey (qui pourtant a démissionné d'un gouvernement de la Grande Guerre), sous de Lattre, sous de Gaulle. Aujourd'hui, le ministre de la Défense nous affirme “qu'aucun membre du gouvernement n'est partisan de tortures, ni de l'anarchie dans l'armée". Heureuse nouvelle, mais insuffisante ! Le souverain crée l'anarchie, s'il se dérobe à gouverner. » Et Philippe Barrès d'exiger pour l'armée « des directives complètes, un plan, une doctrine ». Que le gouvernement, en somme, prenne ses responsabilités, et que le résident général fasse de même en Algérie, au lieu de s'en remettre aux militaires, sans être en mesure de les protéger.

Les lettres et les pétitions affluaient : le président Coty en était accablé. Le 5 avril, ce fut une manifestation d'intellectuels pour la défense des droits de l'homme : parmi les pétitionnaires se trouvaient Jean Cocteau, Jean Cassou, Pierre Cot, Jacques Madaule, Claude Roy et Vercors. Quand le général de Bollardière fut frappé d'arrêts de forteresse, la polémique rebondit. On apprit qu'à Alger les associations d'anciens combattants se mobilisaient pour empêcher une commission du Parti radical, dont Hovnanian était membre, d'enquêter sur place. Les catholiques de Lyon se lancèrent dans la bataille : le prieur des dominicains, le supérieur des jésuites, les professeurs Jean Lacroix et Wertheimer. Le cardinal Feltin prêcha la modération : « Il existe, certes, des faits douloureux et nous le regrettons. Mais ne généralisons pas, n'exagérons pas, et sachons reconnaître la valeur de notre armée » (*Le Monde,* 13 mai). François Mauriac fustigea le député indépendant Roger Duchet, qui réclamait un Clemenceau. Terrenoire prit à partie Pierre-Henri Simon, au Centre catholique des intellectuels français, au cours d'un débat houleux. Le doyen Peyrega, qui renonça alors à exercer à Alger, accusa le pouvoir de déléguer ses responsabilités aux militaires, dont il ne contestait d'ailleurs pas la valeur.

Guy Mollet fit front à sa manière : à Châlons-sur-Marne, le 15 avril, il annonça des sanctions, à la fois contre « les auteurs de brutalité » et contre les « diffamateurs ». « Hitler, dit-il, donnait des directives qui préconisaient des méthodes barbares, tandis que Lacoste et moi avons toujours donné des ordres dans un sens exactement contraire. » Les « actes répréhensibles [...] pourraient se compter sur les doigts de la main ». D'Alger, Lacoste annonça, le 18 avril, aux IGAME et aux préfets d'Algérie qu'il comptait désormais sur eux pour reprendre en main les pouvoirs spéciaux. Ils devaient veiller à ce que les détenus des camps d'assignation ne soient gardés à vue indéfiniment et assurer « une coopération plus étroite avec les militaires ». Il demandait que la liste des suspects leur fût communiquée, afin qu'ils pussent exiger des comptes. Il se proposait, enfin, d'obliger les militaires à assurer aux détenus « des conditions d'hébergement décentes ». Le Parti communiste attaqua vivement Guy Mollet en publiant, le 25 avril, une lettre de Léon Feix sur les tortures en Algérie. Le gouvernement socialiste pourrait-il survivre à ces feux convergents ? Chrétiens-démocrates, communistes et gaullistes de gauche clamaient d'une même voix leur indignation contre les faiblesses d'une politique que tout semblait vouer à l'échec au moment où, sur le terrain, la bataille contre le terrorisme semblait gagnée.

Elle ne l'était en fait qu'à demi : le 3 juin, un lampadaire bourré d'explosifs sauta devant la grande poste d'Alger, un autre près du café Métropole, un troisième à la station d'autobus du Moulin : 7 morts et 92 blessés. Le samedi 8 juin, un adolescent de 17 ans déposait un paquet au casino de la Corniche : le pianiste Lucky Starway et sa chanteuse furent déchiquetés dans l'attentat, qui fit 8 morts et 81 blessés, dont 10 durent être amputés.

On croyait pourtant le réseau FLN d'Alger démantelé. Mais il s'était reconstitué, après l'arrestation de M'Hidi et le départ d'Abbane et de Ben Khedda pour Tunis, autour de Yacef Saadi, d'Ali-la-Pointe et de Si Mourad, qui disposaient d'un tout petit nombre de terroristes (dont trois jeunes filles et un enfant de 12 ans, Petit Omar) et d'un stock important de bombes. Ces hommes ne pouvaient plus compter sur leurs amis européens d'Alger, tous arrêtés par la police. Ils se terraient dans les caches de la Casbah et n'avaient plus de rapport avec l'extérieur. Pendant que Guy Mollet mettait en place une commission de sauvegarde (installée le 10 mai, et comprenant notamment le célèbre avocat Maurice Garçon et le gouverneur Delavignette) pour obtenir le respect des droits de l'homme, l'équipe de Saadi se préparait à frapper, de sa propre initiative, pour qu'on sût à l'extérieur que le FLN n'était pas mort dans Alger.

Le premier attentat était-il la réponse attendue par la population aux sanglantes représailles du Ruisseau, un quartier d'Alger, où deux parachutistes avaient été tués dans la rue ? Leurs camarades avaient, disait-on, déchargé leur mitraillette dans un bain maure où des fugitifs avaient trouvé refuge. Cet incident était le symptôme de la nervosité des parachutistes restés dans Alger, qui se sentaient lâchés par l'opinion métropolitaine et supportaient mal la nomination d'une nouvelle commission d'enquête (qui devait se rendre à Alger du 23 mai au 20 juin).

Le pouvoir chancelait à Paris. Guy Mollet fut renversé le 21 mai. Il fallut attendre jusqu'au 12 juin l'investiture de Bourgès-Maunoury. Sans doute les bombes d'Alger avaient-elles porté au pinacle ce radical de droite, partisan d'une politique de force en Algérie. Guy Mollet était tombé sur des questions économiques et fiscales, avait été renversé par Pinay et les indépendants, grâce à l'abstention des radicaux. Dans tous les partis, l'appréciation de la situation algérienne faisait surgir de tels affrontements qu'une position claire ne pouvait nulle part être affirmée, au point que Maurice Schumann se demandait s'il existait « une majorité possible, sans le Parti socialiste, pour appliquer en Algérie une politique qui ne soit pas celle de l'abandon ». Au congrès annuel du MRP, Bidault affronta les partisans de la loi-cadre en Algérie. Le 11 juin, alors que Bourgès-Maunoury cherchait sa majorité, Massu forma une « compagnie de marche » avec des éléments de transmissions aéroportées et d'une compagnie de garde du quartier général, en attendant l'intervention du 1er régiment étranger de parachutistes et du 3e RCP de Bigeard, rappelé d'urgence. Pour rassurer et neutraliser les Européens déchaînés, Lacoste faisait, une fois encore, appel aux troupes d'élite. Massu survola en hélicoptère le cortège funèbre des victimes de l'attentat du casino. A 17 heures, les longues casquettes firent leur entrée dans Alger. Le bilan de la triste journée des funérailles fut de 5 Français musulmans tués et de 45 blessés, de 20 véhicules incendiés et de 100 magasins pillés.

« Notre lassitude, dit alors à l'Assemblée Bourgès-Maunoury, est le dernier espoir des rebelles. Je le dis solennellement à l'ensemble des populations d'Algérie, notre pays poursuivra son effort. » Mendès France vota contre le cabinet, Mitterrand prit ses distances, mais 91 députés socialistes sur 100 soutinrent un ministère qui laissait Lacoste à Alger et Max Lejeune au Sahara. « Nous avons une révolution devant nous. Une révolution ne se combat que par une autre révolution », disait le gouverneur général à l'Assemblée. Deux musulmans, Cherif Sid Cara et Abdelkader Barakrok, entrèrent au gouvernement pour appliquer la future loi-cadre tout en continuant la répression : cette politique, fondée sur le refus de négocier avec le seul FLN, était combattue au parti par une minorité animée par

Verdier et Depreux, ainsi que par Gaston Defferre, que Bourgès-Maunoury avait écarté de son gouvernement parce qu'il se disait partisan de négocier secrètement un statut « avec les représentants qualifiés des rebelles algériens ».

Lacoste fit adopter sa politique, qui prolongeait celle de Soustelle : répression et réformes. Pourrait-il tenir Alger sur ces bases ? Le nouveau gouvernement n'engagea pas dans ses rangs la droite, qui avait abattu Mollet. Mais le ministre de la Défense, le radical André Morice, était un partisan convaincu de la guerre jusqu'à l'épuisement du FLN.

Bourgès-Maunoury reçut l'investiture le 12 juin. Ce jour-là, Massu envoyait à ses corps d'armée une directive sur les relations avec la foule d'Alger. Il mettait les officiers en garde contre « certains individus, hommes et femmes, qui se sont conduits d'une manière immonde et auraient dû être arrêtés sur-le-champ ». Les forces de l'ordre avaient pour mission de protéger les deux communautés. Elles devaient arrêter les « meneurs » et « escorter la foule » pendant la manifestation : il félicitait l'adjudant Kenecht, de la 60e compagnie, qui avait sauvé un musulman.

La seconde partie de la bataille d'Alger commençait ainsi par une ratonnade que l'armée n'avait pas su éviter. Bigeard et ses hommes avaient été accueillis comme des sauveurs. Une « note d'orientation » circulait dans les rangs : « Vous interrogerez durement les vrais coupables, disait Bigeard, avec les moyens bien connus qui nous répugnent. Mais dans l'action du régiment, je serai seul responsable. Les directives concernant cette guerre, les ordres écrits n'existent pas. Et pour cause ! »

La recherche du renseignement recommence, inexorable. Le 12 juin, Teitgen signe une assignation à résidence au nom de Maurice Audin, assistant à la faculté des sciences d'Alger. Le 15 juin, le recteur de l'Académie demande ce qu'est devenu le professeur. Réponse de Teitgen, le 21 : l'intéressé s'est évadé du centre de tri du sous-secteur de la Bouzarea. Il est mort en fait le 21, sans doute au cours d'une « corvée de bois ». Pour Godard et pour Massu, il s'est évadé en Tunisie...

L'arrestation des derniers Français alliés du FLN (dont Henri Alleg, directeur d'*Alger républicain*) alimente en métropole la polémique contre la torture, mais n'empêche nullement les parachutistes de mener à son terme la seconde bataille d'Alger. Leur arrivée dans la ville n'a pas mis fin au terrorisme. Bien au contraire, les exécutions capitales réclamées par les Européens obligent le FLN, sous peine de perdre la face dans la Casbah, à des ripostes sanglantes. Alors que Louis Martin-Chauffier et Germaine Tillion dirigent une commission d'enquête comprenant des représentants de l'étranger, trois exécutions capitales ont lieu le 25 janvier. Le samedi suivant, huit bombes explosent. Le 16 août, deux nouvelles exécutions. Germaine Tillion a fait en vain le voyage de Paris pour rencontrer le général de Gaulle lui-même : le président Coty ne peut accorder sa grâce. Le climat d'Alger et les objurgations du président du Conseil l'en empêchent.

En 1955, sur 68 musulmans condamnés à mort en Algérie, un seul avait été exécuté. Neuf furent guillotinés en 1956 pour 134 condamnés. En 1957, il y eut 91 exécutions sur 390 condamnations. Une note du 15 décembre 1960 rappelait que les exécutions dans la prison Barberousse, toute proche de la Casbah, présentaient des inconvénients. Le quartier entier était alerté, les youyous stridents appelaient la foule à manifester. On proposait de fusiller les condamnés au stand de Martimprey, à 800 mètres de la prison, au lieu de les transférer à Blida ou à Médéa... La publicité des exécutions était une telle arme politique pour le FLN qu'il devenait délicat d'y recourir. Mais la pression de l'opinion européenne empêchait le gouvernement général de les différer. Les arrestations opérées par les parachutistes garnissaient les prisons de nouveaux coupables, que les tribunaux devaient juger sans relâche.

Le capitaine Chabanne, officier de renseignement de Bigeard, utilisait de plus en plus la technique du retournement des terroristes appréhendés, ces « bleus de chauffe » habillés en ouvriers qui dénonçaient leurs anciens amis. Le capitaine Léger, du 11e choc, devint le spécialiste de ces manipulations qui devaient aboutir au démantèlement du dernier réseau. Kamel et Mourad se firent sauter plutôt que de se rendre. Le 1er REP arrêta Saadi, mais ne put mettre la main sur Ali-la-Pointe : on décida de garnir sa cache de plastic pour s'en débarrasser. Le 8 octobre, après cette exécution, les opérations antiterroristes cessèrent dans Alger. Le 18, le 3e RPC rejoignait ses cantonnements à Sidi-Ferruch. Le 22, la relève des 1er REP et 2e RPC commençait. L'ordre régnait dans la ville.

Alors que les parachutistes achevaient la destruction du réseau terroriste, la France n'avait plus de gouvernement : Bourgès-Maunoury était tombé le 30 septembre. Son successeur, Félix Gaillard, ne serait désigné que trente-six jours plus tard. La double pression de l'opinion publique n'avait pas cessé, à Paris comme à Alger, pendant l'été de 1957.

A Paris, la campagne sembla se calmer après la publication, à partir du 27 juillet, du rapport de la Commission internationale sur la répression. Celle-ci avait visité neuf prisons, neuf centres de triage et de transit, sept centres d'hébergement, dont celui de Paul-Cazelles, dans le désert. Elle signalait des cas de sévices et de torture, mais, titrait *Paris-Presse*, « les errements dénoncés ne constituent cependant pas la règle de la répression ». Ses conclusions, signées par le docteur Georges André, Lise Bursum et maître Van Rij, étaient « mesurées ». Le *New York Times* du 27 juillet reproduisit d'ailleurs ces informations en signalant que « les autorités françaises avaient puni le personnel civil et militaire qui avait été reconnu coupable d'attaques contre la liberté individuelle ». *La Croix* annonça qu'un des IGAME d'Algérie avait justifié l'usage de la torture par son efficacité. Avait-il été puni ? Cette déclaration était, pour Jacques Duquesne, « profondément regrettable ». « C'est de l'échelon supérieur [c'est-à-dire du pouvoir politique] que doivent venir les précisions sur les méthodes à employer », expliquait-il. *France-Observateur* mit l'accent sur les « disparitions » de prévenus, en en signalant plusieurs cas, mais en omettant de citer celui de Maurice Audin. *L'Express* regretta le 2 août que le rapport de la Commission de sauvegarde de maître Maurice Garçon n'ait pas encore vu le jour et demanda l'arrêt des procédés d'exception. Le docteur André, signataire du rapport, estima, dans *Le Monde* du 10 août, « abusives » les accusations portées contre les autorités françaises. Était-ce la fin de la polémique ? Louis Martin-Chauffier, dans un article du *Figaro* daté du 13 août, soulignait « les atroces attentats terroristes qui massacrent au hasard et qu'aucune revendication ne pourrait excuser ». Il semblait à son tour faire confiance aux promesses des autorités pour que cessent les inqualifiables méthodes de répression. Toutefois, dans *Combat*, le 16 août, il revenait sur la disparition de Maurice Audin et sur l'affaire Alleg. « La question qui se pose ici, disait-il, est que de tels faits ne puissent pas se reproduire. » Le 12, *Le Monde* avait publié une lettre de Mme Audin, « inquiète du sort de son mari ». Des professeurs écrivirent au journal les 16 et 20 août. L'affaire de la torture rebondissait avec ces disparitions. *Le Monde* du 28 rapprocha, dans un long article, les affaires Audin et Alleg, ce dernier ayant porté plainte pour sévices. Son avocat, maître Matarasso, avait fait connaître ses griefs. Pierre Vidal-Naquet, assistant à la faculté de Caen, signa avec Cahen et Margolin une lettre de protestation. *L'Humanité, Témoignage chrétien* envoyèrent des enquêteurs à Alger.

Pendant tout le mois de septembre, la presse parisienne publia quotidiennement des comptes rendus sur l'enquête, des témoignages, des pétitions de protestataires, pour la plupart normaliens et enseignants, plus ou moins proches du Parti communiste ou des organisations catholiques. L'affaire Audin commençait : elle empoisonnerait la vie politique française pour longtemps, relayée par la publication de *La Question*, d'Henri Alleg. Un comité Maurice-Audin serait bientôt constitué.

Le dernier gouvernement de la IVe République n'était pas en mesure d'affronter cette polémique, en raison notamment de l'évolution de la politique américaine.

Le président Eisenhower avait répondu très modérément, le 24 juin, à une note des États arabes lui demandant de cesser toute aide militaire à la France. Certes, il espérait une solution pacifique au conflit, mais il n'avait pas l'intention de remettre en question les accords de défense et ne croyait pas aux vertus d'une enquête internationale sur les « atrocités » en Algérie. Kennedy déclara alors devant le Sénat américain, le 2 juillet, que les États-Unis devaient s'employer « à mettre fin à la guerre d'Algérie, de sorte que soient reconnues la personnalité et l'indépendance algériennes ». Les remèdes imaginés par la France sont, dit-il, « des palliatifs qui viennent trop tard ». L'attitude neutre de Washington aliène les sympathies arabes, « met directement en danger l'influence américaine en Afrique du Nord, au Proche et au Moyen-Orient, et fournit de puissantes munitions aux propagandistes anti-occidentaux en Asie et au Moyen-Orient ». Dulles défendait la France et Eisenhower restait de marbre. L'affaire fut enterrée à Washington, mais à Paris elle provoqua des réactions violentes de Soustelle, du ministre de l'Algérie, Champeix, et de Lacoste lui-même, qui invita Kennedy à Alger. « Ce n'est pas en affirmant que la France réglera ce problème toute seule, insista Kennedy le 8 juillet, qu'on pourra dissimuler le fait que les Algériens seront libres un jour. »

Le gouvernement Bourgès-Maunoury devait chuter sur l'Algérie. Cette réforme que Kennedy jugeait dépassée, les parlementaires français ne l'admettaient même pas, en raison de la pression politique des milieux européens d'Alger et du glissement à droite de la majorité parlementaire. Le président de la République ne déclarait-il pas à Mulhouse, le 8 juillet (il était rare alors que le président intervînt dans un débat politique) : « Le vrai problème algérien est d'assurer la coexistence et la nécessaire coopération des deux collectivités sans que l'une puisse opprimer l'autre. Comment l'indépendance pourrait-elle le résoudre ? Ne nous laissons pas prendre à la magie d'un mot » ?

Depuis le massacre de Melouza le 28 mai 1957, les affrontements entre le FLN et le MNA, le parti de Messali Hadj, étaient constants, non seulement en Algérie mais sur le territoire métropolitain. Les assassinats se multipliaient à Paris et dans les villes peuplées de travailleurs nord-africains. Nombreuses étaient les voix pour plaider à Paris en faveur du MNA, par exemple celle du philosophe Maurice Clavel, ou du journaliste Serge Groussard. On cherchait à prouver qu'en Algérie le FLN n'était pas le seul interlocuteur possible. Le douar de Melouza, en Kabylie, s'était rebellé contre les « percepteurs » de la wilaya. Il risquait de passer au MNA. Le chef de la wilaya, Mohammedi Saïd, avait alors donné des ordres : les 304 hommes du douar avaient été massacrés devant les femmes et les enfants à coups de pioche, de serpe, de couteau. L'administration d'Alger avait acheminé les représentants de la presse sur place, à des fins de propagande. Mais la lutte du MNA et du FLN sur le territoire français accroissait l'insécurité, et le gouvernement s'efforça donc d'étendre l'état d'urgence au territoire métropolitain. Si la loi fut votée le 19 juillet, les crédits militaires (qui avaient permis de porter à près de 500 000 hommes les effectifs en Algérie) furent âprement discutés et le jeune ministre des Finances, Félix Gaillard, demanda sur ce chapitre des économies. Mais on attendait le gouvernement au tournant de la loi-cadre sur l'Algérie, pierre angulaire de sa politique.

Pour Lacoste, en effet, comme pour les généraux Salan et Allard, qui conduisaient la politique militaire, il fallait à la fois détruire *et* construire. Si l'on voulait, pensaient-ils, contrôler la population musulmane, rallier les hésitants, poursuivre la politique de ralliement amorcée par les officiers SAS, il fallait algérianiser l'administration et le personnel politique. Guy Mollet, de son côté, proposait d'écraser d'abord la révolte. Bourgès-Maunoury avait adopté la position de Lacoste et s'était mis en tête de définir un nouveau statut pour l'Algérie. Des territoires autonomes seraient administrés par des assemblées élues par un collège unique. Celles-ci désigneraient le gouvernement présidé par un haut fonctionnaire nommé à Paris. Un Parlement fédératif serait également élu et désignerait le chef du Conseil fédératif, présidé lui aussi par un représentant du gouvernement français. Chaque territoire aurait son assemblée, son gouvernement. Lacoste estimait à 300 le nombre des musulmans qui seraient ainsi associés au personnel dirigeant, dont 150 ministres musulmans. Il écarta le reproche qu'on lui fit de s'engager sur la voie du « fédéralisme ». « Cette loi-cadre, dit-il, ne doit pas céder à la chimère. Elle doit exclure les solutions “à la marocaine” et “à la tunisienne”. » Ce discours était-il de nature à apaiser les inquiétudes de ceux qui reprochaient à la politique de décolonisation ses échecs dans les protectorats ? On avait réduit à 50 000 hommes les effectifs de l'armée française au Maroc, à 15 000 ceux de Tunisie. Mais Bourguiba avait invité Ferhat Abbas aux cérémonies du premier anniversaire de l'indépendance, et l'on était sans nouvelles du capitaine Moureau, disparu dans le Sud marocain. La solution algérienne de Lacoste inquiétait. Repoussée par le FLN et par le MNA, elle suscita les protestations du Comité d'entente algérois des anciens combattants, du Rassemblement des Français d'Algérie, du Mouvement universitaire et de l'Association générale des étudiants. Une grève était prévue pour le 18 septembre. Lacoste, furieux, associa une fois de plus l'armée au maintien de l'ordre, cette fois contre les Européens. « Je les cintrerai », dit Massu. L'alliance se confirmait : le pouvoir à Alger avait besoin de Massu.

Il fit merveille : les anciens combattants décommandèrent la manifestation et la grève fut reportée. Mais cela n'empêcha pas les opposants algériens de participer à la manœuvre qui fit chuter, sur la loi-cadre, le gouvernement Bourgès-Maunoury le

30 septembre. Les indépendants de Roger Duchet, Soustelle et les gaullistes dits « républicains sociaux », les radicaux de droite, portèrent ensemble l'estocade, soutenus par les communistes et les poujadistes. Il était notoire que le ministre de la Défense, André Morice, qui avait entrepris de construire une ligne de défense le long des frontières tunisienne et marocaine (le « spécialiste des lignes fortifiées », disait Jacques Duclos, qui accusait le ministre d'avoir participé pendant la guerre aux travaux de l'organisation Todt en France), n'était pas d'accord avec la loi-cadre et qu'il se considérait comme démissionnaire. Si la droite acceptait plus ou moins le collège unique, elle s'opposait avec force à l'autonomie de gestion de l'Algérie, à cet exécutif local.

Ce projet de statut avait des ennemis dans tous les groupes politiques, y compris ceux de gauche, qui le jugeaient à la fois timide et confus. Et, pour la deuxième fois de l'année, le gouvernement chuta. La même équipe du centre reviendrait-elle au pouvoir ? Les leaders du Parlement se succédèrent dans le bureau de René Coty, et ce ballet des vedettes de l'Assemblée eut le don d'exaspérer l'opinion à Paris et à Alger. Les Soustelle, Mollet, Pleven, Pinay, Schuman et Guy Mollet formèrent successivement un gouvernement qui échoua chaque fois devant l'Assemblée pour des raisons étrangères au problème algérien. Que Félix Gaillard, un jeune radical inconnu, fût finalement investi après trente-cinq jours de crise confirma cruellement l'impuissance du pouvoir : en reprenant Christian Pineau et Bourgès-Maunoury (ministre de l'Intérieur), en maintenant Max Lejeune et Lacoste au Sahara et en Algérie, en confirmant le secrétariat d'État à l'Armée de terre au socialiste Pierre Métayer, qui surveillait ainsi les bureaux du ministère et les nominations d'officiers, le dernier des radicaux du Sud-Ouest engagea le régime sur l'étape ultime d'une voie déjà tracée. Il n'ignorait pas que l'armée exerçait de fait le pouvoir à Alger, et qu'une conjonction des militaires et des pieds-noirs pouvait fort bien mettre un terme à une République qui ne marchait plus qu'à cloche-pied.

TROISIÈME PARTIE

Le désengagement

Pour la première fois depuis le début de la guerre d'Algérie, un ministre des Finances, Félix Gaillard, posait publiquement le problème du coût des opérations et exprimait le vœu de le réduire. Sans doute déclara-t-il dans son discours d'investiture que ce chiffrage n'était pas destiné à justifier une politique d'abandon. « Il est difficile de calculer exactement, expliqua-t-il, le coût de la guerre d'Algérie et pense-t-on à calculer ce que coûterait à la France la perte de l'Algérie ? » On commençait en effet à y penser. Dans son opuscule *La Tragédie algérienne,* publié en mai 1957, Raymond Aron écrit : « La guerre d'Algérie est une charge économique, l'industrialisation de ces pays qui souffrent d'une population trop rapidement croissante est et sera une charge économique. Même si l'Algérie demeure partie intégrante de la République, le poids des investissements nécessaires sera trop grand pour nous seuls. » La guerre coûte de « 200 à 300 milliards par an pour l'instant ». Ne serait-il pas plus expédient de prévoir dès maintenant une indemnisation de 300 milliards pour rapatrier les Français d'Algérie ? Comment peut-on leur mentir au point de leur cacher que « l'autonomie interne implique à courte échéance l'indépendance et que l'indépendance implique le départ de beaucoup de Français établis en Afrique du Nord » ?

Ce départ, ni Félix Gaillard ni le milieu politique ne veulent en entendre parler. Mais, explique Aron, ont-ils les moyens de garder l'Algérie « française » en proposant des réformes et en s'abstenant d'en faire ? N'est-il pas clair que si « la négociation aboutit à l'indépendance de l'Algérie, les élections libres aussi » ? Le chroniqueur du *Figaro,* professeur de sociologie à la Sorbonne, donne au milieu politique une leçon de réalisme. A-t-il une chance d'être entendu ? Félix Gaillard veut maintenir l'Algérie à la France pour éviter les pertes matérielles, « mais surtout en considération du traumatisme moral qui serait infligé à la nation [en cas d'abandon] et qu'aucun expert ne pourrait évaluer ». Telle est alors l'opinion dominante, celle qui s'exprime dans la majorité politique et dans la plupart des journaux. Il n'est pas question de refuser le sacrifice financier nécessaire au maintien dans la communauté des départements français d'outre-Méditerranée.

Une pièce nouvelle est apparue depuis le début de janvier sur l'échiquier d'Alger : le cavalier Massu. Manipulée par Lacoste, le maître-d'œuvre passionné de la politique de répression-réformes, la pièce est à double usage : elle rassure les pieds-noirs, mais les tient en même temps à distance. Sans Massu et sa 10ᵉ division, ils sont livrés au terrorisme. Sans Massu, Lacoste ne peut faire face à la pression des associations locales qui ont fait plusieurs fois la preuve qu'elles pouvaient ébranler le pouvoir de Paris. L'armée, représentée symboliquement par le chef des parachutistes, est donc une arme à double tranchant : ces officiers « républicains » ont, certes, accepté la mission policière en prenant le risque du discrédit moral, mais à condition d'être protégés, « couverts », absous d'avance des accidents de parcours et des entorses aux droits de l'homme. Ils ont exigé en contrepartie que le pouvoir se soumette à l'objectif principal de l'armée d'Algérie : tenir le pays quoiqu'il advienne, ne jamais consentir à l'ultime abandon. Ce serment implicite ne doit pas être rompu.

S'il l'était, l'« armée » (c'est-à-dire les officiers qui la commandent en Algérie) s'estimerait en droit de demander des comptes au pouvoir parisien. Ainsi la pièce nouvelle de l'échiquier devient maîtresse : elle soutient le groupe de pression algérien, celui des députés et sénateurs (Borgeaud-René Mayer), auxquels s'ajoutent désormais Soustelle et André Morice. Mais elle s'en distingue, comme le cavalier de la tour : elle affirme sur le terrain sa politique propre, qui n'est pas celle des colons, elle est, comme Lacoste, favorable aux réformes et au collège unique.

Que les députés français aient refusé la timide loi-cadre de Lacoste angoisse les officiers. S'achemine-t-on vers un nouvel abandon, au mépris des promesses faites ? Au mépris de l'honneur risqué dans la répression ? La campagne de presse qu'on accuse le gouvernement Mollet d'avoir laissé se développer en France a indigné les officiers : pas un seul ne se lèvera pour défendre un régime qui a si peu défendu leur honneur. Quand le moment sera venu, ils sauront manifester, sans rompre le contrat qui les lie à la nation, leurs préférences pour un régime fort assumant la responsabilité de ses actes.

Mais peut-on réduire l'armée à ses officiers ? N'est-elle pas, comme en témoigne la présence du contingent, celle de la nation ? N'est-elle pas, comme l'armée de Tunisie et du Maroc, au service de la politique choisie par la nation ? La nouvelle partie qui commence fera ressortir, au cours des événements, cette distinction de fond dont de Gaulle, l'élu du coup d'État, saura user selon ses vues, non sans devenir, soldat lui-même et héros national de la dernière guerre, le porte-drapeau de forces antagonistes qu'il maintiendra au bord de l'affrontement en ouatant son discours de nuages. Quand il sortira des nuées pour imposer sa solution, l'armée devra, comme le groupe de pression algérien, se soumettre ou éclater. Le recours constant à la nation, sous forme d'élections ou de référendums, aura été en définitive le seul allié du nouveau pouvoir, soumis à la « nature des choses », mais jamais résigné à renoncer au principe qui a fait de la France un État.

CHAPITRE VIII

L'Algérie vaut bien une République

La IVe République a huit mois à vivre quand Félix Gaillard entre à l'hôtel Matignon, le 6 novembre 1957. Le jeune chef du gouvernement, investi à la suite d'une crise ministérielle ouverte sur la question d'Algérie, découvre qu'il n'y a pas d'autre moyen de la régler que de poursuivre les opérations militaires en créant des fronts continus aux frontières du Maroc et de la Tunisie.

Pendant les deux batailles d'Alger, tout au long des campagnes de presse qui ont jeté le doute sur la légitimité de la guerre, l'armée n'a cessé de se battre sur le terrain, ce qui n'a pas empêché la rébellion de se développer dans des régions jusque-là tranquilles de l'Oranais, proche de la frontière marocaine.

Le remplaçant de M'Hidi, Boussouf, mène les combats à partir du Maroc. Il a pour adjoint Boumediene, ancien étudiant de la Zitouna de Tunis et de l'université al-Azhar du Caire. La base ouest de Nador arme et instruit les commandos, se préoccupe de l'approvisionnement en armes. La frontière marocaine est poreuse, l'armée chérifienne n'interdisant pas aux djounouds de circuler dans la campagne et de recruter des Marocains. Jacques Chirac, sous-lieutenant depuis 1955 au 6e régiment de chasseurs d'Afrique, commande alors à des volontaires d'origine polonaise levés dans le nord de la France, qui affrontent régulièrement les solides combattants marocains armés par le FLN.

L'armée française, encore présente au Maroc, ne peut intervenir sous peine d'incident diplomatique. Pourtant, selon l'appelé du contingent Pierre Vabre, qui sert alors aux confins du Sahara : « Le Maroc n'a jamais fait mystère du soutien qu'il apport[e] » aux Algériens ; « des camions chargés de toutes sortes de matériels circul[ent] au vu et au su de tout le monde et notamment de la communauté française constituant l'encadrement des mines de manganèse de Bou-Afra ». Les réfugiés algériens bénéficient sur le sol marocain d'une aide financière américaine. Le sultan, devenu roi du Maroc, doit d'ailleurs être reçu aux États-Unis, à l'invitation du vice-président, Nixon, en novembre 1957, afin de régler la question des bases américaines et d'obtenir une aide économique substantielle. La contribution des États-Unis est déjà de 20 millions de dollars comme « soutien de défense » (contre 10 millions d'aide française) et de 60 000 tonnes de blé... Les Français ne peuvent donc pas envisager un nouveau conflit avec les forces chérifiennes, sous peine d'incidents diplomatiques graves. Ils ont néanmoins mis au point, en 1956, l'Organisation commune des régions sahariennes (OCRS), afin de protéger les frontières du désert contre les Marocains, et ont expédié des parachutistes en Mauritanie, territoire revendiqué par le Maroc, pour protéger les intérêts de la Miferma, société d'exploitation des mines de fer.

Dans ce contexte, la conclusion d'accords sur la présence militaire française n'est pas facile. Paris suspend son aide financière pour protester contre l'implantation du FLN sur le sol marocain, et les Français du Maroc rentrent en métropole. En mai 1957, des accords ont bien été signés, mais ils ne concernaient pas l'armée. André Morice a pu constater sur place, pendant l'été, que les trafiquants d'armes franchissaient facilement la frontière : un barrage de 140 kilomètres est donc mis en place. Le prince Moulay Hassan, Ben Barka, le président de l'Assemblée consultative, le roi lui-même n'hésitent pas à multiplier au cours de l'été les déclarations favorables à l'indépendance de l'Algérie.

Le problème des frontières n'étant pas réglé, les bases du FLN au Maroc restent actives sous l'impulsion du chef de la wilaya, Boussouf. L'organigramme de la division militaire d'Oran illustre l'extension des zones d'opérations. En 1954, elle comptait trois subdivisions : Oran, Tlemcen, à l'ouest, Masacara, à l'est. En avril 1956 sont créées, pour contrôler le trafic d'armes, les subdivisions de Tiaret vers le sud-est, de

Mostaganem sur la côte orientale, et la zone opérationnelle de Tlemcen à la frontière marocaine, où sont déjà engagés de furieux combats. En juillet, la 5e division blindée et la 12e division d'infanterie prennent position en permanence dans la zone de Tlemcen. Un secteur opérationnel est créé dans l'Est oranais, où prend pied la 4e division d'infanterie mécanisée. La subdivision d'Oran installe un secteur autour d'Aïn-Temouchent, au nord-est de Montagnac, pour protéger une région de colonisation : la 29e division d'infanterie est chargée du quadrillage. La subdivision de Mascara est minutieusement quadrillée, cependant que la 13e division d'infanterie opère dans le secteur Centre-Oranais : voilà donc quatre grandes unités d'infanterie et une division de cavalerie engagées sur un ensemble de territoires réputés calmes.

Depuis août 1957, l'organigramme s'est encore compliqué : la 5e division blindée basée dans la zone Nord-Oranais organise, à partir de Mostaganem, les trois secteurs de Cassaigne, à l'est, Relizane, au sud-est, Mascara, au pied de l'Atlas. La 4e DIM, basée à Tiaret, essaime sur Frenda et Saïda, au contact des hauts plateaux du Sud à la recherche des filières de passage du FLN d'est en ouest. La 12e DI, basée à Tlemcen, s'installe dans le secteur frontalier de Marnia, sur la mer, à Nemours, dans les monts de Tlemcen, à Sebdou. Quant à la zone Centre-Oranais, elle dispose désormais de deux divisions : la 29e (Nord-Oranais) surveille le secteur urbain d'Oran, mais aussi les secteurs d'Aïn-Temouchent et de Perregaux, tandis que la 13e (Centre-Oranais) occupe les secteurs méridionaux de Sidi-bel-Abbès et du Trelagh. Au mois de novembre, le dispositif se renforce encore : la 4e DIM garde ses trois secteurs du sud et les deux divisions d'Oran leurs cinq secteurs Centre. Mais on a dû faire éclater les unités vers l'ouest : la 5e DB surveille dans la zone du barrage en construction sept secteurs au lieu de trois. Mostaganem lui-même n'est pas sûr. Il faut faire éclater des détachements dans le bled à Inkermann, à Palikao et à Vialar, en raison du développement rapide de l'OPA. La 12e DI quadrille le secteur supplémentaire de Beni-Saf sur la côte, sans doute pour arrêter les livraisons d'armes par mer.

Ce renforcement du dispositif dans l'ancien département d'Oran, désormais pris en main par l'efficace tandem Boussouf-Boumediene, exprime la volonté du commandement de s'opposer à l'implantation d'unités venues du Maroc, ainsi qu'à la « contamination » des villes et du bled par des réseaux revivifiés du FLN.

On s'est installé dans une vraie guerre avec un matériel plus performant. Les troupes offensives bénéficient d'un armement amélioré : l'engin blindé de reconnaissance tend à remplacer l'automitrailleuse dans les unités de cavalerie. Le fusil de 8 millimètres et le PM Mas 38 sont progressivement remplacés, ainsi que les camions et voitures américains (Dodge et Jeeps). L'aviation démultiplie ses terrains avancés, renforce ses effectifs de pilotes et utilise les avions légers T 6 en abondance. Depuis mai 1957, elle est officiellement autorisée à larguer les « bidons spéciaux » au napalm sur les zones « interdites ». Le développement des hélicoptères est maintenant tout à fait spectaculaire : l'armée disposait de 35 appareils en août 1956, elle en a 67 à la fin de novembre et 160 pendant l'été de 1957. La 22e escadre opère sur une zone de la frontière marocaine jusqu'à une ligne courant de Blida à Paul-Cazelles. Elle comprend des détachements ou des unités d'intervention héliportés. La seule base d'Oran compte trois escadrilles d'hélicoptères moyens, légers et lourds. Brunet commande à Oran-La Senia. Cet ancien de l'escadrille Lafayette est un pionnier de l'arme nouvelle. Ses engins interviennent constamment dans les montagnes qui longent la côte et dans le secteur de Tlemcen, en liaison avec les appareils de l'aéronavale.

La frontière avec le Maroc, longue de 1 350 kilomètres, est loin d'être entièrement protégée par les barbelés électrifiés installés en hâte à la fin de 1957. La mission des divisions éclatées en petites unités, quand celles-ci ne participent pas aux actions de contre-guérilla, est de démasquer et de « détruire » l'appareil politico-militaire du FLN dans les agglomérations. Ainsi sont battus et rebattus au mois d'août les secteurs du Dahra et de Mostaganem, au bord de la mer, pour mettre en place des groupes d'autodéfense et recruter des supplétifs locaux.

Le journal de marche du 6e chasseurs à cheval illustre bien cette double tâche. L'unité est éclatée sur un secteur de 150 kilomètres et ses unités ne se rencontrent pas souvent. Le sous-lieutenant Chirac, qui n'a jamais vu le lieutenant-colonel commandant son régiment, est sans cesse en opération, au sein d'un peloton du 3e escadron chargé d'accrocher les bandes rebelles et de les détruire. En 1957, les combats sont fréquents, ce qui montre la vitalité des katibas dans cette zone. Jacques Chirac, pourtant très jeune, sera conduit à commander l'escadron, car l'unité manque de capitaines (ils sont, dit Chirac, dans les bureaux d'Alger ou de Paris). Le régiment fait partie de la 5e division blindée venue d'Allemagne, qui avait débarqué le 15 avril 1956 à Oran, avec ses quatre escadrons dotés d'engins légers. Ils avaient d'abord été engagés dans une opération de l'Orléansvillois et avaient patrouillé dans le djebel avant de se fixer autour de Montagnac, dans l'Oranais, un village déjà déserté en partie par sa population pied-noir. La grande ferme Averseng, où bivouaquait l'armée, avait perdu ses propriétaires. Les embuscades dans la région d'Aïn-Temouchent avaient commencé dès mai 1956, ainsi que les accrochages dans le djebel Hersoud. Les unités de la 5e division se rassemblaient pour les opérations de ratissage et de bouclage : les chasseurs retrouvaient alors les cuirassiers du 1er régiment qu'ils n'avaient pas vus depuis le départ d'Allemagne, les artilleurs, les fantassins de la division d'Oran. En opération, les hommes abandonnaient les blindés pour chausser des Pataugas et se battre à terre, comme des biffins. Ils prêtaient leur concours aux commandos héliportés et réunissaient des renseignements pour lancer de nouvelles opérations, fouillant en particulier les grottes, nombreuses dans la région. Pendant la première moitié de l'année 1957, le régiment était intervenu dans la région côtière de Picard, sur les flancs du massif du Dahra. On gardait les criques et les pitons sur les pistes où risquaient de se manifester les rebelles.

Responsable d'une centaine d'hommes, le lieutenant Chirac est coupé du monde, ne disposant ni de journaux ni de transistors. Les patrouilles sont incessantes, les accrochages fréquents. La surveillance de nuit sur des pistes souvent minées (des mines à béton, assez meurtrières) permet d'appréhender les bandes de la côte. Le 28 mai, un peloton résiste au feu d'une trentaine de HLL bien équipés. En nettoyant le fond de l'oued Simane, les escadrons concentrent le tir et anéantissent le groupe rebelle. Ces actions d'éclat n'empêchent pas le reste de la troupe de se livrer, comme les fantassins, à des opérations de protection des moissons et des marchés, de contrôle des populations. En juin 1957 commencent les « actions psychologiques » dans les villages, avec le concours de la Compagnie des haut-parleurs. On arrête les collecteurs de fonds du FLN et l'on saisit les tracts distribués la nuit dans les douars. Les soldats obligent la population à remettre en place les poteaux électriques et ceux du téléphone, sciés dans la nuit. Il n'était pas rare que des renseignements fussent donnés aux militaires par les ouvriers musulmans qui voulaient échapper au contrôle de l'organisation. L'armée s'était installée durablement dans les diverses zones de l'Oranais. Elle entendait empêcher l'extension des zones d'insécurité à partir de la frontière marocaine et détruire les réseaux occultes. Ces actions se multipliaient au cours de l'année, elles démontraient que la pacification n'était nullement acquise. Le FLN était actif, ses bandes bien armées, ses partisans nombreux. Les unités de la 5e DB étaient employées à leurs tâches en permanence, jour et nuit. Le plus mauvais souvenir de Jacques Chirac est le contrôle des sentinelles de nuit qu'il devait constamment effectuer, sous peine de trouver ses hommes égorgés le matin.

La frontière tunisienne était encore plus préoccupante et devait donner de la tablature au nouveau gouvernement Gaillard : la présence de l'armée française en Tunisie n'empêchait nullement le FLN d'y organiser des bases et de faire transiter les convois d'armes sur le territoire de l'ancien protectorat. Pendant l'été de 1957, beaucoup de militaires en opération en Tunisie avaient rejoint l'Algérie : c'est ainsi que le chasseur alpin Tourlonias de la 55 2/B fit quatre mois de classes à Chambéry avant d'embarquer à Marseille, le 4 mars 1956, pour la Tunisie. Affecté au 12e bataillon, il tirailla longtemps dans le bordj de Ghardimaou, le pays du Kef, près de Sakiet-Sidi-Youssef, et repéra fort bien dans le djebel les colonnes de djounouds. Pour traquer ces rebelles, en juin, le bataillon partit pour le sud : Tourlonias comprit qu'il allait surveiller, avec ses camarades, la frontière libyenne, à 150 kilomètres de Foum-Tataouine, en plein désert. L'unité regagna Tunis en janvier 1957 et s'installa en mars dans le port de la Calle, à la frontière algéro-tunisienne. Les chasseurs alpins partis, les fantassins du 60e régiment les remplacèrent : Robert Delangle, dans le secteur de Kasserine, parcourut les rocailles proches des monts Nemencha. Le 11 mai 1957, une forte bande fut accrochée ; les Mistral et les T 6 intervinrent aux roquettes et à la bombe contre un groupe de moudjahidine. Delangle resta en Tunisie jusqu'au 9 juillet : selon son témoignage, les dernières semaines furent difficiles : opérations de frontière répétées, déplacements surveillés en permanence par la « garde tunisienne », qui retardait à dessein les convois de ravitaillement. Le 3e bataillon du 60e régiment d'infanterie passa la frontière algérienne le 9 juillet, au col de Bouchebka. Il surveillera désormais les passages rebelles du côté algérien.

Pendant plus d'un an, les troupes françaises présentes en Tunisie montèrent donc des opérations contre les moudjahidine. Dès janvier 1957, devant les protestations de Bourguiba, l'ambassadeur Georges Gorse avait étudié avec les Tunisiens l'adoption d'un nouveau statut de la défense. Bourguiba souhaitait le départ des troupes françaises, Gorse objecta l'accueil fait par la Tunisie aux combattants du FLN. Le contre-espionnage connaissait parfaitement l'implantation des chefs du CCE à Tunis. En mars, au moment où les Français signèrent avec les Tunisiens les premiers accords de coopération, Belkacem Krim, Ben Khedda et quinze djounouds marchaient depuis la Kabylie vers Tunis depuis un mois déjà. Ils progressaient la nuit dans les djebels, évitant les pistes pour ne pas alerter les Français. Ils échappèrent à un bouclage autour d'Igoufaf, dans le fief de Mohammedi Saïd, le chef au casque allemand, le combattant de la Foi.

Quand ils reprirent leur marche dans la montagne, l'antenne du FLN à Tunis était en plein désarroi : Mahsas, qui venait du Caire et représentait Ben Bella, prisonnier en France, ne voulait pas reconnaître l'autorité des envoyés du CCE et prétendait ignorer les décisions du congrès de la Soummam, auquel la délégation extérieure n'avait pas participé. Il s'appuyait sur les combattants des Aurès et leurs alliés de Tunisie, la communauté des Soufis, qui avaient quitté leur région d'origine, au sud de Biskra, pour travailler dans les mines du Sud tunisien. Bourguiba, las des troubles provoqués par ces querelles d'Algériens, entreprit alors une opération de police qui déboucha sur des centaines d'arrestations. Mahmoud Chérif, le premier envoyé du CCE, rencontra, au début de mars, Mahsas et les représentants de la zone frontière de Souk-Arhas. Ouamrane vint en renfort, réussit à associer Bourguiba à la cause du CCE. Prêchant l'unité, il obtint le rattachement de la zone frontière de Souk-Arhas à la wilaya 2 et le départ de Mahsas vers l'intérieur, où il comparaîtra devant les instances du CCE. Quand Belkacem Krim et Ben Khedda, accompagnés de Ben Tobbal, du Constantinois, arrivent à Tunis en juin, la situation est nette. Bourguiba a permis à Ouamrane de prendre le pas sur les gens de Ben Bella et du Caire. Alors s'organise la base de Tunis pour la réception et le transport des armes, en même temps que la base de Tripoli et de Benghazi en Libye. Bourguiba accepte le transfert des armes sur son territoire et la constitution des bases, sans accord écrit.

Il est pourtant entendu que la réunion plénière du CCE aura lieu le 27 août au Caire, selon le vœu de Ben Bella, et non à Tunis. Les responsables de l'intérieur l'acceptent, car ils veulent éviter toute nouvelle friction avec l'extérieur et renouer avec l'ensemble des pays arabes. Au Caire, où le docteur Lamine prépare le congrès, le prestige de Nasser est immense : il vient de rouvrir le canal de Suez et se dispose à accueillir Nehru, l'idole du tiers-monde. Bourguiba multiplie les avances au CCE pour le détacher du Caire et prendre la tête de cette future union des pays du Maghreb dont rêvaient les congressistes de la Soummam. En accord avec le président du Conseil marocain, Bekkai, Bourguiba conseille aux Algériens la négociation avec Paris plutôt que l'intransigeance. Il les aide néanmoins de son mieux : 1 000 armes venues d'Égypte, des fusils, des mitraillettes de marque anglaise franchissent la frontière tous les mois. Radio-Tunis, abandonnée par les Français, diffuse des informations favorables à la cause indépendantiste. Les réfugiés venus d'Algérie affluent. Ils s'engagent dans les rangs du FLN.

Les Français poursuivaient ces bandes qui passaient la frontière : l'armée beylicale intervint et les accrochages furent fréquents : celui du 31 mai 1957, près de Souk el-Arba, provoquait un incident diplomatique et permettait à Bourguiba d'exiger le départ des troupes d'occupation. Nouveaux incidents à Gabès, le 6 juin : un convoi de ravitaillement français essuyait des coups de feu. Le gouvernement Bourgès-Maunoury avait accepté de négocier le regroupement des troupes dans des bases de défense commune, comme Bizerte. Elles ne pourront plus désormais mener des opérations en Tunisie.

La conséquence immédiate des accords avait été de construire la « ligne Morice » le long de la frontière : 280 kilomètres de barbelés sont posés quand Félix Gaillard s'installe à Matignon. « Nous avons été contraints, contre notre gré, de verrouiller nos frontières, expliquait André Morice. Le trafic d'armes atteint désormais le chiffre de 1 500 par mois. » Ces armes sont achetées grâce aux « cotisations » prélevées par le FLN tant en Algérie qu'en France. Elles sont négociées par Boussouf à Tanger. Ouamrane, responsable de l'approvisionnement, multiplie les marchés pour le front tunisien. Il obtient même une livraison de mitraillettes Thompson de la base américaine de Mellaa, en Libye, grâce à la complicité d'un capitaine. Nasser lui a fourni des armes britanniques et lui a permis d'acheter un lot de 25 000 armes yougoslaves. En 1957, le FLN négocie ses contrats en Suisse et en Allemagne par l'intermédiaire d'importateurs allemands connus des services français, Kruger (de Hambourg) ou Springer. Grâce aux renseignements du SDEC, l'armée de l'air interceptera trois avions qui livraient à Rabat des bazookas suédois. Les plus zélés fournisseurs sont tchèques : la société Omnipol livre des fusils Mauser de la dernière guerre à des prix défiant toute concurrence. Pour intercepter ce trafic, les services français sont contraints de monter à l'étranger des maisons d'import-export factices. Mais les marchands d'armes déjouent toutes les ruses : la frontière tunisienne est constamment franchie par des caravanes qui passent de plus en plus souvent par le sud pour éviter le barrage électrifié. Il est inévitable que les incidents se multiplient entre les troupes françaises et l'armée tunisienne, qui couvre ce trafic.

Les frontières tunisienne et marocaine doivent être considérablement renforcées, puisque l'on évacue le territoire des protectorats. L'avenir de la guerre se joue sur ce terrain et Gaillard prend le pouvoir à ce moment décisif du conflit. L'état-major réévalue son dispositif, considérant comme prioritaire le bouclage de l'espace algérien. Les organigrammes de la région de Constantine sont éloquents : en juin 1955 déjà, les quatre subdivisions de Constantine, Batna, Bône et Sétif ont installé des états-majors à Bougie et à Philippeville, sur la côte, à Guelma, vers la frontière. Les trois zones opérationnelles sont alors au nord (Constantine), à l'ouest (Sétif), au sud (Batna). En juillet 1956, l'armée éclate pour répondre à l'extension de l'insurrection : deux unités, dont une d'élite (la 25e DP et la 14e division d'infanterie), garnissent les sept secteurs du Nord et poursuivent les HLL jusque dans la presqu'île de Collo. La ville de Constantine est elle-même quadrillée en secteurs comme Collo et El-Arrouch. Philippeville est sous surveillance, ainsi que

Redjas et El-Milia, du côté de la Petite Kabylie, où opère Amirouche. Les Aurès sont balisés, jumelés avec les Nemencha, plus proches de la Tunisie : les pistes caravanières parcourent les deux régions après avoir franchi le barrage. Des actions communes doivent être menées par l'état-major de Batna et par celui de Tébessa, plus proche de la Tunisie. La zone opérationnelle unique comprend cinq secteurs : Arris, Batna et Biskra pour les Aurès, Tébessa pour les Nemencha, Khenchela entre les deux massifs. La 21e division d'infanterie fournit des unités d'encadrement. La 19e est déployée à l'ouest, autour de Sétif. Les cinq secteurs de cette subdivision tiennent l'axe Bougie-Kerrata-Sétif (fondamental pour contrôler les Kabylies), mais aussi les montagnes du Hodna, au sud, avec les postes de Borj-Bou-Arreridj et Colbert. La 2e division d'infanterie motorisée surveille la frontière à l'est, tenant sept secteurs vitaux : Bône et le cap de Garde, au nord, sur la mer, Aïn-Beïda dans le sud, Souk-Arhas et Laverdure près de la frontière, Guelma et Sedrata vers l'arrière.

Le dispositif est modifié en 1957 : la 25e DB a quitté le secteur de Collo, tenu désormais par la seule 14e division d'infanterie. La 19e DI, à l'ouest, a abandonné le secteur de Colbert, et la 21e DI celui de Tébessa, qui passe à la 2e division d'infanterie motorisée installée le long du barrage avec Souk-Arhas, Clairefontaine et Tébessa. Ce déploiement correspond à une nécessité stratégique, il est destiné à constituer un front contre la Tunisie. Mais il n'exclut pas l'intervention des unités spécialisées dans la recherche des bandes : celles-ci accourent à la demande des états-majors.

Le changement de front a été rendu possible par le travail acharné des compagnies du génie qui ont élaboré le barrage en un temps record, grâce à l'emploi d'un matériel lourd et à la levée de travailleurs musulmans. Claude Bouvet, caporal-chef au 23e bataillon de travaux du génie, évoque les chantiers situés entre Tébessa et Souk-Ahras. Le camp installé dans le bled est à 80 kilomètres de tout village. Il est construit le long du chemin de fer électrique qui achemine le fer et le plomb, ainsi que les phosphates, jusqu'à Bône. Le génie dispose de deux compagnies et d'une soixantaine de véhicules. Des wagons entiers de barbelés sont déchargés par des centaines d'ouvriers musulmans. Chaque compagnie a la charge de 70 kilomètres de réseau. Le dépôt central est à Clairefontaine, où l'armée vient d'installer un PC de secteur. Le 35e génie vient en renfort de Besançon. Les unités occupent aussitôt le barrage, achevé pour sa partie nord en septembre.

Le sergent chef Guy Delpech, du 153e régiment d'infanterie motorisée de Strasbourg, fait partie de la 2e division installée dès octobre 1955. Sa compagnie occupe le fort de Sakiet-Sidi-Youssef, sur la frontière. Les alertes et les harcèlements sont constants. Les soldats doivent se rendre à Souk-Ahras pour le ravitaillement et éviter les mines sur les routes. Le courrier arrive par avion. Nombreux sont les T 6 d'observation attaqués par des tirs de mitrailleuses du côté tunisien. Les soldats de la compagnie sont tous du contingent.

En 1957, la guerre s'est étendue vers le sud. La construction du barrage rend nécessaire l'occupation des territoires désertiques, par où passeront désormais les filières du transport d'armes. Le FLN se préoccupe en effet bien vite de son implantation dans ces régions peuplées d'Arabes nomades, toutes comprises dans l'immense territoire de la wilaya 6. Les douars des monts Ouled Naïl, Bou-Saada et Djelfa, sont « visités », tout comme Aflou et Geryville, au pied du djebel Amour. Les villages des monts Ksours, à la frontière marocaine, avaient déjà été l'objet d'attentats qui visaient la ligne de chemin de fer de Colomb-Béchar.

A la création du ministère du Sahara, confié à Max Lejeune, le désert avait été divisé en deux départements : les Oasis et la Saoura. Des renforts furent acheminés, des pistes d'aviation créées. On organisa la défense. Il était grand temps : le 14 juillet 1957, les commandos du FLN faisaient sauter la centrale électrique de Laghouat et attaquaient un convoi de pétroliers près de la frontière libyenne. Le Fezzan, évacué récemment par les troupes françaises, était contaminé. Une unité saharienne se révoltait le 17 octobre 1957 en massacrant ses officiers. D'autres désertions étaient à craindre. Le poste avancé de Colomb-Béchar signale que l'ALN se renforçait, la région des confins saharo-marocains était infestée. La construction du barrage au nord a conduit l'ALN à faire porter son effort sur les territoires du Sud.

On fit d'abord appel aux troupes spéciales : alors que Paris était toujours à la recherche d'un gouvernement, Bigeard s'envolait le 22 octobre 1957 en *Nord 2501* pour Colomb-Béchar.

Les bases de l'ALN se trouvaient en territoire marocain, et les parachutistes les cherchèrent d'abord en vain dans le djebel. Ils détruisirent les camps du Maroc sans vergogne. Pour retrouver les méharistes déserteurs, une opération fut lancée dans le désert. Ils avaient attaqué un convoi de la Compagnie des pétroles algériens, s'emparant des ouvriers musulmans, de quelques légionnaires et de deux techniciens européens. Le commandant du poste de Timimoun disposait seulement d'une compagnie portée de la Légion, d'une compagnie de méharistes et de 40 hommes pour défendre sa « citadelle ». Les avions de la base « straffaient » les caravanes de chameaux sans résultats. Bigeard lança alors ses 1 000 parachutistes et un commando de l'air à l'assaut des rebelles. Les hélicoptères qu'avait réunis Félix Brunet firent merveille, malgré les pertes dues à l'inadaptation des moteurs aux vents de sable du désert. Et la presse idolâtra les héros du « front saharien » *(France-Soir, Le Figaro, Paris-Match)* qui avaient réussi à anéantir deux bandes rebelles et à « pacifier » la région de Colomb-Béchar.

L'état-major décida de renforcer la ligne de sécurité Colomb-Béchar-Tindouf en implantant dans la région des aérodromes qui accueilleraient des avions de reconnaissance et d'intervention. Un nouveau front saharien était ouvert. De nouvelles compagnies portées furent mises en place : on achemina vers le sud les troupes de Tunisie et du Maroc. Il parut sage d'accroître les effectifs européens dans les compagnies sahariennes.

En 1954, le Sud était divisé en quatre territoires militaires, Aïn-Sefra, à l'ouest, Toggourt et les Oasis, au sud, Ghardaïa, à l'est. En décembre 1957, l'attention du nouveau gouvernement était fermement fixée sur le Sahara, dont on attendait non seulement du pétrole et du gaz, mais aussi un champ d'expérimentation pour la bombe atomique française, dont la construction avait été décidée : le territoire d'Aïn-Sefra devint la « zone de l'Ouest saharien » avec trois secteurs : Mechéria, les Palmeraies et Colomb-Béchar. Mais des sous-secteurs furent mis en place à Geryville, Aïn-Sefra et Tindouf. Plus à l'est, aux confins du désert et de l'Atlas saharien, le « secteur autonome » de Laghouat couvrait de vastes espaces dans le territoire de Ghardaïa, divisé en quatre sous-secteurs encadrant les monts Ouled Naïl. On innova en créant la « zone de l'Est saharien » destinée à la fois à protéger le pétrole et à contrarier le trafic d'armes caravanier venu de Tunisie. Le territoire de Toggourt, à l'ouest, s'avançait vers le chott Djérid par le sous-secteur d'El-Oued. Le territoire des oasis, à l'extrême sud-est, couvrait à la fois Ouargla (proche des puits de pétrole d'Hassi Messaoud) et Fort-Flatters. Les nouveaux défenseurs des sables du désert avaient-ils confiance dans le dernier gouvernement constitué à Paris pour conduire cette guerre qui couvrait désormais d'immenses territoires ?

L'installation de ces soldats était précaire, hâtive, inconfortable : pas d'air conditionné à Tindouf, aux confins mauritano-sahariens, où les 300 « joyeux » venus du Sud tunisien s'installèrent en 1957. Ce 3e bataillon d'infanterie légère d'Afrique manquait de recrues depuis le décret de 1953 qui permettait d'affecter les « droits communs » à d'autres corps que les bataillons d'Afrique. Les officiers s'en plaignaient.

Les soldats alignaient les doléances : les casernements n'avaient pas l'électricité. La viande arrivait pourrie de Marrakech. Pas de sanitaires. Les officiers gardaient pourtant bon moral, tout en redoutant « une politique de faillite et d'abandon dont l'armée ferait les frais ». Perdus dans le désert du Sud marocain, ces gradés « désiraient un gouvernement stable, détenteur d'une autorité qui lui permette de définir une politique ». La compagnie saharienne portée de la Zousfana, qui nomadisait dans la région de Béchar, vit ses effectifs modifiés : les désertions de musulmans et l'assassinat de cadres obligèrent en effet le commandement à nourrir les rangs de 50 % d'appelés. Les officiers demandaient à reprendre le contrôle politique des douars et des tentes, dont l'oubli avait permis l'avancée fulgurante du FLN. Les capitaines du désert avaient le sentiment de vivre, en cette fin de 1957, une période d'expectative, craignant les « revirements imprévisibles, inexplicables » de la troupe musulmane. Ils redoutaient plus encore « la liquidation de l'affaire d'Algérie par les politiques ».

Plus au nord, à Géryville, le lieutenant-colonel Vaudrey, commandant du secteur qui surveille, avec 2 400 militaires, un immense espace, a des vues précises sur le devenir politique qu'il exprime dans un rapport à l'état-major. Dans une guerre « politico-militaire », l'armée, à son avis, ne doit plus être la « grande muette ». Elle se fera respecter en s'exprimant ; « elle n'a pas que des devoirs, elle a aussi des droits ». Elle a donné depuis un demi-siècle des preuves de sa fidélité aux institutions, mais « ce serait commettre une grave erreur d'optique que de supposer un seul instant qu'elle accepterait de voir sombrer l'avenir de notre pays dans une liquidation de la guerre d'Algérie ». A Géryville, les unités ont détruit au combat des groupes rebelles, totalisant 350 combattants éliminés en un an. Ce n'est pas pour consentir à un abandon ! Même son de cloche dans le secteur d'Aïn-Sefra, proche de la frontière marocaine. Le général de division Quenard, qui commande dans le Sud algérien, exprime ses craintes sur « l'incertitude de la politique française et son amertume devant l'“indifférence” en France pour les problèmes africains ». La vie est dure au Sahara, où les appelés gardent un bon moral, en dépit des difficultés matérielles. Il ne faut pas que la « tendance à l'abandon » décourage l'armée. Le groupe de transport 515, composé de Parisiens et de jeunes gens des provinces de l'Est, couvre un territoire de 3 000 kilomètres qui traverse les monts des Ksours et le djebel Amour. Les camions du groupe sont fatigués, exposés à l'ennemi (17 ont sauté sur des mines). Les hommes sont logés sous la tente, les officiers dorment à plusieurs par chambre dans des écoles désaffectées de Méchéria. Les jeunes ont maigri de 12 kilos en moyenne et attrapent facilement la dysenterie. Ils considèrent leur sacrifice comme nécessaire, mais se désespèrent de leur isolement et de l'indifférence de la métropole. Les 1 700 légionnaires du 2e régiment étranger d'infanterie portée, regroupés dans le secteur de Méchéria, ont un excellent moral, en dépit de quelques déserteurs (27 au total), allemands pour la plupart, attirés par des officines marocaines qui leur proposent de rentrer chez eux. Ils sont intervenus constamment contre les rebelles, faisant 365 tués et 121 prisonniers dans leurs rangs. Ils manifestent un bon esprit de discipline, bien que certains soient attirés par les soldes élevées offertes par les compagnies pétrolières. Ni les Belges, ni les Suisses, ni les Italiens, ni les Espagnols ne succombent à la tentation : ils aiment le « baroud ». Goulon, leur colonel, a le sentiment de commander une troupe d'élite. Il n'en exprime qu'avec plus de force son aversion pour un « système gouvernemental dans lequel il a perdu toute confiance ». Ses collègues et lui souhaitent « un gouvernement fort et durable » (souligné dans le texte) et déplorent le fossé qui s'accroît « entre l'armée et l'élite intellectuelle ».

Cette appréciation morose des réalités politiques françaises est-elle propre aux seules unités du Sud ? Dans le Constantinois, où les accrochages sont incessants, on décèle, à la lecture des rapports sur le moral, les mêmes réactions. Au 51e régiment (14e division, Nord-Constantinois), le capitaine Zulian décrit l'état satisfaisant de ses hommes, qui vivent assez bien installés dans des bâtiments en dur, chauffés l'hiver, tandis que les officiers logent chez l'habitant. Les soldats discutent surtout de leur date de libération, considérant comme une injustice insupportable les durées différentes du séjour selon les fractions de classes. Ils « n'entrevoient pas la fin des opérations » et ne s'intéressent pas vraiment au problème algérien. « Chacun voudrait se sentir soutenu, suivi par l'opinion française. » On demande régulièrement aux permissionnaires « ce qu'on en pense en France ». Les réponses sont évasives. Le fossé ne s'est pas creusé entre l'armée et la nation, mais entre l'armée de la nation et ses chefs. Les soldats ont le sentiment d'accomplir un service sans fin, une guerre sans but, et s'ils gardent, dit le capitaine, l'optimisme « naturel aux Français », c'est qu'ils attendent leur libération.

Les dragons du 24e régiment (secteur de Djidjelli) servent à pied, comme les cuirassiers ou les chasseurs. Chaussés de Pataugas, dormant sous la tente, ces jeunes gens venus d'Orléans, de Noyon, de Melun ou de Pithiviers ont bon moral, « à quelques mauvais sujets près », dit leur colonel, de Castries. Ils regrettent, comme les fantassins, l'indifférence du pays, se plaignent de l'absence de coiffeurs, de bouchers et de cuisiniers européens, et surtout de l'isolement qui leur est imposé par leur dispersion en petits groupes. Ils constatent « la disproportion entre les efforts fournis et les résultats tangibles » et regrettent de « ne participer que d'une façon secondaire aux opérations d'ensemble ». Le colonel ajoute son point de vue sur la politique, qui est sans doute propre aux officiers : il déplore « le spectacle de l'incohérence à l'échelon gouvernemental, qui donne l'impression qu'à l'exception de l'armée qui y œuvre de façon ingrate la nation se désintéresse de la question et que ses responsables se complaisent davantage aux manœuvres stériles et coûteuses du jeu parlementaire ». Les chasseurs alpins de la 3e demi-brigade sont mécontents, car on les oblige à intégrer des recrues algériennes depuis juillet : or certains musulmans désertent, d'autres ont des contacts avec les rebelles. Ils doivent être sans cesse tenus sous surveillance et n'inspirent pas confiance à leurs camarades venus de France. Ceux-ci sont trop dispersés ; lorsqu'une compagnie doit tenir quatre postes et deux fermes, elle n'est plus opérationnelle. Dans ces conditions, les chasseurs trouvent la guerre longue et le gouvernement bien hésitant. Le chef de bataillon déplore « les crises gouvernementales et les polémiques de presse qui montrent un désaccord persistant sur les solutions qui peuvent être appliquées à l'Algérie ». Comment faire la guerre dans de telles conditions ? Au 25e régiment d'infanterie, le colonel de la Ruelle se plaint des états-majors d'Alger et de Constantine qui devraient donner à la troupe méritante une « parcelle d'amour ». Cet officier ne demande pas la réforme du système politique, mais la prise en considération par les généraux des besoins réels des hommes en guerre. Car ceux de la 11e division ont quitté sans regret la Tunisie, où ils se plaignaient des rapports désastreux avec l'armée beylicale, pour être engagés à la frontière dans des opérations dures où les pertes ont été nombreuses. On ne leur envoie pas de capitaines : 7 compagnies de combat sur 12 sont commandées par des lieutenants qui n'ont pas six mois de grade. Les soldats boivent chaud l'été, mangent mal et couchent l'hiver sous la tente. Ils n'ont pas reçu la moindre aide matérielle pour installer leurs postes de défense. On leur a donné, pour les protéger d'une aviation qui confond facilement amis et ennemis, un code de foulards incompréhensible.

Les officiers s'étonnent du peu d'empressement de la population pied-noir à « se resserrer pour mettre à la disposition des cadres des chambres inoccupées ». Ils s'interrogent sur la torture : « Après avoir lu les déclarations indignées des plus hautes autorités qui nient les sévices de la part de l'armée, ils en constatent la pratique autour d'eux. » Cette opinion est rarissime dans les rapports sur le moral. A-t-elle été refoulée par les autres officiers, qui, cependant, partageaient les vues du colonel de la Ruelle ? « Sans en nier la nécessité [de cette pratique], ils estiment en majorité que, la plupart du temps, les mêmes renseignements pourraient être obtenus par d'autres méthodes. » Cet officier catholique (il déplore l'absence d'un aumônier dans son corps) est de ceux, sans doute nombreux, qui ne jugent pas utile d'appliquer dans le bled les méthodes expéditives mises en usage par les corps d'élite. Le capitaine d'une compagnie du 23e d'infanterie n'a pas ces états d'âme. Rien de politique dans son rapport. Il se réjouit d'avoir quitté la Tunisie avant la 11e division, même s'il est logé dans des pièces sans eau et sans fenêtres à Souk-Ahras. Il est heureux « de ne plus tourner en rond en attendant le prochain discours de M. Bourguiba » et ne se plaint pas de la boue parce qu'il est en « terre française ». Le mauvais accueil que lui ont fait les officiers d'une autre division, installée depuis longtemps dans la région, est des plus déplorables. Le capitaine souffre d'une « mise en tutelle » qui tient à la « défense d'intérêts ou de situations acquises ». Y aura-t-il « des frictions entre grandes unités » ?

Les rares capitaines d'active de l'infanterie opérationnelle ont trop de difficultés matérielles pour placer dans leurs rapports la moindre considération politique. Le lieutenant colonel Ollion, du 14e régiment de chasseurs parachutistes (25e DP), ignore les problèmes d'encadrement : il dispose, pour ses 1 100 hommes, de 30 sous-lieutenants, 18 lieutenants, 2 aspirants et 9 capitaines. Les sous-officiers sont nombreux, les hommes, tenus en main. Certes, ils regrettent de ne pas disposer d'une bonne caserne où ils auraient lits, tables et chaises, mais ils s'entendent bien avec leurs camarades nord-africains, qui « semblent convaincus qu'ils sont du bon côté ». Ceux qui ont participé au triomphal défilé du 14-Juillet, à Paris, sont revenus enthousiastes, même si certains veulent s'engager pour le Maroc afin de retrouver le capitaine Moureau, dont ils n'acceptent pas la disparition. Les officiers blâment tout de même « l'inconstance des gouvernements et l'absence de politique très nette en Algérie ». Ils se demandent « avec anxiété combien durera cette lutte contre le terrorisme ». Ils ressentent « le désintéressement du métropolitain et même des troupes qui luttent ».

Ce pessimisme est encore accentué au 3e régiment de tirailleurs algériens, venu de Mende et de Lodève, pour être engagé dans la plaine de Sétif. On a porté à 50 % les effectifs de « Français de souche » pour réaliser un meilleur amalgame, mais les cadres manquent (en particulier, les capitaines). Les tirailleurs musulmans demandent constamment des indemnités pour leurs familles (ils déplorent chez eux des morts et des arrestations), leurs gourbis brûlés, leurs biens volés. « On ne peut demander un allant remarquable à une troupe qui est parfois témoin d'exactions contre la population. » Les officiers sont perplexes sur les chances de « pacification ». Ils doutent de la volonté politique des gouvernants. « Comment croire, écrit le chef de bataillon, à la solution politique ou à l'action psychologique sous le feu de rebelles dont le potentiel logistique semble se renforcer ? Comment croire qu'un gouvernement menacé sur sa droite et sur sa gauche pour des problèmes secondaires pourra imposer une continuité à la politique française en Algérie ? » Manifestement, la constitution du gouvernement Gaillard n'a rassuré personne : un capitaine « doute de l'issue victorieuse de la lutte qu'il mène » et constate « l'incohérence des buts poursuivis » quand il ne dénonce pas « le manque d'énergie [...] du commandement devant les formes prises par cette guerre ».

Ce dur constat est naturellement démenti par les 5es bureaux d'état-major chargés de l'action psychologique qui attribuent la responsabilité du marasme aux « campagnes calomnieuses de la presse intouchable » et « aux tristes incidents ayant pour acteurs des généraux » (allusion, bien entendu, à Bollardière). Le 5e bureau de la 2e DIM regrette que les appelés « ne comprennent pas toujours leur rôle en Algérie et repartent encore trop souvent avec un sentiment de mépris ou d'indifférence à l'égard de la population musulmane, parfois même de la haine ». Ils sont « peu enclins à réfléchir » et « se désintéressent des problèmes d'actualité qui ne les touchent pas directement ».

D'un bout à l'autre de la hiérarchie s'affiche la méfiance à l'égard du pouvoir politique. Le général Loth, qui commande le corps d'armée de Constantine, s'inquiète du moral de l'armée devenu « très sensible » : la carence du personnel civil oblige les militaires à se charger des tâches sociales et d'enseignement, voire administratives, qui les surmènent et les détournent de leur mission. Ils déplorent les « tergiversations » des politiques incapables d'imposer la loi-cadre et de combattre les campagnes de presse qui ont une incidence sur le moral. « Il importe, scande le général, que cette armée soit au plus tôt convaincue que le pays entier s'attelle de gré ou de force à la tâche commune de sauver l'Algérie » (souligné dans le texte). Le général Desfontaines, qui commande la 14e division, estime que seule la « foi dans l'Algérie française » peut redresser la situation. L'armée « a une sensation d'isolement, elle ne se sent pas en communauté d'efforts avec la nation ». Le climat métropolitain est défaitiste, comme le montrent « les désaccords des permissionnaires avec leur entourage ». Le pays, l'administration elle-même, avec son culte du week-end, ne sont pas adaptés à l'effort nécessaire. Le plus grand différend vient de l'appréciation du temps de cette guerre : pour la métropole, elle doit être terminée vite, alors que « l'armée pense fortement que la pacification complète est une affaire de longue haleine ». Elle a donc besoin à Paris d'un pouvoir politique stable, qui soutienne à long terme son action. « Il ne faut pas craindre de le dire, écrit le général, le moral de l'armée se fait en France et à Paris. »

Le général Vanuxem, qui commande la 2e division d'infanterie motorisée (la première à avoir débarqué en Algérie), englobe les colons dans sa condamnation des forces hostiles à l'armée. « La confiance en l'avenir, écrit-il, s'affaiblit au spectacle de l'instabilité des gouvernements, des divisions de l'opinion métropolitaine, de l'attitude neutre ou hostile de certains colons. » L'armée peut-elle imposer une politique de réforme ou de progrès ? Elle verra se dresser contre elle, inévitablement, les notables d'Algérie. On s'achemine ainsi vers une réflexion qui tend à démontrer que l'armée seule peut proposer — et imposer — une solution au conflit des intérêts qui endeuille quotidiennement le pays.

L'idée se fait jour, dans l'immédiat, qu'il est possible de contrôler l'opinion en agissant efficacement sur la presse. La campagne contre les centres d'hébergement touche directement l'armée, qui en est responsable. Le secrétaire d'État Métayer envoie pour information, le 31 octobre, au général Salan un tract de l'Union générale des travailleurs algériens qui dénonce les « camps de concentration » de Magenta, Aflou, Bossuet, Djorf, Aïn-Hamara, Gueltstal, Lodi, Berraouachia et Saint-Leu, à 16 kilomètres d'Oran. On accuse les « commandos qui cognent », les « fouilles de jour et de nuit » et le salut obligé au drapeau. Le commandement avait pourtant demandé que fût développée l'« action psychologique » dans les camps d'hébergement. Mais un rapport du colonel Le Magny à Salan avait expliqué « qu'aucun travail psychologique ne pouvait y être utilement fait ». Le camp de Saint-Leu, dont parle le tract, est « entre les mains du FLN ». Il a « un chef FLN assisté d'un comité et de responsables dans chaque baraque ». Pourquoi la presse ne décrit-elle pas la situation réelle ? « Le chef FLN dispose de moyens puissants qui sont interdits au commandant du centre : police, prison, sanctions corporelles, représailles à l'intérieur et menaces à l'extérieur. » On distribue la nourriture en fonction du « loyalisme ». La « terreur règne à l'intérieur », des impôts sont levés, l'endoctrinement règne en maître, on forme « des cadres possibles pour la rébellion dans l'hypothèse d'une libération proche ». Les hébergés sont originaires de toute l'Algérie, ils porteront chez eux la bonne parole, aussitôt libérés. Il paraît essentiel au colonel d'isoler les intellectuels ainsi que les jeunes et les mineurs. Les irréductibles devraient être séparés des récupérables, auxquels on appliquerait la thérapeutique de l'action psychologique. Salan veut faire cesser au plus tôt la campagne entreprise dans la presse parisienne contre les camps en organisant une véritable politique de sélection et de reprise en main, qui mettrait l'armée à l'abri des critiques.

L'état-major d'Alger est conscient qu'il est nécessaire d'engager le combat contre la presse, comme l'attestent les archives du général Allard. Ce dernier s'efforce d'abord d'éviter de prêter le flanc aux accusations des journalistes. C'est ainsi qu'il diffuse, le 7 mai, une note qui condamne les « actes isolés d'agression commis par les forces de l'ordre contre les musulmans ». « Ces crimes, assassinats (qu'on se souvienne de l'affaire du bain turc au début du mois), viols ont été commis à l'occasion de fouilles systématiques sans entraîner de réactions immédiates de cadres présents. » Le général demande soit des sanctions disciplinaires, soit la citation devant un tribunal militaire ou une instance civile. Il est essentiel, dit-il, d'« éliminer certains individus tarés », de les chasser de l'armée. En pleine bataille d'Alger, Massu, craignant les réactions violentes de la foule européenne, sollicitait l'autorisation « de faire procéder à l'exécution des poseurs de bombes du stade municipal et du stade d'El-Biar ». Salan répondit en exigeant que l'on arrêtât les meneurs européens du quartier de Bab el-Oued. Il voulait à tout prix éviter les ratonnades, faire la preuve que l'armée dominait la situation devant la presse étrangère et française.

Une « note expresse » d'Allard sur la garde des suspects signale, le 1er juillet, qu'une unité a jeté des musulmans dans des cuves à vin et que ces derniers s'en sont trouvés asphyxiés :

« Les causes de l'asphyxie, ordonne le général, seront expliquées aux hommes de troupe. Les conséquences de cet incident regrettable, pouvant fournir des arguments à la propagande adverse, seront soulignées à leur attention. » Souvent Allard s'indigne des indiscrétions dont profite la presse : accidents de camions et d'hélicoptères, par exemple. Massu, de son côté, dénonce les services de police qui donnent des renseignements aux journaux sur le nom des suspects arrêtés. Quatre heures après l'arrestation de Djamila Bouhired, la presse en aura déjà connaissance. Aucun journal ne veut divulguer l'identité de ses informateurs. Le général Allard intervient directement auprès des directeurs de journal pour tenter d'obtenir, dans *La Croix* par exemple, une ligne politique sur l'Algérie plus favorable à l'armée. Il proteste auprès du directeur, A. Michelin, qu'il avait rencontré chez la maréchale de Lattre, contre un article signé Duquesne, « plus nocif au moral de l'armée que tous les écrits qui peuvent être lus dans la presse progressiste ou cryptocommuniste ». Il remet à Michelin l'allocution du père Ducatillon, aumônier des parachutistes, qui avait légitimé « dans certains cas » les méthodes répressives de la 10e division. Sans se compromettre, Michelin répond qu'il est « préoccupé par l'évolution des événements [...] compte tenu des positions prises par la métropole ». Même à *La Croix*, même au *Figaro*, les objurgations des généraux d'Alger restent sans effet. Ils devront se contenter d'« interdire dans les locaux militaires la presse communiste et anarchiste ainsi que *Témoignage chrétien* et *France-Observateur*, soit plus de 250 publications en tout qui ne seront plus portées à l'attention des soldats. Ils pourront aussi engager des poursuites et imposer le respect de la censure lors des opérations militaires. Mais ils resteront impuissants devant les campagnes de la presse parisienne.

Le Front dispose du soutien spontané d'une partie de cette presse : outre que ses premières communications ont été bien reçues par *Témoignage chrétien* et *France-Observateur*, il peut compter sur la bienveillance de cette fraction de l'opinion qui affirme de plus en plus son hostilité à la guerre : il était inévitable qu'elle fût aussi représentée dans les rangs de l'armée, et que les opposants silencieux de la conscription, une fois libérés, transmissent aux journaux leurs « témoignages ». De la sorte, le FLN bénéficie, sans avoir à intervenir, de la bataille d'opinion qui se livre en France. Si Audin et Alleg ne font pas partie des siens (le FLN les considère plutôt comme des alliés communistes), la campagne qui se développe sur leurs noms le sert.

Mais le Front n'en a pas moins besoin de renforts militaires depuis sa double défaite de 1957 : à l'ONU d'abord, où la motion de l'assemblée générale a ménagé la France, à Alger ensuite, où la vague terroriste a indigné l'opinion internationale et provoqué l'intervention des parachutistes, qui ont démantelé les réseaux. La direction de l'extérieur et, pour l'intérieur, l'orientation des « politiques », Abbane et Ben Kheda, est alors mise en cause par les « colonels », qui commandent sur le terrain. Ainsi les officiers français ne sont pas les seuls à revendiquer une direction militaire de la politique de guerre. Chez l'adversaire aussi, les colonels veulent s'emparer de la direction du mouvement. Belkacem Krim, à l'occasion de sa longue marche vers Tunis, a visité les katibas. Il sait que les Français ont désormais l'intention de faire la reconquête des populations grâce au plan Allard, créateur d'un 5e bureau d'état-major : l'encadrement des villages, la mise en place de l'autodéfense, le recrutement des harkis et l'aide apportée aux maquis rivaux du FLN sont désormais la règle. L'expérience de pacification menée par l'ethnologue Servier dans le Zaccar, au nord-est d'Orléansville, est inquiétante : les rivalités ethniques des tribus peuvent être utilisées dans le combat. Servier en a fait la preuve hier dans les Aurès, aujourd'hui en pays kabyle : les hommes du douar Bou-Maad ont tué les percepteurs frontistes à coups de hache. Boualem, un bachaga, a obtenu des Français des armes pour équiper ses commandos. Un capitaine, Combette, s'est taillé un territoire autour des Portes de fer, entre les montagnes des Bibans et le djebel Mansourah. Dans la wilaya 6, Si M'Hammed a eu beaucoup de mal à réduire la dissidence. Sur le territoire de la wilaya 4, le commando Ali Khodja, commandé par l'ancien chaudronnier Azzedine, a réussi à tuer 60 spahis dans une embuscade, mais il a été décimé (96 morts, 12 prisonniers, soit un tiers de ses effectifs mis hors de combat) par les parachutistes de Bigeard intervenus en hélicoptère avec l'appui-feu de l'aviation. Des pertes aussi lourdes peuvent devenir dramatiques si l'« intérieur » n'est pas rapidement ravitaillé et soutenu par un commandement « extérieur » uni. Belkacem Krim attend beaucoup de la réunion de Tunis : la priorité aux combattants de l'intérieur doit être une règle absolue.

Il se fait entendre, non sans mal, grâce à Ouamrane. Soutenu par Bourguiba, le « sergent » a fait place nette. Belkacem Krim peut compter sur l'appui de deux autres « colonels », Ben Tobbal, de la wilaya 2 (Constantinois), et Boussouf, de la 5 (Oranais). Ces « trois B » se chargeront de liquider Abbane, Saad Dalab et Ben Khedda. Boussouf et Boumediene sont tout particulièrement pris à parti, à la réunion de Tunis, par Abbane, qui leur reproche leur comportement de « dictateurs » et la terreur qu'ils font régner dans leur zone sur les populations. Il attaque aussi violemment Ben Bella et les gens du Caire. Il n'ose affronter Belkacem Krim, qui vient de mettre le fougueux Amirouche à la tête de la Kabylie, en remplacement de Mohammedi Saïd, le combattant de la Foi. Krim dispose dans cette zone de nombreux djounouds bien armés qui mènent la vie dure aux Français. Quand le CNRA se réunit au Caire, le 27 août, Abbane a contre lui tous les combattants militaires : « Qui a déclenché la révolution, dit Krim, qui a le plus souffert ? Il y a une majorité qui se dessine en faveur des colonels, que cela te plaise ou non. » Abbane, isolé, ne peut empêcher le nouveau CCE désigné par le CNRA de comprendre cinq colonels (Krim, Boussouf, Ben Tobbal, Ouamrane, Mahmoud Cherif), contre quatre politiques : Ferhat Abbas, le docteur Lamine Debaghine, Ramdane Abbane et l'ancien chef du bureau de Damas, Abdelhamid Mehri. Le « comité permanent chargé des affaires courantes » compte quatre colonels contre un seul politique, Abbane. Il siège à Tunis, Lamine Debaghine restant au Caire. Dans les wilayas s'installent les futurs chefs : Boumediene à la 5, Si M'Hamed à la 4, Amirouche à la 3, Ali Kafi à la 2 et Mohammed Lamouri à la 1. Une fois de plus, la wilaya 6 est dépourvue de chef désigné. Krim prend en main la défense et l'organisation de la base de Tunis. Avec Ouamrane, chargé de l'approvisionnement en armes, il est le vrai chef de la révolution : Abbane, condamné en décembre à Tunis par les colonels, sera rapidement éliminé à l'initiative de Boussouf : il mourra étranglé, le 27 décembre, dans une villa proche de Tanger. *El Moudjahid* expliquera alors aux djounouds qu'il est « mort au champ d'honneur »...

La prise du pouvoir par les colonels de Tunis permit-elle de réaliser l'unité sur le terrain ? L'action perverse du capitaine

Léger, un ancien du contre-espionnage en Indochine, responsable à Alger d'une antenne du SDEC, devait donner du fil à retordre aux combattants du Front. Son GRE (Groupement de renseignement et d'exploitation) utilisa les « bleus de chauffe », terroristes frontistes retournés, et leurs belles complices, contre Amirouche. Celui-ci avait été chargé par Tunis de renouer le contact avec Alger. Il devait armer les réseaux qui se reconstituaient. Le capitaine Léger s'arrangea pour infiltrer ces réseaux et organiser de faux attentats susceptibles de rendre la confiance au chef kabyle. Amirouche donna alors des instructions pour que les attentats reprennent rapidement dans la capitale : il n'était pas satisfait des simulacres d'exactions organisés par les bleus de chauffe. Se doutait-il de la supercherie ? Léger manipula aussi le chef de la zone 1 de la wilaya 3, Mayouz, par l'intermédiaire d'une jeune fille, Tadjer Zohra, qui révéla, sous la torture, les noms des chefs de la wilaya corrompus par les Français. Léger s'était arrangé pour qu'elle en dérobât la liste (naturellement fabriquée) sur son bureau. Mayouz fit torturer et exécuter les « intellectuels » de sa katiba et égorger Zohra. Amirouche, informé par Hacène Mayouz, bientôt surnommé « Hacène-la-Torture », décida de sévir : la « bleuite », épidémie de purges, commençait ses ravages. Ainsi, à peine mis en place, le règne des colonels de Tunis se heurtait, à l'intérieur, aux rudes coups portés par une action psychologique singulièrement efficace.

La presse parisienne ne révélait guère ces divisions intestines : elle avait, certes, eu connaissance du renforcement des militaires au sein du Front après les rencontres de Tunis et du Caire, mais elle ignorait l'importance des divisions à l'intérieur des wilayas. Les rapports de deux membres démissionnaires de la Commission de sauvegarde répandirent d'ailleurs le doute sur l'efficacité de l'action de l'armée. La campagne de presse qui suivit ces publications portait à son comble l'exaspération des officiers.

Le rapport de l'avocat Maurice Garçon, remis le 12 juin, était centré sur les irrégularités de la justice. Quant à celui du gouverneur Delavignette, il montrait l'extension des « méthodes » de la bataille d'Alger à tout le territoire. Pour extirper des douars et des petites villes l'organisation politico-administrative du Front, le Centre de coordination interarmées s'était transformé en « dispositif opérationnel de protection » (DOP), qui généralisait l'emploi de la torture, jusqu'ici réservée aux centres d'interrogatoire et de tri des suspects. Le gouverneur citait parmi les abus scandaleux les « corvées de bois » et l'internement dans les cuves à vin (qui avait provoqué la réaction du général Allard). Ces exactions de l'armée, estimait le rapporteur, soudaient la population derrière le FLN et alimentaient le dossier présenté par les frontistes à l'ONU. Le gouverneur jugeait déplorable un système encourageant la délation et attribuant aux chefs de poste un droit de vie et de mort sur la population. Il constatait que le « pourrissement » gagnait de proche en proche l'ensemble du pays, parce que les IGAME, les préfets, les administrateurs n'exerçaient plus leurs pouvoirs et s'en remettaient à l'armée. Cet « état de siège hypocrite » rendait illusoire tout désir de réformes. « Je redis que l'œuvre admirable des SAS pâtira du mensonge qui camoufle mal la décomposition de l'État. » La confusion des pouvoirs était la source de tous les maux. Alors que Lacoste avait souhaité faire contrôler les militaires par les préfets, Delavignette, démissionnaire le 30 septembre, constatait que la pacification était tombée entre les mains de l'armée.

Elle occupait en effet le terrain et assumait seule la charge du regroupement des populations des zones interdites. La migration obligée des habitants des douars avait commencé : les populations des Aurès et du Constantinois avaient été évacuées, mais aussi celles de l'Ouarsenis, au sud d'Orléansville, et du djebel de Blida, derrière Alger. Dans la riche vallée du Cheliff, on craignait les incursions des bandes réfugiées dans la montagne. Très vite, l'armée procéda à l'évacuation des hauts douars. Des sites neufs furent quelquefois créés dans la plaine, mais l'installation se fit le plus souvent sans plan directeur, à l'abri d'un poste militaire. Les réfugiés étaient hébergés dans des logements de fortune, parfois fort éloignés des champs cultivables, comme par exemple au camp d'Aïn-Tidda, dans l'arrondissement de Duperré. Des abris d'urgence, d'abord considérés comme provisoires, devinrent définitifs : 2 000 personnes venues de l'Ouarsenis furent ainsi parquées à Pont-d'Harchoum dans des conditions précaires. Plus tard viendront les constructions de villages en dur, comme Yarmoul Medjadja, offrant des possibilités de culture. La migration portait sur des populations trop nombreuses pour que la réinsertion des habitants fût aisée : de 1957 à 1961, 292 000 personnes, dans les six arrondissements de l'Orléansvillois, furent ainsi provisoirement hébergées dans des camps, dans des centres ou, au mieux, dans des villages par les soins de l'armée. Or cette masse de réfugiés non encadrés était une proie facile pour le Front et les vouait d'avance au fichage policier qui les faisait basculer vers la rébellion. En outre, la prise en charge d'une telle quantité de « regroupés » excédait la capacité de l'armée : seule une action concertée avec l'administration civile aurait pu aboutir à des résultats positifs. Dans l'immédiat, les militaires considéraient ces populations repliées comme une masse de manœuvre vouée à l'« action psychologique ».

L'intérêt primordial des zones interdites était de permettre le matraquage des rebelles sans avoir à se préoccuper des villages. Ils ne pourraient plus vivre dans la population « comme un poisson dans l'eau », puisque l'on avait « vidé le bocal ». Le journal de la 10e division de parachutistes en opération dans le massif de Mouzaïa en témoigne : des documents de la région 3, zone 2, découverts sur des prisonniers, « ont permis de constater les difficultés rencontrées par les rebelles, du fait surtout des regroupements de population ». Ils permettent aussi de délivrer les villageois, de manière radicale, « du manteau de peur » et de les engager dans les rangs des supplétifs. Les hommes qui ne peuvent plus travailler la terre ou garder les troupeaux trouvent avantage à toucher une solde, même minime, et à protéger ainsi leur famille. Ces supplétifs sont d'abord utilisés à la défense : les moghaznis sont placés à la disposition des officiers SAS. Ils protègent les infirmeries, les écoles, les centres d'action sociale. Les groupes d'autodéfense (GAD) reçoivent des fusils de chasse et des grenades défensives. Ils sont réunis dans les villages dont la population n'a pas été regroupée et qui a subi la répression des frontistes pour infraction aux ordres (ne pas fumer, ne pas voter, ne pas boire) ou refus de cotiser. Les groupes mobiles de protection rurale (GMPR) sont au service des autorités civiles, chargées de protéger les mairies, les préfectures, les assemblées locales. Le 8 février 1956, certaines unités lèvent des musulmans pour des opérations offensives ; « s'appuyant sur les unités de base (compagnies, escadrons, bataillons), [ces unités] seront chargées de compléter la sécurité territoriale et de participer aux opérations locales au niveau des secteurs. [Elles] porteront l'appellation de “harkas” ». Ainsi le 3e chasseurs d'Afrique du colonel Argoud dispose-t-il d'une harka de musulmans qui participe aux combats dans la région de l'Arba, près d'Alger. Elle obéit aux ordres du lieutenant Jean-Pierre Soisson. Le recrutement des musulmans est recommandé par le haut commandement, qui considère la recherche du renseignement, l'autodéfense et la constitution d'unités supplétives comme les trois volets d'une même action d'encadrement des populations. La course de vitesse pour leur ralliement est engagée avec le Front.

L'attente commence dans les camps de regroupement, où la vie économique s'est arrêtée : des milliers d'assistés privilégiés découvrent le confort minimal, les robinets d'eau courante dans les logements en dur (que l'administration s'efforce de faire construire), des écoles où les classes sont assurées par des militaires, des distributions gratuites de vivres et de semoule, des visites de l'assistance sociale. Il n'est pas question de redéployer avant la fin des combats cette population dans de nouveaux villages construits dans le cadre de la réforme agraire de Robert Lacoste. Trois cent mille assistés attendront ainsi chaque jour leur pitance dans les camps du Constantinois.

Depuis le rejet de son premier projet de loi-cadre, Lacoste freinait des quatre fers les réformes. Pour rassurer les colons, il mit en place des « conseils territoriaux des communautés » permettant aux Européens d'annuler les décisions prises par les majorités musulmanes dans les municipalités. Une manifestation d'étudiants, le 11 novembre, provoqua sa colère : il résilia leurs sursis. Le second projet de loi-cadre, après la campagne entreprise par le « syndicat Borgeaud » dans la presse d'Algérie et dans les couloirs du Parlement, rendait la réforme aléatoire : les élections n'auraient lieu que trois mois après la fin des combats et il faudrait attendre deux ans avant la mise en place des nouvelles institutions. Le gouvernement Gaillard, investi par l'Assemblée le 5 novembre, obtint le renouvellement des pouvoirs spéciaux en Algérie. A cette occasion, Lacoste promit des sanctions pour apaiser la campagne de presse qui s'était élevée contre les tortures dont avait été victime la jeune Djamila Bouhired. Il promit aussi « d'informer complètement le peuple français » sur les actes terroristes et de publier l'inventaire des horreurs, afin de contrer la campagne entreprise contre l'armée.

Si l'opinion de gauche en métropole ne pouvait se satisfaire de ces promesses de sanctions, l'angoisse des officiers de l'armée s'accroissait devant le recul du second projet de loi-cadre par rapport au premier : ce recul avait été souligné lors du débat au Parlement par les discours de Mitterrand et de Mendès France, hué par les députés de droite, au point que Bidault avait déclaré : « Si M. Mendès France n'a pas le droit de parler, personne n'aura le droit de lui répondre. » Le Pen, député poujadiste, et Tixier-Vignancour avaient plaidé pour une solution dure en Algérie. Soustelle attendait l'intégration, demandée, disait-il, par les musulmans. Il se félicitait des atténuations de la loi-cadre qui permettaient à la communauté européenne d'être protégée.

L'Assemblée avait bruyamment approuvé le gouvernement, toujours chargé des affaires courantes, d'avoir refusé, le 2 novembre, une offre de médiation présentée par la Tunisie et le Maroc et qui prétendait « amener la concrétisation de la souveraineté du peuple algérien ». Le jour même, la loi-cadre seconde mouture fut alors adoptée. Elle suscita à la fois l'opposition du FLN et celle des associations de pieds-noirs, très mécontentes de l'expulsion, ordonnée par Lacoste, du bâtonnier Perringuer, président du Rassemblement des Français d'Algérie. La loi avait-elle satisfait la droite ? Tous les groupes étaient partagés : 12 indépendants avaient voté contre, 8 s'étaient abstenus ; 57, il est vrai, avaient voté pour. Seulement 12 gaullistes sur 21 avaient fait de même. Les autres n'avaient pas pris part au vote.

Le Front avait tenté en vain de relancer sa politique d'attentats dans Alger en raison du retour de la question algérienne devant l'ONU, en décembre. Le climat, pour la France, n'était pas favorable à cause du gel des relations avec Londres et Washington, à la suite de livraisons d'armes anglaises et américaines à la Tunisie, le 15 novembre, qui avait profondément ébranlé le cabinet Gaillard, à peine constitué. Un chargement de 350 fusils mitrailleurs et de 70 mitraillettes anglaises était arrivé à Tunis. La presse française avait protesté avec vigueur. Les officiers étaient indignés : on armait leurs adversaires. Le gouvernement Gaillard s'était borné à des représentations diplomatiques, quand Tixier-Vignancour voulait « aller coucher dans le lit de Bourguiba ». L'extrême droite franco-algérienne tenait là un solide cheval de bataille, qu'elle exploitait, les poujadistes aidant, dans un sens anti-parlementaire. Au moment où s'ouvrit le débat des Nations unies, Christian Pineau, toujours ministre des Affaires étrangères, avait tout de même obtenu de John Foster Dulles que les Anglo-Saxons aidassent la France contre les nations afro-asiatiques au cours du débat du 27 novembre, à la Commission politique, puis à l'occasion du scrutin du 10 décembre de l'assemblée générale : ce jour-là avait été écartée la motion tiers-mondiste sur « l'autodétermination du peuple algérien » au profit d'une vague recommandation et du renouvellement de la confiance faite à la France pour trouver « une solution pacifique, démocratique et juste [...] par des moyens appropriés ». Pourtant, le ministre des Affaires étrangères britannique n'avait pas caché qu'il n'approuvait guère la politique française en Algérie.

La bonne volonté des Britanniques était donc largement suspecte quand éclata le grave incident sur la frontière tunisienne qui devait mettre en péril le gouvernement Gaillard.

Si les Marocains n'apportaient au FLN qu'une aide limitée, permettant tout de même à Boumediene, le représentant de Boussouf, de monter le centre de renseignements radio le plus élaboré d'Afrique du Nord, Bourguiba accordait au Front toute l'aide désirable, lui fournissant des voitures et des camions pour installer de nouvelles unités le long du barrage. Une armée opérationnelle, forte de plusieurs bataillons, prit ainsi position le long de la frontière. Si l'armée royale marocaine entrait fréquemment en conflit avec les unités du FLN, les Tunisiens aidèrent de tout leur poids les unités frontistes qu'ils ravitaillaient, permettant ainsi aux djounouds de franchir par petits groupes la ligne Morice, forte pourtant de six rangs de barbelés et largement minée. Pour les chefs militaires français, cette situation était intolérable. Ils étaient constamment tentés de poursuivre en Tunisie les bandes refoulées. On était à la merci d'un incident.

A deux reprises, l'opinion française s'émut, et la presse d'Alger et d'Oran se déchaîna : une embuscade tendue par le 23e régiment d'infanterie, dans la région de Sakiet-Sidi-Youssef, avait tourné au drame : le 11 janvier 1958, le capitaine Allard, à la tête de deux sections, s'était trouvé en présence d'une unité de l'ALN forte de 300 hommes bien armés qui venait de réussir un franchissement. Attaqués au mortier et à la mitrailleuse, les fantassins avaient eu 15 tués et 4 prisonniers, dont le caporal Vilanon. Ces derniers étaient retenus en Tunisie. L'incident fit scandale. Comment supportait-on à Paris que Bourguiba pût admettre sur son territoire des camps de prisonniers français surveillés par le FLN ? Lacoste décida de visiter le barrage, dans la région centrale d'Aïn-Beïda, à l'ouest de Clairefontaine. Bigeard avait alors démontré que les groupes de l'ALN qui s'infiltraient dans le Constantinois étaient armés et instruits en Tunisie : les passages se faisaient dans les deux sens. D'Algérie venaient les recrues qui repassaient la frontière quelques mois plus tard, prêtes à mener le combat. Le fougueux colonel proposa d'expédier un commando en Tunisie qui aurait pour mission de ramener des prisonniers en uniforme de l'ALN et d'établir ainsi la preuve que Bourguiba ne couvait pas dans son nid des « réfugiés politiques », mais bien des combattants organisés.

Les aviateurs étaient les plus amers : leurs patrouilles de reconnaissance étaient constamment prises à partie par des mitrailleuses installées en Tunisie, et il leur était interdit de riposter. Le 8 février, pourtant, à la suite d'un tir au but sur un de ces avions, les bombardiers de Telergma prirent la piste : 11 B 26, 6 Corsair et 8 Mistral attaquèrent les batteries tunisiennes. Ce jour-là, des délégués de la Croix-Rouge visitaient un village tout proche, Sakhiet, où l'on avait laissé s'installer une infirmerie et une école. Les camionnettes de la Croix-Rouge furent touchées, il y eut des victimes civiles, des femmes et des enfants. L'opinion internationale s'émut aussitôt, mettant en mauvaise posture le gouvernement Gaillard, qui ignorait tout des préparatifs de l'aviation, ainsi que le gouverneur général Lacoste. Or l'armée ne pouvait pas user du droit de riposte, même en cas de légitime défense, sans autorisation. Elle avait enfreint ses pouvoirs. Comment ne pas la protéger, devant les passions déchaînées de la presse belliciste, des deux côtés de la Méditerranée ? Devant l'indignation de la majorité des parlementaires, qui redoutaient plus un désaveu de l'armée qu'un camouflet de Washington ou de Londres ? Bourguiba, à coup sûr, risquait d'obtenir la condamnation de la politique française en Afrique du Nord, alors qu'on venait d'obtenir à grand-peine une motion nègre-blanc des Nations unies. De crainte que l'incident ne provoquât le retrait des forces françaises de l'OTAN, les Anglo-Saxons proposèrent leurs « bons offices », que Gaillard s'empressa d'accepter. Le sénateur Michel Debré dénonça cette internationalisation du conflit algérien, cette prétendue médiation des Anglo-Saxons qui venaient de fournir des armes à Bourguiba. Bafoué par l'armée dans l'affaire de Sakhiet, le président du Conseil dressait ainsi contre lui tous ceux qui proclamaient que le règlement de l'affaire d'Algérie supposait la définition d'une politique d'indépendance de la France dans le monde.

Le ministre gaulliste de la Défense nationale, Chaban-Delmas, procéda à un certain nombre de mutations significatives : le colonel Trinquier, rappelé en France pour avoir trop bien réussi sa politique de quadrillage d'Alger (il était capable de mobiliser, sur simple demande, une foule de musulmans dociles sur le Forum), fut nommé en opérations à la tête du régiment de Bigeard, le 3e chasseurs parachutistes. Le tonitruant colonel, enfant chéri de Lacoste et des secrétaires d'État socialistes, était muté lui-même, coupé de son unité d'élite. On le chargea de prendre la tête du centre Jeanne-d'Arc, destiné à former les jeunes officiers de Saint-Cyr à la contre-guérilla. Chaban-Delmas commençait le noyautage politique de l'Algérie, préparant le retour du général de Gaulle. En 1957, il avait créé une antenne à Alger : le jeune ministre (il avait 40 ans), général à 29 ans, représentant militaire gaulliste dans Paris libéré, maire de Bordeaux à 32 ans, avait l'intention de profiter d'une situation qu'il sentait explosive. Il plaça à l'antenne d'Alger des gens inconnus mais décidés : par exemple, le commandant Pouget, ancien des camps de rééducation du Viêt-nam, intime du colonel Mayer, qui commandait dans la ville le 1er RCP. Pouget n'est pas gaulliste, mais il veut à la tête de la France un homme de ralliement qui sache commander, comme beaucoup d'officiers de l'armée. L'intermédiaire entre la Rue Saint-Dominique et l'antenne est un jeune militant gaulliste du Nord, recommandé par le puissant Eugène Motte, le patron des textiles, bailleur de fonds du RPF. Léon Delbecque se passionne pour la guerre psychologique : il établira le contact avec les « amis » d'Alger : Thomazo, dit « Nez de cuir », commandant les unités territoriales, Arnould, qui domine les anciens combattants. Pour rallier les groupuscules activistes, un jeune militant : Guy Ribaud, ami de l'avocat parisien Jean-Baptiste Biaggi, l'âme de tous les futurs complots. Le groupe bénéficie de l'accueil des Nouvion, gros bonnets d'Alger : le mari collecte les fonds des colons pour la Défense de l'Algérie française, son épouse tient un salon politique fréquenté par les Sérigny, les Quin et même le général Jouhaud. Le « révolutionnaire » Pouget, partisan d'une Algérie sociale et démocratique, côtoie ainsi les éminences de la haute société algéroise attachées à la défense de l'Algérie française, tandis que les jeunes agitateurs travaillent le milieu des cabaretiers et des étudiants barbus vêtus de treillis bariolés. Thomazo, à toutes fins utiles, crée un comité de vigilance. Chaban est tenu au courant de la progression du noyautage. Il approuve, il se tait. En visite à Alger pendant la crise, il présente Pouget à Lacoste. Le vieux syndicaliste n'ignore pas qu'un complot se trame. Il sait aussi que la direction politique de son parti ne souhaite plus sa présence à Alger.

Les tours de valse des candidats pressentis se poursuivent au ministère des Travaux publics, obligeamment prêté par le ministre UDSR Édouard Bonnefous. La SFIO renâcle, Edgar Faure et Pinay restent cois, le MRP est plus divisé que jamais. Pleven, granitique Breton, le mieux placé pour constituer un ministère du centre droit, échoue. On s'achemine vers la candidature du maire de Strasbourg, l'avocat Pflimlin, qui appartient au groupe dont les opinions sur la guerre d'Algérie sont les plus contrastées : le MRP de Georges Bidault et de Pierre-Henri Teitgen. Personne d'autre ne veut brûler les dernières cartouches du régime.

Une manifestation, le 26 avril, permet de tester la solidité du complot : Thomazo et Arnould battent le rappel. La population est convoquée au monument aux morts. Le général Allard, contacté en l'absence de Salan, tenu à l'écart par Chaban, donne son accord : l'armée n'interviendra pas.

Lacoste a condamné la manifestation. Elle se déroulera sans lui, avec la complicité des parachutistes de Mayer, qui dissuaderont toutefois les meneurs activistes de procéder à une ratonnade. Du coup, des musulmans se joindront au cortège. « Contre le régime, peut-on lire sur la banderole des anciens combattants, l'armée au pouvoir ! »

L'armée est-elle prête à suivre ? Depuis février, les 40 000 hommes du barrage tunisien livrent bataille. Le 26, le colonel Jeanpierre a gagné le combat de Duvivier, en anéantissant une forte bande. Les 6 000 combattants de la mort envoyés par le commandement opérationnel militaire de l'Est (COM), récemment constitué, harcèlent sans trêve les postes qui se succèdent de La Calle à Négrine. Aux mortiers de 80 et de 120. Mais le barrage tient bon. Vanuxem, le général qui commande la ligne, est satisfait de ses troupes : le FLN a perdu la bataille, ses pertes sont considérables. S'il a réduit, à l'intérieur, le maquis de Kobus, l'ami des Français, il a fait la preuve qu'il ne pouvait forcer la défense de la frontière. Les combattants des wilayas sont condamnés à terme à l'asphyxie. Pourtant, Bigeard, dans une interview à l'emporte-pièce donnée à Fernand Carréras, un collaborateur du *Journal d'Alger*, ferme soutien de l'antenne chabaniste, avertit qu'à la frontière « les régiments de paras supportent presque seuls l'effort consenti dans cette région cruciale. Il y a trop de troupes de secteur inutilisées ou presque : elles manquent de mobilité, se cantonnent dans des opérations secondaires [...]. Les “fells”, dit-il, disposent désormais de mitrailleuses et de roquettes. Il faut changer les méthodes de l'armée et son commandement ». Bigeard croit-il aussi qu'il faut changer de République ? Après son éclat, il regagne la métropole, gardant le silence.

A la conférence de Tanger, Marocains et Tunisiens viennent d'affirmer qu'ils reconnaissent le droit du peuple algérien à l'indépendance et qu'ils sont prêts à soutenir un gouvernement du FLN en exil. Soustelle et Michel Debré protestent : qui fait entendre la voix de la France ?

Soustelle a créé l'USRAF (l'Union pour le salut et le renouveau de l'Algérie française), dont les correspondants à Alger sont les alliés naturels de l'antenne. Alexandre Sanguinetti est à la tête du Comité national des anciens combattants. Tous les deux condamnent la tentative de Pierre Pflimlin, qui vient d'écrire dans *Le Petit Strasbourgeois* un article repris par les revues de presse de toutes les rédactions, dans lequel il affirme qu'il n'est pas hostile à l'éventualité d'une négociation. D'avance, il est réputé « bradeur » chez les anciens combattants d'Alger, dénoncé par le « groupe des sept », qui, avec Lagaillarde, Goutallier, Ortiz, le docteur Lefèvre, Robert Martel, le « croisé » cagoulard et l'avocat Baille, tient les « activistes ». Nul ne sait ce que pensent les militaires, pas même Salan. Car, s'il a lu le rapport de synthèse sur le moral de l'année 1957 que lui a préparé Goussault, le spécialiste de l'action psychologique, il en ignore le détail, par exemple l'opinion des capitaines du Sud algérien, des lieutenants perdus des Nemencha, des officiers d'infanterie de la 2e division, qui reçoivent la mitraille de l'ALN sur le barrage. Ceux-là ne comprennent pas l'alternance de rodomontades et d'abandons des équipes gouvernementales parisiennes. Si les officiers sont affectés plus qu'on ne le dit par la crise morale liée à l'emploi des nouvelles « méthodes » de pacification, ils sont prêts à les tolérer si elles permettent de terminer plus vite la guerre. Ils sont unanimes à refuser ce qu'ils vivent : la confusion des pouvoirs sur le terrain, l'inexistence du pouvoir parisien, l'absence d'une véritable autorité à Alger. Peu concernés par le combat pour l'Algérie française des pieds-noirs, des colons, qu'ils méprisent souvent, des étudiants brouillons et impétueux d'Alger, ils se partagent en partisans d'une Algérie française soucieuse d'assumer la coexistence et les nostalgiques d'une armée classique, obéissant aux ordres d'un pouvoir fort. Rien ne paraît aux officiers plus dommageable à l'armée que l'incertitude des buts de guerre : elle explique et rend possible le divorce entre la nation et l'institution militaire que tous déplorent.

Dès avril 1958, il est clair que l'armée est prête à rallier un nouveau pouvoir, fût-ce au prix d'un bouleversement général, pourvu qu'il soit pris en main par un homme incontestable. Biens vus de l'antenne ou pas, les officiers ne feront pas obstacle au retour aux affaires du général de Gaulle. Le désarroi est tel que les plus réticents se surprennent à l'espérer. L'Algérie ne vaut-elle pas une République ?

CHAPITRE IX

L'Algérie française

Ambiguïté du slogan : pour les uns, il signifie que les Français doivent rester, coûte que coûte, en Algérie. Ils y sont nés, leurs ancêtres y sont enterrés, l'Algérie est leur, plus qu'aux Algériens : ils ont fait de cette colonie une terre de peuplement prospère, quand elle était livrée aux moutons et aux chèvres des nomades. L'Algérie est la possession des Français, ils en tiennent le sol cultivable, ils ne le lâcheront pas. Les plages, les rues d'Alger, les ports, les routes « nationales », la radiodiffusion, les lycées, les écoles, la cathédrale d'Alger sont l'œuvre de la France, comme l'« inox », le train aux wagons d'aluminium qui court le long de la côte d'Oran jusqu'à Constantine.

Pour les autres, la France a fait l'Algérie, qui est territoire national. Mais elle n'a pas fait des Algériens des Français. L'intégration des étrangers et des juifs a été une réussite : les pieds-noirs forment une communauté soudée, mais dans le rejet de la communauté la plus nombreuse, la musulmane, à un rang d'infériorité. L'Algérie française, dans la bouche de Soustelle, signifie que la métropole fera en sorte de traiter en Français « à part entière » tous les habitants des départements d'Algérie : en ce cas le slogan « Algérie française » n'est pas une réaction de défense d'une minorité prise de fièvre obsidionale, mais l'expression d'un vœu égalitaire : qu'on construise en Algérie un modèle de société pluriraciale. La nuance est de prix, car si l'armée répugne à s'engager pour défendre les seuls intérêts des fermiers, elle répond à sa vocation traditionnelle en Algérie en imposant l'ordre et l'égalité à des populations saccagées (comme les champs d'orangers) par l'intolérance fanatique et la succession des crimes terroristes et contre-terroristes. Quand Massu se dit pour l'« Algérie française », il ne donne pas aux mots le même sens que Borgeaud.

Les deux conceptions se rejoignent sur un point : le refus du départ, de l'abandon, de l'indépendance ; les trois mots sont synonymes. On parie à terme sur le retour en France des Français de Tunisie et du Maroc. Comment pourraient-ils survivre dans des États « indépendants » où ils constituent des minorités aujourd'hui reconnues, demain asphyxiées ? Le refus de partir contrarie la vocation égalitaire : si l'on réforme, disent les premiers, on se condamne d'avance car la démocratie permet au plus grand nombre de faire la loi. Comment rester sans réformer, répondent les seconds ; par la répression permanente ? La force doit servir à imposer la réforme dans l'ordre et le respect mutuel des communautés. L'armée seule peut jouer ce rôle : telle est sa mission politique, celle qui interdit l'abandon. La « victoire » ne se joue plus sur le terrain, mais dans la vie publique : la rébellion n'a pas les moyens militaires de pousser les Français à la mer. Mais elle peut l'emporter, en imposant, par des voies internationales, la négociation. Pour écarter cette « solution politique » dont les politiques rêvent constamment, l'armée doit intervenir. Le 13 mai n'a pas d'autre sens. Il n'implique pas la neutralité des militaires, mais leur engagement pour imposer, au Palais-Bourbon, le respect du drapeau qui flotte sur Alger-la-Blanche.

De ce point de vue, quel que soit le nombre des « complots » du 13 mai, il n'en est qu'un pour réussir : le complot gaulliste. Sa recette ? Avoir des affidés prêts à l'action des deux côtés de la Méditerranée, capables d'engager derrière eux des troupes nombreuses et décidées de civils et de militaires, d'anciens et de nouveaux combattants, synchroniser l'action politique à Alger et Paris, imposer le même homme, que tous peuvent recevoir, car il prendra le pouvoir dans le respect de la légalité : d'où la fiction d'un de Gaulle hésitant, tenu hors du « coup » par ses partisans, informé seulement au moment où l'accord est réalisé, la place prise, la situation favorable créée. Il attend que cesse le temps des comploteurs dont la fonction a été d'assurer l'irrémédiable (la coupure entre Alger et Paris, entre l'armée et le gouvernement) et de rendre nécessaire et urgente la médiation du rassembleur. Cette mission remplie, le complot doit s'effacer sans laisser de traces.

Autrement dit, si le complot est un préalable à l'action du Général, elle ne l'implique nullement. Quand il paraît sur scène, les hommes de l'ombre qui ont préparé sa venue disparaissent ou changent de rôle. Tout est clair sous la lumière du Forum et les projecteurs de la télévision parisienne : le retour du Général aux affaires, le dernier salut du président Coty — un si honnête homme ! — et le changement de République ne doivent rien aux intrigues des comploteurs mais à la consultation du peuple et au « processus » régulier de changement de la Constitution. Le tour est joué.

Mais l'armée, ce grand corps aux multiples anneaux, ce boa constrictor endormi entre les plis des deux Atlas, qui tient et étouffe l'Algérie, peut-elle se réduire à une immense troupe de figurants, qui apparaissent sur scène dans les cuivres de la finale, et repartent vers les coulisses aussitôt le rideau tombé ? Le réseau des amitiés, des anciens combattants, des écoles d'officiers, des complicités de promotions peut inciter les officiers à suivre les leaders d'opinion, qui, par leur attitude, donnent le signal de la réserve, sinon de la révolte, puis du retour à l'ordre : c'est le rôle de Jacques Massu que d'être cette figure de proue burinée par les tempêtes dont l'exemple s'impose aux officiers en poste de commandement. Mais Salan ? Le général en chef qui dispose d'immenses pouvoirs ne doit-il pas prendre parti d'une République à l'autre, affirmer la présence de l'armée comme intermédiaire obligé, puissance d'intercession qui lui donne soudain une réalité politique ?

Rejeté du complot gaulliste, déjà marginalisé, il n'hésite pas à se remettre en course en défiant le pouvoir civil de sa propre autorité : le 9 mai, il signe un télégramme adressé au président de la République, par le canal du chef d'état-major de l'armée, le général Ely. Jouhaud qui commande l'aviation et l'amiral Auboyneau la marine sont associés à la démarche : « L'armée française, d'une façon unanime, sentirait comme un outrage l'abandon de ce patrimoine national [l'Algérie]. *On ne saurait préjuger sa réaction de désespoir.* » La menace de Salan est adressée au nom de l'armée « unanime ». A-t-il les moyens d'apprécier cette unanimité ? Il parle, à l'évidence, de celle des officiers. Qu'importe l'unanimité des soldats du contingent ? La masse amorphe des appelés ne « pense » pas, nombre de rapports sur le moral l'affirment. Elle ne rêve que du retour au foyer, se désintéressant complètement de l'Algérie. On ne peut envoyer à Paris une mise en demeure au nom de ces gens-là. La crise du 13 mai se déroule comme s'ils n'existaient pas. Ils ne sont pas conviés à résoudre la crise. On n'a nul besoin d'eux, même pour la parade : les anciens combattants et les musulmans d'Alger suffiront. Mais la République ne sera plus la même quand ils rentreront chez eux.

Alain de Sérigny a beau lancer dans *L'Écho d'Alger* son célèbre appel du 11 mai : « Parlez, parlez vite mon général ! », tout est en place, mais rien n'est joué. La manifestation du 13 mai avait pour but d'empêcher l'investiture du gouvernement Pflimlin. Or, il est investi, par 280 voix contre 120. Les parachutistes du 3e régiment ont laissé la foule prendre le Gouvernement général. Le 1er RCP de Mayer n'a pas bougé. Le 9e zouaves garde la Casbah. Seules les gardes républicains pourraient défendre le gouvernement légal : ils se bornent à lancer des grenades lacrymogènes. De Paris est venu l'ordre de ne pas tirer. Lacoste, Gaillard, Bourgès-Maunoury sont d'accord : le sang français ne doit pas être versé.

C'est Lagaillarde, en tenue de parachutiste, qui a lancé l'assaut du Gouvernement général. Pas Delbecque, pas les gaullistes. Ils sont absents du Comité de salut public que constitue Massu avec les premiers qui se présentent au nom de la défense de l'ordre. Il a la prudence de s'entourer de Trinquier et de Thomazo, pour que l'armée domine ; mais qui commande à l'armée ? Salan reçoit de Félix Gaillard « après consultation de Pierre Pflimlin » tous les pouvoirs. On compte sur ce général « républicain » pour en imposer aux factieux et tenir les gaullistes à distance. La République, qui en 1957 a installé l'armée dans Alger en nommant Massu, s'en remet cette fois de sa survie à Salan. Celui-ci, sans se compromettre, télégraphie au président Coty que le « comité attend avec vigilance la création d'un gouvernement de salut public, seul capable de conserver l'Algérie partie intégrante de la France ». C'est récuser l'investiture de Pflimlin. Pourtant Salan agit au nom du gouvernement et prétend rétablir l'ordre à son profit.

Quand Ducournau, le seul général républicain attaché à la défense de la légalité, veut appeler dans Alger la 7e division mécanique rapide, les officiers de parachutistes, jusque-là attentistes, prennent position. Le 1er et le 2e RCP protègent le Gouvernement général investi. Delbecque, renforcé par Neuwirth, « para » de légende qui a sauté pendant la guerre à Aarlem, comprend qu'il faut aller vite. Avec l'aide du para Pouget, il investit le Comité de salut public où il place ses hommes. Le comité ainsi renforcé pousse les généraux à lancer un appel à de Gaulle. Delbecque avance, sur le Forum, le nom de Soustelle, annonce son arrivée pendant que Neuwirth s'empare de la radio, donnant ainsi au clan gaulliste les moyens d'agir sur Alger. Le général Petit atterrit le soir même, envoyé par Ely pour maintenir à tout prix « l'unité de l'armée ». Ce gaulliste est fraîchement accueilli par Salan qui expédie à Paris un nouveau télégramme demandant la désignation d'un « arbitre national », sans prononcer le nom du général de Gaulle. Massu s'en charge, lit l'appel à de Gaulle au balcon du Gouvernement général. Il fait acclamer le nom du Commandeur de Colombey, qui n'a toujours pas dit un mot. Salan se garde d'intervenir, trop heureux de laisser son subordonné prendre à sa place une responsabilité politique décisive. Bigeard, de son école Jeanne-d'Arc, demande des instructions. Il n'en reçoit aucune : « Papa Raoul, confie-t-il au journaliste Lartéguy en caressant sa chatte Miquette, cadeau du général en chef, Papa Raoul n'a pas voulu que Bigeard aille au Forum. » Pour Salan, Bigeard est lié à Chaban. Pour Massu, pourtant gaulliste, Bigeard est un exalté. Les hommes du complot, à l'évidence, se défient des colonels trop bien vus du régime agonisant.

« Des généraux factieux ont pris le pouvoir à Alger », annonce Pflimlin à la tribune. Gaillard a fait bloquer l'information. Les députés ignorent ce qui se passe au juste à Alger. Le président Pflimlin veut restreindre les pouvoirs de Salan, miser sur les préfets fidèles de Constantine et d'Oran. Le complot a réussi : les ponts sont coupés entre Alger et Paris. Un médiateur s'impose. A Alger, les tendances « révolutionnaires » se regroupent derrière le nom de Salan. Dans le silence du Général, les gaullistes n'ont pas d'autre choix que de s'y résigner. Quant aux militaires, ils sont heureux de maintenir l'unité de l'armée en s'alignant derrière leur général en chef.

Les colonels de parachutistes s'emploient à une double tâche. Il faut d'abord assurer l'investissement de toutes les administrations pour que le pouvoir parisien ne puisse jouer sur les préfets : c'est ainsi que des capitaines bousculent à Constantine leur général, Gilles, font interner le préfet Chapel au camp d'Aïn-Taya, et que les préfets d'Orléansville, Chevrier, et de Tizi-Ouzou, Vignon, sont également arrêtés ; des Comités de salut public contrôlés par l'armée s'installent dans tous les centres. A Alger, Chaussade est destitué.

La deuxième tâche des officiers parachutistes est de préparer, pour le 16 mai, une manifestation de musulmans dans la ville. Ils ont déjà contraint le Comité de salut public d'accueillir en son sein quelques délégués musulmans. Salan, à l'instigation de Delbecque, a prononcé sur le Forum les paroles décisives : « La victoire, c'est la seule voie de la grandeur française... » Il a accepté de crier lui-même « Vive de Gaulle ! ». Mais il ne risque plus rien : le soir même, le secrétariat du Général communique de Colombey les premiers mots du sauveur : « Naguère le pays, dans ses profondeurs, m'a fait confiance pour le conduire jusqu'au salut. Aujourd'hui, devant les épreuves qui montent de nouveau vers lui, qu'il sache que je me tiens prêt à assumer les pouvoirs de la République. » Dès lors, les colonels Godard, Trinquier du 11e choc et le capitaine Sirvent du 9e zouaves organisent la montée vers le Forum des musulmans de la Casbah. Trinquier, spécialiste de l'encadrement des quartiers musulmans, ressort ses fiches, dépêche ses hommes de main. Quand les officiers prononcent le nom du général de Gaulle, les musulmans se sentent en confiance, se laissent guider vers le Forum où ils sont accueillis par les pieds-noirs qui déchiffrent avec bonheur les slogans intégrationnistes peints sur les banderoles : « Comité de salut public de la Casbah. Nous voulons rester français. » Les officiers parachutistes ont voulu faire la preuve de la possibilité d'une solution française de progrès dans l'égalité. Pour les organisateurs, l'« Algérie française » est aussi celle des musulmans. On parle alors d'*intégration*. La manifestation est un succès : 30 000 musulmans rejoignent 40 000 Français. On organise des « fraternisations » dans les autres villes. Les capitaines de parachutistes ont le sentiment d'avoir réussi une révolution douce, dont de Gaulle sera contraint de tenir compte. Ils ont réglé de main de maître un spectacle médiatique diffusé par la presse mondiale. Ont-ils forcé la main aux généraux Salan, Allard et Massu ? Ont-ils agi sur ordre ? On ne sait. Le succès était si manifeste que nul ne songeait à s'en plaindre, mais personne ne le revendiquait : en le présentant comme spontané, on lui donnait plus d'efficacité et l'on évitait à l'armée tout reproche politique. Pour les organisateurs, l'intégration supposait bien l'abolition des privilèges.

Les parachutistes préparaient une troisième action, baptisée plan « Résurrection », sur le territoire français. Soustelle avait réussi à rejoindre Alger. Salan s'était débarrassé de lui en lui donnant la tâche de prêcher la fraternisation dans tout le pays. Il devenait le commis voyageur de l'intégration, libérant le Forum d'Alger où la foule l'avait follement acclamé. Les généraux placés à la tête des régions (Gracieux à Orléansville, Vanuxem à Constantine) lui confirmèrent l'hostilité des colons à l'intégration ainsi comprise : pour eux l'Algérie française se réduisait à la France présente en Algérie, et excluait la promotion des musulmans à l'égalité politique.

Pour que les notables ne reconstituent pas à Paris leurs systèmes de blocage en assurant la survie de cette IVe République qui les avait si bien servis, les officiers prévoient de forcer la main au gouvernement. Massu et Salan organisent l'opération de Corse, qui, le 24 mai, coupe l'île du continent. La conséquence est immédiate : Pflimlin renonce à renouer les fils avec Salan et l'armée. Il rencontre de Gaulle le 26, sans résultat. Salan se décide le 27 à lancer le plan « Résurrection ». Des régiments venus d'Alger rejoindront autour de Paris deux autres unités parachutistes venues du Sud-Ouest grâce à la complicité du général Miquel, commandant la 5e région militaire. A midi, le 27, de Gaulle fait savoir qu'il a « entamé hier le processus régulier, nécessaire à l'établissement d'un gouvernement républicain, capable d'assurer l'unité et l'indépendance du pays ». Le Général désapprouve d'avance « toute action, de quelque côté qu'elle vienne, qui mette en cause l'ordre public ». Le plan est décommandé, Salan est aux ordres. Le défilé organisé par la gauche à Paris, le 28 mai, derrière Mendès France, Daladier et Mitterrand (au nom de la défense de la République), n'impressionne pas les militaires qui se préparent à relancer « Résurrection » si le gouvernement ne cède pas. Jusqu'au dernier moment, l'action du général de Gaulle est donc soutenue, sinon préparée, par l'orchestration de la menace venue d'Alger. Quand le 29 mai le président Coty annonce qu'il a « décidé de se tourner vers le plus illustre des Français », le processus est en marche : de Gaulle consent à paraître en civil au Palais-Bourbon pour obtenir l'investiture. Dans son gouvernement, il accepte de voir figurer, selon la tradition, les représentants des différents groupes politiques. Il est président du Conseil, chargé de la Défense nationale : la reprise en main de l'armée lui incombe régulièrement.

L'armée a-t-elle suivi les événements ? Les seules unités qui ont participé au changement de régime sont les parachutistes d'Alger, si l'on excepte les zouaves de Sirvent. La relève du 6e régiment de chasseurs parachutistes par le 3e de Trinquier avait été effective dès le 10 mai : les soldats rentraient d'opération. Le commentaire du journal de marche est éloquent. Sur la journée du 13 mai, on lit : « Le général Massu, follement acclamé, réussit à apaiser la foule et annonce la création d'un Comité de salut public. Le Forum devient *à compter de ce jour* [c'est nous qui soulignons] et jusqu'à l'arrivée du général de Gaulle, le siège de manifestations d'enthousiasme et de foi quotidienne. » Dans l'esprit de l'officier qui rédige le compte rendu, le 13 mai est bien un commencement, une sorte de révolution en profondeur des mentalités et, pour Massu, une récompense. La victoire contre le terrorisme a rendu possible la fraternisation. En même temps, le général au béret rouge est présenté comme le garant du passage d'un régime à un autre : il ne fait que préparer l'arrivée à Alger du général de Gaulle. Rien n'est indiqué sur les manifestations du 16 mai. On signale seulement l'arrivée des différentes unités parachutistes dans la ville.

Pendant la période de conflit entre Alger et Paris, la guerre continue dans le djebel. Le colonel Jeanpierre, commandant le 1er régiment étranger, est tué près de Hammam Meskoutine. Salan et Massu rendent hommage au corps, au dépositaire d'El-Alia. Massu donne une directive le 31 pour assurer la sécurité des convois sur les routes. « Les fellaghas cherchent à exploiter le moindre relâchement de notre part pour combattre par quelques succès l'effet produit sur les populations par les événements du 13 mai. » On ne se fait aucune illusion sur le ralliement possible de la dissidence. Il faut continuer le combat, en profitant des circonstances pour reprendre sur une vaste échelle la conquête de la population.

Les officiers des unités d'intervention sont-ils tous dans ces dispositions ? Au 3e chasseurs à cheval, qui a perdu son colonel (Antoine Argoud, au moment du 13 mai, est à Baden-Baden en Allemagne), les opérations militaires sur les routes de l'Arba continuent, ainsi que les fouilles sur les marchés. Le 16 mai, le journal de marche signale « des manifestations à Alger du sous-secteur sud. Participation de la population du sous-secteur ». A-t-elle été expédiée en camions vers la capitale, dans l'opération « fraternisation » ? Le soir même, une jeep du 2e escadron tombe dans une embuscade : deux chasseurs sont tués (Robert et Colland) sur la piste d'El-Maden. Le général Huet, qui commande la 7e division mécanisée rapide dont dépend le régiment de chasseurs, ne relâche en rien sa vigilance : le FLN n'est nullement affaibli par les opérations d'Alger. Le 22 mai, alors que de Gaulle n'a pas encore parlé, les quatre escadrons participent à une opération montée en liaison avec les fantassins du 117e et les artilleurs dans la région de Kef el-Djemal. Les chasseurs Marguerit et Framery se font tuer, pendant que les parachutistes de la 10e DP fraternisent avec la population dans les rues d'Alger. Le 27, quand Salan se décide à lancer le plan « Résurrection », le sous-lieutenant Soisson accroche les rebelles avec sa harka. Les 25 et 26, les chasseurs, pratiquant une étrange fraternisation, arrêtent 120 musulmans au marché et 50 autres dans la plaine au nord de l'Arba. 100 consommateurs sont interpellés dans les cafés maures de la ville. Il faut croire que tous les musulmans ne sont pas tentés par la scène du baiser Lamourette.

Pourtant les fraternisations sont un succès médiatique et inquiètent le FLN. Le commandant Azzedine, à la wilaya 4, ne peut empêcher les paysans, las de la guerre, de se rendre à Alger d'où ils reviennent les bras chargés de cadeaux, dont les djounouds font leur profit. L'ordre est sans doute donné de reprendre les opérations dans tous les secteurs car, dans la seule semaine du 13 mai, 309 soldats français, pour la plupart du contingent et des régiments « ordinaires », sont tués ou blessés. Le 1er REP, qui paye largement son tribut à la reprise des engagements (avec la perte de son colonel, Jeanpierre), est alors une des rares unités de réserve opérationnelle à rester au combat, avec les régiments de la 25e division parachutiste, toujours engagés dans le Constantinois... Les chefs de bataillon de cette unité se félicitent de l'heureuse conclusion de la crise du 13 mai et de la venue au pouvoir du général de Gaulle. Au 17e RCP, on estime heureux que les événements d'Alger « aient amené l'armée à entrer de plain-pied dans la politique ». Ce redressement imposé par les colonels paraît normal au commandant

Moureau qui estime avoir retrouvé « la foi dans une action efficace », grâce à l'unification des pouvoirs dans les mains des militaires. Il déplore cependant l'amorce d'une baisse des effectifs malgré le maintien sous les drapeaux du contingent 56/1 B pour trois mois supplémentaires, ce qui portera à trente mois la durée du séjour des soldats du contingent en Afrique du Nord. Sur quoi doit déboucher le 13 mai ? A brève échéance, souhaite le commandant, « sur la paix ». On ne croit pourtant pas beaucoup, au 17e RCP, à la fraternisation avec les musulmans : ceux qui servent au bataillon Moureau se plaignent des mesures discriminatoires prises à leur égard ; on double les sentinelles parce que l'on n'a pas confiance en eux, on enchaîne les armes la nuit. La tentation de déserter serait-elle toujours aussi forte ?

Le général Sauvagnac, qui commande la 25e division, est optimiste : « Le sursaut national du 13 mai, écrit-il, a provoqué un redressement en flèche du moral qui a atteint à ce moment un véritable sommet. » On appuie sans réserve la politique du nouveau régime. On se réjouit « de la reprise des relations confiantes avec les masses musulmanes ». Le général note un réveil de la conscience politique des soldats du contingent. Ils ont, dit-il, « suivi attentivement les événements ». Les appelés de l'infanterie ont-ils la même curiosité ? Le général Olié, qui a pris en charge le corps d'armée de Constantine après le 13 mai, se livre à une analyse nuancée : le moral est remonté « d'une façon spectaculaire » et même la masse des soldats du contingent (dont la qualité intellectuelle, assure le général, est médiocre) « finit par s'intéresser aux problèmes d'Algérie grâce aux contacts humains qu'elle prend avec les musulmans ». Les jeunes paysans français en uniforme sont frappés par « les exactions dont ils sont les témoins », en milieu rural. Ils s'interrogent sur le sens du combat et approuvent le changement de régime en France, qui doit donner à la guerre une impulsion nouvelle, et à la recherche de la paix la priorité. L'état d'esprit des officiers est encore plus remarquable : ils quadrillent une région où les musulmans sont 3,5 millions (sur les 9 qui peuplent l'Algérie). Les Européens y sont rares : un pour dix-sept musulmans en moyenne. Ils ont eu le sentiment, le 13 mai, « d'avoir remporté une victoire personnelle sur l'incurie, le défaitisme et la lassitude de l'intérieur. Ils n'ont jamais pris au sérieux la qualification de factieux qui leur fut attribuée. » Les officiers d'active « se sont ralliés à un gouvernement qui correspondait à leurs aspirations profondes ». Quant à leurs collègues de la réserve, ils se sont « posé des cas de conscience ». Ils n'ont adhéré au mouvement « qu'après le rétablissement des relations normales avec le gouvernement ». Le désir « de ne pas se couper de la métropole » était dominant chez les fantassins du contingent. Ils pensaient aux inconvénients de la rupture et redoutaient d'être maintenus plus longtemps encore sous les drapeaux.

« Atteint par la vague d'enthousiasme (tardivement, semble-t-il) le contingent a suivi le mouvement sans réticence. » Cette analyse d'Olié est confirmée par le général de division Boucher de Crèvecœur qui commande la 21e d'infanterie. La « prise en main des pouvoirs civils par le pouvoir militaire, la désignation du général de Gaulle à la tête de l'État ont ranimé, affirme-t-il, la confiance et restitué l'espoir de voir conduire à terme un règlement sans cesse remis en cause ». Le corps des officiers s'est réjoui de la « consolidation de l'autorité » qui a « rompu l'isolement » de l'armée et de la nation. La hausse du moral est indéniable : c'est aussi l'avis du colonel Buis, qui commande dans le secteur d'Hodna-Ouest : tous ont retrouvé, depuis la crise du 13 mai, « une espérance et une foi ».

Les troupes en position sur le barrage tunisien ont-elles partagé cet enthousiasme ? Au 2e REP, le colonel Lefort estime que ses officiers « ont été ravis de soutenir un sursaut national qui voulait la fin de la politique d'abandon ». Ils sont devenus sensibles à la politique et « suivent de près l'actualité par la presse, la radio et les contacts avec les civils ». Ils ne désirent « aucunement se mêler de politique mais ils estiment heureux le changement de régime ». Les hommes de troupe étrangers n'ont pas d'opinion. On constate cependant qu'ils sont moins nombreux à franchir la frontière tunisienne pour déserter. Les chasseurs alpins du 25e bataillon du secteur de Norris sont aussi une troupe d'élite : ils sont implantés sur les grands axes de passage rebelle vers le barrage et comptent des pertes dans leur effectif. Les officiers ont appliqué les « consignes de fraternité » et traité « sans discrimination aucune les camarades FSNA » (Français de souche nord-africaine). Les cadres estiment, comme à la Légion, que la « politique d'abandon » est « renversée » par de Gaulle. Les réactions du contingent sont « moins voyantes et enthousiastes » mais « favorables » : les hommes espèrent « qu'une politique plus ferme permettra de hâter la solution du problème algérien et du même coup leur libération ». Ceux qui sont toujours exposés aux « feux d'artifice gracieusement offerts par ces messieurs d'en face », qui ne vivent pas « dans la douce quiétude de Bône et de la corniche », sont les premiers intéressés au retour de la paix. Le moral tient par l'espoir du changement, « il serait dangereux, note le commandant Saint-Gal de Pons, de le décevoir ». Le colonel de Port de Poncharra, du 6e cuirassiers, laisse éclater sa joie : de Gaulle a rendu aux hommes et aux officiers « la confiance qu'ils avaient perdue ». Il évoque le retour à la paix par « l'accélération de la pacification », autrement dit par la victoire sur le terrain. Le colonel Jodin du 3e régiment de tirailleurs sénégalais est moins enthousiaste. Ses hommes, engagés sur le barrage, « attendent sagement leur libération ». Les événements du 13 mai les ont « étonnés » puis, seulement dans un deuxième temps, « enthousiasmés ». Quelles que soient leurs opinions personnelles (le contingent aurait-il donc des « opinions » contrairement à ce que pensent trop de colonels ?) ils sont rassurés par un gouvernement qui dispose de « continuité et durée ». Le colonel Negrie commande le 152e régiment d'infanterie, autre excellente unité du barrage, appartenant à la 2e DIM. A Sedrata la vie est dure, et les dangers quotidiens. Ces authentiques combattants (les parachutistes et la légion ne sont pas les seuls dans cette zone à courir des risques) se réjouissent du retour du général de Gaulle. Le moral est « excellent depuis le 13 mai ». Les troupes de la frontière ont à la fois suivi les événements et approuvé le changement de République. Pour les officiers, c'était la promesse du succès, pour les hommes, celle d'une libération plus rapide grâce à la paix. Nul ne savait au juste si cette paix serait de victoire ou de négociation. La troupe faisait confiance à de Gaulle pour en faire le choix. Seuls les officiers maintenaient que la victoire sur le terrain déciderait du sort de la guerre.

Dans les autres régions de l'immense Algérie, les réactions sont comparables. Les colons et les fermiers avaient quitté la zone du barrage, comme les villageois musulmans, et les soldats engagés dans le Constantinois avaient peu de rapports avec les pieds-noirs. Dans l'Algérois ou dans l'Oranais au contraire, les troupes de quadrillage ont vécu le 13 mai dans le remue-ménage des fraternisations organisées. Ils donnent parfois franchement leur avis, comme le colonel Arnaud, par exemple, commandant le train de la 9e division d'infanterie, en mission dans l'Ouest algérois (Mitidja) : « L'Européen d'Afrique du Nord, écrit-il, sauf quelques exceptions, est peu intéressant, il exige que l'armée le protège et s'étonne même que celle-ci ne fasse pas un plus grand effort. Il gère ses biens et s'enrichit en sécurité, protégé par l'armée. Souvent, quand il est commerçant, ses affaires prospèrent grâce à la clientèle de l'armée qu'il exploite honteusement. Il ne lui viendrait pas à l'idée d'avoir de temps en temps un geste désintéressé... Nos hommes et nos cadres n'en rapporteront pas une bonne impression. » D'autres colonels soulignent au contraire l'admiration des soldats du contingent (souvent issus d'un milieu rural) pour le courage des fermiers qui restent présents dans leurs bâtisses fortifiées, font à l'occasion le coup de feu avec les militaires, leur prêtent en toute circonstance aide et assistance. L'éparpillement des petites unités dans l'immense pays rend difficile une appréciation d'ensemble.

Il reste que les soldats du train, dans l'Algérois, sont heureux de la « révolution du 13 mai » qui risque de précipiter les événements et de les rendre à leurs foyers. Le désir de paix est plus vif encore chez les appelés des garnisons du Sud, aux conditions de vie particulièrement dures : on pourrait supposer que les difficultés matérielles détournent les hommes de la politique : appelés et cadres d'active manifestent au contraire une vive curiosité pour les événements de Paris et d'Alger qu'ils apprennent par la presse et par le courrier. A la compagnie saharienne portée de l'Est saharien, le capitaine Leménager déplore la baisse du moral de son unité, malgré le 13 mai : les officiers regrettent que dans le Sud la hiérarchie civile reste présente et que les militaires n'aient pas les pleins pouvoirs. Le capitaine Prudhomme, de la 1re compagnie saharienne portée de la Légion, enrage de ne pas savoir où il va. La « grande espérance » s'évanouit. La crise « était grave et le mal profond ». On redoutait un nouvel abandon. Les événements de mai ont été reçus avec enthousiasme et pourtant la constitution du cabinet De Gaulle déçoit : « On va recommencer en prenant les mêmes. » L'état d'esprit de la métropole inquiète, celui de l'Algérie n'est pas plus rassurant. « Chez les Européens, note le capitaine, peu sont sincères dans leur adhésion au renouveau.

L'égoïsme, le mépris dû au racisme, la crainte de ne plus être les premiers, tout cela fait que beaucoup d'entre eux proposent des programmes dont ils espèrent ne jamais voir la réalisation. » Les « messieurs de la politique » d'aujourd'hui comme d'hier accuseront l'armée de leur échec. Les sous-officiers, comme les officiers « suivent avec intérêt l'évolution de la politique française ». Ils sont « également déconcertés par ce qu'ils lisent et entendent ». Même les combattants étrangers de la Légion suivent la question d'Algérie dans leurs « journaux nationaux ». Le temps n'est plus, selon le capitaine Prudhomme, où l'armée s'avançait les yeux bandés : elle veut voir et savoir. Seuls sont heureux et confiants les officiers de santé au Sahara. Ils ont les moyens de soigner des masses croissantes de populations qui respectent les képis rouges. Le colonel Guy Robert se réjouit des « résultats probants » du service de santé. Dans le secteur difficile de Laghouat, aboutissement des pistes caravanières menacées par l'ALN, le colonel Trimaille est satisfait de la « vague de fond » qui a balayé la psychose de l'abandon et constate que ses hommes « prennent intérêt aux nouvelles institutions et à leurs répercussions, ce qui n'existait pas avant le 13 mai ». Les « réunions et les causeries sont suivies avec attention. » Les jeunes appelés qui résident à Edjélé, à Hassi Messaoud sont jaloux, certes, du confort des pétroliers, mais ils sont « conquis par les réalisations industrielles ». Pris par le mirage économique du désert, « ils donnent entièrement leur adhésion » à de Gaulle, qui garantit la présence française sur les lieux du miracle.

Comment croire à l'abandon ? Le génie de l'Air construisait alors à 2 000 kilomètres au sud d'Oran, sur l'ancienne route impériale n° 2, en plein pays touareg, une piste de décollage de 2 500 mètres au cœur de l'Adrar des Iforas. Des bulldozers, des grues, des semi-remorques de 45 tonnes, des camions Willème de 15 tonnes avaient traversé le désert, les hommes buvaient du lait de chèvre aigre et couchaient sous la tente pour installer la base. La France avait déjà décidé, sous le gouvernement de Félix Gaillard, d'intensifier la production de pétrole au Sahara. Les gîtes d'Edjélé et de Tiguentourine, à l'est de Fort-Flatters, permettaient d'espérer dès 1959 une production de 5 millions de tonnes grâce à la mise en activité de cinq cents puits. La CRPS (Compagnie de recherche et d'exploitation du pétrole du Sahara) envisageait la construction d'un pipeline vers Tunis ou Tripoli. La SN Repal et la Compagnie française des pétroles avaient découvert les gisements de Hassi R'Mel au sud de Laghouat et de Hassi Messaoud entre Ouargla et Fort-Allemand, promettant une production de 2 000 tonnes par jour. Le développement du programme atomique français impliquait l'implantation d'un centre d'expérimentation dans le désert qui rendait nécessaires d'importants travaux, en particulier la construction de pistes et de bases. Comment renoncer à ces ambitieux programmes ? De Gaulle, en 1957, avait visité le Sahara, sans pouvoir, pour des raisons politiques, se poser à Alger. Sa présence à la tête du gouvernement était désormais une garantie de sécurité pour la poursuite des travaux. Encore était-il nécessaire de tenir le désert à l'abri des raids de l'ALN : la continuation du barrage vers le sud s'imposait, ainsi que le renforcement de l'implantation militaire dans la zone. Déjà le barrage barbelé des Ksours, qui fermait la frontière marocaine, venait d'être complété par une ligne de quatre postes équipés de radars et de canons. L'aviation surveillait en permanence les filières caravanières. Entrant dans la bataille, le Sahara multipliait les risques d'accrochages ou de sabotages et les besoins en unités d'intervention. Il donnait à la guerre d'Algérie une nouvelle orientation, avec une justification que chacun pouvait admettre, au seuil des « glorieuses » années 1960 : comment abandonner un territoire qui donnait accès à de telles richesses ?

Pour les officiers, aucun doute n'était possible : le verrouillage des frontières serait une nécessité permanente, tant que la conjoncture internationale permettrait à la Tunisie et au Maroc de prêter leur assistance aux troupes de l'ALN. Dans la nuit du 20 au 21 mai, le poste de Sakiet avait été attaqué. Le rapport du colonel Delcros, commandant le 153e d'infanterie, évoquait le film des années trente, *Trois de Saint-Cyr* : 350 djounouds avaient assailli la vieille forteresse construite sur une butte dénudée avec les armes les plus modernes. Une seule compagnie était de garde, à deux cents mètres de la frontière. Les Français, surpris, avaient dû abandonner le blockhaus extérieur aux assaillants qui « montaient à l'assaut en hurlant » selon la technique des commandos du Viêt-minh. Ils avaient ouvert le feu à l'intérieur de la casemate, blessant le sergent-chef Grandgirard, tuant le soldat Weckerlin. Après trois assauts, les djounouds se retiraient dans le sanctuaire de Tunisie sans qu'on puisse les poursuivre, faute de moyens politiques.

De Gaulle pourrait-il changer les conditions inégales de cette guerre ? Comment empêcher le sultan du Maroc et Bourguiba de permettre aux unités régulières de l'ALN d'organiser des bases sur leur sol ? Le Général ne serait-il pas, lui aussi, victime de la pression internationale et de la menace de l'ONU ? Sans intervention sur les protectorats, comment espérer la victoire ?

Dès son arrivée au pouvoir, le général-président comprit qu'il devait moins rassurer les Européens d'Algérie que l'armée, force politique dominante. Les militaires présents à Alger voulaient le voir et l'entendre : pendant sa visite du 4 juin, le soldat Chaussat, du train, avait quitté le camp d'instruction de Beni Messous, entre El-Biar et Cheraga, pour faire la haie le long des boulevards avec des milliers de recrues. « Le retour au camp, dit-il, ne fut pas triste... les plus optimistes d'entre nous prévoyaient un retour rapide en métropole. » Qu'avaient-ils conclu du discours du général ? Les drapeaux tricolores d'Alger, la nuée des confettis, les musiques militaires, les cris d'« Algérie française » pouvaient certes donner l'impression de la paix revenue si l'on ignorait les nombreux accrochages qui se déroulaient à ce moment même dans le djebel. Le général avait lancé un appel aux combattants de l'ALN, à « ceux qui par désespoir ont cru devoir mener sur ce sol un combat dont je reconnais, moi, qu'il était courageux ». Il leur ouvrait « les portes de la réconciliation ». L'effet De Gaulle pourrait-il permettre de réaliser ce que Guy Mollet n'avait pu réussir ? Dès le 15 mai, le docteur Lamine avait dit au Caire : « Il n'y aura pas de cessez-le-feu avant que la France proclame la reconnaissance de l'indépendance de l'Algérie. » De Gaulle en était loin. Il pouvait seulement espérer un ralliement des « rebelles » de l'intérieur qui comblerait les vœux des soldats du contingent alignés sur le parcours officiel.

Son discours concernait d'abord l'armée : « La route que vous avez ouverte », dit-il immédiatement après le « Je vous ai compris », c'est celle de la rénovation et de la fraternité. Tel n'était pas, à coup sûr, le programme politique des notables. Mais les colonels et certains généraux pouvaient se reconnaître dans la suite des propos tenus par de Gaulle, tout comme les notables musulmans ralliés : « A partir d'aujourd'hui, la France considère que dans toute l'Algérie, il n'y a qu'une seule catégorie d'habitants : il n'y a que des Français à part entière, avec les mêmes droits et les mêmes devoirs. » Un discours qui ne surprenait pas les adorateurs de Soustelle. N'avait-il pas tenu le même langage avant de devenir le défenseur acharné de la présence française en Algérie, l'allié des associations patriotiques ? De Gaulle évoquait le « seul et même collège », variante du « collège unique » de Lacoste, et annonçait des élections, où les « dix millions de Français d'Algérie [un chiffre peu rassurant pour les pieds-noirs] auront à décider de leur propre destin ». Cette politique n'était certes pas celle de Borgeaud et de Sérigny. Elle s'adressait à Massu, au socialiste Ducournau, aux colonels de Château-Jobert et Bigeard, à tous ceux qui croyaient au rôle politique déterminant de l'armée : à ceux-là, les premières mesures du gouvernement donnaient satisfaction : Allard était nommé super-préfet d'Alger et Massu préfet. Godard dirigeait la police. L'autorité militaire se voyait attribuer tous les pouvoirs en Algérie. Comment pouvait-elle dénier à de Gaulle le désir de dissoudre ces comités de salut public que les militaires méprisaient, de renvoyer à leurs études et à leurs boutiques ces activistes auteurs de la « révolution » ? Delbecque, qui protestait (il n'avait pas, disait-il, « franchi le Rubicon pour pêcher à la ligne »), fut prié de travailler désormais à l'« unité nationale » et à la « réforme française ».

En France, la réforme allait bon train : ayant confié tous les pouvoirs à Salan, délégué général du gouvernement et commandant en chef de l'armée, de Gaulle se consacra d'abord à la rénovation française. Le ministère de l'Algérie fut directement rattaché à Matignon, René Brouillet, son collaborateur, devint secrétaire d'État, assisté du libéral Bernard Tricot. Un référendum fut annoncé pour le 28 septembre, afin de ratifier la Constitution de la nouvelle République assurant à l'exécutif une prédominance sur les assemblées et permettant par conséquent de mener une politique à long terme.

Les Algériens voteraient aussi. C'était la première occasion de mobiliser les « Français à part entière » et l'armée devait s'en charger. Elle était donc toujours employée à des tâches politiques, bien que de Gaulle eût affirmé qu'elle devait rester neutre. Elle devait cesser de soutenir, comme le colonel Lacheroy, l'agitation des comités pour se consacrer à sa tâche essentielle : associer les musulmans au scrutin. Lagaillarde et ses amis comprirent que la révolution du 13 mai avait fait long feu quand ils apprirent que de Gaulle faisait part à Salan de son indignation : le Comité de salut public d'Alger n'avait-il pas demandé l'abolition de la loi-cadre ?

Le 27 juin, le Général déclare que « la France veut fixer les conditions de son avenir avec les Algériens eux-mêmes » : il lance officiellement la campagne après avoir annoncé (ce qui donne satisfaction aux militaires) le maintien du collège unique et le vote des femmes musulmanes, l'attribution de 15 milliards de crédits pour l'industrialisation, les travaux et la modernisation de l'agriculture, l'adoption d'un plan de scolarisation. Il est intégrationniste, ce que condamne Ferhat Abbas. Pour lui, l'Algérie française est bien celle de Soustelle, qu'il nomme ministre de l'Information, non pas pour rassurer les ultras, mais pour l'associer à une politique qui a toujours été la sienne. Ainsi la formule de Mostaganem, « Vive l'Algérie française », prend soudain sa signification : le Général ne veut plus de l'Algérie des privilèges, son Algérie est celle des Français égaux en droits. L'esprit du 13 mai n'est pas mort : quand il annonce la création de la « communauté » des anciens peuples de l'Union française, il réserve à l'Algérie nouvelle « une place de choix ».

Pense-t-il à une Algérie associée, disposant déjà d'une personnalité puisqu'elle appartient à une « vaste et libre communauté » ? Il a de l'avenir la vision de l'armée : présence française, mais réformes et évolution. Comment concilier l'association et l'intégration ? La contradiction n'apparaît pas alors. Dans la générosité du moment, on remet les comptes à demain. S'il est clair qu'à terme, par la logique des chiffres, les musulmans domineront le pays, l'intégration doit précisément, par le développement, permettre et rentabiliser la future association : cette dernière formule est, pour la France, l'hypothèse la plus favorable. Dans une région du monde balayée par la vague indépendantiste, relayée par les pays arabes, défendue par les deux superpuissances, on ne peut souhaiter mieux.

D'entrée de jeu, de Gaulle est donc favorable à une solution évolutive, comme le montre la constitution de son équipe algérienne. Pourquoi donnerait-il satisfaction aux activistes du Forum, au syndicat des parlementaires algériens ? Il n'a qu'une force politique à ménager : les officiers de l'armée. Ils lui sont acquis, malgré leurs divisions et les réticences dues au passé proche, parce qu'ils ont en vue, pour l'Algérie, un même modèle de développement. On retrouve ainsi chez de Gaulle la volonté de tenir compte du fait musulman, de le protéger contre l'égoïsme du milieu colonial, qui était déjà celle, sous l'Empire, du maréchal de Mac-Mahon. Resituer la politique algérienne dans l'axe de l'action militaire, c'est finalement revenir à une tradition qui a toujours été celle de l'armée. Tout commentaire sur les « ambiguïtés » de la politique gaullienne à cette époque est donc lui-même ambigu : si le Général avance prudemment dans son discours et pèse soigneusement ses mots, c'est pour tenir compte de la fièvre obsidionale de la population française d'Alger. Il évite encore le langage vrai, sauf à bousculer, lors de sa visite dans la capitale algérienne, les interlocuteurs les plus incandescents du Comité de salut public.

La grande affaire, c'est les élections, et pas seulement le référendum. En réalisant sur le terrain, par l'engagement massif des militaires, le premier scrutin démocratique en Algérie, il compte sur la pression de l'armée exercée contre le FLN et ses agents qui interdisent le vote pour *libérer* l'électorat musulman de la pression des notables français, qui ont, dans le passé, honteusement truqué les scrutins. L'emploi de l'armée à cette tâche peut être considéré comme un fait politique décisif. Remuer la masse de l'électorat, la contraindre au besoin à prendre le chemin des urnes, c'est penser à l'avenir, quelles que soient les critiques que puisse susciter l'opération. L'acte électoral est en soi politique, il implique un engagement, il affirme une participation. Si elle est contrainte, c'est pour la bonne cause : la construction d'une Algérie intégrée, plus tard associée.

Les officiers comprennent parfaitement l'enjeu et participent activement à la tâche. De Gaulle, au cours d'un second voyage (du 1er du 5 juillet), les a rencontrés sur le terrain. Les généraux ont exprimé leur point de vue. Les documents des archives indiquent qu'ils adhèrent pleinement à l'opération. La « foi est intense », écrit un colonel, pourtant sceptique, du train. Même dans les territoires du Sud, « le référendum a provoqué une satisfaction manifeste ». L'armée n'a ménagé aucun effort pour aboutir à ses fins : Jean-Philippe Lecat, spahi, évoque l'embarras des musulmans qui hésitent à Paul-Cazelles entre le bulletin blanc (oui) et le bulletin violet (couleur maléfique pour l'islam). Ils consultent les officiers qui, soucieux de rester « neutres », n'osent pousser au vote blanc. Les spahis livrèrent les urnes en EBR (engins blindés de reconnaissance) dans des douars de l'Ouarsenis qui n'avaient jamais voté. L'officier SAS intervenait pour expliquer la portée du vote. Il rappelait l'importance que lui attachait de Gaulle.

Les villages semblaient encore dominés par la crainte du FLN. Pour le faire comprendre au lieutenant Lecat, un ancien combattant lui montra sa croix gagnée en Indochine, enfouie dans les papiers de son portefeuille. « Si tu mets le blanc, demanda un électeur, y a-t-il des médicaments ? » Le oui l'emporta, à une très forte majorité.

Pourtant le FLN avait déployé beaucoup d'efforts : explications de nuit dans les villages, attentats (le 5 septembre, cinq femmes furent égorgées, rappela le journal *Le Monde*, parce qu'elles s'étaient inscrites sur les listes électorales). « Boycotter le référendum, disaient les agents du Front, c'est dire oui à la patrie algérienne. » La fondation du Gouvernement provisoire de la République algérienne au Caire, le 19 septembre, fut l'un des moyens de contrebalancer la victoire électorale que l'armée remporterait immanquablement sur le terrain, malgré un nombre spectaculaire d'actes terroristes (on exposait les cadavres des « traîtres » sur les pistes qui menaient aux urnes).

Dans les villes, les attentats n'étaient pas moins nombreux, sauf dans Alger, solidement tenue en main, où les portraits de De Gaulle recouvraient les murs.

Les généraux et les colonels avaient suivi « avec enthousiasme » les instructions du commandement sur la « campagne psychologique » qui devait utiliser « le mythe De Gaulle ». On comptait sur une « très forte majorité de oui ». Résignation des musulmans ? Confiance dans la sécurité assurée par l'armée ? Les résultats du scrutin (76,1 % de oui parmi les électeurs inscrits) sanctionnèrent indiscutablement la défaite du FLN.

Les responsables pensèrent trouver leur revanche en métropole : les votes négatifs de Pierre Mendès France et de François Mitterrand (alors que toutes les forces politiques de la IVe République s'étaient prononcées pour le oui, SFIO comprise) indiquaient qu'une minorité persistait à penser, comme Ferhat Abbas, que de Gaulle reprenait à son compte le « mythe de l'intégration » au lieu d'engager l'Algérie « dans une nouvelle formule de coopération avec la France ». Il est vrai que ces démocrates de gauche avaient d'autres raisons de combattre le référendum qui instaurait, selon Mitterrand, un régime de « coup d'État permanent ». Aucun homme politique français n'aurait osé se déclarer partisan de l'indépendance en Algérie, même si un sondage effectué à cette époque (IFOP) montrait que 41 % des Français y étaient déjà favorables alors que 52 % souhaitaient encore l'intégration. Couve de Murville, ministre des Affaires étrangères, s'était porté à l'extrême pointe de la pensée libérale du gaullisme en affirmant le 22 août à la session générale extraordinaire des Nations unies que le gouvernement souhaitait en Algérie « des changements résultant de la volonté librement consentie et clairement manifestée des populations ». Ce qui excluait la négociation avec le FLN qui refusait les élections libres, se prétendant seul représentant de la nation algérienne. C'est pourquoi il devait s'affirmer aussi en France, faire la preuve de sa puissance sur la communauté musulmane immigrée, organiser, selon le vœu de Ouamrane, une campagne de terrorisme pour contraindre les forces politiques, en métropole, à prendre une conscience plus aiguë du fait de la guerre, dissiper les nuées gaullistes qui donnaient à penser que la paix était possible, sous le couvert de solutions moyennes.

Le réseau FLN en France se doublait d'un réseau français créé par l'écrivain Francis Jeanson (composé essentiellement d'intellectuels, de professeurs, de médecins et d'artistes). Les services rendus par ces Français étaient considérables : ils permettaient au FLN de passer en Espagne et en Suisse les quatre ou cinq cent millions de francs mensuels que rapportaient les cotisations levées sur les résidents algériens en France et en Allemagne. La France était quadrillée par sept wilayas (Nord, Nancy, Bordeaux, Lyon, Marseille, Toulouse, Paris) aux ordres du nouveau responsable désigné par le CCE, Omar Boudaoud. Serge Bouaziz, chargé de l'organisation spéciale, exécutait les missions de sabotage et d'attentat contre les éléments hostiles. Pendant toute l'année 1957, ce réseau avait « réglé ses comptes » avec le MNA, se livrant, sous le regard de la police, à une véritable guérilla. 400 000 travailleurs en France, près de 150 000 en Allemagne, constituaient une masse de réserve formidable pour le financement du Front. Chaque travailleur devait verser 1 500 francs par mois, 3 000 à la fin de 1958. Les étudiants étaient taxés à 500 francs, les commerçants à 50 000.

Les petites coupures, pressées dans les valises, étaient acheminées en Suisse où le Front avait ouvert un compte. Certains prêtres de la Mission de France travaillaient épisodiquement pour le réseau. Une photographe de presse connue tirait des clichés, fournis par un appelé complice, des cartes militaires d'état-major de l'Algérie à destination des maquis. D'autres Français fabriquaient des faux papiers. Enfin des journalistes, des écrivains aidaient le FLN en dénonçant la torture, les disparitions de personnes arrêtées, en diffusant tel rapport de la Croix-Rouge très sévère sur les conditions de vie imposées aux populations des camps de regroupement. Le réseau Jeanson s'occupait aussi de propagande, diffusant sous le manteau un bulletin tiré à 5 000 exemplaires, *Vérités pour.*

Le Front avait décidé, avant le référendum, d'utiliser son réseau français pour affirmer son hostilité à la solution gaulliste et sa volonté de poursuivre la guerre jusqu'à l'indépendance. Le 25 août, le garage de la préfecture de police de Paris fut attaqué par un commando, qui tua un gardien. Une série d'attentats à objectifs économiques donna l'alerte : un dépôt de pétrole devait exploser à Vitry, plusieurs cuves de Mourepiane, près de Marseille, prirent feu. D'autres actions terroristes furent signalées dans la Basse-Seine, à Toulon, à Narbonne. Le Front venait de « porter la guerre en France ».

Guy Mollet, ministre d'État en l'absence du Général, décida de la répression, le 26 août : trois mille Nord-Africains furent regroupés au centre Beaujon, deux mille au Vel' d'Hiv. Les attentats continuèrent pourtant en province. On attaquait les fonctionnaires devant les commissariats, les soldats en permission sur les quais des gares. Plusieurs centaines de suspects furent arrêtés. Le 15 septembre, le ministre de l'Information Soustelle échappa de peu à un commando, place de l'Étoile. Jusqu'au 28 septembre, on compta en France 82 morts (dont 22 Français) et 188 blessés. Le Front pouvait se flatter d'avoir réussi 56 sabotages. La mise en place du quadrillage policier n'avait pas empêché les commandos d'atteindre leurs objectifs. Francis Jeanson, vivement hostile à cette politique du pire, protestait en vain : « Vous allez compromettre définitivement les chances de relations ultérieures entre le peuple français et le peuple algérien. » Le Front n'avait qu'un but : afficher sa présence en métropole pour combattre l'anesthésie gaulliste et prouver que la guerre continuait.

Pourtant Ouamrane, qui avait en juillet proposé de créer « un deuxième front » en France, n'était pas présent dans le gouvernement provisoire de la République algérienne, proclamée simultanément le 19 septembre au Caire et à Tunis : c'est le « modéré » Ferhat Abbas qui le présidait, associant à son pouvoir Ben Bella, l'ami de Nasser, et le « colonel » Belkacem Krim qui représentait les combattants de l'intérieur, les trois B (Krim, Boussouf, Ben Tobbal) s'attribuant les « ministères » clés des Forces armées, de l'Intérieur, des Liaisons et communications. Ben Khedda et Yazid, les anciens centralistes, côtoyaient Ahmed Francis, le lieutenant de Ferhat à l'UDMA. Même les oulémas étaient présents : Tawfiq al-Madani s'était vu confier les « affaires culturelles ». D'abord mal accueilli, le nouveau gouvernement fut reconnu par les pays arabes et fixa son siège à Tunis, abandonnant Le Caire. Le bourguibisme se substituant au panarabisme, le dialogue avec Paris devenait possible. Le 15 octobre, les attentats en France cessèrent d'un coup. Ferhat Abbas avait rencontré Farès, un intermédiaire connu avec les Français, et le journaliste autrichien Rosenberg qui, avant le 13 mai, s'était entretenu avec de Gaulle. Le Général voulait-il reprendre la négociation interrompue par Guy Mollet ?

L'armée redoutait ces entrevues secrètes : de Gaulle, à l'occasion de son troisième voyage en Algérie, avait déclaré le 29 août que « répondre oui dans les circonstances présentes, cela voudrait dire, tout au moins, que l'on peut se comporter comme un Français à part entière et que l'on croit que l'évolution nécessaire de l'Algérie doit s'accomplir dans le cadre français ». Cette déclaration, qui rassurait les Européens, ne différait pas d'un iota de la position prise par le Général dès son retour aux affaires. Prit-il des contacts avec le FLN par l'intermédiaire de Farès, à qui il avait proposé un portefeuille dans son gouvernement ? Ce notable algérois était un ami d'Abbas, qui venait de se déclarer prêt à la négociation *sans* le préalable de l'indépendance. Mais c'était un piège pour de Gaulle : s'il s'engageait sur ce sentier dangereux, il perdait toute crédibilité aux yeux de l'armée. Il s'en abstint, repartit pour l'Algérie, et choisit pour y prononcer un discours décisif la ville la plus musulmane : Constantine. Place de la Brèche, devant une foule en djellabas et haïks, il se souvint de son discours du 12 décembre 1943. C'est encore aux musulmans qu'il s'adressa, seule réponse possible aux propositions d'Abbas. A la foule attentive il lança : « Algériens, Algériennes », vida son sac sur le tapis comme un magicien de foire, montra ses trésors : un plan de cinq ans, des salaires égaux à ceux de la métropole, 25 000 hectares de terres partagés entre les musulmans, les deux tiers (plus tard la totalité) des enfants à l'école. Dix pour cent des postes offerts à des musulmans dans les administrations françaises, des logements pour un million de gens, des emplois à l'usine, dans les pétroles et le gaz, dans les travaux publics pour 400 000 travailleurs.

Les élections auraient lieu au « collège unique » et les deux tiers des élus seraient des musulmans. N'était-ce pas l'intégration ? Le succès du référendum n'avait-il pas donné aux populations du Constantinois le désir de prendre en main leurs affaires ? « Vive l'Algérie *et* la France », conclut de Gaulle qui rappela que « le destin de l'Algérie aura[it] pour bases, tout à la fois, sa personnalité et une solidarité étroite avec la métropole française ». On admire que les commentateurs de la presse métropolitaine aient pu trouver ce discours ambigu. Mendès France ne s'y trompait pas, qui saluait « cette voie ouverte vers la détente et la paix ». Lacoste enrageait : on lui avait pris son programme. Cette fois, une personnalité forte, dotée de pouvoirs réels et d'une *aura* qui pouvait aussi fasciner les musulmans, s'engageait sans détours.

Les membres des comités de salut public ne s'y trompaient pas davantage, en voyant poindre derrière l'intégration fort dommageable aux employeurs français d'Algérie le thème de l'association. Pour prévenir leur opposition, de Gaulle avait écrit à Salan le 14 octobre pour lui intimer l'ordre de retirer les officiers de tous les comités. Il savait que le discours de Constantine répondait aux désirs de la très grande majorité des militaires. Il n'avait plus à ménager les agitateurs civils. Il exigea de Salan que l'armée garantisse la liberté absolue des futures élections. « Tous les candidats pourront se présenter et faire campagne, quels que puissent être leurs programmes, y compris en ce qui concerne le statut ou le destin politique de l'Algérie... le but à atteindre consiste à obtenir que se révèle librement une élite politique algérienne. » Seule en effet cette « révélation » pourra permettre de contrecarrer politiquement le

Front, qui vient de s'affirmer avec éclat comme le représentant unique de l'opinion algérienne.

Rien que de très recevable par l'armée. La seule grogne peut provenir de ces colonels d'Alger qui pensent pouvoir peser, par leur intervention dans la politique locale, sur les décisions de Paris. Les Godard et les Trinquier doivent comprendre, disent les gaullistes, que le pouvoir a changé : Lucien Neuwirth, resté présent dans le CSP d'Alger, s'oppose à la grève générale décidée par Lagaillarde et ses amis le 16 octobre. Une mise en garde du fidèle Massu suffit à désarmer les agitateurs, dont le moins ardent n'est pas Jacques Roseau, leader des lycéens. Il devient clair dans l'esprit des pieds-noirs contestataires que le seul moyen de faire reculer le pouvoir parisien, qui, dès 1958, prépare l'« évolution » du régime algérien, est de s'attirer le concours de l'armée : la « faire basculer » devient un objectif politique de première importance.

De Gaulle lui-même facilite la tâche des opposants. Le 23 octobre, il propose aux « rebelles » le « drapeau blanc des parlementaires » et la « paix des braves ». Une pièce produite au procès Salan donne à penser qu'il croit la rébellion prête à renoncer au combat. Les « délégués » envoyés par « l'organisation Ferhat Abbas, écrit-il [*Le Monde,* 23 mai 1962], ne verront dans quelque coin de France que des représentants du commandement militaire. Ils ne seront admis à ne parler que du cessez-le-feu et ce cessez-le-feu comportera nécessairement la remise des armes des rebelles à l'autorité militaire. » La « paix des braves », pour de Gaulle, c'est l'aman. Il reste en cela d'accord avec tous les officiers de l'armée d'Algérie.

Est-il étonné du refus de Ferhat Abbas ? Pourquoi une organisation alimentée par un budget d'un milliard par mois, capable de multiplier attentats et accrochages en France comme en Algérie, soutenue par des États amis, renoncerait-elle d'un coup au combat ? « Le problème du cessez-le-feu, répond Abbas, n'est pas simplement un problème militaire. Il est essentiellement politique » et d'ajouter plus tard à l'intention d'un journaliste du *Daily Mail* : « Notre but, c'est l'indépendance. » Voilà donc le général de Gaulle libéré sur sa gauche par l'*ubris* du FLN de l'hypothèque des négociations. L'interlocuteur n'est ni « valable » ni simplement possible. C'est avec les futurs élus qu'il faut « faire le reste ».

La déception est vive chez les musulmans : la participation aux élections, malgré « l'action psychologique », est faible : 35 % d'abstentions. Le FLN, certes, avait renouvelé ses consignes de boycott, mais la réserve des Algériens s'expliquait surtout par la lassitude. La surenchère de l'armée et du FLN, les menaces, les attentats qui accompagnaient les opérations électorales décourageaient les villageois qui ne comprenaient pas pourquoi de Gaulle les faisait voter aussi souvent. On avait privilégié l'Algérie, pour qu'elle eût de nombreux élus : chaque député représentait 48 000 votants (contre 100 000 en moyenne dans la métropole). Il y eut des élus musulmans, mais la tendance libérale, musulmane ou européenne, était quasiment absente. Les 46 élus musulmans (sur 67) avaient prêté serment de rester fidèles à l'intégration, qu'ils concevaient à la manière de Soustelle, rallié au point de vue pied-noir : une algérianisation de façade, prudente et graduelle, entièrement maîtrisée par les Européens qui s'arrangeraient pour neutraliser les effets du collège unique. Il n'était pas question de franciser les institutions, car on voulait éviter de dresser contre la minorité des notables la masse des élus musulmans désireux d'imposer, par l'intégration « démocratique », leur majorité d'association aux Français. De ce fait, l'intégration à la manière de Soustelle ne pouvait qu'évoluer vers la sécession. Le mouvement ne se dessinait encore que par des nuances, des accrochages légers, des déviations sans conséquences. Il trouverait bientôt le tracé de sa courbe.

Déçu, de Gaulle songea alors à normaliser les rapports entre l'armée et les pouvoirs civils ; le général Vanuxem, qui demandait l'établissement d'une dictature militaire, fut écarté du Constantinois. Les pouvoirs civils reviendraient à des civils dès que possible : de Gaulle avait hâte de se débarrasser des officiers de l'action psychologique.

Ducournau quittant Alger retrouva son commandement à la tête de la 25e DP, ce qui laissait présager le départ de Salan. L'action psychologique avait échoué dans la préparation des élections. Le compte rendu mensuel du groupement tactique n° 1 de la région de Guelma notait sans vergogne, en novembre : « La population électorale n'a, par aucun signe, laissé deviner comment elle voterait. Il semble toutefois qu'elle ait mis moins de passion pour recourir aux urnes que la première fois. » A quoi servait le 5ᵉ bureau, les SAS et les services d'action psychologique, si la population ne pouvait être convaincue d'aller aux urnes ?

Le désaccord portait sur les finalités de cette action. Le diptyque d'Allard, « détruire et construire », supposait le déploiement d'une politique sociale et humanitaire en même temps que la répression. Pour les officiers du renseignement et pour les anciens d'Indochine, l'action psychologique était une arme de guerre, non de conquête des cœurs. Elle avait pour but la démolition morale de l'ennemi. Puisqu'il vivait dans la population « comme un poisson dans l'eau », il fallait lui fermer les portes des villages non regroupés, lui interdire l'accès des centres de regroupement. Les officiers étaient formés aux centres antiguérilla d'Arzew depuis 1956, au centre Jeanne-d'Arc à Philippeville depuis 1958. Ces écoles étaient dites « d'Instruction, de pacification et de contre-guérilla ». Les jeunes officiers de Saint-Cyr y étaient accueillis pour y être formés « à la guerre subversive ». Le but était d'opposer un « nouveau type de guerre » à la « guerre révolutionnaire » que les adversaires étaient censés avoir emprunté au Viêt-minh.

Les officiers supérieurs de l'armée française considéraient alors le Front comme une des formes du communisme international, arguant que le mouvement viêt-minh se présentait, de la même façon que le FLN, comme un regroupement patriotique de tendances diverses. On oubliait de préciser que le « sanctuaire » du Viêt-minh était la Chine communiste, qui n'avait rien à voir avec le bourguibisme.

Cela n'empêcha pas le général Allard de développer devant le SHAPE, le 15 novembre 1957, l'idée que l'affaire algérienne n'était qu'un des épisodes de la « troisième guerre mondiale », celle que livrait, sur des théâtres successifs, le communisme international dans le monde. Le but était « d'arracher l'Algérie à la France », puis d'encercler l'Europe à partir de la Chine, de l'Inde, par le Moyen-Orient, l'Égypte et l'Afrique du Nord. Le « processus de contamination » devait ensuite prendre en écharpe le continent noir pour atteindre l'Amérique latine. « La ligne de défense arrière, la dernière, disait Allard, passe par l'Algérie. »

Au pouvoir à Alger, le général Allard était le premier convaincu de la nécessité d'une action psychologique efficace et de l'ouverture de « bureaux psychologiques » dont le théoricien était le colonel Lacheroy. Membre du cabinet de Bourgès-Maunoury en 1956, celui-ci avait eu tout le temps de peaufiner ses méthodes et d'installer son organigramme d'« officiers du moral » dans les unités. Les 5es bureaux instaurés en 1957 avaient la double tâche de lutter contre la contamination des soldats de l'armée française, et d'agir sur les populations. « Certains, écrit Girardet, s'efforceront de définir une doctrine fondée sur l'exaltation des valeurs traditionnelles de l'humanisme occidental : dignité de la personne humaine, patriotisme, respect des libres choix de la conscience individuelle, souci de justice et de progrès... D'autres exprimeront ouvertement leur adhésion aux principes d'un catholicisme de style intégriste et d'un ordre chrétien autoritaire et traditionaliste [...]. Enfin les plus jeunes sembleront se référer à l'idéal d'une sorte de collectivisme national, antimarxiste sans doute mais aussi, non moins violemment, anticapitaliste. »

Pas de centre de gravité dans la doctrine, les uns empruntant leur style et leur langage à la gauche, les autres à l'extrême-droite, le plus grand nombre à la vulgate chrétienne, qui s'accommodait des pratiques de recherche du renseignement à la manière du R.P. Ducatillon. Des réseaux d'amitié et de communauté d'idées furent ainsi mis sur pied entre officiers, qui ne furent pas sans rappeler à un Charles de Gaulle le précédent de la Cagoule dans les années trente. L'engagement politique était considéré comme nécessaire par les tenants de la « jeune armée », qui méditait la réflexion de Giap : « L'armée française a été vaincue parce qu'elle n'a pas fait de politique. » Lacoste avait encouragé l'armée à mener le combat politique en Algérie : « Le travail psychologique et politique que j'attends aujourd'hui de l'armée, disait-il en avril 1957, est aussi important que son activité purement opérationnelle. » Pour « faire basculer les masses » et les « engager », le gouverneur général comptait sur les SAS et les sections administratives urbaines (SAU) créées dans l'été 1956. Ces institutions se « superposaient aux hiérarchies traditionnelles », pratiquaient à la fois l'assistance et le renseignement, recherchaient le ralliement des « braves ». Ainsi le capitaine Mori, entre Tablat et Blida, ou le capitaine Ventajo, à Mouzaïaville, provoquèrent-ils des ralliements en incitant le fils moudjahid à respecter son père ancien combattant. Par l'exemple de la générosité et de la vertu, les SAS pouvaient espérer désarmer l'adversaire, surtout s'ils avaient en face d'eux des responsables politiques brutaux, cupides et sans pitié. Les officiers du 2e bureau, comme Marion, pratiquèrent ces méthodes à l'égard des chefs du FLN capturés. Ils n'avaient pas pour but (comme les agents du 11e choc en 1956 et 1957) d'obtenir le ralliement à la guerre française de chefs de bandes hostiles au FLN (comme Kobus ou Bellounis, qu'il avait été nécessaire de liquider pour l'empêcher de nuire) mais bien la « paix des braves » : ainsi le capitaine Marion tenta-t-il avec l'aide de Massu de faire « basculer » une partie de la wilaya de l'Algérois dans la « paix des braves » en capturant le « commandant » Azzedine puis en le renvoyant au maquis pour convaincre ses collègues. Les Français ignoraient qu'Amirouche, prenant à la lettre les fausses informations diffusées par le capitaine Léger, avait liquidé au cours d'une purge sanglante plus de trois mille suspects après les avoir torturés. Azzedine, malgré ses serments, ne devait pas rejoindre les officiers français.

L'action psychologique, sans être négligeable, ne présentait pas un bilan bien spectaculaire : les trois principes sur lesquels elle faisait reposer son action pouvaient être en effet facilement combattus par la propagande adverse. Les Français promettaient de rester ? Mais il était impossible de compromettre les musulmans sans leur donner l'assurance de la « pérennité » de la présence française. Or, les offres de négociation, régulièrement exploitées par la propagande du FLN, démentaient constamment cette assurance. Le deuxième principe, l'abrogation complète du système semi-colonial par la réalisation de l'intégration, était contredit par le refus de la communauté européenne de pratiquer l'égalité des salaires, la seule forme qui importât vraiment à la masse musulmane. Enfin le troisième principe : « Tu seras comme nous un jour », avancé devant les masses musulmanes par le colonel Lacheroy, se présentait comme un idéal lointain que le plan de Constantine ne faisait qu'ébaucher. Les promesses de réforme agraire immédiate du FLN étaient plus tentantes.

S'il était difficile d'obtenir des ralliements autrement que par la force, il semblait possible d'intervenir utilement dans les centres de regroupement fermés, gardés en permanence par l'armée. L'échec de l'action psychologique fut pourtant encore plus flagrant sur ce terrain. Il est vrai que les prévisions et les moyens de l'administration n'avaient guère permis d'accueillir correctement les populations déplacées, encore moins de leur offrir du travail. Dans ces camps d'assistés, la propagande du FLN allait bon train, profitant des faiblesses du ravitaillement français, de l'absence de soins, de la médiocrité des gîtes qui provoquaient la disette, des épidémies frappant les nourrissons et les enfants en bas âge. Des fonds avaient été engagés pour améliorer l'habitat : le préfet Papon, pour le seul Constantinois, ayant prévu 300 000 réfugiés en 1958. Mais dans les villages situés entre Philippeville et Collo, le pourcentage des regroupés atteignait la moitié de la population. Il était d'un quart dans la banlieue de Sidi-bel-Abbès. Un crédit de 140 millions fut jugé nécessaire par le préfet Barret, dans l'Algérois, pour regrouper ne serait-ce que 20 000 personnes dans des conditions très sommaires. Les travaux de viabilité et d'hydraulique engloutissaient les crédits toujours trop faibles. Les regroupements « provisoires » furent généralisés, les « définitifs » supposant une réforme agraire qui traînait des pieds, une vraie réforme communale. Or, si les nouvelles communes avaient des conseils, elles ne disposaient pas de bâtiments. Les lieux d'hébergement étaient trop souvent des tentes, puis des barraques, dans quelques cas des « gourbis améliorés », enfin des « cellules d'hébergement à charpentes métalliques ». Le préfet Barret déplorait qu'il fût « impossible d'obtenir une aide médicale et sociale ».

Comment parler des bienfaits de la civilisation française devant des chômeurs forcés ? Comment convaincre les paysans sans terres que la France assurerait leur avenir et leur sécurité en Algérie, alors qu'elle bombardait les mechtas ? Car le but des « zones interdites » était d'obtenir le champ libre pour les opérations militaires, en particulier pour celles de l'aviation. Visitant le secteur de Saïda, de Gaulle fera remarquer à Bigeard que les feuilles des arbres étaient « rousses par en-dessous ». Le lieutenant Robineau, jeune pilote de la base de Telergma, évoque ces incendies qui obscurcissaient le ciel quand il rentrait le soir à la base. Pour expulser les rebelles d'un bois, l'aviation lançait des « chocolats », plaquettes incendiaires aussi efficaces que le napalm. Les terroristes réduisaient en cendres les champs de blé des colons. Dans les zones qu'ils contrôlaient, l'aviation avait repéré d'autres champs de blé et même des moulins qui tournaient pour alimenter les katibas. Ces champs-là aussi brûlaient. Les troupeaux qui vaquaient en zone interdite étaient abattus : ils ne pouvaient nourrir que les rebelles. Les nécessités de la guerre obligeaient à la terre brûlée, et la rancune au cœur des paysans et des éleveurs était inexpugnable.

Plus que la torture, que les frontistes pratiquaient aussi fort bien, les fellahs reprochaient aux Français de les avoir chassés de leurs terres détruites. Il était difficile de les convaincre de se rallier, même s'ils étaient les bénéficiaires d'une assistance forcément très mesurée portant sur un million au moins d'hommes et de femmes déplacés. L'action psychologique dans les centres de regroupement était aussi inefficace que dans les bidonvilles d'Alger, de Constantine, d'Orléansville, de Lyon ou de Paris. On ne manqua pas d'en informer de Gaulle. Seule une politique d'ouverture immédiate de chantiers, de créations d'usines et de réforme agraire pouvait vider les centres et changer les mentalités : c'était le plan de Constantine.

Le Général croyait à la « nécessité des choses » et ne se laissait pas emporter par les modes. Les musulmans se rallieraient s'ils y avaient intérêt, si « l'organisation Fehrat Abbas » apparaissait comme un réseau de profiteurs et de gêneurs. Quant aux méthodes de ralliement forcé et de recherches de renseignement qui nuisaient gravement à la réputation de la politique française, de Gaulle ne pouvait les approuver. Plus profondément, il déniait aux officiers la capacité de définir seuls, sur le terrain, la politique algérienne de la France et d'inventer les méthodes « réalistes » les plus propres à atteindre leurs fins. Il dénonçait dans le « psychologique » une déviation du politique. Il considérait que le temps des officiers du 5e bureau était fini. C'est pourquoi Lacheroy fut rappelé en France. Le colonel Goussault, chef de l'action psychologique, fut limogé ainsi que le colonel Broizat, chef du cabinet de Massu, qui avait (superficiellement) convaincu son patron des nécessités de la « guerre subversive ». Ce docteur en théologie, de tendance intégriste, considérait, comme Allard, l'Algérie « comme le dernier bastion de l'Occident chrétien ». Il fut muté dans une unité opérationnelle en même temps que les capitaines des bureaux d'Alger.

Le général de Gaulle voulait imposer la paix sur le terrain et convaincre les musulmans de leur intérêt à rester, sous une forme à définir, dans la communauté. Voyant au-delà des intérêts étroits des fermiers installés par la colonisation en Algérie, il considérait l'axe Nord-Sud comme fondamental pour le développement français. Une minorité de fermiers et de négociants ne pouvait pas faire obstacle aux intérêts de la France.

Le 24 novembre 1958, le major général de l'armée de terre Gouraud écrit à Salan au nom du ministre : un groupe d'armes spéciales pour les expérimentations nucléaires au Sahara doit être mis immédiatement en place. Une unité d'artillerie stationnée à Colomb-Béchar en sera le premier noyau. Elle prendra l'appellation de « 620e groupe des armes spéciales » avec deux batteries de décontamination, deux autres pour la détection. Le groupe rejoindra la région de Reggane en liaison avec le « commandement interarmées des armes spéciales ». Le groupement « atomique » de la section technique de l'armée formera les spécialistes. Les dispositions sont aussitôt prises pour que le génie construise des bases dans le désert et pour que la sécurité des trois grands itinéraires du Sud (Oran-Colomb-Béchar, Alger-Blida-Laghouat-Ghardaïa, Constantine-Ouargla) soit assurée par une surveillance constante de l'aviation et des régiments de cavalerie. Les préoccupations du général vont au développement rapide du Sud, qui absorbe déjà la main d'œuvre d'une partie des tribus nomades regroupées dont les hommes travaillent aux chantiers de travaux publics et dans les centres pétroliers, quand ils ne sont pas harkis. L'avenir est à l'économique, non au psychologique. Le général tourne la page.

Même s'il n'est pas aisément perceptible, le changement d'attitude du gouvernement et du commandement n'échappe pas aux officiers qui s'expriment d'autant plus librement dans les rapports moraux qu'ils sont destinés aux officiers du 5e bureau d'Alger, dont la tâche est d'en dresser la synthèse.

Si les chasseurs parachutistes du 17e bataillon sont enchantés des résultats du référendum et n'émettent pas la moindre objection politique sur la suite des événements, le général Sauvagnac qui commande la 25e DP, avant sa reprise en main par son premier patron, Ducournau, estime que le retrait sur ordre des militaires du Comité de salut public (orageux à Constantine) et la préparation des élections législatives ont entraîné « un certain flottement » ; surtout « des craintes se font jour concernant le retour éventuel sur la scène politique de trop d'anciens parlementaires du “système” ». Le général proteste contre la promotion de François Mauriac dans l'ordre de la Légion d'honneur « ressentie comme un affront par les officiers contre lesquels il a souvent porté des accusations haineuses et infondées ». Il n'ignore rien du mouvement des officiers qui se prépare. « Les changements en cours dans le commandement, écrit-il, sont parfois interprétés comme une volonté d'éviction de certains chefs militaires à l'instigation ou à la demande de formations politiques. » De Gaulle prisonnier du système ? Sauvagnac n'ose le suggérer, mais il déplore à la fois « la politisation des CSP [qui sont déchirés entre gaullistes et activistes] et les marchandages qui ont présidé à l'élaboration des listes électorales ». Ce point mérite attention : pour un militaire partisan de la « révolution du 13 mai », l'élection des notables français et musulmans (que le FLN appelle les « béni-oui-oui ») est une régression désastreuse. Il pense, en somme comme de Gaulle, que les vraies élites, les hommes nouveaux, n'ont pas eu la place qui leur revenait sur les listes. Il sait que les notables comme Farès peuvent déserter facilement le camp français. Le recours aux élites traditionnelles n'est pas sans risque. Il regrette que de Gaulle, pour répondre à la libération par le Front de quatre prisonniers français, ait à son tour élargi des politiques. Cette « mansuétude » pour les terroristes est dommageable, ainsi que « la liberté accordée à une certaine presse ». Le général Sauvagnac, qui sera muté en fin d'année, est de ceux qui pensent que l'action psychologique fait partie de la tâche des parachutistes.

Le général Olié, mis à la tête du corps d'armée de Constantine, ne passait pas pour quelqu'un de sensible aux modes et aux courants. Son rapport prend acte cependant des « premières désillusions » de l'armée, apparues « avec la chute des feuilles » : que le FLN repousse « la paix des braves » est ressenti comme une déception. Les soldats y avaient cru, comme de Gaulle lui-même. L'effet magique n'a pas joué sur le terrain, les élections ont dénudé les « lézardes dans le ciment de l'unité nationale ». On voit refleurir les « vieilles querelles » de la politique traditionnelle, les rivalités, les exclusives : l'« élan du référendum du 28 septembre » n'aura-t-il été qu'un « feu de paille » ? L'armée, qui a rendu les élections possibles, est aussi déçue que le général et « sent le besoin de prendre sa distance et sa hauteur ». Nul mieux qu'Olié ne comprend les arrière-pensées de l'Élysée ; il les exprime, en les précédant : prenant le vent, il affirme que « l'heure est peut-être venue d'une nouvelle répartion des charges » entre le civil et le militaire. Toutefois les colonels et les généraux « ne veulent pas de ce fait voir compromis le résultat final et remises en question toutes les raisons d'espérer ». Un sujet immédiat d'inquiétude : la réduction des effectifs. Le désengagement de l'armée aurait-il commencé ? Au regard de cette interrogation essentielle, la grogne politique de certains paraît négligeable à Olié. La plupart ont pavoisé lors de la réussite du référendum, même s'ils ont regretté que la « spontanéité réelle des participants » fût sujette à caution. Ils ont approuvé le discours de Constantine et si certains ont été « surpris par les propositions de paix faites au FLN », la majorité a rendu hommage à la « sagesse des décisions de libération » des détenus frontistes. Les musulmans ont été les plus déçus par l'échec de la « paix des braves ». Aux législatives, les officiers ont fait voter sans prendre parti. Ils ont eu, semble-t-il, du mal à se conformer aux ordres sur ce point : « On a pu mesurer alors, commente Olié, combien les options politiques électorales étaient dangereuses pour la discipline et la cohésion du corps des officiers. » Il lui semble urgent que « le 5e bureau [d'action psychologique] *s'il est sans doute à maintenir* [c'est nous qui soulignons] travaille en union plus intime avec le 3e bureau » et cesse de faire bande à part. On ne saurait mieux préjuger des réformes imposées à l'armée à la fin de 1958 par le général de Gaulle. Commandant la 21e division sur le barrage, le général Boucher de Crèvecœur partage les angoisses d'Olié sur la réduction des effectifs malgré la prolongation jusqu'à trente mois du maintien sous les drapeaux. Il n'apprécie pas les rumeurs de dépossession du pouvoir civil par l'armée, « alors que la situation, sur le plan local, nécessite encore une coordination des efforts que l'unité de commandement peut seule assurer ». Alors que le succès est « à portée de la main », cette mesure risque de « tout remettre en cause ».

Les réserves s'expriment plus librement dès qu'on descend dans la hiérarchie. Le colonel du 3e régiment de tirailleurs sénégalais déplore que la sécession de la Guinée ait provoqué le départ de ses soldats guinéens et troublé les autres Africains. Le colonel Negrie, du 152e régiment d'infanterie, est excédé par les querelles politiques et les « bonnes paroles ». Il attend les « mesures qui permettent de vivre » et la revalorisation matérielle et morale de l'armée. Un deuxième classe venu de Nancy ou d'Épinal ne touche que 1 194 francs par mois. Ses 14 paquets de cigarettes lui coûtent 294 francs, ses frais personnels (dentifrice, cirage, etc.) 869 francs. Il ne peut s'acheter dans le mois, au bord de son barrage du Sud tunisien, que cinq bouteilles de bière. Plus grave est l'insuffisance de l'encadrement : sept capitaines sont manquants dans le régiment, sans parler des lieutenants et des sous-officiers. « Le déséquilibre va en s'amplifiant si l'on aborde la comparaison avec les régiments de parachutistes. » C'est la vraie faiblesse de l'armée, il faut lui porter remède.

Les unités d'élite sont les moins avares de griefs politiques. Les chasseurs alpins du 25e bataillon expriment avec force leurs réserves. Leur commandant regrette « que le général de Gaulle, dans sa méfiance à l'égard des mots, n'ait pas défini sa politique algérienne avec plus de netteté et semble ouvrir la porte à une intégration purement quantitative des FSNA dans les corps de l'État ». Les hommes du contingent espèrent « qu'une politique plus ferme permettra de hâter la solution du problème algérien ». Ils ont vécu les journées du référendum « comme une espèce de match d'un genre nouveau avec le FLN ». Inquiets de la vague terroriste en métropole, ils trouvent « insuffisantes » les mesures prises par la police et demandent « une épuration énergique des milieux nord-africains en métropole ». Les anciens de Tunisie regrettent que l'on ait orienté vers Tunis le pipeline d'Edjélé. Ils déplorent l'arrivée d'un contingent de soldats musulmans, imposé au bataillon, dans une région frontière où les déserteurs sont vivement encouragés par l'ennemi. Le commandant Lefort, de la Légion étrangère, estime qu'il est dur « pour des officiers commandant en Algérie depuis le début des événements, d'entendre insister sur le courage malheureux du FLN en passant sous silence les exécutions, les assassinats et les égorgements, il est dur d'entendre proposer à Ferhat Abbas et consorts d'aller à Paris sous la protection de la France. Il est dur de voir Ferhat Abbas rejeter dédaigneusement ces propositions. »

Les réserves exprimées dès 1958 sont encore plus acerbes au Sahara, pourtant chéri par le haut-commandement : le capitaine Leménager ne mâche pas ses mots : il est impossible d'organiser des élections dans le secteur de Laghouat. Les hommes du désert ne reconnaissent aucun nom sur les listes électorales. Il est difficile de les convaincre de ne pas s'abstenir. Le personnel musulman de la compagnie saharienne « se replie sur lui-même et reste dans l'expectative ». Le moral accuse une baisse. Les officiers « déplorent à haute voix » le retour des partis, « avec les mêmes hommes, sous des étiquettes nouvelles ». A Ouargla, ceux de la Légion sont sceptiques. Les élections ramènent les « luttes d'intérêts, les surenchères à thèmes patriotiques ». La révolution du 13 mai aurait dû balayer ces miasmes : « On va recommencer en prenant les mêmes. » La population musulmane ne peut qu'être perplexe « devant tant d'incohérences et de mensonges ». On ne fait rien pour la rassurer, et le capitaine Prudhomme de conclure : « Je ne pense pas qu'une nouvelle capitulation sera acceptée. » Le colonel Trimaille a noté, à Laghouat, la baisse de moral au moment des élections, alors que l'OPA (organisation politico-administrative) du Front reprenait ses activités dans les douars. Une cause de mécontement général a été le « sabotage des élections pour les appelés ». Il avait été prévu de les faire voter par correspondance. Le vote par procuration les a surpris : « Ils ont préféré s'abstenir plutôt que de donner leurs voix à des parents qui, à coup sûr, favoriseraient le soutien d'une politique qu'ils refusent, en raison de leur expérience algérienne et saharienne. » Les fils de mineurs du Nord ou de sidérurgistes de Pompey ne veulent plus voter à gauche : ils sont pour le Sahara français. « Il reste au cœur de chacun, estime le général Jacquier, membre du 5e bureau, une teinte d'inquiétude. » Pourquoi le « choc psychologique produit par le référendum n'a-t-il pas été exploité avec toute l'intensité désirable » ? Pourquoi l'échec de la « paix des braves » ? Les populations musulmanes craintives s'interrogent. A Laghouat, l'insécurité est revenue : sur la route du Sud, les camions continuent à sauter sur des mines ; à Ghardaïa les caravanes des rebelles ont un centre de ravitaillement. Bref, la guerre continue.

Elle déborde même en France, et les appelés s'en inquiètent, mais estiment en même temps que le danger FLN en métropole « rapproche, en fin de compte, la masse de la population de l'armée et ce n'est pas un si grand mal ». La demande d'information politique dans les corps est notable. Il serait essentiel d'organiser des séances d'information « qui complètent ce que fait pour la France entière, dans ses discours, le général de

Gaulle lui-même ». Il est urgent d'armer les recrues « psychologiquement et civiquement » pour qu'elles résistent, de retour en France, « à la propagande débilitante de certains milieux syndicaux ».

On pense, en octobre 1958, que la « victoire » est possible. Le « manque d'esprit offensif du FLN depuis le référendum » est signalé par nombre d'unités. Il semble à beaucoup d'officiers que l'écrasement de la rébellion est à portée de main. « Les rebelles n'ont pas réagi de façon spectaculaire aux résultats du référendum », note un rapport daté d'octobre dans le Sud constantinois. Ils ne peuvent plus intervenir par des opérations de katibas, mais seulement par le terrorisme « dans le but de pourrir à nouveau le climat psychologique et d'essayer de regagner le terrain perdu ». Car pour tous les officiers tenants de l'action psychologique, le succès du référendum sonne comme une victoire. On signale dans tous les secteurs le « manque d'esprit offensif des rebelles ». On ne sait pas à cette époque, dans les unités françaises, que deux wilayas sont déchirées par les purges de la « bleuite » et que les responsables de Tunis s'affrontent en luttes intestines, les « politiques » étant de plus en plus vivement combattus par les militaires, cependant que les chefs de l'intérieur, comme Amirouche, contestent même l'autorité des « colonels » de Tunis. Est-il si irréaliste, dans ces conditions, d'espérer le succès de la « paix des braves » ? « Les katibas se retranchent dans des abris protégés », disent les rapports de décembre. Est-ce l'asphyxie, tant attendue par le commandement ?

A l'Ouest, on nuance les appréciations : si Tiaret, dans l'Oranais, a été « la championne du oui » au référendum, si le sentiment de détente a été « renforcé par la visite du général de Gaulle le 2 octobre », les rebelles, qui étaient rentrés dans leurs « zones-refuges », n'y sont pas restés. Les postes militaires, les centres de regroupement ont été attaqués par les terroristes. A Tiaret, le 30 octobre, un obus piégé a fait exploser une voiture. Le FLN a promis un feu d'artifice pour l'anniversaire de la prise d'armes du 1er novembre. Dans la région de Frenda, étape vitale de la filière ouest-est entre Oran-Masacara-Maroc et Tiraret-Boughzoul-Batna-Tunisie, le FLN a manifesté au cours d'une série d'opérations du 4 et 18 octobre sa « résolution et sa valeur combative ». Il a réussi par deux fois à percer le bouclage. L'ALN attaque en novembre au sud, à Aflou, sur la filière qui longe l'Atlas saharien, au débouché des caravanes. Le 19 novembre, un accrochage signale que les commandos tiennent encore le djebel, qu'ils n'ont pas tous trouvé refuge, comme dans la région de Tiaret, dans les montagnes ou même dans les villages de regroupement, où se cachent, dans l'anonymat des réfugiés, les djounouds poursuivis. Les postes des monts de Frenda et du djebel Tafrent sont particulièrement harcelés depuis le début de décembre. Il est vrai qu'à cette date, les terroristes attaquent de nouveau sur l'ensemble du territoire : le débat à l'ONU n'est pas loin.

Le 11 décembre, à une voix de majorité, le projet afro-asiatique est repoussé dans la maison de verre à Washington. Les États-Unis se sont abstenus. La nouvelle position de la diplomatie française était le retrait volontaire, la réserve distante : dommageable sur le plan international et suscitant des représentations amères de l'ambassadeur Georges Picot, cette politique de hauteur et d'indépendance (que la France « n'aille pas solliciter les voix d'une république d'Amérique centrale », recommandait de Gaulle) trouvait un écho favorable à Alger comme à Paris dans la presse de droite. La délégation du FLN à New York avait été plus active que jamais, des membres de la délégation des États-Unis ayant même participé à une réception donnée en son honneur. « Il n'est pas douteux, avait écrit Georges Picot, que si le FLN a perdu du terrain en Algérie, il en a gagné sur le plan international dans tous les pays du monde et aux Nations unies. » Préparant le tournant de la politique extérieure française vers l'indépendance « nationale », de Gaulle ne se souciait guère de l'ONU. Il croyait encore pouvoir régler seul l'affaire d'Algérie.

A la fin de l'année, les forces combattantes du Front sont éparpillées dans les caches des montagnes. Les attaques sur le barrage oriental ont échoué. Le commandement de l'Est (COM, commandement opérationnel militaire), gravement divisé, est en voie de réorganisation. Le COM de l'Ouest se consacre, avec Boumediene, à l'organisation des unités. Dans les douars, les villes, les centres de regroupement, le peuple musulman attend. Mais « les mesures de clémence [à l'égard des politiques internés] ont porté un nouveau coup au climat de confiance », lit-on dans le rapport du responsable du secteur de Tiaret de décembre, « en semant doute et trouble parmi la population. L'effet de ces mesures humanitaires a été désastreux : présentées par le FLN comme une preuve de faiblesse et d'abandon prochain de notre part, elles ont rejeté les populations locales dans une réserve et une "neutralité négative" qui favorisent à nouveau une implantation politico-administrative. »

Tout est à recommencer : « Seules les réalisations matérielles promises par le plan de Constantine et la présence permanente des forces de l'ordre, ainsi qu'une activité accrue, permettent de rallier une population éminemment influençable. » Comment faire sortir les musulmans de cet « attentisme prudent » ? L'effet De Gaulle serait-il négligeable ? « Nous assistons à une nette résurgence de l'OPA [organisation politico-administrative] à l'ouest du barrage » explique un rapport de décembre 1958 de l'Est constantinois. Dans les secteurs de Bône, Sedrata, Guelma, « l'action terroriste est soutenue et des signes de revirement psychologique apparaissent dans les populations musulmanes toujours sensibles aux procédés de terreur ». Pas d'action militaire d'envergure, mais des accrochages et des franchissements du barrage. « Paradoxalement, nos effectifs diminuent alors que nos efforts devraient s'intensifier, note le commandant Honnorat, pour ne pas laisser se détériorer la situation politique et militaire saine des mois de juin-juillet. » Comme à son habitude, le Front renforce son action terroriste et politique pour compenser sa faiblesse opérationnelle.

C'est pourtant à la présence d'unités réduites, cachées dans les refuges, que les militants de l'action politique doivent leur efficacité. Dans les Aurès, cette activité est des plus restreintes. Le Front ne peut pas, après le référendum, espérer le ralliement des djounouds, « la masse étant tenue dans l'ignorance complète des événements politiques ». On remarque cependant dans la montagne les « tranchées, casemates et mechtas semi-enterrées » qui attestent la présence des katibas éparpillées, dissimulées à l'observation aérienne. L'infrastructure, loin de disparaître, se renforce. Plus inquiétant est le trafic d'armes signalé par le service de renseignements du Maroc. Interrompu par les contrôles de la police du sultan, il a repris en juillet 1958. Un sous-marin égyptien aurait débarqué des caisses d'armes près du cap des Tres Forcas. On signale des caravanes, des transports par camions et même des atterrissages d'avions suspects dans le Nord marocain. Le trafic d'armes est également important par la Tunisie et la Libye. Une note du 2e bureau signale que des caravanes venues de Tripoli se dirigent, à travers la Tunisie, sur les monts qui se trouvent à l'est de Négrine. Vingt rebelles encadrent des mini-caravanes d'une dizaine de chameaux qui gagnent les Nemencha. A partir de juin, le barrage oriental est prolongé jusqu'à l'oasis de Négrine. Les rebelles doivent donc passer plus au Sud. Les troupes de l'ALN sont signalées dans le chott el-Ghrasa. Une nouvelle filière, qui regroupe les chameaux chargés d'armes à Nefta, vient d'être mise en place. Le commandant Fontaine signale à Mecheria, dans le Sud oranais, la recrudescence, depuis novembre, de l'OPA dans les centres de regroupement de nomades. Des caravanes franchissent aussi par le sud la frontière marocaine, en suivant la filière du chott Rharbi qui est à l'abri des investigations au radar. Pas de barbelés sur ce parcours. Les avions de reconnaissance ont seuls permis de repérer le trafic, en augmentation dans les deux derniers mois de l'année. Dans la zone de Mecheria, les rebelles procèdent en décembre à des sabotages, à des enlèvements d'otages. Ils évitent les accrochages mais manifestent leur présence et continuent à percevoir les cotisations du Front. Postés dans les monts des Ksours, les unités de l'ALN interviennent par petits groupes, de nuit, dans les douars de la plaine d'Alfa.

Ainsi le serpent de mer redresse la tête : seule la misère, pense de Gaulle, pousse ce peuple dans les bras de l'« organisation Ferhat Abbas ». Oubliant le nationalisme arabe, l'indépendance du tiers-monde et le réveil de l'islam, négligeant la « guerre subversive » et ses techniques affinées, le vieil homme croit aux valeurs de Staline et de Roosevelt : le New Deal et le Gosplan ont fait de ces pays des États d'importance mondiale. L'avenir de l'Algérie se compte en kilomètres de pipeline, en capacité de barrages hydro-électriques, en tonnes de minerais extraits, en villes construites. Seul le développement peut résoudre les problèmes sociaux et donner à la politique des perspectives nouvelles, détruire enfin le piège où les Algériens, français et musulmans, se sont enfermés. Seule la communauté franco-africaine assez large peut tirer l'Algérie de la « clochardisation ». Le reste n'est qu'intrigues, racket et parlotes.

Le Général pense-t-il déjà qu'il n'existe pas de solution militaire ? Le rappel de Salan pourrait le donner à penser. S'il laisse en place Massu, ce n'est pas en raison de sa popularité chez les Algérois. Peut-être les circonstances de la victoire politique d'Alger sur Paris le troublent-elles. Il sait que le général commandant la 10ᵉ DP est un fidèle. Il doit le rendre à la vie militaire et détruire le réduit des officiers supérieurs à qui des politiciens socialistes et des radicaux ont imprudemment remis les clés d'Alger : l'armée doit comprendre que la reprise en main politique passe par la restitution des pouvoirs civils aux civils. Quant aux spécialistes de psychologie, qui se servent de leur science neuve et brandissent leurs bilans pour peser sur la politique métropolitaine, qu'ils ne prétendent surtout pas à conduire les affaires de la France en Algérie. Ils doivent retourner sur le terrain, comme Broizat, et se soumettre.

Depuis le mois d'octobre, Georges Pompidou, directeur de cabinet du Général, a contacté Paul Delouvrier, haut fonctionnaire de 44 ans, pour lui faire part des intentions de De Gaulle à son égard : sa place est en Algérie. L'inspecteur des finances, ancien directeur des impôts, le collaborateur de Jean Monnet, le président de la Haute-Autorité européenne du charbon et de l'acier manifeste sa surprise. « Que puis-je faire à Alger ? questionne-t-il. — Du développement ! » Il s'agit d'utiliser au mieux les milliards attribués au plan de Constantine. Paul Delouvrier a été choisi pour mener à bien la politique fixée par le général de Gaulle en Algérie : rattacher ce pays à la France par l'intégration politique et sociale progressive des musulmans. L'Algérie reste toujours « française ». Il n'est pas question de traiter avec l'« organisation Ferhat Abbas » mais de convaincre la majorité souffrante que son avenir est français. Seul un grand « manager » peut réaliser le miracle du développement, clé véritable de la situation. Quant aux militaires, ils obéiront à un général d'aviation réputé pour sa connaissance de la logistique. Il est désigné depuis le 11 décembre. Son rôle sera de fournir au résident général le calme nécessaire à l'accomplissement de sa mission. Il s'appelle Maurice Challe.

CHAPITRE X

Le tiercé de la dernière chance

Dans l'esprit du Général, il faut, à la course de vitesse sur l'hippodrome d'Alger, un tiercé gagnant. Au début de 1959, trois hommes sont en place : Delouvrier et Challe, qui ont le sentiment d'être attelés au même char. Sans le verrouillage solide des frontières, sans le rouleau compresseur de l'armée à l'intérieur, pas de développement possible, pas de crédits, pas d'investissements. Sans le plan de Constantine inscrit dans la réalité, la pacification se réduit à des simulacres « psychologiques », d'avance voués à l'échec. Il manquait à l'attelage un troisième homme. Depuis le 8 janvier, c'est chose faite : la nomination de Michel Debré comme Premier ministre a paru au *Journal officiel*.

L'accueil d'Alger aux deux inconnus n'est pas plus chaleureux que la cérémonie du départ de Salan. Pour les anciens combattants d'Alger, Delouvrier est un mendésiste et Challe un aviateur sans prestige, créature de cabinet ministériel. Debré, le pamphlétaire du *Courrier de la colère*, est plus rassurant mais le Général lui a dit : « L'Algérie relève du Premier ministre et vous n'aurez affaire à ce sujet qu'à moi. » A peine accepte-t-il la nomination d'un député d'Alger, Nefissa Sid Cara, « symbole d'une transformation et d'une promotion que nous souhaitons, dit Debré, pour la société algérienne ». Pas question de nommer Soustelle ministre de l'Algérie. Le Général s'y oppose : « Ne le prenez pas, il est devenu un adversaire et il ne nous fera que des ennuis. » Debré insiste pour qu'il soit nommé ministre « de l'Outre-mer français », incluant le Sahara. Selon le vœu du Général, Guillaumat reste aux armées. Choix symbolique : ce polytechnicien est l'un des responsables du

Commissariat à l'énergie atomique. Son rôle est de faire entrer l'armée dans une ère nouvelle, évolution que la guerre d'Algérie retarde. En France, comme en Algérie, de Gaulle veut marquer son règne par le développement : le choix de Jean-Marcel Jeanneney au ministère de l'Industrie et du Commerce en est la preuve ; dans ses bagages, Raymond Barre. Malraux est du voyage, à la Culture, ministère nouvellement créé à sa mesure. Couve de Murville garde les clefs du Quai d'Orsay : cet ancien ambassadeur applique la politique étrangère conçue à l'Élysée. Les politiques déçus (dont les formations ont été laminées aux élections au profit de l'Union pour la Nouvelle République, le nouveau parti gaulliste) se partagent quelques ministères. Le seul qui soit bien servi est Antoine Pinay, qui rassure l'épargnant et les défenseurs de la stabilité monétaire. On lui associe un jeune secrétaire d'État, énarque et polytechnicien, Valéry Giscard d'Estaing. Michel Debré a choisi de privilégier la compétence.

Il est lui-même un des pères de la Constitution, qui assure la stabilité du pouvoir exécutif. « Vous l'avez faite, lui a dit de Gaulle, à vous maintenant de l'appliquer. » Le Premier ministre se propose de l'interpréter en assurant toute sa place au Parlement. Haut fonctionnaire libéral, Debré n'a nullement l'intention d'imposer des prérogatives, ni de déséquilibrer l'édifice. Sa courtoisie à l'égard des chefs des groupes politiques en témoigne. Si Mollet et Pflimlin se retirent, c'est qu'ils n'ont pas voulu rester ; le pouvaient-ils, après leur défaite électorale ? Tel quel, Pinay mis à part, le nouveau gouvernement peut apparaître comme neuf. C'est lui faire une mauvaise querelle que de l'inscrire, comme le font certains officiers d'Algérie, dans la continuité politicienne. Il relève d'une recherche de l'efficacité et de la modernité. La passion du développement l'habite, plus que le souvenir des gloires républicaines. La présence au gouvernement de l'ancien déporté catholique, gaulliste par la main gauche, Edmond Michelet, garde des Sceaux, montre que Michel Debré veut rassurer ceux qui estiment périlleux la confusion des pouvoirs et l'exercice de la justice en Algérie.

Créateur de l'ENA, lui-même haut fonctionnaire, Debré est un homme de dossiers qui ne croit qu'au travail et à l'action réfléchie. Sa tâche est immense : faire de la France, sous l'impulsion du Général, une vraie puissance mondiale par l'industrialisation, la modernisation de l'agriculture, la stabilité des finances, l'indépendance de l'armement. Porté par la conjoncture favorable des « trente glorieuses », le pays est au seuil d'un « miracle » de type allemand ou italien, d'autant qu'il bénéficie des premiers effets favorables du marché commun. Associer l'Algérie à la prospérité qui s'annonce en Europe n'est pas un vain rêve : la France se donne alors les moyens de sa politique, grâce aux heureux investissements d'État accomplis dans le cadre des plans Monnet sous la IVe République. Son entrée dans le club atomique est imminente. Elle piaffe d'impatience de sortir au plus tôt de la crise algérienne qui mobilise des ressources improductives (l'armée, la police) et donne du pays une mauvaise image à l'étranger.

Sortir de la crise par le haut : telle est l'obsession de Michel Debré, celle du Général aussi bien. « Je ne pourrai pas faire ce que je veux », dit le Général, mélancolique, à Debré le jour de son installation à l'Élysée. « Il est trop tard. » Le temps l'obsède. Le nouveau président de la République n'est pas sûr de tenir le rythme. « Je rentre à Colombey », dit-il à Debré. Pompidou, qui connaît son grand homme, rassure le Premier ministre : « Le Général, de lui-même, remonte la pente », lui dit-il.

Prendre de vitesse le gouvernement provisoire de Tunis, mais aussi les opposants d'Alger : « Je me sens au cœur du drame algérien », dit Michel Debré, sensible à la dimension historique de la bataille engagée. Mais il ajoute aussitôt : « Je sais tout de suite que seule l'autorité du Général pourra le régler. » Il n'est pas question, au début de 1959, de négociations avec Tunis, mais il est également exclu de reculer devant les exigences d'un groupe de pression pied-noir. Si l'Algérie est française, il revient à la France tout entière d'en définir l'avenir. Dans *Les princes qui nous gouvernent*, paru pendant l'été de 1956, Debré détaillait ses vues : l'Algérie n'est pas la France et l'intégration est un mirage.

A la tribune du Sénat, il reprend le thème : « Je ne dis pas : l'Algérie c'est la France, je dis qu'en Algérie se joue le destin de la France. » Mais encore ? Que répondre au colonel de Boissieu, venu tout exprès d'Alger pour dénoncer « les esprits néfastes » qui s'efforcent d'influencer le Général en lui conseillant de précipiter les choses, sans chercher d'abord à « gagner sur le terrain » ? Debré a rédigé une note en cinq points à de

Gaulle qui est une réponse à la question posée par de Boissieu. Elle parle de la future distribution des rôles entre l'armée, qui doit pacifier, et l'administration, dont la tâche est de réformer et moderniser en particulier l'agriculture, d'aider la femme musulmane à s'occidentaliser (ce qui justifie la nomination de Mme Sid-Cara dans son futur gouvernement). Il explique à de Boissieu que l'« intégration » est « l'aspiration vers une identité impossible ». Le Général n'a jamais reçu d'aucun notable musulman (les premiers intéressés par cette politique) « une lettre lui indiquant d'une manière claire ce que, du point de vue musulman, on attendait de l'intégration ». Le succès de la formule s'explique par le fait qu'il rattache symboliquement les pieds-noirs à la communauté française. C'est à leur point de vue, à leurs passions, à leurs intérêts qu'ils veulent « intégrer » la France. Ils se servent de la communauté musulmane prétendument ralliée pour exiger qu'elle soit « française à part entière », excluant ainsi les non-ralliés, les adversaires, ou seulement les tièdes. On a exigé des élus musulmans un serment d'attachement à la France. L'intégration ne peut s'appliquer qu'aux amis de la France. La communauté européenne s'est emparée du mot : elle n'a pas bougé d'un pouce sur ses positions politiques.

« Il faut abandonner toute idée d'assimilation », dit Debré à de Boissieu. Les hauts responsables de l'État, qui ont sans doute fait leurs comptes, repoussent désormais le concept. Les entrepreneurs de culture, les industriels, les officiers obligés d'engager dans leur unité un quota de musulmans, les intéressés eux-mêmes, menacés par le FLN, ne veulent pas entendre parler d'intégration. « L'essentiel, ajoute Debré, est l'autorité de la France à la fois pour des raisons de sécurité et de rayonnement national et pour assurer en Algérie le progrès dans la tolérance. » En somme, le rôle de l'État, tel qu'il le définit pour Delouvrier, c'est d'obtenir la coexistence des deux communautés, de la garantir durablement grâce à l'équipement et au progrès, qui assurent à tous du travail ou des ressources. Au conseil interministériel du 15 octobre 1958 auquel est convié Salan, Debré note qu'il a « toujours douté » que l'intégration fût possible « en raison du nombre de députés algériens que l'augmentation de la population musulmane exigerait ». Il était en effet plaisant d'imaginer un avenir où les élus musulmans, par le jeu de la natalité et du suffrage universel, eussent été plus nombreux en France que les métropolitains...

Pour assurer la paix, le gouvernement du Général prépare toutes les solutions possibles ; Debré évoque dans ses mémoires un « document secret, explosif » : une note établie par Brouillet, alors chargé du secrétariat aux Affaires algériennes avec Bernard Tricot, et le préfet Eugène Simoneau sur l'ensemble des hypothèses, de la souveraineté à l'indépendance en passant par « l'autonomie régionale, l'État algérien dans un cadre fédéral, et la partition du territoire ». Ce document est destiné à éclairer le Général ; « le choix, dit Debré, appartient au politique ». A-t-il été impressionné par la fraternisation du 13 mai qui semblait exiger l'intégration ? Nullement. Les musulmans n'ont pas manifesté pour clamer leur adhésion à la politique désirée par les Français, mais pour exprimer « leur confiance au général de Gaulle ». Ce fut « un appel commun à la paix, mais pour chaque communauté une paix conforme à son cœur ou à ses espérances ». Les musulmans voulaient la paix et des réformes politiques égalitaires, tout comme les officiers de l'armée. Le général de Gaulle avait organisé les élections, fait voter les femmes. Il avait été le seul à réaliser le collège unique. Pour aller plus loin vers l'égalité, on s'en remettait au plan de Constantine. En attendant ses premiers effets, tout excès, toute atteinte aux droits de l'homme devait cesser. Debré, garde des Sceaux dans le gouvernement du Général, avait, début juillet 1958, rénové la Commission de sauvegarde des droits et des libertés individuels : le président Patin, de la Cour de cassation, était entouré de l'ambassadeur François-Poncet, de médecins et d'avocats. La guerre devait être humanisée, les droits des individus garantis, la justice respectée. Telles étaient les intentions du futur Premier ministre avant son investiture.

La France se doit d'apporter aux musulmans, aux chrétiens et aux juifs... aux Kabyles et aux Arabes, dit-il à la Chambre le 15 janvier 1959, « une chance d'unité et une espérance de fraternité ». Le devoir de l'État n'est pas de considérer ce pays comme la France, mais d'y assurer la sécurité, une bonne administration, la mise en valeur, l'évolution sociale, l'éducation et la paix. Le 30 janvier, de Gaulle lui-même lance à la télévision un appel aux Algériens et aux Algériennes pour qu'ils contribuent, par le suffrage universel, à façonner « la personnalité de l'Algérie avec la France ».

Michel Debré indiquera que la « réaction violente des extrémistes des deux bords à ce discours » justifiait qu'il s'intéressât à la sécurité du Général et à la sienne propre, famille comprise. Il est clair en effet qu'on s'achemine, dès janvier 1959, vers l'autodétermination que le général offrira aux Algériens en septembre de la même année. On peut donc considérer que la politique dite de « l'Algérie française » se trouve condamnée après les élections algériennes dès l'hiver 1958. Le Général est conscient qu'il n'est pas possible d'intégrer à la France une population qui s'y refuse. Il ne peut que mettre en place des digues solides pour permettre à cette population, réconfortée par le soleil de Constantine, de s'exprimer un jour et de constituer un État original, associé à la France. Dans l'esprit du Général, l'association a définitivement chassé toute idée d'assimilation. L'Algérie a décidément sa « personnalité ». On ne peut donc plus dire qu'elle est « française », on peut seulement souhaiter qu'elle reste, si tel est son désir, associée à la France.

Pour obtenir ce résultat, le Général compte à la fois sur l'administration civile moderne que Debré et Delouvrier ont pour tâche de mettre en place en Algérie, avec l'aide de ces jeunes énarques qui brûlent de se distinguer (Jacques Chirac, à peine démobilisé, reprendra le chemin d'Alger pour se consacrer à l'agriculture auprès de Paul Delouvrier), mais aussi avec l'armée, qui, par les SAS et les associations qu'elle patronne, organise l'aide sociale au développement. Elle doit surtout verrouiller le pays et le libérer des bandes rebelles par une action énergique. Le Général estime (confie Debré à de Boissieu) que l'armée est dans une impasse, qu'elle s'occupe trop d'administration civile et ne se montre pas assez active, qu'elle marque enfin « une certaine hésitation à suivre, voire à comprendre ses directives personnelles ». Lui reproche-t-il l'absence de musulmans représentatifs parmi les élus algériens ? A-t-elle soutenu exclusivement les candidats des pieds-noirs d'Alger partout présents grâce à l'association des maires et celle des anciens combattants ? Le Général souhaite que l'armée conserve un rôle essentiel dans la pacification, mais qu'elle rentre aussi dans le rang et rende leurs pouvoirs aux civils qui représentent l'État.

Le nouveau délégué général est bien « la France en Algérie », et Challe est son subordonné. Pourtant ils forment un cabinet commun avec l'énarque Maffart, analyste avisé de la Cour des comptes, et de Boissieu, gendre du Général. La nomination du conseiller d'État Jacomet, jacobin et intégrationniste, au poste de secrétaire général indique seulement la volonté d'œuvrer pour la mise en place d'une administration efficace. Hirtz, ancien administrateur de commune mixte, bon connaisseur du terrain, et le jeune Jean Poincaré, lancé à la recherche de la « troisième force musulmane », expriment les vues du délégué général : tendre vers l'association d'« élites musulmanes » au pouvoir local. Le prochain objectif politique est la préparation des élections municipales d'avril.

Les Européens d'Algérie ne sont pas des ultras. Ils ont voté oui à de Gaulle, désigné des candidats UNR aux élections et font confiance, au départ, au gouvernement Debré qui multiplie les propos conciliateurs, pour assurer, sous une forme ou sous une autre, la présence de la France. Ils se rendent compte que l'assimilation des musulmans est une folie, et qu'il faut, comme le pense de Gaulle, prendre patience et croire aux réformes à long terme.

Réprouvant le terrorisme du FLN qui la frappe dans sa chair, cette communauté d'origine européenne a confiance dans Massu, laissé en place par Challe parce qu'il a débarrassé Alger des commandos de tueurs. Elle est prête à accepter, comme l'armée elle-même, une politique de réformes raisonnables et de progrès économique. Les fermiers ont l'esprit d'entreprise, ils disposent d'outils de travail modernes. Ils ont le culte de la technique, qu'ils tiennent peut-être des Américains de passage pendant la guerre. S'ils n'ont pas l'esprit social et restent hostiles à la promotion du modèle métropolitain en Algérie (Borgeaud, qui garantit l'emploi sur ses domaines, refuse la sécurité sociale pour ses employés), leur « sudisme » les rend plus proches des musulmans avec lesquels ils vivent, que des métropolitains de l'administration Delouvrier qu'ils accusent de méconnaître le pays. Les « activistes » d'Alger ne sont pas des leurs : ils ne se reconnaissent pas dans le discours des poujadistes, ces bruyants pourfendeurs de l'ordre d'État, ces cabaretiers sans principes, ces étudiants sans racines. Susini est le fils d'un syndicaliste pied-noir, mais il a fait ses études à Strasbourg, avant de rentrer à Alger. Qu'a-t-il de commun avec son père ? Lagaillarde est un bourgeois, d'ailleurs accusé de mollesse et de compromission gaulliste par les plus ultras. Les modèles des fermiers, des hommes d'affaires, des professeurs et avocats d'Alger, d'Oran ou de Constantine sont les politiques traditionnels, habitués à faire le tour des problèmes, à dissoudre sur le chemin les arêtes calcaires des blocages parlementaires, à contourner les obstacles en imposant un progrès politique prudent, à maintenir aux commandes du pays des gens responsables. Ils ont aimé René Mayer et Bourgès-Maunoury. Edgar Faure ne leur déplaisait pas. Seul Mendès France, trop pressé, les avait inquiété. Ils considèrent en 1958 les jeunes fascistes d'Alger comme de dangereux trublions et ne font confiance qu'aux organisations des élus ou des anciens combattants, auxquelles ils cotisent.

Ils apprécient l'armée, sans laquelle leur présence dans le pays eût été remise en question. Ils s'entendent au mieux avec ses chefs à qui ils ne ménagent pas leurs conseils pour le choix des nouvelles élites musulmanes. Cette politique de collaboration, qui n'engageait pas outre mesure les militaires, a bien réussi avec Salan, Allard, Ducournau. Certains gradés sont d'ailleurs des enfants du pays, comme le général d'aviation Jouhaud. D'autres ont épousé des Algéroises, des Oranaises : les dames de la haute société d'Alger ont aidé de leur mieux les œuvres sociales de la générale Salan et surtout de la générale Massu, fort active. Paris a même parfois suspecté les hauts fonctionnaires et les généraux de se laisser circonvenir par ce climat social d'Alger. Après quelques années de résidence, généraux et préfets ne devenaient-ils pas des Français d'Algérie comme les autres ?

Ni les généraux ou colonels, ni les membres de la haute société n'ont la moindre estime pour les « activistes » qui entretiennent la tension politique contre de Gaulle. La presse n'a pas encore pris le relais de cette contestation. *L'Écho d'Alger* ou *L'Écho d'Oran* restent modérés, tout en ouvrant leurs colonnes aux appréhensions des associations de pieds-noirs qui s'inquiètent des « silences » du Général. Il a pourtant fréquemment pris la parole, en ce début d'année : le 8 janvier 1959, à l'occasion de son entrée en charge, il a lancé l'idée d'une Algérie « étroitement associée à la France ». Dans son message au Parlement, il a dit sa confiance dans le suffrage universel (sujet d'inquiétude pour les pieds-noirs). Le 30 janvier, il a condamné la « lutte stérile » qui « se traîne encore en Algérie » et les outrances des ultras. Il a enfin donné, le 25 mars, sa première conférence de presse présidentielle.

Cette fois, les pieds-noirs se sentent menacés. « L'Algérie est en question, dit le Général, son destin politique peut apparaître dans les suffrages de ses enfants. » Cette fois, le langage est compris : « S'il y a une personnalité en Algérie, lançera au Parlement le député Lagaillarde, c'est celle de la France » ; quant au musulman Ahmed Djebbour, il fera part de son angoisse dans les colonnes de *L'Écho d'Alger*. Le directeur de *L'Écho d'Oran*, Pierre Laffont, voulait en savoir plus. Il sera reçu par de Gaulle qui lui dira sans fard : « Ceux qui crient le plus fort intégration sont ceux-là mêmes qui alors [avant le 13 mai] étaient contre cette mesure. Ce qu'ils veulent, c'est qu'on leur rende "l'Algérie de papa", mais l'Algérie de papa est morte et si on ne le comprend pas, on mourra avec elle. » Il rappellera à cette occasion ses efforts pour amorcer la véritable intégration, celle du collège unique, du plan de Constantine, de l'ouverture de la fonction publique aux musulmans. « Quant à la signification du mot [intégration], qu'est-ce que cela veut dire ? Que l'Algérie est française ? Est-ce utile de le dire puisque cela est. »

Peu rassurés par ces boutades, les tenants de l'Algérie françaies, ses responsables traditionnels, n'étaient nullement des adeptes d'une politique vraiment intégrationniste : et pourtant, lors de son premier voyage à Alger, du 8 au 12 février, Debré avait rencontré son « ancien collègue et sénateur Borgeaud » pour lequel il éprouvait « une vraie sympathie ». « Cet homme modéré, dit-il, grand responsable du parti radical, est catégorique à ce sujet : il n'accepte que l'intégration. »

A quoi tient l'insistante magie du mot ? Paternaliste et asocial, ce planteur de ceps d'origine suisse, qui dispose d'une garde personnelle dans son domaine de La Trappe, va-t-il se faire l'apôtre d'une politique égalitaire, qui ferait des musulmans des « Français à part entière » ? Tout lui semble préférable à l'association, parce que celle-ci implique, à terme, l'indépendance et l'éviction des intérêts européens. On ne voit pas, chez les Borgeaud, par quel miracle une Algérie à qui serait reconnu le droit des peuples à disposer d'eux-mêmes réagirait autrement que la Tunisie voisine. Réclamer l'« intégration » ne signifie donc pas revendiquer l'égalité, mais interdire l'abandon.

Même si les responsables les plus importants de la communauté européenne restent encore modérés dans leurs critiques du gouvernement gaulliste, ils ont « basculé » dans l'opposition à la politique d'association. Ils sont dans le camp de Soustelle. Celui-ci reste silencieux. Pas plus que Borgeaud, il ne se reconnaît dans les bandes hurlantes d'Ortiz qui protestent contre la libération de Messali Hadj, ainsi que de sept mille détenus administratifs, et contre la grâce accordée aux condamnés à mort — dont Yacef Saadi. Pendant sa première visite, Debré remarque dans les rues d'Alger les croix celtiques du mouvement Jeune Nation. On affirme alors qu'un mystérieux « groupe des Sept » prépare un 13 mai anti-gaulliste. Les frères Sidos recrutent des étudiants, dont Susini. Celui-ci appartient également au MP13 de Martel, le bouillant colon de la Mitidja, mais il se montre surtout dans l'entourage d'Ortiz qui manipule cet étudiant fanatique pour jeter les bases d'un vrai mouvement fasciste. Le sénateur radical Borgeaud et ses amis pensent que ces trublions nuisent à la cause qu'ils prétendent défendre. Ils ne peuvent guère s'attirer de sympathies dans l'armée, dont les cadres sont en majorité socialistes, chrétiens ou gaullistes, quand ils ont des préférences politiques marquées. Ces derniers trouvent étrange qu'on n'embrigade pas, selon le vœu de Lacoste, ces jeunes gens en colère, alors que des ruraux venus du Périgord ou du Béarn se font tuer sur le barrage tunisien.

Il reste que l'armée se révélera impuissante à assurer les élections municipales dans de bonnes conditions : les musulmans bouderont les urnes, plus encore qu'à l'occasion des législatives : si le taux de participation est convenable dans le djebel (mais la présence militaire dans les douars n'y est pas pour rien...), à Alger le taux d'abstention s'élève à 56 % et à 63 % à Sétif, capitale de la révolte. Très souvent, les militaires ont exprimé leur mécontentement en découvrant quelquefois sur les listes des noms de suspects, ou même d'internés qui venaient d'être libérés. Les civils de la délégation générale étaient à l'évidence les responsables de ces bavures. Les élections des 19 et 26 avril sont en tout cas un échec : les 1 485 communes d'Algérie ont généralement désigné des candidats sans relief, qui ont accepté, souvent la mort dans l'âme, de figurer sur les affiches sous la pression des militaires.

De Gaulle avait souhaité des « élections libres ». Le voilà servi. Delouvrier se désole : Jean Poincaré avait fondé de grands espoirs sur cette première mise en place de responsables au niveau des localités. Il en espérait l'amorce d'un mouvement démocratique, il avait poussé à la désignation de candidats nouveaux, si différents de la clientèle coloniale des notables pieds-noirs. A l'évidence, les électeurs musulmans n'ont pas compris l'intérêt qu'attachaient les Européens à cette première ouverture vers les responsabilités collectives : à quoi serviraient-ils dans ces cénacles dominés par les Européens ou les lettrés à leur service ? Ils ont préféré suivre les consignes d'abstention du FLN qui a multiplié, comme avant chaque élection, les menaces et les mises en garde terroristes.

Pierre Laffont, dans *L'Écho d'Oran,* propose une autre explication : en attaquant le chef de l'État, seule carte véritable dont disposaient les Français en Algérie, les associations de pieds-noirs ont découragé les musulmans qui, au spectacle des divisions des Européens, ont conclu que l'esprit du 13 mai était mort et « qu'on était retombé dans les plus déplorables traditions d'autrefois ». C'est alors que le Général le reçoit pour lui dire ce qu'il pense de « l'Algérie de papa ». « Je suis le seul, à pouvoir apporter la solution en Algérie. Tous ceux qui dressent les Français d'Algérie contre moi risquent de retarder le retour à la paix », ajoute-t-il.

Avertissement aux militaires ? En réponse à la « manifestation silencieuse » préparée par les activistes pour célébrer le souvenir du 13 mai, le colonel Gardes, nouveau maître du 5e bureau, a drainé vers le Forum, selon des techniques éprouvées, une foule convenable d'anciens combattants musulmans et *L'Écho d'Alger* a célébré dans l'onction le « glorieux anniversaire ». L'armée a-t-elle basculé ?

La définition du plan Challe l'occupe en début d'année : pourquoi s'attacher à l'exégèse des déclarations du général de Gaulle alors que, sur le terrain, une grande action offensive se prépare ? A l'évidence, on veut gagner cette guerre. Challe fait la critique du précédent dispositif : un quadrillage et des ratissages comme au temps de Cherrière « sans aucune suite politique et militaire ». Des zones interdites, « d'abord aux Français » : les FLN y règnent en maîtres, les rebelles terrés dans les grottes, les abris souterrains, sont invisibles à l'aviation. Major des armées depuis 1955 et grand maître en logistique, Challe a eu tout le temps de visiter les unités sur le terrain avant de prendre ses fonctions. Même les bataillons de la

25e parachutiste sont éclatés dans les douars et figés dans la protection des « points sensibles » comme de vulgaires territoriaux. Soixante-quinze secteurs militaires forment autant de fiefs aux frontières infranchissables. Les djounouds le savent : il suffit de changer de secteur pour échapper aux poursuites, comme jadis les voleurs changeaient de canton pour narguer les gendarmes à cheval qui n'avaient pas le droit de sortir du territoire de leur brigade.

On a même immobilisé Bigeard. En disgrâce depuis que dans une interview imprudente il s'en est pris aux généraux d'état-major, il a été privé de ses parachutistes et affecté au secteur de Saïda où les biffins traînent en Pataugas au cours de patrouilles sans fin. Que faire de ces unités d'infanterie de marine peu entraînées à la guerre ? Le 21 janvier, l'armée est en deuil : un commando d'Amirouche a tué quatorze « marsouins » dans une embuscade. A quoi sert le quadrillage ?

Bigeard fait la preuve que les recrues du contingent peuvent très bien se battre. Le secteur du djebel Amour n'est pas sûr. Les djounouds descendent des montagnes la nuit pour se ravitailler. Les colons sont-ils complices ? Bigeard distribue des treillis et des armes aux fils de fermiers riches. Il se battront aussi. Le lieutenant Georges Grillot est à ses côtés. Il vient d'apprendre qu'un chef de bande connu dans le djebel, Youcef, est en prison à Tiaret. C'est le fils d'un transporteur de Saïda, un maître des filières du Sud. Avec Youcef, Grillot sait qu'il pourra démonter le dispositif ennemi sur les lignes du trafic Maroc-Colomb-Béchar, Oran-Alger. Il entraîne Youcef et cinq autres prisonniers libérés sur une colline qui domine Saïda. L'officier laisse son colt accroché au piquet de tente. Il prend le risque de dormir seul et sans armes au milieu des musulmans auxquels il a parlé de De Gaulle et de l'Algérie nouvelle. Le lendemain il est vivant. Les hommes l'ont accepté. Le commando Georges est né.

Le lieutenant applique une méthode qu'il a rodée en Indochine : faire la guerre avec des rebelles retournés. Les premiers harkis font des émules : beaucoup demandent à s'engager. Grillot a quatre-vingts soldats, puis cent vingt, et finit par refuser du monde. Sur l'oriflamme du commando, il a fait broder les mots : « Chasser la misère ! » Il choisit des hommes sûrs, qui ont l'expérience de la guerre, et leur confie les armes les plus modernes. Les habitants de la ville ou de la région sont recrutés les premiers : ils sauront reconnaître l'adversaire, mais surtout faire le tri, dans le village, entre les correspondants de l'organisation politique et administrative du Front et les autres. En peu de temps, l'OPA de Saïda est anéantie. Plus de collecteurs, plus de ravitaillements, plus de caches. Le commando gagne les villes de la « filière », où Grillot dispose de renseignements sûrs, que Youcef a recueillis. Il embarque un caméraman de la télévision, Alain Darchy, dans un de ses soixante camions pour une « chasse » qui durera trois jours et trois nuits. On dort sous la tente dressée au milieu des touffes d'alfa. Une autre opération permettra de débusquer le commando de Mohammed Cheikh, qui cherchait à s'infiltrer dans Saïda pour terroriser la population par des attentats, le 14 juillet : le chef frontiste sera arrêté. Un commando baptisé « Cobra » est constitué dans le secteur par le lieutenant Gaget du 8e régiment d'infanterie de marine.

L'ensemble de l'Oranie est alors repris en main par Challe qui a lancé sa première offensive. En regroupant vingt mille hommes de réserve, il s'est donné les moyens de faire intervenir des troupes d'élite sur n'importe quel point menacé de la zone. En quelques minutes, trois bataillons de réserve peuvent être acheminés, grâce à une rotation très rapide des hélicoptères. La méthode Challe est rodée en Oranais, du 10 février au 30 mars : le général a décidé d'éliminer l'ennemi d'ouest en est, en l'attaquant zone après zone.

Le bouclage des barrages est essentiel à la réussite du plan. Il a été largement réalisé pendant l'année 1958 : de janvier à mai, la « bataille des frontières » a engagé vingt et un régiments français sur la ligne Morice. De durs combats ont été livrés à Duvivier et à Tébessa en février. Du 23 avril au 3 mai, l'ALN a perdu la région de Souk-Ahras : 620 morts et de nombreux blessés. L'ensemble des opérations menées alors à la frontière algéro-tunisienne s'est traduit par l'élimination de six mille djounouds : le barrage a fait la preuve de son efficacité. Il a été complété, sur le front ouest, par un aménagement des Ksours. Une ligne fortifiée a été entreprise dans cette région vitale du sud des confins du Maroc et du Sahara en août 1957. Elle a été prolongée en 1958 par une haie électrifiée de 187 kilomètres qui permet de joindre la zone saharienne. Les lignes sont surveillées par des stations de radars-canons, renforcées par des réseaux minés, précédées de bandes de terre hersée qui trahit les pas des rebelles. Des engins de hersage patrouillent de jour et de nuit le long de la ligne. La haie électrique est soumise à une tension de 5 000 volts, alimentée par des stations construites spécialement. Les forces armées (infanterie et artillerie, éléments de blindés) sont disposées en avant ou « en herse » sur le barrage. Sur le seul barrage des Ksours, un régiment de la Légion, deux bataillons d'infanterie et un commando de marine sont tenus en réserve pour être héliportés en cas de franchissement. Un groupe d'artillerie est prévu pour l'appui-feu. Des compagnies d'infanterie de marine et des escadrons montés sont chargés de l'« interception arrière ». Les onze compagnies du génie, les électromécaniciens, les transmissions assurent la garde et l'entretien des installations. Un réseau de pistes a été tracé le long de la ligne pour faciliter les interceptions : des projecteurs puissants empêchent les franchissements de nuit. On a doublé la ligne électrifiée sur certains parcours.

En mai 1958, on a décidé de renforcer la ligne Morice à l'est en installant un second barrage le long de la frontière. Cet ouvrage avait pour but d'interdire le trafic d'armes et de protéger la ligne de chemin de fer des phosphates et des mines de fer et de plomb de Bône à Tébessa, aire économique vitale de l'Algérie. Le barrage ainsi construit s'étend de Bône jusqu'au sud de Négrine. Le nouveau barrage « avant-nord » ne comportera pas de champs de mines : on avait peur que l'ennemi ne les récupère pour les replacer à son profit. Derrière l'unique ligne électrifiée, la route à grande circulation Cap Roux-Souk-Ahras permet, sur 150 kilomètres, de faire circuler les engins blindés et l'artillerie. A certains endroits, les dix escadrons blindés de surveillance passent à 500 mètres des lignes ennemies. Dix compagnies d'infanterie portée sont également à pied d'œuvre, avec cinq sections d'artillerie. La partie sud du barrage initial, de Tenoukla à 20 kilomètres au sud de Négrine, se confond avec le barrage avant. Les deux lignes (avant et arrière) sont reliées par un réseau de pistes de manœuvre. Pendant toute l'année 1959, le génie travaillera à la réalisation de ces ensembles : le « barrage des centres miniers » sera achevé en mars, protégeant les mines d'Ouenza, Bou-Kadra (de l'hématite pour le futur complexe sidérurgique de Bône), les phosphates du Kouif, le fer du Khanguet. Le barrage avant-nord ne sera achevé qu'en octobre. L'ensemble fortifié permettra la mise en place de l'oléoduc Hassi Messaoud-Bougie : pendant l'année 1959, l'ALN ne pourra entreprendre aucune action contre cet immense chantier. Les barrages rempliront parfaitement leur office.

Dès janvier 1958 Salan avait créé une unité spécialisée dans la contre-guérilla dans chaque zone : cette compagnie légère avait pour mission d'agir à l'improviste, de recueillir des renseignements dans les douars pour le repérage et la poursuite des unités éclatées de l'ALN dans le djebel. Quatre compagnies étaient déjà en opération au moment où Challe prit son commandement. Comment n'aurait-il pas pris appui sur ces unités, lui qui prétendait ne laisser aux adversaires « ni le djebel, ni la nuit » ?

Il baptise ces unités spéciales les « commandos de chasse ». Sur le terrain, le lieutenant Grillot avait fait la preuve qu'on pouvait y engager, à la manière indochinoise, des musulmans. Les officiers auraient la liberté, que Bigeard avait accordée à Grillot, de choisir eux-mêmes leurs hommes, leurs sergents, leurs harkis. Le but était de « coller aux katibas », de les suivre à la course dans la montagne ou de les débusquer dans les douars. En ne laissant à l'ennemi aucun repos, les commandos de chasse l'obligeraient à se rendre. Ils pourraient compter, comme les djounouds, sur des caches de ravitaillement ménagées sur leurs parcours, et s'assureraient ainsi une autonomie opérationnelle d'une ou deux semaines. Par radio, ils demanderaient l'appui de l'aviation ou de l'ALAT (aviation légère de l'armée de terre) s'ils accrochaient une forte bande. En avril, soixante-quatorze commandos de chasse sont en action, dix en formation. La proportion des musulmans varie d'un quart à 40 %. Challe avait demandé au général de Gaulle, avant de prendre son poste, le recrutement de 60 000 harkis. Il n'en dispose encore que de 26 000.

Au début de son exposé de la situation au président de la République au PC Artois, le 30 août 1959, Challe assure qu'« il se trouvait [à son entrée en charge] devant des effectifs *non augmentables* ». Le pouvoir politique avait déjà pris le parti de ne pas accroître la présence militaire en Algérie. Bien que la Tunisie et le Maroc eussent été partiellement évacués en 1958 (sauf Bizerte et les bases marocaines), le retour des premières classes en métropole, la garniture nécessaire du Sahara en postes militaires imposaient des restrictions : on pouvait compter sur 380 000 hommes (et non 500 000), un millier d'avions, des petits bateaux de surveillance maritime et une centaine d'hélicoptères lourds. Pour tenir les plaines de l'« Algérie utile », mais aussi pour courir les djebels, Challe a donc besoin d'au moins 30 000 harkis supplémentaires qui auront pour but non seulement de reconquérir le djebel, « mais d'y demeurer ».

Pour lancer sa grande opération de nettoyage en Oranie, il a besoin de nouvelles troupes : cinq régiments pour traiter l'ensemble des effectifs d'une wilaya, ce n'est pas suffisant. D'autant moins que sa stratégie consiste à pacifier entièrement l'Atlas tellien sans relâcher la surveillance des plaines, avant d'amorcer la lutte anti-guérilla dans l'Atlas saharien, région vitale, permettant à la fois de couvrir le Nord et de surveiller le désert. Il a déjà été contraint de retirer la 7e DMR de la région algéroise. Il est temps que la population musulmane « prenne activement part à la lutte ». Les harkis de l'autodéfense doivent eux-mêmes partir en opération, sous peine de laisser les wilayas reconstituer leur dispositif. « Vous avez vu, disait Challe à de Gaulle, que Bigeard, commandant de secteur dynamique et efficace, n'est cependant pas encore parvenu à rétablir la confiance totale dans la population ; chez lui, l'OPA qu'il décapite périodiquement en est à la sixième génération. Si nous continuons ainsi, nous y serons encore dans vingt ans. »

Les paroles de Challe ne sonnent pas comme un bulletin de victoire. Il s'inquiète de la résistance des barrages qu'il a dégarnis de troupes. Belkacem Krim, le 24 août, a lancé un ordre d'attaque générale et permanent. Comment faire face ? Les résultats en Oranie « sont encourageants mais pas définitifs ». Toutes les unités de la wilaya ont été accrochées : elles n'ont perdu que la moitié de leurs effectifs et peuvent se reconstituer. Pour les en empêcher, il faut laisser sur place des commandos de chasse renforcés.

On exige donc de l'armée un effort accru avec des effectifs restreints. « J'ai demandé, dit Challe, au corps d'armée d'Oran [...], à celui d'Alger [...] de se livrer à *l'exercice difficile* [souligné dans le texte] consistant, tout en me livrant quelques unités pour mes réserves générales, à se dédoubler en montant dans les djebels et à y demeurer, tout en continuant à tenir les plaines. *Ils l'ont fait.* » Malgré ses 380 000 hommes, le général considère donc que la pacification du djebel implique une gymnastique d'équilibriste de la part des responsables, une fatigue accrue de la troupe. Jamais l'armée d'Algérie n'a été soumise à plus dure besogne. Trois divisions entières (soit 25 000 hommes) sont en effet utilisées à plein rendement : la 10ᵉ et la 25ᵉ DP, la 11ᵉ division d'infanterie. Il serait faux de croire que ces unités d'élite supportent seules l'effort de guerre : un grand nombre de régiments montent aux barrages une garde dangereuse, et sont constamment accrochés par les bataillons rebelles : les pertes les plus régulières de l'armée française proviennent de ces zones.

Après les opérations conduites par les régiments des réserves générales, l'armée reste engagée dans la surveillance des axes de circulation et des points sensibles. Elle doit constamment répondre à des embuscades et des attentats. Le 1ᵉʳ spahis, unité d'élite et de tradition (c'est le régiment de Médéa), ne se contente pas de surveiller la « route nationale n° 1 » de l'Algérie qui descend vers Laghouat par Djelfa : il contrôle les mechtas et poursuit les rebelles dans le douar Mefhta pour un escadron, le secteur de Boghari pour un autre, pendant que le troisième patrouille dans le djebel Bou Djila.

Le 3ᵉ de chasseurs d'Afrique est inspecté le 15 mai par le général Renaudeau d'Arc impatient de reprendre en main et d'assigner à des tâches modernes cette unité blindée aux exceptionnelles performances, dotée en Allemagne du premier armement atomique : le lieutenant Soisson présente sa harka du 3ᵉ escadron. Chacun des trois escadrons du régiment dispose ainsi de groupes supplétifs musulmans qui constituent un commando de chasse encadré par les officiers français. On recrute également ces unités dans les régiments de la Ligne et de la cavalerie, et non seulement dans les bataillons de parachutistes. La révolution apportée par Challe, c'est de contraindre les troupes de secteur à poursuivre constamment l'ennemi, de nuit comme de jour, grâce aux commandos de chasse.

Comme les spahis, les chasseurs patrouillent sur les routes et les pistes en engins blindés de reconnaissance, mais ils doivent mettre pied à terre pour fouiller le djebel, partir à la poursuite des groupes de l'ALN. Comment Challe entend-il l'"action psychologique" ? Le rapport du général-inspecteur n'en fait pas mystère : « Dans une région extrêmement contaminée et au milieu d'une population que [le régiment] connaît maintenant très bien [un long stage dans le même secteur est en effet indispensable pour rendre une troupe efficace] les résultats de "l'action psychologique" se traduisent par la formation de cinq harkas groupant cent cinquante hommes et un début d'organisation de village en autodéfense qui doit s'étendre rapidement. »

L'émulation est vive entre les officiers, et le général Renaudeau d'Arc est tellement étonné de voir un jeune énarque, chef de harka, « rempiler » pour six mois qu'il le note dans son rapport. A quoi tient le succès du régiment ? Au nombre et à la qualité de ses cadres. Le rapporteur en est conscient, il n'est pas loin de le regretter. Il demande « qu'un sureffectif en sous-officiers ne vienne pas lui apporter un avantage supplémentaire et soit résorbé au profit de corps assumant des tâches aussi lourdes, et infiniment moins favorisés » : Renaudeau d'Arc songe aux unités d'infanterie voisines, qui souffrent d'un manque cruel d'officiers et de sous-officiers. Dans ces unités-là, on ne « rempile pas ». On attend « la quille » (le jour de la libération) avec une impatience non dissimulée.

Les pertes sont nombreuses au 3e chasseurs. En 1959, tombe le maréchal des logis d'Auber de Peyrelongue, à qui le colonel de La Morsanglière décerne, à titre posthume, la médaille militaire. Pas de bataille rangée, des accrochages constants avec de tout petits groupes de djounouds. L'action la plus diffuse, celle de l'OPA, oblige les chasseurs à la vigilance : en mai, 1 200 orangers sont coupés au domaine Pello de l'Arba (nous sommes à moins de vingt kilomètres au sud d'Alger). On tire sur des fuyards, probablement des agents de l'Organisation. Les chantiers qui construisent les pistes sont attaqués la nuit, et doivent être protégés. Le triangle d'ancienne colonisation, Alger-Blida-l'Arba, est constamment en butte aux exactions des « rebelles », malgré la « pacification ». Les actions des commandos terroristes, rendues impossibles dans la capitale, se sont déplacées dans la Mitidja. A Rivet, le 26 mai, un chauffeur de taxi musulman est assassiné. Avait-il refusé de payer l'impôt ? L'Arba est un important carrefour stratégique : la route du sud, d'Alger à Bou-Saada dans les Ouled Naïl, croise à l'Arba la route qui conduit d'Orléansville à la Kabylie par les gorges de Palestro.

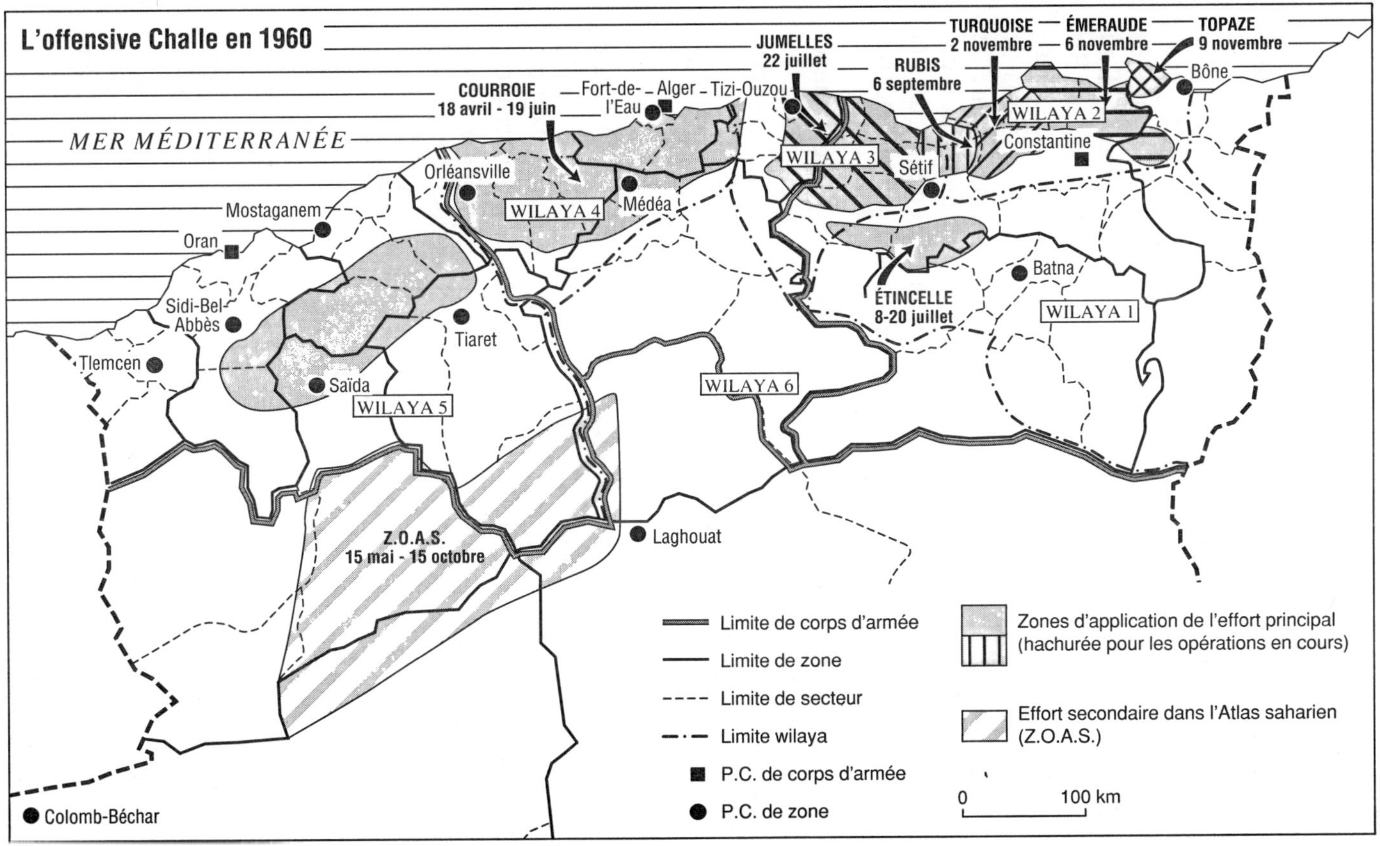
L'offensive Challe en 1960
TURQUOISE
2 novembre
ÉMERAUDE
6 novembre
TOPAZE
9 novembre
JUMELLES
22 juillet
RUBIS
6 septembre
Bône
COURROIE
18 avril - 19 juin
Fort-de-
l'Eau
Alger
Tizi-Ouzou
WILAYA 2
MER MÉDITERRANÉE
Constantine
WILAYA 3
Sétif
Orléansville
WILAYA 4
Médéa
Mostaganem
Oran
ÉTINCELLE
8-20 juillet
Batna
Sidi-Bel-
Abbès
WILAYA 1
Tiaret
Tlemcen
Saïda
WILAYA 6
WILAYA 5
Z.O.A.S.
15 mai - 15 octobre
Laghouat
Limite de corps d'armée
Limite de zone
Limite de secteur
Limite wilaya
P.C. de corps d'armée
P.C. de zone
Zones d'application de l'effort principal
(hachurée pour les opérations en cours)
Effort secondaire dans l'Atlas saharien
(Z.O.A.S.)
0
100 km
Colomb-Béchar

Challe est contraint par son plan d'opérations de couvrir et de verrouiller les barrages en faisant appel aux meilleures unités. Pendant l'été, le régiment prend la route de la frontière tunisienne, sur ordre de Challe, en même temps que toute la division. Les EBR patrouillent le long de la ligne Morice, sautant fréquemment sur des mines. De Tébessa, les unités poussent des reconnaissances jusqu'au village frontière de Bou Chekra et couvrent la piste qui gagne Négrine au Sud, par Bir el-Ater, au pied des Nemencha. La « herse » est effectuée quotidiennement le long de la ligne électrifiée par les pelotons de chasseurs, qui remorquent en half-tracks les lourds engins. Le maréchal des logis Rodet trouve la mort en opération. Les escadrons de herse sont en effet harcelés par des tirs de mortiers et des mitrailleuses de l'ALN qui dispose d'un armement moderne et de bunkers installés en Tunisie.

Challe nettoie ensuite la cuvette du Hodna, région de contact entre les Kabylies et les Aurès (opération « Étincelle »). Le général indiquera lui-même que cette offensive avait trompé l'ennemi qui l'attendait en Kabylie, et que l'aviation avait joué un rôle essentiel dans le repérage, l'attaque et la poursuite des katibas de l'ALN.

Depuis 1954, les postes de commandement air (PCA) se sont multipliés en Algérie et au Sahara, ainsi que les GATac (groupements aériens tactiques), pour accueillir les vieux bombardiers B 26 de la dernière guerre (deux groupes), une escadrille de chasse de nuit, quatre escadres dotées de chasseurs à réaction rapides, les Mistral, de F 47 et de Skyraiders, achetés à l'aéro-navale américaine. Les Dassault 311, 312 et 315 servent à la reconnaissance et au mitraillage. Ils tirent des missiles et déploient la nuit un feu d'artifice de « lucioles » pour permettre à l'infanterie de poursuivre les djounouds en déplacement. Challe utilise les avions de transport américains Dakota et les français Nord Atlas pour transporter les régiments à pied d'œuvre. Il compte aussi sur les deux escadres d'hélicoptères lourds mises au point par le colonel Félix Brunet. Parmi les mille avions du général en chef, un quart sont des T 6, les passe-partout, capables de mitrailler les djebels sans relâche, maniables et insistants moustiques, bien vulnérables pourtant. Les cent soixante-quinze hélicoptères armés par les soins de Brunet crachent le feu à quelques mètres des taillis. Même s'ils sont fréquemment endommagés et détruits par les fusils-mitrailleurs ennemis, ils sont le moyen d'action principal des chasseurs de djebels. Sur la base de Telergma (sud-ouest de Constantine), la plus importante, les généraux et les colonels sont des anciens de la Seconde Guerre mondiale, les capitaines sont passés par l'Indochine, mais les pilotes sous-lieutenants sortent de l'École de l'air et ne connaîtront que l'Afrique du Nord : dans la promotion du général Lucien Robineau (alors sous-lieutenant à Telergma), huit pilotes mourront. Entraînés aux États-Unis en trois mois par des pilotes « aguerris en Corée », ces jeunes gens avaient rejoint la 7e escadre basée en 1954 à Sidi-Ahmed près de Bizerte. Ils avaient volé sur Mistral, cette version française du Vampire britannique, auquel des moteurs plus puissants donnaient « des fourmis dans les ailes ».

Ils avaient appris à déverser les lourdes bombes et les « bidons spéciaux », à tirer au canon de 20 millimètres. Les Mistral attaquaient à une vitesse de 110 kilomètres à la minute, ils atteignaient en une demi-heure Telergma, en une heure Alger, mais ils ne pouvaient tenir l'air plus de deux heures, malgré le renfort des réservoirs sous les ailes. Les six escadrons opéraient tous les jours en Algérie à partir de leurs bases de Bizerte (7e escadre), Rabat (8e) et Oran (6e). Ils se posaient à Telergma à tour de rôle, pour opérer ensuite dans la région. Un 7e escadron dans la 20e escadre d'Oran vint plus tard s'ajouter au dispositif. Dans le « monastère », le « porte-avions des sables » de Telergma, les adjudants-chefs touillaient le matin dans un énorme chaudron la sauce au napalm des « bidons spéciaux ». Les pilotes prenaient les commandes dans des cabines surchauffées (ils perdaient un kilo d'eau par jour dans les cockpits où les crayons gras fondaient sur les cartes), ils tiraient « sur tout ce qui bougeait » dans les zones interdites, protégeaient les « hélicoptères », intervenaient en « appui-feu » guidés par des Broussard ou des Piper, mais aussi par les roquettes fumigènes des T 6, car « le chasseur lourd n'avait pas la vision du détail ». « En 324 missions, confesse Lucien Robineau, je n'ai vu de "fellaghas" qu'en quelques occasions, dans les paysages dénudés ou désertiques. » Est-ce dans le chott El-Hodna, pendant l'opération « Étincelle », qu'il tomba sur une caravane de mulets et d'ânes, convoi d'armes traversant « un lac salé à peu près sec » ?

Une des missions de l'aviation était l'interdiction du trafic d'armes alimenté depuis la Tunisie. Les trente F 47 de la base d'Oran surveillaient le sud du barrage marocain mais intervenaient aussi dans le Constantinois. Les fragiles Skyraiders (qui s'écrasaient facilement, aussi bien « dans les vignes de la Mitidja que sur les plateaux ») étaient d'agiles « camions à bombes » qui pouvaient remplir des missions de trois heures jusqu'au Sahara. Des avions de service, de reconnaissance et de chasse légère étaient basés sur les PCA nouvellement implantés dans le grand Sud : à la frontière libyenne, à Reggane, site de tir atomique, à Tindouf, El-Moumoir et Tabelbala à la frontière sud-marocaine.

Les avions rentrent à la base les ailes et le fuselage troués par les balles. Les soldats de l'ALN tirent avec des mitrailleuses allemandes MG 42 ou Lewis, avec des fusils-mitrailleurs Brno. Les postes de tir sont surtout situés à l'extérieur, sur la frontière marocaine, mais certaines wilayas organisent des feux de riposte contre les attaques aériennes : les pertes françaises sont sensibles dans les escadrilles légères de T 6 et de Piper. Les hélicoptères souffrent. Dans les états-majors, l'effet des attaques aériennes est constamment discuté : les troupes au sol se plaignent de l'appui souvent dangereux qu'on leur prête. On enquête auprès des prisonniers pour tenter de mesurer l'impact de l'arme aérienne sur l'ennemi : un combattant de l'ALN (wilaya 4, Mintaqua 1, Nahia 2, Kasma 3) racontera que son groupe avait été « surpris par un avion de reconnaissance et immédiatement attaqué » par vingt-neuf avions d'assaut, des T 6 jaunes (appelés jaguars par les djounouds), des Dassault, un B 26 et deux Mistral. La compagnie avait eu 18 morts et 16 blessés. Elle n'avait pu riposter au fusil-mitrailleur. Les « rebelles » auraient alors fait courir le bruit dans la population qu'ils avaient été bombardés « au gaz ». En une autre occasion, le groupe avait été attaqué par des B 26 qui avaient lâché des bidons spéciaux : pas de victimes, mais la forêt avait brûlé. En revanche un mitraillage par T 6 avait causé 9 morts et 14 blessés. Le schéma d'attaque était toujours le même : repérage par Piper, puis attaque de trois ou quatre avions appelés « voyageurs » parce que leurs mitrailleuses et leurs canons étaient fixés sur des hublots.

Les attaques au napalm sont quelquefois meurtrières et répandent la terreur. On redoute les Mistral qui « tirent avant d'avoir été aperçus ». Pour se camoufler, les djounouds se servent de branches ou d'herbes sèches ; il leur est interdit de creuser des trous. Ils se déplacent la nuit pour échapper aux avions, couchent dans les villages, parfois dans la forêt. Ils marchent dès le lever du jour. Les départs se font à 19 heures. Ils ne savent jamais où ils vont. Seuls les chefs connaissent le plan de route. Les ordres exigent de se disperser en cas d'attaque aérienne, par bonds rapides dans l'intervalle du passage des avions. Les combattants restent immobiles pendant l'assaut. Souvent ils se regroupent à quatre, les uns contre les autres. Chacun brandit un branchage au bout de son bras donnant ainsi, de haut, l'illusion d'un arbre. Le camouflage est parfait.

L'ALN intérieure ne dispose pas de spécialistes du tir antiaérien. Elle a peu d'espoir d'armer un jour une aviation de guerre bien que certains jeunes, recrutés parmi les étudiants d'Alger, s'entraînent au pilotage en Égypte et en Syrie. Les rapports du 2e bureau fourmillent d'indications sur l'activité des frontistes en Libye, qui veulent organiser des raids aériens, d'abord pour le transport et le parachutage des armes. Ils n'y parviendront jamais.

Cependant les pertes de l'aviation française sont sensibles, et pas seulement en raison du tir rebelle qui s'améliore constamment sur les barrages. *Le Figaro* (24 mars 1960) publie un violent article mettant en cause les avions de feu destinés à l'Algérie. Pourquoi ne sort-on pas de modèles français ? « De nombreux accidents de T 6, écrit le général Stelhin au ministre Guillaumat, ont été dus à l'obligation d'utiliser ces avions sous-puissants dans les régions montagneuses, et presque toujours en altitude. » Les T 6, les plus vulnérables aux tirs de fusils-mitrailleurs, se « crashent » très fréquemment. Mais le prototype français Épervier, prévu pour leur remplacement, coûte trop cher : 120 millions pièce et, en 1958, nous apprend le général, « on jouait officiellement la fin de la guerre d'Algérie pour le 1er juillet 1959 » (directives du 21 novembre 1958). On imaginera, devant la prolongation du conflit et après la nomination de Challe, d'acheter aux États-Unis des T 28 B, formule améliorée du T 6. Ils ne coûtaient que 40 millions. Les Skyraiders qui leur seront finalement préférés revenaient à 36 millions pièce. On envisagera ensuite de pousser la fabrication de prototypes assurant « dans des conditions acceptables le soutien des opérations en Algérie après 1963 ». Les responsables de la fabrication d'avions de guerre sont donc passés d'une optique de pacification rapide (1959, dernier carat) à l'hypothèse d'une guerre longue.

Après l'Oranie, Challe s'intéresse au secteur central, de l'Algérois aux monts des Ouled Nail, prolongés à l'est par les monts du Hodna : en face de ces chaînes serrées, rocailleuses, inhospitalières, une autre chaîne, celle des Biban, descend sur la mer, de Bougie à Dellys. Cette région compartimentée, proche d'Alger, protégée par son relief, abrite en permanence des petits groupes armés de l'ALN. Challe a décidé d'y porter le fer sans plus attendre.

A Bordj-Bou-Arreridj, entre le Hodna et les Bibans, commande le colonel Buis. Il sait que le secteur doit être purgé des rebelles, parce qu'il se trouve sur le tracé du futur pipeline d'Hassi Messaoud à Bougie. Il doit aussi interrompre la filière du FLN qui suit le tracé d'une antique route berbère et gagne la Tunisie par les monts du Hodna. Avec Maisonrouge, posté à Aumale, dans les Bibans, Buis monte des opérations efficaces de bouclage, saisit des groupes, démantèle l'OPA, découvre des hôpitaux clandestins du FLN. Cet ancien officier de Leclerc, qui a chassé de son secteur les unités DOP (les détachements opérationnels de protection chargés d'obtenir le renseignement par la torture, présents dans tous les secteurs), mène une guerre classique, sans se soucier des directives du 5ᵉ bureau. Il est assez heureux pour réussir une opération (avec l'aide du 1ᵉʳ RCP du colonel Cousteau, des réserves générales) dans le djebel Mansoura en capturant un proche d'Amirouche, le chef de la wilaya 3 : 73 djounouds sont tués à cette occasion, les paras ayant été aidés par l'aviation qui a « napalmisé » le village où étaient embusqués les soldats. Le 28 mars, un autre secteur, celui de Bou-Saada (au sud-ouest du chott El-Hodna), reçoit le renfort exceptionnel du 6ᵉ régiment parachutiste de l'infanterie de marine (l'ancien 6ᵉ RCP) commandé par Ducasse. Une opération est aussitôt organisée, avec les renforts des alentours. La région est bouclée, l'aviation intervient, les paras montent à l'assaut. Les Français sont 2 500 au combat, les djounouds, une quarantaine. Ils sont presque tous massacrés. On interroge les survivants. Ils apprennent à Ducasse que Si Haouès et Amirouche, les chefs des wilayas 6 et 3, figurent parmi les morts.

Les photographes de presse, aussitôt alertés, l'apprennent au monde entier.

Encouragé par cette capture, mais angoissé par la présence de bandes aussi importantes dans des secteurs stratégiques et proches d'Alger, Challe décide à la mi-avril d'écraser la wilaya 4 sous un véritable rouleau compresseur. L'opération « Courroie » engage de nombreuses unités aux côtés des troupes de la réserve générale. Oussedik Boualem et Si Mohammed, qui commandent les katibas, prennent des dispositions pour faire éclater les groupes. Les Français parviennent cependant à surprendre de nombreuses unités, tuant 2 200 adversaires. Des moyens lourds ont été réunis : l'aviation intervient sans cesse. Les monts du Hodna et la chaîne du Biban sont pacifiés, autant qu'on puisse en juger par le silence des routes et des campagnes. Les maquis ne sont plus alimentés en armes.

Pourtant Ben Khedda, Dahlab et Mahmoud Cherif, représentants du Front à l'extérieur, se sont rendus à Pékin. Ils avaient été reçus triomphalement, dans une aérogare décorée aux couleurs algériennes, par Chen Yi et Chou En-laï et avaient obtenu deux milliards de crédits d'armements, des mortiers, des mitrailleuses, et même des canons de 75 sans recul. Mao Tsetoung les avait remerciés de « l'aide que la révolution algérienne lui apportait en mobilisant six cent mille hommes du pacte de l'Atlantique ». Ho Chi-minh, leur recommandant de rester unis, les avait assurés à Hanoi de l'aide morale de la République du Viêt-minh.

Mais les armes chinoises ne peuvent être livrées en Algérie qu'au prix des pires difficultés : la marine française veille. Huit bâtiments prennent la mer tous les jours, sans compter des centaines de petites embarcations ; les avions, dix heures par jour, surveillent les côtes. Le *Slovenija*, au début de 1958, avait déjà été arraisonné avec 7 000 tonnes d'armes. D'autres grosses prises suivront, empêchant les cargos venus de Yougoslavie, de Syrie ou d'Égypte d'aborder. Il faut attendre novembre 1960 pour que le *Bulgaria*, échappant aux contrôles, parvienne à livrer l'équivalent de vingt-cinq camions bourrés d'armes.

Les barrages terrestres n'empêchent pas complètement les caravanes de passer. Quelques-unes réussissent à s'infiltrer par le sud. Mais elles ne fournissent que la wilaya 1. Les autres ne sont plus approvisionnées. Au Caire, le docteur Lamine Debaghine accuse les « colonels » de négliger, de leurs « palaces » de Tunis, l'intendance de la révolution. Les armes s'entassent dans les camps tunisiens, sans pouvoir pénétrer à l'intérieur.

L'action diplomatique et politique n'est pas moins négligée. Ahmed Francis, au nom de Ferhat Abbas, s'indigne d'être écarté de la direction. Il forme, avec ses amis, comme un « deuxième collège » qui compte s'appuyer sur les jeunes chefs de wilayas, Si Lakhdar et Si Mohammed, les patrons de l'Algérois, pour renverser la tendance au GPRA.

Depuis la mort d'Amirouche, les divisions internes ravagent la wilaya 4, où les purges se poursuivent pour éliminer les étudiants, les lycéens, les intellectuels venus d'Alger. Si M'Hammed disparaît sans laisser de trace. Si Mohammed, Yiayia et Oussedik Boualem s'efforcent de faire cesser les règlements de comptes. Boualem part pour la Tunisie afin de plaider la cause des combattants de l'intérieur, découvrant au passage les convulsions qui agitent la wilaya 3 de Kabylie.

L'offensive française est sans merci. Les blindés bloquent les routes et les unités de la 10ᵉ DP du général Gracieux mènent la danse. Massu a donné des directives pour l'anéantissement de l'adversaire. Il ne faut pas subir sa loi « en lui laissant attendre la nuit ». L'assaut sera donné « sous une forme brutale excluant tout excès de prudence ». La troupe doit se lever d'un bond, et se précipiter sur l'adversaire « sans arrêt jusqu'au corps à corps ». Il ne faut pas négliger, explique Massu (prenant l'exemple des fantassins de Giap en Indochine), « l'effet produit sur l'ennemi par une troupe qui donne l'assaut baïonnette au canon et en poussant des cris ».

Gracieux avait diffusé une singulière directive à la fin de février, avant le déclenchement de l'opération « Jumelle », recommandant aux officiers de ne pas se reposer sur le 2ᵉ bureau ou les DOP pour la recherche du renseignement. Les cadres de la division (c'était un rappel de son action à Alger) avaient toujours « porté un intérêt particulier au renseignement ». Il était nécessaire de revenir à ces méthodes, pour alimenter en pistes exactes les nouveaux « commandos de chasse ». Les unités d'intervention devaient rechercher « le renseignement d'exploitation immédiate » avec leurs ressources propres.

Il était également nécessaire, expliquait-il, de « diversifier les procédés ». Par exemple, « oubli d'une unité au cours du démontage d'une opération, informateurs, groupes d'observation dans des zones-refuge ». « Une sélection rigoureuse s'impose », avait dit le général, pour choisir les « personnels ». Il faut éviter les « imprudences » qui pourraient avoir « des conséquences graves ». Gracieux souhaitait que certains groupes fonctionnent avec autant d'efficacité que le bataillon du 11e choc du capitaine Léger. Des régiments, dès le mois de mars, avaient travaillé en compagnies devenues « commandos de chasse », nomadisant dans les djebels. Pour elles, le travail n'était donc pas nouveau : désormais, elles ne seraient plus seules à coucher à la belle étoile...

Comme l'adversaire, les paras utilisent les mechtas abandonnées, les abris, et même les touffes d'alfa dans les plateaux du Sud pour se reposer sans éveiller l'attention. Ils n'allument pas de feu, mangent froid, marchent très rapidement. Les évacuations de nuit des blessés se font par hélicoptère sur l'hôpital d'Orléansville. Les médecins se plaignent en avril du mauvais état physique des parachutistes surmenés. Ils souffrent de furonculose, de suppurations cutanées, parfois de typhoïde. L'opération « Oranie » à peine terminée, les hommes de la 10e DP ont été engagés dans « Étincelle ». Ils ont enchaîné, en juillet, avec « Jumelle ». Quatre régiments doivent demeurer en permanence dans la région, décidera pourtant Challe le 21 septembre. Le poste de commandement des parachutistes sera symboliquement situé dans la forêt d'Afkadou, « au cœur des anciens refuges rebelles ». Il est essentiel d'empêcher le FLN de se reconstituer. « L'assassinat de civils sans défense, dit le général en chef, est son arme préférée. Armons les civils pour qu'ils se défendent. »

L'opération durera deux mois. Elle fonctionne sur renseignements, avec la participation d'un grand nombre d'unités de la réserve générale (les cinq régiments et le groupe d'artillerie de la 10e DP), trois de la 25e (18e RCP, 8e RP d'infanterie de marine, 1er régiment de hussards parachutistes), trois unités de la Légion (3e et 5e REI, 13e DBLE), trois commandos de l'air, un bataillon de marche de la demi-brigade des fusiliers marins. Trois bataillons de tirailleurs furent engagés (le 5e, le 21e, le 29e) ainsi que quatre DIH d'hélicoptères de l'armée de l'air et de l'ALAT. Le renseignement était centralisé aux PC Ouest et Est constantinois. Le PC Artois coordonnait l'ensemble. A partir du 17 août, Challe avait compris l'inefficacité des opérations en force contre un adversaire éclaté ; il recommanda alors « le travail de surface » contre des unités adverses devenues « fluides ». Le renseignement était d'autant plus déterminant.

Plus de 2 200 « rebelles » devaient être tués en deux mois, et plus de 1 000 faits prisonniers. On n'enregistra pourtant que 149 ralliements.

Impossible dans ces conditions de se dissimuler qu'en dépit des effectifs engagés, 60 % des « rebelles » couraient encore le djebel. « Les actions entreprises, expliquait un rapport signé du colonel Mayer, adjoint opérationnel de Gracieux, sont régulièrement tombées dans le vide, les renseignements étant trop imprécis ou trop anciens. » L'adversaire s'était « évanoui ». « Il faut noter, affirmait le colonel, la valeur très inégale des officiers de renseignement de secteur » et « l'intérêt trop faible manifesté par certains commandements à la recherche du renseignement » (c'était le cas des unités de la 25e DP qui n'avaient jamais été engagées dans la bataille d'Alger). Il y avait « trop d'archivistes et trop peu d'officiers opérationnels ». Les unités de la réserve générale n'avaient guère pu compter sur les commandements territoriaux, trop faiblement étoffés pour les aider dans leurs actions. Ils ne disposaient pas de services de transmission efficaces. On déplorait la lenteur des travaux de pistes qui avaient été entrepris trop tard : l'armée ne pouvait encore pénétrer commodément dans les massifs, même si les parachutistes étaient entrés « dans des douars réputés irréductibles ». Le colonel Mayer semblait peu confiant dans l'avenir : « Il faut souhaiter, disait-il sobrement, que les secteurs auront les moyens de poursuivre cette tâche après le départ de la 10e division parachutiste. » Seuls les commandos de chasse pouvaient prendre valablement la relève.

Pourtant le renseignement n'avait pas été négligé, loin de là : les DOP fonctionnaient à plein régime. On utilisait aussi d'autres méthodes : le capitaine Léger, du 11e choc, avait été nommé à la compagnie musulmane du 3e régiment de parachutistes de marine. Il manqua de peu le trésor de guerre de la wilaya 3 en utilisant ses techniques habituelles : ses hommes, habillés en djounouds, étaient entrés dans les villages en faisant des signes de reconnaissance. Nourris et cachés par les responsables de l'OPA, il leur avait alors suffi de remonter les filières par les moyens traditionnels.

Devant l'emploi de ces méthodes de choc, les paysans s'étaient « ralliés », souvent de mauvais cœur, pour se placer du côté du vainqueur. Ils avaient eu dès lors intérêt à accepter les armes que leur offraient les Français et à s'organiser en autodéfense pour éviter les représailles du FLN. Cette généralisation des « autodéfenses » risquait de rendre impossible la survie des petits groupes éclatés de l'ALN. Aussi avaient-ils eu recours à leur tour à la terreur pour retourner les villages que Léger s'était acquis par ses méthodes. L'exécution en série des « traîtres » était devenue indispensable. Elle avait achevé d'endeuiller les malheureuses communautés kabyles.

Tous les moyens étaient bons pour recruter des musulmans et les persuader de changer de camp : une note de service du 1er juin 1959 affirma qu'il importait « de multiplier la création de harkas ». Au nombre de 28 000 à la fin de 1959, les harkis allaient rapidement doubler l'année suivante. Ils étaient recrutés même à Paris, sur le territoire de la wilaya 7. On engagea aussi, pour défendre les villages, plus de 20 000 moghaznis mis à la disposition des 661 SAS et des 27 SAU. On en comptait déjà plus de 8 000 en janvier 1959. On en armerait deux mille de plus.

Pour recruter, il fallait compromettre, plutôt que persuader. Même le portrait de De Gaulle ne faisait plus recette. Pourtant l'enthousiasme révolutionnaire avait baissé. Les villages, qui accueillaient volontiers les émissaires du Front en 1956, avaient été déçus. Il est vrai que le FLN avait refusé d'engager les jeunes parce que les fusils manquaient. On les avait ainsi abandonnés à la répression sans leur fournir les moyens de se défendre. Avant de recruter les villageois, on les contraignait à faire leurs preuves en exécutant un adversaire. Certains, qui avaient accompli l'acte, n'étaient pas recrutés pour autant : ils risquaient d'être arrêtés sans aucun bénéfice. D'autres se refusaient à commettre un crime dont la nécessité n'était pas évidente. Par la suite, le refus d'engager de nouvelles recrues s'expliquera par le désir des katibas de ne pas partager leur pouvoir politique avec des gens peu sûrs, susceptibles, en raison de leurs origines, d'être retournés par les Français. Les interdits (fumer, chiquer, boire de l'alcool) s'étaient exagérément multipliés. On avait obligé les paysans à tuer leurs chiens à coups de pierre et de bâton pour qu'ils ne signalent pas, la nuit, le passage des djounouds. Ceux qui acceptaient de se rendre aux urnes dans les camions de l'armée française et même ceux qui touchaient leurs pensions d'anciens combattants étaient coupables. Il suffisait que les Français imposent à quelques hommes d'un village de prendre la garde pour qu'ils soient condamnés. Ceux qui avaient été vus avec des militaires risquaient la mort. Ils cherchaient naturellement protection et s'engageaient comme supplétifs.

Dans certains cas, le FLN avait composé avec les villages qui se rendaient par lassitude : si les responsables de la communauté acceptaient de payer l'impôt, le double jeu était admis. C'était l'exception : les Français n'eurent pas besoin de généraliser les méthodes de menace ou de chantage familial pour recruter, les abus du FLN et la terreur des populations compromises suffirent à favoriser la levée des groupes d'autodéfense, en particulier chez les jeunes gens à qui le FLN — comme l'administration française — interdisait de partir en France pour travailler. L'attrait de la solde était efficace, mais la plupart du temps les hommes prenaient le fusil, soit pour venger des offenses antérieures (les viols ou les liaisons avec les femmes des villages étaient très fortement ressentis par les communautés), soit pour prévenir de futurs assassinats. Le FLN était pris lui-même dans l'engrenage de la terreur : s'il est vrai que les Français avaient rejeté dans les rangs de l'ennemi, par les excès de la répression, un grand nombre de musulmans, l'inverse poussait les habitants des djebels à prendre les armes que leur tendait l'occupant pour se défendre contre la « cruauté » des frontistes. Ils avaient contraint, dans le passé, les fellahs à incendier, de 1954 à 1957, plus de 6 000 fermes, à égorger ou à voler plus de 77 000 têtes de bétail, à arracher 13 millions de pieds de vigne, sans compter les orangers coupés et les poteaux télégraphiques abattus. Les villages, une fois les frontistes partis, avaient payé les dégâts, supporté la répression. Dans certains douars, les meurtres accomplis sous l'égide du FLN avaient passé la mesure : plus de 2 000 musulmans de Michelet avaient ainsi été assassinés en trois ans. Quant à l'attrait de la solde offerte par les Français, il était bien compréhensible dans une population qui comptait un million de chômeurs au début de 1960 sur 4,5 millions d'actifs masculins, et 1,6 million de travailleurs agricoles qui ne pouvaient gagner leur vie que 100 jours par an. Les expéditions punitives, l'action des marabouts persécutés par les oulémas expliquaient aussi les engagements dans le camp français qui n'étaient pas des « ralliements » mais des adhésions forcées, pour des mobiles qui n'avaient rien à voir, le plus souvent, avec « la conquête des cœurs ».

Par ces méthodes, l'armée réussit à interdire 385 douars aux envoyés du Front (contre 18 seulement au début de 1957). Dans certains secteurs, la pacification était un succès. L'autodéfense devint la doctrine de l'état-major qui prôna la « musulmanisation » de la guerre comme il avait, hier, favorisé la « vietnamisation ». Certains officiers dénoncèrent les promesses faites sous le couvert de l'action psychologique ; Buis, par exemple, déplora les pratiques du 5e bureau : « Vous allez dans les villages et vous racontez : "Je ne vous abandonnerai jamais." De quel droit ? Il n'y a que le gouvernement de la République qui puisse s'engager pareillement. » Ces promesses étaient d'ailleurs devenues inutiles avec la politique de Challe. Nul besoin d'affirmer la présence française, puisque les musulmans étaient pratiquement contraints de s'engager. Au demeurant, les premiers effets de l'industrialisation, l'importance des chantiers de travaux publics (pipelines, routes et barrages, ouvertures de pistes), militaires et civils encourageaient l'embauche.

La délégation générale put alors se croire engagée dans la bonne voie : le niveau des « exactions » enregistrées avait sensiblement baissé, les chantiers pouvaient être engagés en toute sécurité. Cent nouvelles entreprises avaient déjà ouvert leurs portes en juillet et le pétrole arrivait sur la côte. Trente mille logements étaient en construction, 800 000 enfants étaient scolarisés. Dunoyer de Segonzac, un ancien de l'école d'Uriage, fut appelé par Michel Debré en Algérie pour hâter la formation des jeunes et imaginer des filières nouvelles. Des emplois publics furent réservés aux musulmans, même dans les sanctuaires inviolables de l'inspection des Finances et de la Cour des comptes. On agissait toujours dans la perspective d'une future association.

Michel Debré s'interrogeait : pourquoi la campagne de la presse parisienne contre la torture ne cessait-elle pas ? Pourquoi aurait-elle cessé alors que la presse, dans la Constitution de la Ve République, était l'unique contre-pouvoir et que la télévision et la radio étaient contraintes à la réserve par une « délégation interministérielle » surveillant les antennes ? L'affaire Audin, pendant toute l'année 1958, alimenta la presse d'opposition. Un comité Maurice Audin s'était constitué autour de Pierre Vidal-Naquet, Maurice Crouzet, Luc Montagnier, des assistants de faculté. Mme Audin s'adressa à André Malraux pour que justice soit rendue. En mai, Vidal-Naquet publia un livre blanc aux Éditions de Minuit : il suscita un vif émoi. La Cour de cassation ordonna le 17 avril que l'affaire soit confiée au parquet de Rennes. Le juge se proposa d'entendre Teitgen, Martin-Chauffier, Henri Alleg. Paul Teitgen déclara devant témoins « qu'il avait personnellement la conviction que Maurice Audin était mort ». Alleg avait lui-même déposé une plainte pour torture à partir du camp de Lodi où il était interné. Il avait publié *La Question* en mars 1958 pour décrire son expérience des centres d'interrogatoire. Daniel Meyer, président de la Ligue des droits de l'homme, le soutenait, aux côtés de nombreux intellectuels dont le philosophe chrétien Gabriel Marcel. La saisie du livre parut monstrueuse à l'avocat Maurice Garçon, et la *Gazette de Lausanne* en publia de larges extraits. L'opinion internationale était alertée.

Michel Debré s'inquiétait de cette agitation. Son directeur de cabinet, Racine, lui avait confirmé que le Premier ministre était bien l'autorité dont dépendait l'armée d'Algérie. Qu'il ne fût pas tenu au courant des méthodes encore pratiquées n'était pas normal à ses yeux. Il suggéra au ministre de la Défense, Pierre Guillaumat, de rédiger un projet d'instruction proscrivant la torture. Debré remit ce texte « en mains propres » au général Challe. « Malgré sa réponse évasive : "Que voulez-vous, Monsieur le Premier ministre, je fais la guerre", je lui en prescris la diffusion aux chefs d'unité. » Les collaborateurs de Michel Debré durent intervenir pour que la prescription parvienne au moins jusqu'aux colonels. La commission Patin fut chargée d'en vérifier l'application. Un corps de magistrats militaires fut réuni pour envisager des procédures pénales. On ouvrit les camps d'internement aux missionnaires de la Croix-Rouge. Debré constatera, pour s'en affliger, « que tout ne fut pas réformé » pour autant, et que « voulue par la rébellion, la "sale guerre" continua ».

Pouvait-elle continuer indéfiniment ? Le gouvernement était de plus en plus conscient de la nécessité d'interdire l'emploi des procédés contraires aux droits de l'homme. Les grandes opérations de style « bataille d'Alger » étaient révolues. Subsistait pourtant la torture « opérationnelle » liée à la recherche du renseignement immédiat. Les DOP traînaient encore leurs sinistres installations de secteurs, réprouvés par un nombre croissant de responsables politiques et militaires.

Michel Debré, en dépit des bulletins de victoire émis par les bureaux de Challe, s'inquiétait de l'avenir. Le pays n'accepterait pas longtemps l'implication prolongée du contingent dans une guerre qu'on lui présentait quotidiennement dans la presse comme un ensemble d'opérations répressives. Le temps travaillait contre les Français, et le Premier ministre s'ouvrit du problème au général en chef qui lui avait demandé deux ans de délai, et peut-être davantage. « Si la paix ne vient pas, notait Debré dès février 1959, je suis certain que le soutien de l'opinion fera défaut même au général de Gaulle. » Il signa un mémento, qu'il envoya à Delouvrier : « Ne laissez pas, lui dit-il, l'armée croire qu'elle peut s'installer dans la guerre. » Il organisa en juin un débat au Parlement pour exposer les heureux résultats de la pacification. Il insistait sur les premiers effets du plan de Constantine et renouvelait l'offre de cessez-le-feu.

Il n'ignorait pas d'ailleurs que le Front disposait d'un appui international croissant... A Monrovia, l'Afrique anglophone venait de retirer son soutien à la France. Le gouvernement de Paris apprit le succès rencontré par les envoyés du FLN en Chine. Il savait que les pétroliers américains commençaient à alimenter les caisses du GPRA. Il connaissait l'efficacité de l'action du bureau frontiste de New York. Chanderli, adroit agent du FLN, exploitait tous les dossiers de la presse française d'opposition pour peser sur l'opinion américaine. Il multipliait les conférences-débats dans les universités les plus réputées et pouvait se flatter de l'appui du sénateur Kennedy qui avait des chances d'être élu en 1960. Michel Debré révéla dans ses *Mémoires* que le général de Gaulle était également conscient de l'alourdissement du climat international : « Il faut penser à l'ONU et clouer le bec à nos adversaires », dit-il. En août, Michel Debré croyait-il encore à la réussite du plan Challe ? « Au point de vue militaire, écrit-il à Delouvrier le 20 juillet, tout ce que je lis a le son de l'optimisme. Or, en réalité, si les choses vont mieux, elles ne vont cependant pas, me semble-t-il, aussi bien qu'on le dit. » Le plan de pacification a du retard : « Je vous répète et je répète au général Challe cette préoccupation que j'ai et qui est plus qu'une préoccupation, une véritable anxiété : le moral de la Nation à la fin de l'année ou dans le courant de l'an prochain. »

Doutant d'un succès militaire définitif, le Premier ministre recherche, de son côté, une solution politique de compromis. Il songe à un « statut de vingt-cinq ans » pour l'Algérie qui serait dotée d'une « personnalité propre » et d'une représentation des deux communautés. Des garanties seraient offertes à la minorité et le Sahara serait préservé. L'armée disposerait de bases. De Gaulle, en juillet, écarte ce projet de statut. Il mijote un grand discours pour septembre. Il avait déjà laissé entendre aux officiers, au PC Artois qu'il était favorable à une évolution rapide du pays : « Même en la pacifiant complètement nous ne garderions pas l'Algérie pour longtemps si nous ne la transformions pas de fond en comble afin d'en faire un pays moderne ; [...] l'ère de l'administration indirecte des autochtones par l'intermédiaire des Européens est révolue. » Rien qui pût choquer les militaires, depuis longtemps partisans de l'association. Le général avait ajouté que l'armée devait rester disciplinée. « Vous êtes l'armée de la France, disait-il aux officiers. Vous n'existez que par elle, à cause d'elle, pour elle et à son service. » Challe s'était réjoui pour sa part de se voir accorder les moyens d'achever la pacification. Quant aux généraux et colonels, ils s'étaient tout de même inquiétés de l'expression : « transformation de fond en comble ». N'impliquait-elle pas un éventuel abandon ?

Le discours prononcé par le Général le 16 septembre clarifia la situation. Après avoir imposé son plan aux ministres qui, tels Boulloche, Sudreau, et surtout Bacon, suggéraient la reconnaissance immédiate de la « personnalité algérienne » — et à ceux qui, derrière Soustelle, rejetaient l'idée même d'un statut, le général offrait l'autodétermination, l'intégration, l'association ou la sécession.

Pour quoi voteraient les Algériens ? Choisiraient-ils la coopération avec la France ou, comme la Guinée, la rupture ? Décideraient-ils de se passer des milliards du plan de Constantine ? Le Général avait prévu que le Sahara serait exclu de la consultation. « S'il le faut, disait-il, le Sahara s'autodéterminera séparément. » On demandera aux Touareg, aux esclaves Imragen, aux caravaniers berbères de voter. On les y contraindra au besoin. Mais la France sortira du guêpier.

L'opposition du camp intégrationniste est immédiate : Michel Debré doit faire face à un complot parlementaire mené par les anciens de l'Union française, Georges Bidault et ses rares fidèles, et les modernes de l'intégration groupés derrière Jacques Soustelle qui conduit au feu les députés musulmans. Les trois quarts d'entre eux s'abstiennent, ce qui laisse mal augurer de l'avenir. C'est qu'ils ont été portés sur les listes électorales par une coalition de militaires et de pieds-noirs intégrationnistes. Pour Michel Debré, quelle preuve *a posteriori* ! Les élections n'ont pas été « libres » comme le voulait de Gaulle, elles ont été manipulées par les « associations algériennes » et les officiers de l'action psychologique.

Les renseignements qui parviennent sur la table du Premier ministre sont inquiétants : des tracts circulent déjà dans Alger, appelant à l'émeute et à l'assassinat. Les députés « Algérie française » élus sous l'étiquette UNR font sécession, menés par Léon Delbecque, l'animateur de l'« antenne » algéroise de Chaban-Delmas. On remarque parmi eux l'avocat Pascal Arrighi, l'agitateur Biaggi et quelques autres Corses, dont Battesti et le colonel Thomazo qui avait apporté à de Gaulle le ralliement des associations d'anciens combattants d'Alger. Ces neuf députés reprochent amèrement à Michel Debré d'avoir trahi l'esprit du 13 mai. A Bordeaux, où se tient le congrès UNR, le maire, Chaban-Delmas, est le premier à demander l'adhésion des parlementaires au projet algérien du général de Gaulle.

Delouvrier et Challe accomplissent ensemble, main dans la main en quelque sorte, une tournée en Algérie. Challe souligne sans relâche que le cessez-le-feu doit précéder l'autodétermination : ainsi l'armée reste dans le pays, elle poursuiva jusqu'au bout sa mission. A Paris, la police reçoit des instructions strictes : démanteler les réseaux du FLN, qui vient d'exiger la libération de Ben Bella, seul interlocuteur possible dans la négociation qui s'annonce.

Grâce au discours sur l'autodétermination, Couve de Murville obtient à l'ONU l'abstention de la délégation américaine lors du vote sur la motion arabo-asiatique qui n'est d'ailleurs pas votée. La « victoire est amère », commente Michel Debré. Le gouvernement n'avait pas ménagé ses efforts pour plaider depuis mars la thèse française dans ses ambassades à l'étranger. Les ministres, même Malraux, avaient été chargés d'accomplir des voyages de propagande. Les parlementaires musulmans avaient été envoyés en mission en Scandinavie, en Autriche, en Amérique. De Gaulle lui-même avait reçu Dag Hammarskjöld, le secrétaire général des Nations unies pour lui annoncer son discours du 16 septembre. Le 25 juillet, il avait dit à Hervé Alphand, son ambassadeur à Washington : « Il faut que les Américains sachent qu'ils ne pourront pas, sans grandes conséquences, se réfugier dans l'abstention. » Eisenhower, de voyage à Paris le 2 septembre, n'avait, il est vrai, pris aucun engagement.

La défection des États-Unis est ressentie, non comme un désaveu de la politique française, mais comme un manquement à la solidarité entre alliés. Pour les Algériens frontistes qui n'ont pas obtenu la reconnaissance du droit à l'indépendance, l'abstention américaine est un encouragement.

L'armée est l'arbitre de la situation : l'union des activistes et des anciens combattants ne pourra susciter un nouveau 13 mai si l'armée ne la soutient pas, au moins tacitement.

Cette armée est plus que jamais à la bataille : les réserves générales (qui comprennent les régiments les plus sensibles à la pulsion politique algéroise, parachutistes et légionnaires) sont engagées depuis le 6 septembre dans l'opération « Rubis » qui conduit, de grottes en pitons, les « commandos de chasse » à la recherche des « rebelles », de Djidjelli à Djelila, de Kerrata à Fedj M'Zala. Challe poursuit sa pacification d'ouest en est sans rien changer à son programme : les unités du secteur sont toutes engagées dans la pacification de la wilaya 5. Elles réussissent moins bien dans la wilaya 4 d'Alger. Des unités parachutistes ont dû être maintenues sur place dans la wilaya 3 (Grande-Kabylie) tandis que le rouleau compresseur abordait, avec la wilaya 2, la Petite-Kabylie, de Sétif à Djidjelli, terre d'origine de la révolte en 1945 et en 1954 : ce que les activistes entendent par « l'armée » est la frange administrative algéroise d'un commandement qui a peu de rapports quotidiens avec les combattants engagés dans le djebel, généralement peu politisés. Les opérations n'engagent pas seulement les unités de réserve générale, mais, dans la pacification, la masse des appelés du contingent, soit dans les régiments de garde des barrages, soit dans les secteurs qui pratiquent désormais l'offensive avec le soutien des « commandos de chasse », où les appelés jouent un rôle essentiel. L'armée tout entière est donc associée à la course contre la montre entreprise par Challe.

Progressivement de nouvelles unités ont été intégrées aux réserves : un bataillon de tirailleurs a été prélevé sur le corps d'armée d'Oran et lancé dans l'opération « Courroie » en juin. Un autre bataillon de tirailleurs et deux régiments blindés ont été retirés du corps d'armée d'Alger, tout comme un bataillon de fusiliers marins, pour mener l'opération « Étincelle ». « Jumelle » a fait entrer dans la guerre trois régiments de la Légion et une unité de tirailleurs de la 11e division, ainsi que la totalité de la 25e DP, fer de lance de l'opération « Rubis » engagée à l'ouest de la wilaya 2. Plus tard, au début de novembre, les parachutistes de la 25e, cédant leur secteur à des régiments de la 10e DP, opéreront plus à l'est, sur le terrain de « Turquoise », autour d'El-Mila. « Émeraude » sera lancée presque simultanément, le 6 novembre, dans la presqu'île de Collo par la 11e division, tandis que les commandos de l'air se risqueront plus à l'est, dans l'opération « Topaze » du 9 novembre. Il faut avoir ce déploiement incessant à l'esprit quand on évoque le « moral de l'armée ». Les régiments les plus sensibles à la propagande politique venue d'Alger sont tous engagés dans de durs combats, qu'ils sont loin de pouvoir mener à terme : au 31 décembre, les résultats des opérations « pierres précieuses » sont substantiels, mais décevants. La tactique de la dilution a assez bien réussi aux unités du Front puisqu'elles n'ont perdu que 20 % de leurs effectifs combattants.

L'armée doit livrer simultanément la bataille des frontières avec d'autres unités : en avril et en mai, quatre cents rebelles armés avaient réussi à pénétrer dans les monts Ksours, en provenance du Sud marocain. Le barrage avait été renforcé, jusqu'à devenir presque hermétique. Mais les caravanes au sud de Colomb-Béchar continuaient à convoyer des armes. Les unités sahariennes étaient sur le qui-vive. La marine, mobilisée en permanence, avait réussi des coups heureux : l'arraisonnement des cargos *Lidice* et *Bieboscb* qui transportaient de lourdes cargaisons d'armes venues de l'Europe de l'Est. Mais les bataillons frontistes attaquaient en permanence le barrage tunisien. Les commandos français durent poursuivre les groupes de l'ALN qui avaient réussi le franchissement : de durs combats les confrontèrent aux « forces de l'ordre » dans l'Est constantinois, à Gambetta et Randon. A la fin de novembre, l'état-major de Tunis lança l'opération « Amirouche » avec d'importants effectifs : elle fut brisée sur le barrage par une forte intervention de l'aviation et de l'artillerie. Les chasseurs bombardiers participèrent dans le même temps, avec des unités portées, à la poursuite des bataillons algériens qui menaçaient l'Erg oriental. L'armée (et pas seulement les « réserves générales ») était donc engagée sur tous les fronts.

Elle dut en plus répondre aux menaces qui pesaient sur les arrières des « opérations » en organisant la pacification active : dans les campagnes riches et peuplées, comme la Mitidja ou la vallée du Cheliff, Massu avait imaginé un système de « police-secours » : des unités se tenaient prêtes à intervenir immédiatement en hélicoptère, à la demande des officiers SAS pour assurer la poursuite des éléments infiltrés qui se livraient au terrorisme. Dans les montagnes où les douars étaient rares, les « commandos de chasse » formés avec des volontaires des troupes de secteur (des appelés, pour la plupart) organisaient les poursuites et nomadisaient en zones interdites. Dans les Kabylies montagneuses aux villages groupés, le principe de l'autodéfense impliquait la surveillance des populations armées par des postes militaires permanents. Enfin des cavaliers parcouraient les hautes plaines des pasteurs nomades. Cet effort de pacification impliquait l'engagement actif des troupes du contingent, assistées par les harkas qu'on levait précipitamment pour compléter les effectifs : s'ils manquaient à la pacification, c'est bien qu'ils étaient engagés en opérations.

L'action du corps d'armée de Constantine avait permis, à la fin de l'été, de rentrer les récoltes, de protéger la construction de l'oléoduc, de permettre au chantier du complexe hydro-électrique d'Erraguène d'achever heureusement son travail. Pourtant la voie ferrée du pétrole et l'oléoduc devaient être protégés en permanence, car ils n'étaient pas à l'abri d'un coup de main. On avait dû contenir la poussée vers le Sahara des katibas constituées dans la région de Figuig au sud du Maroc. En novembre et décembre, les unités portées anéantirent cinq caravanes transportant des armes. L'indiscipline des recrues de l'ALN au Maroc favorisa la pacification. Le barrage des Ksours tint bon. Vers l'est, l'aviation permit de détruire l'unité ALN de Djerraya. Les troupes françaises durent aussi assurer la protection des grands axes du désert, démanteler les réseaux de l'OPA sur la piste de Laghouat à El-Golea et d'El-Abiod à Timimoun. Dans la région de M'Raier, une opération permit de réduire le groupe frontiste de Chaabane : la wilaya 6 ne disposait plus d'éléments d'intervention efficaces mais on avait formé huit commandos de chasse pour empêcher la reconstitution des réseaux FLN dans les oasis et les centres de transit des caravanes.

On s'efforçait de rendre opérationnelles le plus grand nombre possible d'unités. Les cadres qui manquaient à l'infanterie étaient retirés aux bataillons pour recevoir une formation accélérée au centre Jeanne-d'Arc créé par Bigeard à Philippeville ainsi qu'aux centres d'Oran, Dellys et Bougie. Des centres régionaux des Armes accueillaient également les volontaires : pour les réservistes, des stages furent organisés à Cap Matifou et à Zeralda. L'école d'Arzew retrouva sa pleine activité : 330 officiers de réserve furent ainsi formés dans l'année aux techniques de la contre-guérilla.

Les soldats n'attendaient donc pas l'arme au pied les résultats du discours du général de Gaulle sur l'autodétermination. L'armée était en outre engagée dans les chantiers qui s'ouvraient sur toute l'étendue du territoire, qu'ils fussent militaires ou civils : le génie avait ouvert 300 kilomètres de pistes, il en avait amélioré 1 600 pour permettre la circulation des véhicules dans les zones infectées.

Les routes du Sud avaient été balisées de postes de surveillance occupés par les unités de cavalerie. Le 1er spahis, où servait le sous-lieutenant Lecat (un énarque dont le père et le grand-père étaient morts au front, pendant la Première et la Seconde Guerre mondiale), protégeait les convois qui s'engageaient dans le désert par la route nationale n° 1. On utilisait des prisonniers de Paul Cazelles pour les travaux de réfection. Au méchoui du dimanche à Boughzoul, où les Européens buvaient le vin rosé de Médéa, les musulmans de la harka invitaient les travailleurs prisonniers à partager la *chorba*, une soupe pimentée qui sent la fumée, la menthe et le ragoût de mouton. La fraternisation était indispensable dans les postes, où le danger était permanent. On n'y trouvait aucun transistor, et les hommes ne lisaient que des bandes dessinées. Qui pouvait bien se soucier de l'autodétermination au 1er spahis ? Les anciens de Bellounis, qui composaient la harka, étaient bien trop occupés à surveiller les guetteurs de l'ALN toujours présents sur les crêtes, à l'affût d'une occasion d'embuscade...

Car la pacification n'est jamais totale, comme le souligne le rapport de Challe. La mise en service de l'oléoduc d'Hassi Messaoud, la mise en chantier de celui d'Edjélé vers la Tunisie, la préparation du terrain pour le pipeline Hassi R'Mel-Oran-Alger, la construction des centrales électriques, des lignes à haute tension supposent une surveillance constante : plus on construit, plus il faut protéger les installations contre le terrorisme. Le pétrole, dit Challe, « coule sans incident à Bougie » depuis la fin de novembre. Une tranchée est ouverte jusqu'à la frontière pour le gîte d'Edjélé, le tracé d'Hassi R'Mel est déjà piqueté, la centrale de Ziama-Mansouriah sort de terre, mais les effectifs de protection manquent et l'on confie déjà « les missions de sûreté immédiate » aux organismes civils : l'armée ne peut pas tout faire.

Cette intense activité peut aisément convaincre les hommes que la France n'a nulle intention de quitter l'Algérie. Plus qu'aux discours, ils sont attentifs aux réalisations. Il est vrai que les unités sont si morcelées, affectées à des secteurs si différents, que les informations d'une région passent difficilement dans une autre : ainsi les anciens combattants de cette guerre n'ont pas le sentiment d'avoir participé au même combat. Il reste que l'analyse des « rapports du moral » écrits à la demande de l'état-major d'Alger fait ressortir d'importantes différences d'appréciation. A la 25e division parachutiste, qui fait partie des réserves générales, le 9e régiment n'a pas un moral « aussi élevé en fin d'année qu'au début ». Les officiers pensent que « puisque l'armée est incapable de mater les rebelles, il faudra sans doute en arriver au cessez-le-feu » mais cette perspective « ne les réjouit pas ». Les hommes ne « suivent que d'assez loin les événements de l'actualité ». Cette opinion est celle des cadres. La population, note le colonel Bréchignac, « apporte son soutien total au FLN ». Pour l'en dissuader, il faudrait utiliser « des méthodes draconiennes ». Mais « les initiatives énergiques sont rarement couvertes par les échelons supérieurs ». Bréchignac s'étonne « de l'optimisme que semblent refléter certaines personnalités civiles et militaires ». Pour lui, cela relève d'« une méconnaissance de la situation ». Comment imaginer, dans ces conditions, qu'une solution française puisse sortir des urnes ?

Renon, qui commande le 14e RCP, est plus encourageant : « Le discours du Général, dit-il, est considéré par beaucoup (pas par tous) comme ouvrant la porte à une paix constructive dans un temps plus ou moins court. » Il estime « que la solution n'émerge pas encore très clairement des nombreux discours annexes à celui du président de la République ». La France ne parlerait-elle pas d'une seule voix ? « Les officiers ne veulent plus, comme disait Pagnol dans *Topaze*, être condamnés à l'incertitude. » Les cadres d'active sont inquiets « des perspectives incertaines de l'avenir de l'Algérie », même s'ils sont heureux d'apprendre qu'une bombe atomique française va exploser au Sahara. Au 18e de chasseurs parachutistes, on s'est extasié sur les réalisations d'Hassi Messaoud, que les libérables ont visité avant de rentrer en France. « La plupart des hommes du contingent, note le colonel, se rendent compte du but à atteindre en AFN. Mais on a l'impression de piétiner, depuis l'opération "Jumelle". » Seul le général Ducournau, qui a retrouvé son commandement, signe un rapport favorable à l'action du gouvernement. « En dépit de la déception et de la réserve de quelques-uns, écrit-il, devant le refus [du Général] d'être "l'homme des ultras", l'immense majorité des cadres et de la troupe accorde une confiance entière au seul homme dont le prestige et l'autorité garantissent le retour de la paix en Algérie. » Ducournau reste un officier républicain, soumis au pouvoir politique, fût-il gaulliste : « Si certaines prises de position du gouvernement suscitent parfois des discussions chez les officiers, on peut affirmer qu'elles sont admises sans réserve par le cadre des sous-officiers et qu'elles n'éveillent que peu d'intérêt dans la troupe. » La 25e division est « calme », les officiers n'ont jamais été mêlés « à l'agitation des milieux algérois ». Commentant le discours du 16 septembre, le général Ducournau est catégorique : « un acte sur lequel on ne peut pas revenir et qui crée une situation entièrement nouvelle dont il s'agit de tirer le meilleur parti ». Entendons : faire voter les Algériens pour l'association. « Quels que soient les critiques et les commentaires qui ont pu se faire jour, on peut affirmer que la quasi-totalité des officiers "collera" derrière le gouvernement se rendant bien compte, en dépit des tendances personnelles de certains, que la métropole presque tout entière suit le général de Gaulle et qu'elle ne se résoudrait pas à laisser faire un nouveau 13 mai. » Ducournau assortit son discours de réserves : les officiers se *résigneront,* tous ne sont pas d'accord.

Ils ne le sont pas davantage sur l'emploi de la torture, auquel ceux de la 25e DP ne sont pas habitués. Si Ducournau admet « que les impératifs du maintien de l'ordre dans le cadre de la guerre subversive nécessitent un système policier fondé sur des services spéciaux tels que les DOP (dont tout le monde reconnaît et comprend la nécessité) il est notoire que tant les cadres que la troupe *répugnent à faire partie de ces organismes qui devraient être confiés à des spécialistes* [c'est nous qui soulignons], on ne s'improvise pas policier, sur le plan moral, de réels cas de conscience peuvent se poser aux cadres qui ne sont pas préposés à les résoudre ». Cette découverte tardive de la torture semble poser des problèmes à la 25e DP. « Quant à la troupe », ajoute Ducournau, ancien collaborateur de Lacoste à Alger, « elle risque de connaître ou de supposer certains faits qui peuvent soit heurter sa conscience, soit la mettre en état de réceptivité regrettable devant certaines informations ou campagnes de presse » : l'affaire Audin, par exemple, qui rebondit périodiquement cette année-là.

En l'absence de journaux, les appelés parachutistes réagissent comme les militaires d'active. Coupés de leur milieu d'origine, « ils se soudent à leurs chefs et pensent comme eux ». Ils sont à peu près indifférents à tout ce qui est « orientation officielle ». En cas de divorce entre l'armée et le gouvernement, « le soldat suivra certainement son capitaine et sans doute aussi son officier supérieur » car il est « sensible à cet appel direct et presque physique » (de l'autorité). Dans l'immédiat, « la confiance règne », bien qu'une « certaine inquiétude subsiste devant les perspectives incertaines de l'avenir de l'Algérie ». Hormis des revendications sur la « prime de bivouac », on a le sentiment que les parachutistes suivront leur colonel, où qu'il aille, mais qu'ils préfèrent la vie en opérations, sans les DOP et en dehors du climat délétère des villes, contre un ennemi pour lequel ils n'éprouvent pas de haine particulière.

Les officiers sont 33 000 à l'annuaire de l'armée de terre en 1959. On peut s'inquiéter du faible renouvellement de ces cadres souvent vieillis et fatigués par de trop longues campagnes. Saint-Cyr et les autres écoles ne fournissent que mille jeunes gens tous les ans. Si bien qu'on est obligé de recruter, dans l'immédiat, des officiers sortis du rang. Quant aux sous-officiers, on les cherche à la lanterne. La France des « trente glorieuses » ne considère pas les carrières offertes par l'armée comme alléchantes. Les cadres en activité ressentent vivement cette désaffection de la jeunesse pour leur métier et en conçoivent de l'amertume.

Les gendarmes mobiles servant en Algérie partagent ce sentiment. Ils se plaignent en outre de leur solde, de l'inconfort des casernes de Souk Ahras et de Bordj Bou Arreridj. S'ils s'étonnent d'être employés, avec leurs engins blindés, comme des soldats de la cavalerie, ils n'ont aucune inquiétude politique : « Intéressés par tous les problèmes nationaux, ils manifestent une confiance totale au chef de l'État et font preuve à l'égard des décisions prises d'une discipline intellectuelle absolue. » Gaullistes, les gendarmes se distinguent ainsi d'un certain nombre d'officiers parachutistes et des cadres anciens de l'armée de terre, particulièrement de ceux qui reviennent d'Indochine.

La troupe a-t-elle réagi au discours de Constantine ? Au 17ᵉ de chasseurs à pied, le commandant Moureau remercie de Gaulle pour avoir été le seul à fournir une solution au problème de l'Algérie. Il demande « que l'on s'achemine rapidement vers la conclusion des efforts et des sacrifices, la paix ». L'hypothèse d'une Algérie associée ne l'effraie pas : ses hommes ne s'intéressent guère à l'actualité, mais ils ont le sentiment « que quelque chose a changé ». Beaucoup ont été volontaires pour les commandos de chasse. Les contacts pris par les chasseurs avec la population du Constantinois, « les ouvrages qu'ils construisent de leurs mains » les persuadent qu'ils font œuvre utile en offrant aux populations qui doivent décider de leur sort la sécurité contre les assassins. Pour le commandant Moureau, l'association ne signifie pas le départ de la France, mais la fin de la guerre.

Les marsouins du 75ᵉ comptent dans leurs rangs 490 harkis et Africains pour 222 Européens. Les officiers sont âgés, quelques-uns seulement ont entre 25 et 35 ans. Les jeunes se sont portés volontaires pour les régiments parachutistes, car il y a deux sortes d'unités dans l'armée française, déplore le chef de bataillon (qui l'a constaté lors du passage des troupes de la réserve générale) : ceux qui touchent la prime de bivouac et campent sous les confortables tentes « à armature métallique », et ceux qui gardent les postes commandés par des cadres vieillis, amers, furieux d'être tenus en marge des grandes opérations. Les compagnies de marsouins sont tombées à un niveau inquiétant d'effectifs lors du départ des Guinéens, mais ont été complétées par les harkis qui font la guerre avec plaisir, apprécient leur solde et se montrent satisfaits des fusils neufs qu'on leur donne, même si la hausse en est mal réglée. Le commandant regrette que leurs familles, proie facile pour l'OPA, dorment à l'extérieur du camp, sans protection. Il préfère les appelés européens et français d'Afrique du nord (qui brûlent d'exhiber, de retour à Alger, la croix de la valeur militaire) que les soldats d'active trop souvent ivrognes. La troupe manque d'entraînement, de mordant. Vingt et un soldats sont morts dans une embuscade en janvier. Les chefs expriment leur mécontentement pour le traitement réservé à l'unité, mais ne critiquent pas le gouvernement. Ils louent de Gaulle d'avoir « fait tenir l'arrière » et de mener « une politique conforme aux aspirations libérables *(sic)* de l'armée ».

A la 19e division d'infanterie, qui tient les secteurs de Bougie et de la zone Ouest, le colonel Buis est « rayonnant ». « La déclaration du chef de l'État, écrit-il, ouvre la perspective d'un cessez-le-feu à une certaine échéance certes, mais le cessez-le-feu, c'est la conviction profonde de l'armée, sera la preuve qu'elle aura remporté la victoire militaire, gage de celle qu'il lui reste à poursuivre pour que l'Algérie reste française. » Bougie, capitale du secteur, est une ville de 60 000 habitants, dont 15 000 sont européens. Trois ou quatre personnalités seulement y ont été assassinées par les terroristes. Le maire libéral, ancien chef de tabor, est l'ex-sénateur de Batna, battu aux dernières élections par un candidat recommandé par l'armée, Jacques Augarde. Entouré de musulmans dans son conseil, le maire est heureux d'accueillir dans sa ville le débouché d'un pipeline qui ne fournit pourtant pas beaucoup d'emplois. Mais le plan de Constantine lui a valu l'installation d'une usine textile de Thierry-Mieg qui a fourni du travail à 400 kabyles. Les bidonvilles ont été rasés, remplacés par la « cité Chaban-Delmas » dont les locataires cotisent tous au FLN. Ils restent cependant calmes, car Augarde ne connaît pas un Bougeotte qui ne soit allé travailler en France. Chacun craint, en cas d'exactions, des représailles sur les émigrés. Croit-on à la troisième force ? Sans doute y a-t-on cru, mais en 1959 il est trop tard. En dépit des résultats des opérations Challe, l'OPA, dans la ville comme dans les villages non constitués en unités de défense, reste vivace. Dix pour cent seulement des Bougeottes sont favorables à de Gaulle, les musulmans beaucoup plus que les Européens. Il est remarquable, selon Augarde, que des jeunes Français de la troisième génération de présence en Algérie se montrent partisans, au contraire de leurs aînés, de l'autodétermination. Les deux communautés souhaitent d'abord la fin de la tuerie.

Les soldats du colonel Buis partagent cet état d'esprit ; c'est pourquoi la politique gaullienne leur inspire « un grand espoir ». Les propos du Général ont recueilli « l'adhésion de la grande majorité sinon de la totalité » des militaires. Le colonel Cadoux, qui commande le secteur d'Akbou, déplore que, parmi ses marsouins, les Africains s'entendent au plus mal avec les harkis. Mais il n'a pas plus de critiques à formuler contre la politique de l'autodétermination que les cadres du 4e zouaves ou du 4e dragons dont les cantonnements sont proches. En revanche, l'officier de l'action psychologique de la 14e division, Jannot, ne mâche pas ses mots : « L'armée, écrit-il, souhaite plus que jamais avoir la place qu'elle mérite dans la nation, rien que sa place, mais toute sa place. » Il se fait le porte-parole de ces « jeunes officiers » impatients qui « voudraient voir rapidement l'ensemble de la hiérarchie et le reste de la nation épouser leur querelle, la défense de notre civilisation. Ils ont trop souvent l'impression qu'au-dessus d'eux, à côté d'eux, on n'y croit pas ». Ils s'inquiètent « d'une dissonance entre les buts poursuivis par le chef de l'État et leurs propres espoirs ». Ils s'indignent des attaques de la presse contre les officiers du 13 mai, de la « reprise de la campagne dite des tortures ». En raison des déceptions successives, le discours du 16 mai a apporté un réconfort : cette initiative « est la seule capable de régler le problème *au fond* et permettant d'entrevoir la fin de la guerre d'Algérie d'une façon conforme aux intérêts de la France et avec l'honneur de l'armée ». Encore faudra-t-il « gagner la dernière manche » par un « gigantesque effort ». On doit expliquer à la troupe le sens de l'action, pour éviter de donner le sentiment « de dissonance entre les propos du chef de l'État et ceux de tel ou tel de ses grands subordonnés ». Les bruits qui courent dans la presse sur la délimitation de zones abandonnées au FLN, sur le retour du parti communiste algérien, sont « inacceptables ». Il est clair que « l'armée pourra seule et pendant longtemps encore contacter, administrer, attirer vers elle la population-enjeu de cette guerre ». C'est exactement le point de vue de Challe. L'officier d'action psychologique oppose la valeur de l'armée aux doutes et aux contradictions des politiques qui constituent le pouvoir gaulliste.

Lennuyeux commande la 7e division mécanisée, désormais en service le long du barrage tunisien, autour de Tébessa. La confiance faite au général de Gaulle reste « complète » dans le corps de ses officiers bien qu'ils aient « certaines inquiétudes ». Pour eux, le discours du 16 septembre ne peut être qu'un « article d'exportation » pour l'ONU. Ils redoutent que le FLN ait la possibilité, après le cessez-le-feu, de faire librement campagne dans le pays. Quelles seront alors « nos possibilités de lutter contre la propagande et les pressions de l'adversaire » ? De Gaulle doit faire en sorte « que la France et son armée restent d'une manière définitive en Algérie, quelle que soit la nature future des liens politiques et administratifs entre ce territoire et la métropole ».

Ce langage énergique du général Lennuyeux annonce une crise du moral, encore peu perceptible au niveau des secteurs. Le commandant des chasseurs d'Afrique d'Arris, premier douar visé par la rébellion en 1954, considère ainsi que le dernier discours du chef de l'État « ne laisse la place à aucune équivoque ». Pour une raison simple : « la majorité des chasseurs » en attend « un résultat concret » qui ne peut être que le cessez-le-feu. Le général Olié, qui commande le CAC (corps d'armée de Constantine) est plus nuancé : « N'eût été le réflexe d'obéissance, écrit cet officier dont la loyauté à l'égard du pouvoir ne sera jamais en cause, on eût pu craindre que l'unité de l'armée ne fût compromise » (par le discours du 16 septembre). Les esprits n'y étaient pas préparés. Heureusement, les officiers ont réagi par opposition « aux réactions outrancières des milieux extrémistes européens ». Au lieu d'attirer l'armée à eux, ceux-ci ont fait contre eux l'unanimité. Les officiers ont compris « qu'aucune solution favorable à la France ne serait obtenue devant un problème d'une telle ampleur, si l'armée ne faisait front avec la cohésion et l'esprit de discipline qui font sa principale force ». Prise par son travail de termite, elle manque évidemment des « éléments d'appréciation » dont dispose de Gaulle. La déception à l'égard des ultras, « dont l'incompréhension s'oppose à toute solution », la faible coopération de l'administration sur le terrain, la réprobation des « tâches policières » qui leur sont confiées (même s'ils reconnaissent qu'un « effort tenace » se poursuit pour revenir à la légalité) eussent découragé les plus enthousiastes si tous n'avaient eu confiance dans le chef de l'État.

La plus grande inquiétude dont fait état le rapport d'Olié concerne les troupes musulmanes. Jaloux des harkis et des maghzens qu'ils estiment trop bien traités, les tirailleurs et les spahis craignent comme eux « un compromis avec le FLN et les règlements de comptes dont ils pourraient être les victimes ». Ayant choisi la solution française, « ils appréhendent les conséquences qu'aurait pour eux une sécession ou même une solution d'association ». Qu'en pensent les officiers français ? Ils redoutent les élections libres, et craignent que l'éparpillement des petites unités dans les secteurs ne leur permette plus de contrôler la troupe qui acquiert « un esprit d'indépendance dont souffre la cohésion de l'armée ». Olié prône le retour à un esprit de discipline rigoureux et termine en citant Lyautey, qui, pour clore une discussion avec l'un de ses officiers dont les positions lui paraissaient insoutenables : « Eh bien, Monsieur, on fait donner *La Marseillaise* ? »

A la fin de 1959, le discours du général de Gaulle a eu le mérite, non d'éclaircir le débat, mais de l'ouvrir : que chacun prenne clairement ses responsabilités. La consultation des rapports des unités sahariennes, des régions d'Alger et d'Oran, fait apparaître les mêmes réactions. Partout on redoute l'ouverture d'une vraie discussion politique sur le sol algérien, après un cessez-le-feu dont chacun entrevoit la possibilité. Pour les cadres, cette fin attendue des combats par la « paix des braves » est la principale justification du discours du 16 septembre. La troupe s'en réjouit, les officiers s'en inquiètent ou s'en indignent. L'unité de l'armée est-elle remise en cause ?

La question de l'issue de la guerre est posée. Il se trouve pour l'heure que les réactions violentes des plus ultras d'Alger militent pour la cohésion sur le terrain que les militaires ont d'entrée de jeu choisi : celui de la pacification dans l'hypothèse majoritairement retenue d'une Algérie « algérienne » associée à la France, mais dont la France ne serait pas chassée par la « rébellion ». Qui peut soutenir que ce n'est pas aussi la préférence du Général ?

CHAPITRE XI

L'Algérie algérienne

Alger s'agite. Les parachutistes ne sont plus dans la ville, mais Massu reste en place, et les uniformes militaires grouillent sur les avenues. Les zouaves du 9e sont casernés au cinéma El-Djemal, dans le quartier Rovigo, au garage Denis, boulevard de Champagne, à la caserne d'Orléans dans le quartier El-Kettar, et même au palais Klein en basse Casbah. La 10e légion de gendarmerie mobile est installée dans la caserne de Verdun et aux Tagarins. Les supplétifs de la SAU sont en haute et basse Casbah, rue Émile-Maupas et boulevard de la Victoire. On en trouve aussi à la cité Mahieddine, dans le quartier Belcourt, rue des Cyclamens dans le clos Salembier. Ils sont partout, à Douera, à Bouzareah, à Prince-Eugène, à Bakari, dans les HLM de Maison-Carrée. Ils arpentent en armes la rue du Jura à Climat de France. Tous les quartiers sont parcourus par ces patrouilleurs en treillis. Les harkis sont disséminés par petits paquets, à la caserne d'Orléans (une compagnie de cent hommes), à Fort-l'Empereur, Hussein-Dey, Maison-Carrée. Les CRS venus de France sont casernés rue Tilloy. Les états-majors d'armée et de corps d'armée, ceux de la division, des transmissions, du train, du génie, de l'armée de l'air et de la marine, la Pharmacie générale, les services de santé, les magasins d'habillement, le parquet militaire, la « compagnie moyenne de réparation des parachutes », le 14e régiment d'artillerie antiaérienne, la poste aux armées, le service vétérinaire et le chenil de la gendarmerie, les bataillons des transmissions et du génie aéroporté, le service des essences et le groupement de l'aviation légère de l'armée de terre, les compagnies d'instruction du train, et le stock-autos, l'état-major du régiment d'artillerie pour les armes spéciales expérimentées au Sahara sont aussi présents dans Alger. Les parachutistes ont encore des états-majors en ville ou dans les environs, le 1er REP garde une antenne au camp de Zeralda et les services de la 10e DP au parc d'Hydra Birmandreis. Les nombreuses unités de la réserve territoriale qui patrouillent dans les rues de la ville. L'état-major de Challe est installé au quartier Rignot, celui de la 5e région aérienne au quartier Testard, le quartier général du corps d'armée d'Alger à la caserne Pélissier. La ville entière est occupée par les gens de guerre. Cela n'empêche nullement les ultras de réagir avec violence contre les propos du général de Gaulle, comme si l'abandon de l'Algérie était déjà programmé. L'hypothèse d'une « Algérie algérienne » empêche les Algérois de dormir.

Les officiers de l'action psychologique continuent de partager leur temps entre leurs bureaux et les studios d'enregistrement de La Voix du bled, d'où ils dispensent la bonne parole aux armées. Le colonel Gardes, qui dirige ce service, s'apprête à commenter à sa manière le discours du 16 septembre, soucieux de ne pas heurter de front les Européens et de présenter une exégèse recevable par les associations de pieds-noirs. Ambassadeur de l'armée auprès des Européens et non l'inverse, il croit encore au rôle politique de l'élite pensante de la société militaire, seule capable d'interpréter les oracles de Paris pour éviter qu'ils ne suscitent des troubles dans l'armée et dans la population. Il se donne ainsi un rôle de médiateur. Après avoir renoncé à commenter à chaud un discours si peu conforme à ses vues, il prépare une action « psychologique » en faveur de la seule option qu'il tolère, l'intégration, la francisation. Le service de presse de la Délégation générale connaît la puissance du 5e bureau, capable de mener avec efficacité des campagnes dans le bled et dans les villes, avec le renfort d'un journal, d'une radio, de tracts et de la Compagnie des haut-parleurs. Pour Gardes, le discours sur l'autodétermination remet en cause « l'esprit du 13 mai » qui faisait des musulmans des égaux. L'ancien collaborateur du maréchal de Lattre en Algérie, l'organisateur du 13 mai au cabinet de Chaban-Delmas, a durci sa position. Delouvrier s'étonne que le 5e bureau ne tienne aucun compte du changement de ligne de l'Élysée dans l'affaire algérienne. En fait, Gardes se sent encouragé par Challe, sensible au discours des officiers SAS, pour qui le devoir et l'intérêt de la France sont de protéger les musulmans ralliés : la troisième force irrite Challe. L'armée, pense-t-il, ne peut rester neutre en Algérie et elle doit convaincre l'opinion musulmane du bien-fondé de l'intégration. Dans un pays en guerre, il n'y a pas place pour les solutions intermédiaires. Challe a donc invité Gardes à organiser une vaste « fédération des unités territoriales et autodéfenses » pour développer le dialogue entre musulmans et Français sous le contrôle de l'armée, afin d'obliger les pieds-noirs à accepter l'intégration et les réformes qu'elle implique. Gardes rêve d'associer les « petits blancs » de Bab el-Oued et les habitants de la Casbah en une organisation intégrée, favorable à l'Algérie française du 13 mai, et non à celle des ultras qui injurient de Gaulle.

Ferhat Abbas verse l'huile sur le feu : d'accord pour ouvrir une négociation, il exige que les élections « libres » s'organisent dans un pays libéré de « l'armée d'occupation ».

Le Front national français multiplie de son côté les réunions antigaullistes et lance les mots d'ordre les plus violents, « la valise et le cercueil » ou « Alger, le nouveau Budapest ». Les agitateurs démagogues comme Ortiz tiennent la rue sans refuser la compagnie de Jackie Laquière, le fils de l'ancien président de l'Assemblée algérienne, et des avocats fascistes Méningaud et Trappe. Le médecin de Bab el-Oued, Jean-Claude Perez, recrute des gardes du corps vêtus de kaki, la croix celtique sur le brassard. Ceux-ci n'avaient rien à voir avec les Algérois du capitaine Ronda, qui commande les sections de choc des unités territoriales. Ces combattants sélectionnés, bien pourvus en armes, en qui la population pied-noir pouvait reconnaître les siens, faisaient officiellement partie de l'armée. Les volontaires ont été inscrits au PC du 11ᵉ bataillon, rue de l'Abbé de l'Épée. Ils sont mobilisés quatre jours par mois et portent le béret noir. Une force de 1 200 hommes, qui conservent chez eux leur armement, peut ainsi être mobilisée en quelques heures...

Les compagnies ont été rapidement noyautées par les ultras, elles « bénéficient » des conseils de « commissaires politiques » comme le lieutenant Mamy qui a déjà joué un rôle pendant le 13 mai. Cette politisation des réservistes européens inquiète-t-elle la Délégation générale ? Gardes, de par ses fonctions, doit rester au contact des organisations civiles. N'est-il pas chargé de la « protection du moral de la population » ? Le colonel est en contact avec Ortiz, avec le jeune Susini qu'il a laissé nommer à la tête de l'Association générale des étudiants. Quant aux territoriaux, ils doivent obéir au quartier général du corps d'armée. Autour de Massu, deux colonels s'activent. Argoud, ex-commandant du 3e chasseurs à cheval, rentré d'Allemagne où Chaban-Delmas l'avait muté parce qu'il pratiquait dans son secteur de l'Arba une justice expéditive, exécutant sur la place des douars les « assassins ou les responsables » comme jadis Weygand en Syrie, Argoud passe pour un partisan vigilant de l'Algérie française : pour lui, l'autodétermination est la première étape du désengagement. Dans un pays en guerre, il ne peut, dit-il, y avoir d'élections libres. Un autre colonel intégriste, Broizat, entoure Massu : il commande le 1er RCP et partage les convictions d'Argoud. Les trois officiers ont persuadé Massu de rester au contact d'Ortiz pour canaliser les groupes activistes, être à l'écoute de leurs projets. Tant que Massu commande au quartier Pélissier, les Européens sont tranquilles : si le FLN tue encore dans la Mitidja, il n'ose se montrer en ville.

La flambée de la Mitidja se calme d'ailleurs bien vite : 50 exactions par jour en août, 46 en septembre, 34 en décembre. En revanche, les responsables frontistes intensifient leur propagande. Ils commentent les déclarations du général de Gaulle en expliquant qu'il vient de changer de politique pour tenir compte de la volonté du peuple algérien. Alors les katibas des autres wilayas reprennent le combat, accrochent l'armée, tendent de nouveau des embuscades pour manifester leur hostilité à l'autodétermination et exiger l'indépendance. Ces actions sont nombreuses en Kabylie où Challe a pourtant laissé en alerte des compagnies de parachutistes de la 10e DP. On constate, à partir de décembre, « un nombre très important de déserteurs avec armes parmi les forces de l'ordre ». C'est un des résultats non contestables du discours du 16 septembre : les soldats musulmans n'ont plus confiance dans la présence française.

Le FLN, déçu par le résultat des opérations militaires (la plupart des tentatives de franchissement de barrages ont échoué en décembre), cherche à se manifester de nouveau par le terrorisme à l'occasion des fêtes de Noël. En Oranie, où la pacification a réussi, le climat politique, selon les experts de GATAC 2 se caractérise en décembre par l'attentisme. Les musulmans « aisés » sont persuadés que de Gaulle, en proposant l'autodétermination, ouvre la porte à l'indépendance. « Ils se mettent en position pour en tirer profit. » Les masses rurales « se contentent de donner des gages aux deux parties ». Quant aux Européens, « ils sont résolument hostiles à la politique du gouvernement, ou indifférents. Si l'emprise de l'OPA dans les régions de Tlemcen et de Marinia s'est desserrée, « les collectes de fonds continuent normalement ».

Le FLN tente de noyauter les combattants musulmans de l'armée française. On signale à Oran des évasions massives de harkis en armes vers le Maroc. Le 2e bureau réussit à analyser le contenu de la double campagne lancée dans les douars par l'OPA. Le premier thème, à l'usage des djounouds, insiste sur la nécessaire continuation de la lutte : « Le GPRA ne peut parler aux Français qu'en position de force. » Il faut comprendre le recul de De Gaulle comme une victoire, « due à la foi et au courage des combattants ». A l'usage des soldats musulmans de l'armée française, on insiste sur l'idée que l'autodétermination conduit à l'indépendance : « Le général de Gaulle, dit-on, a donné l'indépendance au peuple... le Parlement a voté cette indépendance. Le général va s'entendre avec les gens des djebels. Les combats vont cesser. Il n'est que temps de vous rallier. » Ces thèmes sont diffusés par les radios arabes et par des campagnes de tracts.

La Tunisie constitue désormais une base arrière pour le FLN. Si le Front a échoué dans ses tentatives de franchissement, il conserve tout le long de la frontière des unités opérationnelles qui se renforcent en armements lourds. Le bataillon « Ben Midhi » se trouve au nord, à Aït Drahem, non loin du 5e bataillon de la base est. Cinq bataillons sont massés dans le « bec de canard » de Ghardimaou. Une école des cadres fonctionne à plein régime à Mellègue, protégée par deux autres bataillons. Le 2e bataillon Ben Boulaïd couvre deux camps d'instruction à Chambi et à Bureno, qui accueille les recrues ayant contourné le barrage par le sud. On considère que l'ALN de Tunisie comprend trois bataillons autonomes (1. Didouche, 2. Ben Boulaïd, 3. Zighout) qui portent le nom de héros de la guerre d'indépendance, trois « bataillons de la base de l'est » (1 800 hommes), deux bataillons de frontière (le 9, Amirouche et le 10, Haoues) et deux autres bataillons mal identifiés par le 2e bureau : « Ben M'Hidi et Madaoui ». Cinq nouveaux bataillons sont à l'instruction dans les camps. On estime les forces opérationnelles de l'armée ennemie à 9 200. En un mois, deux ou trois cents recrues ont réussi à franchir le barrage par petits groupes. Les opérations d'ensemble ont cessé, mais les tirs de mortier, les accrochages sont constants.

Les soldats du contingent en font les frais. Pendant que les colonels de l'entourage de Massu tirent des plans sur le statut futur de l'Algérie, les appelés montent la garde dans la nuit glacée de décembre devant le bec de canard. Henri Aubert, caporal au 12e bataillon de chasseurs alpins, évoque devant les « bleus » qui complètent les effectifs le dernier engagement meurtrier : placé en embuscade dans le secteur, il a été attaqué de nuit le long du barrage électrifié. Les assaillants disposaient de mitrailleuses lourdes. Ils ont coupé les fils électriques avec des pinces allemandes et bondi vers les lignes françaises. Les automitrailleuses des hussards du Tarf sont alors intervenues : elles ont été accueillies par des obus au phosphore et des tirs de bazookas ; les hussards ont dû faire retraite. La compagnie de chasseurs a pris le parti de se cacher dans les buissons et d'attendre des renforts : mais ceux-ci sont arrivés trop tard pour empêcher le franchissement du barrage par la bande. Au petit jour, il est vrai, des camions dotés de pièces d'artillerie donnaient la chasse. La bande a-t-elle réussi à gagner les montagnes ? Le caporal Aubert n'a jamais pu le savoir, pas plus qu'il n'a réussi à obtenir des renseignements sur le sort d'un camarade disparu « à quarante jours de la quille ».

Les troupes de garde sur le barrage, soumises à des accrochages incessants, éprouvant des pertes sensibles, sont à cent lieues d'imaginer que des colonels de l'état-major d'Alger étudient alors le moyen d'utiliser l'agitation des groupes ultras pour faire revenir le général de Gaulle sur sa politique d'autodétermination. Vue du barrage, la fièvre politique des milieux pieds-noirs n'exerce aucun attrait : on souhaite vraiment le cessez-le-feu. Ici, la guerre est truquée : la protection de Bourguiba (contre laquelle de Gaulle lui-même ne peut rien, car l'indépendance de la Tunisie est garantie par les Nations unies) assure à l'ALN des positions de tir confortables, un renforcement constant du matériel, des camps d'instruction, des moyens modernes de liaison. Les Français redoutablement armés de la base de Bizerte ne peuvent intervenir. Les soldats du barrage sont cloués au sol par un interdit : l'armée française ne peut exercer la moindre riposte contre un nouvel État disposant de représentants à l'ONU, prodiguant officiellement son aide efficace aux « rebelles » que les appelés montant la garde sur le barrage ont tout juste le droit de repousser, mais non de poursuivre. Ainsi, la guerre aux frontières est sans victoire possible, puisque l'on n'a pas les moyens d'anéantir l'adversaire. Elle condamne fantassins et chasseurs à tirailler indéfiniment, dans l'attente de la solution « politique » qui peut seule mettre fin à la lutte inégale entre une grande armée impuissante et un petit groupe de bataillons protégés par un espace inviolable. A cinquante mètres du barrage, le bataillon M'Hidi peut parader à l'aise.

Le relais communiste est désormais assuré au FLN qui bénéficie de la surenchère, à partir de 1959, entre Pékin et Moscou. Le changement de ton du parti communiste français est des plus nets : alors qu'il s'engageait jusque-là sur la pointe des pieds, bien qu'il eût voté en 1956 le budget de Guy Mollet, il est cette fois décidé à mobiliser ses troupes contre la guerre. « Négociez ! » titre l'éditorial de Léon Feix dans *L'Humanité* du 29 septembre 1959. « La façon dont il [le GPRA] pose les divers problèmes est parfaitement acceptable. » Léon Feix se garde de préciser que Tunis demande le retrait de l'armée française avant les élections. « Il n'est pas sérieux de penser, dit-il, que les Algériens puissent accepter une division arbitraire de l'entité nationale que constitue l'Algérie. » La négociation, explique-t-il le lendemain, inaugurant ainsi une véritable campagne, est une « chance à saisir ». Si de Gaulle la repousse, il aura fait la preuve que l'autodétermination « n'était dans son esprit qu'une formule vide de sens ». Les radios de l'Est soutiennent la campagne pour la négociation. Il s'agit, à l'évidence, de mettre en valeur la « bonne volonté » du FLN et de monter en épingle le « refus » des Français. Radio Prague réunit le 19 octobre des journalistes tchèques pour débattre de la question algérienne en français. La radio de la RDA diffuse sur le même thème des émissions en arabe. « Le projet De Gaulle, est-il déclaré, n'a pour but que la continuation de l'extermination française en Algérie. » Radio Moscou, le 19 octobre, annonce que des groupes terroristes agissent impunément en France pour rendre impossible toute négociation. Ils ont tiré à la mitraillette sur la Peugeot bleue de François Mitterrand. Il s'agit d'une opération d'intimidation montée par les Français d'Algérie. « Il est indispensable, conclut Radio Moscou, que commence au plus vite la négociation afin d'aboutir à la paix en Algérie. Il faut réclamer au gouvernement des mesures immédiates pour mettre les conspirateurs et les terroristes hors d'état de nuire. » Radio Budapest commente en français, le 19, la déclaration de Ferhat Abbas. La radio libyenne comme celle du Caire célèbrent la « grande patrie algérienne ». Les communistes français se sont engagés les premiers dans cette campagne de l'après-16 septembre. Seront-ils suivis ?

Un certain nombre de journaux parisiens montaient en épingle la relative modération des dirigeants soviétiques, soucieux de ne pas contrarier l'action du général de Gaulle. Dans *Libération*, Emmanuel d'Astier de La Vigerie, très proche du PC, affirme que l'« autodétermination est une importante contribution à la perspective de paix en Algérie », à condition que les forces de la réaction ne s'y opposent pas. C'est exactement le sens de la déclaration que fait Khrouchtchev sur l'Algérie devant le Soviet suprême, prise de position destinée à favoriser le renforcement des liens politiques avec Paris. Claude Fuzier, dans *Le Populaire*, organe socialiste, est plus sceptique. Pour lui, Khrouchtchev a reconnu, par son « rappel des liens étroits entre la France et l'Algérie, le caractère positif de la colonisation ». En raison de la présence d'une minorité européenne importante, le problème algérien ne saurait être traité comme un problème classique de décolonisation. La solution proposée par de Gaulle est « juste », elle ressemble au tryptique que proposait en son temps Guy Mollet : cessez-le-feu, élections, négociations.

Mais les « hommes du 13 mai » risquent d'opposer à la solution gaullienne la plus vive résistance. La presse de droite prend à peine ses distances : dans *Le Figaro*, monseigneur Feltin, il est vrai, déplore que l'« œuvre de pacification de l'armée ne soit pas mise assez en relief ». On en néglige, explique-t-il, « les côtés positifs ». Les soldats du contingent mènent une action « de justice et de charité ». Durant son voyage à Alger en novembre, il a visité avec Massu l'hôpital Maillot et le camp d'instruction de Beni-Messous. *La Croix*, bien sûr, ne partage pas l'enthousiasme pacificateur du cardinal. Le journal cite la « directive » envoyée par Debré à Delouvrier, par laquelle il recommande l'organisation d'élections libres mais aussi de

« tout mettre en œuvre pour que le libre choix des esprits se fasse contre la sécession ». *La Croix* toujours, signale, le 17 novembre, que la CFTC, syndicat chrétien, appuie le général de Gaulle pour ouvrir les négociations en vue de rétablir la paix dans le respect des intérêts de la minorité européenne. Pourra-t-il imposer une politique de négociation aux notables pieds-noirs et aux chefs de l'armée ? Pierre Courtade dans *L'Humanité* lui répond que la négociation ne doit pas dépendre des réactions de l'Algérie de papa : « La France moderne, dit-il, la France de 1959 doit faire entendre raison à ces "sudistes". » De Gaulle reste-t-il sourd à leurs protestations ? On craint dans *Le Monde* que Delouvrier ne présente « implicitement », sous le nom d'association, des « solutions aussi françaises que la francisation ». N'a-t-il pas déclaré, le 30 octobre, dans l'Oranais : « Nous nous battons pour *une* Algérie française. » Le docteur Lefebvre, un des chefs ultras, a remarqué l'emploi de l'article indéfini : « La campagne officielle pour donner à l'expression Algérie française un sens nouveau vient de s'ouvrir », écrit-il. La voie est décidément étroite pour la solution gaullienne.

Le camp de la résistance s'organise autour de Soustelle et Bidault. Dès le 9 novembre, une centaine de députés — les musulmans de l'UNR, les indépendants autour d'Yrissou, ex-collaborateur d'Antoine Pinay, — constituent un « comité interparlementaire » pour « rejeter la paix d'illusion » et agir en faveur de l'intégration. Jean-François Chauvel évoque dans *Le Figaro,* le malaise d'Alger : il croit percevoir une différence de ton entre Paris et Alger : « L'accent est mis, note Chauvel, par un certain nombre de généraux, sur la poursuite totale de la pacification jusqu'à la victoire. » Quant à Challe, dit-il, s'il admet les pourparlers, il affirme qu'« ils se dérouleront à [son] échelon et sous [sa] direction ». Ces réserves sont-elles destinées à tromper l'opinion ultra ? N'est-il pas possible aux responsables de « parler clair », comme le souhaite de Gaulle, à Alger ?

Dans *La Croix*, l'« envoyé spécial » Jacques Duquesne publie une série d'articles qui ne peut que laisser le lecteur métropolitain perplexe. Pour le « jeune colon de la Mitidja » explique le journaliste, pas d'espoir : après quatre ans de couvre-feu, les fermiers désertent les villages sans médecins, sans instituteurs, sans vétérinaires, pour se regrouper entre eux :

certains songent à la guerre civile comme ultime recours, d'autres à organiser la sécession sur le modèle de l'Afrique du Sud. A Constantine, les « colons » ne sont pas, par « réalisme », favorables à la francisation : ils songent à partir et à vendre leurs biens, mais l'État, seul acheteur, offre 20 % de la valeur des terres... Certains pourtant sont prêts à accepter. D'autres disent qu'ils font leur valise « et achètent un fez » (entendons par là qu'ils cotisent au FLN). La plupart des fermiers sont défaitistes, et antigaullistes. Rares sont ceux qui suivent le patron de *L'Écho d'Oran*, le député Laffont, qui a créé une association pour imposer au futur référendum « la solution la plus française ». Le plus grand nombre n'accepte même pas l'idée d'intégration, et prône le statu quo, comptant sur un groupe de pression pour imposer à Paris un changement de politique. Mais un « coup » n'est assuré que s'il bénéficie du concours de l'armée. Sur ce point, Duquesne est formel : si les militaires ne veulent pas entendre parler d'un retour tranquille des « assassins » dans les douars, si « certains officiers d'Alger ont gardé des liaisons avec des mouvements ultras », on peut tenir pour assuré que leurs convictions ne suffisent pas « à leur faire accepter de participer à une opération subversive quelconque ».

Ils croient tenir en main les musulmans. Certes, rappelle Duquesne, le terrorisme décroît dans l'Oranais et « l'emploi de la torture a nettement diminué surtout depuis quelques mois », mais les 60 000 détenus dans les centres d'hébergement (qui se renouvellent constamment par le jeu des libérations) sont autant de propagandistes du FLN et les raisons qui poussent la population vers les SAS sont « plus sociales que politiques ». L'organisation politique et administrative du Front n'a nullement disparu des villages, comme le prouve le large écho qu'ont provoqué dans les douars les derniers propos de Ferhat Abbas. Les musulmans « modérés » ne croient plus à la francisation et préféreraient l'association ; les élus musulmans ne représentent que 5 à 10 % de la population. Depuis 1956, la masse fait confiance au FLN et suit Ferhat Abbas qui n'est pas contre les Français. Les harkis se sont engagés, poussés par la famine : « La position du pauvre n'est jamais claire, commente Duquesne. Beaucoup de familles sont écartelées. Elles ont des hommes dans les deux camps », en raison des nécessités économiques qui poussent les jeunes à s'engager d'un côté ou de l'autre. « On n'arrivera pas, dit un bourgeois musulman, à faire des musulmans des ennemis du FLN. Et notamment des jeunes qui préfèrent manger des figues que le pain de Constantine ». La « véritable pacification a échoué », conclut Duquesne. Les deux communautés coexistent, mais ne se supportent pas. Comment imaginer, en pleine crise, un face-à-face électoral ? « Certains modérés », il est vrai, souhaitent des discussions immédiates « entre le gouvernement français et les forces politiques algériennes ». Ces partisans de l'association espèrent un accord positif, qui offre des garanties à la minorité. Pourquoi ne pas les suivre ? La lecture de ces articles conforte le lecteur dans l'idée que la pacification est un leurre et que la seule issue à la guerre, « qui n'a pas de front parce que le front est partout et qu'il y a des souffrances pour tous », est la négociation directe avec le FLN.

La pensée catholique s'exprime dans un numéro consacré à l'Algérie de la *Revue de l'action populaire* repris en bonnes feuilles par *La Croix* des 2 et 3 décembre : c'est un appel à l'unité des chrétiens dans le respect des trois règles essentielles de la « morale politique générale de l'Église » : « Ne pas pratiquer à la légère la désobéissance au pouvoir établi » (cela vaut aussi bien pour les catholiques d'Alger que pour la gauche parisienne) ; reconnaître au pouvoir établi la présomption d'innocence « tant qu'il n'est pas manifeste qu'il trahit le bien commun » ; éviter les insultes et les violences.

Pour le RP de Soras, signataire de l'article, le vœu de l'épiscopat est « que germe enfin un cessez-le-feu ». Mais les populations menacées doivent bénéficier de garanties, et l'unité des chrétiens ne doit pas être rompue. En rejetant « les simplismes », il faut conduire une réflexion en commun sur les causes de la guerre, sur la position de l'épiscopat qui condamne à la fois le terrorisme et la torture, et admettre que si « l'Église ne se mouille guère », c'est qu'il « appartient aux laïcs de prendre en charge les affaires terrestres ». Certes, « le désaccord est possible » (par exemple sur les trois options), mais le libéralisme ne doit pas ouvrir la porte à l'anarchie. Laisser le général de Gaulle régler « pour le bien commun » le problème à sa manière, c'est, en filigrane, le fin mot du message de la *Revue d'action populaire*.

France-Observateur est naturellement plus précis : pour ce pionnier de la lutte anticolonialiste, la rébellion de l'armée en cas de négociation n'est pas évidente, pas plus que la collusion entre les chefs militaires et les réseaux activistes, dont les plus redoutables sont ceux qui manipulent, par le biais d'Arnould, les anciens combattants. Un article de Pierre Stibbe dégage la ligne du journal avec netteté, le 10 décembre. Jean Amrouche, intellectuel kabyle ami de Mauriac, a pu écrire avec regret : « Si la gauche souhaite la paix algérienne, elle désire plus encore la chute du régime et celle du général de Gaulle. » Pourquoi s'en cacher ? Mais l'aversion pour « le pouvoir d'un seul homme », pour la « monocratie libérale », conduit à souhaiter plus ardemment encore la paix en Algérie qui hâtera le changement de régime en France : « Nous préférons, écrit Stibbe, la paix conclue par nos adversaires politiques à la guerre poursuivie par nos faux amis » (comme Lacoste et Mollet). Le 16 septembre constitue bien « une étape décisive » et Stibbe fait remarquer que la gauche applaudit à l'autodétermination, y compris les communistes. Mais de Gaulle pourra-t-il entériner les résultats d'une consultation qui implique le retrait de l'armée ? Il affronterait alors les ultras, et devrait s'appuyer, « contre un nouveau 6 février ou un nouveau 13 mai, sur les énergies populaires ». Il se retrouverait dans la situation de juin 1940 où il n'avait été soutenu que par les gens qu'il méprisait : socialistes, radicaux francs-maçons, chrétiens de gauche, voire communistes : ceux-là mêmes qui militent pour la paix en Algérie. Ainsi se berce-t-il « de l'illusion d'une troisième force », mais le temps passe ; « il ne pourra plus éluder l'option décisive entre la pacification et la paix ». Ce jour est venu, affirme Stibbe. Il faut accepter de négocier. Duquesne l'écrit aussi dans *La Croix* du 23 décembre : « Quel péril pour l'Algérie d'abord et pour la France, à ne pas saisir la main qui se tend. » Le lendemain, veille de Noël, Radio Maroc affirme qu'« aucune solution ne peut être trouvée au problème algérien sans l'accord des deux parties, ce qui implique l'ouverture de négociations entre le gouvernement français et le FLN ». Celui-ci est aussi représentatif que pouvait l'être le mouvement du général de Gaulle à Londres en 1940.

L'armée pouvait-elle entendre ce type de discours ? L'état-major d'Alger pouvait-il rester sourd aux sirènes de l'Algérie française ? Le délégué général commence à se défier de Massu et des colonels qui l'entourent. Leurs « relations » avec les chefs activistes sont inquiétantes. Ému par le chantage des milieux européens qui prétendaient entraîner l'armée dans leur querelle, Delouvrier avait pourtant dicté à Massu une déclaration « sans équivoque » dans laquelle il affirmait qu'il ne se ralliait à aucune faction et maintiendrait l'ordre quoi qu'il arrive. « Je vais être fraîchement accueilli par mon état-major », aurait-il bougonné en signant. Paris ne lui accorde pourtant pas les mutations nécessaires, dans un souci d'équilibre. Comment priver Alger des dernières idoles du 13 mai ? Debré lui-même exprime ses réserves devant les mutations que Delouvrier estimait de plus en plus nécessaires. Il est vrai que Challe couvre Massu, rendu furieux par l'audition imposée au procès Audin d'un officier de sa division, et qui a accordé sur ordre une interview à un journaliste allemand, Hans Kempski, publiée dans le *Süddeutsche Zeitung* le 18 janvier, puis reprise par l'agence américaine United Press.

Dans cet entretien, Massu avoue ne plus comprendre la politique du général de Gaulle. Il affirme que les colons se constituent déjà en organisations paramilitaires et qu'en cas de clash « il y [aurait] des gens qui [obéiraient] sans se poser de questions ». C'était sous-entendre, commentait Kempski, que « la majorité des chefs d'unité [n'étaient] pas disposés à exécuter les ordres de De Gaulle ». Massu protestera de sa bonne foi : il n'avait « jamais dit cela ». Mais il sera convoqué à Paris par son ministre Guillaumat. Le 22 janvier, un conseil restreint permet à Delouvrier, Challe et Gambiez de parler « de l'angoisse des Européens d'Algérie et aussi des craintes qu'éprouvent de nombreux officiers » à la suite de la publication de l'interview. Le démenti signé par Massu n'a pas suffi à les rasséréner. Challe souhaite que Massu reprenne son poste pour un temps, avant d'être remplacé par Crépin. Le président de la République exige alors, contrairement à l'avis de Michel Debré, que Massu ne retourne pas à Alger : « Le général de Gaulle estime en effet, explique Debré dans ses *Mémoires*, qu'en affirmant publiquement son refus de toute négociation politique avec le FLN et sa volonté de châtier plus rapidement les terroristes, l'opinion à Alger doit se calmer. » Debré n'en est pas sûr, Delouvrier moins encore. Le 24, Debré appelle Challe au téléphone : Lagaillarde et Ortiz ont barricadé le centre d'Alger. Les Algérois n'ont pas supporté le rappel de Massu et les activistes ont saisi l'occasion pour rallier à leurs desseins une population jusque-là hésitante.

L'armée suivra-t-elle les rebelles ? Un nouveau 13 mai est-il à craindre ? Les journées des barricades font la preuve qu'aucun coup d'État n'est possible sans le ralliement déterminé des militaires à la cause de l'Algérie française, et sans l'organisation à Paris d'un complot qui imposerait un changement de régime. La conjoncture du 13 mai était tripodique. Celle du 24 janvier ne repose que sur un pôle : les organisations algéroises.

Mais si l'armée n'intervient pas en faveur des rebelles, ceux-ci réussissent à démontrer qu'une manifestation sécessionniste peut paralyser le pouvoir parisien même s'il conserve le soutien des forces militaires. Il hésite en effet, en versant le sang, à s'engager sur la voie de la guerre civile dont nul ne peut maîtriser les effets, ni prévoir l'issue. C'est pourquoi le pouvoir sort de l'épreuve à la fois vainqueur et affaibli : de Gaulle enrage de la passivité des troupes, qui ont tardé à réagir et laissé se développer l'insurrection. Challe y perdra son poste.

La mollesse des unités d'Alger permet à l'opposition métropolitaine de se déchaîner dans la presse : on s'interroge sur les intentions du discours du 16 septembre. Eugène Mannoni, dans *Le Monde* du 27 janvier, pose la question de la complaisance des autorités. Delouvrier et Challe ont-ils donné l'assurance que l'armée ne tirerait pas ? Michel Debré, présent à Alger, a-t-il subi le chantage des colonels, qui exigeaient que le gouvernement se prononce pour « la solution la plus française » ? Les parlementaires algériens, les conseillers municipaux ont affirmé leur solidarité avec le mouvement : quel succès pour Ortiz et Lagaillarde devenus le fer de lance de la révolte des pieds-noirs ! Jacques Fauvet, le même jour, est encore plus critique envers le pouvoir : il demande qui a donné l'ordre aux CRS de se retirer devant la foule, pourquoi on a laissé s'armer des groupes dont on connaissait les intentions, comment les activistes ont-ils pu tranquillement convoquer la foule sur le Forum. Avait-on promis l'impunité aux exécutants ?

Dans ses *Mémoires*, Michel Debré précise les responsabilités de chacun : Challe, « hésitant, trahi par son entourage », a laissé s'élever les barricades. Le plan des émeutiers a été « prémédité, lors de réunions entre les dirigeants des mouvements dits activistes en présence d'officiers, notamment du colonel Gardes ». L'ordre de dégager les escaliers du Forum a été donné aux gendarmes par le général Coste ; les coups de feu qui ont éclaté ont provoqué la fusillade, qui a surtout fait des victimes parmi les forces de l'ordre.

Le film des événements reconstitué par les *Mémoires* du Premier ministre permet d'éclaircir les réactions des principaux protagonistes : les colonels ont refusé d'attaquer les barricades. Challe intervient alors auprès de Debré pour qu'il persuade le général de Gaulle de retirer son projet d'autodétermination : le voilà, comme hier Massu, victime du chantage d'Argoud et de Broizat. De Gaulle lance un appel qui n'est pas entendu et exige de Delouvrier une répression rapide. Si Debré se rend à Alger, c'est que le Conseil des ministres réuni le 25 janvier est divisé : Malraux, Buron et Sudreau sont favorables à la répression. Triboulet et Giscard d'Estaing y sont hostiles. Soustelle demande qu'on négocie. La division Ducournau, supposée plus sûre que la 10e DP de Massu, est envoyée sur place. Debré décide de gagner au plus tôt Alger afin de régler l'affaire « avec d'autres moyens que la brutalité ». Au quartier Rignot, il reçoit les colonels. Ceux-ci ont suivi et encouragé le complot, avec la complicité de Zeller, à l'état-major de Paris, et du général Faure, commandant en Kabylie. Des officiers subalternes, le commandant Navarro, le capitaine Philippi répondent de la police. Broizat se serait chargé d'empêcher les parachutistes d'intervenir. La mobilisation des unités territoriales est réalisée sans obstacle.

Lagaillarde, prenant de vitesse la manifestation, s'était retranché dans le carré des facultés, attendant que le pouvoir parisien cède : personne ne l'en délogera. Il disposait de plusieurs unités de territoriaux en armes. Ceux-ci avaient basculé sans hésitation dans l'illégalité, à l'instigation de leurs chefs gagnés par les ultras. La 25e DP n'était pas encore dans Alger : les parachutistes de la 10e, plus proches, avaient été rappelés d'urgence. Challe pensait qu'à leur vue, la foule ne bougerait pas. Ils laisseront passer la manifestation sans réagir : seuls les gendarmes de Debrosse défendront le gouvernement. On comptera 14 morts et 123 blessés dans leurs rangs, contre 6 morts et 24 blessés chez les manifestants. Comment sortir de l'impasse sans verser de nouveau le sang ?

Après le départ de Michel Debré, qui a réaffirmé la politique d'autodétermination et interdit à l'armée « de dicter sa conduite au gouvernement », de Gaulle accepte qu'on laisse Delouvrier négocier. Ely est chargé d'expliquer aux chefs militaires « que toute négociation politique avec la rébellion est exclue, que le général de Gaulle souhaite la solution la plus française et qu'il demande à l'armée de suivre les instructions du gouvernement en rétablissant l'ordre à Alger ». Debré confirme à Delouvrier que « le pouvoir ne cédera pas ». A Alger, les paras fraternisent avec la foule, mais les musulmans ne se laissent pas convaincre par les officiers de l'« action psychologique » de se joindre aux manifestants. Crépin, sur la suggestion de Debré, se rend à Paris pour convaincre le Général qu'il faut rétablir l'ordre sans obliger l'armée à tirer.

Delouvrier et Challe se retirent alors à la Reghaia, comme jadis Thiers à Versailles. Non sans que le délégué général ait prononcé un discours émouvant : « Vous ne referez pas le 13 mai. Il n'y a pas de De Gaulle en réserve », dit-il à l'intention des militaires. Aux pieds-noirs, à qui il annonce son départ provisoire, il lance, d'une voix brisée par l'émotion : « Je vous laisse, Algérois, le dépôt le plus sacré qu'un homme puisse avoir : sa femme et ses enfants. Veillez sur Mathieu mon dernier fils. Je veux qu'il grandisse, symbole de l'indéfectible attachement de l'Algérie à la France. » « Sensiblerie », commente de Gaulle. Mais Delouvrier a gagné. Il a promis de serrer la main d'Ortiz, de Lagaillarde, de Sapin-Lignières, d'aller pleurer avec eux au monument aux morts. Les territoriaux quittent en grand nombre les barricades. Reste Lagaillarde.

Le 29 janvier, le Général, dans son uniforme du 18 juin, se livre à son tour à l'émotion devant les caméras de la télévision : « Eh bien ! mon cher et vieux pays, nous voici donc ensemble, encore une fois, face à une lourde épreuve. » Mais c'est pour condamner les « usurpateurs », pour affirmer sa décision d'imposer l'ordre. Le 30, il laisse Delouvrier éclaircir définitivement la situation : celui-ci obtient, grâce à la négociation menée par le colonel de parachutistes Dufour, la sortie de Lagaillarde, qui menaçait de faire sauter son camp retranché. Le « rebelle » défilera dans le silence du plateau des Glières à la tête de ses hommes en armes. Les paras les ont chargés dans leurs camions bâchés. Ils seront ensuite engagés dans le commando Alcazar. La rébellion d'Alger est terminée.

L'émotion en métropole a été considérable, et la presse se déchaîne : non seulement *La Croix, Le Monde, Libération, Le*

Populaire et les hebdomadaires de gauche, mais *France-Soir, Paris-Presse* et *Le Figaro* condamnent la révolte. Les uns félicitent l'armée d'avoir évité le bain de sang, les autres s'impatientent que l'on ait eu tant d'égards pour les insurgés. « On comprend que des soldats répugnent à lancer, comme à Budapest, des chars, des lance-flammes contre des desperados, écrit, par exemple, *Paris-Presse*, mais l'ordre est aussi impérieusement nécessaire à l'honneur de l'armée qu'à celui de la patrie. » *Le Figaro* donne, certes, la parole aux parlementaires d'Alger, qui somment le gouvernement de se déclarer en faveur de l'Algérie française, mais Louis-Gabriel Robinet écrit dans son éditorial du 27 janvier : « Que de tout jeunes gens ne se rendent pas compte de la sévérité avec laquelle les jugent nos jeunes du contingent exposés, eux, aux coups des rebelles, cela échappe à plus de quarante millions de nos concitoyens. » Un gouvernement de sécession « conduirait sans rémission l'Algérie à sa perte », ajoute-t-il. C'est « un coup porté à la France ». Robinet rappelle la stupéfaction de la presse étrangère devant cette folie. Qui les insurgés pouvaient-ils convaincre ? Pour le *New York Herald Tribune* du 26 janvier, « l'isolement des insurgés, au milieu d'Alger, entourés qu'ils sont de leurs propres barricades et par les troupes françaises casquées est d'un symbolisme ironique. Il s'agit en effet d'hommes coupés du monde contemporain, d'hommes auxquels il ne reste en fait rien à défendre ». Et l'officieux *New York Times* d'expliquer : « De Gaulle a été appelé au pouvoir pour sauver la France de la guerre civile à cause de la question algérienne. La question algérienne se pose de nouveau avec sa menace de guerre civile. C'est peut-être là l'épreuve finale pour de Gaulle, le Chef. S'il a l'adresse nécessaire pour préserver l'union de la France, il peut devenir l'homme le plus fort d'Europe occidentale. Mais s'il échoue, la France peut devenir la proie des communistes. » La presse britannique soutient de Gaulle. Le *Troud* de Moscou souligne que la France en est arrivée là en Algérie en raison « de la politique contradictoire du Président depuis le 16 septembre, qui a en somme permis aux émeutiers de prendre les armes ». Pour *Le Journal de Genève*, « le coup de force, inspiré par la colère, n'a aucune chance d'aboutir ». C'est l'avis de *La Croix*, qui titre le 27 : « Pas de solution française sans la France. » Pour Jacques Duquesne, on doit regretter que « l'autorité de l'État se trouve gravement mise en cause à la face du monde ». « La nation est derrière de Gaulle », lance Pierre Lazareff dans *France-Soir*. Dans *Libération*, Claude Estier demande que la « pression populaire » s'exerce sur un pouvoir « qui a toujours davantage tendance à composer avec l'armée qu'à s'appuyer sur le peuple ». Le comité directeur de la SFIO, réuni le 28 janvier, exige des poursuites contre les coupables et un référendum « dans les plus brefs délais » sur l'autodétermination, dans le but de manifester l'unanimité de l'opinion métropolitaine contre la minorité d'Alger. Même Robert Bony, dans *L'Aurore*, le journal de Marcel Boussac, pourtant favorable à l'Algérie française, demande le respect de « l'unité nationale » et de « l'autorité de l'État ». Pour François-Poncet, dans *Le Figaro*, « le meilleur moyen de parvenir au but que les ultras eux-mêmes se proposent d'atteindre, c'est de conquérir le libre suffrage des musulmans et de faire triompher auprès d'eux la cause de l'Algérie française ». Jean Daniel, dans *L'Express* du 28 janvier, estime que la compromission des officiers n'a pas été inutile : « Si le peuple de France arrive à imposer sa volonté aux activistes civils et militaires, il sera mille fois plus libre dans l'avenir immédiat pour aller jusqu'au bout de sa victoire : une entente avec le FLN pour une autodétermination qui garantit dans tous les cas les vrais intérêts de la France comme des Français d'Algérie. » Et de rendre hommage à de Gaulle, ce Français qui aura été par deux fois celui qui aura pris la décision de ne pas « faire couler le sang français ». Aujourd'hui, dès lors que les événements le lavent soudain du « péché originel » du 13 mai, des millions d'hommes espèrent en lui. Pour Jean-Jacques Servan-Schreiber, « toute autre considération cessante, il faut soutenir de Gaulle comme il fallait, les yeux fermés et les oreilles bouchées, tenter de cimenter Pflimlin » (le 13 mai 1958). *France-Observateur* est presque le seul à ne pas partager cette psychose du ralliement à de Gaulle, parce « qu'il a toujours refusé l'ouverture d'une véritable négociation ». On ne peut encore écarter l'hypothèse « d'un nouveau compromis entre de Gaulle et l'armée ». Ne va-t-il pas profiter de l'occasion pour passer « de la monarchie libérale à la monarchie autoritaire » ? Le journal pose deux conditions : pas de concession aux ultras et aux militaires qui sont leurs complices ; application réelle du principe d'autodétermination. Les mémoires de Michel Debré montrent que c'est exactement la position du général de Gaulle.

Soustelle et Cornut-Gentille quittent le gouvernement. Guillaumat cède le ministère de la Défense à Messmer, pour prendre le portefeuille du Sahara. Roger Frey, l'homme de la résistance au coup d'État, devient ministre ainsi que Louis Terrenoire. Ce remaniement reflète l'orientation nouvelle du cabinet Debré. Il n'est plus question de revenir sur l'ouverture affirmée par le discours du 16 septembre. Une page est définitivement tournée dans l'histoire de la guerre d'Algérie.

Les sanctions pleuvent : Alain de Sérigny, le directeur de *L'Écho d'Alger*, et le commandant Sapin-Lignières, responsable des territoriaux, sont arrêtés et doivent répondre du crime d'atteinte à la sûreté de l'État. Les organisations extrémistes sont dissoutes. Le 5ᵉ bureau est supprimé. Les officiers les plus compromis sont rappelés en métropole : le général Faure, éternel comploteur de l'Algérie française, les colonels Argoud, Broizat et Gardes. Bigeard est également arraché à son commandement « pour éviter des tentations éventuelles à ce bon soldat », écrit Debré. Godard perd la direction de la Sûreté, remplacé par Jacques Aubert qui organise une nouvelle purge dans la police.

De Gaulle veut se séparer de Delouvrier qui a manqué de sang-froid, et de Challe qui a fait preuve de faiblesse. Michel Debré plaide pour Delouvrier. Il ne pourra sauver longtemps Challe, dont il pense lui-même qu'il a rendu l'émeute possible par manque de vigilance et de conviction. Il n'a jamais fait mystère de son aversion pour la formule de l'association et de son scepticisme sur l'autodétermination.

Pourtant, il recherche encore la victoire pendant trois mois d'opérations incessantes baptisées « Marathon ». Le moral de l'armée est-il affecté par les événements d'Alger ? A Tizi-Ouzou, on regrette que « les efforts fournis par nos troupes n'apportent pas un résultat rapide malgré le succès des opérations ». Les attentats continuent et le rapprochement des deux communautés n'est pas pour demain. « La masse musulmane, note dans son rapport le commandant d'aviation Auger, a l'habitude de se tourner vers un seul maître, un seul chef. Elle ne comprend plus lorsqu'elle entend plusieurs voix. » Il poursuit non sans courage : « Le moral des deux communautés a subi une sérieuse dégradation à la suite du départ du général Faure, commandant la zone est-algéroise, cette décision gouvernementale a touché beaucoup plus le sentiment des Kabyles que celui du clan européen. » Mais Auger accepte le règlement de l'affaire des barricades, et se réjouit de la reddition pacifique des rebelles. « Le dénouement du coup dur, écrit-il encore, a été accueilli avec un réel soulagement, quoique certaines craintes demeurent — pour certains, qui n'ont pas encore compris ; pour les autres, qui n'ont rien compris. » Le commandant Auger a compris pour sa part que le désengagement est engagé. Il note la désertion, avec armes et bagages, de musulmans qui assassinent quatre fermiers entre la ville de Tizi-Ouzou et le terrain d'aviation.

L'explosion de la bombe A française au Sahara est certes une réussite que toute l'armée salue. Elle ne peut que se réjouir des victoires de Challe en Algérie. Mais dans la Kabylie récemment pacifiée, les attentats montrent que l'OPA n'a pas été évincée des villages. La guerre peut durer cent ans. Dans l'Oranie que l'on croit pacifiée, les rapports en provenance de Tlemcen montrent que les groupes du FLN continuent de recevoir des armes du Maroc, probablement par la « voie rapide » du chemin de fer. Le contrôle de la gare frontière est en effet impossible. « L'OPA maintient son activité. Les chefs sont au maquis mais propagandistes et collecteurs de fonds continuent leurs activités dans la population. » Le FLN est d'ailleurs assez puissant pour organiser une manifestation de femmes musulmanes à Marnia, et de lycéens à Tlemcen. Les musulmans, après les « barricades » d'Alger, ont la conviction que « la politique en cours accélère le retour à la paix » tandis que les Européens « se replient sur eux-mêmes ». Les combats continuent dans le djebel oranais, avec une intensité croissante, comme si la « rébellion » renaissait de ses cendres : en mars, les forces de l'ordre mettent hors de combat 117 rebelles à l'ouest de Nemours. L'OPA est donc loin d'être défaite : on évalue à 300 le nombre des agents de l'OPA dans la seule région de Sebdou-Ben Bardel, où les soldats français musulmans sont constamment invités à déserter avec leurs armes, ce qu'ils font quelquefois.

Les barrages restent bien protégés : la surveillance française ne fait pas défaut. Les unités d'infanterie et de cavalerie, majoritairement composées d'appelés, montent la garde, imperturbables, malgré les événements d'Alger. L'aviation les aide à répondre aux harcèlements rebelles : les B 26 sont massivement utilisés sur la frontière tunisienne pour attaquer les nids de mitrailleuse à la bombe. Les chasseurs bombardiers ont appris à se défier d'une ruse des djounouds : ceux-ci exposent des animaux dans les zones interdites pour provoquer une réaction de l'aviation. Ils ont tout loisir de prendre ensuite les appareils sous le feu de leurs armes automatiques sur le terrain qu'ils ont choisi : les chasseurs rentrent alors à la base de Telergma, le fuselage constellé de traces de balles. L'intervention de l'aviation est rendue nécessaire par les nombreuses embuscades tendues dans le Constantinois, dans la zone avant du barrage. Les sorties d'avions sont constantes, ainsi que les accrochages sur le barrage. Ces actions incessantes n'empêchent pas les appelés de suivre avec attention les événements : les soldats ont suivi au transistor les différentes phases du conflit d'Alger. « L'émotion était à son comble » dans les unités de la région, dit un rapport de l'Est constantinois, « mais le discours du général de Gaulle a apporté un soulagement certain par sa fermeté et les assurances données sur l'avenir français en Algérie ».

Comment croire à l'abandon, alors que le pétrole coule au pied du barrage, et que la bombe explose au Sahara ? La propagande militaire ne manque pas d'exploiter ces facteurs positifs, même si « l'action psychologique » fait désormais défaut. Il reste la radio et la presse de l'armée, toujours actives.

De Paris est venue la décision de rétablir et de renforcer le pouvoir des préfets, de retirer aux généraux leurs prérogatives civiles, et, si possible, de « musulmaniser » la préfectorale. En février 1960, les rapports notent l'« anxiété » du commandement : « Les populations voient [dans cette décision] une mesure de défiance contre les militaires et un désaveu de l'action menée depuis un an et demi. » Cette action, l'armée compte la prolonger en développant le thème de la francisation, en proposant aux cantonales, aux municipales, aux législatives, des candidats qui lui soient favorables.

La situation militaire commande une vigilance accrue. En février, les troupes de la réserve générale qui rentrent d'Alger accrochent l'ALN à l'intérieur et poursuivent les groupes qui ont réussi à franchir le barrage. L'aviation intervient contre la DCA renforcée de la frontière, qui dispose d'armes nouvelles, d'origine tchèque. Les T 6 et les hélicoptères doivent se garder d'un feu meurtrier. Les pertes sont déjà nombreuses. En arrière du barrage, dans les Aurès, les groupes de l'ALN ont repris leurs activités et deux grandes opérations causent des pertes sévères aux Français, dans les secteurs d'Arris et de Guelma. Les commandos de l'air interviennent en hélicoptères. Les combats font rage dans le bec de canard, où les troupes ennemies se rapprochent de la frontière.

L'intensification des activités « rebelles » est particulièrement nette dans le Sud tunisien où les patrouilles de l'aviation signalent, vers Négrine, de nombreuses traces de caravanes au début de février. On s'inquiète à l'état-major du déplacement de l'effort ennemi vers l'Atlas saharien, dans le but évident de créer des zones d'insécurité au nord du Sahara. Si l'ambiance reste bonne à El-Golea, la région de Metlili est « contaminée » par l'OPA, le M'Zab n'est pas sûr. Il ne semble pourtant pas que le FLN ait réussi à mobiliser les tribus sahariennes en utilisant leurs réactions hostiles à l'explosion de la bombe atomique. Dans l'Adrar, la population manifeste « peu d'inquiétude ». Pourtant, le bruit a couru que l'explosion ferait refluer l'eau dans les foggaras : le calme est vite revenu quand on s'est aperçu qu'aucune catastrophe n'avait suivi le tir réussi de la bombe A.

Les hommes du Adrar sont satisfaits d'être embauchés sur les chantiers du génie militaire et des pétroliers. Seuls les commerçants musulmans se plaignent ; ils sont gênés par la réglementation de la circulation sur la piste Adrar-Gao. Les rebelles, qui commencent à s'infiltrer dans le M'Zab et l'oued Rharbi, peuvent devenir gênants : l'aviation les surveille, ainsi que les pelotons de méharistes. Plus inquiétante est la situation dans la région de Colomb-Béchar, toujours parcourue par les unités de l'ALN qui cherchent à monter des filières au sud du barrage marocain. L'armée française manque d'effectifs pour contrôler la ligne du sud des Ksours aux Ouled Naïl et à l'Aurès. Challe n'a pu organiser d'opérations dans ces secteurs éloignés. Il le regrette.

On ne se soucie guère, à Colomb-Béchar et à Négrine, encore moins à Laghouat ou à Touggourt, des événements d'Alger. La présence française au Sahara semble une nécessité absolue depuis la découverte des richesses que renferme le désert. Michel Debré a confié à un fidèle, Olivier Guichard, la présidence de l'OCRS (Organisation commune des régions sahariennes) pour qu'il assure le développement rapide des ressources sahariennes, en liaison avec les pays riverains (Maroc, Tunisie, États indépendants d'Afrique noire). Cet enthousiasme saharien contraste avec le découragement des cadres qui ont été témoins des journées des barricades dans Alger. Le gouvernement, pour exploiter le Sahara, n'est-il pas prêt à abandonner l'Algérie française ?

Au sein des troupes qui sont revenues en opérations après avoir assisté à la rébellion algéroise, le malaise subsiste : aussi bien à la 10e DP qu'à la 25e, dont les soldats ont découvert Alger. A leur tour ils ont été saisis à la fois par la chaleur de l'accueil des pieds-noirs, mais aussi par leur détresse, à laquelle Delouvrier, dans son discours pathétique, avait été si sensible. On ne peut plus opposer désormais aux colonels putschistes de la 10e DP les unités « républicaines » de Ducournau. Les cadres ont le sentiment de repartir à la guerre sans but, et d'être privés des moyens de vaincre. Le capitaine Sergent, du 1er REP (un des régiments de la 10e), reçoit l'ordre de se retirer d'un camp de l'ALN que ses hommes ont surpris à la frontière. Il se borne à détruire les stocks et les installations, mais il est presque blâmé pour cet excès de zèle qui risque de mettre en délicatesse le représentant du gouvernement de Paris à Tunis. Le limogeage de Gracieux, un officier modéré qui commandait la 10e DP, et surtout le rappel en métropole de Bigeard, accroissent l'inquiétude. Le colonel Dufour a vu de près, à Alger, les hommes du pouvoir : il n'en revient pas réconforté. « Votre devoir est clair », avait dit l'ancien légionnaire Messmer, le nouveau ministre, en visite au 1er REP. Vous devez avoir une confiance absolue dans le général de Gaulle. « Vous ne pouvez savoir ce qu'est la réalité de la politique. Ce qu'on vous demande à vous, c'est de détruire les rebelles. Pour le reste, ne cherchez pas trop à comprendre. » Que demander d'autre, en effet, à un régiment étranger, dont la majorité des soldats sont allemands ? Encore faut-il convaincre les officiers.

De Gaulle croit devoir s'en charger. Sa « tournée des popotes » de mars le conduit à déclarer au poste des Azziz, dans l'Algérois : « Les Algériens décident. Je crois qu'ils diront : une Algérie algérienne, liée à la France. » Ballon d'essai ? « Les Algériens, dit de Gaulle, ne peuvent être ni des Provençaux, ni des Bretons. » Mais ils comprennent que la sécession aboutirait à la « clochardisation ». La formule nouvelle, « L'Algérie aux Algériens, liée à la France », est loin de plaire à tous les officiers. « L'accueil des militaires est variable », note Michel Debré. Celui de la presse métropolitaine de gauche est franchement hostile : la « tournée des popotes » (l'expression est une invention de journalistes) ne lui dit rien qui vaille. Le Général en est-il réduit à cajoler les officiers pour s'en faire obéir ? Ne sera-t-il pas conduit à leur faire des promesses qui démentiront ses offres du 16 septembre ? Au lieu de souligner le caractère irrémédiable de la nouvelle politique, que de Gaulle défend de son mieux devant les unités, la presse s'ingénie à souligner les réserves, les pas en arrière, les mots équivoques, pour entretenir la suspicion en métropole.

Debré juge grave la campagne pour la désertion entreprise en France par le réseau Jeanson. La presse a découvert un réseau intitulé Jeune Résistance constitué de prêtres et d'étudiants. Ceux-ci aident les déserteurs à passer en Suisse par Annemasse. Le parti communiste soutient du bout des lèvres les jeunes qui échappent à la conscription ou se constituent « réfractaires » : ceux-ci sont acheminés en Algérie, internés au centre pénitentiaire d'Alger, à Constantine, au camp de Lambèze. Michel Debré fait arrêter les membres des réseaux Jeanson et Jeune Résistance. Mais une grève de l'UNEF oblige le gouvernement à renoncer à la résiliation de douze mille sursis. L'UNEF publie la liste des étudiants maghrébins arrêtés et disparus, puis demande « la cohabitation pacifique des communautés ». Le 3 avril 1960, à Issy-les-Moulineaux, a été fondé le PSU (Parti socialiste unifié) dont les leaders sont Laurent Schwartz, porte-parole du comité Maurice Audin, Gilles Martinet, journaliste de *France-Observateur*, représentant l'Union de la gauche socialiste, Jean Poperen, de la *Tribune du communisme*, et Édouard Depreux, l'un des créateurs du parti socialiste autonome, auquel devait adhérer Pierre Mendès France. Claude Bourdet et le jeune inspecteur des Finances Michel Rocard font partie des quinze mille adhérents de cette « nouvelle gauche » qui, au-delà des errements de la SFIO, affirme son désir de développer « une offensive de grande envergure contre la guerre d'Algérie ». Soutiendra-t-elle Francis Jeanson ?

Françoise Giroud s'en démarque dans *L'Express* du 10 mars : « Selon M. Jeanson, écrit-elle, l'objectif premier est donc, non pas de hâter la fin de la guerre, mais l'indépendance totale de l'Algérie [...]. Si on le croit sans le suivre dans l'action, s'accordant à la fois le confort intellectuel et la tranquillité matérielle, on n'est pas respectable. Et si on ne le croit pas, il faut le dire, je le dis. » Elle n'est pas la seule. Quand Jeanson développe, dans *Vérités pour,* sa thèse sur l'efficacité politique de l'insoumission et de la désertion, le parti communiste s'insurge. « Le soldat communiste, dit Fajon dans *L'Humanité* (20 avril), part à la guerre, même si elle est réactionnaire, pour y poursuivre sa lutte. » Quant à Mauriac, il anathématise dans *L'Express* (28 avril) : « Servir chez l'adversaire une passion nationaliste qui chez nous lui fait horreur m'apparaît de toutes les folies du monde, la plus folle. » Debré trouve un soutien inattendu dans un article de Maurice Duverger, apôtre de ce que le jeansonien Marcel Péju appelle dans *Les Temps modernes* la « gauche respectueuse ». « Il y a deux limites à ne pas franchir si l'on veut demeurer dans la communauté française. Aider ou approuver Francis Jeanson et ses amis, c'est un crime. Mais c'est un crime de même nature d'aider ou d'approuver les entreprises de ceux qui essaient de transformer l'armée en garde prétorienne. » Debré entend ce langage : il poursuit également les milieux activistes. La théorie du double crime est dans la ligne du pouvoir.

Challe n'y est plus. Son opération « Marathon » traîne en longueur. Et l'on se demande, d'un point de vue stratégique, si la sortie de guerre dépend vraiment de quelques centaines de « rebelles » expulsés des montagnes. On commence à s'interroger sur l'absence de solution militaire. Mais s'il n'est d'issue que politique, les militaires bloquent la sortie. Il ne suffit pas de rappeler à Paris Massu, de limoger les généraux et les colonels les plus coupables, il faut signifier clairement à l'armée que si l'on mute le responsable de la pacification (en lui offrant le commandement en chef de Centre-Europe dans le cadre de l'OTAN), si on le remplace par le discret Crépin, dont le secret loisir est la varappe, c'est parce qu'on juge que la victoire sur le terrain est désormais dépourvue de chances, que le pouvoir a en tête d'autres projets. Selon Debré, Challe a demandé lui-même à être relevé de son commandement. « Il se sent en situation difficile... Les extrémistes veulent conduire l'armée à une impasse mais il ne s'estime pas en mesure de s'opposer à leur action à l'intérieur de l'armée. » Challe parti, le « tiercé gagnant » de 1959 perd son homme de terrain : on peut alors parier sur l'abandon du délégué général Paul Delouvrier.

Est-ce la fin des espoirs de l'« esprit de Constantine » qui avait succédé à « l'esprit du 13 mai » ? Michel Debré feint d'y croire encore, bien qu'il se doute des contacts secrets que le Général entretient avec la « rébellion ». Le deuxième volet de l'autodétermination est, en effet, la négociation pour le cessez-le-feu. Déjà, après le 13 mai, Ferhat Abbas avait reçu des émissaires gaullistes, le général de Bénouville et le diplomate Geoffroy de La Tour du Pin. D'autres contacts avaient été établis la même année par l'intermédiaire de Farès et Jean Amrouche entre Abbas, Belkacem Krim et Olivier Guichard. Des rencontres avaient été organisées en Suisse. Sans résultats. Bernard Tricot avait balisé le terrain dans une note établie à l'attention du Général. Le FLN n'avait pas de raisons militaires de demander un cessez-le-feu, car il était toujours en mesure d'entretenir un petit nombre de combattants ou de terroristes sur le territoire algérien. Mais il pouvait espérer un règlement politique rapide grâce à l'arrêt des combats. Une négociation était donc possible.

Pour Michel Debré, l'hypothèse de la « troisième force » se trouve brusquement confortée. Les élections cantonales de mai n'ont pas été un échec. Les musulmans se sont rendus aux urnes. Les listes de soutien au général de Gaulle l'ont emporté partout (sauf à Alger) sur les listes intégrationnistes. Debré reprend espoir, Delouvrier aussi. Une « force intermédiaire » peut se dégager, à condition qu'elle soit soutenue. Il n'est pas nécessaire de tout miser sur la négociation. On peut « pratiquer les deux politiques parallèlement, et faire en sorte qu'elles se rejoignent ». Au Général les contacts politiques avec les rebelles, au Premier ministre les « transformations ».

Debré les mène bon train. La promotion des musulmans est assurée dans le cadre de la loi du 28 décembre 1959 : formation accélérée pour les jeunes et les adultes, formation professionnelle pour tous, y compris les femmes, sièges réservés aux musulmans dans les organismes agricoles, parts dans les marchés publics, emplois dans l'administration, accès aux emplois élevés et aux grades supérieurs dans l'armée. L'École nationale d'administration doit former les futurs administrateurs, constituer le vivier où puisera la future « Algérie algérienne ». Outre les crédits du plan de Constantine, Delouvrier dispose de fonds attribués aux préfets pour accélérer l'équipement local, l'irrigation, les constructions, l'aide aux SAS. En juillet sont créées des commissions d'élus qui donnent leur avis à Delouvrier sur les réformes et font connaître les besoins. Pour associer la masse musulmane à la troisième voie, aucun effort n'est négligé.

Le FLN décide de contrarier cette action en reprenant, au cours de l'été, sa campagne d'attentats, de destruction de récoltes, d'attaques de chantiers. Ces « exactions » témoignent de l'unité retrouvée du Front : les convulsions de l'ancien GPRA ont en effet pris fin au début de l'année, après de très longues discussions, avec la constitution d'un gouvernement nouveau où Ferhat Abbas conserve sa place (il est spécialement chargé des négociations avec la France) mais où les colonels détiennent tous les pouvoirs. Ils ont désigné Boumediene muté à l'Est pour réorganiser les bataillons. Celui-ci installe son PC à Ghardimaou, met en place une armée bien entraînée de 12 000 hommes, assure des franchissements constants par de tout petits groupes, fixe les 80 000 soldats français par des opérations en « piqûres d'épingle », développe enfin l'insécurité à l'intérieur en ordonnant aux chefs de wilayas de reprendre les attentats et de reconstituer les OPA.

L'influence de Boumediene commence donc à se faire sentir au début de l'été, contrariant la politique de « troisième force » poursuivie par Debré et Delouvrier. Un effort particulier avait cependant pu être consenti en faveur de ces zones de regroupement que l'énarque Michel Rocard avait visitées et vivement critiquées dans un rapport que le cabinet du Garde des Sceaux, Edmond Michelet, avait envoyé au journal *Le Monde*. Le général Parlange, nommé inspecteur général des regroupements, avait lui-même demandé que les pleins pouvoirs fussent donnés aux préfets et sous-préfets pour reconstruire de nouveaux villages abritant les populations de ces centres que les chefs militaires, dans leur hâte, avaient souvent situés dans les pires lieux, souvent inondés, paludéens, sans ressources aucune. Dans son esprit, la construction des villages devait s'accompagner d'une réforme agraire, d'une étude des chantiers économiques et s'insérer dans le plan de Constantine. Le sous-préfet serait assisté constamment par les officiers des affaires indigènes. Ainsi pouvait-on espérer arracher à la misère 1,5 million de personnes. Les directives du 25 mai 1960 avaient prévu la mise en construction de « mille villages », abritant chacun entre 500 et 1 500 habitants, que la réforme agraire pourvoierait en terres et en moyens de cultures. Dans l'Ouarsenis, les adductions d'eau potable et l'organisation de l'autodéfense avaient été complétées par une action sociale en profondeur : l'armée avait organisé la mairie et l'école, un capitaine avait installé sur ses propres fonds un moulin. Par les femmes et les enfants, la population était, croyait-on, conquise, même si, autour de Tizi-Ouzou, l'OPA gardait des antennes dans les villages de regroupement : « Chacun a plus ou moins un frère, un fils, un cousin dans le maquis, chacun est souvent contacté par les rebelles, tenu en main par un membre de la famille pro-FLN. Les travailleurs revenus de France, férus de syndicalisme, refusent d'entrer dans les réseaux de l'OPA et, pour n'avoir pas à refuser franchement, disparaissent assez vite de leur région d'origine, de crainte de ne plus pouvoir retourner en France. »

Le général Parlange avait réuni une gerbe riche de renseignements qu'il avait présentée à Delouvrier. Certains étaient éloquents : l'opération « Cigale » dans l'Ouarsenis avait conduit l'armée à regrouper précipitamment la population du haut massif qui vivait de bûcheronnage, d'élevage et de maigres cultures. Ces gens pressés dans les camions avaient été hébergés sous la tente, doublant ou triplant le peuplement des villages regroupés. Dans la population saine, « on amenait des éléments soumis de longue date aux rebelles ». La propagande de l'OPA était d'autant plus efficace que les familles se retrouvaient dans le dénuement. Leur « survie », grâce aux livraisons de vivres et aux camions-citernes d'eau potable, tenait du « tour de force ». Dans le département du Titteri, au sud d'Alger, le commandant Florentin s'indignait : dans cette vaste zone qui regroupait 245 000 personnes (Médéa, Boghari, Paul-Cazelles et Djelfa), on arrachait avec peine, faute de crédits, la population aux bidonvilles. Une maison de trois pièces revenait à 500 000 francs. Comment pourrait-on loger tout le monde ? Les civils ne faisaient pas leur devoir. A Paul-Cazelles, quatre médecins militaires « dropent le bled » à raison de 60 000 consultations par an alors que les deux médecins civils (« l'un taré, l'autre ivrogne ») refusent l'assistance gratuite. On comptait dans le secteur de Médéa 22 instituteurs militaires pour 10 civils. On devait engager les « harkettes » (les femmes de harkis) pour faire la classe. Comment ces populations supporteraient-elles le départ de l'armée ?

La tâche paraissait immense : reloger, assurer l'encadrement social de deux millions de personnes sans ressources était en soi un pari démesuré qui dépassait largement les objectifs pourtant ambitieux du plan de Constantine. Delouvrier était-il conscient de l'impossibilité de satisfaire rapidement aux demandes de promotion d'une telle masse rurale ? L'armée avait détruit sur son passage les terres et les forêts. Il faudrait trois générations pour reconstruire. Or, le temps pressait, l'ennemi s'infiltrait dans les rangs de ces réfugiés dénués de tout, proie facile pour la propagande. On avait beau lever des hommes dans les harkas et les milices d'autodéfense, beaucoup d'autres restaient disponibles pour servir de courriers, de choufs (veilleurs), de ravitailleurs au FLN. Les assignés à résidence relâchés encadraient la population flottante, diffusaient les slogans du FLN. Le gouvernement français manquait de temps pour faire de ces chômeurs des partisans intégrés d'une économie de progrès ; il manquait aussi de moyens. Le FLN disposait des siens pour acheter des armes, soutenir les combattants et leurs familles : un petit nombre de militaires et de militants. Il n'avait pas en charge la masse d'un pays sinistré. La course de vitesse n'était pas égale.

Qui se soucie à Paris de Delouvrier ? Remplaçant Mafart, le préfet Vaujour est chargé à son cabinet des opérations électorales, du contact avec la population. François Coulet, fidèle du Général, ex-ambassadeur et parachutiste, fondateur des commandos de l'air, est l'œil et l'oreille de l'Élysée à Alger. Il surveille le général Crépin, mais aussi le cabinet civil avec le titre de directeur des Affaires politiques. Or, pour Coulet, de Gaulle prépare déjà le désengagement.

L'occasion s'offre avec l'affaire du calife de Médéa. Ce notable avait reçu chez lui, en mars 1960, des représentants de la wilaya 4 opposés au gouvernement de Tunis et qui voulaient négocier directement avec Paris ; par l'intermédiaire du procureur Schmelk, de Michelet, de Debré, l'affaire était arrivée à l'Élysée qui avait délégué à Médéa Bernard Tricot et le colonel Mathon, du cabinet du Premier ministre. Les discussions avec les chefs de l'ALN, Si Salah, Mohammed, Lakhdar, Abelhalim et Abdelatif, avaient abouti : on leur avait donné la permission de circuler librement pour contacter tous les officiers de la wilaya 4, qui commandaient encore à des effectifs de 10 000 djounouds en armes, malgré le plan Challe. Ils avaient alors demandé à rencontrer Ben Bella à l'île d'Aix. Tricot avait refusé, mais les avait conduit dans le bureau du général de Gaulle. Celui-ci avait exigé une reddition globale. Ses interlocuteurs avaient proposé de se rendre pour consultation dans les maquis de la wilaya 3, puis à Tunis. Le Général leur avait parlé de « l'Algérie algérienne associée à la France ». Confiants, les chefs algériens étaient retournés à Médéa. Nouvelle rencontre prévue le 18 juin. Le 14, de Gaulle, qui avait pris soin, selon le vœu des envoyés algériens, de prévenir de leur démarche le GPRA, avait prononcé son discours sur l'autodétermination et lancé un appel au FLN pour « trouver une fin honorable aux combats qui se traînent encore ». Le 18 juin, Tricot avait assuré que les dirigeants de la wilaya 4 attendaient, en plein accord avec lui, la réponse de Tunis. Si le FLN acceptait de négocier, les entretiens seraient suspendus. Ils ne reprendraient que si le GPRA refusait toute ouverture.

Le gouvernement de Tunis accepte d'envoyer des délégués en France, à Melun. On n'entendra plus parler des chefs de la wilaya 4 : Mohammed, contacté par Tunis, a fait assassiner Lakhdar, Abdelhalim et Abdelatif, plus tard Si Salah lui-même. Challe accusera plus tard de Gaulle d'avoir sacrifié cette négociation, de s'en être servi pour pousser le GPRA à accepter son offre. Tricot s'en défend : « Ses interlocuteurs, dit-il, souhaitaient la fin des combats, mais ils ne voulaient pas abandonner leurs frères. Pour concilier ces deux exigences, il leur fallait élargir les contacts, donc se donner du temps, mais c'était aussi accroître les risques. »

A l'annonce de la prochaine ouverture des pourparlers à Melun le 25 juin, le Front de l'Algérie française (FAF) se constitue (le 16 juin) sous la présidence du bachaga Boualam, député d'Orléansville et vice-président de l'Assemblée. Il regroupe 100 000 adhérents en quelques jours et entre en relation avec un « comité de Vincennes » rassemblant, autour de Bidault et Soustelle, des politiques et des intellectuels venus de tous les horizons, désireux de défendre la présence française en Algérie : Lacoste y côtoie Bourgès-Maunoury, le colonel Renucci, anti-gaulliste, l'ancien gaulliste Thomazo. Les indépendants Duchet et Yrissou, Léon Delbecque et Arrighi, des anciens du 13 mai, s'y trouvent aux côtés de Jean-Paul David et Bernard Lafay, politiciens parisiens.

Soustelle tente de couvrir de sa voix la musique de la fête foraine pour prêter serment à l'Algérie française, sur une pelouse de Vincennes où des milliers de personnes chantent *La Marseillaise* : « Les chants désespérés sont les chants les plus beaux », commente ironiquement Georges Bidault.

« L'Algérie algérienne, explique Soustelle, aboutit à la sécession. » Il est applaudi par un public d'avocats, de syndicalistes algériens, d'industriels, d'enseignants : Raoul Girardet, professeur à l'Institut d'études politiques, assiste au meeting, aux côtés de l'historien Mousnier et du philosophe Poirier dont le fils, ancien normalien, est député UNR, de Chardonnet et de Heurgon. En octobre, le FAF revendique six cent mille adhérents. On ne pouvait désormais couper les ultras de la masse des pieds-noirs. L'Algérie française est devenue un mouvement de masse : la vraie bataille politique est commencée.

Les colloques de gauche succèdent au rassemblement de la droite : à Royaumont, le 30 juin, Maurice Duverger, Laurent Schwartz, le président Patin côtoient Edgar Faure, François Mitterrand, Gaston Defferre et Édouard Depreux. Mendès France avait promis son concours. Pierre Cot, le doyen Vedel, Charles Hernu, Daniel Meyer, le bâtonnier William Thorp défendent tous l'autodétermination et dénoncent avec Vedel « les pouvoirs exorbitants de l'armée ». Le colloque estime, selon *Le Figaro* du 2 juillet, « que le fond du problème reste la protection de la minorité ethnique ; le premier devoir des négociateurs français est de penser au devenir du million de Français d'Algérie ».

Les pourparlers échouent. Ben Yayia et maître Ahmed Boumendjel sont pourtant bien venus à Melun et les discussions ont commencé le 25 juin pour prendre fin le 29. Mais pour les délégués français, le secrétaire d'État Moris et le général de Gastines, il ne peut être discuté que du cessez-le-feu. La délégation algérienne, de son côté, veut aussi discuter des questions politiques, au niveau le plus élevé. Elle demande à rencontrer Ben Bella, à parler à la presse. Le Général comprend qu'il est manœuvré et décide la rupture des négociations.

Le 5 juillet, Ferhat Abbas attribue l'échec à de Gaulle et donne l'ordre de continuer le combat. Dans sa conférence de presse du 5 septembre, le Général reprend le thème de l'« Algérie algérienne » et s'en prend à la mauvaise foi de ses interlocuteurs qui prétendent discuter des problèmes politiques alors qu'ils ne sont pas représentatifs, et parlent de paix en poursuivant les attentats. « Pour qui me prennent ceux qui imaginent que je pourrais converser avec les chefs de la rébellion tant que les meurtres continuent ? » Il est vrai qu'on égorge les « traîtres » du MNA dans les rues de Paris et dans les douars d'Algérie, que les grenades éclatent sur les marchés ou sur les plages, et que le FLN fait exécuter des prisonniers français à Tunis. Les pourparlers rompus, la presse parisienne ouvre le feu de tous les bords, furieuse à gauche de leur échec qu'elle attribue à l'influence néfaste des partisans de la présence française en Algérie et au Sahara au sein même du gouvernement et dans l'entourage du Général.

Pourtant, rien ne va plus en Algérie, et Delouvrier se désespère. Les firmes qui ont investi dans le plan de Constantine sont aux trois quarts métropolitaines : 100 milliards de francs pour 400 entreprises. Mais ce bilan impressionnant ne résiste pas au temps : l'avenir est trop incertain pour que les circuits commerciaux se mettent en place et les rapports des Européens avec les hommes d'affaires d'Algérie se tendent. L'algérianisation des cadres n'en est qu'à ses débuts : les 16 000 agents musulmans supplémentaires dans la fonction publique, les 450 officiers formés en deux ans représentent autant de tours de force, mais les cadres autochtones sont toujours en nombre insuffisant. L'entente entre Delouvrier et Crépin laisse à désirer. Ce général se laisse aller à critiquer l'autodétermination par voie de presse : comment parler d'association alors que les attentats reprennent ? Salan doit être mis en demeure par Messmer de ne pas prendre sa retraite en Algérie. Il donne le 25 octobre une conférence de presse au palais d'Orsay, à l'occasion de laquelle il prend pour cible l'autodétermination et la négociation avec le FLN — avant de se réfugier en Espagne.

Un discours du général de Gaulle, au début de novembre 1960, provoque à Alger la démission du conseiller d'État Jacomet, secrétaire général de la Délégation. Cette affaire, largement évoquée dans la presse, porte à son comble l'exaspération des pieds-noirs : le haut fonctionnaire déclare qu'il refuse de servir la « République algérienne » à laquelle le Général a fait allusion. Le 11 novembre, le délégué général est insulté à la cérémonie du monument aux morts. On compte ce jour-là des centaines de blessés dans la manifestation d'Alger. Delouvrier écrit à Michel Debré et au général de Gaulle une longue lettre attristée, dans laquelle il constate qu'il n'a plus les moyens de remplir sa mission : développer une Algérie sous la souveraineté française. Le gouvernement, qui a révoqué Jacomet, accepte sa démission. Le préfet de la Haute-Garonne Jean Morin est aussitôt nommé à Alger. Il est prévu que le général Gambiez, un fidèle parmi les fidèles, succèdera à Crépin dépassé par le climat d'Alger, accusé, selon l'expression de l'époque, d'avoir « viré sa cutie ».

A Paris, la bataille d'opinion fait rage : les deux camps s'affrontent avec violence dans la presse à propos de deux procès ouverts à deux mois d'intervalle. Le procès Jeanson d'abord, le 4 septembre (Jeanson lui-même est réfugié en Suisse), oppose violemment les intellectuels au pouvoir : 121 d'entre eux signent un manifeste sur « le droit à l'insoumission dans la guerre d'Algérie ». Parmi les signataires se trouvent beaucoup de gens de lettres : Marguerite Duras, Dominique Fernandez, Simone de Beauvoir et Jean-Paul Sartre, Françoise Sagan et André Pierre de Mandiargues, Bernard Pingaud, Alain Robbe-Grillet, Christiane Rochefort et Jean-Louis Bory, Yves Berger, André Breton, Bernard Franck, Michel Butor. Les professeurs aussi sont nombreux : Hubert Damisch et le philosophe François Châtelet, Henri Lefebvre le communiste et la militante Madeleine Rebérioux. Peu de démocrates chrétiens. Des artistes : Simone Signoret (mais pas Yves Montand), Laurent Terzieff et Danièle Delorme. Les journalistes (Jean-François Revel) sont plus rares que les éditeurs : François Maspero, Jérôme Lindon. Claude Roy a signé, mais pas Jules Roy l'aviateur. Pierre Vidal-Naquet, mais pas Laurent Schwartz. La signature de Florence Malraux fait scandale dans les milieux gaullistes. Les leaders d'opinion de *L'Express* et de *France-Observateur* sont absents. Le gouvernement poursuivra les signataires, dont le manifeste est critiqué par la « gauche respectueuse ».

Un autre procès, celui des barricades, donne l'occasion au défenseur de Lagaillarde, maître Isorni, d'attaquer le gouvernement : l'abandon de l'Algérie, dit-il, est un acte illégal qui empêche le procureur général de se placer sur le terrain de la légalité. On apprend bientôt que Lagaillarde, en liberté surveillée, s'est enfui à son tour en Espagne. Le vaincu de janvier retrouve toute sa popularité dans les groupes activistes d'Alger, qui manifestent pendant le procès.

L'espoir de la gauche modérée, qui s'était rassemblée à Royaumont sur le thème de l'autodétermination, a volé en éclats avec la rupture des négociations de Melun. Ses partisans s'en prennent d'autant plus violemment au général de Gaulle qu'ils accusent d'avoir opposé aux négociateurs algériens une intransigeance coupable.

La rencontre de Melun désavoue également ceux des modérés de droite, libéraux à leur manière, qui croyaient à la possibilité d'une « troisième voie » en Algérie. Plus nombreux en métropole qu'à Alger, ces derniers ressentent comme un échec le départ de Delouvrier, bon artisan d'une réconciliation par le haut dans le développement et le progrès. Sa démission n'est pas sans rappeler les échecs antérieurs, dus aux mêmes causes, de Soustelle (première manière) et de Robert Lacoste : que reste-t-il maintenant de l'esprit de Constantine, grand projet du règne ? Un seul survivant, Michel Debré, qui se demande à son tour s'il doit partir. Non qu'il fût partisan d'une Algérie française, mais parce que toute solution française au problème algérien aboutit à une impasse : « Il est impossible que vous quittiez le général de Gaulle, lui dit alors son directeur, Racine. Votre départ risquerait de donner le signal de la révolte de l'armée en Algérie, et peut-être d'entraîner une sorte de guerre civile. Vous êtes le dernier à pouvoir quitter le Général dans ces conditions. » Il reste donc, à son corps défendant, cloué au poste par la fidélité.

Que les officiers soient désorientés par la succession des événements et la violence de la campagne d'opinion à Paris ne fait pas de doute : mais les soldats continuent leur tâche, au jour le jour. On les tue sur le barrage, on les fusille à Tunis. Les hommes du contingent sautent sur les mines, sont « bazookés » dans leurs EBR, mitraillés dans les embuscades. Car l'organisation rebelle conserve suffisamment de troupes pour faire régner l'insécurité à l'intérieur et pour multiplier les accrochages sur les barrages. Le 27 août, pour ne citer que le journal de marche du 1er spahis, le cavalier Filotto est mortellement blessé par une mine. Le maréchal des logis Prévost est tué peu après dans son engin blindé, d'un coup de bazooka. Ces soldats ne font pas partie des réserves générales de Challe. Appelés pour la plupart, ils font leur devoir aux frontières de l'Algérie pendant que Paris s'efforce de sortir de la guerre.

Les rapports sur le moral font ressortir la perplexité des officiers. Tel colonel du 6ᵉ de cuirassiers mène le combat sur le barrage avec 29 officiers d'active contre 19 du contingent et des appelés bretons de Vannes, qui s'entendent bien avec les 130 cuirassiers musulmans et les 380 harkis. Le colonel considère comme « négligeable » l'impact des événements politiques sur le moral des troupes. Il se fait à l'évidence le porte-parole des officiers d'active quand il dénonce « le leurre de l'indépendance » et « une autonomie qui aurait toutes chances d'évoluer vers l'indépendance ». Pour le colonel du 151ᵉ d'infanterie motorisée, qui sert également sur le barrage, la crise du moral est surtout celle des jeunes officiers d'active, capitaines et lieutenants rigoureux et réalistes, qui haïssent « les formules toutes faites, les promesses, les options purement intellectuelles ». Ils échappent à l'action éducatrice de leurs anciens qu'ils ne voient pas, car ils sont isolés dans leurs postes ; ils connaissent « avant l'âge, la solitude ». Cette nouvelle génération « d'une haute valeur morale » a le souci de l'efficacité. Or, elle ne sait où elle va. Privée de toute information, elle n'apprend la vérité que par bribes et par à-coups. Elle a le sentiment, dans son isolement, qu'on se méfie d'elle ou qu'elle compte pour rien. Comment ne serait-elle pas « réservée », « face à un avenir qui ne lui apparaît que confusément » ? Même son de cloche à la 19ᵉ division d'infanterie, dans le secteur de Sidi Aich. Ici « le mutisme est la règle » chez les officiers ou dans la troupe. Peu approuvent les décisions du gouvernement. Peu s'engagent dans les slogans « Algérie française » ou « Algérie algérienne ». Ils s'en tiennent au devoir militaire, avec cependant, note le colonel Thibierge, un peu d'inquiétude sur le « cessez-le-feu unilatéral ». On se réjouit, dans le secteur de Sétif, « de la fermeté du gouvernement qui a refusé de reconnaître la légitimité du GPRA ». Pour le colonel Deguil, dans le secteur de Saint-Arnaud, le gouvernement est coupable « de ne pas défendre efficacement son armée » au cours des procès qui se déroulent à Paris. Pour le colonel Blacas, du secteur de M'Sila, « dans la grande majorité, les officiers d'active soumettent leur opinion à une subjectivité telle que l'appréciation de leur moral collectif devient très délicate. Fort heureusement leur sens du devoir demeure intransigeant. »

Le colonel Weil commande le 16ᵉ de dragons dans le secteur d'Aïn Beida. Beaucoup de ses officiers ont combattu en Indochine mais la troupe vient de France. Son témoignage est parmi les plus pessimistes ; il n'a pourtant pas connu Alger, comme les parachutistes. « Il est certain, écrit-il, que l'enthousiasme, la foi qui animaient les cadres et la troupe en 1959 parce qu'ils s'accrochaient à une idée généreuse ont décru au fil des déclarations gouvernementales. Si la discipline et le bon esprit restent intacts, la flamme s'est éteinte. »

Le général Ducournau, qui a quitté la 25ᵉ DP pour commander la 21ᵉ division dans le Sud constantinois, se montre très critique sur le discours du général de Gaulle du 4 novembre qui a « semé l'anxiété et jeté le trouble ». Il ajoute que beaucoup « appréhendent de voir la victoire militaire se transformer en défaite politique ».

Le général Géliot, qui commande la 19ᵉ division à l'ouest de Constantine, explique à sa manière le « malaise » : « L'autodétermination, dit-il [on reconnaîtra le point de vue de Challe], avait été comprise et admise par tous car chacun, au fond de lui-même, se réservait d'œuvrer de son mieux pour que l'Algérie choisisse la solution la plus française. Or, il semble bien ressortir des plus récentes déclarations du président de la République que les options se réduisent désormais à deux : indépendance ou association, et que les tenants de l'Algérie française n'ont plus aucune chance de faire triompher leur point de vue. Beaucoup se demandent si la formule “association” ne mènera pas à l'indépendance. » C'est l'avis du général Lennuyeux, qui commande le corps d'armée de Constantine : « Le 4 novembre, écrit-il, l'annonce d'une éventuelle “République algérienne” met sérieusement en question l'utilité de continuer la lutte. » Ailleret, qui commande la 2ᵉ division d'infanterie motorisée, est plus nuancé, mais non moins pessimiste : « Les cadres, dit-il, observent maintenant une stricte discipline et un mutisme complet sur les questions d'ordre politique. Ils gardent pour eux-mêmes leurs émotions et leur aigreur. »

De Gaulle connaît ces sentiments. Il sait que l'armée ne se réduit pas à une poignée d'officiers engagés dans l'action politique. Il sait aussi que le peuple français doit pouvoir s'exprimer et arbitrer par son vote le débat politique exacerbé par la presse. Il prend donc les deux décisions qui s'imposent : le 16 novembre, il annonce qu'un référendum donnera aux Français silencieux l'occasion de s'exprimer à propos d'un projet de loi « relatif à l'organisation des pouvoirs publics en Algérie en attendant l'autodétermination ». Il s'agit de mettre en place là-bas un dispositif électoral cohérent et libre. Il prend aussi la décision d'affronter l'armée, à l'occasion d'une nouvelle « tournée des popotes ». Il se fera accompagner des généraux Ely et Olié, que chaque officier respecte. Il évitera Alger. La presse ne sera pas convoquée. Il veut parler aux officiers sans témoins.

Manifestement, le Général n'a pas l'intention de modifier sa politique algérienne. Quand il débarque le 9 décembre à Aïn-Témouchent, des bandes de manifestants parcourent les rues d'Alger et d'Oran, scandant « Algérie française » et dénonçant la trahison du pouvoir. Calmement, le Général répète de secteur en secteur, pendant quatre jours, que des liens nouveaux doivent être tissés entre l'Algérie et la France tutélaire. Pas question de rupture. L'armée restera sur place aussi longtemps que les conditions d'une évolution pacifique ne seront pas remplies. Pas question d'un abandon, d'un « Diên Biên Phu politique ». N'a-t-il pas montré qu'il savait dire non au FLN quand il prétendait être le seul représentant de l'opinion algérienne ? La mission de l'armée est d'assurer le passage sans heurts d'une Algérie à l'autre. Qu'elle se garde de s'engager dans la bataille des options : « La politique dans l'armée, c'est la rupture. » C'est le rôle de l'État de régler les différends, d'assumer les crises, de conduire à terme la guerre d'Algérie.

Il sait, dit-il, que ses propos choquent nombre d'officiers Chacun est libre d'avoir l'opinion qu'il veut, mais le devoir est d'obéir. La question algérienne empoisonne la vie française, et risque de compromettre l'avenir si une solution rapide n'est pas imaginée. Qu'on lui fasse confiance.

Alger s'enflamme. Le FAF a lancé le 9 décembre un ordre de grève générale qui n'est, bien sûr, respecté que par les Européens. Spectaculairement, Charles de Gaulle, à sa descente d'avion, s'est avancé, rompant les barrages, vers la foule qui criait « Algérie algérienne ! ». Les CRS et la troupe maintiennent l'ordre à Alger contre les jeunes activistes qui entourent maintenant le palais d'été. Des grenades lacrymogènes les dispersent. Cette manifestation ne diffère pas des précédentes et les forces de l'ordre en ont pris l'habitude.

Le 11 décembre, c'est la surprise : des milliers de musulmans descendent de la Casbah et des autres quartiers arabes au chant des Maquis, arborant des drapeaux vert et blanc. Ils bousculent les Européens, repoussent les CRS. On fait donner la troupe. Les youyous des femmes sont assourdissants. Un civil français est écharpé. A 15 heures, l'armée reçoit l'ordre de tirer parce que des coups de feu ont éclaté du côté des Européens barricadés. A Bab el-Oued, les deux communautés s'affrontent durement. Place du Gouvernement général, les musulmans tombent sous les balles de la troupe. Tout semble rentrer dans l'ordre quand la foule doit refluer dans la Casbah en fin de journée. Mais de nouveau, les youyous retentissent.

Les CRS qui devaient relever les soldats sont allés se coucher, épuisés. La troupe tient seule les rues d'Alger dévastées par la première grande manifestation musulmane. Le FLN vient d'apporter la preuve qu'il a les moyens de tenir le pavé de la « révolution ».

Bien des rêves se sont envolés cette nuit-là : celui d'une Algérie française, d'abord : comment imaginer que la « fraternisation » est encore possible entre les deux communautés ?

Mais les salves de l'armée ont également rendu chimérique l'espoir d'une « Algérie algérienne ». Il est clair que la manifestation était sécessionniste, indépendantiste, et que les deux communautés étaient prêtes, comme à Sétif en 1945, à verser le sang. L'« association » est condamnée.

Les craintes des officiers de l'armée n'étaient pas vaines : la voie moyenne peut apparaître, au soir du 11 décembre, comme une singulière illusion. Qu'il le veuille ou non, il ne reste plus au général de Gaulle qu'une seule solution pour sortir de la guerre : reprendre la négociation avec le gouvernement provisoire de Tunis, ce qu'il avait à tout prix voulu éviter. Le 8 janvier 1961, 75 % des électeurs approuvent le général de Gaulle lors du référendum organisé en France. Une formidable majorité lui fait donc confiance pour qu'il rétablisse la paix. En Algérie, les consignes d'abstention du FLN ont été suivies à 40 %. 20 % des électeurs ont voté « non », 40 % « oui ». Le « oui franc et massif » de la métropole contraste donc avec les résultats hésitants de l'Algérie. La dernière étape est désormais programmée.

CHAPITRE XII

Le dégagement

Les fermiers d'Algérie, depuis janvier 1961, commencent à vendre leurs biens. C'est le début du dégagement. En octobre 1961, plus de 200 000 hectares parmi les meilleures terres ont été abandonnés. Si l'on considère la surface réellement cultivable de toute l'Algérie, on constate qu'un dizième des terres a déjà été racheté par l'État à bas prix, dans le but de transférer des terres aux musulmans dans le cadre de la réforme agraire.

Les fermiers des zones les plus menacées par la rébellion ont abandonné les premiers. Les plus aisés ont acheté des logements à Alger ou Oran, confiant leurs terres à des maîtres de culture musulmans ou espagnols, dans l'Oranais notamment. Ils sont venus grossir la population des quartiers huppés des grands ports, dont l'opulence éclate.

Le plan de Constantine, même réduit par rapport à ses objectifs, a permis, il est vrai, la création d'au moins 100 000 emplois, la plupart dans les zones urbaines, qui soutiennent le marché de la consommation des biens courants. Il a partout stimulé la construction, procurant des contrats à de très nombreuses petites entreprises de travaux publics. La guerre se prolongeant depuis plus de six ans a créé une économie artificiellement active qui incite la population européenne, principale bénéficiaire (avec les commerçants musulmans) de cet afflux de capitaux et de la hausse de la consommation, à souhaiter le maintien de la présence française.

Nombreux sont les « petits blancs », parmi les Européens des grandes villes, à bénéficier faiblement de cette expansion. Mais s'ils ont moins à perdre, leur crainte du lendemain n'est pas moins vive. Trouveront-ils en métropole un emploi et surtout des logements, alors que l'expansion continue a provoqué, de l'autre côté de la Méditerranée, une flambée extraordinaire des prix dans l'immobilier ? Les habitants de Bab el-Oued, plus encore que ceux de la rue Michelet, refusent d'envisager le retour en France, qui implique non seulement l'abandon, à perte, des biens que l'on possède, mais le renoncement à la vie du Sud, aux amis du soir, aux dimanches de détente, aux émotions collectives du stade, à la chaleur des plages méditerranéennes. Plus que les intérêts, c'est le genre de vie qui retient les Français en Algérie. Ils aiment moins la terre (bien peu d'Algérois ont dépassé, dans leurs pérégrinations, le ruisseau des Singes dans la montagne de Blida ou le col des Deux-Bassins du côté de Palestro) que la chaleur d'une communauté humaine, celle des pieds-noirs, foule expansive et généreuse des villes, jamais avare de sa gaieté.

En Afrique du Nord, les familles, juives ou catholiques, protestantes ou musulmanes, rêvent de rester, de pratiquer le culte des ancêtres et des cimetières, à la manière des planteurs ou des colons américains. Ils ont pour bien commun, en marge de l'histoire de France, cette histoire de la France en Algérie qui fonde la communauté.

Ils n'imaginent pas la séparation des familles et des groupes d'amis. Comment reconstituer en métropole ce tissu d'affections sociales qui soude la vie collective ? La force d'attraction de ce mode de vie est telle que les Français installés depuis la fin de la guerre en Algérie l'adoptent : le charme touche jusqu'aux militaires, par essence nomades, qui ont installé leurs familles dans les banlieues d'Alger, d'Oran ou de Philippeville. Avant le début des événements, cette générosité n'excluait pas, bien au contraire, la communauté musulmane. On retrouve chez les meilleurs, chez Camus et Jules Roy par exemple, des accents d'amour pour la patrie algérienne. Au nom de cet amour, l'un garde le silence et l'autre s'élève de toutes ses forces contre les horreurs de la répression qui barre l'avenir à l'entente des communautés. Les plus hauts intellectuels français sont passés par Alger, ont éprouvé la grâce de cette civilisation méditerranéenne commune à plusieurs races, à la même foi ardente. Un Braudel, un Max-Pol Fouchet, un Emmanuel Roblès y ont puisé leur inspiration. L'amour de l'Algérie est aussi leur fait. Il ne saurait être le monopole de petites bandes de jeunes gens en colère revenus souvent, comme Susini, de longs séjours en métropole.

Il reste qu'au début de 1961, les voies du retour à la chaleur des contacts sont fermées. Le terrorisme et la répression, couple infernal de la souffrance, ont fait leur œuvre. « Mohammed Duval » (ainsi surnommait-on, dans les milieux activistes, l'archevêque d'Alger) a plaidé en vain la tolérance, avec les pasteurs et les rabbins. Le terrorisme a gagné la rue, répandant la suspicion, encourageant la dénonciation. Le contre-terrorisme a pris la suite : égorgeurs et poseurs de plastic sont des deux communautés. Ils s'observent, ils sont unis par les liens atroces du mépris réciproque. La terreur est l'arme principale des petits groupes de militants dans tous les territoires en voie de décolonisation, en Afrique du Nord comme en Afrique noire, au Proche et au Moyen-Orient comme en Extrême-Orient, et en Europe même.

Chacun des 900 000 Français présents sur la terre d'Algérie se sent une cible, et les menaces qui pèsent sur la famille sont insupportables. La communauté musulmane souffre également des ratonnades et du contre-terrorisme : l'expression violente de sa colère, le 11 décembre, est à la mesure de son angoisse. Elle ne doit rien aux consignes du FLN, mais au sentiment de la dignité retrouvée qui ose s'affirmer devant les fusils des forces de l'ordre qui coucheront à terre, ce jour-là, 112 musulmans.

Les deuils qui ont frappé, depuis le début des « événements », tant de familles françaises entretiennent la colère et la révolte parmi les pieds-noirs qui se sentent d'autant plus menacés qu'ils sont une minorité. Sans l'armée, en cette journée du 11 décembre, la ruée de la foule arabe eût été sanglante, irrésistible peut-être. Entre les deux communautés qui se mesurent et qui se craignent, la présence des uniformes est une absolue nécessité. Cela ne rend que plus insupportable la prétention du FLN de rentrer dans les villes à visage découvert pour contrôler les élections. Comment la « pacification » serait-elle encore possible alors que les musulmans d'Alger se sont tous, ou presque, massés derrière les drapeaux vert et blanc de l'indépendance ?

L'armée peut-elle refuser ce devoir de protection à une communauté française menacée, dont le droit de vivre en Algérie n'est pas contesté par l'adversaire lui-même ? La protection des intérêts et des vies européennes n'a-t-elle pas été l'article premier du colloque de Royaumont ? Chacun est conscient, dans le camp de la résistance comme dans celui de la négociation, de l'angoisse ressentie par ces Français d'Algérie que personne ne songe plus à assimiler aux « colons ». Les 20 % de « non » au référendum de janvier sonnent tragiquement dans le bilan électoral : malgré le soutien et la présence de l'armée, il n'a pas été possible d'obtenir plus de 40 % de oui. Combien de militaires ont voté non ? Combien ont fait voter les musulmans pour le non ? Ainsi l'inquiétude est double. Pour les pieds-noirs, l'armée a cessé de cautionner la manipulation des urnes, seul moyen de protection naïvement imaginé par la communauté européenne. Mais pour les préfets, la déception est également amère : l'influence de la nouvelle administration n'a pas réussi à offrir au général de Gaulle le « oui franc et massif » qu'il espérait ; le chiffre de 40 % donne la mesure de la marge de manœuvre : le préfet Vaujour en prend acte.

Aucune majorité ne s'est donc dégagée en Algérie pour la mise en place des institutions nouvelles permettant de réaliser l'autodétermination : les 40 % d'abstentionnistes obéissant aux consignes du FLN rendent pratiquement impossible la réussite de l'opération : avec les 20 % d'opposants européens ou de musulmans ralliés, ils représentent la vraie majorité. La voie légale semble donc, une fois de plus, condamnée. Le blanc-seing dont dispose le général de Gaulle est métropolitain. Le gouvernement prend conscience de l'étroitesse de sa marge de manœuvre : « Un saut important, explique Michel Debré dans ses *Mémoires*, n'a-t-il pas été accompli le jour où le Général a parlé de la "République algérienne" ? Depuis ce discours, *le scrutin d'autodétermination* [c'est nous qui soulignons] *est passé au second plan. »* Il s'agit désormais d'aménager l'indépendance par les seuls effets de la négociation avec le GPRA de telle sorte que les intérêts de la minorité européenne soient garantis. Michel Debré fait préparer les textes de la réforme : statut autonomiste des villes, des départements, représentation des deux communautés au pouvoir central, garanties de juridiction. On se place manifestement dans l'hypothèse d'un départ : le général Puget est chargé d'établir une carte des bases militaires utiles.

La plupart des officiers refusent l'hypothèse d'une évacuation ou expriment des doutes à son égard. Même s'ils sont prêts à obéir, les analyses des rapports sur le moral montrent qu'ils sont tous conscients d'un retournement décisif de la politique du général de Gaulle. Or, l'armée est déjà meurtrie par la façon dont se déroulent les procès en métropole : la campagne pour l'insoumission et la désertion est prise très au sérieux à l'état-major. Le général Crépin, le 9 novembre, diffuse dans les corps une étude qu'il a lui-même commandée. Sa préoccupation est d'éviter que se produisent des troubles au moment de l'incorporation du contingent en novembre.

Le rapport est pessimiste. Non pas sur l'affaire des 121, qu'il minimise : les signataires sont isolés, ils ne sont soutenus ni par les partis, ni par les syndicats. Un contre-manifeste circule d'ailleurs, dit-il, dans les milieux intellectuels, dont les motivations sont longuement analysées : Girardet, Bluche, Mousnier, le juriste Mazeaux, le scientifique Savard estiment que la « subversion mondiale », après l'Algérie, peut se déchaîner « dans l'île de Corse, en Alsace et en Bretagne ». Le rapport rappelle aussi que certains académiciens soutiennent les professeurs favorables à l'armée (dont Heurgon et Boyancé, membres des jurys de l'École normale supérieure). Mais il oublie de dire que Gaxotte et Henri Massis sont des militants d'extrême droite des années vingt et trente, que Jules Romains écrit dans *L'Aurore*, le journal de Marcel Boussac, que Dorgelès et Henri Bordeaux sont des vieillards. Il signale toutefois que le manifeste des 121 continue à courir sous le manteau, qu'il recueille de nouvelles signatures et que les démocrates-chrétiens y sont représentés par le journaliste Barrat ainsi que le professeur Mandouze. L'abbé Corre est d'ailleurs l'âme du réseau Jeune Résistance. Le militantisme chrétien n'a donc nullement désarmé.

Si les milieux vraiment favorables à l'aide au FLN sont « restreints numériquement et leur audience limitée », la répression en cours fait rebondir la campagne : Barrat, une fois de plus, est arrêté, les journaux perquisitionnés. Des collaborateurs de la RTF sont mis à pied. Cela provoque des mouvements de grève. Plus gravement, la Fédération nationale de l'éducation nationale prend position, non pas en recommandant la désertion ou l'insoumission, mais en condamnant la guerre et l'armée qui la conduit : « Seul le chantage exercé par les milieux ultras et par une partie de l'armée interdit de faire la paix. » Les signataires estiment que, dans ces conditions, « l'esprit de révolte des jeunes et la crise de conscience sont inévitables ». Les communistes viennent en tête : Bruat, Dresh et George. Mais les philosophes Canguilhem, Patronnier, de Gandillac, Gurvitch, Merleau-Ponty, Jankélévitch sont très éloignés du PC, comme le sont l'historien Ernest Labrousse et le linguiste Étiemble. Les responsables socialistes ou chrétiens démocrates des syndicats enseignants sont tous présents, de Dhombres, professeur au lycée Carnot, à Laure, Forestier, Roulet, Vignaux, secrétaire général du SGEN, et Gaudez, président de l'UNEF. La prise de position du syndicalisme enseignant est autrement inquiétante que le texte des 121. L'armée y voit la condamnation de sa mission et se plaint de n'être pas soutenue par le pouvoir.

Toute l'armée ? La gendarmerie, assurément, condamne aussi vigoureusement que les chefs de corps la campagne des 121 et les enseignants hostiles à la guerre. Elle s'élève aussi fortement contre les activistes qui ont tiré sur les escadrons mobiles lors de l'émeute de janvier. Les parachutistes, qui ont eu également des blessés, sont-ils favorables aux émeutiers ? Le rapport alors rédigé par le lieutenant-colonel Bonnigal, commandant le 3e RP d'infanterie de marine, affirme le contraire : « En raison des coups nombreux échangés avec les manifestants, les hommes et les cadres étaient nettement hostiles à l'attitude des manifestants ». Le colonel Mayer, commandant le groupement parachutiste, est plus circonspect : il pense que « seul l'usage des armes eût peut-être pu stopper la marée humaine » des manifestants. Les paras n'ont pas tiré, ils se sont posés en arbitres entre la foule et les gendarmes. Le colonel Debrosse, qui commandait les 20 escadrons de GM, est formel : les activistes sont responsables du bain de sang. Pendant l'échauffourée, il a constaté « l'absence totale des deux régiments de parachutistes ». Les responsables de la tuerie sont les militaires fortement armés des unités territoriales. Debrosse donne un exemple qui trahit son état d'esprit : « Le lieutenant Sanson, écrit-il dans son rapport, a été blessé à l'abdomen par un coup de pistolet *tiré à bout portant* [souligné dans le texte] par un militaire d'une unité territoriale ; le gendarme qui se tenait à côté du lieutenant n'a pu riposter car l'agresseur s'est abrité derrière une femme. » Entre gendarmes et territoriaux, la guerre est désormais déclarée. Pour Debrosse, la collusion des parachutistes et des activistes est possible. Une partie de l'armée est susceptible de soutenir la rébellion des Français qui n'ont pas hésité à tuer des gendarmes.

Les officiers supérieurs ne faisant plus partie de l'armée sont nombreux à prendre parti contre la politique du gouvernement. Ils constituent une sorte de syndicat des retraités qui entre en politique, en jetant le masque. Le maréchal Juin a signé le contre-manifeste des académiciens. Challe présente à Michel Debré sa démission, refusant d'occuper plus longtemps son poste à l'OTAN. Il jure qu'il ne se mêlera jamais « au moindre complot », mais Debré craint l'influence des colonels de son entourage. Salan franchit le Rubicon le 31 octobre 1960. Dès lors, un « clash » est possible.

Comme Vanuxem, Jouhaud, Massu et plus récemment Challe, Salan n'admet pas d'avoir été écarté par de Gaulle. Il affirme qu'il n'est au pouvoir d'aucune « autorité quelconque de décider l'abandon d'une portion de territoire où s'exerce la souveraineté de la France ». Jouhaud, de son côté, a spontanément demandé, quelques jours après le départ de Salan, sa mise à la retraite anticipée pour séjourner dans son Algérie natale. Il est donc disponible pour l'action politique. Le général Zeller, ancien chef d'état-major, s'était montré aux côtés de Salan et d'un Georges Bidault profondément endormi, à l'occasion de sa conférence de presse du 25 octobre au Palais d'Orsay.

Le maréchal Juin choisit la date du 11 novembre pour rompre avec de Gaulle, son camarade de Saint-Cyr. Ce fils de gendarme des brigades d'Algérie rejoint sans ambiguïté le camp des pieds-noirs. En Espagne, l'ancien inspecteur de la Légion étrangère, Gardy, s'affiche aux côtés de Salan, également rejoint par l'« étudiant » Susini qui fait la liaison avec les jeunes activistes.

La manifestation du 10 décembre avait d'abord été envisagée comme le premier mouvement d'un putsch, qui aurait ramené Salan en Algérie. On escomptait que l'armée, pour protéger la minorité européenne contre les musulmans déchaînés, basculerait dans le camp de l'Algérie française. Pour nourrir cet espoir, on se fondait sur l'évolution du moral dans les unités parachutistes de la 10e division.

La journée du 10 mai avait été une déception, plus encore celle du 11 décembre : l'armée n'était pas entrée dans le jeu de Salan. Les paras de la 25ᵉ DP avaient été les plus séduits par la foule qui criait « l'armée avec nous » et couvrait de fleurs le 18ᵉ régiment de chasseurs parachutistes de retour des Aurès. Leur colonel, Masselot, était d'ailleurs pour l'Algérie française. Ducournau s'était inquiété de l'état d'esprit de cette troupe d'élite, soudée autour de ses chefs.

« Je vous donne l'ordre de vous retirer, avait dit au colonel Masselot le commandant des CRS chargé du maintien de l'ordre dans le secteur. La situation est suffisamment tendue comme ça. » Néanmoins, dans le quartier du Ruisseau, des parachutistes avaient ouvert le feu contre des porteurs de drapeaux vert et blanc. Ils ne pouvaient admettre que le FLN, qu'ils traquaient dans le djebel, pût défiler impunément, drapeau en tête, dans les rues d'Alger. La journée avait été sauvée par les CRS et les troupes du contingent, qui avaient réussi à garder leur calme, bien tenus en main par leurs officiers.

Les chefs des unités d'élite, parachutistes et légionnaires, étaient-ils, depuis lors, tentés par un vrai putsch ? Les journalistes de la métropole s'efforçaient de leur arracher des déclarations dans ce sens. Ils y réussissaient parfois. Le but était clair : obtenir la confirmation de ce que les partis, les syndicats, les organisations favorables à la paix soupçonnaient : « une partie » de l'armée était de cœur avec les activistes et n'attendait que l'occasion de se soulever. Dans cet esprit, Alain Jacob publia dans *Le Monde* du 15 décembre l'étrange confession d'un anonyme gradé des commandos de l'air : voulait-il « faire cause commune avec les manifestants européens » ? L'officier répondait sans hésiter : « Ce n'est pas l'envie qui nous en manque, mais il faudrait qu'un ou deux grands chefs se décident à prendre position. Quelques compagnies de parachutistes opérant avec précision en feraient alors beaucoup plus, sans une goutte de sang, que ces embrouilleuses démonstrations. Ce qu'il faut, c'est un mouvement armée-nation. Ce sera peut-être la dictature, mais cela vaut mieux que le chaos. »

Des sanctions allaient être prises contre les officiers qui avaient abandonné leur secteur pour « prendre l'air d'Alger », tel Romain Desfossés, qui commandait à Philippeville. Dufour, le colonel de parachutistes qui avait négocié la sortie de Lagaillarde en janvier, dut abandonner le 1ᵉʳ REP à la suite de deux incidents marquants. Aux obsèques de dix légionnaires tués dans les Aurès à Zéralda, il avait déclaré : « Il est impossible que nos compatriotes de la métropole n'entendent pas nos cris d'angoisse. » Nommé en métropole, il avait alors disparu avec le drapeau du 1er REP qu'il était aller rendre finalement au général Simon. Il avait été mis aux arrêts de forteresse. Mais l'aumônier du régiment, le père Delarue, de l'ordre des Oblats de Marie Immaculée, qui s'était rendu célèbre au moment de la bataille d'Alger en justifiant, dans certaines conditions, l'emploi de la torture avait publiquement déclaré, aux funérailles de Zéralda : « Vous êtes tombés à un moment où, si nous en croyons les discours, nous ne savons plus pour qui nous mourons. » En janvier, quatre officiers du régiment furent mutés en métropole parce qu'ils avaient refusé de partir en opération pour ne pas « faire tuer leurs hommes pour rien ».

Les mutations pouvaient-elles suffire au maintien de la discipline dans les unités les plus troublées ? Les officiers supérieurs qui avaient pris position pour le « non » au référendum étaient des retraités : André Zeller et Boyer de la Tour, de Monsabert et l'aviateur Armengaud, le général Touzet de La Tour, président de la Saint-Cyrienne. En face, Billotte et Béthouart, de Larminat et l'amiral Auboyneau, les anciens de la Seconde Guerre mondiale : ceux-là avaient encouragé l'armée à soutenir la campagne pour le « oui », ce qu'elle avait fait, au désespoir de l'émigré étoilé d'Espagne.

D'autres officiers supérieurs furent envoyés en garnison en France ou en Allemagne. Ils perdirent leurs beaux commandements : ce fut le cas de Saint-Marc, chef du 4e bureau de Challe, de Gardes, du 5e bureau, d'Argoud, de Broizat ; Lacheroy fut nommé à l'École militaire, chargé du COREM (Cours des officiers de réserve d'état-major), un « placard » stratégique ; il pourra réunir dans son bureau le colonel Godard, ancien patron de la sécurité à Alger nommé à la subdivision de Nevers, et le colonel Argoud affecté à Épinal. Le général Groût de Beaufort dut abandonner le cabinet militaire du président de la République pour diriger l'Institut des hautes études de la défense nationale. Petit quitta également le cabinet de Debré pour prendre le commandement de la 7e DIM.

Les généraux comploteurs ne manquent pas : le plus remuant est toujours Faure, le plus agité Zeller, en retraite depuis 1959. Les réseaux de sympathie pour l'activisme, qui se sont implantés dans l'armée, sont capables de mobiliser certains jeunes officiers. Si l'influence de Sauge, directeur d'un « centre supérieur de psychologie sociale », qui a multiplié les conférences « contre-révolutionnaires » dans les écoles militaires, a perdu de son impact depuis le discrédit de l'« action psychologique », la Cité catholique de Jean Oussey, d'inspiration intégriste, a créé des cellules dans l'armée : son héros est le capitaine chouan Cathelineau, mort en 1957 dans les montagnes kabyles. La revue *Verbe*, où s'expriment les idées intégristes, compte d'ailleurs 4 000 abonnés et toucherait une centaine de « cellules de réflexion ». Plus efficace est le groupe clandestin « Armée-nation », qui se manifeste depuis 1959 à partir de Paris : 50 officiers appartiennent à son état-major. Ce groupe publie des « lettres » glissées dans le casier des officiers du ministère et adressées nominalement aux chefs d'unité, dans lesquelles il est affirmé que l'insurrection est un devoir « contre une politique illégale et anticonstitutionnelle ». Le terrain est favorable aux complots, et l'un d'eux peut déboucher sur un putsch. Le pouvoir ne l'ignore pas.

Pourtant, dans les unités, le combat continue et le trouble des officiers semble parfaitement maîtrisé. Aux portes d'Alger, dans la Mitidja, l'armée assure le maintien de l'ordre contre un adversaire en pleine reconstitution. La pacification et l'encadrement de la population musulmane sont poursuivis sans faiblesse. Le général Gombeaud, qui commande dans le Nord algérois, contrôle le sous-secteur de Maison-Carrée : 152 000 habitants dont 120 000 musulmans. Les 47 bidonvilles de la région d'Alger, qui abritent plus de 77 000 personnes, l'inquiètent. Il n'est pas davantage rassuré par les cités neuves de Recazin et Diar el-Baraka où les gendarmes mobiles ont du mal à assurer l'ordre : les habitants européens de ce quartier sont partis. Le fichier de la population est impossible à établir dans les bidonvilles et même dans les cités : les familles se déplacent sans cesse. Rares sont, dans la campagne, les villages d'autodéfense. Les ouvriers des 75 usines du complexe industriel d'Oued Smar ne sont pas sûrs. Les bidonvilles Châtaigneau et Berardi abritent des populations misérables, aisément mobilisables par le FLN. Berardi est « une mare stagnante qui comprend des maisons en dur construites anarchiquement et des taudis en planches ». Au quartier du Lido, un bidonville de tôles et de caisses est installé près d'un dépôt d'ordures. L'état de ces ensembles est « effrayant », dit le général, qui multiplie cependant les contrôles de nuit et s'efforce d'actualiser le recensement. Il reste partisan du quadrillage et veut créer avec ces malheureux clochards « un climat de confiance et de coopération ». Il ne perd néanmoins pas de vue « la destruction de l'implantation rebelle ». Le contrôle des bidonvilles fait partie de la guerre et Gombeaud n'y renonce pas. Il établit même un fichier des « personnels mobiles » qui logent épisodiquement dans les hôtels, les bains maures, les dortoirs, voire les mosquées. Les familles de rebelles font encore l'objet, en mars 1961, « d'une surveillance particulière » et des militaires assurent l'encadrement sportif de la jeunesse. Le fichage est sévère au quartier de la fondation Borgeaud, dans le secteur d'Alger Sahel : des moniteurs venus de l'école d'Issoire s'efforcent d'encadrer les jeunes qui échappent aux contrôles d'identité et peuvent servir d'agents de liaison au FLN. Celui-ci lève encore partout des cotisations.

L'activité militaire reste constante, surtout dans les zones des barrages. Du 31 mars au 6 avril 1961, on constate sur les bases aériennes une forte sortie d'hélicoptères : 79 000 soldats des commandos ont été transportés. Une bande rebelle, qui avait franchi le barrage ouest dans la nuit du 2 au 3 avril, a été anéantie dans la région de Khemis. De violents accrochages dans les Aurès ont permis d'appréhender des groupes bien armés : 41 soldats de l'ALN ont été tués. Mais les fusils-mitrailleurs rebelles ont atteint trois avions. Le 14e RCP est au feu dans les Aurès, les commandos de l'air près du Maroc. A Frenda, sur les hauts plateaux, le commando Georges, aidé par la Légion, inflige des pertes aux katibas. Les Skyraiders décollent tous les jours de Telergma, chargés de roquettes et de « bidons spéciaux » pour bombarder les Aurès où les « rebelles » ont des « zones d'implantation ». Quatre avions subissent le feu des mitrailleuses de l'ALN dans le massif de l'Edough, dans le Constantinois, où l'armée conduit l'opération « Moussa ». Les 21e et 11e bataillons de l'ALN ont été repoussés au prix de pertes cruelles entre le cap Roux et Roum el-Souk, sur le barrage tunisien. L'attaque a duré trois jours et trois nuits. Le 1er RCP guerroie dans le Sud constantinois et le 5e régiment de la Légion contrôle le barrage, avec la 13e demi-brigade. La 10e DP a combattu en janvier dans le secteur de Djidjelli. L'armée constate en février, dans la région de

Constantine, une pression accrue du FLN sur les populations. La 25e DP renforcée par la Légion a dû lancer l'opération « Dordogne ». Les troupes du secteur ont été engagées dans la recherche des rebelles. Les unités des réserves générales sont constamment en opérations : les 1er, 9e, 14e et 18e RP sont héliportés avec les légionnaires pour faire face à la recrudescence des passages de bandes armées dans la région. Dans la nuit du 25 au 26 février, une intervention urgente s'est avérée nécessaire pour réduire un groupe de 70 djounouds qui avaient réussi à passer.

On se bat furieusement sur la frontière en mars : bien que « les préparatifs de départ des Européens du Constantinois se poursuivent », les soldats doivent en outre faire face, dans les centres urbains, à la « xénophobie de la jeunesse ». On compte, sur l'ensemble du territoire algérien, 45 attentats ou exactions par semaine. La propagande du FLN s'intensifie, les désertions de harkis (emportant leurs armes) se multiplient. L'ALN a réussi dans le mois cinq franchissements du barrage tunisien dans les deux axes. Les soldats du contingent sont exposés au feu : ceux du 129e d'infanterie, qui viennent de prendre position, ont remplacé les tirailleurs du 22e et les dragons du 29e. L'ALN aurait accusé en mars 860 tués, 19 blessés et 268 prisonniers dans la seule région de Constantine. Sur le barrage tunisien, les hommes, des deux côtés, continuent à mourir.

L'état-major de l'armée s'inquiète de la détérioration du climat pendant le premier trimestre de 1961 : les pieds-noirs, déçus par les résultats du référendum en métropole, « considèrent comme quasi certaine la perte de l'Algérie », disent les rapports du renseignement militaire. Ils « envisagent leur départ ».

Les musulmans montrent une sympathie croissante pour le FLN mais s'inquiètent de l'avenir. Le « fossé » s'élargit entre les communautés, comme en témoignent les « manifestations tournantes » qui se déroulent, de nuit, dans les villes.

Chaque jour, l'ALN engage une moyenne de neuf actions sur le barrage : ce harcèlement constant met à rude épreuve les nerfs des soldats français. Les Algériens disposent désormais d'une DCA capable d'abattre les T 28. A l'intérieur du pays, le FLN peut encore mener 22 actions offensives par jour en moyenne. Ainsi, en janvier, les grenades ont fait des victimes à Tizi-Ouzou, à Blida et à Mostaganem. Les Français ont subi des pertes par embuscades dans la région de Collo. De nombreux véhicules ont sauté sur des mines. Les déserteurs sont plus nombreux : 97 au mois de janvier, celui du référendum. Ils livrent leurs armes à l'ALN.

La pacification marque le pas : l'activité de l'adversaire ne se dément pas. En février, une embuscade aux environs de Tébessa a provoqué la mort de trois soldats du contingent. Les « HLL » (les hors-la-loi dans le langage des rapports militaires) ont attaqué une SAS de la région d'Aïn-Abid, tuant un jeune médecin militaire. Les actions du FLN sont ponctuelles, rapides, bien préparées. A Timimoun, un raid permet d'assassiner d'un coup six notables de la ville ralliés aux Français. Les manifestations musulmanes, activées par l'OPA, ont été évitées dans l'Algérois, mais elles se poursuivent en Oranie, terrifiant les Européens.

L'armée garde avec soin la région de Tébessa, celle des mines de fer de l'Ouenza et des phosphates du Kouif. Le minerai alimente le complexe industriel de Bône en construction. Il est difficile d'y contrôler la population, en grande partie nomade. Les katibas se sont diluées à l'intérieur, de Tébessa à Négrine. Des bandes ou « djichs » de 3 à 6 hommes endoctrinent les paysans dont ils reçoivent aide et nourriture. Autour de Chéria, les Français savent que les civils assurent, pour le compte de l'ALN, « le guet, la poste et le renseignement ». Les ordres viennent directement de Tunisie, de l'autre côté de la frontière. Le secteur est tenu par 145 djounouds qui répandent l'insécurité et persuadent les nomades de leur efficacité. Pour surveiller la filière caravanière, l'armée de l'air dépêche tous les jours les six Skyraiders de la base de Tébessa, les trois T 6 et les hélicoptères français Alouettes qui équipent désormais l'ALAT (aviation légère de l'armée de terre). La grande affaire est le repérage des bandes qui ont réussi à franchir le barrage.

L'influence croissante du FLN est confirmée dans toutes les régions. A Tizi-Ouzou, les observateurs du renseignement militaire ont « la certitude de l'emprise grandissante du FLN sur les populations musulmanes des centres urbains, forcées d'aider la cause de la rébellion par crainte des représailles ». Les Européens craignent la violence des manifestations musulmanes. Les foules se sont abstenues massivement au référendum (8 % seulement de votants). A l'occasion du vote, un groupe de

8 000 manifestants, drapeau FLN en tête, a terrorisé le centre-ville. En revanche, les milieux ruraux ont davantage fait confiance au général de Gaulle. Un rapport des renseignements sur l'infiltration du FLN au mois de mars établit que le Front vise surtout les zones urbaines, et que la structure de l'OPS est très poussée dans la ville de Constantine. Les chefs d'îlots chargés de ficher les habitants des maisons sont désormais menacés. Partout, sauf à Bougie, le terrorisme urbain reprend. Pourtant, dans les campagnes, les « petits ruraux » espèrent encore une solution qui leur permettrait de rester. Un *modus vivendi* leur paraît possible. Ce sont les gros fermiers qui vendent et partent.

L'ambiance est très mauvaise à Sétif, où les cadres musulmans agissent désormais pour le compte du FLN. Les Chaouïas des Aurès, les premiers rebelles de la guerre, « prévoient notre départ prochain et l'arrivée du GPRA au pouvoir ».

Le bruit circule de l'arrivée prochaine de commissaires politiques qui viendraient démobiliser les hommes. « Mais auparavant on rassemblera tous les combattants sur le plateau, on renforcera les katibas jusqu'à 300 hommes au moyen de jeunes qui monteront au maquis. »

On estime que si les Français se retirent ou se regroupent dans des centres, des tribunaux révolutionnaires seront mis en place : tel est le climat dans les Aurès. Les douars et les villes du Constantinois sont frappés par ces défections. Les Européens décidés à rester sont prêts à payer dès maintenant l'impôt à la rébellion. Les musulmans « qui ont perdu espoir à nos côtés » sont prêts à se dédouaner pour assurer l'avenir. Le FLN engage les élus musulmans à démissionner, les harkis à déserter, la jeunesse des villes à militer. L'Algérie, en mars 1961, est-elle déjà abandonnée ? On a le sentiment, à la lecture des rapports militaires, qu'elle ne tient plus que par la présence de l'armée.

Celle-ci s'impatiente. Les jeunes du contingent ne comprennent pas, à l'annonce des négociations, la poursuite des combats. L'environnement social de la guerre leur paraît soudain odieux : l'opulence des profiteurs pieds-noirs (qui sont très loin de représenter toute la population) contraste avec leur sentiment d'isolement, de pénurie. Les aviateurs, qui exigent sur les bases un confort minimum, sont les plus critiques : les « volants » sont des professionnels qui protestent vivement contre « les facilités exagérées d'avancement attribuées aux “Français musulmans”. Le cri de tous a été “salaire égal à travail égal” (ou à connaissances égales). Or, ici c'est une mesure discriminatoire. » On proteste aussi contre l'injustice de la durée du séjour, inégale selon la classe des appelés. Ils ne savent pas à quelle date exactement ils seront libérés. Ils ne peuvent donc se prononcer auprès d'un futur patron. Si les négociations doivent mettre fin à la guerre, pourquoi ne pas renvoyer tout de suite le contingent dans ses foyers ? Les parachutistes ne sont pas les seuls à ne pas vouloir « se faire tuer pour rien ».

« On ne se bat pas, expliquent les rapports sur le moral, pour obtenir une affectation dans le Constantinois. » Pourquoi croupir dans le sud, à Mechéria qui n'a « ni piscine ni cinéma corrects » ? Pourquoi ne pas renvoyer dans leurs foyers les appelés de la 59/2 ? Sur la base de Boufarik, les officiers en sont encombrés : « Ils ont l'esprit frondeur, parfois antimilitariste, sans volonté et paresseux. » Le contingent 59/3 est encore pire. Les aviateurs recrutés par le centre de Nancy sont très hostiles à la guerre. Ils veulent en finir, et tout de suite.

Pourtant les appelés sont restés suffisamment longtemps « pour prendre connaissance des problèmes algériens ». Ils ont « une vue très réaliste des choses » et s'opposent, quand ils viennent en France, à leurs camarades français d'Afrique du Nord : ceux-ci semblent douter bien souvent de l'avenir de l'Algérie et n'acceptent pas « facilement et calmement », comme leurs caramades de la métropole, « les mesures gouvernementales ». Les recrues veulent oublier les crabes de Négrine, les punaises d'Oran ou les rats de la Reghaïa. Les officiers, de leur côté, en ont assez « des prétentions exorbitantes des propriétaires qui se chargent d'exploiter à fond les militaires, et pour qui la guerre d'Algérie est une source de revenus ». Les loyers à Oran augmentent de 10 000 francs par mois depuis le début de 1960. Ne pourrait-on obliger les propriétaires des villes de la côte « à se gêner un peu » pour accueillir les officiers ? On se plaint même des permissions : celui qui part de Paul-Cazelles dans le Sud perd 48 heures rien que pour rejoindre Alger. Son temps de détente est amputé d'autant. Les soldats sentent que la guerre va finir : les revendications de carrière, de vie quotidienne resurgissent d'un coup, avec insistance. Le commandement en est surpris. Le « dégagement », pensent les sous-officiers, décidément se prépare...

Les volants sont des techniciens, comme une grande partie des personnels de l'aviation à terre. Beaucoup sortent d'écoles spécialisées. Les spécialistes, les futurs cadres de la nation sont aussi nombreux dans la marine et l'armée de terre. Il n'est pas juste de dire que cette guerre aura manqué de cadres français : les étudiants en médecine se sont dévoués, des normaliens ont gardé les pitons, des agrégés ont sauté à Suez ; on connaît plus d'un journaliste appelé volontaire dans les parachutistes ; des promotions entières de l'École nationale d'administration ont servi en Algérie. Polytechnique a donné son tribut : dans le journal *Top Algérie*, on peut consulter la carte de répartition des élèves de l'école sur le territoire en guerre. Les polytechniciens sont partout, plus particulièrement peut-être le long des barrages et dans le sud, où se posent les problèmes techniques majeurs. On organise même des stages avant l'incorporation pour familiariser les futurs aspirants avec les secteurs. Tous sont frappés par le moral des appelés : « Chacun fait son boulot dans son coin, et c'est vraiment étonnant qu'il le fasse si consciencieusement alors qu'on lui en donne si peu de raisons. » Leur état d'esprit ? Ils s'ennuient. Seuls se réveillent et s'animent les « privilégiés » qui partent en opérations. Dans cette guerre, est-il écrit dans *Top Algérie*, « le capitaine marque le poste de sa personnalité. Il n'est, pour s'en assurer, qu'à voir les différences qu'il y a entre les escadrons d'un même régiment... ». Les jeunes stagiaires sont frappés par « l'animosité qui règne entre les militaires et la population européenne ». Beaucoup reviennent de cette mission « fana-mili » et demandent à servir dans la cavalerie, pour mener la vie de secteur — et non dans l'artillerie ou les armes « savantes ». D'autres sont attirés par les problèmes, fort à la mode à l'époque, du « décollage » d'une économie pauvre. Ils citent l'exemple chinois, qui prouve que « même avec des capitaux réduits, on peut faire démarrer l'économie d'un pays ». L'exploitation du Sahara les fascine... Mais sur qui compter pour le développement ? « Les populations tant européenne que musulmane » les déçoivent : « Leur avis général est que c'est l'armée qui tient à bout de bras ce pays brisé. » La mentalité des capitaines leur paraît conforme aux analyses du *Monde* : « Obsession d'un impérialisme soviétique [...], hargne farouche contre tout ce qui peut s'interpréter comme un abandon de la part de la France, curiosité pour les problèmes économiques de l'Algérie, désarroi devant la complexité de l'idéal occidental alors que le matérialisme se révèle une arme révolutionnaire très efficace. *Leur optique est souvent devenue la nôtre* [souligné dans le texte]. Au point d'apprécier les "tests psychologiques" (euphémisme qui désigne la torture). Les avis sont sur ce point partagés. Beaucoup sont écœurés. » Une majorité s'est résignée à admettre des méthodes telles que le « téléphone ». Mais on admire tel officier qui n'a pas besoin d'user de la violence pour obtenir des renseignements. Une grande partie des stagiaires semble décidée à envisager quelques années de vie professionnelle en Algérie. Ils demandent la mise en place d'un enseignement de l'arabe à l'École.

Le mirage du Sahara séduit les polytechniciens, mais aussi les politiques. Michel Debré a parcouru le désert avec Olivier Guichard, il a visité les deux nouveaux départements des Oasis et de la Saoura, reçu les notables, encouragé les techniciens : les puits de pétrole, le site d'In Ekker (où se prépare la première expérience atomique souterraine) lui donnent à penser que la France ne doit pas abandonner les bases essentielles à son propre développement. Tout en souhaitant associer « les pays riverains » à la mise en valeur, Debré déclare devant la presse : « C'est la France qui a fait le Sahara, là où il n'y avait avant que des sables, des caravanes et des esclaves. Il n'est pas question de remettre en cause la souveraineté de la France au Sahara. » Le désert serait-il exclu de la négociation ? C'est encore le point de vue du général de Gaulle.

Tandis que l'armée continue de garder les frontières et tente d'empêcher l'OPA de multiplier les « exactions » à l'intérieur du pays, le général prend des contacts : Pompidou, accompagné par le diplomate Bruno de Leusse, rencontre en Suisse Ahmed Boumendjel et Tayeb Boulahrouf. La première entrevue a lieu le 20 février, à Lucerne. La seconde le 5 mars, à Neuchâtel. Depuis le 24 janvier, les lecteurs du *Monde* savent par la voix de Maurice Schumann, président de la Commission des Affaires étrangères de l'Assemblée nationale, que des entretiens vont avoir lieu. Ballon d'essai ? Au congrès du MRP à La Roche-sur-Yon, il annonce l'éventualité d'une trêve unilatérale de trois semaines, qui rendrait possible la négociation, si, de son côté, le FLN voulait bien consentir à arrêter les attentats.

Le nœud de l'affaire est tunisien : la guerre d'Algérie ne pourrait se prolonger sans la Tunisie, qui abrite les unités de l'ALN, les autorise à lancer depuis son territoire les opérations, accueille le siège du GPRA. La véritable discussion doit donc s'engager avec Bourguiba. Le voici à Paris, accueilli par Debré, le 27 février. Il rencontre de Gaulle au château de Rambouillet, montre quelque appétit pour le pétrole saharien mais n'exige pas l'évacuation de Bizerte. Il semble avoir promis de conseiller la modération au GPRA, qui se réunit le 1er mars à Rabat sous la présidence du nouveau roi du Maroc Hassan II (Mohammed V vient de mourir). La décision de négocier, du côté du GPRA, semble donc avoir été prise *après* consultation des alliés nord-africains qui ont joué, pendant toute cette guerre, un rôle essentiel. Les trois interlocuteurs (dont Ferhat Abbas) se sont donné pour but « la décolonisation totale de l'Afrique », réalisée partiellement par les Français en 1960. Le général de Gaulle avait en effet reconnu à cette date l'indépendance des « pays africains et malgache » et accordé la « coopération » de la France à tous ceux qui voudraient entrer dans la Communauté. L'indépendance de l'Algérie est donc programmée dans l'un et l'autre camp. Le général vient de décider d'engager les négociations *sans le préalable du cessez-le-feu*, recul considérable par rapport à sa position affirmée lors des entretiens de Melun.

Pompidou lui a fait savoir que le GPRA réclamait le Sahara et considérait que la définition du statut futur de l'Algérie devait suivre le référendum d'autodétermination. Malgré ces exigences, le Conseil des ministres annonce le 15 mars 1961 qu'il est disposé à négocier. De Gaulle confie alors à Michel Debré qu'il estime la présence de l'armée, « fût-elle réduite à la moitié de ce qu'elle est présentement », comme longtemps nécessaire en Algérie, à la fois pour assurer les garanties données à la population et les intérêts français au Sahara, toujours considérés comme vitaux. Le GPRA menace de rompre quand Louis Joxe annonce d'Oran, le 30 mars, qu'il veut inviter aussi les délégués du MNA. Le 31 mars, le maire d'Évian, Blanc, est assassiné par une organisation nouvelle dont les Français apprennent l'existence, l'OAS (Organisation armée secrète). A Paris, les commandos du FLN tuent un agent de police chaque semaine. On voit apparaître, devant les commissariats, des guérites blindées. Le Général profite de cette double vague d'attentats pour affirmer, dans la conférence de presse qu'il prononce le 11 avril 1961 à l'intention du public métropolitain (mais aussi du GPRA) : « L'Algérie nous coûte plus cher qu'elle nous rapporte et c'est pourquoi la France considérerait avec le plus grand sang-froid une solution telle que l'Algérie cessât d'appartenir à son domaine. » Cette déclaration est un acte de guerre.

Les attentats du FLN visent désormais des religieux : un aumônier vient d'être assassiné, avec des secouristes, près de Médéa. A Miliana, sept soldats et trois civils ont été tués dans un café maure. A Djelfa, treize morts à la suite de l'explosion d'un obus, des attentats à Tizi-Ouzou, en Kabylie. La vague s'étend. Certains actes de terrorisme ne peuvent être attribués au FLN. La presse reste perplexe quand maître Popie, avocat libéral d'Alger, est percé de quatorze coups « portés par un poignard long et large ». Un poignard de parachutiste par exemple ? *L'Express* évoque, le 23 février, les réseaux clandestins du FAF. Dans *Le Monde*, J.-M. Théolleyre suggère que les responsables sont « des anciens du commando Alcazar », les campagnons de Lagaillarde. L'OAS reprochait à l'avocat Popie d'avoir déclaré à l'émission *Cinq Colonnes à la une* (créée en 1959 par Lazareff, Desgraupes et Dumayet pour en « dire plus long » sur la guerre d'Algérie que les bulletins impassibles et glacés du journal télévisé) : « L'Algérie française est morte. » Théolleyre est bien informé : Lagaillarde, réfugié en Espagne, a en effet persuadé Salan de réunir tous les groupes activistes épars pour former en Algérie « un appareil de combat révolutionnaire, essentiellement civil ». Il propose le sigle OAS que Salan reprend à son compte, en tant que président d'un Comité insurrectionnel. Lagaillarde est chargé du commandement.

Les militants sont des obscurs, encore inconnus de la police. Le chef du FAF d'Alger, Zattara, est le premier rallié, avec son ami Capeau. Les agents secrets s'appellent Michel le Cubain, les frères Piegts. Y-a-t-il des militaires dans les rangs ? On identifie rapidement un ancien chef de SAS ancien combattant de Syrie, André Brousse, marquis de Montpeyroux qui a combattu en Espagne du côté franquiste — ainsi qu'un déserteur de l'armée d'Algérie, le capitaine Souètre. Le premier tract de l'OAS est découvert par les Algériens le 1er mars. Il annonce que « le front de la résistance est uni ».

Dès lors les attentats ne cessent pas. Les charges de plastic explosent à Paris même, au domicile de François Mitterrand, dans un bar de Montparnasse, à la Bourse. Le consulat des États-Unis est frappé à Alger, ainsi que le logement de plusieurs personnalités libérales. Il n'est pas douteux que l'OAS a assassiné le maire d'Évian. Un tract du 10 avril annonce : « L'OAS frappe où elle veut, quand elle veut. » Les armes ne manquent pas : les unités territoriales « de choc » en ont fait provision. Le but est d'alerter l'opinion sur le « bradage » de l'Algérie qui s'annonce à Évian. Le Général ne peut pas ignorer qu'il a désormais devant lui une organisation paramilitaire décidée à jouer le tout pour le tout. Mais l'armée suivra-t-elle ?

Le projet de putsch n'a rien à voir avec l'organisation Salan-Lagaillarde. Il est mitonné dans le bureau parisien de Lacheroy, à l'École de guerre, le « saint des saints »... Les colonels Argoud et Broizat sont, avec Godard, les principaux organisateurs d'une opération qu'ils veulent lancer simultanément contre Alger et Paris. Lacheroy, Gardes, Blignières et Vaudrey sont dans le secret. Il s'agit, non de restaurer « l'Algérie française », mais de « conserver l'Algérie à la France ». Massu refuse de marcher. Pourtant, il faut un chef. Salan est trop ambitieux, trop marqué auprès des activistes civils que les colonels méprisent. Le général Faure n'est pas pris au sérieux. Zeller et Jouhaud sont disponibles, mais pourront-ils réaliser sous leurs noms l'unité de l'armée ? Le seul capable de rallier les officiers est le vainqueur des campagnes de 1960, Challe. Il est hésitant. Il redoute par-dessus tout la désunion de l'armée et recommande une politique de ralliement progressif.

Le discours du général de Gaulle, le 11 avril, décide Challe. Il commandera l'opération d'Alger. Un rapport pessimiste du colonel de Boissieu ne l'émeut pas. Il croit de son devoir de créer un mouvement d'opposition avant l'ouverture des négociations. Zeller, le polytechnicien, s'occupera de l'intendance, et Jouhaud, le pied-noir, de la population. Nicot, major-général de l'armée de l'air, s'offre pour organiser les voyages aériens.

Le 20 avril, Challe et Zeller sont en place, cachés dans la villa des Tagaris. Le lendemain, le 1er REP prend la ville, sans résistance. Le délégué Morin, le général Gambiez, le ministre

Robert Buron, de passage, sont arrêtés, avec le préfet de police Jeannin, le général Vézinet et tous les responsables non putschistes. L'aérodrome et la radio sont occupés. L'OAS sort de l'ombre pour s'emparer de dépôts d'armes et libérer les militants emprisonnés, en particulier les assassins de maître Popie. Radio-Alger diffuse la nouvelle au petit matin. La ville pavoise, acclame les parachutistes dont les camions parcourent une fois de plus les boulevards. La *Marche des Africains* retentit sur le Forum.

De Gaulle apprend le putsch à la Comédie-Française, en compagnie du président de la République du Sénégal, Léopold Senghor. Debré, pendant toute la nuit, a été tenu au courant du développement des opérations par le délégué général Morin, dont le téléphone n'a pas été coupé. Son premier souci est de désarmer le « complot de Paris », dont il a vent par sa police. Le général Faure est arrêté aussitôt, avec quelques activistes. Les vols et les transports maritimes vers l'Algérie et en provenance d'Algérie sont interdits. Nicot reçoit l'ordre d'ouvrir le feu sur tout avion militaire qui s'approcherait de la capitale. De Gaulle expédie Joxe et le général Olié en Algérie, avec mission de retenir dans le devoir les officiers supérieurs. Debré appelle le général Pouilly, mais il ne peut le joindre à Oran. Le préfet Gey est loyal. Le général Ailleret, qui commande à Bône, reste fidèle au gouvernement. Gouraud, le chef du corps d'armée de Constantine, a promis à Challe sa participation. Il reste hésitant. En revanche, les généraux d'aviation Fourquet et Clausse, à Constantine et Oran, sont opposés au putsch.

On apprend bientôt que Pouilly, refusant de se rallier à Challe, s'est retiré sur Tlemcen avec le préfet Gey. Argoud surgit, avec le général de la Légion Gardy, pour tenter de faire marcher sur Oran les trois compagnies de Sidi-Bel-Abbès. Gouraud à Constantine revient sur ses promesses. Un seul régiment, le 1er RCP, fait mouvement dans l'immédiat sur Alger. Outre deux unités de parachutistes, Challe disposera très vite du 27e de dragons, des 14e et 18e RCP et des commandos de l'air. Quatre régiments de parachutistes sur onze ont répondu aussitôt à l'appel. D'autres suivront, un seul restera fidèle, celui que commandait jadis Bigeard. Les « réserves générales » pour une fois n'ont pas donné dans leur totalité. Quant aux officiers commandant des unités d'appelés, ils restent dans l'expectative. Ils avancent le prétexte de l'unité de l'armée pour éviter de prendre parti. C'est notamment le cas du général Arfouilloux. Des « noyaux résistants » se constituent dans les unités et les soldats du contingent acclament ceux des officiers qui prennent le parti de la légalité.

Le général de Gaulle décrète l'état d'urgence et fait appliquer l'article 16 de la Constitution, qui place dans ses seules mains les affaires de l'État.

On vient d'apprendre que Salan n'a eu aucun mal à venir d'Espagne, qu'il parade à Alger au milieu des putschistes, acclamé par l'OAS. Pourtant les rebelles ne disposent encore que d'Oran et d'Alger, avec la Mitidja. Ils ne mordent pas sur le bled, où les unités sont dans l'expectative. Gouraud a cédé devant les objurgations de Zeller, mais Pouilly, qui reste ferme, doit être neutralisé. Il est temps d'empêcher le mouvement de faire tache d'huile.

A 20 heures, le 22 avril, le général de Gaulle paraît à la télévision dans son uniforme du 18 juin : il stigmatise le « quarteron », ordonne à l'armée d'intervenir pour faire obstacle au « pronunciamiento ». Il demande aussi l'aide des Français. Les soldats du contingent ont entendu son appel sur les ondes de Radio Monte-Carlo (Radio-Alger est aux mains des rebelles) grâce aux transistors. Debré, apparaissant au petit matin à la télévision, demande aux Français de se rendre sur les aéroports pour bloquer les pistes. « Allez-y à pied ou en voiture... il faut que le bon sens vienne de l'âme populaire. » Pas question d'armer les « comités de vigilance » constitués par l'extrême-gauche, ni même les volontaires qui se présentent, au souvenir de la guerre d'Espagne, place Bauveau : les Hernu, les Suffert, les Savary, les Servan-Schreiber ne recevront que des casques et des treillis. Les chars de Rambouillet prennent position au Grand Palais. Mais les parachutistes n'étant pas au rendez-vous, chacun rentre chez soi.

Dans les unités, les appelés manifestent parfois leur impatience. Ceux de la région de Constantine, dont le chef, Gouraud, a fait preuve d'une surprenante hésitation, ouvrent les dépôts d'armes et mettent les mitrailleuses en batterie. Ils font signer des listes de soutien à de Gaulle, arrêtent les officiers qui s'y refusent. On se hâte de reprendre en main ces soviets improvisés, mais il est clair que le recours au contingent n'a pas été vain : les muets de la guerre d'Algérie ont enfin pris la parole, pour soutenir les tentatives de paix.

La marine restait fidèle, l'aviation se dérobait, l'armée de terre risquait de se déchirer. Challe était d'abord un soldat. Il décida de se rendre, pendant que Zeller, Salan et les autres colonels et généraux partaient ou se cachaient. Le putsch avait échoué, la négociation pouvait reprendre.

L'émotion était profonde dans l'armée. Le lieutenant Jamin, commandant le 10/541 des commandos parachutistes de l'air, ne cachait pas son amertume : il avait appris par radio le putsch d'Alger alors qu'il était en opération dans le secteur proche de Médéa. Sur ordre du général putschiste Bigot, qui commandait l'aviation en Algérie, le commando était invité à obéir à Challe, à faire mouvement avec ses hélicoptères sur Reghaia. Il devait relever le commando 20 à Maison-Blanche où 300 hommes de troupe étaient groupés sur le parking de l'aéronavale. « Ils étaient dirigés par quelques meneurs. Le chef de la police de Maison-Blanche m'annonça alors que ces meneurs étaient tous fichés dans ses services comme communistes. » La police de l'air aurait-elle toléré la présence de ces « communistes » ? La situation pouvait tourner à la catastrophe car le 2ᵉ REP « venait de prendre position sur la base ». Singulière aventure que celle de ce régiment appartenant à la 25ᵉ DP dont le chef, le lieutenant-colonel Darmuzai, avait refusé de se joindre au putsch, mais avait laissé libres ses officiers. Le régiment, sans son colonel, avait plié bagages et rejoint Alger. Ceux du 1ᵉʳ RCP et du 8ᵉ RP d'infanterie de marine avaient fait de même. Le commando 20 se félicitait d'avoir empêché le choc entre les parachutistes putschistes et les « communistes » (sans doute, des appelés hostiles au putsch) qui voulaient prendre possession de la base. L'unité, affirmait pour sa défense le lieutenant, « ne pouvait qu'obéir ». Les Arfouilloux et les autres généraux soi-disant fidèles au gouvernement les avaient-ils empêchés d'agir ? Ils restaient muets ! Les hommes du commando avaient vu « tous les officiers de l'armée de l'air obéir au général Bigot [ami de Challe] jusqu'au 25 avril, ne pas prendre position ou en changer plusieurs fois ». Ils avaient vu les « meneurs » paralyser l'action de la base de Maison-Blanche. Ils avaient appris « qu'à Paul-Cazelles la base était tenue et commandée par un adjudant qui avait emprisonné tous les officiers ». Ils avaient entendu les appelés de Maison-Blanche dire : « Il ne faut pas obéir. Si on abandonne l'Algérie, nous pourrons rentrer chez nous. » Obéir à qui ? Aux putschistes !

Les commandos de l'air sont donc dissous. Les officiers doivent se constituer prisonniers. Ils seront bientôt relâchés, à l'exception des responsables. Les hommes sont immédiatement embarqués sur *Nord 2501* à destination de Dijon, Le Bourget, Toulouse et Istres. Un rapport du commandant Meyer devait établir que si les commandos 30 et 40 n'avaient pas pris part au putsch, le commando 40 « très sensibilisé » politiquement depuis plusieurs mois s'était, de sa seule initiative, mis à la disposition de l'état-major clandestin d'Alger dès la veille du coup de force. Les commandos 10 et 20 avaient été « rameutés sur la Reghaia » sur ordre de leur poste de commandement. Le commandant Meyer reconnaissait qu'ils s'étaient alors opposés sur la base de Maison-Blanche « à de véritables bandes d'appelés, jouets de chefs de cellule communiste connus et fichés ». Meyer plaidait pour les unités, dont il affirmait que le « désarroi moral » dépassait l'entendement. Ils avaient été « rejetés de la famille Air » et n'avaient pu que défiler, « dans l'ultime parade conduite au rythme lent de leurs pas d'hommes ».

Les ordres du ministre Pierre Messmer étaient clairs (décision du 4 mai 1961) : des commissions d'enquête devaient être constituées au niveau des officiers généraux de haut rang. Elles devaient « détecter toutes les insuffisances, erreurs ou fautes, découvrir par le recueil de déclarations ou de témoignages spontanés ou après enquêtes diligentées par leurs soins les officiers ou cadres dont le comportement dans le service s'était avéré manifestement favorable à l'insurrection ». L'ensemble des rapports devait être adressé au ministère. « Les opérations d'enquête, précisait le ministre, devront être menées avec discrétion [...] et avec le maximum de rapidité car il importe d'éviter un climat de suspicion ou de dénonciation. » Les gens pouvaient être poursuivis, était-il indiqué dans l'annexe, pour « participation volontaire » ou « non-dénonciation ».

Des sanctions, des mutations, des dissolutions éventuelles étaient également envisagées en métropole. Un rapport du général Guernon, daté du 24 avril, établit que dans les bases de Mont-de-Marsan, Pau et Toulouse (lieux de formation de parachutistes), les hommes s'étaient inquiétés de la formation éventuelle de milices annoncée par Michel Debré. Certaines unités (le 14e RIMA, le BETAP) semblaient très favorables aux putschistes. Les généraux sur lesquels avait pu compter le gouvernement étaient finalement peu nombreux : outre Gambiez et Vézinet, emprisonnés, Olié avait pris le commandement de la marine avec l'amiral Querville, et le général Fourquet celui de l'aviation. Dans l'armée de terre, le regroupement des unités s'était fait autour des généraux Ailleret (Constantine), Arfouilloux (Alger) et Perrotat, remplaçant Pouilly, indisponible (Oran). Fourquet reprit en main l'aviation. L'épuration, dans cette arme, fut rapide, presque exemplaire. Un cas embarrassant : l'ordre donné pendant le putsch à l'aviation de chasse d'ouvrir le feu sur les avions venus d'Algérie.

Il fut réglé par le général Stehlin, directeur du cabinet : cet ordre provoquait au mois de mai « des crises de conscience qui ne sont pas encore apaisées ». Stehlin expliqua que les pilotes n'avaient ordre de tirer « que s'ils étaient en position de légitime défense ». Il adressa une lettre à tous les commandants de régions aériennes pour leur demander « d'éliminer tout malaise » au cas où quelques-uns, par refus ou incapacité de comprendre, se permettraient d'incriminer ceux qui avaient eu la responsabilité de donner ou de transmettre les ordres d'ouverture du feu ». Fermez le ban !

Autre cas embarrassant : l'explosion de la quatrième bombe atomique française à Reggane au moment du putsch. Le général de brigade Thiry, commandant des armes spéciales, était responsable de « Gerboise verte ». Challe pouvait souhaiter annuler l'opération. Thiry prit donc les devants en organisant le 25 avril le voyage des expérimentateurs en avions civils à grand rayon d'action, expédiés par Paris. Le général Mentré, dont il dépendait, était putschiste. Il lui demandait de reporter le tir. Thiry répondit qu'il avait du retard, que la bombe n'exploserait pas avant longtemps en raison des mauvaises conditions météorologiques. Mentré rappela pour déconseiller au général Thiry de joindre Paris au téléphone. Thiry fit surveiller la piste de sa base pour empêcher l'atterrissage d'avions venus d'Alger. L'explosion devait bien avoir lieu. Le 25 avril, nouvel appel de Mentré : « Il s'était trompé, il se rangeait aux ordres du gouvernement, il avait sommé Challe de se démettre. » Cet « ami de vingt-cinq ans » demandait asile à Thiry. Celui-ci, bon prince, l'accueillit pendant 24 heures et soutint l'action du lieutenant-colonel Thomas : l'honnête officier défendait la base avec ses parachutistes contre les épurateurs de la dernière heure, qui lui reprochaient à tort une attitude ambiguë.

Les manifestations de soldats après le discours du général de Gaulle avaient été tout aussi nombreuses dans l'armée de terre. Dans les casernes, les appelés avaient exigé des officiers qu'ils prissent publiquement position. A Blida, l'affrontement avec les paras avait été évité de justesse. A Constantine, les soldats avaient pillé les magasins d'armes. Des sous-officiers, de simples hommes de troupe, avaient pris la parole pour les empêcher d'ouvrir les hostilités. Une délégation du contingent avait été reçue à Alger par le général Petit, ancien du cabinet Debré. L'ex-commandant de la 7ᵉ DLM, qui devait être condamné à cinq ans de forteresse pour sa participation au putsch, avait rassuré de son mieux les appelés : leur mission était de faire la guerre au FLN. Il avait eu du mal à calmer les soldats du 9ᵉ zouaves, dont le colonel avait refusé d'obéir aux putschistes.

Challe avait prévu ces oppositions, au point qu'il avait décidé de faire partir d'Algérie les hommes du contingent 58/2.C, libérables. Ce départ n'avait pu être réalisé. Dans toutes les régions militaires, les appelés avaient pris des initiatives. Un commandant avait organisé une chaîne-radio des ralliements à de Gaulle, d'unité à unité. Dans le Constantinois, le général Lennuyeux, contacté par les appelés, leur avait donné son appui. A Bône, le contingent avait soutenu le général Ailleret, qui avait diffusé un message de fidélité. Le 14ᵉ bataillon de chasseurs alpins avait arrêté Buchoud, son colonel. Dans les Aurès, les officiers putschistes avaient été neutralisés. L'un d'eux était mort d'une crise cardiaque. Le général Géliot, commandant l'Ouest constantinois, avait envoyé à Paris son télégramme d'allégeance. Les hélicoptères lourds de la Reghaïa avaient quitté la base pour se poser, à Batna, à la disposition de Fourquet. Les officiers factieux s'étaient trouvés très isolés.

Passeraient-ils devant les tribunaux militaires ? Les généraux Noiret et Paubestre, qui présidaient aux enquêtes, étaient soucieux de sauvegarder l'unité de l'armée. La procédure des dénonciations était réprouvée par tous, y compris par les appelés. Les militaires déférés devant les tribunaux et condamnés furent un petit nombre. Mais les responsables du putsch, le 1ᵉʳ juin, furent condamnés à mort par contumace

(Salan, Jouhaud, Gardy, Argoud, Broizat, Gardes, Godard et Lacheroy), à quinze ans de détention criminelle (Challe, Zeller et le général d'aviation Bigot), douze ans pour Nicot, dix pour Denoix de Saint-Marc, commandant le 1er REP. Les colonels Masselot (18e RCP) et Lecomte (14e RCP) furent condamnés à sept ans, Gouraud à six, le général Petit à cinq et le colonel Robin, commandant les commandos parachutistes, à six. La carrière de ces hommes était brisée. Le colonel de La Chapelle, qui pourtant avait gardé sous le coude l'ordre de Salan de désarmer les zouaves du quartier d'Orléans, écopa de sept ans. Il commandait le 1er REC.

La condamnation avec sursis rayait des cadres un certain nombre d'officiers supérieurs : le général Mentré, qui commandait au Sahara, le colonel Ceccaldi, commandant en second de la 10e DP, le commandant Lousteau du 1er d'infanterie de marine. Le colonel Brechignac, chef d'état-major de la 25e DP, n'échappa pas à la purge. Au niveau dcs lieutenants et des capitaines, les victimes furent peu nombreuses (23) mais ciblées dans les unités putschistes, que leur départ décapitait. Giubbi, du 1er REP, fut le seul sous-officier condamné. Douze officiers, pour la plupart de grades subalternes, furent acquittés. Ces sanctions furent prononcées soit par le Haut-Tribunal militaire créé par le président de la République le 24 avril, soit par le Tribunal militaire mis en place à partir du 4 mai. Elles furent appliquées à des officiers des armées de terre et de mer. Ceux de la marine et les volants de l'aviation avaient tous été fidèles au gouvernement.

Trois régiments furent dissous, outre les commandos de l'air. Les journaux d'Alger étaient presque tous interdits, le conseil municipal dispersé. Les « réserves générales » de Challe étaient démantelées.

La première conséquence de l'épuration fut la réorganisation militaire de l'OAS, rejointe par des déserteurs des unités d'élite. Godard, qui se cachait dans Alger, créa un comité supérieur (CSOAS) à trois branches : il plaça sous ses ordres le renseignement et l'organisation des opérations ; l'organisation de masse fut offerte au colonel Gardes, également clandestin dans la ville ; l'action psychologique et la propagande furent confiées au général Gardy et au seul civil admis dans l'organigramme, l'étudiant Susini, collaborateur de Salan. La première tâche de l'OAS était d'organiser, à la manière du FLN, le contrôle de la population, invitée à cotiser pour le mouvement. Sa seconde mission était de recruter des professionnels de la guérilla et des attentats, pour le service action.

La « résistance » s'organisa ainsi sur une base sérieuse : les huit compagnies de CRS dépêchées en renfort à Alger pouvaient-elles venir à bout d'une organisation qui vivait dans la population européenne « comme un poisson dans l'eau » ? On devrait créer des unités spéciales, des groupes de para-policiers utilisant à l'égard des hommes de Gardes et de Godard les procédés employés jadis par l'OPA dans la bataille d'Alger. Le 8 mai, de Gaulle annonça la reprise des pourparlers avec le FLN à Évian. De ce jour jusqu'au 20 mai, Alger connut un « festival de plastic » répondant à la recrudescence des attentats du FLN. « Il nous faut régler l'affaire algérienne », avait dit de Gaulle qui avait décidé d'appliquer une trêve unilatérale d'un mois.

Messmer dépêcha à Alger une longue « directive ministérielle » pour expliquer l'opération. Si la trêve était décidée, c'est que les succès de l'armée l'avaient rendue possible. « Battu sur le terrain, disait Messmer, le FLN conserve sur le plan diplomatique, politique et même sentimental une influence qu'il serait absurde de nier. » Il devait donc être associé à la négociation. L'intérêt du gouvernement était, en cas d'échec, que le FLN en portât seul la responsabilité. La trêve était un acte positif, une arme dans la négociation sur laquelle le monde entier avait les yeux fixés. Le devoir des unités était de prendre, dans les villages, « la position d'arbitre ». Il fallait « faire comprendre aux musulmans que leur promotion ne [pouvait] se faire que dans le développement harmonieux de ce qui a été entrepris ». Il fallait éviter « tout geste, tout propos susceptible de provoquer des réactions passionnelles dans la masse ». Déjouer la propagande à la désertion en assurant que la volonté de la France était « de n'abandonner aucun de ses enfants ». L'armée devait prouver « qu'elle était l'amie de ce peuple aux côtés duquel elle [avait] depuis sept ans péniblement progressé sur le chemin de la liberté ». Cette « directive » pouvait-elle être reçue sans grincements de dents dans les unités ?

Les officiers grondaient, mais restaient disciplinés. Le marasme était tel, après le putsch, qu'ils n'avaient plus aucun moyen d'engager la troupe dans la voie du refus d'obéissance.

Qui les aurait suivis ? Tous les rapports sur le moral signalaient « l'accentuation de l'emprise du FLN sur la population musulmane désormais gagnée à l'idée d'indépendance et de moins en moins accessible aux contacts ». C'était l'avis d'un colonel de gendarmerie du Sahel qui remarquait pourtant, même dans certaines unités dont le loyalisme était indéfectible, « les cas de conscience qui se posent à certains militaires qui ont des affinités dans ce pays ». Les fantassins de la 19ᵉ division étaient sceptiques, peu enthousiastes. Les officiers de réserve doutaient de leur utilité en Algérie. Le contingent souhaitait une solution rapide que les supplétifs des harkas redoutaient.

A l'état-major de Constantine, le général Ducournau regrettait la trêve, qui permettait à la rébellion de se réorganiser. Les officiers d'active avaient été choqués par quelques cas d'indiscipline du contingent (lors du putsch) et « outrés par l'appel à la dénonciation ». Ils réprouvaient la sévérité des peines infligées par les tribunaux militaires mais restaient d'un mutisme prudent. Le général estimait que l'unité de l'armée était le plus grand des biens, et qu'il fallait s'abstenir de l'employer à l'occasion des troubles urbains, notamment contre les Européens : il ne pouvait garantir « l'emploi de certaines unités ».

Les officiers du Train se plaignaient de « l'incompréhension de la nation » et regrettaient l'interruption des opérations offensives. Ils redoutaient d'avoir à faire face « à des événements graves pendant leur service » car on employait les bataillons pour maintenir l'ordre. Le gouvernement risquait de « lancer la population FSE [Français de souche européenne] dans un acte de désespoir ». Les sous-officiers originaires d'Algérie étaient « effondrés » quand on leur demandait d'intervenir contre les pieds-noirs. On connaissait déjà des cas de désertion. Le colonel Riand, qui commandait la zone ouest d'Alger, signalait une « usure du moral » et regrettait que le militaire « appartienne à une catégorie déclassée de la nation ». Il était las d'être l'objet dans la presse « d'un désaveu public, pourtant immérité ».

Les pieds-noirs étaient naturellement ulcérés par la trêve militaire ainsi que par la libération de plusieurs milliers de condamnés politiques. Le climat était lourd à Alger, où les « concerts de casserole » accompagnaient le passage des patrouilles de CRS. On attendait avec angoisse les résultats de la rencontre d'Évian.

Interrompue, puis reprise aux Rousses en février 1962, la négociation n'aboutira au cessez-le-feu que le 19 mars : pendant onze mois les musulmans et les militaires seront soumis en alternance à la douche brûlante et au jet d'eau glacé.

Onze mois d'incertitudes et de troubles continuels. Pourtant, la délégation française était décidée à aboutir : Louis Joxe, Bernard Tricot, Bruno de Leusse, le conseiller d'État Roland Cadet, Claude Chayet et Philippe Thibaud étaient secondés par le général Simon et le colonel Seguin-Pazzis. Le FLN avait envoyé Belkacem Krim et Ahmed Francis, mais aussi Mohammed Ben Yahia, les avocats déjà présents à Melun, Tayeb Boulahrouf et Ahmed Boumendjel, Saad Dahlab et les commandants Mendjel et Slimane.

On discuta longtemps sur la composition de l'exécutif qui devait organiser le référendum d'autodétermination. Le Général avait admis que le FLN y fût représenté. C'était, implicitement, le reconnaître comme interlocuteur unique.

La discussion achoppa sur deux points où les vues étaient inconciliables : le Sahara, que revendiquaient les Algériens, et les garanties pour la communauté française : Belkacem Krim ne proposa que la nationalité au choix (et non la double nationalité) et la protection des biens « légitimement acquis ». Quant au futur de l'Algérie, le FLN n'accepterait la coopération qu'après l'indépendance. De Gaulle décida de rompre des pourparlers si mal engagés, et Debré attribue l'échec à l'ennemi. Ce premier épisode fut accompagné d'une flambée de terrorisme : trente morts du fait des attentats FLN (dont 17 Européens), 155 explosions dues à l'OAS (dont l'assassinat du commissaire Gavoury, qui progressait trop vite dans la répression des activistes de l'Organisation). A Oran, les foules musulmanes affrontèrent les Européens. L'OAS développa ses réseaux en métropole pour préparer une campagne d'attentats. A l'Assemblée, les 28 et 29 juin, Michel Debré, au cours d'un débat houleux, annonça que la France pourrait fort bien, en cas d'échec définitif de la négociation, procéder à la partition de l'Algérie.

De Gaulle avait en effet demandé au jeune député de Provins Alain Peyrefitte (ancien normalien, énarque de surcroît) de réfléchir à diverses solutions de partage. Peyrefitte publia ses suggestions dans *La Vie française* et plusieurs articles dans *Le Monde*. Une brochure fut imprimée et diffusée, avec l'accord du Général. Debré était le dernier à croire à cette solution.

Outre la difficulté du regroupement, déconseillé par le délégué général Jean Morin, il lui semblait dangereux de créer « un nouvel État d'Israël ». Les Européens ne seraient-ils pas tentés de fuir ce réduit malsain ? Comment s'opposer, après de nouvelles années d'épreuve, au rattachement ? En fait, cette hypothèse n'était agitée par le Général que pour peser dans la négociation. Il voulait « faire réfléchir les dirigeants de la rébellion ».

La riposte fut immédiate : le FLN lança un mot d'ordre de grève pour le 1er juillet et organisa une « journée nationale contre la partition » le 5. Le succès de ces manifestations fut tel que les forces de l'ordre durent ouvrir le feu pour ne pas laisser la rue aux musulmans : plus de 100 morts. Dans ce climat, les pourparlers reprirent le 17. Jamais négociations n'avaient été engagées dans de telles conditions. On s'entretuait furieusement : à l'OAS, au FLN, à l'armée opérant sur le terrain, la perspective d'un cessez-le-feu n'apportait qu'un surcroît de haine et de violence. De Gaulle reprit alors à son compte ce que prédisait Raymond Aron en 1957 : la France « est bien décidée à ne plus engouffrer à fonds perdus en Algérie ses efforts, ses hommes, son argent ».

Les négociations de Lugrin furent un nouveau fiasco : comment auraient-elles pu réussir, alors que de Gaulle venait de perdre la bataille de Bizerte ?

Ce fut le coup décisif, le dernier sursaut de la résistance française. Bourguiba réclamait la base, qu'il avait fait attaquer. Foudroyante riposte : 700 Tunisiens tués en trois jours. La revanche sanglante irait-elle jusqu'au désarmement des unités de l'ALN massées sur la frontière ? L'occasion était belle, et Michel Debré fut tenté de la saisir. L'eût-il vraiment voulu que le commandement, surpris, n'était pas prêt à réaliser sur-le-champ l'encerclement nécessaire. De Gaulle n'avait-il pas dû reculer sur le plan diplomatique ? Bourguiba, sur ce terrain qu'il maîtrisait parfaitement, l'avait emporté : l'ONU avait condamné l'agression française. Force fut de reculer à moins d'encourir, comme Mussolini pendant l'affaire d'Éthiopie, les sanctions du concert des nations. De Gaulle négocia un cessez-le-feu. Le 8 juillet, la 2e DL quittait l'Algérie. Une autre division devait suivre à la fin du mois. Le dégagement était en fait programmé.

Trois succès pour la politique du Président : il avait rendu confiance à l'armée. Les rapports du moral l'indiquent suffisamment : l'affaire de Bizerte fut bien ressentie. Il avait en outre fait la preuve qu'une action musclée, bruyamment exigée par la droite « Algérie française » depuis le début du conflit, débouchait sur une aventure internationale et inexorablement sur un échec. Enfin l'agression provoqua un changement politique au sein du GPRA, dont de Gaulle n'avait pas à se plaindre puisqu'il n'avait rien obtenu de l'ancienne formation dans les négociations de Lugrin et de l'équipe de Ben Bella.

A tout prendre, il préférait les « durs » aux « politiques » qui ne lâchaient sur rien. Ben Khedda, qui remplaça Ferhat Abbas, passait pour un « marxiste » soutenu par Moscou et Pékin. Le vrai « socialiste » était en fait le maître de l'état-major de Ghardimaou, Boumediene, dont les adjoints, Mendjel et Slimane, avaient participé aux négociations. Disposant de l'armée, Boumediene reprochait aux trois B (Belkacem Krim, Ben Tobbal, Boussouf) de tolérer le pourrissement de la révolution. Ce fut lui qui imposa une négociation plus dure, dénonçant le « bradage » de l'Algérie par Ferhat Abbas. Au 4e congrès du CNRA, réuni à Tripoli du 5 au 22 août 1961, ces « durs », qui poussèrent au sommet du gouvernement l'ancien centraliste devenu marxiste et ardemment révolutionnaire Ben Khedda, qui exigèrent non la reprise d'une offensive à la frontière, mais « l'accroissement de la mobilisation des masses », savaient parfaitement que la bataille du barrage tunisien ne pouvait qu'avantager les Français : la victoire serait acquise sur le terrain diplomatique, à condition que le combat fût mené par des représentants de la tendance « dure » qui ne fussent pas contestés de l'intérieur. Krim Belkacem dut en convenir.

La déclaration du général de Gaulle à sa conférence de presse du 5 septembre 1961 fut décisive : pour la première fois, il renonçait au Sahara, provoquant la surprise de Michel Debré, qui songea une fois encore à partir. Mais le 9 septembre, de Gaulle, décidé à conclure au plus vite quoi qu'il en coutât, échappa à une tentative d'assassinat sur la route de Pont-sur-Yonne. Comment l'abandonner en plein danger ?

Ben Khedda, le 15 septembre, se déclara prêt à une « coopération fructueuse ». Le 2 octobre, de Gaulle fit savoir qu'il était disposé à reprendre les discussions. Les 24 et 27 octobre,

Ben Khedda et Joxe annoncèrent leur souci de trouver une solution définitive. On commença à échanger des notes par l'intermédiaire d'émissaires officieux. Le dialogue progressait.

L'OAS voulait à tout prix l'empêcher, car il conduisait, sans ambiguïté, à l'abandon total non seulement de l'Algérie, mais aussi des Français d'Algérie. Une campagne d'attentats fut organisée pour intimider à Alger l'administration, la police, l'enseignement. On menaça aussi les officiers gaullistes de l'armée. Des techniciens réussirent à diffuser sur le réseau de la télévision des émissions pirates de l'OAS. Selon le vœu de Salan, l'action psychologique de masse orchestrait des manifestations publiques, pour donner aux pieds-noirs le sentiment qu'ils constituaient, ensemble, une force : ainsi se succédèrent, du 23 au 28 septembre, des opérations « casseroles », « oriflammes » et « embouteillages ». L'action de l'organisation commençait à porter ses fruits en métropole, où elle bénéficiait de complicités dans la police et au Parlement : 80 députés avaient en effet voté « l'amendement Salan » mobilisant huit classes de pieds-noirs en Algérie. Le nom de Salan fut acclamé au comité de Vincennes, le 16 novembre, à l'instigation de Georges Bidault.

La presse dénonça vivement, à gauche, l'indulgence du gouvernement pour l'OAS, sa tolérance des réunions des « fascistes de Vincennes » et son refus de réprimer les attentats. On soupçonnait la police du préfet Maurice Papon d'être noyautée par l'OAS, alors que les policiers, victimes de très nombreux attentats du FLN (97 d'entre eux avaient trouvé la mort seulement à Paris), n'attendaient que l'occasion de prendre leur revanche sur les auteurs impunis des « exactions ». Pourquoi le préfet prit-il la responsabilité d'opposer justement ces unités de la police parisienne aux manifestants du FLN pendant la soirée du 17 octobre ? Pourquoi les dirigeants du mouvement avaient-ils décidé la mobilisation « pacifique » de 30 000 manifestants dans Paris ? Le FLN voulait-il faire la preuve, à la veille des négociations décisives, qu'il était capable de faire marcher les foules, non seulement à Alger et à Oran, mais à Paris même ? Impossible d'apprécier les intentions politiques des vrais responsables de cet affrontement tragique : les archives restent encore fermées. Il reste que la presse française fit largement écho, pendant les événements, à la sanglante répression qui causa la mort, sur le pavé ou dans la Seine, de 100 à 200 Algériens, selon les estimations. « La bête hideuse du racisme est lâchée », s'indigna l'UDSR Claudius-Petit au Palais-Bourbon, tandis que le maire de Marseille, Gaston Defferre, convaincu que la police avait été manipulée par le réseau activiste du commissaire Dides, exigeait une commission d'enquête. Dans *L'Aurore*, Robert Bony défendit, certes, la police, mais il estima étrange que l'on ait donné prise au FLN en imposant aux populations musulmanes de Paris un couvre-feu abusif. Plus étrange encore que le pouvoir n'ait pas été renseigné « comme il devait l'être », qu'il n'ait pas mis en place « les dispositifs élémentaires pour empêcher les rassemblements de se former » ; et d'attaquer le ministre de l'Intérieur, Roger Frey, qui s'était laissé déborder : « Paris est-il donc livré, avec d'aussi piètres protections, à qui veut le prendre ? » Des Arabes à l'Étoile ? « Ces diables de ratons deviennent indécents à partir du moment où ils viennent se lancer dans les beaux quartiers. » Pour Claude Fuzier, la double provocation était manifeste. Il s'en expliquait dans *Le Populaire*, journal molletiste. Les ratonnades de Paris et d'Oran conduisaient, selon lui, « à une Saint-Barthélemy pour les Européens d'Algérie ». *L'Humanité* s'indignait des trois morts algériens travaillant aux usines Renault. Pour *Le Parisien libéré* (journal de tendance « Algérie française »), le drame mettait en évidence la faiblesse du pouvoir gaullien : « N'est-il pas paradoxal, écrivait Gérard Badel, que le service d'ordre ait été amené à ouvrir le feu sur des manifestants qui criaient un slogan dont l'auteur est le président de la République, Algérie algérienne ? » Dans *Libération*, Claude Estier invitait les « travailleurs français » à manifester leur solidarité aux Algériens. 40 parlementaires algériens du RDA protestèrent à Paris contre les méthodes policières. La réponse de Frey, qui renvoya « dans leurs douars d'origine » 1 500 Algériens arrêtés par les CRS, fut dénoncée par la presse de gauche. « On peut se demander maintenant, écrivait Claude Krief dans *L'Express* du 19 octobre, si, en rendant la vie impossible aux Algériens de France, on ne va pas aussi, du même mouvement, condamner les Européens d'Algérie à rentrer "dans leurs douars d'origine". » *Le Monde*, reprenant les communiqués de la préfecture de police, annonçait en encadré 11 538 arrestations au palais des Sports et au stade de Courbevoie, et seulement 2 morts et 64 blessés. Jacques Fauvet dénonçait la « double polarisation » que le pouvoir laissait dangereusement se développer, autour de l'OAS et du FLN. « Ces attentats [du FLN contre les agents de police en France] et la manifestation organisée mardi soir conduisent, écrivait-il, à s'interroger sur l'attitude de la délégation de France du FLN dont les dirigeants ont toujours été plus durs et plus hostiles à la négociation que ceux du GPRA. » Gérard Marin, dans *Le Figaro*, parlait du « piège tendu » par le FLN pour provoquer la répression. Il s'agissait, disait-il, « d'impressionner et d'accroître la lassitude de la population métropolitaine afin d'amener celle-ci à faire pression sur le gouvernement pour un règlement plus rapide, et si possible à n'importe quel prix, de l'affaire algérienne ». Sous le titre « Les silences de Monsieur Papon », *France-Observateur* publiait le 2 novembre les questions « précises » posées au préfet de police par Claude Bourdet au Conseil municipal. Il demandait une enquête sur le complot à l'intérieur de la police (les cars avaient reçu par radio des messages annonçant faussement au début de la manifestation dix morts parmi les forces de l'ordre) et sur les « cent cinquante cadavres » retrouvés sur les bords de la Seine entre Paris et Rouen. *Le Monde* fit savoir, le 8 novembre, que le parquet de la Seine enquêtait sur la découverte « d'une soixantaine de cadavres ». L'information judiciaire rendait donc impossible l'ouverture de la commission d'enquête. « L'État est devenu dépendant de sa police », concluait François Mauriac dans *Le Figaro littéraire.* On disait jadis, à Alger, qu'il était dépendant de son armée. Legris, dans *Le Monde,* parla de la « crise de la police », comme on avait longtemps parlé de la « crise de l'armée ». Un second front s'ouvrait-il, tardivement, à Paris ?

Il fallait conclure, et vite.

Des brigades spéciales furent, en effet, dépêchées à Alger pour affronter l'OAS, avec des méthodes extrêmement brutales, sans entraîner la moindre protestation dans la presse parisienne au nom des droits de l'homme contre les « exactions » de ces « barbouzes » qui ne frappaient pas toujours à bon escient. Le comité de Vincennes fut dissous, ainsi que l'OAS elle-même, proclamée « ligue factieuse ». Cela ne l'empêcha pas d'agir : on dénombrait 20 morts par attentats tous les jours à Alger. Les ratonnades se poursuivirent à Oran, où la communauté musulmane était impuissante contre l'OAS surarmée. On attaqua à la mitraillette le siège du parti communiste à Alger. A Paris même, on compta jusqu'à 30 plasticages en une semaine, on releva au Quai d'Orsay un mort et des blessés. Une enfant de quatre ans perdit un œil, conséquence de l'explosion d'une charge au domicile d'André Malraux. La pression monta alors dans les partis de gauche, qui exigèrent des mesures énergiques contre l'organisation rebelle. La manifestation du 8 février 1962, avec ses dix mille participants, prit fin tragiquement par l'étouffement, à la suite d'une charge de police de la plus grande brutalité, de neuf personnes au métro Charonne, dont trois femmes et un enfant. « Quel inutile drame », commente Michel Debré dans ses *Mémoires* : « D'où viennent les faux agents responsables du drame ? [...] des extrémistes, inspirés par l'OAS, ont voulu faire couler le sang. » Jacques Derogy enquêtera sur cette affaire et découvrira des responsables qui ne furent pas sanctionnés. L'un d'eux avait participé à la répression d'octobre.

Néanmoins, la négociation reprend. Dans son discours de Strasbourg, le 23 novembre 1961, le Général avait indiqué qu'il restait fidèle à sa politique d'autodétermination et que l'armée devait s'y conformer. Le 11 février 1962, dans le village des Rousses, Louis Joxe, Robert Buron et Jean de Broglie, accompagnés de Bruno de Leusse, de Claude Chayet, de l'inspecteur des Finances Roland Billecart et du général de Camas, rencontrent Saad Dahlab, Belkacem Krim, Ben Tobbal, avec Ben Yahia (en l'absence, donc, de Ahmed Francis) et de nouveaux représentants militaires. De Gaulle espère encore sauver « les intérêts matériels et politiques des Européens, la présence militaire française en Algérie ».

Il imagine « des conditions pratiques » pour l'exploitation du gaz et du pétrole, des « rapports économiques techniques et culturels » avec la future Algérie. Il doit déchanter bien vite : le rapport que lui fait Louis Joxe au téléphone est peu encourageant. Si le principe du référendum est maintenu, si le FLN accepte le principe d'un haut-commissaire français pendant la période transitoire, l'exécutif comprendra huit Algériens du FLN et trois Français, la « force locale » autorisée sera de 60 000 hommes (le Front en exigeait 80 000 quand les Français en proposaient 40 000...). La base de Mers el-Kébir devra être évacuée après 15 ans (et non 25), le territoire un an après le scrutin. Quant aux pieds-noirs, si le FLN garantit qu'ils jouiront des libertés fondamentales, il seront contraints de choisir leur nationalité. Une coopération entre les deux pays est envisagée après l'indépendance.

Les textes, acceptés du bout des lèvres, seront soumis à la négociation finale, engagée à partir du 7 mars à Évian. Le 18, les accords sont signés. Le cessez-le-feu entre en vigueur le 19 à midi. Il est prévu que l'armée restera présente en Algérie jusqu'au référendum. En fait, elle y restera trois ans.

Les accords prévoient aussi que la France exploitera seule le Sahara pendant cinq ans et que les biens des pieds-noirs sont garantis : ces derniers seront indemnisés en cas d'expropriation. Une commission mixte de cessez-le-feu doit arbitrer et prévenir les conflits.

Le gouvernement français peut alors désigner les douze membres de l'Exécutif provisoire : neuf musulmans et trois Européens.

Au Conseil des ministres du 21 février, Malraux parle de victoire : « Je ne peux appeler victoire, répond Michel Debré, le retrait de notre drapeau. » Il reste que le général de Gaulle avait « dégagé la France ». Dans quelles conditions ? Pendant toute la durée d'exercice de l'Exécutif provisoire, l'OAS poursuivit son combat. Dès le 23 février, Salan rédigea son « instruction 29 » qui établissait un « plan d'insurrection ». Il voulait créer « des zones insurrectionnelles » dans les campagnes et maîtriser les villes. Pendant les négociations d'Évian, l'opération « Rock and Roll » avait déjà provoqué plus de 120 explosions, l'assassinat de plusieurs fonctionnaires, dont l'écrivain Mouloud Feraoun : « Le cessez-le-feu de Monsieur de Gaulle n'est pas celui de l'OAS », pouvait-on lire sur les tracts. L'OAS sommait l'armée de prendre position avant le 22 mars. Dans la nuit du 22 au 23, Bab el-Oued fut occupé militairement : une patrouille de l'armée s'y présenta, le feu éclata, six soldats furent tués. Ils étaient du contingent.

La bataille s'engagea alors : gendarmes et militaires traquèrent le quartier, bombardé aux roquettes par des avions. 15 morts et 70 blessés du côté des forces de l'ordre. Au moins 20 morts et 80 blessés chez les civils. L'OAS se replia, abandonnant Bab el-Oued dont les habitants allaient subir une répression aussi dure que celle qui avait affecté jadis le quartier de la Casbah. 3 000 Français furent arrêtés et parqués dans des camps d'hébergement dans l'indifférence quasi générale de la presse métropolitaine.

Nouveau drame, le 26 mars : l'OAS avait convié la population au monument aux morts, en dépit de l'interdiction de Christian Fouchet, le représentant de la France, et du préfet de police Vitalis Cros. La foule, pacifique, arborait des drapeaux tricolores voilés de crêpe : rue d'Isly, des coups de feu partirent des toits. On accusa le service d'ordre. La fusillade éclata. Des officiers tentèrent en vain de dominer leurs hommes. Bilan : 46 morts européens, victimes de l'armée et des gendarmes. Une ratonnade à Belcourt prolongea le drame : 10 musulmans en firent les frais.

Salan et Gardes essayèrent en vain de soulever le bled, de rallier à leur cause le bachaga Boualam. Une nouvelle campagne d'attentats des « commandos delta » se déchaîna alors dans Alger contre les musulmans, dans le but de provoquer le choc des deux communautés. Alors, malgré les consignes et les menaces de l'OAS, les Européens commencèrent à fuir leur ville devenue un champ de bataille. Qui se souciait en France de la guerre civile en Algérie ?

Le référendum du 8 avril 1962 fut formel : 90,7 % des Français consultés en métropole approuvaient les accords d'Évian. Le 14 avril, Michel Debré remit sa démission. Le 3 juillet, après les résultats du référendum algérien qui donnait 91,2 % de oui, le général de Gaulle proclama solennellement l'indépendance de l'Algérie. La guerre était finie.

CONCLUSION

La fin d'un cycle

La conquête de l'Algérie en 1830 répondait au désir des Français de sortir de l'Hexagone où les avaient enfermés l'Angleterre après Waterloo. La signature des accords d'Évian marqua la fin d'un processus de décolonisation qui avait déjà touché la France en Asie, au Levant, en Afrique noire et en Inde. Les Français revenaient à l'Hexagone.

Le retour des pieds-noirs fut trop spontané pour pouvoir être organisé. Il prit l'aspect d'un exode. Jean-Philippe Lecat raconte que, jeune stagiaire de l'ENA, il assista, à Marseille, à la réception des premiers réfugiés d'Afrique du Nord, les Européens de Tunisie qui avaient abandonné leurs fermes après l'affaire de Bizerte. La direction des études de l'ENA nota mal son rapport de stage dont le sujet, fut-il affirmé, était dérisoire. Comment imaginer que le repli des Français d'Algérie s'effectuerait de la sorte, dans la plus totale anarchie, les malheureuses familles échouant sur les quais de Marseille comme jadis les Arméniens ? Le préfet des Bouches-du-Rhône, Haas Picard, n'avait pas prévu une telle marée. Au mois de mai, 100 000 Européens avaient déjà quitté le pays. On s'attendait à des départs échelonnés. En juin, des familles entières se pressaient dans les ports, aux aérodromes. Beaucoup de veuves dont les maris étaient morts à Rhin-et-Danube, des épouses de victimes des attentats OAS ou FLN. Les appartements étaient abandonnés, les voitures bradées pour 100 francs, les meubles brûlés dans les rues. En trois mois, 800 000 pieds-noirs débarquèrent de la *Ville-d'Oran*, du *Kairouan* ou de l'*El-Djézaïr*. Deux valises par personne étaient autorisées. Des chalutiers, des cargos embarquèrent des passagers. Les avions se succédaient à

Maison-Blanche à une cadence infernale. Le ministre Boulin, chargé de l'accueil en France, était débordé. Il ne savait où diriger les réfugiés. Une minorité d'Oranais avait gagné la province espagnole d'Alicante, quelques milliers de juifs s'étaient embarqués pour Israël, les Corses avaient rejoint l'Ile de Beauté. Mais les autres — la grande majorité —, sans attaches en métropole, comptaient sur l'assistance de l'État, les secours privés, en argent et en nature, et, comme en 1940, sur l'accueil des municipalités. Ils essaimaient sur les bords de la Méditerranée, redoutant de gagner Paris et même Lyon, investissant le Languedoc et la Provence.

Pourquoi cette panique, alors que l'OAS représentée par Susini venait enfin de faire la paix, le 17 juin 1962, avec le FLN par l'intermédiaire de Jacques Chevallier, l'ancien maire d'Alger ? Parce que le niveau des exactions avait été tel que l'on redoutait une Saint-Barthélemy des pieds-noirs. Les familles étaient restées sourdes aux conseils de Jouhaud qui leur demandait en mars « de rester unies à Bône et à Oran » et de « bâtir un avenir commun de concorde et de paix » avec les musulmans. Quand le drapeau tricolore avait été amené à Alger le 4 juillet, la plupart des Européens étaient partis ou en instance de départ : il n'en restait que 30 000 dans le pays.

En moins d'un an, l'OAS avait tué 2 360 personnes et en avait blessé 5 418 autres. Pendant des mois, les comptes rendus militaires quotidiens décomptaient les exactions sous deux rubriques : « 3 mai 1962, exactions rebelles à l'intérieur : 6. Exactions activistes à l'intérieur : 46 »... 8 juin, 2 et 51. Ces attentats étaient le fait d'un petit nombre de terroristes : Roger Degueldre, lieutenant au 1er REP, avait récupéré quelques légionnaires déserteurs après le putsch d'avril. Ces hommes avaient sauté des camions sur la route de Zeralda à Sidi-Bel-Abbès. Parmi eux, Albert Dovecar, un sergent d'origine yougoslave, et le légionnaire allemand Schliedermann étaient apparemment les seuls à figurer dans les « commandos delta ». Ancien FTP du Nord, Degueldre avait été blessé à Dien Bien Phu et il avait juré sur la tombe de son colonel, Jeanpierre, tué à l'ennemi, de ne jamais abandonner l'Algérie au FLN. Les archives qui permettraient d'évaluer la participation des militaires et les complicités dont a pu bénéficier l'OAS dans les unités restent fermées. Il est clair cependant que les 100 recrues des « commandos delta » étaient pour la plupart des jeunes gens civils, anciens des équipes de Lagaillarde.

D'autres groupes d'action relevaient du réseau des commandos Z monté par Susini, qui disposait, grâce au concours de Michel Leroy, ingénieur des pétroles, de fonds importants permettant d'armer 2 000 mille hommes du Front national. Seuls les plus résolus d'entre eux s'étaient inscrits dans les commandos Z dirigés par un civil de 25 ans, Jean Sarradet. Dans la Mitidja, le colon Martel disposait de ses propres groupes. Dans l'Oranais, Jouhaud avait réussi, non sans mal, à unifier les réseaux : les amis de Lagaillarde, avec le garagiste « Pancho » Gonzalès qui disposait d'un immense crédit dans les quartiers populaires de la Marine et de Saint-Pierre, le mouvement « France-Algérie » du marquis de Montpeyroux, le GAD (« Garde au drapeau ») constitué d'anciens militaires comme le capitaine Bonnel et des unités territoriales, les policiers révoqués du réseau Bonaparte de Marcel Careno, enfin les membres du Front national de Susini. Un industriel, un dirigeant du patronat français, un médecin renommé entouraient Jouhaud. Ils avaient mis l'Oranais à feu et à sang. Le capitaine Sergent n'était plus en Algérie. Il organisait en France, avec le lieutenant Godot, l'action clandestine.

La population d'Alger et d'Oran qui s'entassait sur les quais où ne flottait plus, au sommet d'une grue, le fanion noir frappé des trois lettres blanches de l'OAS avait vécu un enfer. Otage de l'armée secrète, comme la foule de la Casbah l'était du FLN, elle avait d'abord accueilli favorablement, dans son désespoir, l'insurrection armée et la création d'un mouvement de résistance. Mais une fois les chefs de l'organisation arrêtés ou disparus (Jouhaud appréhendé le 29 mars, Degueldre le 7 avril, Salan le 20), les Français avaient assisté à la reprise de l'action terroriste, dont les musulmans devenaient également la cible. Le haut-commissaire Fouchet n'était pas plus capable de maintenir l'ordre que le président de l'Exécutif provisoire Farès. Le Rocher noir, centre du gouvernement, était isolé. Le 21 avril, les commandos avaient tué deux gendarmes, le 23 plusieurs Algériens, le 24 l'explosion d'une voiture piégée faisait des victimes place du Gouvernement. Le 26 éclataient des fusillades à Alger et Oran. Jean-Pierre Chevènement, alors officier SAS en Oranie, fut le témoin de ces « nuits bleues » au cours desquelles l'OAS se déchaînait, tandis, écrit-il, « que sur la route d'Oran roulaient nuit et jour les camions qui emportaient vers Charleville-Mézières ou vers Constance les divisions d'Algérie ».

Muté à la préfecture d'Oran, il parcourut les couloirs d'un bâtiment où l'eau avait été coupée depuis huit jours, des escaliers couverts de grabats par les tirs des mortiers OAS. Le général Katz tentait de maintenir l'ordre, accablé par les attentats qui indignaient l'armée : n'avaient-ils pas pris pour cibles des officiers courageux, le colonel Randon, le général Ginestet ? Dans le port, les cuves de pétrole brûlaient, les hôpitaux flambaient, il y avait chaque jour des centaines de morts. Jean-Pierre Chevènement avait pour tâche de retrouver 800 Français disparus le 5 juillet à la suite des fusillades de l'Indépendance. Il n'en retrouva que 25. Le 2 mai, dans le port d'Alger, un attentat causa la mort de 62 Algériens, en blessa 110. Tous les quarts d'heure, certains jours, une explosion retentissait dans la ville. Les 6 000 policiers auxiliaires de Fouchet semblaient impuissants. Le FLN demandait le renvoi des administrateurs français, protecteurs de l'OAS, l'ouverture des barrages tunisien et marocain qui permettrait aux réfugiés de rentrer, la libération des prisonniers politiques en France. La zone autonome d'Alger fut reconstituée, et placée sous la direction d'Azzedine. Désormais, l'OAS n'avait plus comme adversaires les seules forces de l'ordre françaises. Le 14 mai, les Algériens tiraient dans la rue à la mitraillette : 19 morts, dont 17 Européens dans la banlieue d'Alger. C'était, disait Azzedine, « un avertissement ». Des Français furent enlevés, torturés, exécutés. L'OAS était encore en mesure de lancer des ripostes sanglantes. Les 100 000 partants de mai voulaient échapper à cet enfer.

En juin, ce fut l'apothéose. Susini commandait seul. Perez devait regagner Alicante, Dufour et Gardes se préparaient à partir en Espagne, Godard en Grèce. Susini avait d'abord conclu une sorte de trêve, le 30 mai, avec le FLN. Puis il donna l'ordre, le 7 juin, de « brûler » Alger ; la mairie, le quartier des Universités furent ainsi incendiés. Le 26 juin, avant de disparaître, les colonels recommandèrent d'arrêter les destructions ; mais les Européens avaient déjà pris, en foule, le parti de quitter le pays au plus vite, afin d'échapper à la politique de la « chemise sanglante » du FLN.

En juillet, lors des fêtes de l'Indépendance, une fusillade éclata à Oran. Des patrouilles de musulmans massacrèrent les

Européens dans les rues. 95 morts et 163 blessés... Le lendemain, 6 juillet, les pieds-noirs étaient tous au port. Ils savaient que des centaines d'entre eux avaient été enlevés dans le bled et dans la Mitidja. L'ALN assurait que les crimes étaient le fait d'« éléments incontrôlés ». Mais comment survivre dans une telle anarchie ? Seuls restèrent sur place les amis du FLN et ceux qui exerçaient des professions indispensables à la survie du pays. Les autres choisirent l'exode.

60 000 musulmans débarquèrent aussi à Marseille, fuyant les massacres. Une étude réalisée le 19 mars 1962 par l'administration française estimait à 260 000 le chiffre des musulmans « menacés par le FLN pour leur comportement jugé pro-français ». 20 000 militaires de carrière et 40 000 hommes du contingent pouvaient choisir de rempiler dans l'armée s'ils étaient célibataires. Restaient 58 000 harkis, 20 000 moznanis, 15 000 GMS et 60 000 gardiens des troupes d'autodéfense, sans oublier les 50 000 civils, anciens combattants titulaires d'une pension, élus divers et fonctionnaires engagés dans le cadre du plan de Constantine : au total une population d'au moins un million de personnes, femmes, familles, enfants entourant les 260 000 musulmans recrutés. L'administration militaire offrait à ceux qui ne voulaient pas rester de s'engager dans l'armée, dans la force locale prévue par les accords d'Évian, ou bien encore de recevoir un pécule de retour à la vie civile. On considérait comme peu souhaitable (des instructions furent données dans ce sens) d'accueillir en France les familles de harkis. Après le cessez-le-feu, le FLN multiplia les déclarations rassurantes : les promesses de pardon convainquirent la majorité des musulmans pro-français qu'ils pouvaient rester. 9 500 d'entre eux seulement, selon les estimations des services de Robert Boulin, étaient alors considérés comme réellement en danger.

Le licenciement des harkis avait commencé dès juillet 1961. En février 1962, les SAS et leurs gardes furent dissoutes. Les harkis étaient souvent désarmés par surprise, car le commandement devait s'assurer qu'ils retourneraient sans armes à la vie civile. Au cessez-le-feu, les harkis des commandos spéciaux, désemparés, pris entre la pression populaire contre leurs familles et l'illusion qu'ils peuvent encore jouer un rôle dans l'Algérie de demain, sont conscients de l'abandon de la France, ne répondent plus aux ordres, ne répondent plus d'eux-mêmes.

Repoussant les sollicitations de l'OAS, certains se présentent en uniforme auprès du FLN qui les arrête et les exécute. Pour les autres, les hélicoptères de la marine et de l'armée de l'air, les moins heureux et les plus nombreux, se lancent dans une fuite en désordre pour gagner par des moyens individuels le territoire français au prix des plus grandes difficultés.

Les musulmans amis de la France n'étaient pas protégés par les accords d'Évian, qui les considéraient comme des Algériens parmi d'autres. Du 19 mars au 23 mai, selon les estimations de Robert Buron, les disparitions et les exécutions sommaires auraient fait 10 000 victimes en Algérie. Mais ce chiffre comprend l'ensemble des exactions, aussi bien celles commises par l'OAS que celles perpétrées par le FLN. Selon un rapport du sous-préfet musulman d'Akbou, cité par Mohand Hamoumou, du 27 juillet au 12 septembre 1962, l'ALN arrêta et tua des civils ou d'anciens supplétifs. Dans cette région des Bibans, peuplée de Kabyles, où la 2e division motorisée de Beaufre avait commencé très tôt la « pacification », 750 personnes, considérées comme amies des Français, furent regroupées par l'ALN dans des « centres d'interrogatoire », torturées et massacrées. Des harkis habillés en femmes, mutilés, martyrisés furent jetés vivants dans la chaux vive. La répression reprit le 15 octobre, les exécutions sommaires fin octobre. Les villages qui s'étaient les premiers ralliés à la France furent décimés. Au début de 1963, le calme revint, mais d'autres exécutions furent enregistrées cette année-là. On affecta les harkis au déminage de la ligne Morice.

Les estimations des massacres d'après l'Indépendance oscillent entre 30 000 et 150 000 victimes. On en compta 750 dans le seul arrondissement d'Akbou. L'hécatombe est évaluée par Hamoumou à 100 000 . Son estimation repose sur l'extrapolation des chiffres connus dans certaines subdivisions.

L'anarchie qui s'installa dans le pays avant la reprise en main du pays par l'ALN fut largement responsable des premières exécutions, commises par les « résistants de mars », les fameux « marsiens », qui brûlaient de zèle patriotique. Les chefs locaux, qui, souvent, n'étaient pas des combattants de l'intérieur, firent également subir leur loi aux populations « libérées ».

Ben Bella, de retour en Algérie, était apparu comme le chef naturel d'une coalition anti-impérialiste décidée à constituer une République à parti unique, à réaliser la réforme agraire et la nationalisation des forces de production. Mais la division des dirigeants avait éclaté tout de suite ; au groupe de Ben Khedda et de Belkacem Krim, les survivants de la Toussaint, était opposé à celui des prisonniers de France, Ben Bella, Khider, Rabah Bitat, Mohammedi Saïd. Cette division n'était en rien idéologique : une simple lutte pour le pouvoir. Ben Bella était follement populaire en Oranie, son pays d'origine. Ben Khedda s'installa dans l'Algérois. Le Conseil des wilayas s'étant prononcé, le 22 juillet, en faveur de Ben Bella l'Oranais, les Kabyles, autour de Krim, avaient fait sécession à Tizi-Ouzou. Ben Bella et ses proches s'étaient alors emparés du pouvoir à Alger, avec pour dessein de briser les résistances régionales des wilayas. Les deux partis s'affrontaient mitraillette au poing. De nouveau, le sang coula dans les rues d'Alger. L'armée de Boumediene intervint alors, déployant le luxe de son matériel tchèque et russe. Elle accrocha les groupes de la wilaya 4 qui ne voulaient pas se rendre. C'est pendant cette période incertaine qu'avaient commencé, dans les villages, les massacres de musulmans pro-français. L'insécurité et les divisions du parti au pouvoir encourageaient la reprise des exactions. Le Bureau du FLN dut enfin s'entendre, compte tenu des aspirations populaires à la paix, avec les wilayas 3 et 4. Les élections, fixées au 20 septembre, désignèrent les représentants de la première Assemblée nationale algérienne qui proclama la « République démocratique et populaire d'Algérie » dont le président élu fut Ferhat Abbas. Le 26 septembre, Ben Bella devint chef du gouvernement, son allié Boumediene étant nommé à la Défense nationale. Une seconde vague d'épuration commença alors pour asseoir l'autorité du FLN reconstituée dans le bled. Les harkis qui avaient échappé aux précédents massacres en firent les frais, et, avec eux, les anciens élus musulmans.

La France et l'Algérie pansaient leurs plaies, et comptaient leurs victimes. Avant de dénombrer les morts, relativement peu nombreux du côté français (27 456 dont 5 966 tués par accident, 64 985 blessés et 1 000 disparus), on se disputa sur les charges financières de la guerre : la commission des Nations unies pour l'Europe estima la charge française à 100 milliards par an. Des observateurs mettront en évidence qu'après 1958 les charges militaires sont régulièrement réduites, alors qu'on assiste à l'augmentation des investissements ou des budgets de fonctionnement civils, ce qui corrobore l'hypothèse que le désengagement militaire fut amorcé par le gouvernement Félix Gaillard, soit *avant* l'arrivée du général de Gaulle au pouvoir.

Il reste que le retour à la paix n'a nullement porté atteinte, comme le craignait Raymond Aron, au développement économique français. La perte du marché (partielle, les échanges reprenant rapidement) n'a pas eu de conséquences sur l'économie française ni sur l'emploi en cette période exceptionnelle de dynamisme européen. Les pertes auraient sans doute été plus sévèrement ressenties en cas de crise. Elles se sont révélées négligeables dans l'euphorie des années soixante : la France a pu absorber sans difficulté la population nouvelle des rapatriés, et la main-d'œuvre algérienne, qui s'était accrue de 30 % pendant la guerre.

Matériellement, humainement, le conflit pesa beaucoup plus lourdement sur l'Algérie et d'abord sur sa population européenne : celle-ci perdit tous ses biens dans la guerre. L'État français, responsable de l'indemnisation, n'estima pas les biens fonciers, les immeubles, les investissements à leur valeur réelle. Au moins 10 000 pieds-noirs moururent au cours du conflit du fait des exactions, dont 3 000 à 9 000 selon les sources pour la seule période qui s'étend du 19 mars au 31 décembre 1962. Il y eut également 500 disparus. La plus grande incertitude règne sur les pertes de la population musulmane. Les Français estiment à 141 000 les morts au combat, à 12 000 le chiffre des djounouds « épurés » dans les wilayas, à 16 000 les musulmans victimes d'« exactions ». 50 000 civils auraient été « enlevés » sans qu'on ait retrouvé leur trace. Il faut ajouter à ces chiffres 4 300 morts dans les combats métropolitains entre MNA et FLN, ainsi que 100 000 victimes possibles de l'épuration. Si l'on tient compte de l'incertitude relative au nombre de victimes des bombardements aériens, des disparus des camps d'internement, des victimes civiles des camps de regroupement, on peut avancer le chiffre minimum de 300 000 morts, estimation qui fut celle de Krim Belkacem à la fin de la guerre, soit une ponction considérable sur la population. On est loin néanmoins du chiffre avancé par le FLN d'un million de victimes.

Il faut prendre également en compte les destructions de biens au sol par les dévastations de plantations d'arbres, de vignobles, les incendies de terres et de forêts, les pertes de troupeaux sur les plateaux, la désintégration du paysage rural à la suite des regroupements et de la définition des zones interdites. L'économie traditionnelle du pays fut bouleversée, jusque dans les populations nomades, également regroupées. On ne possède aucune statistique relative aux chameaux et aux mulets : mais il est clair qu'ils sont morts par milliers au cours des attaques de caravanes, sans parler des chiens lapidés, des moutons égorgés, des vaches massacrées, des chèvres abattues par l'aviation parce qu'elles indiquaient, dans les zones interdites, une présence rebelle. Si l'économie rurale fut remuée de fond en comble, si les fellahs perdirent l'habitude du travail de la terre pour devenir des chômeurs des camps, l'économie coloniale fut également sinistrée dans des proportions impressionnantes. On avait fait la guerre aux récoltes, aux oliviers et aux orangers, en même temps qu'aux hommes. Après l'indépendance, le paysage resta marqué par les incendies, les terres en friches, la désertification des douars. Les fermes et les mechtas abandonnées ne nourrissaient plus personne.

Un million d'Européens productifs en moins, deux millions de personnes déplacées et retirées du circuit de l'agriculture vivrière ou de l'élevage nomade, des dizaines de milliers de harkis, supplétifs, civils « suspects », tenus à l'écart avec leurs familles, massacrés ou disparus, 300 000 victimes des opérations : le potentiel humain de l'Algérie était effroyablement frappé. La reprise serait dure, le retour au travail fort lent. Les malheurs de la guerre avaient dévasté l'« île flottante », prise entre la Méditerranée hostile et les sables brûlants du Sahara convoité par les deux alliés d'hier, le tunisien et le marocain.

La guerre aurait-elle pu être évitée par une politique de réformes ? Question classique, que l'historien adresse à toute révolution. La réponse est négative : comme si toute réforme, par une fatalité parfaitement explicable, ne pouvait qu'échouer. Ainsi le politique, quand il prit l'affaire en main, arriva toujours trop tard : trop tard Blum et Violette, trop tard le statut de 1947, la loi-cadre de Lacoste, trop tard de Gaulle et son plan de Constantine. Les échecs-gigogne s'expliquent par le décalage constant entre la décision de changement et l'évolution de l'opinion politique sur le terrain : le freinage du plan Violette explique l'échec du statut de 1947, en retrait par rapport aux désirs de l'opposition libérale et musulmane. Le blocage du statut de 1947 explique le retard du plan Lacoste dès sa mise en place et ainsi de suite... De Gaulle lui-même courut après le temps et rechercha la solution économique et sociale qui n'avait réussi ni à Lacoste, ni à Soustelle. La France seule manquait-elle de moyens ? Aurait-elle pu faire appel, dès la fin de la guerre, à une politique d'investissement ouverte aux nations de l'Ouest ? Mais comment des capitaux américains, puis européens, se seraient-ils investis dans un « territoire français » ?

En départementalisant l'Algérie, la République semblait la soumettre à la loi commune. Elle empêchait au contraire la législation métropolitaine de s'y appliquer, en privilégiant la communauté d'origine européenne qui, précisément, se défendait de l'ingérence intégrationniste du pouvoir parisien. La formation d'un clan politique hostile aux réformes fut l'œuvre du radicalisme jacobin qui instaura de fait une administration autonome. L'État ne parvint jamais à s'imposer. Les gouvernements successifs, au début de la guerre, prirent conscience du blocage, et tentèrent, les uns après les autres, de le lever. Michel Debré dans une certaine mesure y réussit, en envoyant dans le pays, à la suite de Paul Delouvrier, des cohortes d'énarques. Mais ces hommes nouveaux, soucieux du service public et de l'autorité de l'État, butèrent très vite contre l'obstacle essentiel : le très faible développement socio-économique du pays, qui rendait impossible l'« intégration », cheval de bataille des partisans de l'Algérie française.

Si l'on ne peut appliquer la loi française aux chameliers des hautes plaines, aux bergers de Négrine ni même aux Kabyles du Djurdjura, peut-on s'employer à hâter la maturation politique de ces populations en les intégrant, par le développement et la scolarisation, au système social occidental ? La communauté européenne renâcle devant cette entreprise de promotion. Si elle se laisse convaincre de la nécessité d'un effort, c'est pour exiger avant tout le retour à la sécurité. La nature terroriste de l'action « rebelle » justifie cette pétition, et la répression qu'elle implique. Ainsi va la guerre, rendue nécessaire pour protéger une minorité qui se sent menacée dans sa survie. Le recours à la métropole s'explique par l'appel pressant, insistant, à la fin désespéré, d'une communauté en grande partie française d'origine qui refuse de partir et qui n'a aucune raison d'envisager un départ, étant, de par le droit, française et installée en terre française.

Que vaut le droit d'une nation contre la pétition des droits de l'homme, affirmée dans le monde entier depuis la fin de la guerre, confirmée par les Nations unies, soutenue par le plus puissant des vainqueurs, entretenue par les pays socialistes, anciens et nouveaux, et par le « concert » des nations de récente origine dans les années cinquante ? N'y a-t-il pas un peuple algérien, aussi digne que les peuples tunisien et marocain de « disposer de lui-même » ? La minorité française, dans ce contexte, n'est certes pas négligeable. Mais elle n'a pas plus d'importance, vue de Washington, que la minorité slovène en Yougoslavie. Si la « rébellion », au départ, n'a pas d'armes, elle dispose de moyens de pression : outre le mouvement indépendantiste international, elle s'appuie sur la solidarité des peuples arabes, sur les « protectorats » voisins en instance de libération, sur les travailleurs algériens déjà nombreux en France et très concentrés dans les zones urbaines. Le développement du tiers-mondisme après la mort de Staline sert la cause de la révolution algérienne : elle prend sa place dans le peloton de la course à l'indépendance de peuples qui ne sont pas communistes, mais neutralistes, enjeux d'une surenchère perpétuelle entre Moscou, Pékin et Washington pendant la période de « coexistence pacifique ». Les accusations des colonels et des généraux français soupçonnant le FLN d'être un pion du jeu communiste, comme jadis le Viêt-minh en Indochine, tombent à plat : l'Algérie n'est pas plus communiste que l'Égypte. L'objectif de Washington est d'attirer la future nouvelle nation dans son orbite, comme la Tunisie de Bourguiba ou le Maroc de Mohammed V. Si les Américains refusent d'aider les Algériens dans leur marche vers l'indépendance, ils les rejettent dans le camp de l'adversaire, alors que leur appartenance au groupe des nations arabes les en dissuade. L'hostilité ou la réserve des États-Unis à l'ONU n'ont pas d'autre cause. Mais pour le gouvernement français, la menace est permanente : il ne doit à aucun prix laisser les Nations unies délibérer des questions algériennes. Sur ce plan, la bataille doit être recommencée tous les ans, avec un égal acharnement. De Gaulle lui-même n'échappe pas à cette contrainte ; il doit y faire face avec toutes les ressources de la diplomatie. Quand l'ONU condamne l'action répressive de Bizerte, le Général signe aussitôt un cessez-le-feu, comme jadis les Anglais et les Français après Suez. Aucune nation occidentale ne peut alors braver l'hostilité de l'ONU. Les Algériens le savent. Dès 1945, les révoltés de Sétif avaient fait appel à l'assemblée à peine constituée de San Francisco.

Dans ces conditions, le CCE, puis le FLN devenu GPRA, ne manquera jamais d'appuis internationaux, ni d'aide matérielle de l'étranger. Outre le soutien des pays arabes, d'avance acquis, il peut compter sur celui des nations du tiers-monde et sur les encouragements qui viennent périodiquement d'Amérique, notamment du sénateur Kennedy, président des États-Unis en 1960. Le FLN bénéficiera également de la rivalité entre Pékin et Moscou, et recevra une aide croissante en matériel de guerre des pays de l'Est, au même titre que l'Égypte ou la Syrie.

Mais l'appui essentiel vient de Tunisie, plus que du Maroc où le FLN subit l'hostilité des tribus et même de l'armée royale. Le président Bourguiba offre au Front un sanctuaire beaucoup plus accessible que la Chine au Viêt-minh : les armes peuvent être aisément livrées, les bataillons instruits et disposés le long de la frontière sans que les Français puissent intervenir. Les défenses sont inexistantes, la force militaire négligeable (ni aviation, ni blindés) mais un principe retient les Français : la non-agression d'un État indépendant, membre des Nations unies, protégé par le droit international. A l'abri de ce principe, le FLN peut se développer sous la surveillance du GPRA, libre de se réunir à Tunis, et de défier la puissance « coloniale », en disposant, en toutes circonstances, du préjugé favorable de l'opinion internationale. Qui approuverait la guerre menée par un pays développé pour la défense d'une minorité réputée socialement oppressive ?

Alors pourquoi ne pas négocier au plus tôt le retour et l'indemnisation des Français d'Algérie, comme le suggéraient, dès 1957, Raymond Aron, chroniqueur au *Figaro*, mais aussi la presse américaine ? En fait, la question algérienne, qui surgit à un moment de mutation de la vie politique française, ne suscite pas de débat politique en profondeur. Tout au contraire : la discussion est constamment esquivée, comme le fut, de 1896 à 1899, l'affaire Dreyfus et pour les mêmes raisons. Un régime s'épuisait alors à maintenir sa cohésion, celui des « opportunistes ». Il n'avait aucune envie de laisser la division s'insinuer, à l'occasion de l'Affaire, dans les rangs des républicains. La

IVe République est à la recherche d'un rassemblement centriste, entre ses deux ailes contestataires, communiste et gaulliste : tous les responsables savent que la question d'Algérie divise les groupes et rend impossible tout gouvernement au centre. La méthode choisie, conformément à la tradition républicaine, est donc celle du pourrissement. On laisse à dessein s'infecter les plaies que l'on ne peut guérir, pour intervenir seulement au moment de l'amputation inévitable, reconnue par tous comme le moindre des maux. Le discours politique sur l'Algérie est donc faux, faussé, falsifié : on tente de faire prendre à la gauche les vessies des fausses réformes pour les lanternes de la décolonisation. On offre à la droite le discours patriotique et guerrier qu'elle attend pour calmer l'opinion publique chaque fois qu'un incident rouvre la plaie. Les leaders d'opinion s'expriment avec réserve, prudence, pour ne pas être taxés à gauche de fascisme répressif, à droite d'abandon.

On mise d'abord sur le centre-gauche pour favoriser une évolution. Mais après Mendès France, Edgar Faure, artisan de la décolonisation tunisienne, devient suspect de laxisme. Et quand le député de l'Eure prend position pour la thèse de l'Algérie territoire français, soutenu en cela par François Mitterrand en 1954, il ne reçoit pas l'appui des radicaux algériens, menés par René Mayer, qui exigent d'abord une dure répression. Le début des « trente glorieuses », la reprise générale de l'activité, le développement accéléré de l'industrie rendent insupportable au pays la dernière des crises coloniales après l'interminable et coûteux règlement de la question d'Indochine et les rebondissements insoutenables des questions marocaine et tunisienne. La nouvelle France demande des solutions franches, rapides, efficaces. On reprochait aux politiques d'avoir fait traîner en pure perte les règlements antérieurs. La chute de Diên Biên Phu est ressentie par la majorité, non comme un désastre patriotique, mais comme la sanction d'une politique maladroite, contradictoire, enlisée dans le marécage d'opérations politiques et militaires aux finalités imprécises. Sanction d'un échec politique donc, et de la faillite d'un État.

Depuis l'« expérience » Pinay, la droite tendait à surmonter son terrible handicap de 1945 et à revenir aux affaires. Éprise de modernisme, soucieuse de réussite économique, elle n'était pas toujours hostile à la décolonisation : c'est Pinay qui avait négocié les accords de La Celle-Saint-Cloud avec le Maroc.

Mais elle ne pouvait mécontenter sa clientèle, attachée aux valeurs anciennes de défense de l'Empire et du « patrimoine » colonial. Ainsi les indépendants étaient-ils divisés, comme les radicaux et le MRP. Le règlement de l'affaire algérienne rendit en 1956 le pouvoir au centre-gauche. Guy Mollet pouvait-il se débarrasser de la blessure algérienne, soit par la négociation, soit par la réforme ? Le trio Mollet-Lacoste-Lejeune se laisse prendre au piège de la répression : faute de pouvoir négocier, il s'enfonce dans la guerre, sans pour autant ouvrir dans le pays un véritable débat politique. Au sein du parti socialiste, des tendances se manifestent contre la politique du gouvernement. Bientôt surgit le PSU, après d'autres dissidences. La gauche s'émiette, faute de pouvoir se reconnaître dans la politique de Lacoste, mais elle n'ose généralement pas affirmer franchement, en 1957, qu'elle milite pour l'indépendance de l'Algérie. Au moment où Guy Mollet entraîne, avec le contingent, le pays dans la guerre, une telle attitude lui aurait aliéné l'opinion.

La répétition des crises ministérielles assène une évidence : seul un État fort peut assurer la continuité d'une politique, quelle qu'elle soit. La IVe République est condamnée par l'échec de Guy Mollet. Les trois gouvernements qui lui succèdent semblent, avec le recul, avoir assuré une sorte d'intérim. C'est la faiblesse de l'État, révélée *à l'occasion* de la crise algérienne, qui sera la cause de la chute du régime. De Gaulle n'abat pas, mais recueille le pouvoir républicain quand il se présente aux suffrages des députés pour être investi comme président du Conseil. La faiblesse institutionnelle, la carence financière, l'absence de majorité politique avaient condamné le régime avant que les événements d'Algérie ne lui portent les derniers coups. Il n'avait pas besoin d'eux pour périr.

Si le coup de force d'Alger apparut soudain comme le dernier symptôme du naufrage de la IVe République, c'est qu'elle était à l'agonie, incapable de faire face à la conjonction des Européens d'Algérie et de l'armée qu'elle avait envoyée sur place. Le régime était devenu l'otage de ses serviteurs. Il n'y avait plus d'État. D'où l'illusion déployée en 1958 comme un rideau de fumée : de Gaulle était en mesure de tout faire rentrer dans l'ordre parce qu'il instaurait un pouvoir fort et parce qu'il était de Gaulle.

La France républicaine avait toujours trouvé, dans les grandes crises de son histoire, un sauveur à la mesure du péril. Clemenceau en 1917, Poincaré en 1926. On ajoutait volontiers, en Algérie, Pétain en 1940. De Gaulle n'était-il pas ce sauveur de réserve ? Il se prêta au jeu, parut devant l'assemblée qu'il toisa avec un mépris égal à celui de Clemenceau contenant d'un froncement de sourcil la chambre élue au printemps de 1914. La médecine douce du recours au sauveur n'impliquait pas de rupture dans la tradition républicaine : le Général reconduisit poliment le président Coty et s'installa à l'Élysée pour tracer les grandes lignes d'une « nouvelle République » qu'avaient après tout appelée de leurs vœux les Tardieu et les Millerand d'avant la guerre : un régime où l'exécutif ne serait pas le prisonnier de l'Assemblée, ni le président de la République, pour reprendre l'expression de Poincaré, le « prisonnier de l'Élysée ». En gommant les effets pervers du complot d'Alger, en se défendant d'arriver au pouvoir porté par les prétoriens, le Général s'inscrivait dans la continuité républicaine. Tout simplement, il affirmait son désir de restaurer l'État.

Il appela au rassemblement de la plus grande majorité possible, dont l'axe ne pouvait se situer qu'à droite. Ses ennemis étaient alors, non seulement les communistes, mais les survivants de la gauche laminée aux élections de 1958, les partis de la Libération : la SFIO, le MRP, sans compter l'UDSR. (Si Pleven resta de marbre devant la tempétueuse mise en place de la « cinquième République », Mitterrand dénonça de son côté le « coup d'État permanent ».)

Il était possible, et certains milieux estimaient souhaitable, qu'une politique de gauche fût, dans la tradition des notables, menée par un sauveur de droite : Clemenceau avait fait, avec quelques réserves, la paix de Wilson, et Poincaré, en 1926, avait dévalué, ce que Caillaux n'aurait osé faire. Pourquoi de Gaulle ne liquiderait-il pas le problème algérien ?

D'où l'importance de son « aura » de chef de la Résistance : s'il était le seul à pouvoir dominer l'armée, il pouvait aussi faire appel à la réconciliation des Arabes et des pieds-noirs. A la faveur de cette double anesthésie, on pouvait espérer opérer sans trop de mal, recoudre ou retailler selon le cas. La reprise en main de l'armée s'effectua avec la pétulance dont avait jadis usé Galliffet à la fin de l'affaire Dreyfus. Le Général disposait à Alger, avec Massu, d'un interlocuteur ouvert, zélé, discipliné.

Salan et son équipe étaient plus difficiles à manier : ils disparaîtraient sans éclat. La nomination de Challe prit les colonels « psychologues » à contre-pied : comment pouvaient-ils s'opposer à un technicien de la guerre dont la compétence n'était pas discutable, et qui, en matière politique, était d'une absolue neutralité ? Ce choix heureux mit l'armée en état de confiance. Elle crut enfin disposer du moyen d'assurer la pacification : un redressement politique qui la mettrait à l'abri de toute contestation métropolitaine. Elle pourrait travailler à sa guise en Algérie à la promotion de la communauté musulmane, conformément à la politique d'algérianisation qu'elle avait conçue, et que l'on baptisa successivement intégration puis association. Peu importait le mot, si le but restait le même : démontrer que la présence française en Algérie servait les intérêts de la majorité musulmane.

En prenant rapidement ce parti, de Gaulle se concilia les militaires, mais s'aliéna le noyau dur de l'Algérie française. Rallia-t-il pour autant les musulmans ? Le miracle du rassemblement des Français autour de son programme de restauration politique, les embrassades du 13 mai à Alger et les scènes de fraternisation, le prestige international du Général enfin, qui pouvait inspirer à Bourguiba et à travers lui aux chefs de la « rébellion » le désir de s'entendre, alimentaient l'espoir d'un ralliement miraculeux, les deux communautés recevant comme Moïse au Sinaï les nouvelles tables de la loi française en Algérie des mains du sauveur. Cette espérance devait être rapidement démentie par les faits : la « fraternisation » ne pouvait rien contre le prestige de l'indépendance. Bourguiba ne proposa rien d'autre que de faciliter la marche, par petits pas, de la négociation vers l'entente avec les « rebelles » ; ceux-ci refusèrent tout contact constructif et encouragèrent de plus belle le terrorisme à l'intérieur. Leur but était de contraindre les Français à se retirer. De Gaulle était, pour eux, non un allié mais un obstacle dont l'influence pouvait retarder le dénouement de la révolution. Quant à la communauté française, elle s'entêta non seulement dans le refus du dialogue, mais dans la résistance à la réforme : ni les intégristes d'Alger ni le FLN ne voulurent entendre parler d'une « troisième force », celle que recherchaient obstinément dans le bled Debré et Delouvrier.

Lacoste fit remarquer amèrement que la pacification et le plan de Constantine n'étaient que les deux volets de sa propre politique : il n'avait sans doute pas tort. Un pouvoir fort avait-il une chance de réussir ce qu'un pouvoir faible avait manqué ? Techniquement, Delouvrier s'apercevait des limites de son action : insuffisance des investissements en raison des faibles ressources énergétiques et humaines ; absence de personnel formé à l'industrie moderne ; débouché inexistant sur le marché de consommation ; faiblesse des infrastructures ; insuffisance criante de la formation. Il en était réduit à distribuer de maigres crédits pour permettre aux paysans captifs des centres de regroupements de se consacrer de nouveau aux cultures vivrières dans de meilleures conditions grâce à l'irrigation et à la réforme agraire partielle. Les résultats furent loin d'être à la hauteur des espérances. Beaucoup de temps serait nécessaire pour assurer le « décollage » (l'expression est de l'époque) de l'économie algérienne.

Restait la politique : en ce domaine, la magie du nom du Général n'avait pas joué. Le pouvait-elle, devant les réticences d'une minorité européenne que la politique musulmane de Paris inquiétait, irritait, déconcertait ? Pourquoi vouloir à toute force « algérianiser » les cadres, alors qu'une évolution trop rapide risquait de précipiter les réformes politiques et de déboucher, de concession en concession, sur l'indépendance ? L'opposition pied-noir se durcit au fil des étapes. De l'Algérie française à l'association, puis à la personnalité algérienne, à l'Algérie algérienne et enfin à la République algérienne, on dénonça avec une vigueur accrue le processus : la « troisième voie » conduisait au départ des Français.

La preuve fut donc bientôt faite qu'un pouvoir fort ne pouvait, pas plus qu'un pouvoir faible, résoudre la question algérienne, parce que la réponse ne pouvait venir de Paris.

Sur place, l'armée restait, après le 13 mai, le seul trait d'union entre Alger et le pouvoir métropolitain. Il ne suffisait pas d'en changer le commandement pour transformer son état d'esprit et s'assurer de son obéissance. Le précédent régime lui avait donné plus qu'un pouvoir, la mission politique de gagner la guerre sur le terrain. Elle était la seule force capable d'assurer la promotion accélérée d'un pays endormi, de le dresser à la fois contre ses maîtres frontistes qui le poussaient à la rébellion, et ses maîtres intérieurs qui l'exploitaient. Certains colonels s'octroyaient ainsi un rôle « révolutionnaire » et se donnaient pour tâche, conformément à la mission historique de l'armée d'Afrique, d'assurer le développement indigène et de le protéger contre le pouvoir civil, de nature coloniale et inégalitaire : de Gaulle ne réprouvait nullement cette orientation qui allait dans le sens de la politique d'association qu'il affichait en 1959 lorsqu'il avait confié le pouvoir au triumvirat Debré-Delouvrier-Challe. L'armée comprit donc parfaitement que la politique officielle prît ses distances par rapport à l'intégrationnisme devenu intégrisme, auquel s'étaient ralliés les pieds-noirs les plus en flèche. Elle contribua largement au succès du référendum de 1959.

Cette politique supposait la durée ; mais de Gaulle était tenu par le temps. Il ne pourrait éternellement maintenir le contingent en Algérie et l'algérianisation des effectifs entreprise par Challe, qui engagea 60 000 harkis, comportait des dangers : avait-on le droit d'associer au péril de leur vie de grandes masses d'autochtones dans une politique qui restait incertaine ? Comment supporter l'engagement des chefs de l'armée, leurs prises de position, leurs serments parfois, assurant la population de la permanence de la présence française ? Cet engagement avait ses vertus, il donnait au combat un sens et une flamme, mais il avait aussi ses limites : il était contraignant pour le pouvoir qui, parallèlement à la répression-pacification, recherchait les moyens de prendre contact avec l'ennemi. On ne pouvait négocier les mains liées, et la négociation était la seule issue rapide à la guerre, la victoire assurée sur le terrain — à supposer qu'elle fût totale — n'impliquant nullement l'arrêt de la « révolution ». Chaque fois que la dispersion des opérations militaires contraignait Challe à porter ses effectifs sur un autre théâtre, le FLN donnait ordre à l'OPA de reprendre en main la population dès que possible. Si l'armée assurait la domination du pays, elle ne pouvait en extirper la « rébellion » dont la tête était à l'extérieur, et les membres partout.

Dans ces conditions, le discours sur l'autodétermination prononcé à l'automne de 1959 ouvrit la perspective d'un changement possible de politique : il traça aussi les lignes de départ d'un mouvement de contestation qui se dessinait dans l'armée. Si l'on incluait l'indépendance parmi les hypothèses, c'est qu'elle était acceptée par le pouvoir à 30 %. Les plus engagés des officiers supérieurs, indignés par l'éventualité d'un abandon légal, rejoignirent alors le point de vue des intégrationnistes :

l'ère des complots recommençait. La course de vitesse était engagée entre de Gaulle, le FLN (qui avait intérêt à retarder la négociation pour obtenir plus) et le camp de l'Algérie française qui cherchait à faire « basculer » l'armée tout entière de son côté.

L'armée était multiple, éclatée, éparpillée dans des tâches fort différentes selon les secteurs : en très grande majorité composée de soldats du contingent souvent faiblement encadrés, ses points de vue ne pesaient pas lourd dans la mesure où elle n'avait pas, en tant que corps, l'occasion de s'exprimer. Il n'y avait pas de commune mesure entre les unités en action sur le barrage, qui tenaient des secteurs vides de population, les sections éparses du quadrillage, dont les sous-officiers ne voyaient jamais leur colonel, les troupes des réserves générales qui passaient d'une opération à l'autre sans jamais se soucier de pacification, et les unités stationnées dans les gros bourgs de la colonisation ou dans les villes. Les récits des anciens combattants de cette guerre reflètent la diversité des points de vue, souvent opposés. Il ne pouvait y avoir d'unité de conception dans ce grand corps des appelés de l'armée à moins qu'on ne considère comme une opinion hostile à la politique de guerre le désir partagé par tous les hommes de rentrer chez eux au plus tôt.

Cette opinion devint effectivement une force politique dans la mesure où elle put s'exprimer par des actes et des déclarations au moment du putsch des officiers en avril 1961. On put alors prendre la mesure du fossé séparant les cadres les plus engagés dans la politique pro-Algérie française et l'immense majorité des combattants. De cette disparité, de Gaulle sut tirer profit. Il était clair, à la fin du putsch, que l'armée n'avait jamais constitué une force politique autonome : elle ne pouvait intervenir qu'au secours de l'un ou l'autre camp. Le drame dans cette affaire, disait de Gaulle en parlant du putsch, « c'est qu'elle n'est pas sérieuse ». Dangereuse pourtant : on devait s'employer, à la fois par les mutations, l'épuration et le dégagement politique, à neutraliser l'armée pour la rendre docile au pouvoir civil, pour l'empêcher de s'opposer au « dégagement » rendu nécessaire par l'ultime négociation, celle de l'indépendance. Dans ces conditions, beaucoup d'officiers estimèrent avoir été trompés, à commencer par le jeune ex-polytechnicien Bastien Thiry qui tenta de tuer de Gaulle au Petit-Clamart le

22 août, alors que l'indépendance de l'Algérie était depuis longtemps proclamée.

On s'apercevait, avec le recul du temps, que les trois options définies par de Gaulle lors de son discours sur l'autodétermination n'en constituaient en réalité que deux : personne ne pensait que la première, celle de l'Algérie française, eût une chance de l'emporter. Il n'y avait de choix réel qu'entre le départ et l'essai d'implantation sur le temps long : autrement dit, soit le désengagement échelonné de l'armée française maintenant des bases sur le terrain (option indépendance), soit l'algérianisation d'une armée déjà nationale, d'où le FLN serait exclu. Cette dernière solution aurait permis de garder aux fermiers européens leurs terres, aux citadins leurs villes : elle était conforme au schéma israélien. Mais elle supposait l'installation dans la guerre défensive, le maintien du bouclage des frontières, la levée d'effectifs permanents dans la population pied-noir.

Contrairement à l'État d'Israël, une Algérie sécessionniste rêvée par certains activistes n'aurait pas eu de soutien international, sauf peut-être celui de l'Afrique du Sud et du Portugal salazariste. Elle n'avait d'avenir immédiat que par le maintien du contingent en Algérie, qui lassait et angoissait l'opinion métropolitaine. Celle-ci ne permit pas aux « ultras » de constituer en France un parti favorable à cette position, parce que, dans leur intransigeance, ils persistaient à repousser l'option de l'algérianisation, la seule qui fût recevable par l'opinion métropolitaine.

L'OAS, en cherchant à contraindre la population européenne (pas entièrement acquise à la violence sécessionniste), l'armée (dont le putsch avait montré qu'elle souhaitait en majorité la paix), la métropole enfin, par les attentats parisiens, n'avait réussi qu'à s'isoler, et à déchaîner les démons de la guerre civile, qui n'atteignirent d'ailleurs pas la France. Les crimes rallièrent au contraire l'ensemble des forces politiques de la métropole contre l'intégrisme algérien, que de Gaulle put ainsi facilement réduire, avant et après la signature des accords d'Évian.

Les récits et les silences des hommes du contingent rentrés dans leurs foyers n'étaient pas pour rendre cette guerre populaire. On a beaucoup glosé sur le fait que les hommes politiques ne voulaient même pas la nommer : après les « événements » de la Toussaint, on parla de pacification : l'armée française n'avait pas devant elle des ennemis mais des « rebelles », des HLL (hors-la-loi). Sa mission de « pacification » faisait d'elle une super-police (les parachutistes à Alger) ou une garde nationale, sur le modèle américain. Les « forces de l'ordre » ne pouvaient pas faire de prisonniers de guerre puisqu'il n'y avait pas d'ennemi. Par là même, les rebelles capturés ne relevaient pas des lois internationales, mais de la loi française : ils devaient être jugés pour rupture du pacte social, et condamnés. Aussi prenaient-ils soin de combattre en uniforme, et d'alerter l'opinion internationale sur les mauvais traitements dont ils étaient victimes quand ils tombaient entre les mains d'une armée devenue policière.

Le couple répression-pacification impliquait l'armée dans un combat de nature politique, dont l'enjeu était l'unité nationale. D'où le recours à l'arme « psychologique » et aux méthodes (déjà employées en Indochine) de la « guerre contre-révolutionnaire » qui rompaient avec la mission de l'armée française. Les jeunes officiers de Saint-Cyr devaient s'initier au centre d'Arzew, puis à celui de Philippeville, aux conditions particulières de la recherche du renseignement qui permettait de traquer et d'anéantir les bandes rebelles ou de démanteler les réseaux terroristes. On parla alors de « guerre sale » sans comprendre que le couple terrorisme-torture venait de faire tragiquement son entrée dans l'histoire de l'armée française : il la divisait plus sûrement que les options du référendum, parce qu'il amenait à réfléchir sur les conditions d'exercice du métier militaire. Pour être discipliné, le soldat devait-il cesser d'être un homme ? Cette question du général de Bollardière resta alors sans réponse. Celle du général de Gaulle était simple : il réprouvait sans doute la torture, mais prétendait en éviter les effets désastreux en en supprimant la cause, c'est-à-dire en signant le cessez-le-feu. La torture perdrait alors son objet. On ne se doutait pas alors qu'elle survivrait, par la mémoire, à la guerre elle-même.

Les rebelles étaient en fait des combattants qui s'appuyaient sur une hiérarchie organisée et disposaient de moyens modernes de liaison. Mais le propre de cette armée révolutionnaire était de prendre en compte la population, de l'intégrer au combat sous plusieurs formes : elle était amenée à le financer par l'impôt, à le seconder par le renseignement, à lui fournir ses effectifs officiels et clandestins. Cette guerre était menée au nom d'une seule valeur simple et compréhensible par tous : l'indépendance. Les Français ne pouvaient lui opposer que le thème de la recherche de l'égalité par le progrès social et le développement économique. La liberté se gagnait d'un coup, par la victoire. L'égalité demandait du temps. Le combat était inégal.

La supériorité technique et numérique de l'armée française n'était pas un avantage décisif, car la guerre avait changé de nature : l'emploi des blindés était inutile et les Algériens disposèrent dès 1960 de bazookas capables de percer la carapace des EBR. Ils avaient appris à désamorcer les mines et à les utiliser contre l'ennemi. Ils avaient acheté des armes spéciales pour faire sauter les réseaux de barbelés. Sans disposer eux-mêmes d'aviation, ils étaient capables, en concentrant le tir antiaérien aux frontières, d'infliger des pertes non négligeables à l'aviation française. Ils disposaient de bataillons instruits en Tunisie d'une importance numérique comparable à celle des forces d'intervention françaises : les effectifs des « réserves générales » de Challe ne dépassaient pas en effet 20 000 hommes. Comme l'avait montré Bigeard, l'emploi des hélicoptères pour le transport rapide des éléments d'intervention n'était pas sans inconvénients : le bruit des rotors avertissait les petits groupes de l'ALN qui avaient le temps de se fondre dans la nature. La seule méthode efficace de lutte était celle des commandos de chasse qui nomadisaient à la poursuite de l'ennemi : le FLN imposa ainsi la guerre à pied, en pataugas. La victoire était à celui qui courait le plus vite et le plus longtemps. La supériorité technologique de l'armée française était un tigre en papier.

Mais le peuple avait-il choisi la guerre ? C'est le propre, précisément, des conflits modernes que d'entraîner les populations sans leur demander leur avis, en les contraignant même au combat. Pas plus que les jeunes Français ne prenaient de gaieté de cœur le bateau pour Oran, Alger ou Bône, pas plus les villageois de l'Ouarsenis et les nomades des Ouled Naïl ne souhaitaient payer la dîme du FLN ou lui verser l'impôt du sang. L'entrée de la presse dans la bataille d'opinion était nécessaire : dans la mesure où les forces politiques restaient muettes et hésitantes sur le conflit qui s'aggravait, force était au quatrième pouvoir de se lancer dans l'arène pour exprimer les opinions divergentes de certains groupes confessionnels ou politiques, et attirer l'attention du public sur les formes particulières de cette guerre si contraire aux droits de l'homme. Ainsi, la presse de la gauche libérale, non communiste, rejointe par des organes catholiques comme *Témoignage chrétien* et *La Croix,* mena avec constance, sous les deux Républiques, l'action contre la « sale guerre » et mobilisa des forces croissantes de manifestants, de signataires de manifestes, de protestataires éminents. *Le Monde* à gauche, *Le Figaro* à droite glissèrent dans la lutte, tentant d'ailleurs d'en modérer les traits pour répondre aux vœux de leur public. Il est vrai que, pour la presse et comme pour les parlementaires métropolitains, l'engagement politique passait accessoirement par la guerre d'Algérie : les journaux se situaient essentiellement après 1958 pour ou contre le régime du général de Gaulle — le plus souvent contre. Le renfort de la guerre d'Algérie servit à pourvoir les gibernes des francs-tireurs de gauche comme de droite qui purent tirer en rafales sur le gouvernement Debré. Ni *L'Aurore* de Marcel Boussac, ni *Le Parisien libéré* de Émilien Amaury n'avaient de grâces à faire au gaullisme, qu'ils haïssaient, pas plus que *France-Observateur* ou *L'Express.*

Les stations de radio privées, dites périphériques, n'étaient pas mieux disposées à l'égard du pouvoir. De Gaulle avait pris l'habitude d'utiliser à son profit la télévision parce qu'il cherchait à percer l'opacité du nuage médiatique qui tendait, disait-il, à travestir les termes de sa politique et à l'isoler du « peuple ».

Car le recours au peuple fut, en définitive, l'arme ultime jetée dans la balance par les belligérants au dernier moment de cette guerre. Les parachutistes comprirent qu'elle était finie quand ils virent descendre la foule musulmane de la Casbah, drapeaux vert et blanc en tête. La même foule arborait jadis des portraits de De Gaulle. Elle criait maintenant « indépendance » en pensant à la fin des combats.

Il en fut de même des meetings organisés dans les casernes par les appelés pendant le putsch des généraux. Si les discours des orateurs improvisés touchaient leur public, c'est qu'il était convaincu d'avance. A vivre la guerre, l'appelé n'en souhaitait que plus ardemment le retour rapide à la paix. Le Général n'ignorait rien, grâce aux sondages, de l'état d'esprit des Français quand il lança la campagne pour l'ultime référendum. Il était assuré d'obtenir le plus « franc » des succès parce que cette guerre n'avait jamais reçu dans le pays d'adhésion populaire. Guy Mollet s'était naturellement gardé de consulter le peuple avant d'envoyer les appelés en Algérie. Quel gouvernement a jamais saisi l'opinion par une procédure de ce genre avant d'entrer en guerre ? Un débat parlementaire pour le vote des crédits militaires suffisait. Le recours au référendum par de Gaulle indiquait que le pouvoir avait besoin d'être conforté pour imposer sa politique à l'armée et en Algérie, au risque de déchaîner dans ce pays la guerre civile.

Car les passions guerrières ne se dominent pas : elles militent au-delà de l'extinction des feux. Était-il de l'intérêt du peuple algérien d'être jeté pendant plus de sept années pleines dans le plus atroce des conflits ? L'indépendance immédiate ne l'exposait-elle pas à la pauvreté, à la division, à l'exil croissant en France des prolétaires des bidonvilles, à la guerre des factions arabes qui prolonge aujourd'hui sur le terrain les épisodes de l'ancien conflit ? Mais la passion de la liberté animait les chefs de la révolution jusqu'à les rendre irréductibles, imperméables aux influences amies, ennemis du dialogue considéré comme une perversion de la foi. Cette intransigeance n'explique pas seulement le caractère acharné, impitoyable du combat, le recours systématique au terrorisme, mais aussi la lenteur du règlement imposé à de Gaulle, le désir d'humilier et de déconsidérer l'adversaire en lui imposant des abandons par lambeaux.

La même folie meurtrière animait le camp opposé : était-il de l'intérêt des « Européens » d'Algérie (on avait imaginé ce terme faute de pouvoir les appeler tous Français) de s'exposer jusqu'au bout aux « exactions » des « rebelles » et de risquer la mort et la perte de leurs biens, au lieu d'adhérer à une politique de transfert négociée qui leur aurait permis de regagner en toute sécurité la métropole ? Le thème de la défense de la terre (qu'une minorité d'entre eux seulement possédait) s'intégrait à une vision « sudiste », à une sorte de patriotisme algérien qui dynamisait leur résistance. Les abandons de la métropole les indignaient alors qu'ils avaient été, de 1942 à 1944, plus français que les Français de France. Le sentiment d'une injustice consentie par la masse des capitulards de juin 1940 leur était une offense intolérable. Puisqu'on les avait bafoués, lâchés, trompés, ils se battraient jusqu'au bout. Ainsi pensaient les « ultras ».

Les autres — tous les autres —, ceux qui dès le début avaient souhaité l'entente des communautés, qui avaient quelquefois donné leur vie pour s'interposer entre les deux passions déchaînées, ceux-là ne pavoisaient pas au rendez-vous de l'histoire, au jour de l'indépendance algérienne. La fin désastreuse de cette guerre donnait la mesure du heurt des passions sans frein. Ceux qui avaient prêché dans le désert la tolérance ne pouvaient que pleurer, comme Jules Roy et jadis Camus, sur un paradis perdu : celui de la chaude entente des Français de cœur et des Algériens leurs amis.

BIBLIOGRAPHIE

Sources

Sous-série de l'armée de terre 1H :

Cabinet militaire de la délégation générale du gouvernement : 1H 1091 à 1231. Organisation, documentation générale, affaires de la justice militaire, secrétariat permanent de la défense nationale ; bureau « presse », sections administratives spécialisées (SAS).

Cabinet militaire du commandant en chef en Algérie : 1H 1232 à 1270. Organisations, visites et cérémonies, affaires du 1er bureau de l'armée, état d'esprit des populations, FSNA. Opérations et maintien de l'ordre, application du cessez-le-feu.

État-major interarmées :

— 1er bureau : 1H 1271 à 1422. Correspondance, organisation territoriale des grandes unités militaires au Sahara, mobilisation, effectifs, renforts, pertes, discipline, accidents mortels.

— 2e bureau : 1H 1806 à 2119. Bulletin d'activités, organisation des forces terrestres, activité des armées, actions rebelles contre les barrages, protection des points sensibles et des installations pétrolières, maintien de l'ordre et pacification. Sous-sections concernant les barrages frontaliers et les transmissions, l'appui aérien, l'ALAT, les opérations aéroportées, problèmes humains : bulletins d'information et bilans de pacification.

— 4e bureau : 1H 2120 à 2396.

• 1re section : organisation des forces terrestres, plans de mobilisation et d'évacuation.

• 2e section : sécurité des voies ferrées, rapatriement des personnes menacées.

— 5e et 6e bureaux : 1H 2397 à 2595. Correspondance, action psychologique sous tous ses aspects. Moral de l'armée par armes, par services et par corps d'armée.

Tracts, affiches et brochures, cinéma et radio, stages d'action psychologique et opérations de pacification.

Autodéfense, regroupement des populations, exactions imputées aux forces de l'ordre ; ingérences marocaines et tunisiennes en Algérie.
— Corps d'armée d'Aiger : 1H 2693 à 2804.
Cabinet : 1er au 5e bureau du CA. La zone nord-algérois, la 20e division.
— Corps d'armée de Constantine : 1H 2805 à 3019.
Du 1er au 5e bureau du CA, 2e division.
— Corps d'armée d'Oran : 1H 3020 à 3232. 1er et 5e bureaux du CA, 4e division.
— Commandement interarmées au Sahara : 1H 3233 à 3390.
1er et 5e bureaux, 26e puis 4e divisions.
— Divisions : 1H 3391 à 4321.
Avant 1957, archives de la 27e division alpine.
— Corps d'armée d'Alger, archives des 20e et 9e divisions.
— Corps d'armée de Constantine : archives des 2e, 14e, 19e et 21e divisions d'infanterie.
— Corps d'armée d'Oran : archives de la 5e division blindée, de la 4e d'infanterie motorisée, de la 13e, 12e et 29e divisions d'infanterie.
— Réserves générales : archives des 10e et 25e divisions parachutistes.
— Secteurs : 1H 4322 à 4510.
Une trentaine de secteurs et sous-secteurs sur tout le territoire.
— Journaux de marche et opérations : 1H 4533 à 4744.
Les divisions suivantes sont représentées : 2e et 45e DIM ; 7e DMR ; 10e et 25e DP ; 21e et 27e DIA ; 5e DB ; 9e, 12e, 13e, 14e, 19e, 20e, 21e, 29e DI.
— Affaires sahariennes : 1H 4745 à 4881. Organisation militaire du Sahara, pacification, action psychologique.

Armée de l'air (SHAA).

Série I : unités au sol.

Archives des formations de support (bases, services, états-majors) et de combat au sol : fusiliers de l'air, commandos de l'air, compagnies de garde.

1 441 cartons inventoriés en 11 volumes avec 5 volumes d'index.

400 cartons contiennent des journaux de marche par unité et des « dossiers d'affaires ».

Série G : unités volantes.

Répertoriées selon dix types, chasse, bombardement, reconnaissance, transport, hélicoptères, aviation légère d'appui, unités de liaison aérienne, unités de liaisons et d'observation, unités aériennes diverses.

A l'intérieur de chacune de ces subdivisions, cartons par unité.

Le colonel Hayez a réalisé une étude du mois d'avril 1965 fort utile au chercheur : « Répertoire des Unités aériennes de l'armée de l'air stationnées en Afrique du Nord pendant les opérations de 1954 à 1962 », SHAA, Bibliothèque G.697.

Les cartons utilisés ont été indiqués dans le texte, en références.

Service historique de la marine

L'inventaire a été dressé par P. Waksman, *in RHA,* n° 2, 1992. Il comprend la série VV, 780 cartons dont une trentaine concerne la marine en Tunisie et au Maroc.

16 cartons concernent de 1955 à 1963 les échelons du commandement, 11 les formations navales en Méditerranée, 34 l'état-major de la IVe région maritime, 44 le commandement de la marine à Alger, 64 sur Oran et Mers el-Kebir, 51 sur Bône, 15 sur Philippeville et 5 sur Bougie.

46 cartons sur l'aéronautique navale, les bases, les flottilles et escadrilles (65, 26 et 6 cartons). D'autres cartons concernent la surveillance maritime (VVB4), les unités à terre, protection au sol (VVF1), compagnies de protection (VVF2), Centre Sirocco (VVF4), Commandos de marine (VVF5) D.B.F.M. (VVF6A).

Archives de presse de la Documentation française

La Documentation française (avenue de l'Opéra) possède un dossier de presse consacré à la guerre d'Algérie de plusieurs milliers d'extraits microfilmés de la presse parisienne classés par ordre chronologique et par sujets.

Ouvrages généraux

La collection indispensable de *L'Année politique*, de 1954 à 1962.

Henri ALLEG, *La Guerre d'Algérie,* Paris, Temps actuels, 1981, 3 vol.
Robert ARON, *Les Origines de la guerre d'Algérie,* Paris, Fayard, 1962.
Édouard BEHR, *Dramatique Algérie,* Paris, Stock, 1962.
Pierre BIROT et Jean DRESCH, *La Méditerranée et le Moyen-Orient,* t. 1 : *La Méditerranée occidentale,* Paris, PUF, 1953.
Denise BOUCHE, *Histoire de la colonisation française,* Paris, Fayard, t. 2, 1991.
Slimane CHIKH, *L'Algérie en armes ou le Temps des certitudes,* Paris, Economica, 1981.
Yves COURRIÈRE, *La Guerre d'Algérie,* 1968-1971, 4 vol. Irremplaçable collection de témoignages oraux.

Jean DOISE et Maurice VAÏSSE, *Diplomatie et Outil militaire,* Paris, Imprimerie nationale, 1987.
Bernard DROZ et Évelyne LEVER, Histoire de la guerre d'Algérie, Paris, Le Seuil, 1982.
H. ELSENHANS, *Frankreichs Algeriankrieg,* Munich, Hanser, 1974.
Georges FLEURY, *La Guerre d'Algérie,* Paris, Plon, 1993.
Alistair HORNE, *Histoire de la guerre d'Algérie,* Paris, Albin Michel, 1980.
Charles-André JULIEN et Charles-Robert AGERON, *Histoire de l'Algérie contemporaine,* Paris, PUF, 1964 et 1969, 2 vol.
Henri LE MIRE, *Histoire militaire de la guerre d'Algérie,* Paris, Albin Michel, 1982.
C. MARTIN, *Histoire de l'Algérie française,* Paris, Robert Laffont, 1979, 2 vol.
P. MONTAGNON, *La Guerre d'Algérie. Genèse et engrenage d'une tragédie,* Paris, Pygmalion, 1984.
Th. OPPERMANN, *Le Problème algérien,* Paris, Maspero, 1961.
Claude PAILLAT, *Vingt ans qui déchirèrent la France,* t. 2 : *La liquidation. 1954-1962,* Paris, Robert Laffont, 1972.
— , *Dossier secret de l'Algérie,* Paris, Presses de la Cité, 1962, 2 vol.
Jean PLANCHAIS, *L'Empire embrasé,* Paris, Denoël, 1990.
Jean-Pierre RIOUX (sous la direction de), *La Guerre d'Algérie et les Français,* Paris, Fayard, 1990. Irremplaçable ouvrage collectif.
Benjamin STORA, *Dictionnaire biographique de militants nationalistes algériens. 1926-1954,* Paris, L'Harmattan, 1985.
J. SUANT, *L'Affaire algérienne. Histoire d'une rupture,* Paris, Publisud, 1987.
Mohammed TEGUIA, *L'Algérie en guerre,* Alger, Office des publications universitaires, 1980.
Philippe TRIPIER, *Autopsie de la guerre d'Algérie,* Paris, France-Empire, 1972.
Collection des articles de la *Revue de la Défense nationale* (particulièrement le n° 2 de 1992).
Collection de la presse française d'Algérie. Recueil des journaux d'Alger publié en deux vol, par Gilbert PEEREZ, Marseille, sans date.

Mémoires

Ferhat ABBAS, *Autopsie d'une guerre,* Paris, Garnier, 1981.
Fares ADERRAMANE, *La Cruelle Vérité,* Paris, Plon, 1982.
Fadhma AMROUCHE, *Histoire de ma vie,* Paris, 1968.
Antoine ARGOUD, *La Décadence, l'Imposture et la Tragédie,* Paris, Fayard, 1974.

S. AZZEDINE, *On nous appelait fellaghas,* Paris, Stock, 1976.
— , *Alger ne brûle pas,* Paris, Stock, 1980.
Roger BARBEROT, *A bras le cœur,* Paris, Robert Laffont, 1972.
André BEAUFRE, *La Guerre révolutionnaire,* Paris, Fayard, 1972.
Georges BIDAULT, *D'une Résistance à l'autre,* Paris, Les Presses du Siècle, 1965.
Marcel BIGEARD, *Pour une parcelle de gloire,* Paris, Plon, 1975.
J. DE LA BOLLARDIÈRE, *Bataille d'Alger, Bataille de l'Homme,* Paris, Desclée de Brouwer, 1972.
Bachaga BOUALEM, *Les Harkis au service de la France,* Paris, France-Empire, 1963.
Georges BUIS, *La Grotte,* Paris, Cremille, 1970.
Albert CAMUS, *Actuelles III. Chroniques algériennes. 1939-1958,* Paris, Gallimard.
Maurice CHALLE, *Notre Révolte,* Paris, Presses de la Cité, 1988.
Jacques CHEVALLIER, *Nous, Algériens,* Paris, 1958.
François COULET, *Vertu des Temps difficiles,* Paris, Presses de la Cité, 1967.
Vitalis CROS, *Le Temps de la violence,* Paris, Presses de la Cité, 1971.
Michel DEBRÉ, *Gouverner. Mémoires. 1958-1962,* Paris, Albin Michel, t. 3, 1988.
Zohra DRIF, *La Mort de mes frères,* Paris, 1960.
Paul ELY, *Mémoires,* t. 2, Paris, Plon, 1969.
Mouloud FERAOUN, *La Terre et le Sang,* Paris, 1953.
— , *Journal. 1955-1962,* Paris, Le Seuil, 1962.
Jean FERRANDI, *600 jours avec Salan et l'OAS,* Paris, Fayard, 1969.
Christian FOUCHET, *Mémoires d'hier et de demain,* t. 1, Paris, Plon, 1971.
Général DE GAULLE, *Mémoires d'espoir. Le renouveau. 1958-1962,* Paris, Plon, 1970.
Yves GODARD, *Les Paras dans la ville,* Paris, Fayard,1972.
Aït Ahmed HOCINE, *La Guerre et l'Après-Guerre,* Paris, 1964.
Jacques ISORNI, *Mémoires. 1946-1958,* Paris, Robert Laffont.
Général JACQUIN, *Guerre secrète en Algérie*, Paris, Orban.
Francis JEANSON, *Notre guerre,* Paris, Minuit, 1960.
Ed. JOUHAUD, *Ô, mon pays perdu !,* Paris, Fayard, 1962.
Pierre LAFFONT, *L'Expiation,* Paris, Plon, 1968.
Pierre LAGAILLARDE, *On a triché avec l'honneur,* Paris, La Table Ronde, 1960.
Mohammed LEBJAOUI, *Vérités sur la révolution algérienne,* Paris, Gallimard, 1970.
André MANDOUZE, *La Révolution algérienne par les textes,* Paris, 1962.
Jacques MASSU, *La Vraie Bataille d'Alger,* Paris, Plon, 1971.

— , *Le Torrent et la Digue,* Paris, Plon, 1972.
Constantin MELNIK, *1 000 jours à Matignon,* Paris, Grasset, 1988.
Edmond MICHELET, *Contre la guerre civile,* Paris, Plon, 1957.
François MITTERRAND, *Présences françaises et Abandon,* Paris, Plon, 1957.
Vincent MONTEIL, *Soldats de fortune,* Paris, Grasset, 1966.
Pierre NORA, *Les Français d'Algérie,* Paris, Julliard, 1961.
Joseph-Fernand ORTIZ, *Mes combats,* Paris, Éd. de la Pensée moderne, 1964.
Amar OUZEGANE, *Le Meilleur Combat,* Paris, Julliard, 1962.
Jules ROY, *La Guerre d'Algérie,* Paris, Julliard, 1960.
Yacef SAADI, *Souvenirs de la bataille d'Alger,* Paris, Julliard, 1962.
Raoul SALAN, *Fin d'un empire,* t. 3 et 4, Paris, Presses de la Cité, 1972, 1974.
Pierre SERGENT, *Ma peau au bout de mes idées,* Paris, La Table Ronde, 1967.
— , *La Bataille,* Paris, La Table Ronde, 1968.
Alain DE SÉRIGNY, *Un procès,* Paris, La Table Ronde, 1961.
Jean-Jacques SERVAN-SCHREIBER, *Lieutenant en Algérie,* Paris, Julliard, 1957.
Jean SERVIER, *Dans l'Aurès sur les pas des rebelles,* Paris, France-Empire, 1955.
— , *Les Portes de l'année,* Paris, Robert Laffont, 1962.
Jacques SOUSTELLE, *Aimée et souffrante Algérie,* Paris, Plon, 1956.
— , *L'Espérance trahie,* Paris, Éd. de l'Alma, 1962.
— , *La page n'est pas tournée,* Paris, La Table Ronde, 1965.
J.-J. SUSINI, *Histoire de l'OAS,* Paris, La Table Ronde, 1963.
Ahmed TALEB, *Lettres de prison,* Alger, 1966.
Louis TERRENOIRE, *De Gaulle et l'Algérie,* Paris, Fayard, 1964.
Germaine TILLION, *L'Algérie en 1957,* Paris, Minuit, 1957.
— , *Les Ennemis complémentaires,* Paris, Minuit, 1961.
Bernard TRICOT, *Les Sentiers de la paix,* Paris, Plon, 1972.
Roger TRINQUIER, *La Guerre moderne,* Paris, La Table Ronde, 1961.
Jean VAUJOUR, *De la révolte à la révolution. Aux premiers jours de la guerre d'Algérie,* Paris, Albin Michel, 1985.
Pierre VIDAL-NAQUET, *La Raison d'État,* Paris, Minuit, 1962.
A. ZELLER, *Dialogue avec un général,* Paris, Presses de la Cité, 1974.

Sur la guerre pendant la IVe République

Henri ALLEG, *La Question,* Paris, Minuit, 1958.
Raymond ARON, *La Tragédie algérienne,* Paris, Plon, 1957.

Commandant Gilbert BODINIER, *Le Retour de la France en Indochine, 1945-1946* (sur le mouvement des unités outre-mer après la guerre).
Merry et Serge BROMBERGER, *Les Treize Complots du treize mai*, Paris, Fayard, 1959.
Louis CHEVALIER, *Le Problème démographique nord-africain*, Paris, PUF, 1947.
Georgette ELGEY, *Histoire de la IVe République*, 3 vol., Paris, Fayard, 1965, 1968 et 1982. Le quatrième volume est à paraître.
Edgar FAURE, *Mémoires*, 2 vol., Paris, Plon, 1982.
Jean FERNIOT, *De Gaulle et le 13 mai*, Paris, Fayard, 1965. (Un des grands journalistes politiques de l'époque)
R. GENDARME, *L'Économie de l'Algérie. Sous-développement et politique de croissance*, Paris, Armand Colin, 1959.
Alfred GROSSER, *La Quatrième République et sa politique extérieure*, Paris, Armand Colin, 1961.
Mohammed HARBI, *Le FLN. Mirage et réalité, des origines à la prise du pouvoir : 1945-1962*, Paris, Jeune Afrique, 1980.
— , *Les Archives de la révolution algérienne*, Paris, Jeune Afrique, 1981.
— , *La guerre commence en Algérie*, Bruxelles, Complexe, 1984.
Ali HAROUN, *La 7e Wilaya. La guerre du FLN en France*, Paris, Le Seuil, 1986.
Paul-Marie de LA GORCE, *La République et son Armée*, Paris, Fayard, 1961.
G. PERVILLÉ, « La guerre d'Algérie », *Historiens et Géographes*, n° 308.
René RÉMOND, *Le Retour de De Gaulle*, Bruxelles, Complexe, 1983.
Jean-Pierre RIOUX, *La France de la IVe République*, Paris, Le Seuil, 1983.
Benjamin STORA, *Messali Hadj*, Paris, Le Sycomore, 1982.
Pierre VIDAL-NAQUET, *L'Affaire Audin*, Paris, Minuit, 1958.
— , *La Raison d'État*, Paris, Minuit, 1962.
— , *La Torture dans la République*, Paris, Minuit-Maspero, 1975.
Irwin M. WALL, *L'Influence américaine sur la politique française. 1945-1954*, Paris, Balland, 1989.
Rapport Maspétiol. Groupe d'études des relations financières entre la métropole et l'Algérie. Rapport général, 1955.
Sur le début de la guerre, 1er volume publié par le SHAT en 1990 : *La Guerre d'Algérie par les documents*, tome 1er : *L'avertissement, 1943-1946*.

Sur la guerre pendant la Ve République

R. AGERON, « De Gaulle et l'Algérie algérienne » *in L'Algérie algérienne de Napoléon III à de Gaulle*, Sindbad, 1980

Ch. R. AGERON, « L'opinion française et la guerre d'Algérie », *in Revue française de la France d'outre-mer,* avril-juin 1976.
H. AZEAU, *Révolte militaire, Alger, 22 avril 1961,* Paris, Plon, 1961.
L. BITTERLIN, *Nous étions tous des terroristes,* Paris, Éd. Témoignage chrétien, 1983.
Michel CROUZET, « La bataille des intellectuels », *in La Nef* (numéro spécial sur la guerre d'Algérie), octobre 1962-janvier 1963.
Jean DANIEL, *De Gaulle et l'Algérie,* Paris, Le Seuil, 1986 (recueil d'articles de l'auteur dans *L'Express*).
F. DUNAND, *L'Indépendance de l'Algérie. Décision politique sous la Ve République,* Berne, Peter Lang, 1977.
Georgette ELGEY, M.-F. CHAUVEL, S. et M. BROMBERGER, *Barricades et Colonels,* Paris, Fayard, 1960.
B. ÉTIENNE, *Les Européens d'Algérie et l'Indépendance algérienne,* Paris, Éd. du CNRS, 1968.
A. EULOGE et A. MOLINIER, *L'Envers des barricades, vingt mois d'insurrection à Alger,* Paris, Plon, 1960.
Jacques FAUVET et Jean PLANCHAIS, *La Fronde des généraux,* Paris, Arthaud, 1961.
Hervé HAMON et Patrick ROTMAN, *Les Porteurs de valises. La résistance française à la guerre d'Algérie,* Paris, Albin Michel, 1979.
Mohand HAMOUMOU, *Et ils sont devenus harkis,* Paris, Fayard, 1993.
Jérôme HÉLIE, *Les Accords d'Évian,* Paris, Orban, 1992.
Rémi KAUFFER, *L'OAS. Histoire d'une organisation secrète,* Paris, Fayard, 1986.
Jean LACOUTURE, *De Gaulle,* Paris, Le Seuil, t. III, 1986.
M.-Th. LANCELOT, *L'Organisation armée secrète,* Paris, Centre d'études de la vie politique française, 2 vol., 1963.
D. LECOMTE, *Les Pieds-Noirs. Histoire et portrait d'une communauté,* Paris, Le Seuil, 1980.
J. MONETA, *Le PCF et la Question coloniale,* Paris, Maspero, 1971.
A. NOIZIÈRE, *L'Algérie. Les chrétiens dans la guerre,* Paris, Éd. Cana, 1979.
Marcel PÉJU, *Les Débats du procès Jeanson,* Paris, Maspero, 1961.
G. PERVILLÉ, *Les Étudiants algériens de l'Université française,* 1880-1962, Paris, Éd. du CNRS, 1984.
Jean-Pierre RIOUX et Jean-François SIRINELLI, *La Guerre d'Algérie et les Intellectuels français,* Bruxelles, Complexe, 1991.
Michel ROUX, *Les Harkis,* Paris, La Découverte, 1991.
E. SIVAN, *Communisme et Nationalisme en Algérie,* Paris, Presses de la FNSP, 1976.
Benjamin STORA, *La Gangrène et l'Oubli,* Paris, La Découverte, 1992.

M. VAÏSSE, *Alger, le putsch,* Bruxelles, Complexe, 1983.
G. VAUCHER, *Le Plan de Constantine,* Neufchâtel, Éd. de la Baconnière, 1961.
Pierre VIANSSON-PONTÉ, *Histoire de la République gaullienne,* Paris, Fayard, 1970.
C.R. du procès des généraux Challe et Zeller, Nouvelles Éditions Polias, 1962.
Sténographie des audiences du procès d'Éd. Jouhaud, Paris, Albin Michel, 1962.
Procès du général Raoul Salan, Paris, Nouvelles Éditions latines, 1962.

Sur les combattants

N. d'ANDOQUE, *Guerre et Paix en Algérie. L'épopée silencieuse des SAS,* Paris, Société de production littéraire, 1977.
E. BERGOT, *La Guerre des appelés en Algérie,* Paris, Presses de la Cité.
Erwan BERGOT, *Le Onzième Choc,* Paris, Presses de la Cité, 1986.
Jean-Claude CARRIÈRE et commandant AZZEDINE, *C'était la guerre,* Paris, Plon, 1993.
R.P. DELARUE, *Avec les paras du 1er REP et du 2e RPIMa,* Paris, Nouvelles Éditions latines, 1961.
Georges FLEURY, *Bérets rouges en Algérie,* Paris, Éd. Lavauzelle, 1985.
— , *Bérets verts en Algérie,* Paris, Albatros, 1986.
— , *Djebels en feu,* Paris, Grasset, 1986.
— , *Le Combat des harkis,* Paris, Les 7 Vents, 1989.
— , *Fusiliers marins et commandos,* Paris, Copernic, 1980.
Marc FLAMENT, *Les Hélicos du djebel,* Paris, Presses de la Cité, 1982.
A. FREMONT, *Algérie El Djazaïne. Carnets de guerre et de terrain d'un géographe,* Paris, Maspero, 1982.
Raoul GIRARDET, « Victoires et servitudes des capitaines », *in Combat et Presse de France,* Paris, 1960.
— , *La Crise militaire française,* Paris, Armand Colin, 1964.
Patrick DE GMELINE, *Colmman, des paras de l'air. Algérie, 1956-1962,* Paris, Presses de la Cité, 1988.
Marc GARANGER, *La Guerre d'Algérie vue par un appelé du contingent,* Paris, Le Seuil, 1984.
Pierre HOVETTE, *Capitaine en Algérie,* Paris, Presses de la Cité, 1978.
Amiral LEPOTIER, *Les Fusiliers marins,* Paris, France-Empire, 1962.
Jean MABIRE, *Les Chasseurs alpins,* Paris, Presses de la Cité, 1984.
Gérard PÉRIOT, *Deuxième Classe en Algérie,* Paris, Flammarion, 1962.
Gilles PERRAULT, *Les Parachutistes,* Paris, Le Seuil, 1961.
J. PLANCHAIS, *Le Malaise de l'armée,* Paris, Plon, 1958.

Jean-Claude RACINET, *Les Capitaines d'avril,* Paris, France-Empire, 1976.
Maurice SCHMITT, *De Dien Bien Phu à Kolwezi,* Paris, Grasset, 1992.
Pierre SERGENT, *Je ne regrette rien,* Paris, Fayard, 1972.
— , *Le 2e REP,* Paris, Presses de la Cité.
J.-P. VITTORI, *Nous, les appelés d'Algérie,* Paris, Stock, 1977.
Algérie 1954-1962, recueil de témoignages individuels sur la guerre, ainsi que sur les opérations du Maroc et de Tunisie, Paris, FNACA-GAJE, 1992.
Témoignages, ouvrage collectif, Paris, FNACA, 1986.

Témoignages

L'auteur remercie :
— le général Georges Grillot qui a bien voulu évoquer ses souvenirs de guerre aux côtés du colonel Bigeard et à la tête du commando Georges ;
— le général de l'armée de l'air Lucien Robineau, ancien officier pilote de la base de Telegma, auteur de « Chasse lourde sur les djebels », *in RHA*, n° 2, 1992, p. 59 *sq* et directeur du Service des archives historiques de l'armée de l'Air ;
— le sénateur Jacques Augarde, ancien maire de Bougie ;
— le vice-président d'EDF Michel Albert, ancien combattant d'Algérie ;
— les anciens officiers, sous-officiers, soldats de la guerre d'Algérie qui ont tenu à témoigner d'une manière anonyme ;
— l'ancien soldat des unités territoriales d'Alger, Daniel de Leonardi, dont l'amitié ne s'est pas démentie tout au long de cette recherche.
Monsieur le Premier ministre Jacques Chirac, maire de Paris, Messieurs les ministres Jean-Pierre Chevènement, Jean-Philippe Lecat, Jean-Pierre Soisson ont bien voulu réagir devant les comptes rendus des journaux des régiments où ils servaient comme jeunes officiers de chasseurs à cheval, de spahis, de SAS.
L'auteur remercie chaleureusement les directeurs des centres d'archives militaires, sans oublier les chefs de service et le personnel, qui ont bien voulu faciliter son enquête. Treize microfilms couvrant la période de 1954 à 1962 contiennent tous les articles notables publiés sur la guerre dans les principaux journaux parisiens. Ces documents sont issus des dossiers documentaires de la Documentation française, que l'on peut consulter à la BIPA (Banque d'information politique et d'actualité), 8, avenue de l'Opéra à Paris. Que Mlle Parrens qui a assuré cette recherche soit particulièrement remerciée.

Index

A

B

C

D

E

F

G

L

M

N

O

P

Q

R

S

T

Table des matières

Cet ouvrage a été réalisé par la
SOCIÉTÉ NOUVELLE FIRMIN-DIDOT
Mesnil-sur-l'Estrée
pour le compte des Éditions Fayard
en janvier 1995

Imprimé en France
Dépôt légal : février 1995
N° d'édition : 6635 - N° d'impression : 29768
ISBN : 2-213-03131-2
35-65-9089-05-0

ESPAGNE
MER
MAROC
Ténès
Dahra
Orléansville
O. Chélif
Mostaganem
Arzew
Oran
Relizane
Massif de l'Oua
Perrégaux
Sebkha d'Oran
St. Denis-du-Sig
Mascara
Palikao
Tiaret
O. Mina
Beni-Saf
Rio Salado
Aïn-Témouchent
Nemours
Port-Say
O. Moulouya
Sidi-Bel-Abbès
ATLAS
Frenda
Oujda
Marnia
Tlemcen
Monts de Tlemcen
le Télagh
Saïda
El Ousseukr
Sebdou
Magenta
Jerada
Chott Ech Chergui
PL
El Aricha
O. Za
Berguent
Bouktoub
HAUTS
Géryville
Méchéria
SAHA
Djebel Amou
Ksour
Aïn-Sefra
Monts des
ATLAS
GRA
Beni-Ounif
Colomb Béchar

MÉDITERRANÉE
ALGER
Tizi-Ouzou
Bougie
Cap Carbon
Djidjelli
Collo
Philippeville
Cap de Garde
Bône
la Calle
Tabarka
Cap Serrat
Bizerte
TUNIS
Béja
Kolea
Boufarik
Blida
l'Arba
Bouira
Medéa
Affreville
Berrouaghia
Aumale
Boghari
Sidi Aïssa
Boughzoul
Chabounia
Aïn Hadjel
Paul Cazelles
Bou-Saâda
Petite Kabylie
Grande Kabylie
Lafayette
Djemila
Mila
El Milia
El Arrouch
Jemmapes
Condé-Smendou
Guelma
Constantine
Khroub
O. Zenati
Souk-Ahras
Sakiet-Sidi-Youssef
Bec de Canard
Zaghouan
Le Kef
Sétif
Bj-bou-Arréridj
St-Donnat
Aïn-M'lila
Sedrata
Aïn-Beida
Maktar
Kairouan
Thala
Monts du Hodna
M'sila
Chott el Hodna
Corneille
Batna
Lambèse
Khenchela
Tebessa
Barika
El Kantara
Arris
Aurès
Rhoufi
M'Chounèche
Biskra
Tolga
Monts de Nemencha
Kasserine
TUNISIE
Monts des Ouled-Naïl
Monts du M'Zab
Chott Melrhir
Chott Merouane
Négrine
Gafsa
Chott-el-Gharsa
Nefta
Tozeur
Gabès
Kebili
Chott Djérid
O. Djedi
Laghouat
ALGÉRIE
Djamaâ
Bir Roumi
El Oued
Touggourt
Chott de Kerdache
GRAND ERG ORIENTAL
Ghardaïa
O. Mzab
O. Zergoun
Ouargla
OCCIDENTAL
O. Soumman
O. Chélif
O. el Kebir
O. Medjerda
O. Zeroud
0 50 100 km